# מקראות גדולות

## תהילים

### חלק א׳

# PSALMS

## VOLUME ONE

# מקראות גדולות

## תהילים חלק א׳

### תורגם מחדש לאנגלית

מתורגם ומבואר עם כל דבורי
רש״י ולקט המפרשים על ידי

**הרב אברהם י. ראזענברג**

הוצאת יודאיקא פרעסס
ניו יורק תש״ס

# *Mikraoth Gedoloth*

# PSALMS

## VOLUME ONE

## A NEW ENGLISH TRANSLATION

TRANSLATION OF TEXT, RASHI
AND OTHER COMMENTARIES BY

RABBI A. J. ROSENBERG

THE JUDAICA PRESS
NEW YORK, 2000

ISBN 0-910818-84-3

Library of Congress Catalog Number: 90-091921

*First Printing, 1991*
*Second Printing, 2000*

*Manufactured in the United States of America*

# CONTENTS

This volume is dedicated in loving memory
of our dear husband, father, and zadie

**יצחק אייזיק שולמאן ז״ל**

**Dr. Irving Shulman**

a family and community leader
a man of Torah and integrity,
he set a standard of chesed
and commitment that inspired all
who knew and loved him.
His hallmark was "דרך הישר"

Mrs. Dubby Shulman &
Shifra and Ezra Hanon  Carole and Elliot Steigman  Vivian and Yale Shulman
Andrea and Ronald Sultan  Syma and Jerry Levine  Gayle and David Newman
Sandra and Ira Greenstein  Vicky and Elliot Shulman
and families

**משה פיינשטיין**
ר"ם תפארת ירושלים
בנוא יארק

**RABBI MOSES FEINSTEIN**
**455 F. D. R. DRIVE**
**New York 2, N. Y.**
OREGON 7-1222

בע"ה

הנה ידוע ומפורסם טובא בשער בת רבים ספרי הוצאת יודאיקא פרעסס על תנ"ך שכבר יצא לאור על ספרי יהושע ושמואל ועכשיו בחסדי השי"ת סדרו לדפוס ג"כ על ספר שופטים והוא כולל הפירושים המקובלים בתנ"ך הנקוב בשם מקראות גדולות ועל זה הוסיפו תרגום אנגלית שהוא השפה המדוברת במדינה זו על פסוקי תנ"ך וגם תרגום לפרש"י מלה במלה עם הוספות פירושים באנגלית הנצרכים להבנת פשוטו של קרא והכל נערך ע"י תלמידי היקר הרב הגאון ר' אברהם יוסף ראזענבערג שליט"א שהוא אומן גדול במלאכת התרגום, והרבה עמל השקיע בכל פרט ופרט בדקדוק גדול, וסידר את הכל בקצור כדי להקל על הלומדים שיוכלו לעיין בנקל ואפריון נמטיה למנהל יודאיקא פרעסס מהור"ר יעקב דוד גאלדמאן שליט"א שזכה ומזכה את הרבים בלימוד התנ"ך שמעורר לומדיה לאהבה וליראה את שמו הגדול ולהאמין בו ובעבדיו הנביאים שהוא יסוד ושורש בעבודתו יתברך ואמינא לפעלא טבא יישר ויתברכו כל העוסקים בכל ברכות התורה וחכמינו ז"ל בברוך אשר יקים את דברי התורה הזאת.

וע"ז באתי עה"ח ביום ה' שבט תשל"ט

משה פיינשטיין

# FOREWORD

This book, *Psalms,* is the second in the Judaica Press series of the Holy Writings. As in the series of the Prophets, we have translated the text into idiomatic English, except in instances in which accuracy would suffer; there we have rendered the text more literally. Again, the translation is based mainly on *Rashi's* commentary, which is of primary interest. Although we have sometimes encountered difficulty in rendering the text according to *Rashi's* interpretation, we have rendered the text according to other commentators only when *Rashi* follows a variant reading of the text.

In addition to basing our translation on *Rashi,* we have presented his commentary verbatim, following the most accurate edition available. In order to determine the most accurate reading we have consulted *Parshandatha* by I. Maarsen, chief rabbi of the Hague. He notes that in *Rashi's* commentary on Psalms, he uses Menachem's dictionary (*Machbereth Menachem*) much more frequently than in any other book of the Bible. He also uses many more foreign words. Examination of manuscripts led Maarsen to conclude that these quotations from Menachem and the foreign words do not originate from *Rashi* but were added later.

After *Rashi,* we drew from *Redak,* the most extensive commentator on Psalms. The commentary appearing in the Lublin edition under the name *Redak* has been abridged to a great extent. All *Redak's* refutations of evidence brought by the Christian church have been deleted, as have the alternative interpretations and references that he quotes, as well as the questions which he raises and seeks to answer with his interpretation. Through these abridgements many errors have been made, to the extent that the commentary has been severely distorted. The complete *Redak* has been printed several times; most recently by Mossad Harav Kook, first in 5706 and then again in 5739. For the benefit of the reader, we have used this restored *Redak* exclusively. Judaica Press is a pioneer in presenting these scholarly works to the English-language readership of Tanach. Even contemporary anthologies, e.g. *Ozar Tehiloth Yisrael* and *Mikdash M'at* have not always availed themselves of this treasure. Because of the large amount of material in these most essential works, we have little room for other commentaries.

We have, however, occasionally quoted *Ibn Ezra* and *Mezudoth,* both appearing on the page of *Nach Lublin.* We have also quoted the commentaries of *Rabbi Obadiah Sforno* and *Rabbi Joseph Yabetz,* authorities quoted by *Mikdash M'at.*

The Targum to the Holy Writings was composed at a later date than the *Targum* to the Prophets, which was authored by Jonathan the son of Uzziel, an early Tanna and disciple of Hillel. *Rashi* (*Meg.* 21b) maintains that there is no Targum to the Holy Writings, and so never quotes Targum in his commentary to those books. *Tosafoth,* however, states that there is Targum, but it was composed during the Tannaitic era, and not by Jonathan.

Last, but of major importance, we have occasionally quoted Talmudic and Midrashic literature. We have attempted to trace each passage to its original source, not being satisfied with secondary sources such as *Rashi* and *Yalkut Shimoni.* Fortunately, most midrashic passages originate from *Midrash Tehillim,* and there are very few unknown sources in the commentaries on Psalms.

# PREFACE

## 1. Authorship

Although Scripture attributes only certain psalms to David, the Rabbis (*Baba Bathra* 14b–15a) tell us that he wrote the entire Book of Psalms through ten elders. The Talmud lists them as follows: (1) Adam, (2) Malchizedek, (3) Abraham, (4) Moses, (5) Heman, (6) Jeduthun, (7) Asaph, and (8–10) the three sons of Korah. Abraham is identified with Ethan the Ezrahite, as discussed in the Commentary Digest to psalm 89. *Tosafoth* (ad loc.) quotes editions that include Solomon instead of Asaph, whom they identify as Abiasaph, one of the sons of Korah. According to those who do not include Solomon, we must conclude that psalms 72 and 127 were recited by David as prayers on Solomon's behalf, and that David wrote the entire psalm (72), which ends with the words: *The prayers of David the son of Jesse are completed.* According to those who believe that Solomon wrote it, we must perforce say that David completed it.

In the midrashim, we find variations. *Midrash Psalms* 1:6 states: And they are as follows: (1) Adam, (2) Malchizedek, (3) Abraham, (4) Moses, (5) David, (6) Solomon, (7) Asaph, and (8–10) the three sons of Korah. Concerning these men, there is no controversy. The Rabbis differ, though, concerning "Jeduthun." Rav considers Jeduthun to be a person while Rabbi Yochanan interprets the word as a reference to the decrees and laws (דָּתוֹת) levied upon Israel. [Apparently, Rav excludes David from the ten and includes Jeduthun in his place.] In *Song Rabbah* 4:4 and *Eccl. Rabbah* 7:19, we find the first five listed as follows: (1) Adam, (2) Abraham, (3) Moses, (4) David, and (5) Solomon. Rav and Rabbi Yochanan disagree again regarding the remaining five. Rav counts the three sons of Korah as one, Asaph, Heman, Jeduthun, and Ezra. He does not count Asaph among the sons of Korah. *Maharzav* explains that Asaph the son of Berechiah (I Chron. 6:24) is meant. This Asaph was of the sons of Gershom, not of the sons of Korah, who were descended from Kohath. Rabbi Yochanan counts Asaph, Heman, and Jeduthun as one, the three sons of Korah, and Ezra. He states that Asaph is also listed among the sons of Korah as Abiasaph; furthermore, Jeduthun is not meant here as a person but as the "laws and

decrees" that were levied upon Israel. Therefore, he counts Asaph, Heman, and Jeduthun as one. Asaph is mentioned twice because his erudition in Torah was such that it earned him the privilege of composing psalms, by himself and also together with his brothers.

The mention of Ezra is puzzling. *Maharzav* conjectures that he inserted psalm 137, which commences, "By the rivers of Babylon." *Yefeh Kol* suggests emending "Ira" for "Ezra." Ira was David's mentor.

In any case, King David plays the principal role in the authorship of the Book of Psalms. The midrash presents a parable of a group of singers, who wish to sing hymns before the king. The king chooses one from among them to sing the hymns. So it was with David. Although many of the psalms were composed by the ten elders, David was the most worthy to recite them because of his pleasant voice. For this reason, he was known as "the sweet singer of Israel" in II Samuel 23:1.

## II. Composition

The Book of Psalms comprises five books. Traditionally, this was done to correspond to the Pentateuch. The Midrash equates David with Moses (*Mid. Ps.* 1:2):

> Who is the best of the prophets, and who is the best of kings? The best of the prophets was Moses; the best of the kings was David. You find that whatever Moses did, David did. Moses took Israel out of Egypt, and David took Israel out of bondage of the kingdoms; Moses waged war against Sihon and Og, and David waged war against all those around him; Moses ruled over Israel and Judah, and David ruled over Israel and Judah; Moses built an altar, and David built an altar; this one sacrificed and that one sacrificed; Moses gave Israel the five books of the Torah, and David gave Israel the five books of Psalms.

In all printed editions of the Psalms, there are one hundred fifty chapters. In Rabbinic literature (Soferim 16:11), however, we find that there are only one hundred forty-seven, corresponding to the years of the life of the Patriarch Jacob, "to teach you that all the praises with which Israel praises the Holy One, blessed be He, correspond to the years of our father Jacob." *Kisseh Rachamim* suggests that this number was chosen because Jacob recited these psalms while watching Laban's flocks through the night, as in *Genesis Rabbah* 68. Several solutions have been offered to account for the three missing chapters. *Minchath Shai* points out that the Talmud (*Bera-*

*choth* 9b) considers the first two chapters as one. Also, *Redak* considers chapter 115 as part of chapter 114, and points out that in ancient manuscripts, chapter 117 is a continuation of chapter 116. Consequently, we have exactly 147 chapters. Glosses of Rabbi Judah Bachrach suggests that chapters 9 and 10 are one, and chapters 134 and 135 are one. Hence, together with the combination of chapters 1 and 2, we have 147 chapters. [This solution, though, is incompatible with the Gemara (ad loc.), which states that the verse (19:15), "May the sayings of my mouth be acceptable . . ." is the ending of the eighteenth psalm. That would mean that we combine only two chapters within the first nineteen. Working with Rabbi Bachrach's theory, there would be only seventeen chapters, rather than eighteen. Moreover, the Gemara states that chapter 104 is really chapter 103, indicating clearly that we may combine only those chapters after chapter 104.]

### III. Place in the Liturgy

Of all books of the Bible, Psalms plays the most prominent part in the liturgy. In our daily prayers, we recite *"Pesukei d'zimrah," verses of song.* This part of the service consists mainly of excerpts from the Book of Psalms, particularly the last five chapters. On Sabbaths and holidays, we include many other psalms, dealing with the Creation or the Sabbath. The recitation of these psalms is mentioned in the Talmud (*Shabbath* 118b), where Rabbi Yose announces: "May my lot be with those who complete the Hallel daily." The Talmud interprets his statement as referring to "Pesukei d'zimrah."

On special occasions, such as the Three Festivals and Chanukah, the Jew recites Hallel, chapters 113–118 of Psalms. The Talmud (*Pesachim* 117a) traces the recitation of these psalms to the Exodus. Rabbi Yose quotes his son Rabbi Eleazar, who says that Moses and Israel recited these psalms at the splitting of the Sea of Reeds. Although his colleagues believed that David composed these psalms, Rabbi Yose agrees with his son, arguing, "Is it possible that Israel slaughtered their Passover sacrifices and took their lulavim and they did not recite the Hallel?" Others posit that the prophets of Israel instituted the practice of reciting these chapters after being saved from any calamity.

In Talmudic times, the custom of reciting the Hallel on the New Moon and the last six days of Passover was instituted (*Ta'anith* 28b). In order to differentiate between the obligatory Hallel and the Hallel adopted by custom, on these days we omit the first eleven verses of Psalm 115 and the first eleven verses of Psalm 116.

Another group of psalms recited in our liturgy is the *"Kabbalath Shabbath," Inauguration of the Sabbath,* consisting of Psalms 95–99 and 29. These six psalms correspond to the six days of work. The main theme of these psalms is that G-d is the supreme ruler of the earth and that upon the advent of the Messiah all nations will recognize His sovereignty. After the hymn "Lechah Dodi," Psalms 92 and 93 are recited. These too deal with the Sabbath, both in the present world and in the Messianic era, which shall be in itself a Sabbath for the world. The recitation of the first six psalms was instituted by the Kabbalists of Safed in the sixteenth century. Since then, it has spread either completely or partly throughout the Jewish world. The recitation of the last two psalms is mentioned by *Rambam* (*P'er Hador* 116), where he implies that this custom predated him by many generations.

Between Succoth and Shabbath Hagadol, many Jews recite Psalm 104 and the fifteen "Songs of Ascents" (120–134) after Minchah service on the Sabbath. These psalms relate to the Creation. Many people recite psalms daily, completing the entire book every month or every week.

## IV. Other Occasions for Reciting the Psalms

In addition to these regular recitations of the psalms, various chapters may be recited privately, for personal reasons*, e.g. as a prayer for the recovery of a sick person or for thanksgiving. King David himself composed many psalms as prayers for the Jews in exile, which, together with other chapters, can be recited as a prayer to G-d to extricate one from a predicament. The "T'hillimel" is the Jew's constant companion, whatever the situation.

**see page* clxxix, *Psalms Recited on Special Occasions*

## V. So-called Christological Inferences

The Christians, as far back as the time of Christian Bible itself, have hunted through the Scriptures for allusions to the principles of their faith. Some of their favorite sources are found in the Book of Psalms. *Redak,* in his original, unabridged commentary, convincingly refutes each of their arguments, which come from nine verses, five appearing in Volume One. They are: 2:12, 7:8, 19:10, 21:1, and 22:32; in Volume Two: 45:18, 72, and 87:7; and in Volume Three, only psalm 110.

We will present these arguments, with *Redak's* refutations, in an appendix to each volume.

# ספר תהלים

## חלק א

•

## מקראות גדולות

# PSALMS

## VOLUME ONE

א א אַשְׁרֵי הָאִישׁ אֲשֶׁר ׀ לֹא הָלַךְ
בַּעֲצַת רְשָׁעִים וּבְדֶרֶךְ
חַטָּאִים לֹא עָמָד וּבְמוֹשַׁב לֵצִים לֹא
יָשָׁב

א טוּבֵיהּ דְּגַבְרָא דְּלָא הַלֵּיךְ בְּמַלְכַּת רַשִׁיעִין וּבְאוֹרְחַת חַיָּבִין לָא קָם וּבְסִיעַת מְמַקְנֵי לָא

ת״א אשרי. ברכות ו ע״ג יח עקידה נעילת שערים כל המזמור: ובמושב. קדושין מ״ה אבות ח׳ (ע״ג מ׳ קדושין ס״א):

## רש״י

א (א) אשרי האיש. בעשרה לשונות של זמר נאמר ספר זה. בנצוח. בנגון. במזמור. בשיר. בהלל. בתפלה. בברכה. בהודאה. באשרי. בהללויה. כנגד י׳ בני אדם שאמרוהו. אדם. מלכי צדק. אברהם. משה. דוד. שלמה. אסף. ושלשת בני קרח. וחלוקין על ידותון יש אומרים אדם היה כמו שכתוב בדברי הימים. וי״א אין ידותון שבספר הזה אלא על שם הדתות והדינים של גזירות שעברו עליו ועל ישראל: אשרי האיש. (לשפליסמנ״ץ בלע״ז. לעם פלעסעמאג בל״א וואהלגעפאללען). אשוריו של איש ותהלותיו של אדם אלו הם אשר לא הלך. כי מתוך שלא הלך לא עמד ומתוך שלא עמד לא ישב: לצים. (גאבור״ש בלע״ז. מלה נושנת גאבערם בל״א שפעטטער):

## רד״ק

(א) אשרי האיש. מלת אשרי היא לעולם בל׳ רבים והטעם כי כי לא יאשרו האדם בטובה אחת שתמצא בו או בהצלחה אחת שתזדמן לו אלא בטובו׳ רבות שימצאו בו יאמרו עליו אשריו. וכלל דוד בזה המזמור תורת האדם ומה שראוי לו לאדם לעשות בזה העולם והגמול והטוב לצדיקים והעונש לרשעים והוא מזמור נכבד מאוד לפיכך החל ספרו בו: אשר לא הלך בעצת רשעים. ספר תחילת הדרך הרע כי ילמד האדם מנעוריו דרך תאות העה״ז לאכול ולשתות ולשמוח ובם גדל וכשיעמוד על דעתו ויחל להכיר הטוב והרע הזהירו שיסור מדרך הרשעים ולא ילך בעצתם והרשעים הם החביבים לקנות ממון ותאות לבם בעוה״ז ולא יבחנו בין הטוב והרע ויגזלו ויגנבו ויהרגו בעבור הממון מרוב חמדתם כי ענין הרשע הוא חהרדד כמו זהוא ישקיט ומי ירשיע. ומפני זה סמך הלך עם רשעים. וסמך עמהם העצה כי הם יועצים ב״א לשמוע אליהם ומראים להם פנים דרך עצה כי היא טובה לאסוף ולשמוח וברוב ישנת האדם בזה כי תישר בעיניו הטובה הנראית לו לעיניו ולא יביט לאחריתם. ופירוש בדרך המנהג ועסק האדם ומעשהו וכמו והודעת להם את הדרך. ופירוש לא עמד לא נתעכב בחברתם כדי שלא ילמד ממעשיהם: ובמושב לצים לא ישב. הלצים הם הערומים בדעת לרעה ונותנים דופי ומום בבני אדם ומגלים סוד זה לזה והענין הזה לאנשים בטלים יושבי קרנות ומפני זה אמר ובמושב לצים לא ישב. והנה בשלשה אלה כל תכונות

## אבן עזרא

א (א) אשרי האיש. קדמונינו ז״ל אמרו כי עמד קשה מן הלך וישב קשה מכולם אם כן יהיו הלצים רעים מחטאים. ור׳ משה הכהן פירש להיפך ואמר כי טעם לא עמד אפילו לא עמד ולפי דעתי כי מלת רשעים הם שאינם עומדים על מתכונ׳ אחת כדרך והרשעים כים נגרש כי השקט לא יוכל וכן ובכל אשר יפנה ירשיע והוא ישקיט ומי ירשיע ובעבור זה הזכיר עם רשעים הלך והוא המפותה ללכת בעצת רשע אחר ובדרך לא ידעה ומלת חטאים קשה ובעבור זה הזכיר דרך כי הוא הרגיל ללכת בה ומלת ישב קשה ממנה וככה דעת הקדמונים ולצים מגזרת כי המליץ בינותם שהוא יגלה סוד ראובן לשמעון והלצים הם הפך הענוים אם ללצים הוא יליץ ואחריו ולענוים יתן חן והענוים הם הביישנים לדבר דבה ולתת דופי ולגלות סתרים ובקריאת שמע ד׳ מתכונות הגוף והם בשבתך והפך בלכתך כי הנע הפך הנח ובשכבך הפך ובקומך ובתהלו׳ כתוב ישב כנגד בשבתך גם הלך כנגד לכתך גם עמד כנגד קם ולא הזכיר השכיב׳ כי ברוב האדם ישן ומשפט לשון הקודש להכנים סי׳ אות לכל הפעלים כאשר הם עתידים אמרו מן פעל יפעל וכאשר ירצו לדבר על זמן עומד ידברו בלשון עבר גם בעתיד כמו וינועו אמות הסיפים והבית ימלא עשן וככה לא הלך ובתורתו יהגה כי אין לו עסק וחפץ בהבלי העולם רק כל חפצו בתורת השם לעשות המצות וטעם תורה כי תורנו הדרך הישרה ומלת יהגה בלב וכמוהו והגות לבי תבונות גם בפה כמו ולשוני תהגה לדקך ולאמרו ובתורתו יהגה ולא נכתב ובה יהגה דרך צחות כי הנה

## מנחת שי

וכל תיבה אשר אותיותיה נפרדות אליה ירה המחבר אבן פנת רעיוניו.)

א (א) אַשְׁרֵי האיש. במלת אשרי יש בה שני מאריכין א׳ בא״ף וא׳ בשי״ן וכ״כ החכם לונזאנו בסוף ספר עבודת הקודש שלו כן מצאתי מסורת כ״י כלשון הזה אשרי ד׳ ליש פ׳ בטעם מאריכין וסי׳ אשרי האיש אשר לא הלך. אשרי אדם לא יהשב. אשרי הגבר אשר שם ה׳. אשרי אדם שמע לי (משלי ח) וכולם כתיבין כן בס״ס בשני מאריכין ועיין בסוף מזמור ל״ח: ובדרך חטאים. החי״ת בפתח לא חטף פתח: ובמושב לצים. מלא וא״ו ובמסורס ג׳ בקריאה ואידך ובמושב זקנים יהללוהו בסי׳

## מצודת דוד

א (א) אשרי האיש. ספורי תהלות האיש המה לומר עליו בשבחו זהו אשר לא הלך בעצת רשעים. ר״ל לא היה לבו נפתה ללכת בעצתם לעשות כמוהם וכל כך היה נזהר לנפשו עד שלא עמד בדרך אשר ההוטאים עוברים בו לחשבו פן יפגשוהו ויסיתוהו אחרי עצתם ובהיות כן לא זה אם כן לכלל ישיבה לשבת עמהם להשרים עצתם בלבו וללכת בה ועשה א״כ משמרת למשמרת:

## מצודת ציון

א (א) אשרי. ענין שבח ותהלה כמו כי אשרוני בנות (בראשית ל׳): לצים. מלשון מליצה כי המלעיג בבני אדם או באוהב יושר דרכו להטפים אמריו במיטב הדבור להכנים בלב:

tion. This lifestyle pleases them because it offers temporal pleasure, but they fail to foresee the harmful results it will bear in the future.—[*Redak*]

**neither did he stand in the way of sinners**—He did not adapt himself to the habits and lifestyle of the sinners by staying in their company.—[*Redak*]

**scorners**—(*Old French, gâbors.*)—[*Rashi*] These are cunning people who use their cunning for evil, who find fault with others and divulge

# BOOK ONE

## 1

1. The praises of a man are that he did not follow the counsel of the wicked, neither did he stand in the way of sinners nor sit in the company of scorners.

1. **The praises of a man**—*This book was composed with ten expressions of song: 1) with conducting, 2) with melody, 3) with musical accompaniment, 4) with song, 5) with praise, 6) with prayer, 7) with blessing, 8) with thanksgiving, 9) with praises, and 10) with "Praise God." These correspond to the ten men who composed them: 1) Adam, 2) Malchizedek, 3) Abraham, 4) Moses, 5) David, 6) Solomon, 7) Asaph, and 8-10) the three sons of Korah. Concerning Jeduthun, there is a dispute. Some say that Jeduthun was a man, as is written in Chronicles. Others maintain that Jeduthun mentioned in this Book means nothing else but the ordinances* (דָּתוֹת) *and laws of the decrees that were passed over him and over Israel.*—[*Rashi* from *Midrash Psalms* 1:6] The Talmud (*Bava Bathra* 14b) omits David and Solomon and replaces them with Heman and Jeduthun.

**The praises of a man**—Heb. אַשְׁרֵי *les felicements(?) in Old French. The praises of a man, and these are the praises of a man: that he did not follow, because since he did not follow, he did not stand, and since he did not stand, he did not sit.*—[*Rashi*, see *Midrash Psalms* 1:7]

The word אַשְׁרֵי, *the praises of*, always appears in the plural, because a person is not praised for one good quality that he possesses or for one success that he attains, but for the many good qualities that he possesses, do people deem him praiseworthy. David includes in this psalm the rules for man's conduct in this world, the reward for the righteous, and the punishment for the wicked. Because this is a very basic matter, he introduced his Book with this chapter. He first relates the way of evil, for a person accustoms himself from his youth to indulge in worldly desires, to eat, drink, and make merry, and he grows up with these habits. When he matures, and begins to discern good and evil, he is admonished to turn from the way of the wicked and not follow their counsel. The wicked are those who hasten to acquire worldly goods and attain worldly desires without distinguishing between good and evil; out of their uncontrollable lust for money, they rob, steal, and murder.

The hallmark of wickedness (רֶשַׁע) is haste and restlessness. Therefore, Scripture uses the word הָלַךְ, went, or followed, in conjunction with the wicked. The wicked advise people to follow their ways. They extol the advantages of amassing wealth and of continual rejoicing, and, very often, people are misled in this direc-

יָשָׁב: ב כִּי אִם בְּתוֹרַת יְהוָה חֶפְצוֹ
וּבְתוֹרָתוֹ יֶהְגֶּה יוֹמָם וָלָיְלָה: ג וְהָיָה
כְּעֵץ שָׁתוּל עַל־פַּלְגֵי מָיִם אֲשֶׁר פִּרְיוֹ
יִתֵּן בְּעִתּוֹ וְעָלֵהוּ לֹא יִבּוֹל וְכֹל אֲשֶׁר־

**תרגום**

אִסְתְּחַר: ב אֱלָהֵן
בְּנִימוּסָא דַיְיָ רְעוּתֵיהּ
וּבְאוֹרַיְתֵיהּ מְרַנֵּן יֵמָם
וְלֵילֵי: ג וִיהֵי כְּאִילָן חַיֵּי
דִנְצִיב עַל טָפֵי מוֹי דִי
אִנְבֵּיהּ מְבַשֵּׁל בְּעִדָּנֵיהּ
וְאַטְרְפוֹי לָא נָתְרִין וְכָל
לַבְלְבוֹי דִמְלַבְלֵב מְגַרְגַּר

**ת"א** כי אם. ע"ג יט זהר בלק: ובתורתו. קדושין ל"ב ע"ג יח: והיה. שם עקידה ש' סג: אשר פריו. כתובות סב ב"ק פ"ב ע"ג יט: ועלהו. סוכה כ"א ע"ג עא

## רד"ק

האדם או הולך או עומד או יושב והשכיבה בכלל ישיבה ועוד כי השכיבה לישן ברוב ובעוד האדם ישן לא יעשה לא טוב ולא רע. ועל זה כאשר האדם שנסע מדרכם: (ב) כי אם. אמר אם סר מדרך הרע ולא עשה טוב הנה לא השלים מעשה הטוב ולא יאמרו עליו אשריו וכן אמר סור מרע ועשה טוב סור מרע ע"מ לעשות טוב אע"פ שרז"ל חשבו כי שכבש יצרו למעשה והוי כאלו עשה מצוה כיון שבא לידי עבירה מ"מ צריך שיעשה מעשה טוב יכך אמר אשרי האיש אשר לא הלך אלא מה יעשה בתורת ה' חפצו. ובכלל החפץ הלמוד והמעשה כמו עשות חפציך ולא יכשר המעשה מבלי הלמוד: ובתורתו. כפל ובתורתו מנהג הלשון כמו ה' ישראל בפסוק אחד ואמר כי הוא דרך צחות. ורז"ל דרשו בתחלה נקראת תורת ה' ולבסוף כשתחזק בה ללמוד נעשית תורתו ונקראת על שמו: יהגה. בלבו כמו והגיון לבי לפניך. כי כבר זכר התלמוד והמעשה ועתה זכר כוונת לבו שיהיה ביום ובלילה על התורה. ועל המצות כמ"ש וכל מעשיך יהיו לשם שמים. ועל דרך הפשט אם נפרש יהגת בלימוד הפה יהיה פי' יומם ולילה כל עת שיהיה פנוי מעסקיו ומחיתו בין מן היום בין מן הלילה: (ג) והיה כעץ. דמה האדם הטוב לעץ שתול על פלגי מים שהוא שבע לעולם כך הוא לעולם בחלקו ישבח אם מעט ואם הרבה יאכל: פלגי מים. שיהא פלג מים מזו הפאה ויעברו מים התחתיו: אשר פריו יתן בעתו. כי העץ שהוא במקום צמא יתעכב ויאחר להוציא פריו מפני צמאונו משא"כ השתול על פלגי מים: ועלהו לא יבול. כי מפני היובש יפול העלה ושעל פלגי מים לא יפיל עלהו. ובעתו שאוכר עומד במקום שנים כאלו אמר לא יבול עלהו בעתו והוא ע"ד הפלגה כי אפילו ביבות הגשמים לא יפול עלהו כמו שהוא

## רש"י

(ב) כי אם בתורת ה' חפצו. הא למדת שמושב הלצים מביאו לידי ביטול תורה: ובתורתו יהגה. בתחלה היא נקראת תורת ה'. ומשעמל בה היא נקראת תורתו: יהגה. כל לשון הגה בלב הוא כמה דאת אמר (לקמן י"ט) והגיון לבי (ישעיה ל"ג) לבך יהגה אימה (משלי כ"ד) כי שוד יהגה לבם: (ג) שתול. (פלנדי"ן בלע"ז. פלאנטע בל"א געפלאנצט): פלגי. (ראזיארו"ש בלע"ז ראשיוויער"ס בל"א באכע. כמו ביחזקאל ל"ב ו'): ועלהו לא יבול. אפילו הפסולת שבו לצורך היא. שיחתן של תלמידי חכמים לצורך היא וצריכה לימוד: לא יבול. לשון כמוש

## מנחת שי

ק"ז וגם הוא מלא: (ב) ובתורתו. הוא"ו במאריך: (ג) והיה כעץ. טעם המלה מיושב ובס"ס הוא"ו בגעיא: פלגי מים. ברוב הספרים כמ"ס קמולה ועיין במסורה פ' עקב על פסוק ארץ נחלי מים ונראה דהתם ניחא אבל בתילים ס"ו ומשלי נמ"ד חשוב בהדי ג' פתחין באתנחתא וסוף פסוק יעש נהרות למדבר ושבושא הוא

## אבן עזרא

מלת ישראל המש פעמים בפסוק אחד והזכיר יומם ולילה כנגד ארבעה מתכונות הגוף: (ג) פלגי. מגזרת פלג לשונם ועל פלגי מים על אחת הפלגים כמו אל ירכתי הספינה ויקבר בערי גלעד בן אחוזות ויש אומרים כי טעם פריו כמו בני הנעורים: ועלהו לא יבול. עשרו כל ימיו על דרך טובה חכמה עם נחלה: וכל אשר יעשה יצליח. ישוב על האדם הנמשל לעץ ויש אומרים כי ישוב כל אשר יעשה יצליח על העץ כי אם יוקח ממנו סעיף ויוטע יצליח ואחרים אמרו כי שב על עלהו כמו ועלהו לתרופה ולפי דעתי כי טעם פריו הנשמה החכמה שתהיה מלאה תורת אלהים להכיר בוראה ומעשיו העומדים לנצח ותדבק בעולמה העליון בהפרדה מעל גויתה כמו הפרי המבושל באילן ויפרד ממנו ואין צורך לו כי בעבור הפרי היה העץ

## מצודת ציון

(ב) יהגה. פעם תשמש ענין מחשבה כמ"ש והגיון לבי (לקמן י"ט) ופעם תשמש ענין דבור כמ"ש ולשוני תהגה (לקמן ל"ה): (ג) שתול. נטוע כמו שתולים בבית ה' (לקמן צ"ב): על. סמוך כמו והסמוכים עליו (במדבר ב'): פלגי מים. אמת המים כמו גבר פלגיו (לקמן מ"ו) ע"ש שהוא מתפלג ומתפרש ללכת אילך ואילך: יבול. יכמוש

## מצודת דוד

(ב) כי אם. לא סוף דבר שחדל ונזהר מעלת רשע כ"א עשה גם את הטוב כי כל חפצו היה בתורת ה': ובתורתו. בכל עת יחשוב להתבונן במה שהשכיל בלבו טעמים וגלילים ופרקים לתורה: (ג) והיה. ובעבור זה היה גמול שכרו להיות דומה לאילן הנטוע במקו' המים שמגדל פירותיו בזמנו ואף העלים אינם כומשים בעבו' מרבית הלחלוחית ושפע הרטיבות כי כן האיש הזה משופע ברוב טובה מבלי מחסור. ולאומר הנה מגמול השכר ניכר יושר דרכו: וכל אשר יעשה. ר"ל ובכל הנטועות אשר ינטעו ממנו יצליח לסיום

lets of water will always bear its fruit in the proper season.—[*Redak*]

**and its leaves do not wilt**—*Even the inferior part of it serves a purpose. The conversation of Torah scholars is necessary and requires study.*—[*Rashi* from *Avodah Zarah* 19b] *Rashi* (ad loc.) explains that one must learn to talk as the Torah scholars do, using decent speech, which brings wealth and healing.

**do not wilt**—Heb. יִבּוֹל, *an expression of wilting, fleistre in Old French.*—[*Rashi*]

**and whatever he does prospers**—All the shoots that are planted from the tree prosper in that they resemble the tree whence they were taken.

2. But his desire is in the law of the Lord, and in His law he
meditates day and night. 3. He shall be as a tree planted beside
rivulets of water, which brings forth its fruit in its season, and
its leaves do not wilt; and whatever

their secrets. They are usually idlers, who sit on the street corners and gossip; hence the expression, "nor sit in the company of scorners." Thus, we mention three positions in which a person can distance himself from evil company and evil deeds. The position of lying down is omitted because one usually does neither good nor evil when recumbent.—[*Redak*]

2. **But his desire is in the law of the Lord**—*Hence you learn that the company of scorners brings one to neglect the study of Torah.*—[*Rashi*] If one turns away from the path of evil but does no good deeds, he has not fulfilled his obligation and is not worthy of praise. This is reiterated below (34:15): "Shun evil and do good." Although the Sages state that if one overpowers his temptation and refrains from committing a sin, it is as though he has fulfilled a mitzvah, he must nevertheless perform good deeds and fulfill positive commandments. Scripture states: The praises of the man are that he did not follow the counsel of the wicked etc. What then should he do? But his desire is in the law of the Lord etc.—[*Redak* from *Midrash Psalms* 1:7] Included in desire are both study and deed, because without study, it is impossible to fulfill the commandments.—[*Redak*]

**and in his law he meditates**—*In the beginning, it is called the law of the Lord, and after he has toiled to master it, it is called his own Torah.*—[*Rashi, Redak* from *Midrash Psalms* 1:16; cf. *Kid.* 32b] *Redak* maintains that the simple meaning of the verse is that he meditates in *God's* law day and night. However, in poetic style, Scripture states: "in His law," rather than simply "and in it." *Mezudath David* sees this as referring to the new ideas he discovers as he studies the Torah, which are known as *his* Torah.

**he meditates**—Heb. יֶהְגֶּה. *Every expression of* הֶגֶה *refers to the heart, as you say* (below 19:15): *"and the meditation* (וְהֶגְיוֹן) *of my heart"*; (Isa. 33:18), *"Your heart shall meditate* (יֶהְגֶּה) *in fear"*; (Prov. 24:2), *"For their heart thinks* (יֶהְגֶּה) *of plunder."*—[*Rashi*]

3. **planted**—Heb. שָׁתוּל, *plonté in Old French* (planté).—[*Rashi*]

**rivulets**—*ruyseys in Old French,* (ruisseaux), *brooks* (as in Ezek. 32:6).—[*Rashi*] Scripture compares the righteous man to a tree planted beside rivulets of water, which is always sated with the water. So is the righteous man always satisfied with his lot, whether it is much or little.—[*Redak*]

**which brings forth its fruit in its season**—The tree that grows in a dry place is late in bringing forth its fruit, but a tree planted beside rivu-

ומצלח: ד לא מטול
היכנא רשיעי אלהן
כמוזא די תשקפניה
עלעולא: ה מטול
היכנא לא יזכון רשיעי
ביומא רבא וחיבין
בסיעת צדיקיא: ו מטול
דגלי קדם יי אורח
צדיקיא ואורחתהון
דרשיעי תהובד: א למה

יעשה יצליח: ד לא־כן הרשעים כי אם־
כמץ אשר־תדפנו רוח: ה על־כן ׀ לא־
יקמו רשעים במשפט וחטאים בעדת
צדיקים: ו כי־יודע יהוה דרך צדיקים
ודרך רשעים תאבד: ב א למה רגשו

ת״א על כן. סנהדרין קז: כי יודע. עקידה שער ק׳ זהר קדושים: למה רגשו. ברכות ז׳ ע״ב ג׳ (ברכות ח תענית ד ה׳):

### רש״י

(ליסטרי״ר בלע״ז. פלטטרי״ד בל״א פערוועלקטן. וכן שמות י״ח י״ח. ויקרא י״ט י״ט. ישעיה א׳ כ״ט): (ד) כמוץ. לשון קש. (קומבל״א בלע״ז. קאס בא״ל״ט מלה נושכת בל״א וויא שפריא): (ה) על כן וגו׳. דבוק הוא למקרא שלאחריו: (ו) כי יודע ה׳ דרך וגו׳. לפי שהוא יודע דרך צדיקים ולפניו הוא להכירה תמיד ודרך רשעים שנואה בעיניו ומעבירה מלפניו על כן לא תהא הקמת רגל לרשעים ליום הדין ולחטאים ליכתב בעדת צדיקים: ב (א) למה רגשו גוים. רבותינו דרשו את הענין על

### רד״ק

במקצת העצים מטבע רוב הליחות אשר בם כי האדם הטוב יקחו בני אדם פריו. והוא שילמדו ממנו הורתו ומעשיו הטובים. ועלהו לא יבול. שיחסו בצל דרכיו הטובים. ויש לפרש בדרך ברכה ושלום ושכר טוב כי אם יסור מרע ויעשה טוב יהי׳ גמולו שיהיה כעץ שתול על פלגי מים: (ד) לא כן. אמר כי הרשעים לא יהנו מהם בני אדם ולא מטובתם. אבל יזיקו להם ותנועתם לרעה הוא כמו המוץ והוא הקש הדק שבתבן שלא יהנו ממנו בני אדם והרוח תדפנו קל מהרה ויזיק העוברים והשבים בפניהם ובעיניהם או תדפנו לבתים או לגנות ויזיק. ולפירוש האחרון שפירשנו הפסוק שלפני זה דרך שכר וגמול טוב. יהי׳ פירוש זה הפסוק שיאבדו הרשעים קל מהרה כמו המוץ: (ה) על כן. שהולכים הרשעים בדרך רע בעולם הזה לא יקומו במשפט ר״ל ביום הדין והוא יום המיתה לא תהיה להם התקומה וחטאים ג״כ והוא הדין ללצים. בעדת הצדיקים שבמותם תהיה להם תקומה והרשעים תאבד נפשם עם גופם ביום המיתה ואמר בעדת כי כשימות הצדיק נפשו עם נפשות הצדיקים מתענגת בכבוד האל בעולם העליון: (ו) כי יודע. הפסוק הזה פירוש לאשר לפניו כי אמר בעדת צדיקים ולא פירש באיזה ענין הם הצדיקים לאחר מיתה לפיכך פירש ואמר כי יודע ופירוש יודע מכיר ומשגיח להטיב להם ולהשביעם מהשגחתו שהוא הגמול הגדול והטוב. וענין יודע כמו אשר ידעו ה׳: ודרך רשעים תאבד. כי במותם אין להם תקומה וילכו לאבדון: (א) למה רגשו גוים.

### אבן עזרא

ועלהו לא יבול זכרו הטוב כדרך זכר צדיק לברכה וכל אשר יעשה יצליח הון ובנים וכבוד: (ד) כמוץ. הדק מהתבן כמוץ יסוער מגורן והנה נפש הצדיק דומה אל הדגן שהוא עומד והרשעים כתבן לפני הרוח: (ה) על כן. הזכיר כי תאבדנה נפשות הרשעים וזכר זרעם בעולם הזה על כן מלת לא יקומו שטעמו יעמדו וטעם במשפט כמו את כל מעשה האלהים יביא במשפט ונפתח בית במשפט להורות על הסרון הדעת כדרך בשמים ה׳ בשמים חסדך בעבור שהוא יום הדין לכל יום אחד או לכל אחד במותו וטעם בעדת צדיקים כי התחברותם טוב לכלם הפך חבורת רשעים: (ו) כי יודע. אין ספק כי השם הנכבד יודע הכללים והפרטים הכללים הם נפש כל חי לכל הברואים והפרטים הם כל מין ומין בפני עצמו או אפילו כל בריה ובריה בפני עצמה כי מעשה ידיו כולם רק דעת הפרט לכל אחד בדרך כלל הן לצדק הן לרשע ידע ולעולם ידע אומנות הנודעות ובעבור שתעמדנה נפשות הצדיקים ותהיינה קיימות לעולם על כן ידע אותם גם ידע כי נפשות הרשעים תאבדנה הנה הטעם כי דרך הרשעים לאבדון ואם נפשות הרשעים תאבדנה אף כי נפשות הלצים או תהיה מלת רשעים כוללת חטאים ולצים: ב (א) למה רגשו. הנכון בעיני כי זה המזמור

### מנחת שי

ול״ל ישם מדבר לאגם מים: (ד) כמץ. חסר וא״ו וכן נמסר בהדיא כ מ ץ ב׳ דגושים וחסרים וסימן וגבעות כ מ ץ עבר (ישעיה מ״א): כי אם כמוץ אשר. כמ״ש בגעיא בספרים מדויקים: תדפנו. הדל״ת דגושה:

### מצודת דוד

כמותו וכן לאנשי איש הזה יהיו כמותו: (ד) לא כן. לא יהיו הרשעים מוצלחים כן ותהי עוד להפך כי מכאובים רבים נכונים לרשע פעם בפעם כמוץ הזה הנדף בכל עת מנשיבת הרוח ולא מלא מנוח: (ה) על כן. בעבור כי נכון בידם מכאובים רבים לזה לא תהיה להם תקומה בעת בא המשפט כשתתמלא סאתם כי המכאובים ההם יבואו עליהם אחד באחד יגשו: וחטאים. מלת לא הנאמר בתחלת המקרא משמשת בשתים כאומר החוטאים לא יהיו נכללים בעדת צדיקים להיות מושגחים מה׳ כמוהם: (ו) כי יודע ה׳. כי המקום ברוך הוא נותן לב לדעת ולהשגיח על דרך הצדיקים לבל יכשלו בו אבל דרך הרשעים תהיה אבודה מהשגחת ה׳ להיות נעזב אל המקרים ולא יהיו א״כ נכללים בעדת הצדיקים: ב (א) למה רגשו. ר״ל למה להם זאת להתקבץ ולדבר דברי ריק

### מצודת ציון

כמו כאלה נובלת עליה (ישעיה א׳): (ד) כמוץ. הוא פסולת התבואה כמו כמוץ יסוער מגורן (הושע י״ג): תדפנו. ענין דחיפה והכאה כמו קול עלה נדף (ויקרא כ״ו): (ו) יודע. ענין השגחה כמו וידע אלהים (שמות ב׳): ב (א) רגשו. ענין קבוץ והמון רב וכן מרגשת פועלי און (לקמן

(II Sam. 5:17): *"And the Philistines heard that they had anointed David as king over Israel, and all the Philistines went up to seek, etc.," and they fell into his hands. Concerning them,* he says, *"Why have nations gathered," and they all gathered.*—[*Rashi*] [Bracketed words appear in all mss. *Rashi* alludes to the Christian interpretation of this chapter,

he does prosper. 4. Not so the wicked, but [they are] like chaff
that the wind drives away. 5. Therefore, the wicked shall not
stand up in judgment, nor shall the sinners in the congregation
of the righteous. 6. For the Lord knows the way of the righ-
teous, but the way of the wicked shall perish.

## 2

1. Why have nations gathered

Similarly, the offspring of the righteous will resemble him.—[*Mezudath David*]

4. **Not so the wicked**—The wicked will not prosper in this manner. On the contrary, they will frequently be plagued by many pains, like the chaff that is driven by the wind, which can find no rest.—[*Mezudath David*]

**like chaff**—*An expression of straw, come bale in Old French* (comme paille), *like straw.*—[*Rashi*] Not only do the people derive no benefit from the wicked who have achieved peace and tranquility, but, in fact, these wicked are like the chaff at the tip of the ear of grain, which, when driven by the wind, hurts the eyes. They cause injury and damage to the people.—[*Redak*]

5. **Therefore, etc.**—*This refers to the verse following it.*—[*Rashi*] *Redak* explains: Since the wicked go on an evil path in this world, they will not stand up in judgment; on judgment day, on the day of death, they will not stand. Nor will the sinners and the scorners stand up in judgment in the congregation of the righteous.

**in the congregation of the righteous**—whose souls enjoy the glory of God in the upper world. The souls of the sinners, though, will perish with their bodies on the day of their death.—[*Redak*]

6. **For the Lord knows the way, etc.**—*Because He knows the way of the righteous, and it is before Him to recognize it constantly; the way of the wicked is hateful to Him, and He removes it from before Him. Therefore, the foot of the wicked will not stand up on the day of judgment, neither shall the sinners be written in the congregation of the righteous.*—[*Rashi*] I.e. God pays attention to the righteous, to know and to supervise their way lest they stumble, but the way of the wicked shall be lost, unsupervised by God. They are to be victims of happenings, and they shall not be included in the congregation of the righteous.—[*Mezudath David*]

1. **Why have nations gathered**—*Our Sages* (*Ber.* 7b) *expounded the passage as referring to the King Messiah, but according to its apparent meaning, [and, in order to reply to the sectarians,—Parshandatha] it is proper to interpret it as referring to David himself, as the matter is stated*

גוים ולאמים יהגו־ריק: ב יתיצבו
מלכי־ארץ ורוזנים נוסדו־יחד על־
יהוה ועל־משיחו: ג ננתקה את־
מוסרותימו ונשליכה ממנו עבתימו:
ד יושב בשמים ישחק אדני ילעג־למו:

מתרגשין עממיא ואומיא מרננין סריקותא: ב קיימין מלכי ארעא ושלטוניא יתחברון כחדא למרדא קדם יי ולמנצי על משיחיה: ג נתרע ית אסרתיהון ונטלוק מננא שלשלותהון: ד דיתיב בשמיא יגחך מימרא

ת"א ננתקה. שם (ע"ח א): יושב בשמים. זוהר מלורע מקרים פ' יז:

## רד"ק

זה המזמור הוא המזמור הב׳ ובחשבון כותבין אותו שני (אחד) וטעם למה נסמך מזמור זה למזמור זה לא נודע אצלנו למה סידר איתם בסדר אשר הם מחוברים כי אינם מסודרים על סדר המעשים כי הנה המזמור הג׳ הוא על דבר אבשלום ואחריו כמה מזמורים שהם ענינים קודם מעשה אבשלום זמן רב והנה בסוף הספר מזמור קמ"א בהיותו במערה תפלה שהיא על שאול. וזה המזמור אמרו דוד בתחלת מלכותו שנתקבצו עליו הגוים כמ"ש וישמעו פלשתים כי משחו את דוד למלך על ישראל ויעלו כל פלשתים לבקש את דוד וזהו שאמר למה רגשו שכל פלשתים עלו. ורגשו ענין קבוץ והמון רב כמו מרגשת פועלי און ותרגם המון רגשת: יהגו ריק. כי בבואם למלחמה היו מדברים גבוהות לפי שנצחו את ישראל במלחמות שאול ומת שאול ובניו ומגפה גדולה היתה בעם. ואמר ריק הוא כל דבריהם: (ב) יתיצבו. שהתיצבו כל סרני פלשתים בעצה אחת לבא להלחם על דוד וקראם מלכים ורוזנים אע"פ שלא ראינו בשום מקום שקראם אלא סרני פלשתי׳. הם בגאותם היו חושבים עצמם מלכים ואפשר ג"כ שנועדים עמהם מלכים אחרים מן הגוים: נוסדו יחד. נתיעצו כלם כאחד ונאמר׳ העצה בל׳ יסוד כי כן העצה למעשה כמו היסוד לבנין: על ה׳ ועל משיחו. כי ידעו כי על פי ה׳ מלך דוד על ידי שמואל הנביא: (ג) ננתקה. הם היו אומרים ננתק מוסרות ישראל וקשורם שהסכימו להמליך את דוד לפי שעמדו שבע שנים שלא הסכים כל ישראל עליו עד עתה: ונשליכה ממנו עבותימו. הוא כפל דבר במ"ש והענין אחד וכן מנהג הלשון והמוסרות והעבות הם החבלים החזקים והם משל לעצה ולהסכמה החזקה: (ד) יושב בשמים ישחק.

## רש"י

מלך המשיח. ולפי משמעו יהיה נכון לפותרו על דוד עצמו כענין שנאמר (שמואל ב׳ ה׳) וישמעו פלשתים כי משחו את דוד למלך על ישראל ויעלו כל פלשתים לבקש וגו׳ ונפלו בידו ועליהם אמר למה רגשו גוים ונתקבצו כלם: ולאומים יהגו. בלבם ריק: ולאומים. מנהם פתר לאמים ואומים וגוים כלם קרובי ענין: (ב) יתיצבו מלכי ארץ ורוזנים נוסדו יחד וגו׳. (שיניור"ש בלע"ז. זעניערם בל"א הערען): נוסדו. לשון סוד (פורקשיילרונ"ש בלע"ז. כמו פורקורנסעליערע בל"א ראטה לוא האלטען). ומה היא העצה: (ג) ננתקה את מוסרותימו. (דישרונפרומ"ש לוירקואונל"ס בלע"ז. דעראמפרכ"ש לער ווינקאלא"ם בל"א לאסט אונז איהרע באנדען לעררייסען. כמו בירמיה כ"ז כ׳). אלו רצועות שקושרין העול בהם: עבותימו. (לויקרד"ש בלע"ז): (ד) ישחק.

## מנחת שי

ב (א) יהגו ריק. היו"ד בלא מאריך והה"א בשוא לבדו ובגימ"ל דגושה ודומה לו ובמורתו יהגה: (ג) ננתקה. סמו"ן

## אבן עזרא

חברו אחד מהמשוררים על דוד ביום המשחו על כן כתוב אני היום ילדתיך או על המשיח ורגשו כמו חברו וכמוהו מרגשת פועלי און. ולמ"ד לאמים שורש כמו ולאם מלאם יאמץ: יהגו ריק. בדיבור כמו ולשוני אם יהגה רמיה והדבור ננתקה את מוסרותימו: (ב) יתיצבו. עם הגוים המלכים והסגנים יחדו ונוסדו מגזרת סוד והנה על דרך ריבה ה׳ את יריבי שהוא מגזרת רב והוא מעלומי העי"ן ריב וכן סוד מגזרת סיד ויו"ד יריבי הפוך והוא תאר חסר או הוא מטעם יסוד על דעת האומר שזה המזמור שאמר המשורר נאמר על דוד או הוא התנבא על עצמו הנה מלאכו גוים רבים היו תחת יד דוד ואם על המשיח הדבר יותר ברור וטעם על ה׳ שילאו מתחת יד שקול הדעת שנטע השם בלב כל אדם: ועל משיחו. שלא יכחישו לו ויסורו אל משמעתו לתת לו מס: (ג) ננתקה את מוסרותימו. מגזרת מוסר גם עבותימו חבלים עבותים והטעם אחד במלות שונות כי כן דרך לחות כמו מה אקוב ומה אזעום: (ד) יושב. בעבור שהזכיר יתילבו מלכי ארץ אמר כנגדם יושב בשמים שהם למעלה על האדם אמר

## מצודת ציון

ס"ד): ולאומים. האומות כמו ולאם מלאם יאמץ (בראשית כ"ה): יהגו. ידברו: ריק. דבר שאין בו ממש: (ב) ורוזנים. שרים: נוסדו. ענין עלה כמו נמתיק סוד (לקמן נ"ה) ע"ש שהעלה נעשה בסוד לבל יגולה או לפי שהעלה להמעשה הוא כהיסוד לבנין: (ג) ננתקה. ענין העתקה ממקומו כמו נתקו מוסרות (ירמיה ה): מוסרותימו. הם קשורי רלועי העול: עבותימו. חבלים עבות בת ג׳ יתרים: (ד) למו. להם ר"ל פליהם:

## מצודת דוד

לא לעזר ולא להועיל: (ב) יתיצבו. מוסב על לגה שאמור במקרא שלפניו לומר למה יתילבו המלכים והשרים בעלה אחת על ה׳ ועל משיחו ויאמר על גוג ועל השרים אשר אתו שיעמדו בימי המשיח להלחם עמו וכאילו יעמדו גם על ה׳ במשחו למלך. (ג) ננתקה. וכה יאמרו בעלתם ננתקה מאתנו את מוסרי עולו לבל נעבוד אותו ואחז במשל לדבר בלשון הנופל בשור המושך העול: ונשליכה. הוא כפל ענין במ"ש להפארת המליצה ולחוזק הדבר: (ד) יושב בשמים. כאומר הלוא ה׳ יושב הוא בשמים ממעל

place. [According to *Mezudath David,* these verbs are to be interpreted as the future tense since they refer to the armies of Gog and Magog.]

and [why do] kingdoms think vain things? 2. Kings of a land
stand up, and nobles take counsel together against the Lord
and against His anointed? 3. "Let us break their bands and
cast off their cords from us." 4. He Who dwells in Heaven
laughs; the Lord mocks them.

mainly verses 6 and 12, which will be discussed further.] The latter interpretation is accepted by *Ibn Ezra* and *Redak*. *Ibn Ezra* attributes its authorship to a Levite singer who composed it about David, and *Redak* attributes it to King David himself. According to the Sages (*Ber.* 9b), chapters 1 and 2 belong together as is indeed apparent from the absence of the superscription. It is connected to the final verse of the preceding psalm, which concludes: "and the way of the wicked shall perish." If so, asks the psalmist, "Why have nations gathered . . . against the Lord and against His anointed?"—[*Malbim, Ibn Yachia*]

**and kingdoms think**—*vain things in their heart.*—[*Rashi*] See above (1:2). *Ibn Ezra* and *Redak* render: and kingdoms speak vain things. *Redak* explains that, since the Philistines had defeated Saul in his final battle and had inflicted heavy casualties upon the people, they spoke haughtily when they again came to attack Israel.

**and kingdoms**—Heb. וּלְאֻמִּים. *Menachem interprets* לְאֻמִּים, אֻמּוֹת, *and* גּוֹיִם *as all closely related.*—[*Rashi* from *Machbereth Menachem* p. 26] We have translated לְאֻמִּים as kingdoms, in accordance with *Avodah Zarah* 2b. *Malbim* explains: לְאֹם denotes a group united by one religion or set of laws; גּוֹי is any group, irrespective of any internal ties.

2. **Kings of a land stand up and nobles take counsel, etc.**—Heb. רוֹזְנִים, *senors* (seigneurs) *in Old French, lords.*—[*Rashi*]

**take counsel**—Heb. נוֹסְדוּ, *an expression of counsel* (סוֹד), *furt konsiléz in Old French* (furent conseillés), *they hold counsel* (see below 55:15). *And what is the counsel? . .* —[*Rashi*]

3. **Let us break their bands**—*Déronproms lor koyongles in Old French* (as in Jer. 27:2). *These are the bands with which the yoke is tied.*—[*Rashi*]

**their cords**—Heb. עֲבֹתֵימוֹ, *lor kordes* (leur cordes) *in Old French.*—[*Rashi*]

4. **laughs . . . mocks . . . speaks**—*They are meant as the present tense.* —[*Rashi*] After mentioning that they plot against God, he adds that God, Who dwells in Heaven, hears and sees all their plans and intrigues. Thus He can, so to speak, laugh at them and mock them, as one does to those who attempt unsuccessfully to disgrace one, for they are, in reality, of no esteem.—[*Redak*] *Mezudath David* explains the expression as indicative of God's power, for, if even a weak person who is situated in a high place is considered strong, surely so is a strong person in a high

ה אז ידבר אלימו באפו ובחרונו
יבהלמו: ו ואני נסכתי מלכי על־ציון
הר־קדשי: ז אספרה אל חק יהוה
אמר אלי בני אתה אני היום
ילדתיך

פתח באתנח

דיי ידחך להון: ה הידין ימלל להון בתוקפיה ובריגזיה יבהלאנון: ו ואנא רביתי מלכי ומניתיה על טור מקדשי: ז אשתעי קימא דיי אמר חביב כבר לאבא לי אנת זכאה כאלו יומא דין

ת"א אספרה. סוכה נב זוהר משפטים:

## רש"י

ילעג. ידבר. לשון הוה הם משמשין: (ה) אז ידבר אלימו. כמו אליהם. ומה הוא הדבור: (ו) ואני נסכתי מלכי. למה רגשתם והנכי מניתי לי את זה לנסוך ולמלוך על ציון הר קדשי: (ז) אספרה אל חוק. אמר דוד־חוק קבוע הוא ומקובל עלי לספר זאת ולהודיע: ה' אמר אלי. על ידי נתן וגד ושמואל: בני אתה. ראש לישראל הקרויין בני בכורי. והם יתקיימו על ידך כמו שנאמר באבנר (שמואל ב' ג') כי ה' אמר וגו' ביד דוד עבדי הושיע וגו' ישראל. ובשבילם אתה לפני כבן שכלם תלויין בך: אני היום.

## רד"ק

לפי שאמר כי הם נוסדו יחד על ה' לבטל דברו אמר כי הוא יושב בשמים וישמע דבריהם וישחק וילעג להם ואמרו ישחק על האל יתברך הוא על דרך משל. כלשון בני אדם שישחק האדם וילעג למי שבוזה אותו. וענין יושב עומד כמו ואתה ה' לעולם תשב וכן כל ישיבה שנמצא בהאל יתברך. ואמר בשמים לפי שהם קיימים ועומדים לעד: (ה) אז. כשישמע גאותם ידבר אליהם באפו ובחרונו יבהלמו ודבריו עמהם הוא אפו וחרונו שישלח להם: (ו) ואני. אמר איך יחשבו הם לעקור מלכות בית דוד ואני המלכתיו. ומלת נסכתי ענין קצינות וגדולה כמו נסיכי סיחון. ומלכי ר"ל המלך שלי כמ"ש כי ראיתי בבניו לי מלך ר"ל לי לעבודתי ויאמר בהפך ואלהים מלכי מקדם ר"ל המולך עלי וכן שימוש אותיות הכינוי: על ציון הר קדשי. לפי שלא נכבשה מצודת ציון עד שבא דוד לכבשה לפיכך נקרא ציון וירושלם עיר דוד ואחר שכבשה נאספו פלשתים להלחם בו; (ז) אספרה. זה מאמר דוד שאומר אשים לי לחק ולמנהג כי ה' אמר אלי בני אתה וממני באה לי המלוכה אל יערער שום אדם עליה כי ה' לקחני לבן כמו שאמר לשמואל כי ראיתי בבניו לי מלך כלומר המלך הזה לי הוא בני הוא ועבדי לשמע

## אבן עזרא

הגאון כי טעם ישחק שישימם לשחוק וללעג והנכון שהשם ברא הגשם שהוא העולם והצורות שהם מקרים כל אשר יעשה האדם או יצייר צורות חיות ושמו נשגב לבדו מהיותו ביסוד ואף כי במקרה רק בעבור שתמדבר אדם וככה השומע דברה תורה כלשון בני אדם להבין השומע וככה עשו שהארץ כדמות אדם ותפתח הארץ את פיה מירכתי ארץ ולמו כמו להם ומלת לעג לעולם עם אות למ"ד כמו ילעיגו לי על כן ואויבינו ילעגו למו דרך כינוי כאשר אפרש: (ה) אז. יש אומרים ידבר כמו יאבד כמו ותדבר את כל זרע המלוכה שהוא לשון מות כמו אהי דברך מות כמו ותדבר את כל זרע המלוכה כי כתוב בספר אחר ותדבר מגזרת דבר כבד מאד. אלימו. החזקים כמו ואת אילי הארץ לקח ואיננו נכון כי אילי הארץ על דרך אבירי בשן גם הוא ביו"ד כי הוא מגזרת אין איל. והנכון כי ידבר כמשמעו ואלימו למו אליהם ועלימו כמו עליהם וככה ידבר אליהם למה רגשו גוים: (ו) ואני נסכתי. המלכתי והטעם שהוא נסיכי כמו המשת מלכי מדין שהיו נסיכי סיחון ודע כי הסמיכה פעם היא מהנכבד לנבזה והפך הדבר כמו אתה הוא מלכי אלהים ואני נסכתי מלכי ה' הוא נהלתו והם עמך ונחלתך וכמוהו להשתחות למלך ה' צבאות שהוא המשיח כדרך וישתחוו לו כל מלכים כי אילו היה על השם היה הלמ"ד פתוח: (ז) אספרה. דברי דוד עם הנבואה שלו או דברי המשורר מדבר בעדו וטעם אל חק זה שאספר אשים אותו לחק שיסופר והוא אמר אלי בני אתה לעבוד את השם כבן יכבד אב: אני

## מנחת שי

בגעיא: (ז) אספרה אל חק. מסכת סופרים אספרה אל חק זה קדש והחכמים אומרי' הרי זה חול ובקצת ס"ס אל"ף אספרה בגעיא:

## מצודת דוד

ואפילו אלם למעלה לגבור יחשב ומכ"ש גבור למעלה וא"כ הלוא ישחק על עלתם וילעג עליהם וכפל הדבר במ"ש: (ה) אז. כאשר ימתיקו הסוד והעלה היעוצה ידבר וגו': (ו) ואני. וכה יאמר הגל אני הוא אשר המלכתי אותו למלך המשיח ואיך א"כ תוכלו לו לעמוד למולי וכאומר נראה דבר מי יקום שלכם או שלי: (ז) אספרה. אמר דוד במקום המצוה אספר את הדבר החקוק בספר שה' אמר אלי בני אתה כמ"ש בני בכורי ישראל (שמות ד') והמלך יחשב ככל

## מצודת ציון

(ה) אלימו. אליהם: יבהלמו. מלשון בהלה: (ו) ואני. הוי"ו במקום אבל כמו ועבדיך באו לשבר אוכל (בראשית מ"ב): נסכתי. ענין ממשלה כמו נסיכי סיחון (יהושע י"ג): (ז) אל חק. את חוק וכן וירדפו אל מדין (שופטים ז'): חק. מלשון חקיקה וכתיבה:

that He raised you and bestowed wisdom upon you on the day that you stood before Him at Mount Sinai. Also (ibid. verse 6): "Is this how you would repay God. . .?" Is this His recompense for all the good He did for you? "Is He not your Father?" God is thus depicted as both a father and a mother to the people of Israel.—[*Redak*]

*Mezudath David* explains that the Psalmist speaks in the name of the Messiah: I will tell what is recorded in the Book, that God said to me, 'You are My son.' Since Israel is known as "My firstborn son," the king, who represents the entire nation, is also given that appellation.

5. Then He speaks to them in His wrath; and He frightens
them with His sore displeasure. 6. "But I have enthroned My
king on Zion, My holy mount." 7. I will tell of the decree: The
Lord said to me, "You are My son; this day have I

5. **Then He speaks to them**—Heb. אֲלֵימוֹ, *like* אֲלֵיהֶם. *And what is the speech?...*—[*Rashi*]

6. **But I have enthroned My king**—*Why have you gathered together? I have appointed this one for Me to govern and to reign on Zion, My holy mount.*—[*Rashi*]

*Mezudath David* interprets this verse as referring to the King Messiah, whom God will enthrone on Zion. *Redak* separates these two verses: First, God speaks to them with His wrath. God's speech to the Philistines is His wrath, which He vents against them. Then, Scripture continues, God says, "But I, etc." How can they plot to overthrow the Davidic dynasty when I inaugurated it and gave it royal power?

**My king**—The king who will serve Me.—[*Redak*]

7. **I will tell of the decree**—*Said David, "This is an established decree, and* [one] *that I have received to tell this and to make known."*—[*Rashi*]

**The Lord said to me**—*through Nathan, Gad, and Samuel.*—[*Rashi*]

**You are My son**—*The head over Israel, who are called "My firstborn son." And they will endure through you, as is stated concerning Abner* (II Sam. 3:18): *"for God said, etc., 'By the hand of My bondsman David shall I deliver, etc., Israel.'" And for their sake, you are before Me as a son because they are all dependent upon you.*—[*Rashi*] *Redak* renders: I will tell as a rule. I will make it a rule to tell this narrative repeatedly. Now what is this narrative? That the Lord said to me, "You are My son," and the kingship came to me from Him. Therefore, let no one contest it, for the Lord took me to Himself as a son.

**this day have I**—*for I have enthroned you over them.*—[*Rashi*]

**begotten you**—*to be called My son and to be beloved to Me as a son for their sake, as it is stated* (II Sam. 7:14) *concerning Solomon: "I will be to him a father, and he shall be to Me a son." We find further concerning David* (Ps. 89:27) *"He shall call Me, 'You are my Father, my God, and the Rock of my salvation.'"*—[*Rashi*] *Redak* explains that David is called God's son because he obeys Him and serves Him as a son obeys his father and is ready to serve him whenever he demands service.

**this day have I begotten you**—for on that day, the spirit of God rested upon him, as (in I Sam. 16:13): "And a spirit of the Lord passed over David from that day forth," and from that day forth, he recited songs and psalms with the divine inspiration that was born within him and bestowed upon him by God; also a spirit of physical might was born within him, which permeated his being from that day forth. Hence the expression: have I begotten you. A similar expression appears in Deut. 32:18: "The Rock that bore you you have forgotten," meaning

יְלִדְתִּיךָ: ח שְׁאַל מִמֶּנִּי וְאֶתְּנָה גוֹיִם
נַחֲלָתֶךָ וַאֲחֻזָּתְךָ אַפְסֵי־אָרֶץ: ט תְּרֹעֵם
בְּשֵׁבֶט בַּרְזֶל כִּכְלִי יוֹצֵר תְּנַפְּצֵם:
י וְעַתָּה מְלָכִים הַשְׂכִּילוּ הִוָּסְרוּ שֹׁפְטֵי
אָרֶץ: יא עִבְדוּ אֶת־יְהוָה בְּיִרְאָה וְגִילוּ
בִּרְעָדָה

ת"א עבדו. ברכות כט יומא ד׳ עקרים מ"ג פ׳ לג זוהר ויחי ואחרי מות (ברכות ח׳):

### תרגום

בְּרֵיתָךְ: ח בְּעֵי מִנִי וְאֶתֵּן נִכְסֵי עַמְמַיָא אַחְסָנְתָךְ וַאֲחוּדְתָךְ שַׁלְטוֹנֵי סְיָפֵי אַרְעָא: ט תְּתַבְּרִנוּן הֵיךְ בְּחוּטְרָא דְפַרְזְלָא הֵיךְ מָאן דְפַחַר תְּתָרְעִנוּן: י וּכְדֵין מַלְכַיָא אַשְׂכִּלוּ קַבִּילוּ מַרְדוּתָא נְגִידֵי אַרְעָא: יא פְּלָחוּ קֳדָם יְיָ בִּדְחַלְוּ וְצַלוּ בִּרְתִיתָא:

### רד"ק

אלי כי כל נשמע לעבודת האל יקרא בנו כמו שהבן נשמע אל האב ומזומן לעבודתו: היום ילדתיך. כי אותו היום נולדה בו רוח אלהים כמ"ש ותצלח רוח ה׳ אל דוד מן היום ההוא ומעלה ומהיום ההוא ומעלה אמר שירים ומזמורים ברוה"ק שנולדה לו ונאצלה עליו מהאל: (ח) שאל. והוא אמר לי שאל וגו׳. כמ"ש לו ואכריתה את כל אויביך מפניך ועשיתי לך שם כשם הגדולים אשר בארץ: אפסי ארץ. הם קצות הארץ ואפס וקץ קרובים בענין: (ט) תרועם. וכן אמר לי על כל הגוים שיקומו עלי אמר לי תרועם וגו׳. תרועם פי׳ תשברם וכן תנפצם הוא ענין שבר אבל עם הפיזור כי השובר כלי חרס מתפזרין שבריו. והעושה כלי חרס נקרא יוצר: (י) ועתה. אמר להם דוד למלכי׳ אשר באו להלחם אתו. השכילו ודעו. כי אין בכם יכולת לבטל מעשה האל והוא צוה עלי להיות מלך: הוסרו. ואם הייתם עד עתה במחשבה רעה קחו מוסר ואל תגבהו: (יא) עבדו. רצו במה שהוא רוצה ועבדוהו ביראה: וגילו. אל יחרה לכם

### רש"י

שהמלכתיך עליהם: ילדתיך. להיות קרוי בני והביב עלי כבן בשבילם כמו שנאמר (דברי הימים א׳ י"ד) וידע דוד כי הכינו ה׳ למלך על ישראל כי נשאת למעלה מלכותו בעבור עמו ישראל ומצינו במלכי ישראל החביבין לפניו שקרויין בן כמו שנאמר (שמואל ב׳ ז׳) בשלמה. אני אהיה לו לאב והוא יהיה לי לבן. ועוד מצינו בדוד (במזמור פ"ט) הוא יקראני אבי אתה אלי וצור ישועתי: (ח) שאל ממני. התפלל אלי בכל עת שאתה בא להלחם באויביך: (ט) תרועם. תרוצצם: בשבט ברזל. הוא החרב: תנפצם. תשברם. והוא לשון נפוץ בכל המקרא. חרס המשובר לשברים דקים: (י) ועתה מלכים השכילו. נביאי ישראל אנשי רחמים ומוכיחים עובדי כוכבים ומזלות לסור מרעתם שהקדוש ברוך הוא פושט יד לרשעים ולצדיקים: (יא) וגילו ברעדה. כשתבא אותה רעדה שכתוב בה (ישעיה ל"ג). אחזה רעדה

### מנחת שי

ה׳ אמר אלי. היו"ד בגעיא בס"ס: (יא) עבדו את ה׳ ביראה. ב׳ ביראה דגושה לא מדין מפסיק שהשני גלגלים גם כי הם מנגינת סימנית אינם מפסיקים רק מדין מפיק בעבור קריאת ה׳ באל"ף דלי"ת כמנהג וזה כלל גדול בכל המקרא ואעידה לי עדים ויהלג ה׳ כל בכור כי אין במלת ה׳ רק שופר הפוך שאינו מפסיק ומלת כל דגושה וכן ויתעבר ה׳ בי למענכם פ׳ ואתחנן. ואני אל ה׳ בטחתי (לקמן לא). וכן בישעיה כ"ז ביום ההוא יפקד ה׳ בחרבו שים תרסא בשם שאינו מפסיק והבי"ת דגושה וכן רבים באילים כמו

### אבן עזרא

היום ילדתיך. כמו אור ילדך תשי: (ח) שאל. מנהג האב להנחיל את הבן על כן אמר ואתנה גוים נחלתך: אפסי ארץ. מגזרת כי אפס כסף מקומות נגזרים מישוב: (ט) תרועם. תשברם והיה העי"ן ראוי להדגש לולי היותו מהגרון כמו תשוכם תסובם: בשבט ברזל. החרב תנפלם הפך רגשו גוים: (י) ועתה מלכים. הם מלכי ארץ והשכילו הפך על ה׳ והוסרו הפך מוסרותימו. ושפטי ארץ הם רוזנים: (יא) עבדו. הפך דבריהם ננתקה ועבודת השם ליראה ממנו ולא יעברו פיו: וגילו.

### מצודת ציון

(ח) אפסי. קצות כי בקצה הארץ כאלו אפס וכלה: (ט) תרועם. תשברם כמו ורעות רוח (קהלת א׳): יוצר. אומן חרס: תנפצם. ענין הפזור עם השבר והכלון וכן ונפוץ כדים (שופטים ז׳): (י) הוסרו. מלשון מוסר: (יא) ברעדה. בפחד ורתת:

### מצודת דוד

הטעם: אני היום ילדתיך. ר"ל חביב אתה בעיני כבן לאב ביום הולדו: (ח) שאל. לזאת שאל ממני ואתן את שאלתך להיות הגוים נחלתך: (ט) תרועם. תשבר אותם כמו המשבר מה בשבט ברזל: (י) ועתה. הואיל והוא מובטח מה׳ על כ"ז השכילו וקבלו מוסר ואל תדברו כזאת: (יא) עבדו את ה׳. לקבל עול מלכות משיחו:

**and rejoice with quaking**—*When the quaking, about which it is written* (Isa. 33:14): *"Trembling seized the flatterers," comes, you will rejoice and be happy if you have served the Lord.*—[*Rashi*] *Redak* explains: Do not be disturbed by my having achieved the kingship, but rejoice and be happy because it is God's will, and quake before Him.

begotten you. 8. Request of Me, and I will make nations your inheritance, and the ends of the earth your possession. 9. You shall break them with an iron rod; like a potter's vessel you shall shatter them." 10. And now, [you] kings, be wise; be admonished, [you] judges of the earth. 11. Serve the Lord with fear, and rejoice

**this day have I begotten you**—You are as dear to Me as a child is to its father on the day of its birth.—[*Mezudath David*]

8. **Request of Me**—*Pray to Me whenever you come to battle your enemies.*—[*Rashi*] Request of Me, and I will grant your request that the nations be your inheritance.—[*Mezudath David*] The Psalmist refers to II Sam. 7:9: "and I have cut off all your enemies from before you, and have made for you a great name, like the name of the great ones that are in the earth," and to (ibid 8:14): "and all of Edom became servants to David." This refers also to (I Chron. 14:17): "And David's renown went forth into all the lands, and the Lord put the fear of him into all nations."—[*Redak*]

9. **You shall break them**—Heb. תְּרֹעֵם, [like] תְּרוֹצְצֵם.—[*Rashi*]

**with an iron rod**—*That is the sword.*—[*Rashi*]

**you shall shatter them**—Heb. תְּנַפְּצֵם, *you shall break them, and that is the expression of* נִפּוּץ *throughout the Scriptures, a potsherd that is broken into fine pieces.*—[*Rashi*] *Ibn Ezra* renders: you shall scatter them, the opposite of "Why have nations gathered?" *Redak* explains it as an expression of both breaking and scattering, because if one breaks an earthenware vessel, its fragments scatter.

10. **And now, [you] kings, be wise**—*The Jewish prophets are merciful people. They reprove the heathens to turn away from their evil, for the Holy One, blessed be He, extends His hand to the wicked and to the righteous.*—[*Rashi*] David addresses the kings who came to wage war against him: "Be wise and know that you cannot nullify God's deed. He commanded that I be king, so how can you gather together against God? Be wise and realize that you cannot nullify His decree."—[*Redak*]

**be admonished**—If, until now, you foolishly harbored evil plans, be wise and be admonished; do not be haughty.—[*Redak*]

11. **Serve the Lord**—Desire what He desires and serve Him with fear; you should fear Him and know that He has the power and the might—not you, who have come with a huge army.—[*Redak*]

יב קַבִּילוּ אוּלְפָנָא דִלְמָא
יִרְגַּז וּתְהוֹבְדוּן אוֹרְחָא
מְטוּל דְיִיהוֹר כִּזְעֵר
רוּגְזֵיהּ טוּבֵיהּ לְכָל
דִסְבְרִין בְּמֵימְרֵיהּ׃
א תֻּשְׁבַּחְתָּא לְדָוִד

בִּרְעָדָה׃ יב נַשְּׁקוּ־בַר פֶּן־יֶאֱנַף ׀
וְתֹאבְדוּ דֶרֶךְ כִּי־יִבְעַר כִּמְעַט אַפּוֹ
אַשְׁרֵי כָּל־חוֹסֵי בוֹ׃ ג א מִזְמוֹר לְדָוִד

ת"א נשקו בר. סנהדרין לג: אשרי. ברכות י' מזמור לדוד. שם י שבועות טו זוהר וילא עקידה שער מד:

### רש"י

הנפים תגילו ותשמחו אם עבדתם את ה': (יב) נשקו בר. זרזו עצמיכם בבר לבב. יש מפרשים נשקו בר. (גרניסאנ"ש בלע"ז. הוא מפעל גרניר גארנימנ"ט פערזארגען. כמו בראשית מ"א מ'). ומנחם פתר אותו לשון תאוה כמו (בראשית ג') ואל אישך תשוקתך: פן יאנף. פן יקצוף: ותאבדו דרך. כענין שנאמר ודרך רשעים תאבד (לעיל א'): כי יבער כמעט אפו. כי ברגע מועט יבער אפו עליהם פתאום ואותה שעה אשרי כל חוסי בו יהיו ניכרים אישורי החוסים בו:

ג (א) מזמור לדוד בברחו. הרבה דרשות דרשו בני אגדה בדבר. ורבותינו אמרו משאמר לו הנביא (שמואל ב' י"ב) הנני מקים עליך רעה מתוך ביתך וגו' היה לבו סוער שמא עבד או ממזר יקום עלי שאינו מרחם עלי כיון שידע שבנו הוא שמח. ומדרש אגדה על שראה

### רד"ק

במלכותי אבל תגילו כי רצון האל הוא ורעדו מפניו: (יב) נשקו. כמו וינשק לכל אחיו. ובר. שרשו מן לבר לבב כלומר מה לכם ולי כי אני בר לבב ואין בי עון שתבאו והלחמו בי אבל עליכם לנשק לי ולהודות שאני מלך במצות האל כמנהג העבד לאדונו: פן יאנף. אם לא תשובו במהרה מדרכיכם הרעים יאנף האל עליכם ותאבדו דרך: כי יבער כמעט אפו. כמעט שתעמדו על רשעכם יבער אפו עליכם כלומר אם לא תשובו במהרה: ותאבדו דרך. כמו דרך רשעים תאבד. והנה הדרך תאבד והם אובדים מצד דרכם שהוא אובדת. ואמר אשרי כל חוסי בו. כמוני היום שחסיתי בו ונושעתי בו ואתם תאבדו ואם תחסו בו ג"כ יאמרו אליכם אשריכם. ויש מפרשים זה המזמור על גוג ומגוג ומשיח הוא מלך המשיח וכן פירשו רז"ל אבל הקרוב הוא כי אמרו דוד על עצמו כמו שפירשתי: (א) מזמור. דרשו רז"ל כי כשהיה עולה במעלה הזיתים בכה אם בכה למה מזמור ואם מזמור למה בכה כיון שאמר לו הנביא הנני מקים עליך רעה מתוך ביתך אמר שמא עבד או ממזר הוא מבני הבית שאינו מרחם עלי כיון שראה שבנו הוא חשב שירחם עליו אמר מזמור. ולפי דרך הפשט כי המזמורים לא היו נקראים מזמורים בשעת מעשה אלא על שם שהיו מזמרים בהם בבית המקדש וכן בבא דואג האדומי ויגד לשאול ורבים כן לאחר שניצל מכלם היו מזמרים כולם והנאמרים על הגלות יהיו מזמרים בשוב הגלות. אפשר כי נסמך זה המזמור לאשר לפניו לפי שפלשתים באו על דוד לעורר על המלוכה ולהלחם

### אבן עזרא

אם בא גיל אל תשכחו שתרעדו מפחד השם ויש אומרים וגילו כמו תגילו על דרך עלה ומות בהר פרו ורבו שהוא ברכה על דגי הים והטעם שתגילו אם רעדתם מהשם: (יב) נשקו בר. הנה עבדו את ה' כנגד על ה' ונשקו בר כנגד על משיחו והנה פירוש בר כמו מה ברי ומה בר בטני וכן כתוב בני אתה ומנהג גוים בעולם לשום ידיהם תחת יד המלך כאחי שלמה או העבד תחת ירך אדוניו או לנשק את המלך וזה המנהג עד היום בארץ הודו ופן יאנף שב אל השם הנזכר בפסוק הראשון ואם הוא רחוק כמו תבלעמו ארץ איננו שב אל מלת מי כמוך באלים רק אל אמר אויב וככה והקימו את המשכן עד בואם ויש אומרים כי נשקו מגזרת נשק והטעם נשקו כלי בר והנה בר כמו ברי לבב והיה ראוי להיותו בור או יהיה תקח הבר או כלי הבר: ותאבדו דרך. תהיו אובדים מפאת הדרך כמו נובלת עליה כי היא בעצמה איננה נובלת רק עליה נובלים כי היא מהפועלים העומדים ורבי משה הכהן אמר כי דרך כמו מדרך כף רגל וזה רחוק כי אין לו טעם: כי יבער כמעט אפו. פועל יוצא כאש תבער יער כדרך אש אוכלה והפעולה חסר כי אין צורך כי חרי האף נמשל לאש:

ג (א) מזמור לדוד בברחו. רצה הגאון רב סעדיה לקשור כל המזמורים זה עם זה ואמר אחר רגשו גוים כי יקרה להם כמקרה אבשלום ואין יכולת במפרש לקשור ככה וזה המזמור הוא כתוב בספר הראשון כי חמשה

### מנחת שי

אודם ה' כצדקו. אשירה לה' בחיי. אזמרה לאלהי בעודי. נמסך שמך ה' תחייני. אהללה ה' בחיי. ענו לה' בתודה. כי רוצה ה' בעמו. מלות ה' ברה. ואני אל ה' בטחתי. וכלם דגושים מפני היו"ד של קריאת השם וזולתם יהיו רפין. כמו ישוב עמלו בראשו. נתתה שמחה בלבי. קרבה אל נפשי גאלה. סמר מפחדך בשרי. משליך קרחו כפתים. יהללו שמו במחול. לעשות נקמה בגוים. כל אלה ודומיהם שהם בשני גלגלים לעולם רפין:

### מצודת דוד

תגילו. אז תשמחו בעת בוא רעדה על המורדים כי לא עליכם תהיה הרעדה: (יב) נשקו בר. חמדו בר לבב לקבל מלכות המשיח בתם לבב לא ברמיה: פן יאנף. כי פן יחרה אף ה' בכם: ותאבדו דרך. ר"ל תהיו תועים מבלי דעת דרך אנה תפנו: כי יבער. כאשר יבער אפו אף בשעור מעט אז תאבדו דרך: אשרי. אז יהיו התהלות לחוסים בה' על כי מלכם השכילו לדעת אומן כח ה' ועולם זרועו ולזה חסו בו:

ג (א) מזמור. התפלה הזאת אמרה בזמרה: לדוד. של דוד כי הוא יסדה: בברחו. ולפה אז ברוח הקודש שיוחזר למלכותו

### מצודת ציון

(יב) נשקו. מל' תשוקה וחמדה: בר. מלשון ברור ונקי: יאנף. מל' אף וכן כי אנפת בי (ישעיה י"ב): יבער. ענין שרפה ולהט:

ג (א) מזמור. מלשון זמר:

you evil out of your own house etc.," *his heart was quaking, perhaps a slave or a mamzer* [a child of an illicit union] *will rise up against me, who will not have mercy on me. As soon as he found out that it was his son, he was happy. The Midrash Aggadah* (*Midrash Psalms* 3:3) [states]: *Because he saw his order intact, for his servants, and the Kerethite and Pelethite, who were the Sanhedrin, were affirming his lordship over them-*

with quaking. 12. Arm yourselves with purity lest He become angry and you perish in the way, for in a moment His wrath will be kindled; the praises of all who take refuge in Him.

## 3

1. A song of David,

12. **Arm yourselves with purity**—*Arm yourselves with purity of the heart. Some explain* נַשְּׁקוּ *as garnimont in Old French, equipping.* (This is from the verb, *garnir. Garnimont* means to provide, as in Gen. 41:40). *Menachem* (p.179) *interprets it as an expression of desire, as* (in Gen. 3:16): "*Your longing* (תְּשׁוּקָתֵךְ) *shall be for your husband.*"—[*Rashi*] [Note that although there appear to be three interpretations of this passage, it is difficult to determine the difference between the first and the second. Because they do not appear in early manuscripts, *Parshandatha* asserts that the second and third interpretations were included not by *Rashi* but by later copyists.] *Redak* and *Ibn Ezra* suggest also: Kiss the son, meaning the Messiah, mentioned in verse 7 as "My son." I.e. pay homage to the Messiah. This interpretation was seized eagerly by the Christians and construed as referring to the founder of their religion. While *Rashi* intentionally avoided this interpretation so as not to provide any basis for their contention, *Redak* accepts it and successfully refutes their argument. See the Appendix of this volume for a complete translation of *Redak's* refutation.

Based on *Menachem's* interpretation, *Mezudath David* explains: Desire purity of heart to accept the kingdom of the Messiah with sincerity, not with guile.

**lest He become angry**—Heb. יֶאֱנַף, *lest He become angry.*—[*Rashi*] Lest God become angry with you.—[*Mezudath David*]

**and you perish in the way**—*Like the matter that is stated* (above 1:16): "*but the way of the wicked shall perish.*"—[*Rashi*] If you do not repent immediately, God will become angry with you, and you will perish.—[*Redak*] *Mezudath David* interprets it to mean that you will lose your way and go astray.

**for in a moment His wrath will be kindled**—*For in a short moment His wrath will suddenly be kindled against them, and at that time, the praises of all those who take refuge in Him will be discerned, the praises of all who take refuge in Him.*—[*Rashi*] *Redak* explains that in this verse the Psalmist contrasts his opponents with himself: they will be lost, but he, who takes refuge in God, will be praised.

1. **A song of David, when he fled**—*The Aggadists expounded many homilies on this matter. Our Sages said* (*Ber.* 7a): *When the prophet said to him* (in II Sam. 12:11), "*Behold I will raise up against*

בְּבָרְחוֹ מִפְּנֵי | אַבְשָׁלוֹם בְּנוֹ: ב יְהֹוָה
מָה־רַבּוּ צָרָי רַבִּים קָמִים עָלָי: ג רַבִּים
אֹמְרִים לְנַפְשִׁי אֵין יְשׁוּעָתָה לּוֹ
בֵאלֹהִים סֶלָה: ד וְאַתָּה יְהֹוָה מָגֵן בַּעֲדִי
כְּבוֹדִי וּמֵרִים רֹאשִׁי: ה קוֹלִי אֶל־יְהֹוָה

בְּמַעְרְקֵיהּ מִן קֳדָם
אַבְשָׁלוֹם בְּרֵיהּ: ב יְיָ
כְּמָה סַגִּיאִין מְעִיקַי
סַגִּיאִין דְּקַיְמִין עֲלָי:
ג סַגִּיאִין אָמְרִין לְנַפְשִׁי
לֵית פּוּרְקָנָא לֵיהּ
בֶּאֱלָהָא לְעָלְמִין:
ד וְאַנְתְּ יְיָ תְּרִיס עֲלַי
יְקָרִי וּמְרִים רֵישִׁי:
ה קָלִי קֳדָם יְיָ אֲצַלֵּי

ת"א מה רבו לרי. ברכות ו (שבת ח ערובין כו): ואתה ה'. זוהר לך לך:

אקרא

## רד"ק

עמו וכן אבשלום בנו חשב לקחת המלוכה מיד אביו ולהמיתו והוא נצח הכל ונשאר במלכותו: (ב) מה רבו. בני ועמשא בן אחותו ושמעי בן גרא ורוב ישראל זהו טעם הכפל: רבים קמים עלי. וכלם הם קמים עליו ומתיעצים להלחם עמו: (ג) לנפשי. בעבור נפשי כמו אמרי לי אחי: והטעם כי רבים מחכמי ישראל כמו אחיתופל ואחרים היו חושבים שלא תשוב המלוכה לו לעולם. לפיכך היו אחרי אבשלום ומרדו בו והיו אומרים כי אין לו חלק לעולם הבא לפיכך אמרו לנפשי אין ישועתה לו אין ישועה לו בעולם הזה כי לא ינצל מיד אבשלום ואין ישועתה לנפשו לו לעולם הבא ולפיכך אמר גם כן ישועתה ר"ל ישועה וישועה כי כל כפל תוספת לכפל ענין וכן עזרתה רב עזרה. ומלת סלה אני אומר כי הוא לשון הגבהה מן סולו המסילה כלומר באותו המקום שהיא נזכרת זאת המלה היתה הרמת קול המזמור והראיה לא תמצא אותו אלא בזה הספר ובתפלת חבקוק שהיתה שיר כמ"ש ג"כ שם למנצח בנגינותי: (ד) ואתה הפך דבריהם שאומרים שאין לי תקוה לא בעולם הזה ולא בעולם הבא ואתה תעשה עמי שתהיה מגן בעדי להצילני בעולם הזה ומגן בעדי לעולם הבא והכבוד הוא הנפש כמו ויגל כבודי ומגן שזכר עומד במקום שנים מגן בעדי ומגן כבודי או פירוש כבודי הפך הקלון שהיה בו בברחו: ומרים ראשי. שלא אבוש ולא יפלו פני לפני אויבי אלא אלך בהרמת הראש וכשתצילני יכירו וידעו כי אתה מחלת לי העון הזה והעונש שתענשני: (ה) קולי אל ה'. שקרא לו מצרה: ויענני. עבר במקום עתיד וכמוהו רבים או הוא כמשמעו כי בטוח היה בזה או רוח הקדש הופיעה על לשונו כן שהוא כאילו נעשה הדבר והוא נכון: מהר קדשו. נוכל לפרש מהר המוריה אעפ"י שלא היה עדיין קדש אולי קבלה היתה אצלו כי שם יהיה בית המקדש ומפני

## רש"י

טכסיסו קיימת שהיו עבדיו והכרתי והפלתי שהן סנהדרין מחזיקים אדנותו עליהם כשאמר להם (שם ע"ו) קומו ונברחה וגו' מפני אבשלום מה כתיב שם ככל אשר יבחר אדוני המלך הנה עבדיך וכשבא מחנים (שם י"ז) ושובי וגו' ומכיר בן עמיאל וגו' וברזלי הגלעדי יצאו לקראתו וכלכלוהו שם: (ב) רבים קמים עלי. בני אדם גדולים בתורה גדולים בחכמה גדולים בעושר גדולים בקומה. כגון שאול וילידי הרפה דואג ואחיתופל: (ג) אומרים לנפשי. על נפשי: אין ישועתה לו באלהים סלה. לפי שבא

## מנחת שי

ג (א) בברחו. בבי"ת בקמץ לבדו והוא חטוף: (ב) ה' מה רבו צרי. צריך ליזהר בטרחא שבשם פן ח"ו יבוא לידי חירוף כמ"ש בפרשת קרח אלא כל סקרב סקרב: (ג) אומרים. בלא מאריך

## אבן עזרא

ספרים הם על כן אין לתמוה אם מצאנו בחמישי בהיותו במערה תפלה שהיה קודם דבר אבשלום ומזמור בדרך נבואה שהתנבא שהוא יגלה על ויענני מהר קדשו כתפילת יונה ותבא אליך תפילתי: (ב) ה' מה. בלשון הקודש נופל על דבר נכבד ונבזה כמו מה רבו מעשיך מה אנוש כי תזכרנו ובמקום הזה לתימה וישראל נחלקו בו לג' חלקים יש מהם צרים כבני בנימין ויש מהם קמים והם בנו ועמשא וקרובים ויש אחרים אומרים כי נפל ולא יוסיף קום: (ג) לנפשי. בעבור נפשי כדרך ואמר פרעה לבני ישראל אמרי לי אחי הוא: ישועתה. שנים סימנים לשון נקבה דרך צחות כמו אימתה בצרתם והזכיר על נפשו לו כמו להריק נפש רעב. ורבים יפרשו סלה כמו לנצח ואיננו נכון ומתרגם ספר תהלות לאחרים אמר כי מלת סלה אין לה טעם רק היא לתקון טעם הנגון והעד כי לא תמצא זאת המלה בכל המקרא כי אם בתפילת חבקוק שלשה שהוא כדרך תהלות על שגיונות כמו שגיון לדוד למנצח בנגינותי והמה יהיה פירוש סלה לנצח וכתוב על מי מריבה סלה ופעם אחת היתה גם כתוב וקדוש מהר פארן סלה וי"א כי סלה שב אל וקדוש ועוד כתיב ערות יסוד עד צואר סלה והנכון כי טעם סלה כמו כן הוא או ככה ואמת הדבר ונכון הוא: (ד) ואתה. מגן. שם ואינו פועל כי היה ראוי להיותו על משקל הנני מיסב וטעם מגן שהוא לא בא במלחמה וטעם כבודי כי כל המנצח יש לו כבוד: (ה) קולי. והטעם אני לא אבוא במלחמה רק ארים

## מצודת ציון

(ג) רבים. ר"ל גדולים במעלה כמו וכל רבי מלך בבל (ירמיה ל"ט): סלה. ענינו כמ"ש כמו לעולם: (ד) מגן. ענין מחסה כהמגן הזה המציל את הנושאו ממכת חרב וחנית: בעדי. כנגדי:

## מצודת דוד

ואמר התפלה הסיא בזמרה: (ב) מה רבו צרי. עד שאף בני קם עלי: רבים. בני אדם גדולים כשמעי ודואג ואחיתופל: (ג) לנפשי. על נפשי יאמרו שעד עולם לא יהיה לי תשועה מה' וכאשר החל לנפול לא יוסיף לקום: (ד) ואתה ה'. אבל לא כן הוא כי אתה מגן בעדי ותומך כבודי ומרים ראשי כי אחזור במלכותי: (ה) קולי. כשאקרא בקולי אל ה' ידעתי כי יענני מהר קדשו והוא

**and He Who raises up my head**—that I should not be disgraced and that my face should not fall before my enemies, but I should walk upright, with my head raised, for then all will know that You have forgiven me my sin.—[*Redak*]

5. **With my voice, etc.**—I will not go to war but will merely raise my voice in prayer to the Lord.—[*Ibn Ezra*]

**and He answered me**—This is the prophetic past because the Book of Psalms was written with divine

when he fled from Absalom his son. 2. O Lord, how many have my adversaries become! Great men rise up against me. 3. Great men say concerning my soul, "He has no salvation in God to eternity." 4. But You, O Lord, are a shield about me, my glory and He Who raises up my head. 5. With my voice, I call to the Lord,

*selves. When he said to them* (ibid. 15:14), *"Arise and let us flee etc. from Absalom," what is written there?* (verse 15) *"Whatever my lord the king shall choose, behold your servants* [are ready to do]." *And when he came to Mahanaim* (ibid. 17:27), *"Shobi, etc. and Machir the son of Amiel, etc. and Barzilai the Gileadite" came to meet him and sustained him there.*— [*Rashi*]

2. **Great men rise up against me**—*Men great in Torah, great in wisdom, great in wealth, tall in stature, such as Saul; the children of Raphah; Doeg, and Ahitophel.*—[*Rashi* from *Midrash Psalms* 3:4]

3. **say concerning my soul**—Heb. לְנַפְשִׁי, *concerning my soul.*—[*Rashi*] [*Rashi*, among others, emphasizes that the meaning is "concerning my soul," lest we render, "to my soul," as the literal translation warrants.]

**"He has no salvation in God to eternity"**—*Because he was intimate with a married woman.*—[*Rashi* from *Midrash Ps.* 3:5, which see] *Rashi* alludes to David's affair with Bathsheba, about which Doeg and Ahitophel would taunt him constantly, saying that because of it, he would have no share in the world to come. See *Bava Mezia* 59a.

*Redak* explains that David's enemies were convinced that he was being punished for that sin, and that he would not regain his throne. Therefore they followed Absalom and rebelled against David. Of his affair with Bathsheba, they would say, "concerning my soul," meaning that he had no share in the world to come. Of his certain defeat at the hands of Absalom, they would say, "He has no salvation in God," meaning that he shall have no salvation in this world, for he was certain to fall into Absalom's hands.

**to eternity**—Heb. סֶלָה, a strange word, appearing only in Psalms, Habakkuk, and the daily prayers. According to *Targum* both here and in Habakkuk, the meaning is "to eternity." *Ibn Ezra* prefers to render: in truth, so it is. He states also that it is meant to complete the meter, as is evidenced by its appearance only in Psalms and in the prayer of Habakkuk, which is composed in the style of Psalms. *Redak* explains it as an expression of raising the voice, instructing the singer to do so at this point.

4. **But You, O Lord, etc.**—Quite contrary to their statements that I have no salvation either in this world or in the next, You showed them that You will be my shield to save me in both worlds.—[*Redak*]

**my glory**—You shield my glory, namely, my soul. This is my salvation in the next world.—[*Redak*]

אֶקְרָא וַיַּעֲנֵנִי מֵהַר קָדְשׁוֹ סֶלָה: ו אֲנִי
שָׁכַבְתִּי וָאִישָׁנָה הֱקִיצוֹתִי כִּי יְהוָה
יִסְמְכֵנִי: ז לֹא־אִירָא מֵרִבְבוֹת עָם
אֲשֶׁר סָבִיב שָׁתוּ עָלָי: ח קוּמָה יְהוָה
הוֹשִׁיעֵנִי אֱלֹהַי כִּי־הִכִּיתָ אֶת־כָּל־אֹיְבַי
לֶחִי שִׁנֵּי רְשָׁעִים שִׁבַּרְתָּ: ט לַיהוָה

וְקַבֵּל צְלוֹתִי מִן טוּר
בֵּית מַקְדְּשֵׁיהּ לְעָלְמִין:
ו אֲנָא שְׁכִיבִית וּדְמָכִית
אִתְעָרִית מְטוּל דַּיְיָ
סָמִיךְ יָתִי: ז לָא תִדְחַל
מִסִּיעָתָא דְעַם דַּחֲזוֹר
חֲזוֹר אִתְכְּנַשׁוּ עֲלַי:
ח קוּם יְיָ פְּרוֹק יָתִי
אֱלָהִי אֲרוּם מְחֵיתָ כָּל
בַּעֲלֵי דְבָבַי עַל לִיסְתְּהוֹן
כַּכֵּי רַשִּׁיעֵי תַּבַּרְתָּ: ט
מִן קֳדָם יְיָ פּוּרְקָנָא
עַל

ת"א שני רשעים. ברכות נ"ד. סנה' סו כותה י"ב: לה' הישועה. שבועות טו עקרים פכ"ד זוהר אמור עקידה שער עב

## רש"י

גל אחת היא: (ו) אני שכבתי ואישנה. לבי אטוס דאגה ופחד: הקיצותי. מדאגתי. כי בטחתי כי ה' סמכני: (ז) שתו. לשון שאיה. (גארטירנ"ט בלע"ז. זפעל גאסע"ר בל"א פערדערבען). ויש אומרים שתו כמו שמו כמו (שמות י') למען שיתי אותותי: (ח) כי הכית את כל אויבי לחי. מכת בזיון היא כמה דאת אמר (מיכה ג') יתן למכהו לחי (מיכה ד') בשבט יכו על הלחי. מדרש אגדה מכת הפה כמה דאת אמר (שמואל ב' י"ז) יעו אל ביתו ויחנק: שני רשעים. גבורתם. (ט) לה'

## רד"ק

זה עלה דוד בברחו במעלה הזתים ומשם השתחוה לאל כי משם אדם רואה המקום ההוא. או פי' מהר קדשו מהר ציון ששם הארון: (ו) שכבתי. בבטח ואישן בשלום כאדם שאין לו פחד והקיצותי ואינני נבהל כאדם הישן מתוך הצרה שהוא נבהל בהקיצו מפני חלומות רעים כמו שחושב בלבו מפחדו ולמה אני בוטח כל כך כי ידעתי כי יסמכני ה' כי כן ראיותי בחלום: (ז) לא. כי כל ישראל היו עם אבשלום לבד מעטים: שתו עלי. שתו מלחמתם עלי או פי' שתו נלחמו וכן שות שתו השערה: (ח) קומה. הטעם מלרע וכן כל קומה אשר בזה הספר זולתי וקומה לעזרתי שהוא מלעיל: כי הכית. פעמים רבות הושעתני והכית אויבי כן תעשה עתה. או פירושו על זאת המלחמה והוא כמו שפירשנו ויענני מהר קדשו. ופי' לחי. בלחי והוא מכת בזיון וכן שני רשעים שברת והם אותם שהיו אומרים לטרפו והוא על דרך ואשברה מתלעות עול: (ט) לה'.

## אבן עזרא

קולי בתפלה: מהר קדשו. בעבור הארון שהיה בציון נקרא הר הקודש וזה קודם דבר ארונה היבוסי: (ו) אני. לבטח אשכבה ואישן בלילה שהיתה למחרת המלחמה ויש אומרים כי בנפול מזל האדם הוא דומה לישן ובהתעורר המזל להטיב לו דומה למקיץ: (ז) שתו עלי. כמו שות שתו השערה כמו נלחמו. ויש שפירשו השתות והטעם כמו רשתות על כן מלת סביב: (ח) קומה. דע כי שם הפועל הוא בכל פעל עבר או עתיד ואע"פ שאיננו פעמים כתוב כמו וברך ולא איננה והטעם וברך ברכה וככה וברוב יועצים עלה תקום וככה כי הכית את כל אויבי מכת לחי או תחסר אות בי"ת כמו הנמלא בית ה' כי ששת ימים עשה והנה הוא בלחי

## מנחת ישי

בהל"ף: ישועתה לו באלהים. היו"ד בגעיא: (ו) ואישנה. בלא מאריך בוא"ו: הקיצותי. מלא וא"ו ועיין מ"ש בירמיה נ"א: (ח) קומה. הטעם מלרע וכן כל קומה אשר בזה הספר זולתי וקומה

## מצודת דוד

ציון מקום שכינתו: סלה. עד עולם יענני ר"ל גאולת עולם תהיה כי לא אשוב עוד להיות גולה ובורח: (ו) אני שכבתי. כשאני שוכב ונרדם מגודל הצער: הקיצותי. ר"ל ספנתי לערי בזכרי אשר ה' יסמכני: (ז) לא אירא. לזה לא אירא מרוב העם אשר את אבשלום אשר שמו סביבם להלחם בי: (ח) קומה ה'. הואיל ובטחתי בך מקראוי במקום להושיעני: כי הכית. הלוא מעולם הכית את אויבי על הלחי ר"ל מכת בזיון וכמ"ש יתן למכהו לחי ישבע בחרפה (איכה ג') ור"ל הכאת הלחי תחשב לחרפה: שני רשעים. אשר היו חורקים עלי שנימו לחרות אפם כי הלוא מעולם שברת ולזה גם עתה אל תרף ידך ממני: (ט) לה' הישועה. הלא

## מצודת ציון

(ו) הקיצותי. ענין הסרה משינה: (ז) שתו. שמו וכן שתו בשמים פיהם (לקמן ע"ג): (ח) לחי. הוא המקום הסמוך אל העין מהחת:

and He answered me from His holy mount to eternity. 6. I lay
down and slept; I awoke, for the Lord will support me. 7. I will
not fear ten thousands of people, who have set themselves
against me all around. 8. Arise, O Lord, save me, my God, for
You have struck all my enemies on the cheek; You have broken
the teeth of the wicked. 9. It is incumbent upon the Lord

inspiration, which is a degree of prophecy.—[*Redak*]

**from His holy mount**—This may mean Mount Moriah, which was the future site of the Temple. Although the Temple was not yet built, this was the traditional site where it was to be erected. It may also refer to Zion, where the Ark was situated at that time.—[*Redak*]

6. **I lay down and slept**—*My heart was clogged from worry and fear.*—[*Rashi*]

**I awoke**—*from my worry, because I trusted that the Lord would support me.*—[*Rashi*]

7. **have set themselves**—Heb. שָׁתוּ, *an expression of desolation, gâtiront in Old French, to destroy. Others say that* שָׁתוּ *is like* שָׂמוּ, *they placed, like* (Exod. 10:1): *"in order that I set up* (שִׁתִי) *my signs."*—[*Rashi*]

8. **for You have struck all my enemies on the cheek**—*This is a disgraceful blow, as you say* (Lam. 3:30): *"Let him offer his cheek to the smiter";* (Micah 4:14), *"with a rod they strike . . . on the cheek." According to the Midrash Aggadah* (*Mid. Ps.* 3:7), *this is a sickness of the mouth,* [choking, croup] *as you say* (II Sam. 17:23): *"And he* [Ahithophel] *gave charge to his household and he .strangled himself."*—[*Rashi* from *Midrash Psalms* 3:7]

**the teeth of the wicked**—*Their might.*—[*Rashi*] I.e. you destroyed those wicked men who threatened to devour me.—[*Redak*] Those who gnashed their teeth against me in anger.—[*Mezudath David*]

9. **It is incumbent upon the Lord to save, etc.**—*It is incumbent upon Him to save His servants and His people, and it is incumbent upon His people to bless Him and thank Him forever.*—[*Rashi*] *Redak* explains: When You save me, I will thank You and say, "The salvation is the Lord's," and no one can be saved without Him. "Your blessing is upon Your people," that they should not die in this war. *Ibn Ezra* explains that "Your people" are those who help David, not those who help a son rebel against his father. David prayed that none of them should fall in battle, or perhaps he prophesied that none would.

הַיְשׁוּעָה עַל־עַמְּךָ בִרְכָתֶךָ סֶּלָה:
ד א לַמְנַצֵּחַ בִּנְגִינוֹת מִזְמוֹר לְדָוִד:
ב בְּקָרְאִי עֲנֵנִי אֱלֹהֵי צִדְקִי בַּצָּר
הִרְחַבְתָּ לִּי חָנֵּנִי וּשְׁמַע תְּפִלָּתִי: ג בְּנֵי

**תרגום**

עַל עַמָּךְ בִּרְכָתָךְ לְעָלְמִין: א לְשַׁבָּחָא עַל חִנְגִּיתָא תּוּשְׁבַּחְתָּא לְדָוִד: ב בְּעִדָּן צְלוֹתִי קַבֵּל מִנִּי אֱלוֹהַּ צִדְקוֹתִי בְּעִידָן עָקְתָא אַפְתֵּיתָא לִי חוּס עֲלַי וְקַבֵּל צְלוֹתִי: ג בְּנֵי נָשָׁא

**רד"ק** ת"א (בקרא׳ . תענית כ"ט):

וכאשר תושיעני אודה ואומר לה׳ הישועה ולא יושע אדם בזולתו: על עמך ברכתך. שלא ימותו עמך במלחמה הזאת: (א) למנצח. ארז"ל המזמור הזה נאמר בשלשה מיני שבח בניצוח בניגון ומזמור והנראה כי המנצח הוא אשר היו על המשוררים ועל ידי המנצחים היו נאמרים המזמורים והיו נותנים אותם למנגנים ולמשוררים ולא תמצא בשום מקום למשורר ולמנגן אלא למנצח ויש שיהיה מנצח על כלי הנקרא נגינות. ויש על כלי הנקרא שמינית ועם הכלים היו נאמרים השירים והנגונים והתהלות כל אחד לפי נגוניו הידוע אצלם כי חכמה גדולה היתה והיא תעורר הנפש החכמה והיא נחלקת בכלל החכמות החיצונות. והכלים שהיו בבית המקדש להלל הם נבלים וכינורות ומצלתים ושופר וחצוצרות והיו הכלים נחלקים על נגינות ידועים אצלם יש מהנגינות הנקרא עלמות ויש נקרא נגינות ובו היה נאמר זה המזמור ויש מהם נקרא משכיל ויש מהם נקרא מכתם ויש נחילות ויש גיתית ויש נקרא כלי עשור ויש עוגב ויש מינים וכל אחד חלוק בנגינתו כמו שהוא ידוע אצל בעלי החכמה ומצאנו כתיב וארבע אלפים מהללים לה׳ בכלים אשר עשיתי להלל: (ב) בקראי. הנכון שנאמר המזמור הזה גם כן בברחו מפני אבשלום ואמר בקראי ענני אלהי צדקי שאתה יודע כי עמי הצדק ועם אשר כנגדי העול והחמס ואתה אלהים שופט עלינו כי כל אלהים עניניו שופט: בצר הרחבת לי. כמו תרחיב כמו שפירשנו שבנביאות יאמר עבר במקום עתיד שהדבר כאלו נעשה וכן היתה רוח הקדש מופיע על לשונו ואומר הרחבת לי: (ג) בני איש. אמר כנגד גדולי ישראל שהיו עם אבשלום: בני איש. הגדולים: כבודי. נפשי כמו

**רש"י**

הישועה וגו׳. עליו להושיע את עבדיו ואת עמו ועל עמו מוטל לברך ולהודות לו סלה:

ד (א) למנצח בנגינות. מזמור זה יסדו דוד שיאמרוהו בני לוי המנצחים בנגינות בשיר על הדוכן לשון נצוח נופל במתחזקים בעבודה כענין שנאמר (עזרא ג׳) ויעמידו את הלוים מבן כ׳ שנה ומעלה לנצח על מלאכת בית ה׳: (ב) בצר הרחבת לי. בימים שעברו עלי ומעתה חנני ושמע תפלתי: (ג) בני איש. בני אברהם

**מנחת שי**

לעזרתי בהוא מגעיל רד"ק ומכולת: (ט) הישועה. כל הישועה שבמקרא היו"ד רפה מכלול דף נא:

ד (ב) בקראי. הקו"ף בקמ"ן לבד וכן חנני והם הטועים: (ג) בני

**אבן עזרא**

וטעם ושני רשעים כנגד רבים אומרים לנפשי אז יתברר לכל כי לשם הישועה כי הוא יושיע מי שיהפוך בו וטעם על עמך הם הנלחמים בעבור דוד כי הם עם ה׳ באמת ולא ככה העוזרים לבן לקבור על אביו והנה התפלל שיברכם השם ולא יפקד מהם במלחמה איש או התנבא.

ד (א) למנצח בנגינות. אמר הגאון כי זה המזמור לדוד ונתנו לאחד מן המשוררים לנגן אותו תמיד כמו לנצח ואחרים אמרו כי המנצח הוא הפקיד שהוא שר על המנגנים כמו ומנצחים עליהם וזהו הנכון ונפתח למ"ד למנצח בעבור היותו ידוע וטעם בנגינות שיש לו שתי נעימות ויש אומרים כלי שיר נקרא נגינת ולפי דעתי שהיו בישראל נגינות ושירות על נעימות רבות וטעם בנגינות שהיה תחלת שיר והנה נכתב עם זה המזמור הניגון וככה למעלות והמעלות ועל עלמות ועל אילת השחר ועל יונת אלם ועל מחלת: (ב) בקראי. וטעם אלהי צדקי אתה הסבה הראשונה להראות צדקי ובצר שם דבר כמו בצר לי: (ג) בני. אמר רבי משה הכהן ז"ל כי זה המזמור כתוב למעלה וידבר עם בני איש בעבור גבהות לבם בבחרותם, עד מתי שמתם כבודי לכלמה ולא יעמוד זה שאביתם ולא

**מצודת ציון**

ד (א) למנצח. בעלי השיר יקראו מנצחים כי דרכם לנצח זה את זה בהרמת הקול ובהכרעתו: בנגינות. מלשון נגינה וזמר

**מצודת דוד**

התשועה היא ביד ה׳ והוא יוכל להושיעני מידם ואף על עמך תהיה ברכתך לעולם ר"ל תושיע לי לבל יוכלו להרע לי ואף עליהם תהיה ברכתך שלא יהיו נגפים גם המה וכאומר לא אתפלל על מפלתם כ"א על תשועתי: ד (א) למנצח. ר"ל המזמור הזה של דוד נמסר לבן לוי המנצח לנגנהו בנגון בכיסמ"ק: (ב) בקראי. בעת אקרא לך ענני: אלהי צדקי. אתה אלהי העושה עמדי צדקה הלוא מעולם כשהייתי בצר ובדוחק העמדתני במרחב לכן גם עתה חנני: (ג) בני איש. אתם בני אדם גדולים עד מתי תהפכון כבודי לכלימה ר"ל במקום הכבוד הראוי אלי תכלימו אותי וכאומר הלוא משפט

are committing a grave injustice against me. He invokes the name אֱ־לֹהִים, the name of justice, meaning that God should judge them.—[*Redak*]

**in my distress You have relieved me**—*in the days that have passed over me. From now on, be gracious to me and hearken to my prayer.*—[*Rashi*]

3. **Sons of man**—*The sons of Abraham, Isaac, and Jacob, who are called man. About Abraham it is stated* (in Gen. 20:7): "*Restore the man's wife.*" *About Isaac it is stated* (ibid. 24:65): "*Who is that man . . . ?*" *About Jacob, it is stated* (ibid. 25:27): "*and Jacob was a plain man.*"—[*Rashi* from *Mid. Ps. 4:7]*

to save, and it is incumbent upon Your people to bless You forever.

4

1. To the conductor with melodies, a song of David. 2. When I
call, answer me, O God of my righteousness; in my distress You
have relieved me, be gracious to me and hearken to my prayer.
3. Sons of

1. **To the conductor with melodies**—*David established this psalm so that the Levites who conduct the melodies when singing on the platform should recite it. The expression of* נְצוּחַ *denotes those who apply themselves to the service, as the matter is stated* (Ezra 3:8): *"and appointed the Levites from twenty years old and upwards to conduct the work of the house of the Lord."*—[*Rashi*] *Redak* cites *Midrash Psalms* (3:7), that this psalm was recited with three types of praise: with נְצוּחַ, with נִגּוּן, and with מִזְמוֹר. He interprets this to mean that the conductor would give the music to the musicians and the singers, and would himself lead the music and recite the psalm. Apparently, *Redak* continues, this psalm was sung to the accompaniment of a musical instrument known as *neginoth*. Others were played with an instrument known as *sheminith*.

The songs and melodies were played upon these instruments; each song with its proper melody, for the Levites of that period knew them. (Music was a great wisdom, capable of arousing the soul, and so is included among the other wisdoms.) In the Temple, lyres, harps, cymbals, trumpets, and *shofaroth* were the various instruments used for these known melodies. One of those melodies was called *alamoth*, as in I Chron. 15:20 and in Psalms 46:1; one was called *neginoth*, one *maskil*, one *michtam*, *shiggayon*, *nehiloth*, *shigyonoth*, and *gittith*. One of the instruments was called *assor*, a ten-stringed harp; one *uggav*, a flute; and one *minim*, a clavichord. All these instruments were played by the Levites except the trumpets, which were blown by the priest. A study of these instruments was made by Rabbi Abraham Portleoni in his work *Shiltei Haggiborim*, published in Mantua in 5372, appearing in volume 6 of the *Encyclopedia l'iny'nei Hamikdosh Vehamishkan*, 5725, Jerusalem.

2. **When I call, answer me, O God of my righteousness**—This psalm too was composed when David was fleeing from Absalom. He prays: When I call out, answer me, O God of my righteousness, the God Who knows that I am right and that my enemies

אִישׁ עַד־מֶה כְבוֹדִי לִכְלִמָּה תֶּאֱהָבוּן
רִיק תְּבַקְשׁוּ כָזָב סֶלָה: ד וּדְעוּ כִּי
הִפְלָה יְהוָה חָסִיד לוֹ יְהוָה יִשְׁמַע
בְּקָרְאִי אֵלָיו: ה רִגְזוּ וְאַל־תֶּחֱטָאוּ אִמְרוּ
בִלְבַבְכֶם עַל־מִשְׁכַּבְכֶם וְדֹמּוּ סֶלָה:
ו זִבְחוּ זִבְחֵי־צֶדֶק וּבִטְחוּ אֶל־יְהוָה:

רבים

מטול מה איקרי
לאתכנעותא תרחמין
סרקותא תבעון
כדיבותא לעלמין:
ד וידעון ארום פריש יי
זכאה ליה יי יקבל
צלותיה דדוד במקרי
לותיה: ה זעו מניה ולא
תחטון אמרי בעוהכון
בפומכון ושילהכון
בלבבכון וצלו על
שוויכון ואדכרו יום
מיתותא לעלמין: ת״א רגזו. ברכות ה׳ זוהר בחקותי (ברקנם ב׳):
ו כבשו יצרכון ויתחשיב לכון כנכסת צדקא וסברו על יי:

## רש״י

יצחק ויעקב הקרויים איש באברהם נאמר (בראשית כ׳) השב את אשת האיש ביצחק נאמר (שם כ״ד) מי האיש הלזה. ביעקב נאמר (שם כ״ה) איש תם: עד מה כבודי לכלמה. עד מתי אתם מבזים אותי (שמואל א׳ כ׳) כי בוחר אתה לבן ישי. (שם כ״ב) בכרת בני עם בן ישי (שם כ״ב) ראיתי את בן ישי (שם כ״ה) מי דוד ומי בן ישי. אין לי שם: תבקשו כזב. תרדפו למצוא כזבים כגון הזפים שמלשינים עלי ולי היו מראים שלום וכיוצא בהם דילטורין שהיו בימי שאול. (שם כ״ג) הלא דוד מסתתר בגבעת החכילה וכן הרבה: (ד) הפלה. הבדיל: (ה) רגזו. הרדו מלפני הקדוש ברוך הוא ואל תחטאו: אמרו בלבבכם על משכבכם ודומו סלה. השיבו על לבבכם שהזהיר הקדוש ברוך הוא על כך: (ו) זבחו זבחי צדק. הצדיקו מעשיכם והרי אתם כמקריבים זבחים: ובטחו אל ה׳. שישפיע לכם טובה ואל תחטאו לו בשביל ממון שאתם מצפים לקבל שכר מאת שאול:

## רד״ק

רבים אומרים לנפשי. או פי׳ כבודי שאני מלך ואתם מכלימים אותי ומבריחים אותי ממלכותי: תאהבון ריק. דבר שלא יתקיים והוא מלכות אבשלום וזהו כזב דבר שאין לו קימה כמו אשר לא יכזבו מימיו: (ד) הפלה. הפריש והבדיל ופי׳ הבדילני לו מכל ישראל להיותי מלך ולמה כי ידעני חסיד והוא מי שעושה טובה עם חבירו לפנים משורת הדין. ודוד עשה עם כמה בני אדם לפנים משורת הדין שהיו עושים עמו רעה והוא היה עושה עמהם טובה כמו שמצינו בשאול והנה הוא נתן לי המלוכה איך תחשבו אתם לגזלה ממני ולהמליך אחר ואעפ״י שתראוני בצרה עתה תדעו כי ה׳ ישמע בקראי אליו ויוציאני מן הצרה הזאת: (ה) רגזו. ענין פחד פחדו מהאל אם לא תפחדו ממני ואל תחטאו עוד לרדוף אחרי ולמרוד בי: אמרו בלבבכם על משכבכם. כי האדם על משכבו ימצא לבו יותר פנוי מעסקי העולם. ואז תהיה כונתו זכה ואמר דוד כנגדם חשבו בלבבכם ודומו. וכן נקראת מחשבת הלב אמירה האומר׳ בלבבה. ואמר ודומו סלה. ר״ל שתקו וחדלו למרוד בי כי הדממה ענין שתיקת הדבור והקול והמעשה: (ו) זבחו. מאשר הרעותם

## אבן עזרא

יקום ולא יהיה כי באמת תבקשו כזב. ועל דעת רבי משה שהוא מדבר על עוזרי אבשלום: (ד) ודעו כי הפלה ה׳. כמו אשר יפלה ה׳ הבדיל והודיע מי שהוא חסידו כי ישמע בקראו אליו: (ה) רגזו. בעבור שיכלימוהו תחת כבודו וידברו כזב עליו אמר רגזו מהשם פחדו כמו אל תרגזו בדרך כי המלך שואל הלעגות שלי וי״א כי חשבתם כזב בלבבכם אל יצא מפיכם וזה איננו נכון וכתוב דובר אמת בלבבו לב חורש מחשבות און ודבור הלב הוא העיקר והלשון איננו רק מליץ בין הלב ובין השומעים רק הפי׳ הוא שתחשבו בלבבכם בלילות על משכבכם שאין לכם עסק בני אדם ולא תדברו כזב ביום וזהו ודומו סלה: (ו) זבחו זבחי צדק. הם

## מנחת שי

איש.. הנו״ן במאריך: תבקשו כזב. הכ״ף רפה: (ה) ואל

## מצודת דוד

משוים לכבד את מי הראוי לכבוד: תאהבון ריק. מוסב על עד מה לומר עד מתי תאהבון לדבר דברי ריק וכזב מבלי הפסק: (ד) ודעו. תנו לב לדעת כי כמו שהבדיל ה׳ את כל חסיד להיות לו ולחלקו כ״כ הבדילני לחלקו וישמע בקראי אליו ולא תוכלו לי: (ה) רגזו. הרדו מה׳ ואל תחטאו בי לדבר עלי כזב: אמרו וגו׳. בהיותכם על משכבכם שהיא עת אשר מחשבות האדם פנוים מן הטרדה אז חשבו בלבבכם אשר הכזב הוא רע בעיני המקום ושתקו מעולם מדבר כזב: (ו) זבחו. הצדיקו מעשיכם ויחשב לה׳ כזבחים ואז בטחו בו כי יש תקוה ולמה תכזבו בו להחניף לשאול בעבור

## מצודת ציון

המשויב בהכרעת הקול: (ג) איש. ר״ל גדול וחשוב וכן הלוא איש אתה (שמואל א׳ כ״ו): עד מה. עד מתי כמו עד מה ה׳ תאנף (לקמן ע״ט): (ד) הפלה. הפרים כמו והפליתי ביום ההוא (שמות כ״ב): (ה) רגזו. ענין תנועת הרעדה כמו שמעו עמים ירגזון

[this] in your heart." I.e. think about it. Thinking is often referred to as saying to the heart.—[*Redak*]

**and be forever silent**—Be silent and stop rebelling against me. The term דְּמָמָה, *silence,* denotes cessation of speech and voice. Sometimes it denotes cessation of deed as well.—[*Redak*]

6. **Offer up sacrifices of righteousness**—*Perform righteous deeds, and it will be as if you are offering up sacrifices.*—[*Rashi*] *Redak* explains the verse literally: those who had

man, how long will my honor be disgraced? [How long] will you love futility? [How long] will you constantly seek lies?
4. You shall know that the Lord has set apart the pious man for Himself; the Lord shall hear when I call out to Him.
5. Quake and do not sin; say [this] in your heart on your bed and be forever silent. 6. Offer up sacrifices of righteousness and trust in the Lord.

**how long will my honor be disgraced**—*How long will you disgrace me*? (I Sam. 20:30): *"that you choose the son of Jesse"*; (ibid. 22:8), *"when my son made a covenant with the son of Jesse"*; (ibid. verse 9), *"I saw the son of Jesse"*; (ibid. 25:10), *"Who is David, and who is the son of Jesse?" I have no name.*—[*Rashi* from *Mid. Ps. 4:8*] Obviously, the intention is that he is called "the son of Jesse" rather than "David." Yet in the final verse quoted, he is referred to as David. Parshandatha believes that this quotation is erroneous and points out that the verse is not quoted in *Midrash Psalms.*

**will you constantly seek lies**—*Will you chase to find lies, e.g. the Ziphites, who inform on me, yet show me friendliness, and other informers like them who were in Saul's time* (I Sam. 23:19): *"Is David not hiding . . . in the hill of Hachilah?" And so, many.*—[*Rashi*]

4. **has set apart**—Heb. הִפְלָה, *has separated.*—[*Rashi*] I.e. the Lord has set me apart from all Israel to be king, in the same manner that He set apart the tribe of Levi. Why did He do so? Because He recognized me as a pious man. The Hebrew word is חָסִיד, stemming from חֶסֶד, *loving-kindness,* hence one who performs kind deeds to his fellows, beyond that required by the strict letter of the law. David would repay good for evil, as Saul himself admits, as stated (I Sam. 24:18): "And he said to David, 'You are more righteous than I, for you have repaid me with goodness, while I have repaid you with evil.'" Behold, He set me apart for Himself and gave me the kingdom. Now how can you think of taking it away from me and giving it to someone else? Although you see me in trouble now, you should know that the Lord will hear when I call out to Him and will extricate me from this predicament.—[*Redak*]

5. **Quake**—*Tremble before the Holy One, blessed be He, and do not sin.*—[*Rashi*]

**and do not sin**—any longer by pursuing me and rebelling against me.—[*Redak*]

**say [this] in your heart on your bed and be forever silent**—*Bring back to your heart* [the thought] *that the Holy One, blessed be He, admonished* [you] *concerning that.*—[*Rashi*] The Psalmist admonishes them to think about repentance when they are lying in bed, because then a person finds his heart devoid of mundane thoughts and then his intention is pure. David says to them, "Say

ז רַבִּים אֹמְרִים מִי־יַרְאֵנוּ טוֹב נְסָה־עָלֵינוּ
אוֹר פָּנֶיךָ יְהוָה׃ ח נָתַתָּה שִׂמְחָה
בְלִבִּי מֵעֵת דְּגָנָם וְתִירוֹשָׁם רָבּוּ׃
ט בְּשָׁלוֹם יַחְדָּו אֶשְׁכְּבָה וְאִישָׁן כִּי־

ז סַגִּיאִין דְּאָמְרִין מַן
יַחֲמִינָנָא טָבָא נְשָׂא
עֲלָנָא נְהוֹר סְבַר אַפָּךְ
יְיָ׃ ח יְהַבְתָּא חֶדְוְתָא
בְּלִבִּי מִן עִדָּן דְּעִבּוּרְהוֹן
וְחַמְרֵיהוֹן סַגִּיאוּ׃
ט בִּשְׁלָמָא כַּחֲדָא
אֶשְׁכּוֹב וְאֶדְמוֹךְ מִן

ת"א רבים. עקידה נעילת שערים:

**רד"ק**

עד הנה צריכים אתם כפרה וזבחו להשם זבחי צדק שתשובו לא כזבחי רשעים שנאמר בהם זבח רשעים תועבה שישובו לרשעתם אחר הזבחים לפיכך אמר זבחי צדק: ובטחו אל ה'. לא על גבורתכם ועל היותכם המון רב אלא בה' תבטחו לבדו וקשר הבטחה עם מלת אל כמו עם מלת על: (ז) רבים. אותם שאמר עליהם רבים אומרים לנפשיהם מתאוים ואומרים במרדם מי יראנו טוב שיצליח מרד אבשלום וימות דוד וימלוך בנו והרע שלי טוב להם ומתאוים אותם ואתה י"י נסה עלינו אור פניך לא כפי מחשבות' ומלת נסה בסמ"ך תחת השי"ן ובה"א תחת האל"ף והוא כמו נשא: (ח) נתתה. והנה הם גומלים עלי רעה תחת טובה כי אני היה לי שמחה בלבי בטובתם וזהו מעת דגנם ותירושם רבו והם שמחים לרעתי. וענין נתתה כענין שאמרו בא לטהר מסייעים אותו וההולך דרך טובה האל מסייעו ומדריכו: (ט) בשלום. אע"פ שהרעו לי אתאוה שאהיה בשלום

**רש"י**

(ז) רבים אומרים מי יראנו טוב. רבים מישראל יש שרואין עכו"ם בעושר ובשלוה ואומרים מי יראנו טוב להיות עשירים ומשיגי תאוה כאלו: נסה עלינו. הרם עלינו לנס את אור פניך. לשון הרימו נס (ישעיה ס"ב) הרים ניסי (שם מ"ט). ל"א נסה עלינו (רפבנלי"ר בלע"ז. והוא רעפלעגדי"ר בל"א גלאנצען) כמו אבני נזר מתנוססות (זכריה ט') אבל אני איני מקנא בהם כי שמחה נתונה בלבי. מעת דגנם ותירושם של אומות רבו. בטוח אני אם למכעיסיו כך לעושי רצונו על אחת כמה וכמה לעתיד לבא שהוא יום קבול שכרם: (ט) **בשלום יחדו אשכבה ואישן**. אם היו ישראל בשלום יחדיו עמי

**אבן עזרא**

השלמים שהם קרבים אמוריהם לא בעבור אשם או חטאת או עולה על הלב שהיא המחשבה ואין טענה מן אז תהפוך זבחי צדק עולה וכליל כי הטעם ועולה כנגד ראובן ושמעון וטעם. זבחו הניחו דברי ריק והודו לשם שנתן נעמו לכם: (ז) **רבים**. שב להזכיר דברי מבקשי כזב כי בהיותי בצרה אני ואנשי אומרים מבקשים כזב עלי ועל אנשי: **מי יראני טוב**. יש אומרים כי מלת נסה מהפעלים עלומי הלמ"ד גם והיה ראוי על משקל וראה ועשה ובא על דרך שהוא כמו ואשעה בחוקיך וככון הוא להיות הה"א כמו האל"ף והסמ"ך כמו השי"ן יש פעלים שנקראו' עלומי העי"ן כגון כל הפעלים של שתי אותיות כגון קם שב והם כלם כמו ביאמר קום שוב שאות האמצעי' עלומה שהיא נגד העין של פעל וככון להיות הה"א כמו האל"ף והסמ"ך כמו השי"ן על דרך ישא ה' פניו אליך וכמו הנסה דבר אליך תלאה: (ח) **נתתה**. הם מתאוים שלא נראה טוב ואני הייתי שמח בראותי אותם בטוב וטעם נתת כי אתה נתתה לי לב טוב להתאות טוב לכל. ויאמר רבי יהודה בן בלעם כי מעת דגנם הפוך והאמת מעת רבו דגנם ותירושם ואין צורך להפך דברים נאמרי' ברוח הקדש: (ט) **בשלום**. בלא פחד וטעם יחדו הרבים והוא עמהם

**מנחת שי**

תחטאו. הוא"ו בגעיא: (ז) נסה עלינו. הכו"ן בגעיא ובמסורת ב' דין כתיב בסמ"ך וה"א וחד כתיב בשי"ן ואל"ף קומה ה' אל נשא ידיך והוא חד מן י"ב זוגין בקריאה חד מן ב' ב' חד כתיב אל"ף בסוף תיבותא וחד כתיב ה"א וסימן נמסר במזמור י' במ"ג: עלינו. בספרים כ"י מדוייקים בטעם מונח:

**מצודת ציון**

(שם ע"ז): ודמו. ושתקו כמו וידום אהרן (ויקרא י'): (ז) נסה. מל' נס וכלונס ועניינו הרמה והגבהה: (ח) ותירושם. מל' תירוש

**מצודת דוד**

להגות ממנו הנאת ממון הלוא טוב לחסות בה': (ז) רבים. ראיתי רבים מתאוים ואומרים מי הוא אשר יראנו טוב ר"ל הוסקים עושר רב: נסה. הרם עלינו אור פניך אתה ה' למלאות תאותינו: (ח) נתתה. אבל לא כן אני כי אתה ה' נתת בלבי להיות שמח בחלקי יותר מהרבים ההם השמחים מעת שרבו דגנם ותירושם: (ט) בשלום. מבלי פחד השלכה ואישן יחדיו תכופים זה לזה כי הדואג ומתפחד מגזלה-שנתו לבל יוכל לישן מיד כאשר ישכב אבל

9. **In peace together, I would lie down and sleep**—*If Israel were in peace together with me, I would lie down and sleep in confidence, and I would not fear any adversary or enemy.*—[*Rashi*]

**alone in safety**—*As* (in Deut. 33:28): *"secure and alone, the fountain of Jacob." It is an expression of safety and tranquility, that he need not station troops with him.*—[*Rashi*]

*Redak* explains: I yearned for their good, and even now, although they have harmed me, I wish that we would be in peace, they and I; then I would lie down and sleep, for there would be nothing disturbing my sleep if they were to return to me.

7. Many say, "Who will show us goodness?" Raise up over us the light of Your countenance, O Lord. 8. You gave joy into my heart from the time that their corn and their wine increased.

9. In peace together, I would lie down and sleep, for

rebelled against David were admonished to bring sacrifices to expiate their sins. However, these must be sincere sacrifices of righteousness; not like the wicked, who revert to sinning after they bring sacrifices.

**and trust in the Lord**—*to lavish upon you goodness, and do not sin against Him for money, in the hope that you will be rewarded by Saul.*—[*Rashi*] Trust in the Lord, not in your might and your numbers.—[*Redak*]

7. **Many say, "Who will show us goodness?"**—*There are many Jews who see the nations of the world in wealth and tranquility, and say, "Who will show us goodness," to be wealthy and achieve desires like these people?*—[*Rashi*]

**Raise up over us**—Heb. נְסָה. *Raise up over us for a banner the light of Your countenance, an expression of* (Isa. 62:10): *"lift up a banner* (נֵס)"; (ibid. 49:22), *"I will raise My standard* (נִסִּי)." *Another interpretaion:* נְסָה *is reflordir?* (resplendir) *in Old French, gleam, as* (Zech. 9:16), *"crown stones gleam* (מִתְנוֹסְסוֹת)." *But I do not envy them, for joy has been given into my heart from the time that the corn and the wine of the nations have increased. I am confident that if those who anger Him* [have] *such* [tranquility], *how much more will those who perform His will have it in the future, which is the day of the reception of their reward!*—[*Rashi* from *Midrash Psalms* 4:11] *Redak*, who understands this psalm as being related to Absalom's rebellion, explains:

**Great men say**—Those great men mentioned above, who supported Absalom in his rebellion and would taunt David, say,

**"Who will show us goodness?"**—that Absalom should succeed in his rebellion, that David should die and Absalom reign in his stead. What is bad for me is good for them (David says), and they long for it, but You . . . raise up over us the light of Your countenance, O Lord.

8. **You gave joy into my heart, etc.**—Whereas they repay me with evil instead of good, I was joyful when they prospered, from the time that their corn and wine increased. The expression, "You gave joy into my heart," denotes God's assisting David to do good, as the Rabbis say (*Yoma* 38b): If one strives to purify himself, he receives divine assistance. Therefore, God assisted him in rejoicing at his enemies' success, which is an admirable trait.—[*Redak*]

בְּגִלַל דְאַנְתְּ הוּא יְיָ
בִּלְחוּדוֹי בְּסִבְרָא
תּוֹתְבִנַנִי: א לְשַׁבָּחָא
עַל חִנְגִין תּוּשְׁבַּחְתָּא
לְדָוִד: ב מֵימְרַי אַצִּית
יְיָ אִתְבַּיַן רִגוּגִי: ג צִית
לְקָל בְּעוּתִי מַלְכִּי וֵאלָהִי
אֲרוּם קֳדָמָךְ אֲצַלֵי:
ד יְיָ בְּצַפְרָא שְׁמַע קָלִי
ה׳א ה׳ בקר. ברכות ו עקרים פכ״ו זוהר בלק:

אַתָּה יְהוָה לְבָדָד לָבֶטַח תּוֹשִׁיבֵנִי:
ה א לַמְנַצֵּחַ אֶל־הַנְּחִילוֹת מִזְמוֹר לְדָוִד:
ב אֲמָרַי הַאֲזִינָה ׀ יְהוָה בִּינָה הֲגִיגִי:
ג הַקְשִׁיבָה ׀ לְקוֹל שַׁוְעִי מַלְכִּי וֵאלֹהָי כִּי־
אֵלֶיךָ אֶתְפַּלָּל: ד יְהוָה בֹּקֶר תִּשְׁמַע

## רש״י

הייתי שוכב וישן בטח ולא הייתי ירא מכל צר ואויב: **לבדד לבטח**. כמו (דברים ל״ג) בטח בדד עין יעקב לשון מבטח ושקט הוא שאינו צריך להושיב גייסות עמו: **ה (א) אל הנחילות**. מנחם פתר בכלן נחילות ועלמות גיתית ידותון כלם שמות כלי זמר הן ונעימות המזמור היתה לפי שיר הראוי לאותו הכלי. ומדרש אגדה יש מפרשים נחילות לשון נחלה ואין זה משמעות התיבה וגם ענין המזמור אינו מדבר בנחלה ויתכן לפתור נחילות גייסות כמו נחיל של דבורים וכמו (לקמן י״ח) ונחלי בליעל תרגום יונתן סייעת חייבין. תפלה בשביל גייסות אויבים הבאים על ישראל ואמר המשורר את המזמור בשביל כל ישראל: (ב) **אמרי האזינה ה׳**. כשיש בי כח לשאול צרכי לפניך וכשאין בי כח להתפלל לפניך והדאגה עצורה בלבי: **בינה הגיגי**. הבן הגיון לבי כך מפורש במדרש כל בינה שבמקרא הטעם תחת הנו״ן חוץ מזה וחבירו (באיוב ל״ה) ואם בינה שמעה זאת שאינו שם דבר אלא לשון הבן כמו (משלי כ״ג) בין תבין את אשר לפניך לפיכך הטעם תחת הבי״ת: (ד) **בקר תשמע קולי**. בקר

## רד״ק

יחדיו אני והם ואז אשכבה ואישן שלא יהיה דבר המטריד אותי מהשינה אחר שהם ישובו לי: כי אתה ה׳ לבדד. ר׳ בטוח אני שתשלים חפצי ולבטח תושיבני עמהם ופירוש לבדד אתה ה׳ לבדך תעשה זה: (א) הנחילות. כבר פי׳ טעם הנחילות ושאר מיני הנגון במזמור שלפני זה ורבינו האי ז״ל פירש המלה מל׳ נחיל של דבורים בדברי רז״ל כי נגונו היה דומה לשריקת הדבורים וזה המזמור ג״כ כנגד דוד שהיו לו שונאים בישראל ורז״ל אמרו על דואג ואחיתופל אמרו: (ב) אמרי. מה שאוציא בפי האזינה ומה שאהגה בלבי בינה לפיכך אמר עם הגיגי בינה ועם אמרי האזינה והגיגי מן הגה בהכפל עי״ן הפעל: (ג) הקשיבה. תן אזנך להיות קשבת כי הוא פועל יוצא לפי שאתה מלך עלי ואני צועק אליך כמו שצועקים אל המלך. ואלהי אתה שהושיעני מהמרעים לי כי אליך אתפלל ולא למושיע אחר כי אין בלתך: (ד) בקר. כי בבקר עת התפלה טרם שיעסוק בעסקי העולם: בקר אערך לך. תפלתי: ואצפה.

## אבן עזרא

ומלת בדד בלמ״ד או בחסרונה שוה וככה מלת לבטח ויש בטח והנה ה׳ בדד ינחנו ונכון הוא שהשם לבדו וככה זה או טעמו או היו יחדו עמי או הייתי לבדד והטעם לבדי תושיבני: **ה (א) למנצח אל הנחילות**. אל כמו על בטעם כמו ויתפלל על ה׳ אל הנער הזה להפך ולא יתהלף האל״ף בעי״ן רק אותיות אהו״י הם המתחלפים וטי״ן בסמ״ך כי הם קרובים במוצא והנחילות תחלת פיוט אולי הוא מגזרה ינחלו לכם כדרך האכילה ההיא: (ב) **אמרי האזינה**. מגזרת אזנים הטה אזנך: **בינה**. לשון ציווי כמו שימה נא: **הגיגי**. כפול העי״ן כי מן הגה הוא כמו זנוניה ואמר לשם בינה כדרך בן אדם וככה ודע לבבי גם האזינה והטעם שיתברר לכל כי אין ספק כי הכל ידע ואין לו צורך לאזנים כדרך הנוטע אזן הלא ישמע: **הקשיבה**. זאת הגזרה קשורה עם למ״ד על כן לא נכון לדבר מי יקשיבני וטעם מלכי אין לי מלך שאשוע אליו רק אתה לבדך: (ד) **ה׳**. טעם בקר כל בקר כמו חדשים לבקרים ופעול אערוך לך

## מנחת שי

**ה** (ב) אמרי האזינה יהוה בינה הגיגי. בפסיקתא דספר תלים יש פסוק בין האזינה לשם וכן הוא בס״ם ובטעם מיושב בשם: (ג) הקשיבה לקול שועי. בספרים מדוייקים כן הוא בטעם גרמיה: (ד) יהוה בקר. יו״ד של שם בגעיא: אערך לך. בקמץ

## מצודת דוד

אני בטחתי בה׳ ולא אירא ולזה אשכב ואישן יחד סמוך זה לזה: כי אתה ה׳. המושל בכל וביד הוא להושיב אותי בבטח מבלי פחד: **ה** (ב) בינה הגיגי. אשר תפלתי היא בכוונת הלב: (ג) כי אליך אתפלל. ומהראוי למלך לשמוע בקול עבדו הבוטח עליו ומבקש ממנו שאלתו: (ד) בוקר. בכל בוקר תשמע קולי כי בהיות

## מצודת ציון

והוא ענין היין: (ט) לבדד. יחידי כמו בטח בדד (דברים ל״ג) ור״ל מבלי פחד כי המתפחד מתירא לשבת יחידי: **ה** (א) הנחילות. מל׳ נחיל של דבורים (ב״ק קי״ד) והוא שם כ״ז אשר קולו נשמע כשריקת הדבורים: (ב) האזינה. הטה אוזן לשמוע: (ג) הקשיבה. ענין שמיעה: שועי. צעקתי:

"hey." Therefore, the accent is not on the "nun" but on the "beth." In the vast majority of cases, the accent is on the "nun," indicating that the word is a noun, meaning "understanding."]

4. **in the morning You shall hearken to my voice**—*In the morning, I call out to You about them, because it is a time of judgment for the wicked, as it is stated* (below 101:8): *"Morning by morning will I destroy all the wicked of the land"*; (Isa: 33:2), *"Be their arm every morning"*; (ibid. 28:19), *"for every morning it shall pass."*—[*Rashi* from *Mechilta,*

You, O Lord, would make me dwell alone in safety.

## 5

1. To the conductor, on *nehiloth*, a song of David. 2. Give ear
to my words, O Lord; consider my meditation. 3. Hearken to
the voice of my cry, my King and my God, for I will pray to
You. 4. O Lord, in the morning You shall hearken

**for You alone, O Lord, would make me dwell in safety**—I am confident that You will fulfill my desire and make me dwell in safety with them. You alone shall do it; I trust in You and in no one else.—[*Redak*]

1. **on nehiloth**—*Menachem interpreted all of them: nehiloth, alamoth, gittith, jeduthun, that they are all names of musical instruments, and the melody of the psalm was according to the melody fit for that instrument.* [See *Machbereth Menachem* pp. 60, 133.] *However,* [in the] *Midrash Aggadah (Mid. Ps.* 5:1,2,4) *some explain "nehiloth" as an expression of heritage, but that is not the meaning of the word; moreover, the contents of the psalm do not deal with heritage. It is, however, possible to interpret* נְחִלוֹת *as troops, like "a swarm* (נָחִיל) *of bees," (Bava Kamma* 114a, 81b), *and like* (II Sam. 22:5), *"Bands* (נַחֲלֵי) *of scoundrels would affright me," which Jonathan renders: Bands* (סִיעָן) *of sinners.* [This is] *a prayer concerning the bands of the enemies that come upon Israel, and the Psalmist recited this psalm on behalf of all Israel.*—[*Rashi*] [Note that *Rashi* to Samuel and to Psalms 18:5 interprets נַחֲלֵי as streams. Perhaps this quotation, which does not appear in early manuscripts, is an addendum to *Rashi's* commentary.] *Redak* quotes this definition of our verse in the name of *Rav Hai.* However, he himself interprets it as an instrument that produces a humming sound like a swarm of bees. He explains further that this psalm was recited as David's prayer for salvation from his personal enemies, identified by the Rabbis (*Mid. Ps.* ad loc.) as Doeg and Ahithophel.

2. **Give ear to my words, O Lord**—*when I have strength to ask before You and, when I have no strength to pray before You and the worry is confined to my heart . . .*—[*Rashi*]

**consider my meditation**—Heb. בִּינָה. *Consider the meditation of my heart. So it is explained in Midrash* [*Psalms* 5:6]: *In every* [instance of] בִּינָה *in Scripture, the accent is under the "nun," except this one and its fellow* (in Job 34:16): *"And if you wish, understand* (בִּנָה), *hearken to this," which is not a noun but an expression of "understand," like* (Prov. 23:1): *"you should understand well* (בִּין תָּבִין) *who is in front of you." Therefore, the accent is under the "beth."*—[*Rashi*] [*Rashi* means that the word בִּינָה in our case is a verb with a superfluous

קולי בקר אערך־לך ואצפה: ה כי
לא אל חפץ רשע ׀ אתה לא יגרך
רע: ו לא־יתיצבו הוללים לנגד עיניך
שנאת כל־פעלי און: ז תאבד דברי
כזב איש־דמים ומרמה יתעב ׀ יהוה:
ח ואני ברב חסדך אבוא ביתך

בצפרא אסדר קדמך
ואסתכי: ה מטול דלא
אלהא רעי רשעא אנת
לא אתותב עמך בישא:
ו לא יתעתדון מתלעבין
קבל עינך סניתא כל
עובדי שקר: ז תאבד
ממללי כדבותא אנש
שדי דם זכי ונכלא
ירחק יי: ח ואנא
בסגיאי טובך איעול
לביתך אסגוד להיכלא

ת״א כי לא. שבת קמ״ט חגיגה יב סוטה מ״ב סנהדרין ק״ג נדה י״ג זוהר בראשית: (לא יתיצבו. ר״ה כ״ז): ואני. ברכות כ״ט:

פתח באתנח

### רד״ק

ואוחיל לך שתתן לי שאלתי: (ה) כי. למה אצפה לך כי ידעתי כי לא תחפוץ באויבי כי הם אנשי רשע ואני מצפה שתושיעני שהם כי תחפוץ בי ולא בהם: לא יגרך. לא יגור עמך: רע. איש רע או יהיה רע שם דבר כמו רשע שוכר: (ו) הוללים. פעמים הוא בענין סכלות ופי׳ לנגד עיניך כאדם השונא אחר שלא ירצה להביט בפניו: (ז) תאבד. תאבדם מלפניך וכן איש דמים ומרמה יתעב ה׳ שהם נתעבים ונמאסים בעיניו. וכך הוא דרך הלשון לדבר פעם לנוכח ופעם שלא לנוכח: (ח) ואני. הם נמאסים בעיניך אבל אני אבא ביתך ברוב חסדך שאני מקוה ממך ואשתחוה אל היכל קדשך ביראתך שהיה על פני.

### רש״י

אני קורא לך עליהם שהוא עת משפט ברשעים כמו שנאמר לבקרים אצמית כל רשעי ארץ (לקמן ק״א) היה זרועם לבקרים (ישעיה ל״ג) כי בבקר בבקר יעבור (שם כ״ח): בוקר אערך לך. תפלתי על זאת. אערך לשון מערכה הוא. כן חברו מנחם: ואצפה. שתעשה בהם משפטים: (ה) כי לא אל חפץ רשע אתה. ע״כ בקר אערך (ס״א) ונאה לך לאבד הרשעים מן העולם: לא יגורך רע. לא יגור אצלך: (ו) הוללים. מההטים ולשון משנה מעורבבין: (ז) איש דמים ומרמה. זה עשו וזרעו: (ח) אבוא ביתך. להודות לך ברוב חסדך שהפלאת עלינו

### מנחת שי

לגד וסוף הטיף: (ה) כי לא אל חפץ רשע אתה. כך הם הטעמים בס״ם ויש פסיק בין רשע לאתה כי חלילה לאל מרשע: לא יגרך. במסורת עליו לית וחסר ובקצת ספרים יש מאריך בגימ״ל להורות על חסרון הוא״ו ולכן כ״ל שהשוא נע כמ״ש בסוף ס׳ וילא: (ז) יתעב ה׳. יש פסיק בין יתעב לשם כפי פשט הכתוב הוא שהשם הוא המתעב איש דמים ומרמה ולא בא לומר שהאיש הדמים הוא המתעב ועוד כדי להרחיק לשון תועבה מהשם: (ח) אבוא ביתך.

### אבן עזרא

חסר כאילו אמר אערוך לך תפלתי כאשר פירשתי כי כה שמות בפעלים וברך ולא אשיבנה וברוב יועצים תקום בעתידים כאילו כתוב למעלה כי אליך אתפלל תפלתי ומלת לך עם בקר אערוך לך מוסכת עצמה ואחרת עמה כמו יכפה אף והנה הוא ואצפה לך: (ה) כי. טעם ה׳ שים לך להטיב הרשע לא תחפוץ בעבור שהזכיר מלכי · לא יגורך רע. יגור עמך כמו ישכבנה וככה גדלני כאב גדל עמי ורע הוא אדם לא שם דבר והעד לא יתיצבו הוללים מעליגים לנגד עיניך כמשפט אנשי ארץ: (ו) לא. טעם יתיצבו כדרך העבדים נצבים על מלכם: (ז) תאבד. איש דמים ומרמה. הוא הרכיל כמו חץ שחוט לשונם מרמה: יתעב ה׳. השם הוא הפועל והטעם שהוא נתעב בעיניו ונמאס: (ח) ואני. שב לאשר החל בקר תשמע קולי שהוא בא אל בית השם ואין עמו מנחה להשתחות בהיכלו כמביא מראשית

### מצודת ציון

(ד) ואצפה. ואקוה: (ה) יגורך. ידור עמך: (ו) הוללים. שוטים ומעורבבי הדעת וכן ודעת סוללות וסכלות (קהלת א׳): און.

### מצודת דוד

הבוקר אסדר לפניך תפלתי ולא הקדמתי לה דבר כרשות ולזה אקוה אשר תשמע קולי: (ה) כי לא וגו׳. ולא תתן כח ביד הרשעים המריעים לי: לא יגורך. לא ידור הרע אצלך. והוא דרך משל לומר שהרע שנאוי למקום: (ו) לא יתיצבו. איך חפץ שהרשעים יעמדו מול עיניך: (ז) תאבד. ידעתי שתאבד את המדבר עלי כזב בפני שאול כי מעולם יתעב ה׳ את האורב על דם רעהו ובמרמה ידבר עמו באהבה וכ״כ יתעב ויאבד את המדבר עלי כזב כי שלום עמי במרמה ידבר כאלו הוא לי לאוהב: (ח) ברוב חסדיך. בעבור רוב החסד שתעשה עמדי: אבוא ביתך. להשתחוות: ביראתך. ולא

*dants.*—[*Rashi*] *Mezudath David* explains: I know that You will destroy those who speak lies about me before Saul, because the Lord has always abhorred one who lies in wait for his neighbor's blood and deceitfully speaks with him as though he were his friend. So will God abhor and destroy the one who speaks lies about me.

8. **But I, with Your great loving-kindness**—They are abhorrent to You, but I will stand before Your eyes.—[*Redak*]

**I . . . shall enter Your House**—*to thank You for Your great loving-kindness that You have wondrously bestowed upon us, to grant us revenge upon them.*—[*Rashi*] I.e. I will enter Your House with the great loving-kindness, which I expect from You, [upon me].—[*Redak*]

to my voice; in the morning I shall arrange [my prayer] to You, and I shall look forward. 5. For You are not a God Who desires wickedness; evil does not abide with You. 6. Confused people shall not stand before Your eyes; You hate all workers of iniquity. 7. You destroy speakers of lies; the Lord abhors a man of blood and deceit. 8. But I, with Your great loving-kindness, shall enter Your House;

*Beshallach* Exod. 14:24] *Redak* explains that the morning is a time for prayer, before a person starts his mundane pursuits.

**in the morning I shall arrange to You**—*my prayer concerning this.* [The word]: אֶעֱרָךְ *is an expression of arrangement* (מַעֲרָכָה). *Menachem* (p. 138) *classifies it in this manner.*—[*Rashi*]

**and I shall look forward**—*that You execute justice upon them.*—[*Rashi*] I will hope to You that You grant me my request and my prayer.—[*Redak*] Since I present my prayers to You the first thing in the morning, before I engage in mundane pursuits, I look forward to Your granting my request.—[*Mezudath David*]

5. **For You are not a God Who desires wickedness**—*Therefore, I arrange my prayer to You in the morning (appears only in certain editions) and it befits You to destroy wickedness from the world.*—[*Rashi*] Why do I look forward to You? Because I know that You do not desire the wicked. Consequently, You will not desire my enemies, for they are wicked men; and I anticipate that You will save me from them because You desire me and not them.—[*Redak*] You will not give strength to the wicked men who seek to harm me.—[*Mezudath David*]

**evil does not abide with You**—Heb. יְגֻרְךָ, *it will not abide beside You.*—[*Rashi* from *Mid. Ps.* 5:7] It will not abide with You.—[*Ibn Ezra, Redak*] [The suffix denotes a prepositional phrase, rather than a direct object.]

6. **Confused people**—*who make themselves man, and in the language of the Mishnah,* מְעֻרְבָּבִין, *confused.*—[*Rashi*] [See *Ecclesiastes Rabbah* 7:7] *Redak* comments that the term הוֹלְלִים is sometimes used to mean folly, as in I Samuel 21:14 and in Ecclesiastes 2:2, and sometimes to denote wickedness, as in Ecclesiastes 10:13 and other places. In this verse, the latter usage is meant, as the verse concludes: You hate all workers of iniquity. Nevertheless, the two are closely related, because the wicked person does not act with knowledge and wisdom, but with confusion and folly.

**before Your eyes**—God is compared to a person who hates another and cannot bear to look at him.—[*Redak*]*

7. **You destroy speakers of lies**—You destroy them from before You. Similarly, the Lord abhors a man of blood and deceit.—[*Redak*]

**a man of blood and deceit**—*This* [refers to] *Esau and his descen-*

אשתחוה אל היכל קדשך ביראתך:
ט יהוה ׀ נחני בצדקתך למען שוררי
הושר לפני דרכך: י כי אין בפיהו
נכונה קרבם הוות קבר פתוח גרנם
לשונם יחליקון: יא האשימם ׀ אלהים

היישר קרי

דקודשך בדחלתך: ט יי דבר יתי בצדקתך מן בגלל תושבחי תקין קדמי אורחתך: י מטול דלית בפומהון דרשיעי כיונתא גופיהון מלין אתרגושתא חיך שייל פתיח גרונהון לישנהון משעין: יא חייב להון אלהא יתבטלון

## רש"י

להרלותינו נקמה מהם: (ט) שוררי. עוייני המלפים שאכגוד בך ותעזבני. סוררי כמו (במדבר כ"ד) אשורנו ולא קרוב: (י) כי אין בפיהו נכונה. נראים כאוהבים והם אויבים: קרבם הוות. מחשבותם מרמה: קבר פתוח גרונם. לבלוע יגיע אחרים כקבר הבולע את

## רד"ק

ופי' אל היכל כי המשתחוה לאל ישים ההיכל ומקום הקדש מגמתו וכנגדו ישתחוה לאל ופי' ביתך והיכל קדשך הוא הבית שהיה בו הארון: (ט) ה'. זאת היא תפלתי אליך שתנחני בצדקתך כלומר שתסייעני ללכת דרך צדקה ומשפט ותנחני בה שלא אכשל: למען שוררי. שלא ישמחו לי בהכשלי. ושוררי כמו אויבי והיא מגזרת אשורנו ולא קרוב לפי שהוא מביט לרעה וזאת התפלה להצילו משגיאות ומזדונות: הישר. בהנעת היו"ד פ"א הפעל ולא כמנהגי נחי הפ"א וכמוהו היצא אתך והכתיב הוא בוי"ו על מנהג נחי הפ"א וכן בפת"ח עי"ן הפעל: (י) כי. הוא טעם למה שאמר למען שוררי כי הם אנשים שאין בפי אחד מהם נכונה אלא מראים עצמם בפיהם כאוהבים: קרבם הוות. כלומר דעות חושבים בלבם: קבר פתוח גרונם. כי מי שלא ישמור מהם וישמע אותם מדברים חלקים ונראים כאוהבים יפול בקרבם והיא מחשבות לבם שהוא לרע והנה הדברים לגרון כי מקצת האותיות יאמרו בגרון וגם כן הדיבור תפלתו מהגרון כי הקול יצא מהגרון ויגרום הדיבור לפה גם לפי שהגרון פתוח אל הקרבים שדימה אותם לקבר אמר גרונם. ומלת נכונה תואר לנקבה והמתואר חסר והיא האמירה: (יא) האשימם. יתכן לפרשו מלשון אשם ופי'

## אבן עזרא

פרי האדמה שהם כתוב והשתחוית לפני ה' אלהיך והנה הטעם אין לי מנחה רק להודות ברוב חסדך עלי וטעם ביראתך אין לי במה אשתחוה רק ביראתי ממך כדרך ובעבור תהיה יראתו על פניכם כי האחרים יראו מהשם: (ט) ה'. תחלת תפלתי שתנחני בדרך לדקתך: למען שוררי. כי אפחד שתמעד רגלי ותעניתני אז ישמחו סוררי וטעמו מגזרת אשורנו ולא קרוב כמו עוין את דוד המסתכלים ביום רעה ומלת הישר כמו הילא אתך: (י) כי אין בפיהו. בפי כל אחד מהם כמו מכלה על בניה מאנה להנחם כי איננו ונכונה תואר למלה או דברה וככה יענה עזות ומאכלו בריאה: קרבם. הוא הלב הנסתר: הוות. מגזרה הוה להם למלך כי יחשבו מחשבות רעות אולי תהיינה ותקומנה: קבר פתוח. אסון מיד: יחליקון. מגזרת איש חלק והכל מגזרת חלק כחלק בעבור היות החלקים שוים: (יא) האשימם. האל"ף שרש או תתחלף

## מנחת שי

טעם מי שכתבו ביו"ד אחר תי"ו: היכל קדשך. במאריך סה"א ובמקף בין שתי המלות וכמוהו רבים כמו שכתוב במאמר המאריך: (ט) הושר. הישר קרי: (יא) האשימם אלהים. האל"ף בגעיא

## מצודת דוד

להתיצב בפני אנשים: (ט) נחני בצדקתך. תן בלבי ללכת בדרך צדקה ולמען הרשעים ההולכים המביטים ומלפים על מפלתי לבל יאמרו ידיהם רמה תן בלבי להיות דרכך ישר בעיני ולא אכשל בה כי אז בודאי לא יוכלו לי: (י) כי אין בפיהו. אין בפה אחד מהם נכונה נראים כאוהבים והמה כאויבים: קרבם. בקרב לבם הוטבים הוות לשבר אותי וגרונם כקבר פתוח לי שואפים לבלעני כקבר הבולע את המת ובלשונם ידברו חלקלקות ואינם יוצאין מן הלב: (יא) האשימם. לכן האשימם במשפט ויפלו בשפל המלב בעבור רוע עלתם וכפי רוב פשעיהם כן הדיחם מדהי אל דחי כי הלוא בך

## מצודת ציון

עמל ושקר: (ט) שוררי. ענין הבטה כמו לא תשורני עין (איוב ז'): (י) נכונה. מל' נכון וישר: קרבם. תוך לבם: הוות. שבר כמו עד יעבור הוות (לקמן נ"ז): גרונם. לוארם כמו קרא בגרון (ישעיה נ"ח): יחליקון. ענין דברים רכים: (יא) האשימם.

Whoever is not wary of them and listens to the smooth talk of those who appear to be friends, will fall into their grave; that is, into the plans of their evil heart. The Psalmist speaks of the throat because certain letters are formed in the throat and the voice itself comes from there, enabling a person to speak. Also, the throat is open to the innards, which were compared to a grave.—[*Redak*]

11. **Condemn them**—Heb. הַאֲשִׁימֵם. Some explain this word as an expression of שְׁמָמָה, *desolation*. Desolation and condemnation are closely related [because the condemned person is destined for desolation]. It may also be rendered: Cause them to fail. I.e. cause them to fail in their plans so that they cannot execute their plots against me.—[*Redak*]

I shall prostrate myself toward Your Holy Temple in the fear of You. 9. O Lord, lead me in Your righteousness; because of those who lie in wait for me, make Your way straight before me. 10. For there is no sincerity in his mouth; there is malice in their heart; their throat is an open grave; they make their tongue smooth. 11. Condemn them, O God;

**I shall prostrate myself toward Your Holy Temple in the fear of You**—In the fear of You, which is upon my face. When one prostrates himself before God, he concentrates on the Temple and the Holy Place and bows toward it, to God. The meaning is, he bows toward the Temple which contains the Holy Ark.—[*Redak*] *Ibn Ezra* explains that this verse refers back to verse 4, wherein David beseeches God to hearken to his prayer when he enters the Holy Temple. He enters without an offering, only with God's loving-kindness upon him. He prostrates himself before the Holy Temple as one does when bringing the first fruit of his land, yet David bows only with the fear of the Lord that is upon him.

9. **O Lord, lead me in Your righteousness**—This is the beginning of David's prayer: O Lord, instill Your righteous ways into my heart, so that I should follow the way of righteousness and not stumble on that path.—[*Ibn Ezra, Redak, Mezudath David*]

**those who lie in wait for me**—Heb. שׁוֹרְרָי, *those who look after me, who look forward to my betraying You, so that You should forsake me.* [The word] שׁוֹרְרָי *is like* (Num. 24:17): *"I behold it* (אֲשׁוּרֶנּוּ), *but it is not near."*—[*Rashi*]

**because of those who lie in wait for me, etc.**—Lest they rejoice when I stumble, make Your way straight before me.—[*Redak*] Lest they say, "Our hand is high," instill into my heart that Your way should be smooth and straight before me and that I should not stumble. Then they surely will be unable to overpower me.—[*Mezudath David*]

10. **For there is no sincerity in his mouth**—*They appear as friends but they are enemies.*—[*Rashi*] The Psalmist explains what he meant by "those who lie in wait for me." Not one of them is sincere, but they appear from their speech to be my friends.—[*Redak*]

**there is malice in their heart**—Lit. in their innards is destruction.—[*Mezudath Zion*] *Their thoughts are deceitful.*—[*Rashi*] In their heart, they plan to destroy me.—[*Mezudath David*]

**their throat is an open grave**—*to swallow others' toil, like a grave that swallows up the body.*—[*Rashi*] They yearn to swallow me up as the grave swallows up the corpse.—[*Mezudath David*]

**they make their tongue smooth**—*with words of flattery.*—[*Rashi*]

יַפִּלוּ מִמֹּעֲצוֹתֵיהֶם בְּרֹב פִּשְׁעֵיהֶם
הַדִּיחֵמוֹ כִּי מָרוּ בָךְ: יב וְיִשְׂמְחוּ כָל־
חוֹסֵי בָךְ לְעוֹלָם יְרַנֵּנוּ וְתָסֵךְ עָלֵימוֹ
וְיַעְלְצוּ בְךָ אֹהֲבֵי שְׁמֶךָ: יג כִּי־אַתָּה
תְּבָרֵךְ צַדִּיק יְהוָה כַּצִּנָּה רָצוֹן
תַּעְטְרֶנּוּ: ו א לַמְנַצֵּחַ בִּנְגִינוֹת עַל־
הַשְּׁמִינִית מִזְמוֹר לְדָוִד: ב יְהוָה אַל־

## תרגום

מִמַּלְכַּתְהוֹן בִּסְגֵיאוּת מְרָדֵיהוֹן אַתְקַל לְהוֹן אֲרוּם מְרַדוּ בְּמֵימְרָךְ:
יב וְיֶחֱדוּן כָּל מְסַבְּרוֹן בְּמֵימְרָךְ לְעָלַם יְשַׁבְּחוּן וְתַטֵּל עֲלֵיהוֹן וְיִבְדְּחוּן בָּךְ רַחֲמֵי שְׁמָךְ:
יג מְטוּל דִּי אַנְתְּ תְּבָרֵךְ לְצַדִּיקַיָּא יְיָ הֵיךְ תְּרִיסָא רַעֲוָא טָבָא תְּכַלְלִנֵּיהּ:
א לְשַׁבְּחָא בִּנְגִינָתָא עַל כִּנָּרָא דִּתְמַנְיָא נִימַיָּא תּוּשְׁבַּחְתָּא לְדָוִד: ב יְיָ לָא בְּרוּגְזָךְ תַּכְנִיעַנִי וְלָא

ת״א וישמחו. סוטה ל (ע״ז מ״ב):

### רש״י

הגוף: יחליקון. דברי חלקלקות: (יא) ממועצותיהם, שהם יועצים על ישראל. ואז ישמחו כל חוסי בך: (יב) ותסך עלימו. תגונן ותסוכך עלימו: ויעלצו בך. כשיראו שאתה תברך צדיק יעקב וזרעו: (יג) כצנה. המקפת שלש רוחותיו של אדם: רצון. נחת רוח (אפיימנ״ט בלע״ז. אפיילימ״ט בל׳ אשכנז בעווילינגען): תעטרנו. תסובבנו. כמו (ש״א כ״ג) ושאול ואנשיו עוטרים אל דוד ואל אנשיו: ו (א) על השמינית. כנור של שמנה נימין ושמינית

### רד״ק

תאשימם בעצתם כלומר שלא יתכן להם מה שחשבו לעשות עלי וז״ש יפלו ממו עצותיהם: כי מרו בך. בשנאתם אותי ואתה צוית עלי להיות מלך והם מרו את דבריך: (יב) כל חוסי בך. הפך האויבים שאינם חוסים בך וכאשר תדיח אותם ישמחו החוסים בך ויעלצו בך כלומר בעזרתך. וטעם. ותסך עלימו שתהיה עליהם כסוכה שלא יזיקו להם האויבים ויעלצו העי״ן והלמ״ד בשב״א: (יג) כי אתה תברך. אז יעלזו בך כשתברך הצדיק ותדיח הרשע וכצנה שהיא עוטרת האדם סביב כן תעטור הצדיק ברצונך. ומלת תעטרנו מבנין קל כמו עוטרים אל דוד ואל אנשיו: (א) בנגינות. כבר פירשנו טעם נגינות ושמינית ושאר מיני הנגון במזמור בקראי ענני ויש מפרשים כינור שהיו לו שמנה יתרים ועל זה הנגון נאמר זה המזמור והמזמור הזה אפשר שאמרו דוד על חליו ואפשר גם כן שנאמר על ל׳ כל אדם המדוכה בחלאים כי הרבה מזמורים שהם תפלה ובקשה חברם דוד להיותם מזומנים לכל מתפלל ויש אומרים כי נאמר על הגלות כי ישראל בגלות כמו חולים ומדוכאים: (ב) אל. אם תוכיחני בעוני אל באפך ר״ל לאם כדי

### מנחת שי

בס״ם: (יב) ויעלצו. הוא״ו בגעיא. י״ם שהעי״ן בפתח אבל רד״ק כתב שהעי״ן והלמ״ד בשו״א: (יג) תעטרנו. בספר אחד כ״י תַּעְטְרֶנּוּ וגם בדפוס מויניציאה כתוב כן בלוו אמנם בשאר ספרי׳ אינו כן וגם רד״ק כתב שהוא כמו יעשרנו המלך: ו (א) עַל־השמינית. כן כתיב: (ב) ה׳ אל באפך תוכיחני. יו״ד

### אבן עזרא

כיו״ד תישמנה כמו והאדמה לא תשם וטעם ממועצותיהם כי עצתם תפילם: (יב) וישמחו. טעם ותסך עלימו בעבור שהזכיר חוסי בך והמלה מפעלי הכפל ובא הסמ״ך בלא דגש על דרך והקל מעליך: (יג) כי. זה הפסוק דבק בעליון כי אוהבי שמך ישמחו בך בראותם שתדיח הרשעים ותברך הצדיק. יש אומרים תעטרנו מהבנין הקל כמו עוטרים אל דוד והנכון שהוא מבנין הנוסף על דרך יעשרנו המלך שהוא יעשרנו והוא יוצא לשנים פעולים והפעול באמת הוא רצון כי הקב״ה מעטיר רצון את הצדיק הרי שהצדיק פעול במקצת אמת הקב״ה שהוא עטור מן הרצון אך את הרצון הוא פעול לבדו באמת: ו (א) למנצח. על השמינית. השמינית יש אומרים כלי ניגון יש לו שמנה יתרים או פיוט יש לו ח׳ נעימות על כן כתוב בנגינות וזה על הנועם השמיני: (ב) ה׳.

### מצודת ציון

מל׳ אשמה: מרו. מל׳ מרי ומרד: (יב) ותסך. מלשון סכך: ויעלצו. וישמחו: (יג) כצנה. דומה הוא למגן: תעטרנו. ענין סבוב וכן עוטרים אל דוד (שמואל כג) ע״ש שהעטרה מסבבת את הראש: ו (א) השמינית. כלי זמר בעלת שמונה נימין:

### מצודת דוד

מרדו כי סוררת על זה: (יב) וישמחו. אבל החוסים בך ישמחו לעולם ואתה תסך עליהם מפני הרעה: בך. בתשועתך: (יג) כי אתה וגו׳. סבת המקרא כי אתה ה׳ תברך צדיק: כצנה. כמו שהצנה מסבבת את הגוף כן תסובבנו ברצון:

the precept of circumcision, which is performed on the eighth day—but that is far from the simple meaning of the verse. It is possible that David recited this psalm during his illness. It is also possible that it was composed for any person crushed by illness, for David composed many psalms to be ready for anyone who wishes to pray, and that is my opinion as regards this psalm.—[*Redak*] *Ibn Ezra* opines that David composed it prophetically concerning Israel in exile, when they are like sick people. In any case, David prophesies that God accept his prayer, either that he be cured of his illness or that Israel be redeemed from exile.

let them fall by their own counsels; cast them down in the multitude of their transgressions for they have rebelled against You. 12. And let all who take refuge in You rejoice; may they ever shout for joy, and You shall shelter them, and let all who love Your name exult in You. 13. For You, O Lord, shall bless the righteous; You shall encompass him with will like a shield.

## 6

1. To the conductor with melodies on the *sheminith*, a song of David. 2. O Lord, do not

**by their own counsels**—*which they formulate against Israel. Then all who take shelter in You shall rejoice.*—[*Rashi*]

**for they have rebelled against You**—in their hatred for me. For You commanded me to become king, and they rebelled against Your words.—[*Redak*] [Note that *Rashi* follows his own interpretation of this psalm, that David is praying for Israel, and *Redak* follows *his* own interpretation, that David prays to be delivered from his personal enemies.]

12. **And let all who take refuge in You rejoice**—unlike the enemies, who do not take refuge in You; and when You cast them down, those who do take refuge in You will rejoice.—[*Redak*]

**and You shall shelter them**—*You shall shield and shelter them.*—[*Rashi*] You shall be over them like a tent so that the enemies cannot harm them.—[*Redak*]

**exult in You**—*when they see that You bless the righteous man, Jacob, and his seed.*—[*Rashi*]

**in You**—In Your salvation.—[*Mezudath David*]

13. **like a shield**—*which encompasses a man from three sides.*—[*Rashi*]

**will**—*satisfaction, apayement in Old French; appeasement, kindness, peace of heart.*—[*Rashi*]

**You shall encompass him**—Heb. תַּעְטְרֶנּוּ, *You shall encompass him* (in Sam. 23:26): *"but Saul and his men were encircling* (עוֹטְרִים) *David and his men."*—[*Rashi*]

1. **on the sheminith**—*A harp of eight strings, known as sheminith, and so we find* (in I Chron. 15:21): *"So-and-so and his sons on the sheminith to conduct."*—[*Rashi*] This definition is found in *Targum*. The Talmud (*Arachin* 13b) and the *Pesikta Rabbathi* (p. 99a) state that the *sheminith* will be used in messianic times, rather than the seven-stringed harp that was used in the Temple.

This psalm was sung with the accompaniment of this instrument. In *Menachoth* 43b, the Talmud states that this psalm is related to

בְּאַפְּךָ תוֹכִיחֵנִי וְאַל־בַּחֲמָתְךָ תְיַסְּרֵנִי׃
ג חָנֵּנִי יְהֹוָה כִּי אֻמְלַל אָנִי רְפָאֵנִי יְהֹוָה
כִּי נִבְהֲלוּ עֲצָמָי׃ ד וְנַפְשִׁי נִבְהֲלָה מְאֹד
וְאַתָּ* יְהֹוָה עַד־מָתָי׃ ה שׁוּבָה יְהֹוָה
חַלְּצָה נַפְשִׁי הוֹשִׁיעֵנִי לְמַעַן חַסְדֶּךָ׃
ו כִּי אֵין בַּמָּוֶת זִכְרֶךָ בִּשְׁאוֹל מִי יוֹדֶה
לָּךְ׃ ז יָגַעְתִּי בְּאַנְחָתִי אַשְׂחֶה בְכָל־

בְּרִתְחָךְ תְּרְדֵי יָתִי׃
ג חוּס עֲלַי יְיָ מְטוּל
דְּחַלָּשׁ אֲנָא אַסִּי יָתִי יְיָ
מְטוּל דְּאִתְבְּהִילוּ גַרְמָי׃
ד וְנַפְשִׁי אִתְבְּהִילַת
לַחֲדָא וְאַנְתְּ יְיָ עַד
אֵימְתַי רְוַח לִי׃ ה תּוּב
יְיָ פְּצִי נַפְשִׁי פְּרַק לִי
בְּגִלַל טוּבָךְ׃ ו מְטוּל
דְּלֵית בְּמוֹתָא דָּכְרָנָךְ
בִּשְׁאוֹל מַן יוֹדֵי לָךְ׃
ז אִשְׁתַּלְהֵית בְּתַנְחָתִי
אַמַּלֵּל בְּצַעֲרִי בְּכָל

**ת״א** יגעתי. סנהדרין קז:

ואתה קרי

## רש״י

שמו. וכן מלינו (בדברי הימים א׳ ט״ו) פלוני ובניו על השמינית לנלח: (ג) **אומלל.** נשחת ודל כח (קונפונד״ן בלע״ז. קאפאנדי פערווירט. בעשטירצ״ט) כמו היהודים האמללים דעזרא (נחמיה ג׳): (ד) **ואתה ה׳ עד מתי.** תביט ואינך רופא: (ה) **שובה ה׳.** מחרונך: **חלצה נפשי.** מחוליי: (ז) **אשחה בכל לילה מטתי.** לשון סחי ומאוס (איכה ג׳) והיתה נבלתם כסוחה

## רד״ק

שאוכל לסבול: ואל בחמתך תיסרני. כפל ענין במ״ש כמנהג: (ג) אומלל. תואר אף ע״פ שהוא פתוח והוא ענין חלשה וכריתה: כי נבהלו עצמי. ר״ל הגוף ואמר עצמי שהם יסוד הגוף או אומר כן על כאב העבירות: (ד) ונפשי נבהלה. עצמי נבהלו ונפשי נבהלה מאד לפחדי שאמות מזה החולי: ואת. כתיב בלא ה״א: עד מתי. עד מתי תדכאני בחלאים ולא תרפאני: (ה) שובה. מלרע והם חמשה מלרע וזה אחד מהם ופירש שוב מחרון אפך עלי: חלצה נפשי. **שלא** אמות מזה החולי: הושיעני למען חסדך. לא בצדקתי כי ידעתי שאני חייב: (ו) כי אין במות. לא אזכרך במותי ולא אודה לך ואם תרפני אודה לך לעיני כל כי הגוף אחר צאת הנשמה כאבן והוא היורד **שאול** אבל הנשמה תעלה ותשבח לעד בלא הפסק ויתאוה הצדיק לחיות לעשות רצון האל בעודנו חי להרבות שכר הנשמה בעולם הבא: (ז) באנחתי. כי אני נאנח ודואג על חליי ובוכה עד שאשחה בכל לילה כי בלילה יכבד החולי. ויאנח ויבכה על חליו או יבכה בלילה שבני אדם ישנים ואין

## אבן עזרא

הקרוב אלי כי זה המזמור חברו דוד בחלותו ויהי מחליו או היה דרך נבואה על ישראל שהן בגלות כמו חולים ואם על הדרך הראשון גם התנבא דוד שיתרפא כתפלת יונה אף אוסיף להביט ובעבור העון יוכיח השם בתחלואיו כמו בתוכחות על עון יסרת איש: (ג) חנני. בעבור שמלא ר׳ משה הכהן אמלל פתח אמר כי איננו שם התואר רק הוא חסר כמו ונאשר אני שהנכון ונשארתי על דרך אני הגבר ראה עני הנני יוסיף על ימיך ונכון הדבר: **נב־ לו עצמי.** שהם מוסדי הגוף ולא ירגיש וכאילו הרגישו מכובד **החולי** והנה עלמי כנגד הגוף: (ד) ונפשי. שהיא קשורה בגוף נבהלה יותר מהגוף על כן מלת מאד: **עד מתי.** תהיה **נפשי** נבהלת שאין כח בה לסבול: (ה) **שובה.** שישוב מחרון אפי ולמען חסדך הושיעני מחליי לא כאשר אמר יחזקיהו כי הקשה עלי מאד במותי שלא אוכל להזכיר בלשוני ולא אודה לך בגלוי: (ז) **ינעתי.** יספר רוב חליו ואנחותיו **ואשחה** כמו כאשר יפרש השוחה לשחות ומעתי פעול והטעם ממי בכיותי ע״ד ונשמה לא נשארה בי ויש אומרים כי אשחה

## מנחת שי

השם בגעיא: ואל בחמתך תיסרני. הוא״ו בגעיא: (ג) חנני. החי״ת בקמץ לבד והוא חטוף: אמלל. בם״א כ״י הלמ״ד בקמ״ץ ובשאר ספרים בפתח וכ״כ ן׳ עזרא וכ״כ רד״ק בגי׳ וגם בשרשים כתב שנמלא פתוח ברוב הספרים וכן ראוי כפי המסורת: (ד) ונפשי. אין בו געיא: ואת. ואתה קרי: (ה) שובה ה׳. בטעם מלרע וסימן במסורת כאן וזה א׳ מהם: (ז) יגעתי באנחתי. הכי״ם

## מצודת דוד

(ב) ואל בחמתך. כפל הדבר במ״ש: (ג) חנני. לבל תוסיף עוד להרות בי כי הנה אומלל אני ודי בזה: רפאני. הוסיף לשאול ואמר רפאני מן המכות אשר עברו עלי מאז כי הנה נבהלו עצמי: (ד) ונפשי. ואף נפשי נבהלה וא״כ עד מתי אהיה עוד נגוע ומוכה הנה עלה הפורעניות באה לגלות אוזן למוסר והנה כבר נבהלתי וקבלתי המוסר: (ה) שובה ה׳. לזה שובה להוציא נפשי מצרה והושיעני למען הסדך אף אם עדיין לא נפרעתי כפי חטאי: (ו) כי אין במות. כי אם אמות מצרה הבאה שוב לא אזכיר שמך כי מי הוא שנותן הודאה בקבר הלא מי הי הוא יודוך: (ז) יגעתי. נעשיתי עיף ויגע במה שאני מתאנח בכל עת: אשחה. אני מציף את מטתי

## מצודת ציון

(ג) אומלל. ענין כריתה כמו ימולל ויבש (לקמן צ׳) והוא מל׳ מילה: (ה) חלצה. שלוף והוא כמו חלץ מהם (הושע ה׳): (ז) אשחה. ענין שחיה במים כמו כאשר יפרש השוחה לשחות (ישעיה כ״ה):

thanks God and lauds Him ceaselessly.—[*Redak*]*

7. **I am weary from my sighing**—Because I sigh and worry about my illness.—[*Redak*]

**every night I sully my bed**—Heb. אַשְׂחֶה, *an expression of* (Lam. 3:45): *"scum* (סְחִי) *and refuse";* (Isa. 5:25), *"and their corpses were like spittle* (כַּסּוּחָה)*." I sully my bed with tears. Menachem* (p.172), *however, associated it with* (Isa. 25:11): *"as the swimmer* (הַשֹּׂחֶה) *spreads out* [his hands] *to swim* (לִשְׂחוֹת)*,"and with*

rebuke me in Your anger, and do not chastise me in Your wrath. 3. Be gracious to me, O Lord, because I languish; heal me, O Lord, because my bones are frightened. 4. And my soul is very frightened, and You, O Lord, how long? 5. Return, O Lord, rescue my soul; save me for the sake of Your loving-kindness. 6. For there is no memory of You in death; in the grave, who will thank You? 7. I am weary from my sighing; every night I sully

2. **O Lord, do not rebuke me in Your anger**—If You rebuke me because of my sins, rebuke me not in anger but gently, so that I will be able to endure it, as Jeremiah beseeches God (10:24): "Chasten me, O Lord, but with a measure."—[*Redak*]*

3. **languish**—Heb. אֻמְלַל, *destroyed and poor in strength, konfondouc in Old French, confounded, perplexed, as "these feeble Jews* (הָאֲמֵלָלִם)," *of Ezra* (Neh. 3:34).—[*Rashi*] This is an adjective although it is vowelized with a "pattah." It denotes weakness and destruction.—[*Redak*]*

**heal me**—He continues to ask God to heal him of the ailments that afflicted him.—[*Mezudath David*]

**because my bones are frightened**—This may refer to the body. He mentions the bones because they are the foundation thereof. It may also refer to the pains of the limbs.—[*Redak*]

4. **And my soul is very frightened**—My bones are frightened, and my soul is frightened, by my fear and worry lest I die from this illness.—[*Redak*] My soul, which is attached to my body, is frightened even more than my body.—[*Ibn Ezra*]

**and You, O Lord, how long**—*will You look on and not heal* [me]?—[*Rashi*] How long will You crush me with ailments and not heal me?—[*Redak*]*

5. **Return, O Lord**—*from Your anger*—[*Rashi, Redak, Ibn Ezra*]

**rescue my soul**—*from my illness.*—[*Rashi*] So that I should not die from this illness.—[*Redak*]

**save me for the sake of Your loving-kindness**—Not because of my righteousness, for I know that I am guilty.—[*Redak*]

6. **For there is no memory of You in death**—If I die, I will not remember You in my death, and I will not thank You; but if You heal me, I will thank You before everyone, as Hezekiah said (Isa. 38:18): "For the grave shall not thank You, nor shall death praise You." David, too, said (below 118:17), "I will not die, but I will live and tell the deeds of the Eternal," for after the departure of the soul, the body is like a lifeless stone. That is what descends into the grave, but the soul ascends and

לַיְלָה מִטָּתִי בְּדִמְעָתִי עַרְשִׂי אַמְסֶה׃
ח עָשְׁשָׁה מִכַּעַס עֵינִי עָתְקָה בְּכָל־
צוֹרְרָי׃ ט סוּרוּ מִמֶּנִּי כָּל־פֹּעֲלֵי אָוֶן כִּי־
שָׁמַע יְהוָה קוֹל בִּכְיִי׃ י שָׁמַע יְהוָה
תְּחִנָּתִי יְהוָה תְּפִלָּתִי יִקָּח׃ יא יֵבֹשׁוּ
וְיִבָּהֲלוּ מְאֹד כָּל־אֹיְבָי יָשֻׁבוּ יֵבֹשׁוּ רָגַע׃

## תרגום

כִּילְיָא עַל שְׁוויִי בְּדִמְעָתִי
בִּרְגְשֵׁי אַטְמֵישׁ׃ ח חַשְׁכַת
מִן רוּגְזֵי עֵינִי אִתְבְּלִיאַת
בְּכָל מְעִיקָי׃ ט זוּרוּ מִנִּי
כָּל עָבְדֵי שְׁקַר אֲרוּם
שְׁמִיעַ קֳדָם יְיָ קָל
בְּכוּתִי׃ י שְׁמִיעַ קֳדָם יְיָ
בָּעוּתִי יְיָ צְלוֹתִי יְקַבֵּל׃
יא יִבְהֲתוּן וְיִתְבַּהֲלוּן
לַחֲדָא כּוּלְהוֹן בַּעֲלֵי
דְבָבִי יְתוּבוּן יִבְהֲתוּן
כְּשָׁעָא

## רד"ק

רואה אותו והנה הוא יגע מהאנחה ומהבכי ומה שאמר אשחה אמסה היא על דרך גוזמא והפלגה ופי' אשחה מן כאשר יפרש השוחה לשחות או מתרגום וירחץ ואשחי. ופי' אמסה מן המסו את לב העם: (ח) עששה. בגזרה עש יאכלם כאילו אמר רקבה והטעם שאני בוכה מן הכעס שאני כועס על אויבי השמחים לחליי. ופי' עתקה מן ויעתק צור ממקומו. ועששה ועתקה על דרך הפלגה וגוזמא. ופירוש בכל צוררי מפני כל צוררי. ויש מפרשים עתקה שנתישנ' כמו תרגום ישן עתיק: (ט) סורו. בחיותו מחליו אמר זה או בחליו ומדבר על העתיד ברוח הקדש. וכל אדם המתפלל בזה המזמור יוכל לומר זה כי בטוח הוא כי האל ישמע תפלתו אם יתפלל בלב נשבר ונדכה: (י) יקח. כמו לקח. וטעם יקח בזאת העת ובכל עת תפלתי אליו יקבלנה ברצון: (יא) יבשו. בהרפאי יבשו כל אויבי שהיו מקוים מיתתי ישובו יבשו רגע כשיראו שלא עלתה מחשבתם ישובו אלי

## רש"י

(ישעיה ה'). ממאס אני מטתי בדמעות. ומנחם חברו עם כאשר יפרש השוחה לשחות (שם כ"ה) ועם מי שחו (יחזקאל מ"ז): בדמעתי ערשי אמסה. אלחלה ואורטי"ב כמו מים: (ח) עששה. לשון עששית. עין שמאורה כהה ודומה לו כאלו הוא רואה דרך זכוכית שכנגד עיניו. ומנחם פירשו לשון רקבון כמו (לקמן ל"א) ועצמי עששו וכן כל לשון עש: עתקה. נתיישנה ונזדקנה עיני בכהיית אור ומנחם חברו עם ויעתק משם ההרה (בראשית י"ב): בכל צוררי. בשביל צרות שמצירין לי: (יא) יבשו ויבהלו וגו'. מהו ישובו יבושו פעם שניה. אמר ר' יוחנן לעתיד לבא הקדוש ברוך הוא דן את הרשעים של עובדי כוכבים ומזלות ומחייבן לגיהנם והם מתרעמין עליו והקדוש ברוך הוא מחזירן וחוזר ומראה גיליונין שלהם ודן אותם ומתחייבין והוא מחזירן לגיהנם הרי בושה כפולה. רבי שמואל בר נחמני אומר לעתיד לבוא כל אומה עובדי כוכבים ומזלות קוראה לאלהיה ואין עונה וחוזרין וקוראין להקדוש ברוך הוא אומר להם

## מנחת שי

בגעיא: (ח) עששה. הע"ין בגעיא: (י) תפלתי יקח. בגעיא:

## אבן עזרא

תרגום ארחץ בארמית: (ח) עששה. מגזרת עש יאכלם וטעם עיני בעבור שהוא רואה בחליו אויביו שמחים וזה טעם מכעס ואלה אויביו מבקרים אותו לראות נקמתם ע"כ אחריו סורו ממני ומלת עתקה שבה אל עיני מרוב הבכי וטעם בכל צררי בעבור כל צוררי ורבי' כמוהו: (ט) סורו. צורריו הם פועלי און הפך פעלו: (י) שמע. מודה כי השם רפאו מחליו לא הרופאים בעבור שהתחנן אליו וטעם יקח יקבל או יקחנה תחת עולה: (יא) יבושו. הם בראותם חיותי ויחלו הם על כן ויבהלו כנגד נבהלו עצמי ונפשי נבהלה מאד: ישובו. ינחמו או יבקשו שלומי:

## מצודת ציון

ערשי. מטתי כמו ערש יצועי (לקמן קל"ב): אמסה. מל' המסה והתכה: (ח) עששה. לשון בליה ורקבון וכן ועצמי עששו (לקמן ל"א): עתקה. ענין יישון כמו והדברים עתיקים (ד"ה א' ד'):

## מצודת דוד

במי הבכי כדבר השטה על פני המים: בדמעתי. אני מתיך ומרטיב ערשי בדמעות עיני וכפל הדבר במ"ש: (ח) עששה מכעס. מחרון האויב בלו עיני: עתקה. בעבור צרותי כהתה עיני כאלו נתיישנה בזוקן וא"כ די בכל הצרות אשר כבר עברו עלי: (ט) סורו. לכו ממני כי לא תוכלו לי מעתה כי נתקבלה תפלתי: (י) שמע וגו'. כפל הדבר במ"ש: (יא) יבושו. בראותם הצלתי: ויבהלו. כדרך אדם התמה ונבהל בראות דבר אשר חשב לנמנע: ישובו. אז יהיו חוזרים מרעתם לבקש שלומי וברגע ההיא יבושו ולא יאחר זמן כי תמחול להם על מה שעשו בי ולא תזכרנה עוד להיות להם לבושה:

my bed; I wet my couch with my tears. 8. My eye is dimmed
from anger; it has aged because of all my adversaries. 9. Turn
away from me, all you workers of iniquity, for the Lord has
hearkened to the voice of my weeping. 10. The Lord has hear-
kened to my supplication; the Lord has accepted my prayer.
11. All my enemies shall be ashamed and very frightened; they
shall return and be ashamed in a moment.

(Ezek. 47:5), *"water to swim in* (שָׂחוּ)."—[*Rashi*] [Thus we would render: I cause my bed to swim.]

**I wet my couch with my tears**—*I moisten and wet as with water.*—[*Rashi*]

8. **is dimmed**—Heb. עָשְׁשָׁה, *an expression of a lantern* (עֲשָׁשִׁית), *an eye which has impaired vision and seems to see through glass* [held] *before its eyes. Menachem* (p. 139) *defines it as an expression of decay, and so every expression of* עָשׁ, *like* (below 31:11) *"and my bones are wasted away* (עָשֵׁשׁוּ)."—[*Rashi*]

**it has aged**—Heb. עָתְקָה. *My eye has aged and become old in that its light has dimmed. Menachem* (p. 139) *associated it with* (Gen. 12:8): *"And he moved* (וַיַּעְתֵּק) *from there to the mountain."*—[*Rashi*] Thus, we render: "my eye came out," which is hyperbolic, as is *Menachem's* definition of עָשְׁשָׁה, above.—[*Redak*]

**because of all my adversaries**—*Because of the troubles that distress me.*—[*Rashi*]

11. **shall be ashamed and very frightened, etc.**—*What is the meaning of "they shall return and be ashamed" a second time? Said Rabbi Johanan: In the future the Holy One, blessed be He, will judge the wicked of the nations of the world and sentence them to Gehinnom. Because they will complain to Him, He will take them back and again show them their religious books* [or, according to *Yalkut, their bills of indebtedness*], *and He returns them to Gehinnom. This is a double shame. Rabbi Shmuel bar Nachmani says: In the future, every nation will call to its god, but it will not answer. Consequently, they will call to the Holy One, blessed be He. He will say to them, "Had you called Me first, I would have answered you. Now you have made the idols of primary importance and Me of secondary import. Therefore, I will not answer," for it is stated* (below 18:42): *"They will cry out, but no one will save them." This refers to the idols, and afterward, "to the Lord, but He will not answer them." Therefore, it is said: "they shall return and be ashamed."*—[*Rashi* from *Mid. Ps.* 31:5, with variations]

**in a moment**—*In a short time.*—[*Rashi*]

ז א שִׁגָּיוֹן לְדָוִד אֲשֶׁר־שָׁר לַיהוָה עַל־
דִּבְרֵי־כוּשׁ בֶּן־יְמִינִי: ב יְהוָה אֱלֹהַי בְּךָ
חָסִיתִי הוֹשִׁיעֵנִי מִכָּל־רֹדְפַי וְהַצִּילֵנִי:
ג פֶּן־יִטְרֹף כְּאַרְיֵה נַפְשִׁי פֹּרֵק וְאֵין
מַצִּיל: ד יְהוָה אֱלֹהַי אִם־עָשִׂיתִי זֹאת
אם

כ שׁ ע א: א תַּרְגּוּמָא דְאוּדֵיתָא לְדָוִד דִּי שַׁבַּח קֳדָם יְיָ מְטוּל דִּי אֲמַר שִׁירָתָא עַל תְּבִירָא דְשָׁאוּל בַּר קִישׁ דְּמִן שִׁבְטָא בִנְיָמִן: ב יְיָ אֱלָהַי בְּמֵימְרָךְ סַבְרֵית פְּרוֹק יָתִי מִכָּל רָדְפַי וּפְצָא יָתִי: ג דִּלְמָא יִתְבַּר הֵיךְ אַרְיְוָתָא נַפְשִׁי יִפְשַׁח וְלֵית דִּיפְצֵי: ד יְיָ אֱלָהַי אִין עֲבַדִית שִׁירְתָא הָדָא בְּכַוָּנְתָא בִּישָׁא אִין אִית טְלוּמָא בִּידַי:

ת״א שגיון לדוד. מ״ק י״ט:

## רש״י

אלו קראתם אלי תחלה הייתי עונה אתכם עכשיו עשיתם עבודת כוכבים עיקר ואותי טפלה לפיכך איני עונה שנאמר ישועו ואין מושיע זו עובדי כוכבים ומזלות ואחר כך אל ה' ולא ענם (לקמן י״ח) לכך נאמר ישובו יבושו: **רגע.** במעט זמן:

ז (א) **שגיון לדוד.** מנחם אמר שגם זה אחד משמות הזמר על שם הכלי. וכן פירש על שגיונות. ורבותינו פירשו לשון משגה שהתודה והתפלל על השגיון שאמר שירה על מפלתו של שאול כמו שנאמר וידבר דוד לה' וגו' (שמואל ב' כ״ב) אבל ענין המזמור אינו מוכיח. על כך לפי שהוא מדבר על עסקי עובדי כוכבים ומזלות ה' ידין עמים ואומר אני שאמרו על עסק ישבי בנוב (שם כ״א) שבא עליו על עונשו של שאול כמו שפירשו רבותינו שאמר לו הקדוש ברוך הוא על ידך נטרד דואג האדומי על ידך נהרג שאול ובניו כו' כדאיתא בחלק. שגיאות שביקש דוד להקדוש ברוך הוא להמסר ביד שונא ולא יכלה זרעו (שם״א) הפך דוד את תפילתו והתפלל שלא יפול ביד אויב וכן פתרונו משגה שר דוד לה' על ששגג לומר להקדוש ברוך הוא למוסרו ביד אויב על דברי שאול שנהרג על ידו. דבר אחר על שגיון כנף המעיל אשר כרת לשאול: **כוש.** מה כושי משונה בעורו אף שאול משונה במעשיו: (ג) **פורק.** לשון פרקו נזמי הזהב (שמות ל״ב): (ד) **אם עשיתי זאת.** מה שמפורש

## רד״ק

להיות בשלום עמי ובאותו רגע יהיה להם בושת ממני: (א) שגיון. כבר בארנו כי שגיון אחד ממיני הניגון ורבותינו ז״ל אמרו כי המזמור הזה נאמר על שאול וקראו כוש לפי שהית יפה כמו האשה הכושית. ועוד מה כושי זה אינו משתנה בעורו כך שאול לא היה משתנה בשנאתו אל דוד ודברים ועניינים רבים היה לו ע״ם שאול ופעמים רבות חשב להרגו: (ב) בך חסיתי. ולא בעזרת אדם לכן הושיעני מכל רודפי הנזכרי' עם שאול: (ג) כאריה. על שהיה מלך אמר פורק ואין מציל. ואמר כאריה כי הוא גבור שבחיות ונקרא מלך עליהם ואם יפרוק אין מציל. ופורק מענין ופרקת עלו **אם זאת עשיתי מה** שהוא עושה וזה היא מה שהוא מפרש אם גמלתי שולמי רע: (ד) אם יש עול בכפי. אם עשיתי בידי רע לאדם בעול:

## אבן עזרא

ז (א) **שגיון.** יש מפרשים בו תענוג כמו תשגה תמיד ויש אומרים על שגגתו והנכון בעיני שהוא על נועם פיוט שתחלתו שגיון: **על דברי כוש.** כמו שכותבין כותבי ספרד הפיוטין יכתבו למעלה בתחלת טור הפיוט טעם פיוט ידוע: **על דברי כוש בן ימיני.** יש אומרים שהוא שאול שהיה יפה כדרך כי אשה כושית לקח וזה רחוק בעיני שיורידו מלת שבח לגנאי וזה הפך סגיא נהור ומה שאמרו רז״ל שלא הזכירו לברכה שלא תשלוט בו עין הרע רחוק הוא מאד והנכון שזה כוש היה יהודי וככה שמו והוא מבני בנימין כי רחוק הוא שיאמר על שאול בחיר ה' הנה יחבל און: (ב) **ה'. חסיתי.** פועל עומד ולעולם דבק עם בי״ת: (ג) **פן יטרף.** כל אחד מאויביו כמו בנות צעדה עלי שור וטעם פורק כי האריה יפסיק המפרקת: **ואין מציל.** רק אתה על כן למעלה והצילני: (ד) **ה'.** הטעם אם עשיתי כזאת שטרפתי ופרקתי וטעם כף כי בה יכה האדם ויהרג:

## מצודת דוד

ז (א) שגיון לדוד. התפלל בזה על השגיאה מה שכרת כנף מעיל שאול: כוש בן ימיני. זה שאול הבא מבנימין וקראו כוש כי היה משונה במעשיו לשבח ככושי הזה המשונה בעורו: (ג) פן ישרוף. כשלא תושיעני יתגבר עלי האויב ופן יטרפני כאריה: פורק. ישבר אותי ולא אמצא מציל כי כולם קמו עלי: (ד) אם עשיתי זאת. אם כשפטיתי את זאת לכרות כנף מעיל שאול: אם יש עול בכפי. האם עשיתי לעשות עול לבזותו להעמידו מלובש מעיל

## מצודת ציון

ז (א) שגיון. מלשון שגיאה: שר. מלשון שירה: על דברי. ענין בעבור כמו על דבר כזבי (במדבר כ״ה): (ג) פורק. ענין

emy of David except Saul, who was a king, and the expression, "rending it to pieces with no one to save [me]," is very appropriate: the lion is the mightiest of the beasts, hence the appellation "king of the beasts," and if the king is intent upon tearing one into pieces, no one can escape him.—[*Redak*]

**rending it to pieces**—Heb. פֹּרֵק, *an expression of* (Exod. 32:2): *"Break off* (פָּרְקוּ) *the golden rings."*—[*Rashi*]

4. **if I have done this**—*What is delineated after it.*—[*Rashi*]

## 7

1. A *shiggayon* of David, which he sang to the Lord concerning
Cush the Benjamite. 2. O Lord, my God, I have taken refuge in
You; save me from all my pursuers and deliver me. 3. Lest he
tear my soul like a lion, rending it to pieces with no one to save
[me]. 4. O Lord, my God, if I have done this,

1. **A shiggayon of David**—*Menachem says* (p. 170) *that this, too, is one of the names of a melody named for the instrument, and so he explained "on shigyonoth,"* [in Habakkuk 3:1]. *But our Sages* (*Mid. Ps.* 7:18) *explained it as an expression of error, that he confessed and prayed about the error that he had* [committed by] *reciting a song upon Saul's downfall, as it is stated* (in II Sam. 22:1): *"And David spoke to the Lord, etc." The contents of the psalm, however, do not indicate this, because it speaks of the nations* (in verse 9): *"May the Lord judge the peoples." I, therefore, say that he recited it concerning Ishbi in Nob* (II Sam. 21:16), *who came upon him as a punishment for Saul; as our Rabbis explained, that the Holy One, blessed be He, said to him, "Through you, Doeg the Edomite was banished; through you, Saul and his sons were slain, etc." as is stated in "Chelek"* (*Sanh.* 95a). *The errors that David asked of the Holy One, blessed be He,* [were] *that he* [himself] *be delivered into the hands of his enemies and that his descendants should not be destroyed. (The last sentence does not appear in all editions.)* [Therefore, because his life was endangered,] *David reversed his prayer and prayed that he should not fall into the hands of his enemies. Now this is its meaning: An error that David sang to the Lord because he had erred in saying to the Holy One, blessed be He, to deliver him into the hands of his enemies on account of Saul, who was slain because of him. Another explanation: Concerning the error of the skirt of Saul's coat, which he had severed* (I Sam. 24:5).—[*Rashi*]

**Cush**—*Just as a Cushite has unusual skin, so did Saul have unusual deeds.*—[*Rashi* from *Moed Katan* 17b, *Mid. Ps.* 7:18] The midrash states also that he was unusually handsome. *Redak* explains the Rabbinic maxim according to its apparent meaning: David recited this before God as a prayer to save him from Saul, whose hatred for him was as unchangeable as the pigment of a Cushite's skin. The words עַל-דִּבְרֵי, lit. concerning the affairs of, allude to Saul's many attempts to kill David.

2. **I have taken refuge in You**—and not in man; therefore, save me from all my pursuers who are allied with Saul.—[*Redak*]

3. **Lest he tear my soul like a lion, etc.**—This could not refer to any en-

אִם־יֶשׁ־עָוֶל בְּכַפָּי: ה אִם־גָּמַלְתִּי שׁוֹלְמִי
רָע וָאֲחַלְּצָה צוֹרְרִי רֵיקָם: ו יִרַדֹּף אוֹיֵב
נַפְשִׁי וְיַשֵּׂג וְיִרְמֹס לָאָרֶץ חַיָּי וּכְבוֹדִי
לֶעָפָר יַשְׁכֵּן סֶלָה: ז קוּמָה יְהוָה בְּאַפֶּךָ
הִנָּשֵׂא בְּעַבְרוֹת צוֹרְרָי וְעוּרָה אֵלַי

ה אִין פְּרָעִית לִבְעֵיל
שְׁלָמִי בִּישׁ וּדְחַקִית
מְעִיקִי מַגָּן: ו יְהֵי רָדַף
בְּעֵל דְבָבָא נַפְשִׁי
וְיִדְבֵּק וְיִכְבּוֹשׁ לְאַרְעָא
חַיַּי וִיקָרִי לְעַפְרָא יַשְׁרֵי
לְעָלְמִין: ז קוּם יְיָ
בְּתוּקְפָּךְ אִתְנַטַּל בְּרוּגְזָא
עַל מְעִיקַי וְסַרְהֵיב לִי
דִינָא דִי פַקֵּדְתָּא:

## רד"ק

(ה) אם. מי שהיה עמי בשלום גמלתיו רע כמו שהוא עושה שהייתי בשלום עמו חותני ונלחמתי מלחמותיו והוא גומלני רעה תחת טובה: ואחלצה צוררי ריקם. לא די שלא גמלתי שולמי רע אבל חלצתי מי שהוא צוררי ריקם ובחנם הייתי מציל אותו כמו שהציל שאול מיד אבישי שהיה הורגו לולי שמנעו כשאמר אכנו נא בחנית וכן כשהיה במערה נאמר וישסע דוד את אנשיו. וי"ו ואחלצה צוררי ריקם כמו וי"ו ועבדיך באו לשבור: (ו) ירדף. המלה הזאת היא מורכבת מפעלי הקל ומפועל הדגש וטעם ההרכבה אומר כי האויב ירדפהו בעצמו וירדפהו לאחרים שיאמר לאחרים שירדפוהו כן שאול היה רודפו ומרדפו לישראל: ואמר. נפשי. כי לא ירדפני לאסרני במאסר אלא להמיתני כמו שדמה כמה פעמים להרגני בידו: ישג וירמס לארץ חיי. ואם ישיגני ירמוס לארץ חיי כי לא יניחני שלא יהרגני: וכבודי לעפר ישכן סלה. וכבודי הוא נפש ומחשבתו שישכן כבודי לעפר ואף על פי שהנפש לא תשכן בעפר במות האדם אמר על דרך משל או לפי מחשבת האויב כי לא יחשוב שיש לנפשי תקומה אחר המות כי יחשבני שאני רשע ואיש דמים ומלת סלה פרשתיה שהיא הרמת הקול בנגון ואין לה טעם בענין: (ז) קומה. מלרע הטעם במ"ם. אמר קומה ה' באפך. על הרודפים אותי לקחת נפשי: הנשא בעברות צוררי. בעברך עליהם כמו שאמר באפך או

## רש"י

אחריו: (ה) אם גמלתי שולמי רע. אם גמלתיו כגמולו: ואחלצה צוררי ריקם. שיחתי את חליצתו בכרתי את כנף מעילו אם להשחית ולחללו ולהעמידו ריקם ובשנאה עשיתי. אלא להודיעו שהיה מסור בידי להורגו ולא הרגתיו. ואחלצה לשון הפשטת בגדים: (ז) קומה ה' באפך. על שונאי כגון ישבי ואחיו ופלשתים שלא אמסר בידם: הנשא. התפאר להראותי נקמת עברה בהתעברך עליהם: ועורה אלי. שאוכל לעשות בהם משפט נקמה

## מנחת שי

ז (ה) שולמי רע. במקצת מדויקים מלרע הטעם במ"ם ונמסר עליו לית ומלא: ואחלצה צוררי ריקם. במדוייקים אין במלת ואחלצה כתף ימין ומיושב ולכן נגינת סוף פסוק במלת צוררי וכן נכון לפי' רש"י ורד"ק שמלת ריקם איננה סמוכה למלת צוררי אבל לפי אבן עזרא ואחרים שפירשו הצוררים אותי שנאת חנם נכון להיות כתף ימין ומיושב במלת ואחלצה: (ו) ירדף. הרי"ש בפתח ודקדוק המלה עיין בפי' רד"ק ומכלול ד' ל': (ז) קומה. מלרע:

## אבן עזרא

(ה) אם. שולמי. מהבנין הקל אע"פ שלא נמצא מהבנין הקל שלומים כי אם מהכבד וי"א שהיה בשלום עמי. וטעם ואחלצה צוררי ריקם ואיך הייתי עושה רע לשולמי ואני אחלצה הצוררים והשונאים אותי שנאת חנם וזה טעם ריקם על דרך ואני נסכתי מלכי ורבי משה אמר כי הוי"ו כמו רק כמו ועבדיך באו לשבר אכל ויש אומרים כי ואחלצה על דרך וינצלו את מצרים והוא רחוק: (ו) ירדוף. יש אומרים יתרדוף ואין צורך כי אין שם דגש שתהיה התי"ו מובלע ועוד היה ראוי להיות יתרדף: וירמוס לארץ חיי. בעבור הקלון: וכבודי. טעמו הנפש כמו בסודם אל תבא נפשי ובקהלם אל תחד כבודי וככה שמח לבי ויגל כבודי ואחריו אף בשרי ישכון לבטח שהוא הגוף על כן טעה רבי יהודה בן בלעם שאמר שכבודי הוא גופי והלא ידע אם לא שמע כי האדם מורכב מנפש וגוף והחלק הנכבד הנפש על כן מלת כבוד והביאו בלשון הזאת בעבור שמלא וכבודי לעפר ישכן סלה והנפש איננה יורדת לעפר והכתוב הוא על דרך משל וככה דבקה לעפר נפשי וטעם סלה באמת היה כן: (ז) קומה. בעברות צוררי. בעבור עברותם קום כנגדם באפך ויש אומרים שתכעיסם עד שתהיינה להם עברות ויש אומרים התנשא בהתעברות צוררי. אמר ר' משה ועורה

## מצודת ציון

שבירה כמו ופרסיהן יפרק (זכריה י"א): (ה) ואחלצה. הוציא ושלוף: צוררי. מל' אויב: ריקם. ר"ל בחנם: (ו) ירדף. הוא

## מצודת דוד

קרוע כדרך הפסוקים: (ה) אם גמלתי. בעוד שהיה שאול איש שלומי וכי גמלתיו אז רעה תחת טובה כאשר חשב הוא שאני לו לאויב: ואחלצה. הלוא אף בעת שהיה לו ענין לרדוף אחרי בחנם על לא חמס יקרה עוד נפשו בעיני והוצאתיו מן המיתה כי הצלתיו מיד אבישי אשר בקשו להרגו כמ"ש בשמואל א' וכאומר והנה בעבור זה כרתי מעילו להודיעו זאת שהיה מסור בידי ולא שלחתי בו יד: (ו) ירדף. כאומר ואם לא כדברי כן הוא יהיה נמ"ל שונאי שהאויב ירדוף אחר נפשי ויגיע לצילתו כרדפי וישג אותי וירמסני כארץ כל ימי חיי ואת כבודי ישפיל להיות שוכן לעולם עד העפר: (ז) קומה ה'. הואיל ולא חטאתי בזה קומה באפך והנשא במה שתביא עברה על צוררי (כי כשהקב"ה עושה דין ברשעים הוא נתעלה ומתגדל): ועורה אלי. עורר אלי אומן כח להתגבר עליהם לעשות בהם המשפט אשר צוית שאמור בשירת האזינו ותאחז במשפט ידי וגו'

**exalt Yourself**—*boast, to show me the revenge of Your anger when You become angry with them.*—[*Rashi*]

**and awaken for me**—*that I should be able to execute upon them the judgment of revenge that You commanded. Now where did You command* [it]? *"You shall break them*

if there is any injustice in my hands; 5. if I repaid the one who
did evil to me, and I stripped my adversary into emptiness,
6. may the enemy pursue my soul and overtake [me] and tram-
ple my life to the ground, and cause my soul to rest in the dust
forever. 7. Arise, O Lord, with Your wrath; exalt Yourself with
anger upon my adversaries, and awaken for me

*Mezudath David* explains: If, when I did this, when I severed the skirt of Saul's coat . . .

**if there is any injustice in my hands**—Did I do this intending to commit injustice, to degrade him by making him stand dressed in a tattered coat like a person of a low social class?

5. **if I repaid the one who did evil to me**—*If I repaid him according to his deeds.*—[*Rashi*]

**and I stripped my adversary into emptiness**—*I destroyed his garment when I severed the skirt of his coat. Did I do it to destroy and to strip him and cause him to stand empty, and* [was it done] *with hatred? Only to let him know that he was delivered into my hand to kill him, and I did not kill him.* [The word] חַלְּצָה *is an expression of stripping off clothing.*—[*Rashi*] Did I requite with evil one who was at peace with me, as he is doing to me now—to me, who fought his wars? Yet he repays bad for good.—[*Redak*]

*Redak* continues, rendering:

**and I rescued my adversaries for nothing**—Not only did I not requite him with evil, but I rescued him, without reward, even though he was my adversary. David refers to his preventing Abishai from assassinating Saul. He surely would have done so had not David stopped him, as in I Sam. 26:8. Similarly, when they were in the cave (ibid. 24:8), David prevented his men from slaying Saul.—[*Redak*]

6. **may the enemy pursue my soul**—The enemy will not pursue me to imprison me but to kill me, as indeed Saul had tried many times to slay David.—[*Redak*]

**and overtake [me] and trample my life to the ground**—And if he overtakes me, he will trample my life to the ground, for he will not spare me but will kill me. This may also be interpreted: He thinks that when he pursues me, he will overtake me and trample my life to the ground, etc.—[*Redak*]

**and cause my soul**—Heb. וּכְבוֹדִי. He thinks that he will make my soul rest in the dust. This may be figurative, for the soul does not rest in the dust; or, the enemy may take me for a wicked man, whose soul will not rise.—[*Redak*]

7. **Arise, O Lord, with Your wrath**—*against my enemies, such as Ishbi and his brothers and the Philistines, that I should not be delivered into their hands.*—[*Rashi*]

ח וּכְנִישַׁת אֻמַּיָּא
תַּחֲזְרִינָךְ וְאַמְטְלָהָא
לְבֵי שְׁכִנְתָּךְ תּוּב:
ט מֵימְרָא דַיְיָ יְדִין
עַמְמַיָּא דּוּן יָתִי יְיָ
כִּזְכוּתִי וּכְשַׁלְמוּתִי פְּרַע
עֲלָי: י יִשְׁתֵּצֵי כְּעַן
בִּישָׁא דְרַשִׁיעֵי
וִישַׁכְלְלוּן צַדִּיקֵי וּבָחַן
לִבֵּי וְכָלְיָן אֱלָהָא
זַכָּאָה: יא תְּרֵיסִי עַל
אֱלָהָא פָּרִיק תְּרִיצֵי

מִשְׁפָּט צִוִּיתָ: ח וַעֲדַת לְאֻמִּים תְּסוֹבְבֶךָּ
וְעָלֶיהָ לַמָּרוֹם שׁוּבָה: ט יְהוָה יָדִין
עַמִּים שָׁפְטֵנִי יְהוָה כְּצִדְקִי וּכְתֻמִּי עָלָי:
י יִגְמָר־נָא רַע ׀ רְשָׁעִים וּתְכוֹנֵן צַדִּיק
וּבֹחֵן לִבּוֹת וּכְלָיוֹת אֱלֹהִים צַדִּיק:
יא מָגִנִּי עַל־אֱלֹהִים מוֹשִׁיעַ יִשְׁרֵי־לֵב:

## רש"י

אשר צוית. והיכן צוית. תרועם בשבט ברזל (לעיל ב'). ואיבתי את אויביך (שמות כ"ג). וזה מצאתי במדרש: (ח) ועדת לאומים תסובבך. אם יחזרו אחריך גייסות של עכו"ם להושיעם אל תשמע לקולם. התרחק מעליהם ושוב ושב במקומך במרום (רפוש"א בלע"ז. רעסאסא זיך זעטלען. רוהען) דבר אחר למרום שובה להראות להם שידך על העליונה: (ט) ה' ידין עמים. הפוך הדין מעלינו ותנהו על עכו"ם: ידין. לשון יסורין: שפטני ה' כצדקי. ואת ישראל שפוט לפי מעשים טובים שבידם ולא לפי העבירות: (י) יגמר. לשון כליון וכן פתר מנחם (לעיל) גמר אומר (לקמן י"ב) גמר חסיד וכן כולם (ס"א): ותכונן צדיק ובוחן לבות. אתה יודע מי הוא הצדיק

## רד"ק

פירושו בעברות שיש לצוררי עלי הנשא אתה עליהם והצילני מידם ועורה אלי במשפט אשר צוית והוא משפט המלוכה: (ח) ועדת. עדת היא עדת ישראל הכוללת אותם כלם: לאמים. הם שנים עשר שבטי ישראל ובפרט נקראו לאמים. ויהיה פירוש הפסוק כן ידוע היה בישראל כי דוד נמשח למלך והוא ידוע גם כן כי על פי ה' משחו שמואל אם כן הרודף אחרי דוד כרודף אחרי האל ומפני זה אומר תסובבך על דרך שאמר הנביא כי הנוגע בכם כנוגע בבת עינו. ומה שאמר ועליה למרום שובה כמו שאמר קומה והנשא והכל דרך משל כי כשיעבור האל על פשע האדם כאילו ירד ממקום יכולתו וממכון משפטו וכאשר יפקד עונו וישפטנו יקום וינשא וישיב למרום למקום המשפט: (ט) עמים. הם ישראל כמו שפרשתי לאמים. ופי' ידין שיקח דיני מהם וז"ש שפטני ה' כצדקי וכתומי עלי כי אני אין בי עון ולא חטאתי להם כדי שישנאו אותי ולא אמר על כלם אלא על הרעים שבהם שהיו שונאים את דוד בחנם ועליהם אמר יגמר נא רע רשעים: (י) יגמר. אמר הר' שעושים ושחושבים הרשעים יגמיר אותם ויכלה אותם: ותכונן צדיק. והצדיק תכונן דרכו ומחשבתו ותסייע אותו ואמר זה על עצמו ועל הצדיקים שהיו בישראל ובוחן לבות וכליות אלהים צדיק. הוא. שהוא בוחן לבות וידע מחשבות האדם הוא יודע הצדיקים והתועים כי הרבה בני אדם מראים עצמם טובים ואינם כן והוא אלהים צדיק ר"ל שופט בצדק ויתן לכל אחד כפי דרכיו ומחשבותיו כי הוא יודע הכל: (יא) מגיני על אלהים. היה לו לומר מגיני אלהים מה הוא על

## אבן עזרא

אלי ועורר אלי משפט שגזרת שתשוב מלכות שאול אלי כי שאול לפי דעתו כוש או פחד להזכירו בשמו הנודע וכן בלעם אמר עור מה שדנת להושיעני ועל דעת אלה תהיה גזרת ועורה מהפעלים היוצאים כדרך מלת שב שהיא פעמים יוצאת ופעמים עומדת והנכון בעיני כי ועורה אלי מלה עומדת ויחסר כ"ף ממשפט כמו ועיר פרא אדם יולד ובאשר תשמע עדת לאומים המשפט שעשית יבואו מאפסי ארץ וזה טעם תסובבך וטעם ועליה למרום שובה שישוב אל השמים לשבת על כסא המשפט על כן אחריו ה' ידין עמים גם הוא נכון שהיו עם כוש עבדים מהגוים וסבבו את דוד כאילו סובבו את השכינה כי הוא עבד השם וחוסה בו כאשר הזכיר בתחילת המזמור: (ח) ועדת. פירש'. וטעם ועליה שיתיצב עליהם ויראה להם כחו ור' משה אמר שעדת לאומים הם ישראל וטעם ועליה למרום שובה שיגביהנה למרום ואין לפי' הזה טעם או ריח: (ט) ה'. א"ר משה כי טעם שפטני קח משפטי מחומסי והנכון בעיני כי אתה השם שופט הארץ שפטני כפי צדקי כי לא גמלתי כוש רע': (י) יגמר נא רע. הוא הפועל ורשעים הם הפעולים וי"א שיסור רע רשעים. א"ר לוי כי וי"ו ובוחן לבות וכליות נוסף ואיננו רק טעמו אתה תדע מי הוא צדיק או רשע וטעם כליות כנוי לסתרים כמו הכליות שהם נסתרים וטעם אלהים צדיק כנגד ותכונן צדיק: (יא) מגיני. הוא לא יעשה

## מצודת דוד

כמ"ש לעשות בהם משפט כתוב (לקמן קמ"ט): (ח) ועדת. ואף אם עדת האומו' תסבב לחזור אחריך להושיע לה שוב למרו' בעבורה להתרחק ממנה ואל תפן אליה: (ט) ידין עמים. כשתדין העמים במשפט הראוי אז שפוט אותי כפי צדקי וכתומי אשר עלי ר"ל שפטני לפי המעשים טובים ומן החטאים תשמט ידך: (י) יגמר וגו'. הרע שהרשעים עושים יקטרג עליהם לכלותם מן העולם ואת הצדיק תכונן להיות עומד על כנו ובסיסו: ובוחן. הלא אתה אלהים בוחן לבות וכליות של הצדיק וידעת כי לבבו שלם עמך: (יא) מושיע. לפי שהוא מושיע ישרי לב:

## מצודת ציון

לשון מורכב מן יפעול ויפעיל: חיי. ר"ל כל ימי חיי: (ח) ועליה. בעבורה: (י) יגמר. מל' גמר וסוף: נא. עתה: (יא) מגני.

upon God to be my shield, for He saves the upright in heart.

saves the upright in heart. This corresponds to "tests the hearts."—[*Ibn Ezra*] *Redak* renders: I rely

the judgment that You commanded. 8. And [if] a congregation
of kingdoms surrounds You, return on high over them. 9. May
the Lord judge the peoples; judge me, O Lord, according to my
righteousness and according to my innocence, which is upon
me. 10. May evil destroy the wicked, and may You establish
the righteous, for the righteous God tests the hearts and the
reins. 11. My shield is upon God, Who saves the upright in
heart.

*with an iron rod"* (above 2:9). *"Then I will be an enemy to your enemies"* (Exod. 23:22). *I found this in the Midrash* (*Mid. Ps.* 7:6; *Tan. Ki Thissa* 20, Buber 13 with variations)—[*Rashi*] *Redak* explains: awaken for me with the judgment that You commanded, viz. the law of the throne.

8. **And [if] a congregation of kingdoms surrounds You**—*If troops of nations follow You to save them, do not hearken to their voice. Distance Yourself from them and go back to sit in Your place on high; repoxa in Old French, repose. Another interpretation: Return on high to show them that You have the upper hand.*—[*Rashi*] *Redak* interprets the verse as referring to the tribes of Israel, who opposed David's kingship. The word "congregation" denotes a unified nation, not a number of independent peoples. The word "kingdoms" or "nations" denotes the twelve tribes, referred to as nations in many places in Scripture.

9. **May the Lord judge the peoples**—*Reverse the sentence from upon us and place it upon the nations.*—[*Rashi*]

**judge**—*An expression of chastisements.*—[*Rashi*]

**judge me, O Lord, according to my righteousness**—*But judge Israel according to the good deeds they have done and not according to the sins.*—[*Rashi*] *Redak*, as above, interprets this verse as referring to David's opponents among the Jews. David prays that God judge them and allow him to avenge himself upon them, and judge him according to his righteousness, for he did not sin against them to warrant their hatred towards him.

10. **destroy**—Heb. יִגְמָר, lit. finish. *An expression of destruction, and so did Menachem* (p. 57) *interpret:* (77:9), *"destroyed* (גָּמַר) *His word"*; (12:2), *"a pious man has perished* (גָּמַר)," *and so all of them.* (*This does not appear in certain editions.*)—[*Rashi*]

**and may You establish the righteous . . . tests the hearts**—*You know who is the righteous man that You may establish him.*—[*Rashi*]

**the righteous God**—*That is Your name.*—[*Rashi*]

11. **My shield**—David will not wage war, for he relies on God, Who

יב אֱלֹהִים שׁוֹפֵט צַדִּיק וְאֵל זֹעֵם בְּכָל־
יוֹם: יג אִם־לֹא יָשׁוּב חַרְבּוֹ יִלְטוֹשׁ
קַשְׁתּוֹ דָרַךְ וַיְכוֹנְנֶהָ: יד וְלוֹ הֵכִין כְּלֵי־
מָוֶת חִצָּיו לְדֹלְקִים יִפְעָל: טו הִנֵּה יְחַבֶּל־

ת"א ואל זועם ברכות ז סנהדרין קה ע"ב ד זוהר לו: כל המ.מור עקידה שער ה:

**תרגום**

לִבָּא: יב אֱלָהָא דַיָנָא
זַכָּאָה וּבִתְקוֹף רְגִיז עַל
רַשִׁיעֵי כָּל יוֹמָא: יג אִם
לָא יְתוּב לִדְחַלְתֵּיהּ
סַיְפֵיהּ שְׁחִיז קַשְׁתֵּיהּ
מְתִיחָא וּמְדִירָא:
יד וּמְטוּלְתֵּיהּ תַּקִּין זַיְנֵי
מוֹתָא גִירוֹי לְדָלְקֵי
צַדִּיקַיָא יַעְבֵּד: טו הָא

## רד"ק

אך כי בבטחי ומשענתי הוא על אלהים שיהיה מגיני שהוא מושיע ישרי לב: (יב) שופט. כמו שפטני ה' כצדקי ופירוש אלהים שופט הצדיק כצדקתו והרשע כרשעתו וזהו שאמר ואל זועם בכל יום כלומר שופט הצדיק ושופט מי שהוא זועם אל בכל יום כי לא ישוב מרשעו וז"ש אחריו. אם לא ישוב. אם במקום כי. או כאשר. ובכל יום ר"ל תמיד. ומה היה זועם שאול לאל שהיה מבזה מעשה האל ודברו כי הוא יודע כי דוד על פי ה' נמשח למלך אחריו והוא היה רודף אחריו בכל יום להרגו ועוד שהיה דוד נקי ולא חטא לו והיה רוצה לשפוך דם נקי ועוד שנשבע חי ה' שלא ימיתנו ומכל אלה היה ראוי להקרא זועם: (יג) אם. כמו כי: לא ישוב. מרשע: חרבו ילטוש, להמיתני: קשתו דרך ויכוננה. לירות בי. כלומר קרוב אני אל המות בכל יום כמי שהוא עומד כנגד הקשת הדרוכה: (יד) ולו. לו ולדולקים עמו אחרי הכין ופעל חצים וכלי מות להרגני: ודולקים. כמו כי דלקת אחרי: (טו) יחבל. ידמה מחשבות הלב להריון וכשיוצאים בדבור הוא

## רש"י

שהכוננהו: אלהים צדיק. כך שמך: (יב) שופט צדיק. אתה. לשפוט צדק: זועם בכל יום. כשרואה את מעשה הרשעים: (יג) אם לא ישוב. הרשע מרשעו: חרבו ילטוש. הקדוש ברוך הוא עליו. ילטוש (פורביר"א בלע"ז. פאלירען רייניגען) וידרוך קשתו: (יד) ולו. ולרשע הכין הקדוש ברוך הוא כלי מות: לדולקים. לרודפים כמו כי דלקת אחרי (בראשית ל"א) וכן פירושו חציו להרוג את הרשעים הדולקים את הצדיקים יפעל הקדוש ברוך הוא ויזמינם להמיתם. כל דליקה לשון רדיפה הוא: (טו) יחבל. לשון הריון ולידה כמו (שיר ח') שמה חבלתך

## מנחת שי

(יב) שופט צדיק. מלא וא"ו (וכד"ה ב' כ"ו) יש חלופי מסרות וכמו שכתוב בס"ד מה שנראה בעיני: (יד) לדולקים. הלמ"ד בגעיא:

## אבן עזרא

מלחמה כי על השם הוא נשען כי הוא מושיע ישרי לב כנגד ובוחן לבות: (יב) אלהים. יש אומרים כי צדיק פועל גם ישפוט אשר יזעים ה' בכל יום והטעם הוא שופט תמיד ולפי דעתי כי צדיק תאר לשופט ואל זועם השם בכל יום קשור עם הפסוק שהוא אחריו אם לא ישוב ותחסר מלת אשר כמו להתחזק עם לבבם שלם כאילו הוא ואם לא ישוב אשר חרבו ילטוש ויש אומרים כי אל כמו אלה על דרך אל נולדו להרפה ותשוב מלת אל למלת רשעים שהיא למעלה: (יג) אם. ויכוננה. הטעם מכוננת לירות: (יד) ולו. לנפשו: כלי מות. שחשב להרוג בו אחרים ורבי משה אמר כי פי' אם לא ישוב כמו אשר לא ישוב והפך זה אשר נשיא יחטא: לדולקים. עשה חרבו לטושה כאש בוערת ויש אומרים לדולקים כמו דלקת אחרי להורגי: יפעל. החצים: (טו) הנה יחבל. כמו

## מצודת ציון

ענין מחסה כנבור על המגן: (יב) זועם. ענין כעס: (יג) ילטוש. יחדד כמו לוטש כל חורש (בראשית ד') דרך. הדרך לדרוך ברגל על הקשת למתוח לירות בחוזק: (יד) לדולקים. לרודפים כמו

## מצודת דוד

(יב) שופט צדיק. שופט משפט הצדיק וכועס בכל יום על המריעים לו: (יג) אם לא ישוב. אם הרודף את הצדיק לא ישוב מדרכו כי עוד יחדד חרבו וקשתו אשר דרך מכינה לירות בו על הצדיק: (יד) ולו הכין. גמול ענשו יהיה שהכין כלי מות האלה על עצמו והחצים עשה בפועל ידיו הנה באמת פעל אותם על הרודף ר"ל על עצמו כי הוא יהיה נהרג בהם: (טו) יחבל און. כמו האשה אשר ממה שיש לה חבלי

arrows to slay me. Others explain: for his own sake. He actually prepared the weapons for his own fate and for the fate of his cohorts, who pursued me.

*Isaiah da Trani* explains: **For He will not repent**—I.e. God will not repent of His wrath until He destroys the wicked, and the Creator will whet His sword etc. He explains the remainder of verses 13 and 14 as *Rashi* does.

15. **Behold, he travails**—Heb. יְחַבֶּל, *an expression of conception and birth, as* (in Song 8:5): *"there your mother was in travail with you* (חִבְּלָתְךָ)."—[*Rashi*]

**he conceives mischief, and gives birth to lies**—*Whatever he begets and toils, everything betrays him. The*

12. God is a righteous judge, and God is incensed every day.
13. If he does not repent, He will whet His sword; He has
trodden His bow and made it ready. 14. And He has prepared
deadly weapons for him; He will make arrows for pursuers.
15. Behold, he travails with

12. **a righteous judge**—*are You to judge with righteousness.*—[*Rashi*]

**is incensed every day**—*when He sees the deed of the wicked.*—[*Rashi*] *Redak* renders: God judges the righteous and [judges] him who angers God every day, for he will not repent of his wickedness, etc.—[*Redak*]

13. **If he does not repent**—[I.e. if] *the wicked* [does not repent] *of his wickedness.*—[*Rashi*]

**He will whet His sword**—*The Holy One, blessed be He,* [will whet His sword] *for him.* יִלְטוֹשׁ *means forbira in Old French, to polish, furbish; and He will tread His bow.*—[*Rashi*]

14. **And . . . for him**—*And for the wicked man, the Holy One, blessed be He, has prepared deadly weapons.*—[*Rashi*]

**for pursuers**—Heb. לְדֹלְקִים, *for pursuers, as* (in Gen. 31:36): *"that you pursued* (דָלַקְתָּ) *me." And this is its meaning: His arrows—to slay the wicked who pursue the righteous, the Holy One, blessed be He, will make and prepare them to slay them. Every* [instance of] דְּלֵיקָה *is an expression of pursuit.*—[*Rashi*]

As delineated above, *Redak* explains verse 12 to mean: and [He judges] him who angers God every day. He proceeds to the next two verses:

[13] **Because he will not repent**—This refers to Saul, who denigrated God's act and His word, for he knew that David had been anointed to succeed him by divine decree, yet he constantly pursued him to assassinate him. Was he not plotting to overthrow God's decree? Moreover, David was innocent and had not sinned against him, yet Saul sought to shed innocent blood. Finally, he had sworn by God's name not to kill David. For all these reasons, Saul deserved to be called one who incensed God every day. The Psalmist continues:

**Because he will not repent; he whets his sword**—He will be punished because he does not repent. On the contrary, he whets his sword to slay me.

**he has trodden his bow and made it ready**—to shoot me. I am as close to death every day as if I were standing in front of a trodden bow. See Comm. Dig. to 11:2.

[14] **And he has prepared deadly weapons for himself; he makes his arrows for his pursuers**—For himself and for those who pursue me, he prepared deadly weapons and

און והרה עמל וילד שקר: טו בור כרה
ויחפרהו ויפל בשחת יפעל: יז ישוב
עמלו בראשו ועל קדקדו חמסו ירד:
יח אודה יהוה כצדקו ואזמרה שם־
יהוה עליון: ח א למנצח על־הגתית
מזמור לדוד: ב יהוה אדנינו מה־אדיר

יצטער לשקר ויעדי
עמלא ויליד שקרא:
טו שוח חפר ונמציה
ונפל בשוחתא די עבד:
יז יתוב לעותיה ברישיה
ועל מוקריה חטופיה
יחות: יח אשבח יי
כצדקתיה ואשבח שום
אלהא עלאה: א לשבחא
על כנורא דאיתי מגת
תושבחתא לדוד: ב יי
אלהא רבוננא כמא

## רש"י

אמך: והרה עמל וילד שקר. כל מה שהוא מוליד ויגע הכל משקר בו שאינו מתקיים בידו. מתלה אמר כל מה דשקרא מוליד פחתא נסבא: (יח) אודה ה' כצדקו. כשיצדיק הדין הגמור לשפוט הרשעים כרשעתם:

ח (א) הגיתית. כלי זמר שבא מגת שם מצויים אומנים לעשותו. ורבותינו אמרו על אומה שעתידה לידרך כגת כמו שכתוב (ישעיה ס"ג) פורה דרכתי לבדי אך ענין המזמור אינו מוכיח: (ב) מה אדיר שמך. יותר מכדי כח מדת התחתונים לא היו התחתונים כדאי שתשרה שכינתך

## רד"ק

כחבלים ודמיון המעשה הוא הלידה. ואמר כי דבר תאון בפיו כי יחשבנו בלבו ויוציאנו למעשה. ואון ועמל ושקר. ענין אחד אלא שחמלות שונות: (טז) בור. כפל ענין במלות שונות. ואמר כי הוא כרה בור להפילני בו והוא יפול בו התנבא שימות שאול בחרב ואמר ויפול עבר במקום עתיד כמו שפירשנו: (יז) עמלו. שקרו שהיה עושה ברדפו אחרי ישוב בראשו: ועל קדקדו חמסו ירד. כפל ענין במלות שונות: (יח) אודה. ואז אודה ה' כפי צדקו שעשה עמי: ואזמרת שם ה' עליון. כי הוא עליון על הכל ויעשה ביצורים כחפצו: (א) הגתית. כבר פירשנו כי גתית ממיני הנגון. ויש אומרים כי כשהית דוד בגת אמרו. ויש אומרים כי נתנו לבני עובד אדום הגתי והמזמור הזה הוא הלל ושבח והודאה לאל וסיפור

גבורותיו: (ב) ה' אדונינו. שאתה הוא אדון כל הברואים: מה אדיר שמך בכל הארץ. כמו מה אדיר אתה כי שמו הוא

## אבן עזרא

תבלתך אמך בטרם יבוא חבל: והרה עמל. הטעם כי תחלתו שוא וסופו הבל כי כל מחשבותיו תעמדנה ולא תהיינה: (טז) בור. טעם ויחפרהו להוסיף בעמקו ומלת בשחת המקום השפל במשקל אשר זורה ברחת מגזרת רוח ויש אומרים כמו בשחתם נתפש: (יז) ישוב. העמל שחשב שב בראשו ובעבור שהזכיר קדקדו אמר ירד כי הגזרות באות מהשמים בעבור חמסו: (יח) אודה. שדן דין לדקו והזכיר עליון כנגד ירד:

ח (א) למנצח על הגתית. ה' אדונינו. זה המזמור נתנו למשפחות עובד אדום הגתי שהוא מבני לוי כמו לידותון או פיוט תחלתו הגתית מתפארת והדומה לה ורבי משה אמר כי הוא כלי יתיחס אל משפחת עובד אדום הגתי ולהתיחס ככה לא מצאנו והמבינים אמרו על ניגון הדורכי' גת: (ב) ה' אדונינו. בעבור שאמר תמשילהו במעשי

## מנחת שי

(יז) ישוב עמלו בראשו. בס"ת רפס: ועל קדקדו. ק"ף שנים בחטף קמץ כמ"ש בשמואל ב' י"ד:

## מצודת דוד

לידה הדבר הסיח בעלמה הרתם ואותו תלד כן הרשעים הללו הנה מעשיהם הרעים לא כהודמן עשאום כ"א חשבו עליהם מתחלה לעשותם ובדבר הזה עלמו יהיה גמול תשלומיהן: (טז) בור כרה. בזה יפרש המקרא שלפניו ויאמר הנה הבור אשר כרה ובתחלה חשב לחפור על מי אזי גם לו אשר בעלמו יפול בו: (יז) ישוב עמלו. העמל שרלה לעשות לזולתו ישוב על ראשו: ועל קדקדו. כפל הדבר במ"ש להתמדתו: (יח) כצדקו. כאשר ראוי להודות על הלדקת דינו: ואזמרה. אשבח בזמר את שם ה' לומר שעוד הוא עליון ומאד נעלה על כל התשבחות:

ח (ב) מה אדיר שמך. מה מאד חזקה בכל הארץ משגיח ומושל בכל: אשר תנה. בעבור אשר גם הוד שכינתך נתון בשמים

## מצודת ציון

דלקת אחרי (שם ל"א): (טז) בשחת. בבור כמו כורה שחת (משלי כ"ו): (יז) קדקדו. היא אמלעית הראש שם יחולק השער אילך ואילך: ח (א) הגיתית. כלי זמר הבא מגת:

highest over all and will do with His creatures as He desires.—[*Redak*]

1. **the gittith**—*A musical instrument that came from Gath, where craftsmen were found to make it* (*Machbereth Menachem* p. 60). *But our Sages said* (*Mid. Ps.* 8:1): *Concerning a nation* [Edom] *that is destined to be trodden like a winepress, as it is written* (in Isaiah 63:3): *"A wine press I trod alone." However, the contents of the psalm do not indicate it.*—[*Rashi*] *Redak* explains that *gittith* is a type of melody (cf. chapter 4:1). He quotes others who theorize that David composed and recited this psalm when he was in Gath. Composed of praise and Thanksgiving to God, it is a recitation of His mighty deeds. *Ibn Ezra* writes that David gave this psalm to the sons of Obed-edom the Gittite, who were Levites.

2. **how mighty is Your name**—*more than the strength of the measure of the earthlings. The earthlings did*

iniquity; he conceives mischief, and gives birth to lies. 16. He
dug a pit and deepened it, and he fell into the pit that he made.
17. His mischief will return upon his head, and his violence will
descend upon his crown. 18. I will thank the Lord according to
His righteousness, and I will sing praise to the name of the Lord
Most High.

## 8

1. To the conductor, on the *gittith*, a song of David. 2. O Lord,
our Master, how mighty is

*adage says: Whatever lies beget, diminution takes.*—[*Rashi* from *Midrash Psalms* 7:11] Whatever gives her labor pains, that is what she conceived, and that is what she will bear; so it is with these wicked men: their evil deeds do not come by accident, but they have planned them before, and from that very thing, they will receive their recompense.—[*Mezudath David*] *Redak* explains that the thoughts and plans are compared to conception, and when they emerge from the mouth or materialize into deeds, they are compared to the birth pangs and to the birth itself. Consequently, the speech is compared to the pains, and the deed to the birth. Scripture therefore states that the word of iniquity is in his mouth, for he plans it in his heart, speaks of it with his mouth, and then does it. The three words אָוֶן, עָמָל, and שֶׁקֶר are synonymous. *Isaiah da Trani* explains יְחַבֶּל as an expression of destruction, thus rendering: Behold, the Creator destroys with His weapons all workers of iniquity and the wicked man, who conceived the mischief and bore the lies.

16. **He dug a pit**—He repeats the matter with different words, saying: He dug a pit to cast me into it, but he himself will fall into it. David prophesies that Saul will die by the sword, just as Saul had planned for David.—[*Redak*] This explains the preceding verse. One who digs a pit intending to trip someone will instead fall into it himself.—[*Mezudath David*]

17. **His mischief will return upon his head**—The mischief he did by pursuing me shall return upon his own head.—[*Redak*] The mischief that he wished to do to others shall return upon his own head.—[*Mezudath David*]

**will descend**—from heaven, whence the decrees originate.—[*Ibn Ezra*]

18. **I will thank the Lord according to His righteousness**—*When He executes strict justice with righteousness, to judge the wicked according to their wickedness.*—[*Rashi*] Then I will thank the Lord according to His righteousness that He performed with me.—[*Redak*]

**and I will sing praise to the name of the Lord Most High**—for He is the

שמך בכל־הארץ אשר תנה הודך
על־השמים: ג מפי עוללים ׀ וינקים
יסדת עז למען צורריך להשבית אויב
ומתנקם: ד כי־אראה שמיך מעשה
אצבעתיך ירח וכוכבים אשר

תליל שמך ומשבח
בכולא ארעא דיהבתא
זיוך עיל מן שמיא:
ג מפום עולמיא ויונקיא
אשתכחתא עושנא מן
בגלל מעיקיך לבטלא
בעיל דבבא וזומא:
ד מטול דאחמי שמיך
עובדי אצבעתך סיהרא
וכוכביא די אתקינתא:

ת"א מפי עוללים. סוטה ל' עקרים מת פי' כל המזמור זוכר מספטים: כי אראה. כתובות ה':

### רד"ק

יהוא שמו. ומה אדיר בכל הארץ. ר"ל גבורתך נראית בכל הארץ אבל ההוד הגדול והכח העצום נראה בשמים כי הארץ דבר קטן כנגד השמים. ומלת תנה הוא מקור במקום נתת כי משתמשים במקום עבר וענין הפסוק כן מה אדיר שמך בכל הארץ ומה אדיר שאתה נתת הודך על השמים. ופירוש מלת היד הכח וההדר. ויש לפרש אשר תנה הודך על השמים טעם למה אדיר שמך בכל הארץ ר"ל בעבור אשר נתת כח בעליונים להנהיג התחתונים כי הארץ בכללה וכל אשר בה בהנהגת העליונים: (ג) מפי עוללים. אמר מתחלת צאת העולל לאויר העולם ובמניקתו ניכרים נפלאות הבורא וחסדו על האדם לפיכך אמר יסדת שהיסוד תחלת הבנין כי היניקה תחלת ההכרה בחסד הבורא על האדם שעשה לו הקדוש ברוך הוא נקב בשדים כעין נקב מחט דקה שאם היה יותר רחב יזרום החלב בלא מיץ ויבוא להוך פיו יותר מן הצורך עד שיחנק בו ואם יהיה יותר דק מטה שהוא יכבד המיץ על הילד ויכאיבו שפתיו אלא הכל בשיעור לפיכך אמר מפי עוללים ויונקים יסדת עז שיכול להכיר האדם כי הכל בבינות מכוין לא בטבע ובמקרה וז"ש למען צורריך לבטל דברי המכחישים ולהשבית אויב ומתנקם. ואף על פי שזה החסד גם כן בבהמות ובחיות באדם נתן האל בינה להכיר מעשה האל ולהודות לו ולשבחו על הכל וכלם נבראו לתועלתו אם כן עליו להתבונן ולהכיר מעשה האל ולהודות לו על הכל: (ד) שמיך. ולא זכר השמש יש אומרים כי בלילה אמר זה המזמור בעת שהיה מסתכל בירה ובכוכבים ומבין בנפלאות הבורא ויש דעות אחרות. ואמר כשאראה הבריות הגדולות אשר יש לך בעולם. ואבין ענין

### רש"י

ביניהם: אשר תנה הודך על השמים. ראוי שתתנהו על השמים. והיא בענותך הגדולה: (ג) מפי עוללים ויונקים יסדת עוז. הכרית שכינתך במקדש ותקנת להודות לך עוז מפי הלוים וכהנים שהם בני אדם גדלים בללוך כעוללים ויונקי שדים. עוללים לשון ועוללתי בעפר קרני (איוב ט"ז) ועל שם הללוך נקראו כל תנוקות עוללים: למען צורריך. להודיעם כי עמך אנחנו: להשבית. חרפת אויב ומתנקם האומר לא טובים אתם משאר אומות. ואני כשאני רואה שמיך וגו' אני תמה בלבי מה אנוש כי

### מנחת שי

ח (ג) מפי עוללים וינקים. בס"ם הוא"ו בגעיא ובקצת ספרים ויונקים מלא וס"ו:

### אבן עזרא

ידיך: מה אדיר. דבר פלא ומלת תנה שם הפועל כמו מרדה מלרימה כאילו אמר תת הודך על השמים: (ג) מפי. א"ר משה כי טעם מפי עוללים אם לא ידברו בפיהם הם בעצמם יודו להסדיך כי תכלכלם ותפרם ותרבם בגופם באורך וברוחב והנכון בעיני בעבור היות אדם נכבד מכל נבראי מטה אמר כן כי מעת שיחל הנער לדבר וזה טעם מפי עוללים אז תחל מתכונתו לקבל כח הנשמה החכמה עד שתשכל בשקול דעתה כח בוראה כי תחזק הנפש יום אחר יום וזה טעם יסדת עוז וטעם למען צורריך לבטל דברי המכחישים האומרים אין אלוה וזה טעם להשבית אויב ומתנקם על המאמינים בשם בדבור או במעשה: (ד) כי. ידוע כי שבע' מעונות למאורות ולחמש' כוכבי לכת והמעון השמיני לצבא גדול והתשיעי לגלגל המזלות ההולך ממזרח למערב והעשירי כסא הכבוד על כן כתב מעשה אצבעותיך כי הם עשר והזכיר הירח והכוכבים ולא הזכיר השמש בעבור כי אין יכולת לעין לראותם יומם בעבור אור השמש וי"א כי טעם הודך על השמש כי היא הבריאה הגדולה והנה לא יראה ביום כי אם אחד ובלילה יראה צבא גדול מאד:

### מצודת ציון

(ב) תנה. כמו נתת עתיד במקום עבר וכמוהו רבים במקרא: (ג) עוללים. אף במעי אמן יקראו עוללים כמו כעוללים לא ראו אור (איוב ג'):

### מצודת דוד

ממעל ואפילו אלם למעלה לחזק יחשב ומכ"ש גבור למעלה: (ג) מפי עוללים ויונקים. מן פי העוללים אשר הם סתומים במעי אמן ובהולדם נפתח פיהם ויונקים תדיר משדי אמן מן הפלא הזה יסדת יסוד מוסד לדעת עוזך כי הוא דבר שאין הטבע מתחייב: למען צורריך. למען הכהים צורריך אשר כחשו בה': להשבית. לבטל דברי האויב והמתנקם את המאמינים בה': (ד) כי אראה. מן הפלא הזה הראה בחכמה המעשה אצבעותיך גם שמיך אף הירח והכוכבים אשר כוננתה המה כולם מעשה ידיך ואין העולם קדמון

**the moon and stars**—From this wonder, I see that the heavens are the work of Your hands, and that You created the moon and the stars—I realize that the world did not always exist.—[*Mezudath David*] Why is the sun not mentioned? Some say that David composed this psalm at night, while gazing at the moon and stars. *Ibn Ezra* replies that, since by day only the sun is visible, he chose rather to depict the sky as it appears at night, when the entire celestial host is visible. Others

Your name in all the earth, for which You should bestow Your majesty upon the heavens. 3. Out of the mouth of babes and sucklings You have established strength because of Your adversaries, in order to put an end to enemy and avenger. 4. When I see Your heavens, the work of Your fingers, the moon and stars that

*not deserve that You should cause Your Shechinah to rest among them.*—[*Rashi*]

**for which You should bestow Your majesty upon the heavens**—*It is fitting that You bestow it upon the heavens. But You, with Your great humility . . .*—[*Rashi*]

3. **Out of the mouth of babes and sucklings You have established strength**—*You caused Your Shechinah to rest in the Temple, and You decreed that we thank You. This is strength* [that emerges] *from the mouth of the Levites and the priests, who are people raised in filth like babes and sucklings.* [The word] עוֹלְלִים *is an expression of* (Job 16:15) *"and sullied my radiance in the dust," and because of the filth, all infants are called* עוֹלְלִים.—[*Rashi*] [The priests and Levites who serve in the Temple were once babes who wallowed in the dirt, and sucklings who were fed at their mothers' breasts.]

**because of Your adversaries**—*To inform them that we are Your people.*—[*Rashi*]

**to put an end to**—*the disgrace of the enemy and avenger, who says, "You are no better than the other nations." But I, when I see Your heavens, etc., . . . I wonder in my heart, what is man that You should remember him?*—[*Rashi*] *Redak* explains:

[2] **O Lord, our Master**—For You are the Master of all creatures, both celestial and earthly.

**how great is Your name**—This is equivalent to "How great are You," for He and His name are one, i.e. the Tetragrammaton is His proper name, not an adjective describing any of His attributes.

**in all the earth**—Your might is manifest throughout the entire world: in civilization, in the wilderness, in the sea as well; throughout the entire earth is Your might apparent, but the great majesty and the supreme strength is manifest only in the heavens, for the earth is infinitesimally small compared to the heavens, like a point in the center of a circle.

**that You have bestowed Your majesty upon the heavens**—How great is Your name in all the earth, and how great is Your name that You have bestowed Your majesty upon the heavens!

[3] **From the mouth of babes, etc.**—From the remarkable way that infants and sucklings are able to draw sustenance, You have established firmly the belief in Divine Providence in order to defeat Your adversaries, who deny it.—[*Redak, Mezudath David*]

4. **When I see Your heavens . . .**

כוננתה׃ ה מה־אנוש כי־תזכרנו ובן
אדם כי תפקדנו׃ ו ותחסרהו מעט
מאלהים וכבוד והדר תעטרהו׃
ז תמשילהו במעשי ידיך כל שתה
תחת־רגליו׃ ח צנה ואלפים כלם וגם
בהמות שדי׃ ט צפור שמים ודגי הים

ה מה בר נשא מטול
תדכר עובדוי ובר נשא
מטול תסער עלוי׃
ו וחסרתא יתיה קליל
ממלאכיא ואיקרא
ושבהורא תכללניה׃
ז אשלטתיה בעובדי
ידך כולא שויתא תחות
רגלוי׃ ח עאן ותורי
כולהון ולחוד בעירי
חקלא׃ ט צפרי שמיא
ונוני ימא ולויתן דחליף

ת"א מה אנוש. שבת פט סנהדרין לח זוהר בלק׃ ותחסרהו. ר"ה כא נדרים לח׃

**רש"י**

תזכרנו׃ (ו) ותחסרהו מעט מאלהים וגו'. מאלהים ל' מלאכים שנתת כח ביהושע להדמים החמה ולינש את הירדן, במשה לקרוע מי ים סוף ולעלות למרום ובאליהו להחיות את המת׃ (ח) צנה ואלפים. צאן ובקר כמו (דברי' כח) שגר אלפיך. צנה ל' פעולה הוא כמו (במדבר לב) וגדרות לצנאכם (אובייליר"ץ בלע"ז ל' איטליא אווילדרי"א בל"א שאפעריי"א) יש מדרשי אגדה ואינן מתיישבין לפי המקראות׃

**רד"ק**

האדם אני תמיה מה אנוש כי תזכרנו׃ (ה) מה אנוש. הוא הפך מה אדיר שמך כי הוא להגדלה, וזה להקטנה כלומר כי אראה שמיך והירח והכוכבים שהם בריאות גדולות ומשכילות מה אנוש כי תזכרנו כי זכרת אותו והאצלת עליו מהוד המשכילים העליונים שאינם גוף כי אף אותם שהם גופות אני רואה גודל גופם וערכם כי האנוש כאין נגדם ואמר מעשה אצבעותיך ואמר אשר כוננת להכחיש האומרים שהעולם קדמון לפיכך אמר מעשה וכוננת שאתה חדשת כלם. ואמר אראה שמיך. ואם אין נראה לנו אלא הסמוך לנו לפי שהם מזהירים כלם כמו הדבר אשר בתוך כלי הזכוכית שהוא נראה מבחוץ. אנוש ובן אדם. כפל ענין במלות שונות או ר"ל כי תזכרנו כי זכרתו בבריאתו שאצלת מהודך עליו ותפקדנו כל הימים אשר הוא חי תשגיח עליו ובמעשיו לתת לאיש כדרכיו׃ (ו) מאלהים. הם המלאכים בעבור כי נשמת האדם מתכונת המלאכים שאיננה גוף כמו שהם אינם גופות והחסרון הוא לפי שהיא בגוף׃ וכבוד והדר תעטרהו. בנשמה העליונה שנתת בו ובה תמשילהו במעשה ידיך׃ (ז) במעשה ידיך. היצורים השפלים או פי' ואף העליונים והממשלה הוא שמבין בשכלו מהלך הגלגלים והכוכבים׃ כל שתה תחת רגליו. התחתונים כלם׃ (ח) צנה. אל"ף צאן נעלמת בצנה מהמכתב. ואמר צנה ואלפים כי הם גדלים עמו ומזומנים למלאכתו ולמאכלו ולמלבושו והצאן הוא הכבשים והעזים׃ ואלפים. הם השורים ואמר. כלם על שאר הבהמות הגדילות עמו והם הסוסים והחמורים והגמלים. ואמר וגם בהמות שדי. הם חיות השדה. ואמר וגם. כי גם לשאינם גדלים עמו ביישוב מושל בשכלו ובתחבולתו עליהם. ואמר עוד׃ (ט) צפור. אפילו באותם שאינם בארץ עמו כצפור שהוא פורח באויר והדגים שהם שטים במים על הכל הוא מושל וצד אותם בתחבולותיו׃ עובר ארחות ימים. שעושה ספינות ועובר בהם ארחות ימים׃

**אבן עזרא**

(ה) מה. ידוע כי הירח ואחד עשר כוכבים הנקודה בעגולה מהגלגל וכל הארץ כנקודה שלא תתחלק כנגד הרקיע וכן אדם נחלק שלא יקבל הלוק כנגד כל הארץ על כן מה אנוש כי תזכרנו דרך בזוי והטעם אחר שיש לך בריאות גדולות ונכבדות מהאדם איך שמת לב לתת לו כבוד׃ (ו) ותחסרהו מעט מאלהים. המלאכי' והכלל כאשר אמר דניאל אלהין די מדרהון עם בשרא לא איתוהי׃ וכבוד והדר תעטרהו. בעבור כח נשמת חיים שנפח בו שהיא עליונה ואיננה גוף ע"כ לא תמות׃ (ז) תמשילהו במעשה ידיך. בארץ לבדה כאשר יזכירם אחר כן ויש אומרים כי כל שתה תחת רגליו המתכת והצמחים׃ (ח) צנה. הזכיר הצאן והאלפים בעבור צרכו למאכלו ולמלבושו יותר מרכיבת הסוסים והחמורים ואחר כן הזכיר חיות השדה ושדי כמו שדה על דרך כל אלילי ידי ומלת בהמות כוללת לא כאשר אמר יפת כי הבהמה היא האוכלת עשב והנה מה יעשה ליש גבור בבהמה׃ (ט) צפור. ואחר כן הזכיר העוף שיעוף למעלה הימנו והדג שילוף למטה הימנו וטעם עובר ארחות ימים שבחכמתו עושה ספינות ויכיר ארחות ימים והזכיר זה בעבור שיצוד הדגים בלב הים ויש אומרי' כי על הדג ידבר שישוט עובר ארחות ימים׃

**מנחת שי**

(ו) ותחסרהו מעט. המ"ם דגושה בס"ס׃

**מצודת דוד**

(ה) מה אנוש. הוסיף להוכיח שה' משגיח על הכל ואמר הנוה מה הוא חשיבות האדם להזכר לפני ה'׃ (ו) ותחסרהו. על כל זה בהשגחתך חסרתו רק מעט מהמלאכים בדבר החכמה והדעת ועטרתו בכבוד והדר כי הוא מתעלה על כל חי בחוש הדבור׃ (ז) תמשילהו. המשלתו בכל הבריות׃ תחת רגליו. ר"ל נכנעים אליו׃ (ט) צפור שמים. הפורח למעלה באויר השמים ועם כל זה ימשול בו האדם וילודו בחכמה׃ עובר ארחות ימים. ר"ל כי האדם בחכמתו יעשה אניות ובהם עובר ארחות ימים ויכול הוא

**מצודת ציון**

(ה) תפקדנו. תזכרנו וכפל הדבר במ"ש׃ (ז) שתה. שמת׃ (ח) צנה. מלשון צאן׃ ואלפים. פרים כמו שגר אלפיך (דברים כ"ח)׃ שדי. כמו שדה כב"א׃

ad loc. The only other way to define פְּעוּלָה is as an expression of a verb, which is also inappropriate.]

**the beasts of the field**—These are the wild beasts. Although they do not inhabit the civilized regions of the earth, man rules over them with his intelligence and his craftiness.—[*Redak*]

9. **the birds of the sky, etc.**—Even over the creatures that do not inhabit the earth with him, such as the

You have established, 5. what is man that You should
remember him, and the son of man that You should be mindful
of him? 6. Yet You have made him slightly less than the angels,
and You have crowned him with glory and majesty. 7. You
give him dominion over the work of Your hands; You have
placed everything beneath his feet. 8. Flocks and cattle, all of
them, and also the beasts of the field; 9. the birds of the sky
and the fish of the sea,

maintain that "that You have bestowed Your majesty upon the heavens," alludes to the sun, which is the greatest creation. When I see Your heavens, the greatest creations that You have made in the world, and I understand man's insignificance, I wonder and say, . . .—[*Redak*]

5. **what is man that You should remember him**—This is the converse of "how great is Your name," for that one illustrates God's greatness, whereas this illustrates man's insignificance: When I see the great creations of the heavenly bodies, I wonder why You remember man and have bestowed upon him part of the majesty of the heavenly bodies, against whom man is as naught.—[*Redak*]

6. **Yet You have made him slightly less than the angels, etc.**—Heb. מֵאֱלֹהִים, *which is an expression of angels, for You gave power to Joshua to still the sun and to dry up the Jordan, and to Moses to split the waters of the Sea of Reeds and to ascend to the heavens, and to Elijah to resurrect the dead.*—[*Rashi*] *Redak* explains that the Psalmist alludes to the soul, which is a spiritual being resembling the angels. It is less than the angels insofar as it resides in a material body.

**and You have crowned him with glory and majesty**—by instilling in him a divine soul.—[*Redak*]

7. **You give him dominion over the work, etc.**—I.e. over the creatures of the earth, or perhaps even over the heavenly bodies; man can comprehend the movements of the stars and planets.—[*Redak*]

**beneath his feet**—That they all are subordinate to him.—[*Mezudath David*]

8. **Flocks and cattle**—Heb. צֹנֶה וַאֲלָפִים [equivalent to] צֹאן וּבָקָר, like (Deut. 7:13), *"the young of your cattle* (אֲלָפֶךָ)." צֹנֶה *is an expression of industry, as* (in Num. 32:24), *"and enclosures for your flocks* (לְצֹנַאֲכֶם)," *oveyledic in Old French, enclosures to pen the small livestock. There are many Aggadic midrashim, but they do not fit the verses.*—[*Rashi*] [*Rashi's* intention, that צֹנֶה is an expression of פְּעוּלָה, is obscure, and the reference to לְצֹנַאֲכֶם is related only to the structure of the word, not to the concept of industry, as in *Rashi*

עֹבֵר אָרְחוֹת יַמִּים׃ י יְהוָה אֲדֹנֵינוּ מָה
אַדִּיר שִׁמְךָ בְּכָל־הָאָרֶץ׃ ט א לַמְנַצֵּחַ
עַל־מוּת לַבֵּן מִזְמוֹר לְדָוִד׃ ב אוֹדֶה
יְהוָה בְּכָל־לִבִּי אֲסַפְּרָה כָּל־
נִפְלְאוֹתֶיךָ׃ ג אֶשְׂמְחָה וְאֶעֶלְצָה בָךְ
אזמרה

אִסְרָטֵי יַמָּא׃ י יְיָ אֱלָהָא
רִבּוֹנָנָא כְּמָה תְּלִיל
וּמְשַׁבַּח שְׁמָךְ בְּכוּלָּא
אַרְעָא׃ א לְשַׁבָּחָא עַל
מִיתוּתָא דְגַבְרָא דִי נְפַק
מִבֵּנֵי מַשְׁרְיָתָא
תּוּשְׁבַּחְתָּא לְדָוִד׃
ב אֲשַׁבַּח קֳדָם יְיָ בְּכָל
לִבִּי אֶשְׁתָּעֵי כּוּלְהֵין
פְּרִישְׁוָתָךְ׃ ג אֶחְדֵי
וְאֶבְדַּח בְּמֵימְרָךְ אֲשַׁבַּח

### רד"ק

(י) ה'. כאשר כלה לספר החסד שעשה לאדם והיכולת שנתן לו על הכל והוא קטן כנגד בריות של מעלה שב להודות ואמר ה' אדונינו: (א) למנצח. אמרו רוב המפרשים כי אמרו דוד על אחד מאויביו שמת וגם לחץ את ישראל ושמו לבן ובמותו אמר דוד זה המזמור ויש אומרים כי לבן כמו ביו"ד והוא גלית שנקרא איש הבינים וכאשר הרגו דוד אמר זה המזמור. או על גלית נאמר זה המזמור אבל פי' לבן למשורר ששמו בן כמ"ש בדברי הימים ועמהם אחיהם המשנים בן ויעזאל ושמו בניות. ופי' עלמות שהוא שתי מלות כמו מלה אחת מן עלמות שיר. ואף על פי שנפתחה למ"ד לבן ואם כן בא בשם העצם ה"א הידיעה אף על פי כן בא הידיעה להורות כי על בן המשורר אמר כי אם היה אומר בשבא לא היה ניכר כי על המשורר אמר ששמו בן: (ב) ה' בכל לבי. כי תשועה גדולה היתה לדוד ולישראל במות גלית מפני זה אמר בכל לבי: אספרה כל נפלאותיך. כי על פלא אחד יספר אדם הפלאים אחרים שעברו: (ג) אשמחה. כי בך בטחתי בבואי למלחמה עמו ואני נער והוא איש מלחמה: עליון. כי אתה נעלית על הכל ולשקר גבורות

### רש"י

ט (א) על מות לבן. יש פותרין על מות לבן על מות בנו אבשלום ולא יתכן פתרונו מפני אומר לבן ולא אמר הבן ואין לו במזמור עדות וזכרון לאמן זה הפתרון. ויש פותרין על מות לבן נבל ואף זה לא יתכן להפוך את השם ואין במזמור זכרונו (סא"א) וראי' במסורה הגדולה שהיא תיבה אחת שהרי חיבר לה (לקמן מח) והוא ינהגנו עלמות פתרו מנחם ודונש מה שפתרו. ואינו נראה בעיני. וראיתי בפסיקתא שהענין מדבר בעמלק ועשו נערת גוים שמם מחית ואומר אני למנצח עלמות לבן שיר זה לעתיד לבא כשיתלבן ילדותן ושחרותן של ישראל יתגלה לדקתכ ותקרב ישועתם שימחה עשו וזרעו. כפי תורתנו (סא"א). עלמות. ילדות. לבן כמו ללבן ומנחם פתר עלמות לבן נגינות ללמד וכה פתרונו למנצח על מות לבן למשורר נגינות ללמד ויהי לבן כמו להבין ולבונן. עלמות על שם כלי שיר ששמו עלמות כמ"ש (לקמן מ"ו) על עלמות שיר. ודונש פתר לבן שם אדם שהיה שמו לבן שהיה נלחם בדוד בימים ההם ומה שהוא אומר נערת גוים אבדת רשע הרשע הזה הוא לבן ההורג עם נקיי' ואף על פי שאין אתה רואה במקום אחר אדם שיהי' שמו לבן רק במקום הזה כן אתה מוצא בשמות אחרי' שאינם נכתבים במקרא רק פעם אחת (סא"א): (ב) כל נפלאותיך. גאולה האחרונה ששקולה כנגד כל הנסים כמו שנאמר (ירמיה טז) ולא יאמר עוד חי

### מנחת שי

ט (א) על מות. יש מחלוקת בין הסופרים והמפרשים אם היא חדא מלה או תרין מלין ומדרשי אגדה יש רבים ואין מהם הכרע רש"י כתב שראה במסורה הגדול' שהיא תיבה אחת שהרי חיבר לה והוא ינהגנו על מות במזמור מ"ח והחכם ן' עזרא כתב כאן כי שתי מלות הן וכ"כ בסי' מ"ח שבעל המסורת אומר שהם שתי מלות וכדברים האלה כתב רד"ק בשרש עלם על ינהגנו על מות ותו אשכחנא בלישנא אחרינא על מות ב' בסיפרא וסימן על מות לבן. כי זה אלהים אלהינו ולית דכוותייהו דסמיכין ע"כ. ופי' דסמוכין ר"ל שהם סמוכים זה לזה אבל הם תרין מלין כי הא דאמרינן מי סוא זה ג' דסמיכי וסימן בירמיה ל' ודכוותא שבטי בני ישראל ג' דסמיכין וסימן ביהושע ד' ודכוותייהו טובא במסורת:

### אבן עזרא

(י) ה'. פעם אחרת ככה בכל דור ודור כי הארץ לעולם עומדת:

ט (א) למנצח על מות לבן. על מות שתים מלות הם על כן טעה האומר כי הוא כמו על עלמות שיר ועוד למה היה סמוך אחריו למ"ד גם האומר כי לבן היה שם משורר כמו בן ויעזיאל איננו נכון כי אין משפט הלשון לאמר ליצחק ליעקב בפתחות הלמ"ד בשם אדם כי השם נודע כאשר פירשתי בספר השם ויש אומרים כי לבן הוא נבל הפוך ועל מות איש הבנים ומות בנו והנכון דברי רבי דונש הלוי שהיה שם אחד נסיכי הגוים שלחץ את ישראל כאשר יפרש במזמור: (ב) אודה. טעם בכל לבי בסתר: אספרה. בגלוי: (ג) אשמחה. ומרוב השמחה אזמרה שמך ואם הוא נעלה מזמר:

### מצודת ציון

ט (א) לבן. שם אדם נלחם עם דוד וכשמת אמר עליו שירה: (ג) אשמחה ואעלצה. כפל הדבר במ"ש:

### מצודת דוד

לנוד אף דגי הים: (י) מה אדיר. מכל זה נראה שמה מאד אדיר שמך בכל הארץ משגיח ומושל בכל: ט (ג) אזמרה שמך עליון.

(This entire account of *Dunash's* interpretation does not appear in early mss. *Menachem's* interpretation is presented very briefly.)—[*Rashi*]

2. **all Your wonders**—*The final redemption, which is equal to all the miracles, as is stated* (in Jer. 23:7): *"when they shall no longer say, As the Lord lives, Who brought up, etc."*—[*Rashi*]

he traverses the ways of the seas. 10. O Lord, our Master, how mighty is Your name in all the earth!

9

1. To the conductor, to brighten the youth, a song of David.
2. I will thank the Lord with all my heart; I will tell all Your wonders. 3. I will rejoice and exult with You;

birds that fly in the air and the fish that swim in the sea, man is able to rule, and to catch with his craftiness.—[*Redak*]

**he traverses the ways of the seas**—He builds ships and traverses the ways of the seas with them.—[*Redak*]

10. **O Lord, our Master**—After completing his narration of God's kindness to man despite man's insignificance in comparison to the great celestial beings with whom he shares intelligence, David again thanks God and declares: O Lord, our Master, etc.—[*Redak*]

1. **to brighten the youth**—Heb. עַל־מוּת לַבֵּן. *Some interpret* עַל־מוּת לַבֵּן, *on the death of Absalom, but this interpretation is not plausible because he* [David] *states:* לַבֵּן; *he does not state* הַבֵּן. *Others interpret* עַל־מוּת לַבֵּן [as referring to] *Nabal. Neither is this plausible, to invert the name. Moreover, no mention is made of him in the psalm. (The preceding paragraph does not appear in most editions.) I saw in the Great Masorah that it is one word, judging by the fact that it is compared to* (below 48:15): *"He will lead us as in youth* (עַל מוּת)." *Menachem and Dunash interpreted what they interpreted, but it does not seem correct to me. I saw in the Pesikta* (*d'Rav Kahana*, p. 25a) *that the chapter deals with Amalek and Esau* (as in verse 6): *You rebuked nations; You destroyed a wicked man. But I say that this song,* לַמְנַצֵּחַ עַל־מוּת לַבֵּן, *is for the future, when the childhood and the youth of Israel will be brightened; their righteousness will be revealed and their salvation will draw near, that Esau and his seed will be erased, according to our Torah. (The last phrase does not appear in most editions.)* עַל־מוּת *means childhood.* לַבֵּן *is like* לְלַבֵּן, *to whiten. Menachem interpreted* עַל־מוּת לַבֵּן, *melodies to teach, and this is its interpretation: To the conductor* לַמְנַצֵּחַ, *to the conductor, melodies to teach, in which case* לַבֵּן *is equivalent to* לְהָבִין וּלְבוֹנֵן, *to understand and to comprehend;* עַל־מוּת, *named for a musical instrument called* עֲלָמוֹת, *as is stated* (below 46:1): *"on alamoth-shir." Dunash* (p. 15f) *interpreted* לַבֵּן *as the name of a man whose name was Labben, who fought with David in those days, and the Psalmist's statement, "You rebuked nations, You destroyed a wicked man"—this wicked man is Labben, who slew innocent people. Although you do not see a man named Labben anywhere else but this place, you find the same with other names, which are found in Scripture but once.*

אזמרה שמך עליון: ד בשוב־אויבי
אחור יכשלו ויאבדו מפניך: ה כי־
עשית משפטי ודיני ישבת לכסא
שופט צדק: ו גערת גוים אבדת רשע
שמם מחית לעולם ועד: ז האויב תמו
חרבות לנצח וערים נתשת אבד זכרם
המה: ח ויהוה לעולם ישב כונן

שמך עלאה: ד כד יתוב
בעל דבבי לאחורא
יתקלון ויהובדון מן
קדמך: ה מטול
דעבדתא פורענותי
ודיני יתבתא על כורסי
דינא זכאה: ו נזפתא
עממי דפלשתאי
הובדתא גלית רשיעא
שומהון מחיתא לעלמי
עלמין: ז וכד נפל בעל
דבבא אשתציו חלותיה
וכרכיהון אצדיו
לעלמא וקרייהון
צדיתא הובדתא דכרנהון מנהון: ח ומימרא דיי לעלמין מותביה בשמי מרומא תקין לדינא כורסיה:

ת״א האויב תמו. הוריות יד:

## רש״י

ה׳ אחר העלה וגו׳: (ה) משפטי ודיני. תיבות כפולות במקרא ואין חילוק ביניהם כמו בשמים עדי וסהדי במרומי׳ (איוב ט״ז) עצמיו אפיקי נחושה גרמיו כמטיל ברזל (שם מ׳): משפטי ודיני. בשמים: ישבת לכסא. כסא המשפט: (ו) גערת גוים. ראשית גוים עמלק (במדבר כ״ד): אבדת רשע. עשו: שמם מחית. כי מחה אמחה (שמות י״ז): (ז) האויב תמו. כי חרבות השנאה לנצח הם עליו כחרב חדה. ד״א חרבות לנצח. אותו אויב שחרבות שנאתו היתה עלינו לנצח. וזה הוא מי שנאמר בו ועברתו שמרה נצח (עמוס א׳) ל״א חרבות ל׳ חרבן וכן פתרונו האויב תמו חרבו׳ לנצח. וכן נא׳ (ביחזקאל לה) שממו׳ עולם אתנך ועריך לא תשובנה: וערים נתשת. כי תאמר אדום רששנו וגו׳ ונשוב ונבנה חרבות כה אמר ה׳ צבאות המה יבנו ואני אהרוס (מלאכי א׳): אבד זכרם. אותה השעה: (ח) וה׳ לעולם ישב וגו׳. השם שלם והכסא

## רד״ק

האדם: (ד) בשוב. כי כל מערכות פלשתים נסו ושבו אחור: (ה) משפטי. אתה נלחמת בעבורי. כי נס גדול היה שהוא היה כלו לבוש ברזל ובאת האבן על מקום מגולה שהיה לו במצחו: ישבת לכסא. ישבת בכסא המשפט אתה שאתה שופט צדק לקחת משפטים מכנו שהיה מחרף מערכות אלהים חיים ולמ״ד לכסא במקום בי״ת: (ו) גערת. גערה הקשורה בלא בי״ת לשון השחתה: גוים. הם הפלשתים: אבדת רשע. גלית הפלשתי: שמם מחית. המתים במלחמה: לעולם ועד עניינה אורך הזמן יותר מעולם ובלא ס״פ הוא בפתח בלא אתנח כמו ואל לעד תזכור עון ובאתנח ובסוף פסוק לעולם ועד בסגול: (ז) האויב. הה״א ה״א הקריאה לפי שאמר שמם מחית אמר כנגד האויב שמך נמחה כמו שנמחה שם הערים אשר החרבת שתמו לנצח ואבד זכרם כן אבד זכרך עתה. ואדוני אבי ז״ל פירש תמו חרבות החרבות שהיית עושה לא תעשה עוד. ופירש זכרם המה, כפל הכנוי זכרם עד שיאמרו הרואים לא הכה אלא שהיו בנויים ולזה חפי׳ יהיה פי׳ המה בתמיה: (ח) וה׳.

## אבן עזרא

(ד) בשוב אויבי. אנשי הגורר לא תהיה להם תקומה כמות מלכם: (ה) כי. משפטי ודיני. לאות כי חמס עשה לדוד והפר בריתו והתפלל דוד בעבור זה ונשמעה תפלתו וטע׳ ישבת לכסא לעשות משפט: (ו) גערת. גלא בי״ת כדמות כריתה הנני גוער לכם את הזרע: אבדת רשע. הוא לבן: לעולם ועד. מלה קצרה לעולם ועד עולם ובעבור שהוא סוף הפסוק שב הפתח קמץ קטן ובעבור אות התנועה באות עי״ן שהוא הראשון נקמץ הוי״ו כמו הואיל להם ויין: (ז) האויב. אמר בן לברט כי מלא חרבות בפתח בספר קדמון על כן פירש בו כמו

## מנחת שי

(ז) חרבות. אמר בן לברט כי מלא חרבות בפתח בספר קדמון על כן פי׳ בו כמו חרבות צורים והנכון בעיני שהחי״ת חטוף בקמץ. סלאכ״ע ור׳ אליה המדקדק בהגהות שרשים שיש מחלוקת אם החי״ת הטף פתח או בחטף קמץ והוא לשון חרבן ע״כ. ואני מלאתיהו

## מצודת דוד

אשבחהו לומר ששמו עוד עליון ונעלה על כל התשבחות: (ד) בשוב. כשלא יוכלו אויבי לי וישובו לאחור ויכשלו ויאבדו אז אשמח ואעלוז שמחה כפולה בעבור הטובה הכפולה: (ה) כי עשית. הלא רבות פעמים עשית משפטי וישבת בכסא לשפוט אויבי: (ו) גערת. בעבורי גערת גוים וגו׳ ומחית שמם לבל יזכרו: (ז) האויב. אתה האויב דע שהחרבות תמו לנצח. ר״ל המקומות החרבות שבך יכלו עד עולם ולא ישובו לקדמותן ואף הערים אשר נהרסו בתוכך המה יהיה נאבד זכרם וכפל הדבר במ״ש: (ח) וה׳ לעולם ישב. כי ה׳ חי לעולם וכ״כ ממשלתו ואם כן מי יבנה את אשר הרס הוא:

## מצודת ציון

(ה) משפטי ודיני. להתמדת הדבר כפל במ״ש: לכסא. כמו בכסא ובא הלמ״ד במקו׳ הבי״ת וכן כי בוחר אתה לבן ישי (ש״א כ) ומשפטו בבן ישי: (ו) גערת. ענין זעקת נזיפה: (ז) נתשת. ענין עקירה

[i.e. it is spelled defectively] *and the Name is divided* [i.e. the final two letters of the Tetragrammaton are missing].—[*Rashi* from *Mid. Ps.* 9:10]

I will sing praises to Your most high name. 4. When my enemies draw backward, they stumble and are destroyed from before You. 5. For You have performed my judgment and my cause; You sat on the throne, O Judge of righteousness. 6. You rebuked nations, You destroyed a wicked man; You erased their name forever and ever. 7. The enemy has been destroyed; swords exist forever, and You have uprooted the cities—their remembrance is lost. 8. But the Lord shall sit forever; He has established

5. **my judgment and my cause**—Heb. מִשְׁפָּטִי וְדִינִי, *words doubled in Scripture, for there is no difference between them, as* (in Job 16:19): *"my Witness is in heaven, and He Who testifies for me is on high";* (ibid. 40:18), *"His limbs are as strong as copper, his bones as a load of iron."*—[*Rashi* from *Mid. Ps.* 9:7]

**my judgment and my cause**—*in heaven (?).—[Rashi]*

**You sat on the throne**—*The throne of judgment.—[Rashi]*

6. **You rebuked nations**—[This alludes to Amalek, described in Num. 24:20 as] *"Amalek is the first of the nations."*—[*Rashi* from *Mid. Ps.* ad loc.]

**You destroyed a wicked man**—*Esau.*—[*Rashi* from *Mid. Ps.* 9:7]

**You erased their name**—*"For I will surely erase the remembrance of Amalek"* (Exod. 17:14).—[*Rashi* from *Midrash Psalms* ad loc.]

7. **The enemy has been destroyed**—*for the swords of hatred are perpetually upon him like a sharp sword. Another explanation:* חֳרָבוֹת לָנֶצַח *that enemy, the swords of whose hatred were upon us forever. That is the one concerning whom it is stated* (in Amos 1:11): *"and kept their fury forever." Another explanation:* חֳרָבוֹת *is an expression of destruction, and this is its interpretation: The enemy has been destroyed; his ruins are perpetual. And so it is stated* (in Ezek. 35:9): *"I will make you perpetual desolations, and your cities shall not be restored."—[Rashi]*

**and You have uprooted the cities**—*"Should Edom say, 'We are poor, but we will return and build the ruins'? So said the Lord of Hosts: 'They shall build, but I shall demolish'"* (Malachi 1:4).—[*Rashi* from *Mid. Ps.* 9:9]

**their remembrance is lost**—*at that time.—[Rashi]*

8. **But the Lord shall sit forever, etc.**—*The Name shall be complete and the throne shall be complete, as it is written* כִּסְאוֹ, *but before it is erased, it is written* (in Exod. 17:16): *"For a hand is on the throne* (כֵּס) *of the Eternal* (יָ־הּ)." *The throne is lacking*

לַמִּשְׁפָּט כִּסְאוֹ׃ ט וְהוּא יִשְׁפֹּט תֵּבֵל
בְּצֶדֶק יָדִין לְאֻמִּים בְּמֵישָׁרִים׃ י וִיהִי
יְהוָה מִשְׂגָּב לַדָּךְ מִשְׂגָּב לְעִתּוֹת
בַּצָּרָה׃ יא וְיִבְטְחוּ בְךָ יוֹדְעֵי שְׁמֶךָ כִּי
לֹא־עָזַבְתָּ דֹרְשֶׁיךָ יְהוָה׃ יב זַמְּרוּ לַיהוָה
יֹשֵׁב צִיּוֹן הַגִּידוּ בָעַמִּים עֲלִילוֹתָיו׃
יג כִּי־דֹרֵשׁ דָּמִים אוֹתָם זָכָר לֹא שָׁכַח

## תרגום

ט וְהוּא יְדִין עָמָא דְאַרְעָא
בִּזְכוּתָא יְדִין עַמְמַיָא
בִּתְרִיצוּתָא׃ י וִיהֵי
מֵימְרָא דַיְיָ תְּקוֹף
לְמִסְכְּנָא תְּקוֹף בְּעִדָּנֵי
עַקְתָא׃ יא וְיִסְתַּכְּלוּן
בְּסַבְרוּתָךְ יָדְעֵי שְׁמָךְ
מְטוּל דְלָא שְׁבַקְתָּא
תָּבְעָיךְ יְיָ׃ יב שַׁבַּחוּ
קֳדָם יְיָ דְאַשְׁרֵי שְׁכִנְתֵּיהּ
בְּצִיוֹן תַּנִּיאוּ עַמְמַיָא
עוֹבָדוֹי׃ יג מְטוּל דְתָבַע
דְמָא דְזַכָּאָה יַת צַדִּיקַיָא
דְכִיר וְלָא שְׁלֵי קְבִלַּת

## רד"ק

**אלה** ואלה יאבדו וה' לעולם ישב ושופט אלה ואלה וז"ש כונן למשפט כסאו וענין ישב הוא ענין העמידה והקיום: (ט) תבל. הוא ארצות הישוב אמר כמו שישפוט משפטי בצדק כן הוא שופט בכל עת ובכל זמן האומות בצדק ובמישרים ושמתגבר אומה הכל היא משפט מאתו: (י) ויהי ה' משגב. בכל עת כשהוא שופט משגב לעני אף על פי שהוא שפל בלא כח לא יניחנו לחזקים ממנו אלא הוא לו למשגב ישגב העני בו כמו שנשגבו בו ישראל היום והוא להם משגב לעתות שהם בצרה כי ישראל עתה בצרה גדולה מפני פלשתים שהיו מתגברים עליהם: (יא) ויבטחו. דין הוא שיבטחו בך יודעי שמך בישראל היום כי ראו כי לא עזבת דורשיך ה' אלא היית עמם בעת צרתם: (יב) יושב ציון. ואף על פי שהיתה עדיין ציון ביד היבוסי מכל מקום היתה קבלה אצלם כי שם הכבוד ושם יבנה בית המקדש. וציון היא ראש ירושלים: הגידו בעמים. בכל מקום שתלכו הגידו העלילות והנפלאות שעשה עמכם: (יג) כי דורש. האל שהוא דורש דמי העניים מיד עושקיהם זכר אותם דמים ששפכו פלשתים בישראל: ענוים. כתיב ביו"ד וקרי בוא"ו כי העניים ענוים וחלשים:

## רש"י

שלם כמ"ש כסאו. אבל קודם שימחה כתיב כי יד על כס יה (שמות יז) כס חסר ושם חלוק: (ט) **והוא ישפוט תבל בצדק ידין לאומים במישרים.** עד כאן הקץ היה רגיל לשפטם ברחמים לפי מיסרים המצויין בהם דן אותם בלילה כשהם ישנים מן העבירות: (י) **ויהי ה' משגב לדך.** ל' דכא אילאמינוטי"ה בלע"ז (נ"ל אלעמענוטי"ה. מלה נוסכת בלשון אשכנז צום גערינגען צום געמיינען) לעתיד כשיכון למשפט כסאו. יהי משגב לישראל שהם דכים: **לעתות בצרה.** עתים של צרה: (יב) **זמרו לה' יושב ציון.** כשיחזיר ישיבתו לציון יזמרו לו כן: (יג) **אותם זכר.**

## מנחת שי

בכל מדוייקים שלפני בחטף קמץ: (ט) והוא ישפוט תבל. בספר אחד מדוייק ישן הפ"א בקמץ והוא חטף מפני המקף אמנם בשאר ספרים בחולם ולא מייתבא דעתאי עלייהו שפיר משום מאי דחזינא בחילופי דידן דלב"א בקמץ ולב"נ בחולם ועיין מ"ש במזמור ל"ו: (יב) הגידו בעמים. בספרים מדוייקים מלא יו"ד וב"א הגדו חסר: (יג) צעקת עניים. ענוים קרי והוא חד מן ה' דכתיבין עניים וקריין ענוים וחלופיהן ב' כתיב ענוים וקריין עניים כמו שנמסר כאן במסורת:

## אבן עזרא

חרבות צורים והנכון בעיני שהחי"ת חטוף בקמץ. ואמר ר' משה היה ראוי להיות אבד זכרם אתה וכמוהו יען אשר גבהת בקומה ויתן צמרתו ותתן צמרתו ולא דבר נכונה כי כח השם בפעלים כמו מפי עליון לא תצא והטעם יציאות הרעות והטובות והם הגזרות וככה הוא יען אשר גבהת בקומה ויתן גבהך ולפי דעתי כי האויב כמו הקהל חקה אחת לכם וכן הפי' ואתה האויב בעבור שתמו החרבות שהחרבת לנצח וערים נתשת אבד זכרם חשבת כי תמלט ושכחת כי השם לעולם ישב ויקח הדין ממך על כן אחריו וה' לעולם ישב יהגה הוא קשור עם אבד זכרם הערים הנה מחה השם את שמו ככתוב למעלה והוא הטע' שגמל לך כמעשיך: (י) ויהי. לדך. שאין לו כח שהוא שפל על כן משגב בצרה כמשמעו בצר לך ורבי דונש פירש בו לשון יחיד מן דברי הבצרות ואין זה מטעם המזמור: (יא) ויבטחו בך. כאשר יראו שהיה השם משגב לדך אז יהיו לבטח: (יב) זמרו. בעבור שהזכיר כי גער בגוים ואבד הרשע שהשחית יודעי השם ע"כ זמרו לה' יושב ציון כי אותם השם

## מצודת ציון

וכריסה כמו לנתוש ולנתוץ (ירמיה א'): (י) משגב. חוזק: לדך. מושבר וכתוש כמו דכאי רוח (לקמן ל"ד): לעתות. מלשון עת: (יב) עלילותיו. מעשיו:

## מצודת דוד

(ט) והוא ישפט. עד עולם ישפוט העכו"ם בדין הישר והצדק כאשר ראוי להם להאביד זכרון עריהם: (י) משגב לדך. אבל לנשברי לב יהיה למשגב ומתי יהיה למשגב כשיהיה בעולם עת צרה: (יא) כי לא עזבת. כי יראו אשר לא עזבת דורשיך: (יב) יושב ציון. המשרה שכינתו בציון: (יג) כי דורש דמים. כי הוא דורש לדעת הדם אשר שפכו העכו"ם וזוכרים הם לפניו עם שאינו ממהר לפרוע:

His throne for judgment. 9. But He judges the world with righteousness, kingdoms with equity. 10. And the Lord shall be a fortress for the crushed, a fortress for times of distress. 11. And those who know Your name shall trust in You, for You have not forsaken those who seek You, O Lord. 12. Sing praises to the Lord, Who dwells in Zion; relate His deeds among the peoples. 13. For He Who avenges blood remembers them; He has not forgotten

9. **But He judges the world with righteousness, kingdoms with equity**—*Until the coming of the end, He was wont to judge them with clemency according to the equity found in them. He would judge them at night, when they sleep and commit no sins.*—[*Rashi* from *Mid. Ps.* 9:11]

10. **And the Lord shall be a fortress for the crushed**—Heb. לַדָּךְ, *an expression of crushed, amenuyzé in Old French. In the future, when He establishes His throne for judgment, He will be a fortress for Israel, who are crushed.*—[*Rashi* from *Mid. Ps.* 9:12]

**for times of distress**—lit. *for times in distress.*—[*Rashi*]

11. **And those who know Your name shall trust in You**—It is proper that those who know Your name, like Israel today, should trust in You, for they have seen that You have not forsaken those who seek You, O Lord, but You were with them in times of distress.—[*Redak*] When they see that God was a fortress for the crushed, they will be confident.—[*Ibn Ezra*]

12. **Sing praises to the Lord, Who dwells in Zion**—*When He restores His dwelling to Zion, they will praise Him in this manner.*—[*Rashi*]

**relate His deeds among the peoples**—Wherever you go among the peoples, relate His deeds and His wonders that He did for you.—[*Redak*]

13. **remembers them**—*The blood that was shed in Israel.*—[*Rashi*] He seeks to know the blood that the nations shed, and that blood is remembered by Him, although He does not hasten to avenge it.—[*Mezudath David*] *Redak*, who interprets this entire psalm as referring to Goliath, explains this verse as referring to the blood of Israel shed by the Philistines.

**the humble**—The spelling is עֲנִיִּים,

צַעֲקַת עֲנִיִּים: יד חָנְנֵנִי יְהוָה רְאֵה עָנְיִי
מִשֹּׂנְאָי מְרוֹמְמִי מִשַּׁעֲרֵי־מָוֶת: טו לְמַעַן
אֲסַפְּרָה כָּל־תְּהִלָּתֶיךָ בְּשַׁעֲרֵי בַת־צִיּוֹן
אָגִילָה בִּישׁוּעָתֶךָ: טז טָבְעוּ גוֹיִם בְּשַׁחַת
עָשׂוּ בְּרֶשֶׁת־זוּ טָמָנוּ נִלְכְּדָה רַגְלָם:
יז נוֹדַע יְהוָה מִשְׁפָּט עָשָׂה בְּפֹעַל כַּפָּיו

ענותנין: יד חוס עלי
יי חמי סגופי מבעלי
דבבי מרומם לי
מסילקני מותא: טו מן
בגלל דאשתעי לכולהון
שבחתך במעלני תרעי
כנישת ציון אדוץ
בפורקנך: טז טבעו
עממיא בשוחתא
דעבדו במצדתא
דנא כמנו אתאחדת
רגליהון: יז גלי קדם יי
דין דעבד בעובדי

ת"א למען אספרה. עקרים מ"ב פ"כ: נלכדה. שם מ"ד פ"ט: ענוים קרי נוקש

## רש"י

את הדמים שנשפכו בישראל: (יד) חננני ה'. עתה בגולה: מרוממי. בגאולתך: (טז) טבעו גוים. זו היא התהלה אשר אספר: (יז) נודע ה'. כל זה מן התהלה נודע ה' לבריות כי שליט הוא ומושל ונוקש לאויביו שהרי משפט עש' בהם (יושטיס"א בלע"ז והוא יושטי"א געריכטע אוכאיבען כמו שפירש רש"י דברים ל"ב מ"א. קהלת ח' ה): נוקש רשע: נכשל רשע: הגיון. נהגה זאת סלה:

## רד"ק

(יד) חננני. פתחות החי"ת יורה עליו שהוא מן הדגוש ונרפה: ראה עניי משונאי. כמו שראית מזה השונא והוא גליה: מרוממי משערי מות. כי הכל היו חושבים שאפול ביד גלית ושערי מות הוא קרוב למיתה כמו השער לבית: (טו) למען. כשאנצל משונאי אספרה כל תהלתך בשערי בת ציון כי שם תהיה ההודאה. והשירים יאמרו שם כי שם ישכון הכבוד: אגילה בישועתך. בישועה שתעשה עמי מכל שונא ושונא. ואמר בשערי כמו השערה אל הזקנים ומלת תהלתיך כתיב ביו"ד כי ר"ל תהילות רבות ונגרע ממנו סימן ריבוי הנקבות ובא בסימן ריבוי הזכרים לבד וכמוהו זולתו ודוד אמר כל תהלתך על הצרות שעברו עליו מהאויבים נתן שבח לאל שהצילו ועשה לו נסים הגלוים לו וכאשר בא לספר הניסים שעשה עם ישראל בכל דור ודור אמר מי ישמיע ה' כל תהלתך פי לא יוכל לספרם כי פעמים יעשה האל יתברך עם האדם ולא ידע עד זמן שיתבונן בו: (טז) טבעו. פלשתים שבאו להלחם עלינו השבו להפילנו והם נפלו. וברשת אשר טמנו ללכדנו נלכדה רגלם ופי' זו כמו אשר ויש לפרש כמשמעו כמו זה: (יז) נודע. עתה נודע ה' במלחמה זו כי נצחום ישראל במעט כח ויכולת שהיה להם כנגדם לא היו יכולין לנצח אותם אם לא ה' שנלחם לישראל: משפט עשה. בפלשתים: בפועל כפיו נוקש רשע. זה גלית כי בחרבו נהרג: ומלת נוקש. בצר"י כמו בפת"ח והוא מבנין נפעל מענין מוקש ויש לפרש הנו"ן שורש והוא פועל עומד

## אבן עזרא

יודעי השם ודורשיו: (יד) חננני. כמלא שלם והיא מלה זרה: ראה עניי. ככה עשה לי תמיד ובעבור היות שערי מות בתחתיות אמר כנגדו מרוממי: (טו) בשערי בת ציון. כנגד שערי מות: (טז) טבעו. זאת התהלה: בשחת. כמו בשחת נתפש: ברשת זו. לפי דעתי כי זו כמו אלה וככה עם זו יצרתי לי זו השאנו לו אלה אומרים השאנו והטעם ברשת אשר אלה טמנו וי"א כי זו כמו זאת: (יז) נוקש. פועל ושרשו עם נו"ן. והנכון להיות הקמץ הקטן תחת פתח כי כל התנועות מתחלפות ולהיותו מגזרת תרגים אין טעם לו והלא מלאנו וינקשו מבקשי נפשי והנה שנים שרשים: הגיון. זה אספר באמת:

## מנחת שי

(יד) חננני ה'. יש ספרים שהחי"ת בפתח ואם כן הוא לווי מבנין פעל הדגוש בשקל למדני ונרפה הנו"ן כמו בהתחננו אליו (בראשית מ"ב כ"א) וזהו דעת רד"ק בפי' וכן כתב הוא עצמו בס' מכלול ד' קפ"ב בשם ר' יהודה ואח"כ אמר שכמלא במקצת ספרים בקמץ וכן הוא ברוב ספרים שלנו ואם כן הוא לווי מהקל בשקל חקרני אל וקריאתו בק"ח בעבור השוא שבא אחריו גם כי הוא נע בפגישת שני הנונין וכ"כ ר' אלי' בספר ההרכבה אות החי"ת ובעל לוית חן בפרק רביעי מהשער השביעי שלפי הספרים שהחי"ת בקמץ הוא חטוף וכיוצא בזה כתבתי בירמיה ה' על ישדדם ובב"ה ז' על ברכך אגן הסהר: חנני ה'. בטעם מיושב ברוב הספרים: (טו) למען אספרה כל תהלתך. מלא יו"ד בתר פי"ו

## מצודת דוד

(יד) מרוממי. הלא אתה מעולם מרומם אותי משערי מות: (טז) בשחת. בבור אשר עשו לישראל: (יז) נודע ה'. כשעושה משפט בעכו"ם אז הוא נודע ומפורסם לכל: נוקש רשע. כאשר הרשע יפול במוקש אשר עשה אז עד עולם יהשבו בלב עוצם המקום:

## מצודת ציון

(יג) ענוים. שפלי רוח: (טז) ברשת. פח יקוש: (יז) נוקש. מל' מוקש: הגיון. ענינו מחשבה כמו והגיון לבי (לקמן י"ט):

**the wicked man stumbles**—Heb. נוֹקֵשׁ, *the wicked man stumbles.*—[*Rashi*]

**with the act of his hands the wicked man stumbles**—This refers to Goliath, who was slain with his own sword.—[*Redak*] *Redak* renders: the wicked man is trapped.

the cry of the humble. 14. Be gracious to me, O Lord, see my
affliction from my enemies, You Who raise me up from the
gates of death, 15. in order that I tell all Your praises; in the
gates of the daughter of Zion I will rejoice in Your salvation.
16. Nations have sunk in the pit they have made; in this net
that they have concealed, their foot has become trapped.
17. The Lord is known for the judgment that He performed;
with the act of His hand,

*the poor*, because the poor are usually humble and weak.—[*Mezudath Zion*]

14. **Be gracious to me, O Lord**—*now in exile.*—[*Rashi* from *Mid. Ps.* 9:14]

**You Who raise me up**—*with Your redemption.*—[*Rashi*] *Redak* explains:

**see my affliction from my enemies**—as You have seen my affliction from this enemy, viz. Goliath.

**You Who raise me up from the gates of death**—For everyone thought that I would fall into Goliath's hands. The gates of death are as near death as a gate is near a house.—[*Redak*]

15. **in order that I tell**—When I have been saved from my enemies, I will tell all Your praises in the gates of the daughter of Zion, for the thanksgiving shall be there, and they will recite the songs and praises there, in the dwelling place of God's glory.—[*Redak*]

**in the gates of the daughter of Zion**—The place where the elders of the tribunal convene, as in Deuteronomy 25:7.—[*Redak*]

**I will rejoice in Your salvation**—In the salvation that You will perform for me by saving me from all my enemies.—[*Redak*]

16. **Nations have sunk**—*This is the praise that I will tell.*—[*Rashi*] When the Philistines came to wage war against us, they expected to cause our downfall, but they themselves fell.—[*Redak*]

17. **The Lord is known**—*All this is part of the praise: The Lord is known to the creatures;* [it is known] *that He governs and rules and wreaks vengeance upon His enemies, for He performs justice upon them, justice in French.*—[*Rashi*] *Redak* explains: Now the Lord is known with this battle, for the Israelites have defeated the Philistines with little strength. They would not have been able to defeat them without God's help.

**the judgment that He performed**—upon the Philistines.—[*Redak*]

נוקש רשע הגיון סלה: יח ישובו
רשעים לשאולה כל־גוים שכחי
אלהים: יט כי לא לנצח ישכח אביון
תקות ענוים תאבד לעד: כ קומה
יהוה אל־יעז אנוש ישפטו גוים על־
פניך: כא שיתה יהוה | מורה להם

אידוי אתקל רשיעא
ירננון צדיקיא לעלמין:
יח יתובון רשיעי לשיול
כולהון עממיא דאשליו
דחלתא דיי: יט מטול
דלא לעלמיא משתלי
חשוכא סוברא דענותני
לא תהובד לעלמא:
כ קום יי לא יתעשן
בר נשא רשיעא
יתדנון עממיא קדמך:
כא שוי יי דחלתא להון

ידעו

ענוים קרי ה׳ במקום א׳

ת״א ישובו. סנהדרין קה (יבמות ג): שיטה כ׳, סוטה מט:

## רד״ק

מעניין, וינקשו מבקשי נפשי: הגיון סלה. התשועה הזאת היא לנו הגיון והודאה: (יח) ישובו רשעים. לקבר. ואמרו למה אמר לשאולה והלא כל ה״א בסוף התיבה היא למ״ד בתחלתה לומר שיורדו לדיוטא התחתונה של שאול: (יט) כי לא לנצח. אם עמדו ישראל בצרה מפלשתים לא יהיה זה לאורך זמן ולא תקות ענוים תאבד לעד. לא שזכר עומד במקום שנים וכן המנהג הלשון בהרבה מקומות: ענוים. כתיב בוי״ו וקרי עניים ביו״ד וקרוב הוא כי העניים ענוים ברוב: (כ) קומה. והוא מלרע. ואמר קומה כמו שאמר הנשא וחכל דרך משל שיקום לשפוט הרשעים: אל יעז אנוש. בני אדם שיש להם עז וגבורה על ישראל אל יעוזו עוד: ישפטו גוים על פניך. כמו לפניך: (כא) שיתה. הוא מלרע: מורה. בה״א כמו באל״ף. אמר שיעשה להם שיראוהו וידעו כי הם אנוש שהם אנושים ואין בהם כח כנגד האל. כי אנוש נגזר

## רש״י

(יח) לשאולה. אמר רבי נחמיה כל תיבה הצריכה למ״ד בתחלתה הטיל לה ה״א בסופה כגון (בראשית י״ב) מצרימה (מ״א י״ט) מדברה. התיבון ליה והכתיב ישובו רשעים לשאולה א״ר אבא בר זבדא למדריגה התחתונה של שאול ומהו ישובו לאחר שילאו מגיהנם ויעמדו בדין ויתחייבו ישובו למדריגה תחתית של גיהנם: (יט) כי לא לנצח ישכח. ישראל האביון מלפקוד עליהם מה שנשתעבדו בהם. ותקות עניים לא תאבד לעד: (כ) קומה ה׳. דוד היה מתפלל לפני הקב״ה שיקום וימהר לעשות זאת: אל יעוז. רשע לאורך ימים בגדולתו: על פניך. בשביל הכעס שהכעיסוך במקדשך: (כא) מורה. מרות ועול. ד״א מורה

## מנחת שי

על פי המסורת ועיין מ״ש רד״ק: (יט) ענוים. עניים קרי ביו״ד והכתיב בוא״ו: (כ) קומה. מלרע: (כא) שיתה. מלרע:

## אבן עזרא

(יח) ישובו. בעבור שהאדם נברא מאדמה: שכחי. אחר כי על משכילים שוגים ימלא כמו חפצי רעתי: (יט) כי לא. ישרת עבור עלמו ואחר עמו כמו יחי ראובן ואל ימות ואל יהי מתיו מספר ולא למדתי חכמה והטעם תקות עניים לא תאבד לעד: (כ) קומה. טעם קומה להראות גבורתו ועזו: אנוש. שם המין כמו ויהי לי שור וחמור והנכון המלך על כן אמר גוים הם עבדיו: (כא) מורה. כתוב בה״א וטעמו באל״ף הפך קראן לי

## מצודת ציון

(יח) לשאולה. כן יקרא הגיהנם: (כ) אנוש. הוא שם משמות האדם ויורה על חולשו שהוא הלשון ואנוש הוא (ירמיה י״ז): פניך. כעסך כמו פני ה׳ (לקמן ל״ד): (כא) מורה. השלכה כמו ירה בים (שמו׳ ט״ו):

## מצודת דוד

(יח) ישובו. לפי שהשאול מוכן להם אמר ל׳ ישובו כאדם השב אל ביתו המוכן לשבתו: (יט) כי לא לנצח. ולכך יפרע מן העובדי כוכבים ומזלות: תאבד לעד. מלא לא משמשת בשנים כאלו אמר לא תאבד לעד: (כ) אל יעוז אנוש. אל יתחזקו העובדי כוכבים ומזלות: על פניך. ר״ל בעת כעסך: (כא) שיתה. תשים להם השלכה והשפלה למען ידעו שהמה לעולם אנוש ולא אל:

*anger with which they angered You in Your sanctuary.*—[*Rashi*] *Mezudath David*: at the time of Your anger. *Targum* and *Redak*: before You.

21. **mastery**—Heb. מוֹרָה, *mastery and a yoke* (*Mid. Ps.* 9:16). *Another explanation*: מוֹרָה *is an expression of hurling, as* (in Exod. 15:4), *"He hurled* (יָרָה) *into the sea." Others say that* מוֹרָה *is an expression meaning a razor.*—[*Rashi*] [The final definition does not appear in any manuscript.] Most commentators define מוֹרָה as identical with מוֹרָא, *fear.*—[*Targum, Ibn Ezra, Redak, Isaiah da Trani*]

**let the nations know**—*that they are human and not deities, that their might should rule.*—[*Rashi*]

the wicked man stumbles. Let us meditate over this forever.
18. May the wicked return to the grave, all nations who forget
God. 19. For the needy shall not be forgotten forever, neither
shall the hope of the poor be lost to eternity. 20. Arise, O Lord;
let man have no power. May the nations be judged for Your
anger. 21. O Lord, place mastery over them;

**Let us meditate over this forever**—Heb. הִגָּיוֹן סֶלָה, lit. a constant meditation. *Let us meditate over this forever.*—[*Rashi*] *Redak* renders: We give recitations and thanks for this salvation.

18. **to the grave**—*Said Rabbi Nehemiah: Every word that requires a "lammed" in the beginning—Scripture places a "hey" at the end, e.g.:* מִצְרַיְמָה, *to Egypt* (Gen. 12:10); מִדְבָּרָה, *to the desert* (I Kings 19:15). *They asked him: Is it not written: May the wicked return to the grave* (לִשְׁאוֹלָה)? *Replied Rabbi Abba bar Zavda: To the lowest level of Sheol. What does it mean that they will return? After they emerge from Gehinnom and stand in judgment and are found guilty, they return to the lowest level of Gehinnom.*—[*Rashi* from *Mid. Ps.* 9:15] *Mezudath David* explains that since the grave is prepared for them, Scripture uses an expression of returning, as a person returns to his house which is prepared for him. *Ibn Ezra* and *Redak* explain that they will return to the earth whence they were originally created. *Redak* explains that David prays that, just as these enemies of Israel have perished, so should all Israel's enemies perish, because they have forgotten God.

The Midrash also derives from this verse that the righteous of the nations do indeed have a share in the world to come, but the wicked do not.

19. **For the needy shall not be forgotten forever**—[I.e.] *Israel, the needy*, [shall not be forgotten] *from visiting upon them as they* [the wicked nations] *enslaved them, neither shall the hope of the poor be forgotten to eternity.*—[*Rashi* from *Mid. Ps.* 9:15] *Redak* explains: If Israel is distressed by the Philistines, that distress will not last long.

20. **Arise, O Lord**—*David was praying before the Holy One, blessed be He, that He rise and hasten to do this.*—[*Rashi*] This is an anthropomorphism, picturing God as a man rising to execute justice.—[*Redak*]

**let . . . have no power**—[I.e. let] *the wicked man* [not] *enjoy longevity in his greatness.*—[*Rashi*] Mss. read: *Esau.* Warsaw ed. reads: *Amalek.*

**for Your anger**—*Because of the*

יִנְדְּעוּן עַמְמַיָּא דְבַר נָשׁ הִינוּן לְעָלְמִין: א לְמָה יְיָ תְּקוּם בְּרָחִיק תִּטְמַר בִּמְדוֹר קַדִּישִׁין לְעִדָּנֵי עָקְתָא: ב בְּגַנְבוּת רַשִּׁיעָא יִדְלַק עַנְיָא יִתְאַחֲדוּן בִּנְכִלוּתָא דְנָא דִּי חֲשַׁבוּ לְמֶעְבַּד: ג מְטוּל דְּאִשְׁתַּבַּח רַשִּׁיעָא עַל רִגְרוּג נַפְשֵׁיהּ דִּמְבָרֵךְ גַּבְרָא טְלוֹמָא מְרַחֵק מֵימְרָא דַיְיָ: ד רַשִּׁיעָא בְּגַסוּת רוּחֵיהּ

יֵדְעוּ גוֹיִם אֱנוֹשׁ הֵמָּה סֶּלָה: י א לָמָה
יְהוָה תַּעֲמֹד בְּרָחוֹק תַּעְלִים לְעִתּוֹת
בַּצָּרָה: ב בְּגַאֲוַת רָשָׁע יִדְלַק עָנִי
יִתָּפְשׂוּ | בִּמְזִמּוֹת זוּ חָשָׁבוּ: ג כִּי־הִלֵּל
רָשָׁע עַל־תַּאֲוַת נַפְשׁוֹ וּבֹצֵעַ בֵּרֵךְ נִאֵץ |
יְהוָה: ד רָשָׁע כְּגֹבַהּ אַפּוֹ בַּל־יִדְרֹשׁ אֵין

ת״א וכולע. ב״ק יד סנהדרין ו (חלה נח סנהדרין יח): רשע. מד״ס כח:

## רש״י

נ׳ השלכה ל׳ ירה בים (שמות טו) וי״א מורה ל׳ תער. סא״ל: ידעו גוים. שהם אנוש ולא אלהות להיות גבורתם שולטת: י (א) העלים לעתות בצרה. תעלים עיניך לעתות הצרה: (ב) ידלק. ירדוף כמו כי דלקת אחרי (בראשית לא): יתפשו במזמות זו חשבו. נתפסים הם העניים במזימות שהרשעים חושבים עליהם: (ג) כי הלל רשע. מוסב על למה ה׳ תעמוד ברחוק כי עתה הרשע מתהלל שמשיג כל תאות נפשו: ובוצע ברך נאץ ה׳. והגזלן שבח את עצמו לאמר נאץ ה׳ ושלום יהיה לו: ברך. כמו ברך ל׳ פעל. ותדע שאלו היה שם דבר היה הטעם למעלה באות הראשונה והיה נקוד פתח וזה נקוד קמץ קטן וטעמו למטה ברי״ש. ואל תתמה על ברך שלא אמר ברך שהרבה תיבות של רי״ש משמשות כך כגון אויב חרף ה׳ (לקמן ע״ד) ולא נאמר חרף: נאץ. כמו חרף וכל ל׳ נאוץ כך פתר מנחם: (ד) רשע כגובה אפו. שהוא גבה

## רד״ק

מענין אנוש שברך: (א) למה. המזמור זה אמרו דוד להתפלה שיתפלל בה כל אדם כשהוא בצרה מאויב וספר בו דרכי הרשע בעשקו העני ואשר אין לו כח להנצל ממנו ולפי שברוב לא יעשה העושק בפרהסיא ספר עשק הרשע שיעשק העני במארב ובמסתר ואין לו דרך להשמר ממנו אלא על ה׳ עיניו. וספר הרשע ביחיד וברבים כי הראש הוא אחד ועוזריו הם רבים כן כלל בו העתיד להיות לישראל בארצם. ואמר. למה ה׳ תעמוד ברחוק. כי כשתבא העזר מאתו לעני ולצועק כאלו הוא קרוב ועזרו וכשהאויב מתגבר הוא כאלו האל ברחוק ומעלים עיניו מן העני לפיכך אמר למה ה׳ תעמוד ברחוק. ובי״ת ברחוק עומד במקום שנים ר״ל במקום רחוק: תעלים לעתות בצרה. לעתות שהעני בצרה: (ב) בגאות. זהו בפרהסיא שירדוף אותו בגאותו: יתפשו. הוא תפלה יהי רצון מלפניך שיתפשו הרשעים במזימות שחשבו לתפוש העניים. ופי׳ זו כמו אשר: (ג) כי. לפי שהוא מהלל עצמו על תאות נפשו שעושה ואין מונע ממנו. תראה לו אתה שיש גבוה עליו ויתפש בפח שיחשב לעשות: ובוצע ברך נאץ ה׳. הרשע מברך ומשבח הבוצע ומי שאוחז דרכו ומנאץ האל כלומר שאין יכולת בידו להציל העשוק מידו או שאין משגיח עליו: (ד) כגובה אפו.

## אבן עז״א

מרא: אנוש. מגזרת ואנוש הוא: סלה. באמת: י (א) למה ה׳ תעמוד ברחוק אין ספק כי כבוד השם בכל מקום הוא רק כאשר לא ירא(ה) עוזו ידמה לאיש עומד מרחוק על כן לא יראה או הוא קרוב ויעלים עיניו לעתות שאנחנו בצרה: (ב) בגאות. בגאותו של רשע: ידלק עני. כמו ירדף וטעם יתפשו הרשע שהוא הפקיד וחביריו עמו: (ג) כי. אמר רבי משה כי תחת אשר והטעם אשר יהלל רשע בעבור השיגו תאות נפשו והבוצע אשר הוא מברך השם מגאלו ויהי ברך כמו ברך נבות אלהים ומלך ברך אלהים ומות. או פירוש ברך דורון ומנחה והוא שם כמו והדבר אין בהם וכמוהו וברך ולא אשיבנה ואיננו נכון כי ברך פעל עבר וכאילו כתוב וברך ברכה ולא אשיבנה ולפי דעתי כי הלל רשע הנזכר למעלה רשע אחר אשר התאוה ויברך הבוצע אשר נאץ השם והנה ברך כמו הלל: (ד) רשע. סמך הגובה אל האף בעבור שאין

## מנחת שי

י (א) למה. ג׳ ראש פסוק רפין וסימן למה אמרת אחתי הוא (בראשית יב). למה ה׳ תעמוד ברחוק. למה ה׳ תזנח נפשי: (ב) יתפשו. בגרמי׳ לאחריו: (ג) ברך נאץ | ה׳. יש פסיק בין נאץ לשם וכן למטה בפסוק על מה נאץ רשע | אלהים יש פסיק בין רשע לאלהים שלא לסמוך לשון רשע וניאוץ אלל קדוש ישראל: (ד) רשע כגבה. בדפוס ישן מויניציאה בבית וכן כלאה.

## מצודת דוד

י (א) תעמוד ברחוק. כאלו תעמוד ברחוק מקום ותעלים עלמך בעת לרה: (ב) בגאות. בעבור רוב גאותו רודף את העני ותופש אותו במחשבתו אשר חשב לתפשו בו: (ג) כי הלל רשע. בעבור שהרשע מהלל ומשבח עלמו על שהשיג תאותו והגזלן בעת פשועו נאלות אז יתברך בלבבו לאמר שלום יהיה לי כי לא נעשה בו דבר ע״כ מלא לב האדם לעשות רע: (ד) כגובה. כאשר גבהה חמתו על מי חושב שאין מי דורש במעשיו וכל מחשבותיו הוא שאין

## מצודת ציון

י (א) תעלים. מל׳ העלמה: (ב) ידלק. ירדוף וכן כי דלקת אחרי (בראשית ל״א): במזמות. ענין מחשבה: (ג) הלל. ענין שבח כמו ויהללו אותה (שם י״ב): ובוצע. הגזלן כמו בוצע בצע (חבקוק ב׳): נאץ. בזה כמו כי נאצו האנשים את מנחת ה׳

4. **A wicked man at the height of his anger**—*When he is haughty, and he lifts up and holds his face erect, and his anger is at its height.*—[*Rashi*]

**He will not seek**—*All his thoughts tell him, "The Holy One, blessed be He, will not seek anything that I may do because there is no judgment."*—[*Rashi*]

**there is no God**—*There is no judgment, and there is no judge.*—[*Rashi* from *Midrash Psalms Lev. Rabbah* 28:1]

let the nations know that they forever are mortal man.

## 10

1. O Lord, why do You stand from afar? [Why do] You hide in
times of distress? 2. With the haughtiness of the wicked man,
he pursues the poor man. They are caught in the plots that they
have devised. 3. For the wicked man boasts about the desire of
his soul, and the robber congratulates himself for having blas-
phemed the Lord. 4. A wicked man at the height of his anger:
"He will not seek; there is no

1. David did not recite this psalm for a particular occasion. He composed it as a prayer to be prayed by anyone distressed from enemies. In it, he relates the ways of the wicked, who oppresses the poor with stealth and cunning, and from whom the poor man has no protection, except to look to God. He speaks of the wicked both in the singular and in the plural, because the wicked man is one but his assistants are many. David also includes the oppression the nations of the world are destined to inflict upon Israel in their [Israel's] land; in verse 17, he states: nations have perished from His land, and in verse 18: to break the weak from the land.—[*Redak*]*

**You hide in times of distress**—*You hide Your eyes in times of distress.*—[*Rashi*]

2. **he pursues**—Heb. יִדְלַק, *he pursues, as* (in Gen. 31:36): *"that you pursued* (דָלַקְתָּ) *me?"*—[*Rashi*]*

**They are caught**—*The poor are caught in the plots that the wicked devise against them.*—[*Rashi*]*

3. **For the wicked man boasts**—*This refers to "O Lord, why do You stand from afar," for now the wicked man boasts that he achieves all the desire of his soul.*—[*Rashi*]

**and the robber congratulates himself for having blasphemed the Lord**—*And the robber praises himself, saying that he has blasphemed the Lord, yet he will have peace.*—[*Rashi*]

**congratulates**—Heb. בֵּרֵךְ, *like* בֵּרַךְ, *an expression of the past tense. You should know* [that this is so,] *for if it were a noun, the accent would be on the first letter and it would be vowelized with a "pattah"* [meaning a "seggol" under the "resh"], *but this one is vowelized with a small "kamatz"* [i.e. with a "tzereh"] *and it is accented below on the "resh." Do not wonder about* בֵּרֵךְ, *that he did not say* בֵּרַךְ, *because many words spelled with a "resh" are vowelized in this manner, e.g.* (below 74:18), *"an enemy blasphemed* (חֵרֵף) *the Lord," and it does not say* חֵרַף.—[*Rashi*]

**blasphemed**—Heb. נִאֵץ, *like* חֵרֵף *and Menachem interpreted every expression of* נִאוּץ *in this manner.*—[*Rashi* from *Machbereth Menachem* p. 121]

אֱלֹהִים כָּל־מְזִמּוֹתָיו: ה יָחִילוּ דְרָכָו ׀
בְּכָל־עֵת מָרוֹם מִשְׁפָּטֶיךָ מִנֶּגְדּוֹ כָּל־
צוֹרְרָיו יָפִיחַ בָּהֶם: ו אָמַר בְּלִבּוֹ בַּל־
אֶמּוֹט לְדֹר וָדֹר אֲשֶׁר לֹא בְרָע: ז אָלָה ׀
פִּיהוּ מָלֵא וּמִרְמוֹת וָתֹךְ תַּחַת לְשׁוֹנוֹ
עָמָל וָאָוֶן: ח יֵשֵׁב ׀ בְּמַאְרַב חֲצֵרִים

ת״א יחילו. ברכות ה מגלה ז: דרכיו קרי במסתרים

לָא יִתְבַּר אֱלָהָא וְיֵימַר בְּלִבֵּיהּ דְלָא גַלְיָן קֳדָם יְיָ כּוּלְהוֹן מַחְשְׁבָתוֹי: ח מַצְלְחִין אוֹרְחָתֵיהּ בְּכָל עִדָּן רְחִיקִין דִינָךְ מִן קֳבְלֵיהּ בְּכָל מְעִיקוֹי יִזְעוֹף בְּהוֹן: ו יֵימַר בְּלִבְבֵיהּ לָא אָזוּעַ מִדָּר לְדָר מִלְמֶעְבַּד בִּישׁ: ז לוּטִין פּוּמֵיהּ מְלֵי נִכְלֵי וְרַמְיוּתָא תְּחוֹת לִישָׁנֵיהּ לֵאוּת וּשְׁקַר: ח יָתֵיב בִּכְמָנֵי דְדַרְתַּיָא

## רד״ק

גובה הלב מתראה בפנים והפנים מכונים באף לפי שהוא גבוה על הפנים: בל ידרוש. מפני גבהותו וגאותו לא ידרוש אלהים ולא יתפלל לפניו: אין אלהים כל מזמותיו. כל מזמות הרשע ומחשבותיו כי אין אלהים שופטים בארץ וכל מה שירצה האדם לעשות יעשה: (ה) יחילו. מענין חיל כיולדה אמר כי דרכי הרשע הרשעים יחילו העניים בכל עת כי כל זמן שהוא בעולם יפחדו ממנו: מרום משפטיך מנגדו. שלא יגעו בו לפיכך הוא מתגאה: כל צורריו יפיח בהם. הם עניים. יפיח בהם מענין פח ומוקש כלומר שישים בהם פח ללכדם: (ו) אמר. חושב בלבו בל אמוט לעולם מגדולתי: לדור ודור אשר לא ברע. לדור ודור אהיה כי לא אהיה ברע לפיכך אהיה זמן רב: (ז) אלה. כך דרך הרשע כשירצה לרכות אחרים ישבע להם בפה מלא שיראה כי בכל כונתו נשבע: ותוך. הוא כמו מרמה לפי שבתוך לבו מה שאין נראה בפיו: תחת לשונו עמל ואון. כשישבע בלשונו תחת לשונו יש עמל ואון והלב הוא תחת הלשון שהוא נסתר מהנגלה בלשון ומלא אינו תאר אלא פועל אמר שהוא ממלא פיו באלה כדי שיאמין אדם בו וממשקר בו: (ח) חצרים. הם ערי הפרזות שהם על הדרכים: במסתרים יהרג

## רש״י

רוח ומגביה וזוקף פניו ואפו בגבהותו: בל ידרוש. כל מזימותיו אומרות לו בל ידרוש הקב״ה כל מה שאעשה כי אין משפט: אין אלהים. לית דין ולית דיין: (ה) יחילו. יצליחו ודומה לו (איוב כ׳) על כן לא יחיל טובו. וי״מ יחילו כמו (ש״ב ג׳) יחולו על ראש יואב: מרום משפטיך מנגדו. מסולקי׳ ומרוחקי׳ משפטי יסורין ופורעניות שלך מנגדו שאינם באים עליו: כל צורריו יפיח בהם. בהפחת רוח הוא מפיח בהם והם נופלים לפניו: (ו) לדור ודור אשר לא ברע. לא תבא עלי רעה לדורותי: (ז) ותוך. ל׳ מחשבה רעה הלנה בתוכו תמיד: (ח) עיניו

## מנחת שי

מסתרגום וכשאר ספרים בכ״ף וכן במסורת כ נ ב ה כ׳ בקריאה וסימן אשר כנבה ארזים גבהו. כגבה אפו: (ה) דרכו. דרכיו ק׳: (ז) אלה פיהו מלא. אין במלת פיהו מיובב והפ״א דגושה: ומרמות. בס״א כ״י מרמת בלא וא״ו וכ״כ מהתרגום ובשאר ספרים בוא״ו: (ח) במארב. במקלת ס״ס האל״ף בשוא לבדו כמו

## אבן עזרא

בפניס גובה ממנו ואין ספק כי הגבהות בלב הוא רק דבר על הגלוי: בל ידרוש. בלתו ויחסר בי״ת ממלת כל מזמותיו: (ה) יחילו. אמר רבי משה הכהן כי פי׳ דרכיו חפציו כמו לב אדם יחשב דרכו וטעם יחילו יבואו כמו יחולו על ראש יואב והטעם כי יבואו לו ותכנו לו דרכיו כחפצו או יהיו דרכי אלהים וטעם יחילו שהיה ראוי שיפחידוהו מגזרת חיל והנכון בעיני כי יחילו פועל יוצא מגזרת חיל כיולדה והפעול חסר כמו לא תרצח ודרכיו שב אל הרשע כי דרכיו יפחידו המשכיל בעבור שיצליחו ומלת מרום כמו אתה מרום לעולם ה׳ והוא השם והטעם אתה מרום סרו משפטיך מנגדו וטעם יפיח בהם כמו אכפי לגון יפיחו קריה: (ו) אשר לא ברע. חסר לא אראה כמו ואל אראה ברעתי: (ז) ותוך. לאות על מחשבה רע בתוך לבו בסתר כדרך קרבם הוות והוא מראה שלום ועוד על כן אחריו במסתרים: (ח) ישב. כל אורב יושב במקום שאין שם ישוב וזה אורב

## מצודת ציון

(ב״מ ב׳): (ה) יחילו. יצליחו כמו לא יחיל טובו (איוב כ׳): (ז) אלה. שבועה כמו ושמעה קול אלה (ויקרא ה׳): ותוך. ענין

## מצודת דוד

אלהים בעולם לפרוע לו על מעשיו: (ה) יחילו. על בכל עת יצליח בדרכיו ומשפטיך מסולק ממני ובהשפה מוטעת מאבד את שונאיו: (ו) אמר בלבו. לזאת חושב שלא ינטה לעולם להיות מוספל לאדן: לדור ודר. אף לאחר כמה דורות יצליח ולא יראה ברעה: (ז) אלה. ממלא פיו בשבועת שוא ומרמה: תחת לשונו. כפל הדבר במ״ש: (ח) ישב. הרשע יושב במארב החצרים ולוכד את הנקי והורגו בסתר: עיניו. עושה עצמו כמסתיר עין מן

*power," a word meaning humble and moaning. Accordingly,* כה *is* [part of] *the radical.*—[*Rashi*] *Redak,* like *Menachem,* defines the word as meaning poor people, but considers only the "chaf" the radical, not the "hey." *Targum,* too, interprets in this manner. *Ibn Ezra* questions the masorah, for if the word חֵלְכָה is derived from חַיִל, the "yud" is missing.

God," [say] all his thoughts. 5. His ways prosper at all times;
Your judgments are far removed from him. All his adversaries
—he blows at them. 6. He says to himself, "I will not fall; for
all generations I will not be in adversity." 7. His mouth is full
of oaths and deceits and guile; under his tongue is mischief and
iniquity. 8. He sits in the lurking-places of the villages;

*Redak* renders:

**A wicked man, when his haughtiness is visible upon his face, does not seek [God]**—His haughtiness is visible on his face, which is represented by the nose, the highest feature; hence the word אַפּוֹ.

**"There is no God," are all his thoughts**—All the wicked man's thoughts are that there is no God Who judges the earth, that man is free to do whatever he wishes without fear of punishment. Therefore, he does not seek God.

5. **prosper**—Heb. יָחִילוּ, *prosper, and similar to this is* (in Job 20:21): *"therefore shall his goods not prosper* (יָחִיל)." *Others explain* יָחִילוּ *like* (II Sam. 3:29): *"May it rest* (יָחוּלוּ) *upon the head of Joab."*—[*Rashi*]

**Your judgments are far removed from him**—*Your judgments of pains and punishments are removed and distanced from him, for they do not come upon him.*—[*Rashi*]

**All his adversaries—he blows at them**—*With a blowing of wind, he blows at them, and they fall before him.*—[*Rashi*]

6. **"for all generations I will not be in adversity"**—*Adversity will not befall me throughout my generations.*—[*Rashi*]

7. **and guile**—Heb. וָתֹךְ, *an expression of an evil thought that lodges constantly in his midst.*—[*Rashi*]

8. **He sits in the lurking-places of the villages**—I.e. in the unwalled cities by the roads.—[*Redak*]

**in hidden places he slays the innocent**—Usually, the wicked does not commit his crimes in public but stays in the lurking-places and the hidden places.—[*Redak*]

**his eyes spy on Your army**—*The eyes of Esau lurk for Israel, who are Your army.*—[*Rashi*]

**on Your army**—Heb. לְחֵלְכָה; (verse 14), *"upon You Your army* (חֵלְכָה) *leaves." Both of them are in the masorah as words spelled with* כה *instead of* ךְ, *like* (Exod. 7:29), *"upon you* (וּבְכָה) *and upon your people"*; (Prov. 2:11), *"discretion shall guard you* (תִּנְצְרֶכָּה)*"*; (Exod. 29:35), *"I commanded you* (אֹתָכָה)"; (I Sam. 1:26), *"who was standing with you* (עִמְּכָה)*." We learn from the masorah that* חֵלְכָה *is like* חֵילְךָ, *Your army. But Menachem* (p. 89) *interprets* לְחֵלְכָה יִצְפֹּנוּ *and so* יַעֲזֹב חֵלְכָה *like* (verse 10), *"and helpless ones* (חֵלְכָּאִים) *shall fall into his*

בְּמִסְתָּרִים יַהֲרֹג נָקִי עֵינָיו לְחֵלְכָה
יִצְפֹּנוּ: ט יֶאֱרֹב בַּמִּסְתָּר כְּאַרְיֵה בְסֻכֹּה
יֶאֱרֹב לַחֲטוֹף עָנִי יַחְטֹף עָנִי בְּמָשְׁכוֹ
בְרִשְׁתּוֹ: י וְדָכָה יָשֹׁחַ וְנָפַל בַּעֲצוּמָיו

בְּטוּמְרַיָא יִקְטוּל זַכָּאָה
עֵינוֹ לְמִסְכְּנַיָא יִטְשׁוּן:
ט יִכְמוֹן בְּטוּמְרַיָא הֵיךְ
אַרְיָא בְּמַטְלַלְיֵהּ יִכְמוֹן
לְמִתְפַּשׁ עַנְיָא יִתְפַּשׁ
עַנְיָא בְּמִנְגְּדֵיהּ
בִּמְצַדְתֵּיהּ: י יִדְכַּדֵּךְ
וִישׁוּחַ וְיִפֵּל בִּתְקוֹף

ה"א במסתרים. סנהדרין מג: יארב. ב"מ פג: ידכה קרי חלכאים

## רש"י

לחלכה יצפונו. עיניו של עשו לישראל שהם חילך יארובו: לחלכה. עליך יעזוב חלכה. שניהם במסורה מילין המשמשין כ"ה במקום כ' כגון (שמות ו') ובכה ובעמך. (משלי ב') תבונה תנצרכה (שמות כט) לויתי אתכה (ש"א א') הגנבת עמכה למדנו ממסור' שחלכ' כמו חילך חיל שלך. ומנחם פתר לחלכה יצפונו וכן יעזוב חלכה כמו ונפל בעצומיו חלכאים ענין נמוכי' ומרודים וכ"ה יסוד המלה: (י) ידכה ישוח. כן דרך האורב שמדכה ומשפיל ומקטין עצמו כדי שלא יהא ניכר: ונפל בעצומיו חלכאים. חיל נשברי'. ראיתי במסורת הגדולה חלכאים אחת מחמש עשרה תיבות הכתובים תיבה א' ונקראות שתי תיבות וכגון בגד דותאמר לאה (בראשית ל') אשדת למו (דברים ל"ג) מלכם תדכאו עמי (ישעיה ג') אף זה חל כאים חיל של נשברים. כאים ל' ונכא' לבב למותת (לק' ק"ט) וא"ת הנו"ן מן השרש יוכיח עליו יען הכאות לב צדיק (יחזקאל י"ג) למדנו הנו"ן של נכאה כנו"ן של נמבזה (ש"א ט"ו) ונו"ן של נקלה וכן פתרונו ונפל בעצומיו של רשע זה ברמיזותיו ובקריצותיו ל' הגישו עצמותיכם (ישעיה מ"א) עוצם עינו (שם ל"ג) חיל של עניים. דבר אחר בעצומיו על ידי גבוריו. א"ר סימן אין הרשע הזה מטיל בקלירוס שלו פי' חיל אלא גבורים כמותו שנאמר (דניאל ג) ולגוברין גברי חיל די בחילה אמר לכפתה לשדרך מישך ועבד נגו ומנחם פתר הלכאים כמו דל וחלך והכ' יסוד בתיבה:

## רד"ק

נקי. כי ברוב הפעמים הרשע לא יעשה הרע בפרהסיא אלא ישב במארב ובמסתרים שישמור מבני אדם שלא יראוהו ולא ישמור מהאל הרואה כל: לחלכה. כמו חלך וההא נוספת ופירושו לעני. אומר שעיני הרשע יצפנו לעני ללכדו: יצפנו. פעל עומד כלומר ישים עיניו במקום צפון ומשם יביט הדרכים: (ט) כאריה. המשילו לאריה שהוא עומד בסכה ויארב לחטוף אשר יעבור עליו כדי שלא ישמרו ממנו ויברח ממנו כשיראהו. והחטיפה היא הלקיחה במהרה כי הרשע ישב במארב במסתר ואחר כן המשילו לצייד שיפרוש רשתו ויעמוד רחוק מרשתו כדי שלא ישמר העוף ממנו וחבלי הרשת בידו וכשיפול העוף ברשת ימשוך הרשת בחבלים שבידו והעוף נתפש כן דרך הרשע במארב ויעמוד רחוק מן הדרכים כדי שלא ישמרו בני אדם ממנו וכשיראה בני אדם עניים וחלושים בדרכים ירוץ אליהם או יעמוד מבני חבורתו בדרכים בלא כלי זיין והוא עם המזויינים מרחוק וכשיעברו בני אדם הלושים יעשו אלו להם סימן והם באים והם להם כמו הרשת לצייד ועוד ספר דרך אחרת שעושה הרשע והוא מה שאמר ידכה ישיח: (י) ידכה. כתיב בוי"ו וקרי ביו"ד והוי"ו והיו"ד מתחלפים אמר כי הרשע כשרוצה לתפוש העניים יעשה עצמו דכה ושח כדי שלא ישמרו בני אדם ממנו ויצאו עמו בחבורה בדרך וכשהם רחוקים מן הישוב בראה להם כחו ותפשם זהו ונפל בעצומיו חלכאים והוא כתיב מלה אחת וקרי שתי מלות חלכאים ופירושו עדת הנכאים והחלושים. ועצומיו הוא תאר לאבריו העצומים ידיו ורגליו וכל אלה הדברים ספר בענין הרשע להראות כי אמר בלבו כאילו

## אבן עזרא

בישוב: לחלכה. י"א כי הכ"ף לנכח השם ויש להשיב עליהם על חסרון היו"ד כי בית וזית ולילה כאשר יסמכו לא נסור היו"ד והנה בחלכאי' מחלוקת יש בין כתי' לקרי אם היא מלה אחת או שתי' ופי' כאי' כמו נכאים על משקל דוים ורבים ומדקדק גדול אמר כי חלכאים מלה אחת והיא מהפעלי' הרבעים ומלת לחלכה כמוה והה"א תחת אל"ף ויאמר הגאון כי נו"ן יצפנו נוסף וטעמו יצפו והעד עיניו כמו עיניו בגוים תצפנה והנכון בעיני שהוא יצפנו לנפשותם והטעם כי עיניו יבקשו מקום לצפון ונסתר: (ט) יארב. א"ר משה כי בסוכה כמו בסוכתו ככה אגל פנה כמו פנתה: לחטוף. וכמו וחטפתם לכם: (י) ידכה. ככה דרך האריה בהכספו לטרוף שלא יהי נודע אז ידלג על טרפו: בעצומיו. ידיו ורגליו שיש להם כח עצום ונכון הוא כאשר מלאכו יגרס ישבר גרס והוא מהבנין הכבד ומלאכו ככה מהקל לא גרמו לבקר הנה יהיה עצם והאחרון עצמו מהכבד גם יהי' מהקל והנה יהיה טעם בעצומיו השוברים

## מנחת שי

שכתבתי ביהושע ח' י לחלכה. הלמ"ד בגעיא: (ט) לחטוף עני יחטף. מתחלפים הספרים בנקודות ובאותיות במקצתם שתי המלות בשוא לבד וי"ם שהיכן בחטף פתח ובספרי' שבאים מספרד הראשון בח"פ ומלא. וא"ו והשני בשוא וחסר: (י) ודכה. ידכה קרי ויש בו דרש באגדת תלים: חלכאים. חל כאים קרי והנה בחלכאים מחלוקת יש בין כתיב לק' אם היא מלה אחת או שתים ומדקדק גדול אמר כי חלכאים מלה א' כן כתב הראב"ע ובלשון רש"י ראיתי במסורת הגדולה חלכאים א' מחמש עשרה תיבות הכתובות תיבה אחת ונקראות שתי תיבות כמו בגד וכו' וסימן בדברי הימים א' כ"ז וכ"כ רד"ק בפירוש ובשרשים שרש חיל ושרש חלך וכס'

## מצודת דוד

העני וכאלו אין דעתו עליו לבל יהיה נשמר: (ט) יארב. במקום נסתר יארוב וכאריה האורב בסוכו כן יארוב לחטוף את העני: במשכו. אמר לשון הנופל בצייד המושך חבל הרשת ללכוד את הבא בה: (י) ידכה ישח. מראה עצמו כחוש וכפוף לבל ירגישו בו אבל

## מצודת ציון

מרמה הנסתר בתוך הלב: (ח) לחלכה. ענינו כענין עני וחלוש ודומה לו במקראות שלאחריו: יצפנו. יסתירו כמו יצפון לצדיק (משלי י"ג): (ט) לחטוף. ענין מהירות הלקיחה כמו וחטפתם לכם (שופטים כ"א): (י) ידכה. ענין כתישה: ישח. מל' שיחה

*mighty men like himself, as it is said* (in Dan. 3:20): *"And he commanded the mighty warriors who were in his army to bind Shadrach, Meshach, and Abed-nego."* (*Mid. Ps.* 10:5).

*However, Menachem,* (p. 89) *interprets* חֶלְכָּאִים *as "poor and weak* (וְחֶלֶךְ)*," the "chaf" being a radical.*—[*Rashi*]

in hidden places he slays the innocent; his eyes spy on Your army. 9. He lurks in a hidden place; like a lion in his den, he lurks to seize a poor man; he seizes a poor man when he draws his net. 10. He crouches, he bows down, and an army of broken people shall fall by his signals.

**spy**—lit. hide. He watches the roads from within a hidden place.—[*Redak*]

9. **like a lion, etc.**—The Psalmist compares the wicked man to a lion, which skulks in its den, lurking to seize passers-by lest they become aware of him and flee when they see him. When he sees his prey, he pounces. So does the wicked man sit in a lurking-place in secret. Then the Psalmist compares him to a hunter who spreads his net and stands at a distance lest the bird fly away. He holds the cords in his hand, and when the bird falls into the net, he pulls the cords and the bird is caught. Sometimes, the wicked man does exactly this. Instead of lurking in a hidden place, he stands back from the roads so that people will not notice him, and when he sees poor and weak people passing, he runs at them. Sometimes, he stations some unarmed companions on the road while he and his armed confederates stand beyond. When the victims pass by, his decoys signal to him, and he and his company attack the victims. They are like the hunter's net. The following verse depicts another method of waylaying the passerby.—[*Redak*]

10. **He crouches, he bows down**—*So is the habit of the lurker; he crouches and lowers* [himself] *and makes himself small in order to be inconspicuous.*—[*Rashi*]*

**and an army of broken people fall by his signals**—Heb. חֵלְכָּאִם, *an army of broken people. I saw in the great masorah that* חֵלְכָּאִים *is one of fifteen words that are written as one word and read as two words, and as* בָּגָד *in the verse* (Gen. 30:11) *commencing "And Leah said." Also* (in Deut. 33:2), *"a fiery Law* (אֵשְׁדָּת) *is to them";* (Isa. 3:15), *"What do you mean* (מַלָּכֶם) *that you crush My people." Also this word means* חֵל כָּאִים, *an army of broken people.* כָּאִים *is an expression of* (below 109:16) *"and a broken-hearted one* (וְנִכְאֵה־לֵבָב) *to kill." If you say that the "nun" is the radical,* (Ezek. 13:22) *"Because you have broken* (הַכְאוֹת) *the heart of the righteous" will prove that* [it is not]. *We learn that the "nun" of* נִרְאֶה *is like the "nun" of* (I Sam. 15:9) נְמִבְזָה—and the "nun" of (Jer. 6:14) נְקַלָּה, *and so is its interpretation: and . . . fall by the signals of this wicked man, with his hints and his winks, an expression of* (Isa. 41:21) *"present your signals* (עֲצֻמוֹתֵיכֶם)*."* [Cf. Commentary Digest to Isaiah ad loc. where this word is defined differently] *and* (ibid. 33:15) *"and closes* (וְעֹצֵם) *his eyes," an army of poor people. Another explanation:* בַּעֲצוּמָיו, *by his mighty men. Said Rabbi Simon: This wicked man puts into his "callirus," meaning army, only*

חֵ֣לְכָּאִֽים׃ יא אָמַ֣ר בְּ֭לִבּוֹ שָׁ֣כַח אֵ֑ל
הִסְתִּ֥יר פָּ֝נָ֗יו בַּל־רָאָ֥ה לָנֶֽצַח׃ יב ק֘וּמָ֤ה
יְהוָ֗ה אֵ֭ל נְשָׂ֣א יָדֶ֑ךָ אַל־תִּשְׁכַּ֥ח עֲנָיִֽים׃
יג עַל־מֶ֤ה ׀ נִאֵ֖ץ רָשָׁ֥ע ׀ אֱלֹהִ֑ים אָמַ֥ר
בְּ֝לִבּ֗וֹ לֹ֣א תִדְרֹֽשׁ׃ יד רָאִ֡תָה כִּֽי־אַתָּ֤ה ׀
עָ֘מָ֤ל וָכַ֨עַס ׀ תַּבִּיט֮ לָתֵ֪ת בְּיָ֫דֶ֥ךָ עָ֭לֶיךָ
יַעֲזֹ֣ב חֵלֶ֑כָה יָ֝ת֗וֹם אַתָּ֤ה ׀ הָיִ֬יתָ עוֹזֵֽר׃

חיל כאים קרי ענוים קרי

### תרגום

בְּמָנוֹי עַנְיָא : יא יֵימַר בְּלִבֵּיהּ אִתְנְשֵׁי אֱלָהָא טְמַר אַפּוֹי לָא חָמֵי לְעָלְמִין : יב קוּם יְיָ קַיֵּם שְׁבוּעַת יְדָךְ לָא תִנְשֵׁי עִנְוְתָנֵי : יג מְטוּל מָה רָחֵיק רַשִׁיעָא אֱלָהָא יֵימַר בְּלִבֵּיהּ לָא תִתְבַּע : יד גְּלֵי קֳדָמָךְ מְטוּל דְּאַנְתְּ לָאוּת וּרְגִיז עַל רַשִׁיעָא תִּסְעַר אִסְתַּכַּל לְמִשְׁלַם אַגְרָא טָב לְצַדִּיקַיָּא בִּידָךְ עֲלָךְ יְסוֹבְרוּן עַנְוָךְ יַתָּם אַנְתְּ

### רש"י

(יג) על מה נאץ רשע. להקב"ה לפי שאמר בלבו לא תדרוש: (יד) ראיתה. מה שהוא עושה ואתה מחריש: כי אתה. כן דרכך שתביט עמל וכעס: לתת בידך. בכחך אתה נותן יד לרשעים להצליח ברשעם: עליך יעזוב חלכה. ישראל עמך שהם חילך הם עוזבים עליך את המשא שתעש' דין ברשעים ומנחם פתר יעזוב ל' עזרה כמו (שמות כ"ג) עזוב תעזוב עמו והוא פתר חלכה

### אבן עזרא

העלמי' והלכאי' פירשתיו : (יא) אמר. מודה הרשע שיש אל רק אין לו דעה כדרך איכה ידע אל : בל ראה. הטעם כפול כמשפט : (יב) קומה. נשיאת היד להראות הכח : אל תשכח. כנגד שכח אל : (יג) על מה. ל' תימה כמו למה תראני און : (יד) ראתה. בחכמתך כי אתה תביט בלי ספק העמל והכעס שיעשה הרשע כי בידך לתת לו גמול בכל עת בתרל' : עליך יעזוב חלכה. כמו לחלכה זה הכעס כי ראה שפעמים רבות עזרת היתום שאין לו עוזר ורבי יהודה בן בלעם אמר בעבור כי תביט העמל והכעס אתה נותן לו כל הפלו ע"כ יעזוב הדל לסמוך והנה

### רד"ק

אינו רואה ואינו יודע : (יא) אמר. אם ידע שכח או כאדם שיודע הדבר ומסתיר פניו ואינו רוצה לראותו לעולם לפיכך אמר קומה גו' : (יג) על מה. כי על מה הוא מנאץ אותך לפי שאמר בלבו כי לא תדרוש ולא תשגיח מה שהוא מנאץ ואומר ועושה (יד) ראתה. חסר היו"ד במקום למ"ד הפעל מהמכתב הרשע אומר שאין אתה רואה אבל בודאי העמל והכעס שעושה הרשע תביטהו : לתת בידך. כאשר תרצה לקחת משפט העניים מהרשע : כי עליך יעזוב חלכה. והוא העני. דינו. כי פעמים רבות ראה שהיית עוזר יתום ומי שאין לו כח. וחלכה

### מנחת שי

הרכבה אות הה' : (יא) שכח אל. כ"כ במאריך בכ"ף בס"ס : (יב) אל תשכח עניים. ענוים קרי : (יג) על מה | נאץ רשע | אלהים יש פסיק בין רשע לאלהים כמו שאמרתי בראש המזמור. ובמקצת דפוסים ישנים יש שני גלגלים בנאץ רשע והיא נכון בעיני (יד) ראתה. חסר יו"ד : כי אתה | עמל וכעס | תביט. יש פסיק בין מלת אתה למלת עמל להרחיק הקירוף כלפי מעלה ה"ו :

### מצודת דוד

מפיל בכחו הרב את העניים : (יא) אמר. כ"ז הוא על כי חושב אז האל שכח מעשיו או שאינו משגיח בהם : (יב) קומה. לזה קום והרם ידיך עליו להכותו ואל תשכח העניים הנלכדים בידו : (יג) על מה. בעבור מה מלאה לב הרשע לנאץ את אלהים כי חושב בלבו שאינך דורש מעשיו : (יד) ראתה. אבל באמת ראיתה מעשיו כי מעולם ידוע אתה העמל והכעס מה שהרשע עושה : לתת בידך. ובידך לתת לאיש כדרכיו ולכן יעזוב העני בטחונו מכל אדם וישען

### מצודת ציון

וכפיפה כמו שחה לעפר (לקמן מ"ד) : בעצומיו. בחזקו כמו ועצם כמו (דניאל ח') :

11. He says in his heart, "God has forgotten; He has hidden
His face, He never sees." 12. Arise, O Lord God, lift up Your
hand; do not forget the humble. 13. Why did a wicked man
blaspheme God? He said in his heart that You do not seek.
14. You saw, for You look at mischief and provocation to give
with Your power; upon You Your army leaves [its burden];
You would help the orphan.

13. **Why did a wicked man blaspheme**—*The Holy One, blessed be He? Because he said in his heart that You do not seek.*—[*Rashi*]

14. **You saw**—*what he does, and You remain silent.*—[*Rashi*]

**for You**—*So is Your custom, that You look at mischief and provocation.*—[*Rashi*]

**to give with Your power**—*With Your power, You lend a hand to the wicked to prosper with their wickedness.*—[*Rashi*]

**upon You Your army leaves**—*Your people Israel, who are Your army, leave the burden upon You that You should execute justice upon the wicked. Menachem* (p. 132) *interprets* יַעֲזֹב *as an expression of help, as* (in Exod. 23:5): *"you shall help* (עָזֹב תַּעֲזֹב) *with him." He interprets* חֵלְכָה *as an expression of "poor and weak* (חֵלֵךְ)*," the "chaf" being a radical.*—[*Rashi*] [*Menachem* would render the phrase: it is incumbent upon You to help the weak. However, the word יַעֲזֹב should be לַעֲזֹב, *to help.*]

**You would help the orphan**—*in the early days.*—[*Rashi*]

*Mezudath David* explains the verse as follows:

**You saw**—But in fact You saw his deeds, for You always see the mischief and the provocation perpetrated by the wicked.

**to give is in Your hand**—It is in Your power to requite a man according to his ways. Therefore, let the poor man abandon his trust in all men and rely on You, for You always helped the helpless orphan.

טו שבר זרוע רשע ורע תדרוש־רשעו
בל־תמצא: טז יהוה מלך עולם ועד
אבדו גוים מארצו: יז תאות ענוים
שמעת יהוה תכין לבם תקשיב אזנך:
יח לשפט יתום ודך בל־יוסיף עוד לערץ

הוית סעיד: טו תבר אדרעיהון דרשיעי ובישי יתבעון רשעהון לא ישכחו: טז יי מליך לעלמי עלמיא אבדו עממי מארעיה: יז ריגתא דענותני שמיע קדמך יי תתקין לבהון תצלי אודנך: יח למדן יתם ועניא לא יוסיף עוד תוב בני נשא

ת״א שבור. מגלה יז: ה׳ מלך. ר״ה לב: תאות ענוים. עקרים פ״ז: תכין לבם. ברכות לא (ברכות ט):

קמץ בז״ק

### רש״י

ל׳ דל והלך וכ׳ יסוד כתיבה: יתום אתה היית עוזר. בימים ראשונים: (טו) שבור זרוע. של עשו הרשע: ורע תדרוש רשעו בל תמצא. רשעי ישראל כשרואין את הרשעים שמצליחין לבם נושא להרשיע אבל משתשבור את זרוע הרשעים אם באת לדרוש רשעם של ישראל לא תמצאנו: (טז) ה׳ מלך עולם ועד. לאחר שיאבדו גוים מארצו: (יח) לשפוט יתום. לעשות משפטים של ישראל היתומים ודכים: בל יוסיף עוד. ישמעאל ועשו: לערוץ אנוש. לכתת ולשבר את האנושים והולים:

### רד״ק

הה׳ נוספת כמו שפירשנו: (טו) שבור זרוע. תוקפו: תדרוש רשעו. שהוא אומר כי לא תדרוש כמו שאמר למעלה הראה לו כי אתה דורש. ואם אתה עושה כן לא תמצא רשע בארץ כי אם תשבר זרועו הנשארים ישמעו ויראו. ורשע ורע. הוא כפול דבר: (טז) ה׳ מלך. כשתעשה משפט העושקים אז תהיה מלך עולם ועד לעיני כל ואין פורה את פיך ואז אבדו גוים מארצו ותשוב המלוכה לישראל: (יז) שמעת. כמו תשמע. ופירוש שמעת התפלתם כתאותם. או פירוש שמעת תאותם קודם שיוציאוהו בפיהם כמ״ש והיה טרם יקראו וגו׳: תכין לבם. תסיר מלבם טרדת העולם כי לבם טרוד בענייהם ובמרודיהם ואתה תעזרם להכין לבם אליך בכונה ואז תקשיב אזניך להפילתם ופירוש תקשיב אזניך תהיינה אזניך קשובות: (יח) לשפוט. ומה היה תפלתם לשפוט יתום ודך ופירוש לקחת משפטם מיד עושקיהם. בל יוסיף עוד לערוץ אותם ולהפחידם

### אבן עזרא

סוף הפסוק יכזיבנו: (טו) שבור. תי״ו תדרוש לנכח לו השם היית כבן אדם שהוא דורש לא היית מוצא הרשע כי יאבד ויש אומרים כי התי״ו סימן הזרוע כי תבקש הזרוע להרע ולא תמצא על דרך תמצא ידך ה׳ אז יתברר כי השם הוא מלך לבדו והעד אבדו גוים מארצו: (יז) לבם. שמעת לפני שידברו על דרך כי אין מלה בלשוני וכל תאותם שתכין לבם והטעם לעזרם ותי״ו תקשיב אזנך שי׳ ל׳ נקבה וזה הוא הטעם כפול: (יח) לשפוט. לקח׳ משפט יתום ודך ומלת ערץ אל תערצו כמו אל תיראו ועריץ כמו נורא והנה לערוץ אנוש לירא אנוש כי מצאנו מלת יראה במ״ס כמו יראו מה׳ ובלא מ״ס כמו יראוך עם שמש או תהיה מלת מן הארץ מוככת אחורנית כמו אדם פעדה וברקת:

### מנחת שי

(טו) תדרוש רשעו. במקרא גדולה דפוס בומבירגו שע״ח כתוב תדרוש בוא״ו ובחטף קמץ כמנהג קצת ספרים באותיות הראיות בקמץ חטוף כי הוא במקף וכן מצאתיהו בקמץ חטוף במקרא כ״י וגם במסרה רבתא נמנה עם מלין דיתידין וא״ו וחטפין קמצין אבל בהגופים מצאתי שזהו לקריאת ב״נ אבל לקריאת ב״א שאנו סומכים עליו בחולם וכ״כ רד״ק בשרש דרש ועיין מ״ש בעמוס ז׳:

### מצודת דוד

עליך כי מעולם אתה עוזר ליתום אשר הלפה עזרתו: (טו) שבר. לזה שבור חוזק הרשע למען יבין כי יש אלהים שופטים: ורע. ואז אף הרגיל לעשות רע כשתדרוש רשעו לא תמצא כי יהזור למוטב כשיראה שאתה עושה דין ברשעים: (טז) ה׳ מלך וגו׳. הנוא מלכותך לעולם וככתך לו כחך עתה והלוא אבדו גוים מארצו בעבור מעשיהם הרעים לזה עשה כן גם עתה לאבד הרשעים: (יז) תאות. הנוא מעולם שמעת למלאות תאות עניים לכן גם עתה כשלבם עזן להתפלל בכוונת הלב שמע אליהם ומלא תאותם: (יח) לשפוט. לקחת משפטם מיד עושקיהם: בל יוסיף. ולא יוסיף עוד הפושק לערוץ ולהכאיב לבני אדם כאשר ירא כי שלם תשלם:

### מצודת ציון

(יח) ודך. כתוש ומעוכה: לערץ. לשבור כמו אל תערוץ (יהושע א׳):

worldly matters from their heart, for it is occupied with their poverty and their distress, and You will help them to prepare their heart with the proper devotion. Then, . . .

**may Your ear hearken**—to their prayers.—[*Redak*]

18. **To judge the orphan**—*To perform judgments for Israel, the orphans, and crushed people.*—[*Rashi*]

**that he no longer continue**—*Ishmael and Esau.*—[*Rashi*]

**to break the weak**—*To crush and break the weak and sick.*—[*Rashi*]

*Redak* explains: What was their prayer? To judge the orphan and the crushed one, i.e. to exact judgment from their oppressors. No mortal on earth shall continue to frighten them. They should fear only You.

15. Break the arm of the wicked, but as for the evil one—You
will seek his wickedness and not find [it]. 16. The Lord is King
forever and ever; nations perish from His land. 17. You shall
hear the desire of the humble, O Lord; may You prepare their
heart, may Your ear hearken. 18. To judge the orphan and the
crushed one, that he no longer continue to break

15. **Break the arm**—*of the wicked Esau.*—[*Rashi*]

**but as for the evil one—You will seek his wickedness and not find [it]**—*As for the wicked of Israel, when they see the wicked* [of the nations] *prospering, their heart inspires them to deal wickedly, but when You break the arm of the wicked, if You were to come* [then] *to seek the wickedness of the wicked of Israel, You would not find it.*—[*Rashi*]

*Redak* explains:

**Break the arm of the wicked**—Break his arm and his strength.

**but as for the evil one—You shall seek his wickedness and not find [it]**—Since he says that You do not seek, show him that You do seek his wickedness; if You do this, if You break the power of the wicked, You will not find any wicked in the land, because any remaining will hear of it and fear You. *Ibn Ezra* suggests that the word תִּדְרוֹשׁ means: *it* shall seek. The arm will seek to do evil but will be incapable. Then it will be made clear that God is King forever and ever, the proof being that nations have perished from His land.

16. **The Lord is King forever and ever**—*after the nations perish from His land.*—[*Rashi*] *Redak* explains: When You execute justice upon the oppressors, You will be King forever and ever in the sight of all, and no one will disobey Your commandments. Then the nations will perish from Your land, and the kingdom will be restored to Israel. *Mezudath David* explains: Is not Your kingdom perpetual, and just as it was then, so it is now? Did not nations perish because of their evil deeds? Repeat this now in order to destroy the wicked.

17. **You shall hear the desire of the humble, O Lord**—Although the past tense is used, the future tense is meant. You shall hear the prayers of the humble, who pray for what they desire. Another explanation is: You shall attend to the desire of the humble even before they articulate it, as the prophet Isaiah expresses it (65:24): "And it shall be, when they have not yet called, that I will respond; when they are still speaking, that I will hearken."—[*Redak*]

**may You prepare their heart**—May You remove the distractions of

אֱנוֹשׁ מִן־הָאָרֶץ׃ יא א לַמְנַצֵּחַ לְדָוִד
בַּיהוָה חָסִיתִי אֵיךְ תֹּאמְרוּ לְנַפְשִׁי נוּדוּ
הַרְכֶם צִפּוֹר׃ ב כִּי הִנֵּה הָרְשָׁעִים יִדְרְכוּן
קֶשֶׁת כּוֹנְנוּ חִצָּם עַל־יֶתֶר לִירוֹת בְּמוֹ־
אֹפֶל לְיִשְׁרֵי־לֵב׃ ג כִּי הַשָּׁתוֹת יֵהָרֵסוּן

ת"א בה' חסיתי. סנהדרין קז: כי הנה. שם נו זוהר בלק: כי השתות. שם (תענית כד): נודי קרי

**תרגום**

לְאִתְּבָרָא מִן קֳדָם
רַשִׁיעֵי אַרְעָא׃
א תּוּשְׁבַּחְתָּא לְדָוִד
בְּמֵימְרָא דַיָי סַבְרֵית
הֵכְדֵין אַתּוּן אָמְרִין
לְנַפְשִׁי אִטַּלְטְלֵי לְטוּרָא
הֵיךְ צִפְּרָא׃ ב אֲרוּם הָא
רַשִׁיעֵי נַגְדִּין קַשְׁתָּא
מְתַקְּנִין גִּירֵיהוֹן עַל נִימָא
לְמִרְמֵי בְּקִבְלָא עֲלַנֵי
תַּקִּינֵי לִבָּא׃ ג מְטוּל

**רד"ק**

עוד: לערוץ. פועל יוצא: (א) נודי. נודו כתיב ונודי קרי. הכתיב כנגד הגוף והנפש כלומר כי אמרו שונאיו עליו כי גופו ימית אותו שאול ונפשו גם כן שהיו אומרים עליו שהוא רשע תנוד על דרך יקלענה בתוך כף הקלע. והקרי הוא על נפשו כי היא המנהגת הגוף: הרכם צפור. איך תאמרו לה שתנוד מהר שלכם שבאה להמלט שם. והרכם כמו מהרכם ואמר זה כנגד המגידי' לשאול מקומו שהיה חושב להמלט באותו מקום. ופי' צפור כצפור הנודד מקן ומהר אל הר. וחסר כ"ף השימוש ואמר דוד כנגד המגלים אותו אף על פי שאני בורח בה' חסיתי שיושיעני אבל אתם איך תאמרו לנפשי שתנוד: (ב) כי הנה הרשעים ידרכון קשת. כמו שאתם מגלים עלי כן יגלו עלי אחרים שאנום עליהם כי כן דרך הרשעים לדרוך קשת ולכונן חצם על יתר הקשת: לירות במו אפל. כלומר בהסתר: לישרי לב. כמוני היום שאין בי עון. ואמר לירות ואינם יורים כי אינם מועלים במעשיהם כי בך חסיתי: (ג) השתות. הם היסודות או פי' רשתות ומצודות והוא משל על המחשבות והעצות:

**רש"י**

יא (א) איך תאמרו לנפשי נודי וגו'. זהו דוגמ' כי גרשוני היום מהסתפח בנחלת ה' (שמואל א' כ"ו) שגרשוהו מארץ להולך לארץ וכאן הוא אומר בה' חסיתי שיחזירני להסתפח בנחלתו איך תאמרו אתם עורדי לנפשי: נודי הרכם. עבור הר שלכם אתה צפור הנודד שכל אדם המיטלטל נמשל לצפור הנודדת מן קינה כדכתיב כצפור נודדת מן קינה כן איש נודד ממקומו (משלי כז) שנדד קנך שטרדוך מכל ההר כצפור הנודדת. נודו כתיב שהוא נדרש אף בישראל שהעכו"ם אומרים להם כן: (ב) כי הנה הרשעים. דואג ודילטורי הדור המטילין איבה ביני ובין שאול: ידרכון. ל' דריכה נופל בקשת שכשהוא חזק צריך ליתן רגלו עליו כשרוצה לנטותו: קשת. לשונם ידרכו קשתם שקר: כוננו חצם על יתר. הקשת (קורד"א דאר"ק בלע"ז קארדדע ארק בל"א דיא זעהנע פאס באגען): לירות. (אהנייטי"ר בלע"ז. והוא אישטע"ר בל"א צו ווערפען צו שיססען): במו אופל. במסתר: לישרי לב. דוד וכהני נוב: (ג) כי השתות יהרסון.

**מנחת שי**

יא (א) נודו. נודי קרי ויש בו דרש באגדת תילים והמלה מלעיל בשקל קומי שובי והכתיב רפיי' על הקרי ובס"ם אין בהם רביע לא בדל"ת ולא בנו"ן ובספרים כ"י שיש בהם רביע הוא

**אבן עזרא**

יא (א) למנצח. איך תאמרו. טעם איך תאמרו לנכח שונאיו הרשעים ולהם ידבר: הרכם. הר שלכם ולצפור חסר כ"ף כמו ויקרא אריה על מצפה ה' כי הוא כאריה כי השם הוא הקורא והעד היות על מצפה בשלש נקודות כי איננו סמוך כי הטעם תאמרו לנפשי נודי מעלמך אל הר שלכו כי את כצפור והנה הקשת דרוכה במו אופל: (ג) כי השתות. מגזרות כמו והיו שתותיה מדוכאים. ויש אומרים יסודות כמו והשופי שת והעד יהרסון וזה רמז לעלות שהם כמו יסודות וטעם צדיק מה פעל כי זה פעל

**מצודת ציון**

יא (ב) יתר. חבל הקשת כמו שבעה יתרים (שופטים י"ו): לירות. להשליך כמו ירה בים (שמות ט"ו): במו. כמו בתוך: אופל. חשך: (ג) השתות. היסודות כמו והיו שתותיה

**מצודת דוד**

יא (א) לנפשי. איך תאמרו על נפשי הר שלכם הוא נד כצפור ר"ל מלך ישראל שוא נד מפני שאול כצפור הזה הנודד ומשפו לפול ברשת ובן ישי סופו לפול ביד שאול ואמר איך תאמרו כן הלוא בה' חסיתי וכל יכול להצילני: (ב) כי הנה. ר"ל ואם תחשבו שעזבני ה' בעבור עון הריגת כהני נוב כי הלוא הנה הרשעים דרכו קשת וגו' והוא משל על הלה"ר שאמר דואג לשאול על כהני נוב: לירות. את הצדיקים: במו אופל. ר"ל בהסתר: לישרי לב. על כהני נוב: (ג) כי השתות. הרשעים הללו הרסו יסוד העולם הם

**to shoot**—*A jeter in French.*—[*Rashi*] It does not say "they shoot," but "to shoot." They plotted to shoot but do not, because I trust in the Lord and take refuge in Him.—[*Redak*]

3. **For the foundations were destroyed**—*Because of you the righteous priests of the Lord, who are the foundation of the world, were slain.*—[*Rashi*]

**what did the righteous man do**—*David, who did not sin, what did he do in this entire matter?* [He said to Doeg,] *You shall bear the iniquity, not I.*—[*Rashi*]

the weak from the earth.

11

1. To the conductor, of David: I took refuge in the Lord. How
do you say to my soul, "Wander from your mountain, [you]
bird"? 2. For behold the wicked tread the bow, they set their
arrow on the bowstring to shoot in the dark at the upright of
heart. 3. For the foundations were destroyed;

1. **How do you say to my soul, "Wander from your mountain, etc.**—*This is on the order of* (I Sam. 26:19): *"for they have driven me today from cleaving to the Lord's heritage," for they drove him out of the* [Holy] *Land to outside the* [Holy] *Land, and here he says, "I took refuge in the Lord* [hoping] *that He would restore me to cleave to His heritage. How do You, who drive away my soul, say to me,...*—[*Rashi*]

**'Wander from your mountain'"?** *Pass over your mountain, you wandering bird. For every wandering person is compared to a bird that wanders from its nest, as it is written* (in Prov. 27:8): *"As a bird wandering from its nest, so is a man wandering from his place." For your nest has wandered, because we have driven you from the entire mountain like a wandering bird. The masoretic spelling is* נודו [plural] *because it is also expounded on in reference to Israel, that the nations say that to them.*—[*Rashi* from *Mid. Ps.* 11:1]*

**as a bird**—which wanders from nest to nest and from mountain to mountain.—[*Redak*]*

**I took refuge in the Lord**—Although I am fleeing, I take refuge in the knowledge that the Lord will save me, but how can you tell my soul to flee?—[*Redak*]*

2. **For behold the wicked**—*Doeg and the informers of the generation who cause hatred between me and Saul.*—[*Rashi*]

**tread**—*The expression of treading is appropriate for the bow, because if it is stout, he must place his foot on it when he wishes to bend it.*—[*Rashi*]

**the bow**—*They have directed their tongue treacherously [as] their bows* (Jer. 9:2).—[*Rashi*]

**they set their arrow on the bowstring**—lit. the cord [the string], *of the bow, corde d'arche in French, a bowstring.*—[*Rashi*]

**in the dark**—*In secret.*—[*Rashi*]

**at the upright of heart**—*David and the priests of Nob.*—[*Rashi*]

[2] **For behold, the wicked tread the bow**—Just as you are informing on me, so shall the others to whom I will flee inform on me, for so is the habit of the wicked to tread the bow.—[*Redak*]

צַדִּיק מַה־פָּעָל: ד יְהוָה ׀ בְּהֵיכַל קָדְשׁוֹ
יְהוָה בַּשָּׁמַיִם כִּסְאוֹ עֵינָיו יֶחֱזוּ עַפְעַפָּיו
יִבְחֲנוּ בְּנֵי אָדָם: ה יְהוָה צַדִּיק יִבְחָן
וְרָשָׁע וְאֹהֵב חָמָס שָׂנְאָה נַפְשׁוֹ: ו יַמְטֵר
עַל־רְשָׁעִים פַּחִים אֵשׁ וְגָפְרִית וְרוּחַ
זִלְעָפוֹת מְנָת כּוֹסָם: ז כִּי־צַדִּיק יְהוָה

ת"א ה' בהיכל קדשו. עק דה בער לו: ה' צדיק יבחן זוהר תולדות: (ימטר. פסחים לז): כי צדיק ה'. זוהר בהעלתך תצא ויקרא וקדושים:

דאין אשיתא יתרעון
נכאה מטולא עבד
טובא: ד יי בהיכלא
דקודשיה אלהא בשמי
מרומא כורסיה עינוי
חמין תמורוי מבחנן
בני נשא: ה אלהא
צדיקיא בחין ורשיעיא
ורחמי חטופין סנאת
נפשיה: ו יחית מטרין
דפורענו על רשיעי
מפחין דאשתא
וכבריתא וזעפא
עלעולא יהבת כלידהון: ז מטול דצדיקא יי צדקותא רחים תקניא יחמון

## רש"י

על ידכם נהרגו כהני ה' הצדיקים שהם שתות של עולם: **צדיק מה פעל**. דוד שלא חטא מה פעל בכל זאת אתם תשאו עון ולא אני: (ד) **ה' בהיכל קדשו**. הרואה ובוחן מעשיהם ואף על פי שבשמים כסאו וגבוה עיניו יחזו אתכם בארץ: (ה) **ה' צדיק יבחן**. ואם מפני שאני לוקה ונרדף על ידכם אתם מתהללים לאמר אלהים עזבו (לקמן ע"א) לא כן הוא אך כך מדתו של הקב"ה ליסר ולהוכיח את הצדיקים ולא את הרשעים. הפשתני הזה כל זמן שיודע שפשתנו יפה הוא מקיש עליה וכשאינו יפה הוא ממעט בכתישה לפי שמתנתקת: **שנאה נפשו**. ומגיע לו את גמול עונותיו לעולם ארוך ואז ימטר עליהם בגיהנם: (ו) **פחים**. ל' פחמים: **זלעפות**. ל' שריפה מנחם פתר אותו ל' סער קטב וכן (איכה ה') מפני זלעפות רעב (לקמן קי"ט) זלעפה אחזתני כלומר יסערו סער (סא"א): (ז) **כי צדיק ה' צדקות**

## רד"ק

צדיק מה פעל. כי מחשבות הרשעים יהרסון ולא יזדמן להם מה שחשבו לעשות והצדיק יהיה לו מה שפעל כלומר יגמלהו ה' כצדקו: (ד) בהיכל קדשו. הם השמים: ה' בשמים כסאו. הוא כפל דבר כלומר אף על פי שבשמים כסאו עיניו יחזו עפעפיו יבחנו בני אדם על דרך משל ויגמול לכל אחד ואחד כפי מעשיו: (ה) ה' צדיק יבחן. יביא עליו צרות ויבחנו לעיני העולם להראות צדקו לבני אדם כי לא ימוט וינקהו מפשעיו. אבל הרשע אוהב חמס שנאה נפשו מלהוכיחו כי לא יקבל תוכחות עד בא עתו ויאבדנו מן העולם וז"ש ימטר על רשעים פחים כמו פח יקוש ואמר ימטר לפי שהגזרות באות מן השמים ויש מפרשים פחים כמו פחם לגחלים והוא משקל אחר: (ו) זלעפות. הזיי"ן בחירק והעי"ן בקמץ ענין רעדה או ענין שריפה: כוסם. חלקם וכן מנת חלקי וכוסי ונסמך מנת אל

## מנחת שי

בנו"ן: (ד) בהיכל קדשו. הבי"ת בגעיה: (ו) אש וגפרית. בס"ס בטעם ימניה וי"ם הוגה:

## אבן עזרא

אלהים אל תתרעמו על הצדיק על כן אחריו ה' בהיכל קדשו הוא השמים: (ד) עיניו יחזו. כנגד לירות כמו אפל: (ה) ה'. טעם יבחן אם בא רע על הצדיק לענותו הוא ולנסותו ולהוכיחו כדרך כי את אשר יאהב ה' יוכיח רק הרשע לעולם ישנאנו: (ו) **ימטר**. דמה הרעה הבאה על הרשעים פתאום כמו הפחים והברו רקועי פחים והם כדמות אבנים שורפים שהם יורדים עם המטר: **זלעפות**. כמו זלעפה אחזתני כמו רעדה: **כוסם**. חלקם וככה ה' מנת חלקי וכוסי והם מפעלי הכפל והעד תכוסו על השה: (ז) **כי**. אמר ר' משה פנימו תחת פניו וככה כי ישכון עלימו משכיל.

## מצודת דוד

כהני נוב צדיקי יסודי עולם: צדיק מה פעל. על עצמו אמר דוד שלוא אני צדיק בזה ומה פעלתי אני שלוא לא עשיתי מאומה: (ד) ה' בהיכל וגו'. אף שה' מגביה לשבת בהיכל קדשו אשר בשמים עכ"ז משפיל עיניו לראות בארץ לבחון מעשה בני אדם ויודע הוא בשלמי הדעת: (ה) צדיק יבחן. מה שאני נרדף משאול לא הוא בעבור העון רק כן דרך ה' לבחון את הצדיק ביסורים אם יעמוד בצדקתו להטיב אחריתו ולא מבלאתו אותו מייסרו: ורשע. אבל את הרשע ישנא עד כי הדל הוא מן היסורים: (ו) ימטר. כי סוף הדבר יקבל גמולו מבלם כי הרעה רבתות כמטר ידו עליו מן השמים וילכד בהם: מנת כוסם. המנה למלאות כוסם יהיה מזה זלעפות ר"ל פורעניות רב יביא עליהם: (ז) צדקות. היא צדקות

## מצודת ציון

מדוכאים (ישעיה י"ט): (ד) עפעפיו. כן יקרא היסוד העין: (ו) פחים. רשתות כמו מפח יקוש (לקמן צ"א): זלעפות. רעדה כמו זלעפה אחזתני (לקמן קי"ט): מנת. חלק ומתנה כמו והיה לך למנה (שמות כ"ט):

tions, and not in any manuscript.) [According to *Menachem*, רוּחַ זִלְעָפוֹת would be defined as a tempest, as in *Targum*.] A spirit of trembling.—[*Ibn Ezra*]

7. **For the Lord is righteous; He loves [workers of] righteousness**—*and has mercy on the righteous and loves those whose faces see the straight* [way], *in whose sight the straight way is proper.*—[*Rashi*] [Note that the final clause does not appear in *Nach Lublin* or most printed editions, but it is found in all manuscripts in early printed editions.]

what did the righteous man do? 4. The Lord is in His Holy
Temple. The Lord—His throne is in Heaven; His eyes see, His
pupils try the sons of men. 5. The Lord tries the righteous, but
His soul hates the wicked and the one who loves violence.
6. He shall rain upon the wicked charcoal, fire, and brimstone,
and a burning wind is the portion of their cup. 7. For the Lord
is righteous;

4. **The Lord is in His Holy Temple**—*Who sees and tests their deeds, and although His throne is in Heaven and is lofty, His eyes see you on the earth.*—[*Rashi*]

5. **The Lord tries the righteous**—*And if, because I suffer and am pursued by you, you boast, saying* (below 71:11), *"God has forsaken him," it is not so, but so is the custom of the Holy One, blessed be He, to chasten and to test the righteous but not the wicked. This flax worker—as long as he knows that his flax is of high quality, he beats it, but when it is not of high quality, he crushes it very little because it breaks.*—[*Rashi* from *Mid. Ps.* 11:4 with variations] This is on the pattern of (Prov. 3:12), "For the Lord chastens the one He loves." He brings troubles upon him and tries him before the world, to demonstrate to man his righteousness—he does not fail to keep the commandments despite trouble, and God cleanses him of his transgressions.—[*Redak*]

**but His soul hates the wicked and one who loves violence**—But He hates to reprove the wicked and the one who loves violence, for he will not accept reproof. God therefore waits for his time to arrive and annihilates him.—[*Redak*]

**His soul hates**—*He lays away the recompense for his iniquities for the "long world," and then He rains* [punishment] *upon them* [sic] *in Gehinnom.*—[*Rashi*] Although I am pursued by Saul, this is not because of my iniquity, but because it is God's way to try the righteous with torments; if he maintains his righteousness, he receives benefit in the Hereafter. God does not torment him out of hatred. The wicked, on the other hand, are hated by God although He does not torment them.—[*Mezudath David*]

6. **charcoal**—Heb. פַּחִים, *an expression of charcoal* (פֶּחָם).—[*Rashi*] *Redak* renders: snares. They are described as being rained down because the decree descends from Heaven. *Ibn Ezra* renders: burning stones. *Targum*: puffs of fire.

**burning**—Heb. זִלְעָפוֹת, *an expression of burning. Menachem* (p. 79) *interprets it as an expression of* (Isa. 28:2) *"a storm of destruction* (שַׂעַר קָטֶב)." *Likewise,* (in Lam. 5:10), *"because of the heat of* (זִלְעֲפוֹת) *hunger";* (below 119:53), *"burning* (זַלְעָפָה) *seized me." That is to say,* (as in Ezek 27:35), *"became greatly alarmed* (שָׂעֲרוּ שַׂעַר)."—[Rashi] (The quotation from *Menachem* appears only in several early printed edi-

צְדָקוֹת אָהֵב יָשָׁר יֶחֱזוּ פָנֵימוֹ:
יב א לַמְנַצֵּחַ עַל־הַשְּׁמִינִית מִזְמוֹר
לְדָוִד: ב הוֹשִׁיעָה יְהוָה כִּי־גָמַר חָסִיד
כִּי־פַסּוּ אֱמוּנִים מִבְּנֵי אָדָם: ג שָׁוְא
יְדַבְּרוּ אִישׁ אֶת־רֵעֵהוּ שְׂפַת חֲלָקוֹת
בְּלֵב וָלֵב יְדַבֵּרוּ: ד יַכְרֵת יְהוָה כָּל־

**תרגום:** יְחֱמוּן סְבַר אַפּוֹי:
א לְשַׁבָּחָא עַל כִּנָרָא
דְתַמְנְיָא נִימֵי תֻּשְׁבַּחְתָּא
לְדָוִד: ב פְּרוֹק יְיָ מְטוּל
דִּגְמִירוּ טָבַיָא אֲרוּם
סָפוּ מְהֵימְנַיָא מִן בְּנֵי
נְשָׁא: ג שִׁקְרָא מְמַלְּלִין
אֱנָשׁ עִם חַבְרֵיהּ סִפְוָתָא
שְׁעִיעָן בְּלִבְבֵהוֹן מְנַכְלִין
וּבְלִבָּא שִׁקְרָא מְמַלְּלִין:
ד יְשֵׁיצֵי יְיָ מִן עָלְמָא
כָּל

**ה"א** על השמינית. מנחות מג ערכין יג עקידה שער לג (ברכות יד): הושיעה ה'. סוטה מח: יכרת ה'. ערכין טו (פאה טו):

## רד"ק

החלק אף על פי שהם ענין אחד כמו אדמת עפר או לפי שבנת יש בו ענין הזכנה גם כן: (ז) צדקות אהב. איש צדקות: ישר יחזו פנימו. ואיש ישר יחזו פניו. פנימו כמו פניו. או פי' פנימו פניהם כמשמעו כי מ"ם וי"ו לשון רבים ופי' כי פני הצדקות יחזו האל שהוא ישר: (א) השמינית. כבר פירשתי טעם על השמינית. וזה המזמור נאמר ברוח הקדש על העתיד על דור שהיו מתגברים הרשעים על העניים: (ב) הושיעה ה' כי גמר חסיד. כלומר החסידים ואנשי האמונה גמרו ופסו ורוב בני הדור הם רשעים ויערימו סוד על העניים והחלושים. לפיכך צריך תשועת ה' להושיעם מידם: (ג) שוא ידברו. כי יאמרו בפיהם מה שאין בלבם וזהו שוא: ושפת חלקות. שם ואם יהיה תאר יהיה חסר המתואר אמרות חלקות: בלב ולב. שמראין עצמן בדבריהם לב א' לטובה ולבם לרעה: (ד) יכרת.

## רש"י

אהב. וירחם על הצדיקים ואוהב אותם בפנימו יחזו ישר: ישר יחזו פנימו. מוסב על צדיק ה' צדקות אהב ואותם אשר ישר יחזו פנימו. ורבותינו פתרו הרשעים ידרכון קשת על שבנא וסיעתו ופתרו ליושרי לב על חזקיה וסיעתו כי השתות יהרסון אם השתות נהרסו על ידם צדיקו של עולם מה פעל. ואין סדר המקראות נופל על המדרש:
**יב** (א) על השמינית. כנור של שמונה נימין: (ב) גמר. כלה: פסו. פיילירונ"ט בלע"ז (פעליערג"ט בל' אשכנז פעהלען מאנגלען והעיקר פסס מן הכפולים) כמו אפסו וכן פתר מנחם: כי פסו אמונים מבני אדם. הכל משקרים בי ומרגלים את המקומות אשר אני מתחבא שם ומגידים לשאול הלא דוד מסתתר עמנו (לקמן נ"ד): (ג) בלב ולב. בשני לבבות מראים שלום ויש שנאה

## מנחת שי

**יב** (ג) שוא ידברו. היו"ד בגעיא בס"ם:

## אבן עזרא

ויפת אמר כי הוא על דרך כאשר התעו אותי אלהים ולא דבר נכונה כי לא ימצא לשון רבים עם השם הנכבד רק ע"ש אלהים לסוד עמוק ולא מצאנו הפנים רואים רק העינים שהם בם ואין טענה מן פני ה' הלקס כי הוא כמו פני ה' בעושי רעה והנכון כי יחזו שב למלת יבחנו בני אדם ואם הוא רחוק או יחזו החוזים כמו אשר ילדה אותה ללוי ומלת ישר תאר והטעם משפט ישר כמו וישר משפטיך:
**יב** (א) למנצח. השמינית. נועם או פיוט או יתר: (ב) כי גמר חסיד. גמר פועל עומד או אם היה יוצא גמר חסיד לעשות חסד גם פסו נכרתו כמו פס ידא ואמונים תאר ואין כמהו שומר אמונים כי הוא שם: (ג) חלקות. תואר והמתואר חסר והם אמרות כמו וידבר אתם קשות: בלב ולב. כמו שיש לו שתי לבבות והלשון תלין בעד האחד: (ד) יכרת. נבואה כדרך רפאני ה' וארפא או תפלה: מדברת גדולות. כמו מאכלו בריאה:

## מצודת ציון

**יב** (ב) פסו. אפסו וכלו:

## מצודת דוד

יאהב ולא יעזבו ביד אויביו: ישר. איש ישר יראה פני ה' והוא ענין משל ממלך בו"ד שאת אשר יאהב הוא מרואי פניו:
**יב** (ב) הושיעה ה'. להנצל מיד שאול: כי גמר חסיד. כלה חסיד מן העולם ולא ימצא מי למחות ביד שאול וללמוד עלי זכות בפניו: פסו. כלו אנשי אמונה וידברו עלי כזב בפני שאול: (ג) שוא ידברו וגו'. מה שמדברים רכות המה שוא כי לא כן עם מחשבותם: בלב ולב ידברו. כאלו הלשון תדבר בשליחות לב האחד והלב השני בל עמו: (ד) יכרת ה'. מתפלל שיכרת ה' את

*me and spies out the places where I hide, and tells Saul* (54:2): *"Is not David hiding with us?"*—[*Rashi*]

3. **with a double heart**—Lit. with a heart and a heart. *With two hearts. They feign friendliness, but there is hatred hidden in their heart.*—[*Rashi*]

4. **May the Lord cut off**—David prays that God destroy all those who talk smoothly and of great things in order to deceive the people.—[*Mezudath David*] *Redak* suggests that it may be a prophecy.

He loves [workers of] righteousness, whose faces approve of the straight [way].

12

1. For the conductor on the *sheminith*, a song of David.
2. Save, O Lord, for the pious are gone, for the faithful have vanished from the sons of men. 3. One speaks to another with falseness, smooth talk; they speak with a double heart.
4. May the Lord cut off all

**whose faces approve of the straight**—*This refers to "The Lord is righteous; He loves* [workers of] *righteousness and those whose faces approve of the straight." Our Sages* [*Mid Ps.* 11:2, *Sanh.* 26a, *Lev. Rabbah* 5:5] *interpreted "the wicked tread the bow" as referring to Shebna and his company, and they interpreted "the upright of heart" as referring to Hezekiah and his company.*—[*Rashi*]

**For the foundations are destroyed**—*If the foundations are destroyed by them, what did the Righteous One of the world accomplish? The sequence of verses, though, does not fit with the Midrash.*—[*Rashi*] [*Rashi* alludes to the conspiracy of Shebna, an officer of Hezekiah, to surrender Jerusalem to Sennacherib, the Assyrian king. Shebna wrote a note saying that although he and his company wished to make peace, Hezekiah and Isaiah would not permit it. This missive was wrapped around an arrow and shot into the Assyrian camp. Hence the mention of the bow and arrow.

Some Rabbis identify "the foundations" as Hezekiah and his company, who were righteous and upon whom the world is founded. Others identify them with the Temple, which contains the אֶבֶן שְׁתִיָּה, *the foundation stone,* from which the world was created. This stone was under the Ark and is believed to be in the Dome of the Rock.]

1. **on the sheminith**—*The eight-stringed harp.*—[*Rashi*] [See above 7:1.] In this psalm, King David foresees through the holy spirit, a gift akin to prophecy, that a generation will arise in which the wicked will overpower the poor. *Pseudo-Rashi* to II Chronicles 22:10 writes that David foresaw that in the eighth generation of his dynasty, his family would be threatened with extinction, for the wicked Athalia was to slay all the royal seed. Only one escaped: the child Joash, who was hidden and later regained the throne.

2. **are gone**—Heb. גָּמַר, lit. finished, *destroyed.*—[*Rashi*]

**have vanished**—Heb. פַּסּוּ, *faylirt in Old French,* to lack, fail.—[*Rashi*]

**for the faithful have vanished from the sons of men**—*Everyone betrays*

שִׂפְתֵי חֲלָקוֹת לָשׁוֹן מְדַבֶּרֶת גְּדֹלוֹת׃
ה אֲשֶׁר אָמְרוּ לִלְשֹׁנֵנוּ נַגְבִּיר שְׂפָתֵינוּ
אִתָּנוּ מִי אָדוֹן לָנוּ׃ ו מִשֹּׁד עֲנִיִּים
מֵאַנְקַת אֶבְיוֹנִים עַתָּה אָקוּם יֹאמַר
יְהוָה אָשִׁית בְּיֵשַׁע יָפִיחַ לוֹ׃ ז אִמֲרוֹת
יְהוָה אֲמָרוֹת טְהֹרוֹת כֶּסֶף צָרוּף

כל ספון שעיען לישנא
דמללא רברבנותא:
ה מן דקפרין בעקרא
דאמרין בלישננא
נתגבר ספותנא עמנא
מן רבון דלנא:
ו מאונסא דעניי מן
צוחת חשיכי השתא
אקום אמר יי אשני
פורקן לעמי ולרשיעי
אסחיר בישותא להון:
ז מלין דיי מליא דכין
סימא סנינא בכורא על

ת״א משוד עניים. סנהדרין ז: אמרות ה׳. ר״ה כ״א עקרים מא פ״ח: (כסף צרוף. ר״ה כז):

### רש״י

טמונה בלבבם: (ה) ללשוננו נגביר. בלשונינו נתגבר: (ו) משוד עניים. מחמת שוד עניים הנשדדים על ידכם כגון אני ואנשי וכהני נוב ומחמת אנקת אביונים יאמר ה׳ עתה אקום לעזרתם: אשית בישע יפיח לו. אשית׳ בישע ידבר עליהם. יפיח ל׳ דיבור. הרבה יש בספר משלי. ובחבקוק ויפיח לקץ ולא יכזב. ומנחם פתר אותו ל׳ מוקש כמו (לקמן קכ״ד) הפח נשבר: (ז) אמרות ה׳ אמרות טהורות. הן שיש יכולת בידו לקיימ׳ אבל אמרות בני אדם אינם אמרות שהם מתי׳ ואין בידם לקיים: טהורות. ברורות ומתקיימות כל מה שמבטיח עושה שהרי הבטיחני ישועה ומלכות: כסף צרוף. הרי הן ככסף צרוף הגלוי לכל הארץ: בעליל. ל׳ גילוי הוא בל׳ משנה בין שנראה בעליל בין שלא נראה כו׳ ויש מפרשים בעליל ל׳ מעלה וכן פירושו כסף צרוף בעליל לארץ כלומר ככסף הצרוף במשובח שבעפר ובעליון שבו כי כור המצרף יעשה אדם מן העפר המשובח. ל״א בעליל כמו עלי. בתוך הריפות בעלי (משלי כ״ז) והוא שם כלי שכותשין בתוכו וכן בעליל הכור שמתיכין לתוכו הזהב והכסף וזה אינו נראה לפי שאינו קורא עלי המכתש שכותשין לתוכו אלא יד

### רד״ק

דרך נבואה או תפילה: גדולות. דברות גדולות וגבוהות: (ה) ללשוננו. בעבור לשוננו: (ו) משד עניים. שאני רואה ומאנקת אביונים שאני שומע עתה אקום יאמר ה׳ להושיעם: יאמר ה׳. הוא דרך נבואה: אשית בישע יפיח לו. אשית העניים בישע מאשר יציבו להם פחים ללכדם: (ז) אמרות ה׳. ואם תאמרו כי מה שיאמר ה׳ לא יקום לא כן כי אמרות ה׳ הם אמרות טהורות אין בהם סיג וכלם אמת והם כמו כסף צרוף וכסף שהוא מזוקק שבעתים. ופירוש בעליל לארץ. כמו בעל הארץ ופי׳ אדון הארץ והבי״ת שרש והוא כפול למ״ד הפעל בשקל סגריר כלומר האמרות האלה הם כסף צרוף מאדון הארץ. ולמ״ד לארץ כלמ״ד הרגו לאבנר או במקום ה״א הידיעה ויש מפרשים בעליל הבי״ת שמוש ופי׳ עליון ומשובח כלומר ככסף צרוף במשובח שבעפר שעושין ממנו הכור ופירוש

### אבן עזרא

(ה) ללשוננו. בעבור לשוננו כמו פן יאמרו לי: (ו) מ״ם משד. כמ״ם מהמם אחיך יעקב: עתה אקום יאמר ה׳. דרך נבואה: אשית בישע. כמו לכו לחמו בלחמי ושתו ביין מסכתי והטעם אשית ישע אשר יפיח לו ידבר כמו יפיח כזבים והוא דבק עם הפסוק הבא אחריו: (ז) אמרות. והטעם כי השם יושיע מיד אלה המגבירים בלשונם ההוגה בתורתו על כן אתה תשמרם. ומלת בעליל כפול הלמ״ד כדרך סגריר והוא מגז׳ ובעל הארץ שהוא אדוניה ויהי׳ כסף צרוף כסף

### מנחת שי

(ז) אמרות ה׳. במקצת ספרי הדפוס המ״ם בשוא לבד אך בכמה ספרים כ״י ודפוסים ישנים בחטף פתח: בעליל. סעי״ן בחט״ף

### מצודת דוד

בעל שפתי חלקות והלשון המדברת דברים חשובים ויקרים בכדי לרמות: (ה) ללשוננו. בלשוננו המדברת גדולות נגביל על כולם כי נוכל לרמותם: שפתינו אתנו. הלא שפתינו ברשותנו ונוכל לדבר בהם דברי שקר הפוך מה שבלב כי מי אדון לנו לצוות לבל נדבר כ״א הדבר שבלב כי מי יודע מה שבלב: (ו) משד. מחמת השוד שעושים לעניים על ידי ערמותם: מאנקת. הצועקים על השוד: אקום. להפרע מהם: אשית בישע יפיח לו. כאלו אמר אשית ישע שיפיח לו ר״ל אושיע את הבא לאבד את הרשע בהפחת רוח בעלמא: (ז) אמרות ה׳. הלא אמרות ה׳ המה טהורות ככסף הנצרף במקום מגולה במעבה האדמה פעמים רבות שאז היא טהורה מבלי סיג וכן אמרי ה׳ לא יפול מהם מאומה כי כן יהיה

### מצודת ציון

(ד) גדלות. חשובות ויקרות כמו אשה גדולה (מ״ב ד׳): (ו) משד. ענין עושק: מאנקת. ענין צעקה כמו אנקת אסיר (לקמן ע״ט):

*tion:* בַּעֲלִיל *is an expression of the master of a hand, i.e. the master of the earth, and the praise of the word applies to God. Targum Jonathan, too, renders it an an expression of lordship. He says that His sayings are like silver, refined by the Lord of the earth, Who is God, for He refined and clarified them.*—[*Rashi*] [Note that only the first explanation appears in manuscripts and early editions. The quotation of Targum Jonathan is evidence that this is not *Rashi's* work, because *Rashi* never quotes

smooth lips, the tongue that speaks great things. 5. Who said,
"With our tongue we will overpower; our lips are with us. Who
is lord over us?" 6. Because of the plunder of the poor, because
of the cry of the needy, Now I will rise, the Lord shall say; I will
grant them salvation, He shall speak concerning them. 7. The
sayings of the Lord are pure sayings, like silver refined,

5. **With our tongue we will overpower**—*With our tongue we will gain strength.*—[*Rashi*]

6. **Because of the plunder of the poor**—*Because of the plunder of the poor who are robbed by you—for example, I myself and my men and the priests of Nob—and because of the cry of the needy, the Lord shall say, "Now I will rise to their help."*—[*Rashi*]

**the Lord shall say**—This is prophetic.—[*Redak*] See on verse 4.

**I will grant them salvation, He shall speak**—*I will grant them salvation, He will speak concerning them.* יָפִיחַ *is an expression of speech. There are many* [examples] *in the Book of Proverbs, and in Habakkuk* (2:3): *"and He shall speak* (יָפֵחַ) *of the end, and it shall not fail." However, Menachem* (p. 141), *interpreted it as an expression of a snare, as* (below 124:7) *"the snare* (הַפַּח) *broke."*—[*Rashi*] [Thus, we render: He shall trap them.]

7. **The sayings of the Lord are pure sayings**—*for He has the ability to fulfill them, but the sayings of the sons of men are not sayings when they die and are unable to fulfill* [them].—[*Rashi*]

**pure**—*Clear and permanent. Whatever He promises He does, for He promised me salvation and the throne.*—[*Rashi*]

**silver refined**—*They are like refined silver that is exposed to the entire land.*—[*Rashi*]

**exposed**—Heb. בַּעֲלִיל, *an expression of revealing; in the language of the Mishna (Rosh Hashanah* 21b, see Gemara): *"whether it was plainly* (בַּעֲלִיל) *visible or whether it was not plainly* (בַּעֲלִיל) *visible, etc." Others explain* בַּעֲלִיל *as an expression of elevation, and this is its explanation. silver refined with the best earth. That is to say, like silver that is refined with the best earth and its upper layer, because a person makes a crucible to refine the silver from the best earth. Another explanation:* בַּעֲלִיל *is like* בַּעֲלִי, *with a mortar* (as in Prov. 27:22): *"among grain with a pestle," which is the name of a utensil in which* [grain] *is crushed. Similarly,* בַּעֲלִיל *is the crucible in which gold and silver are smelted. However, this does not seem correct because he does not call* עֱלִי *the mortar in which* [the grain] *is crushed, but handle of the pestle with which they crush. This is called pilon in French, pestle. Another explana-*

בַּעֲלִיל לָאָרֶץ מְזֻקָּק שִׁבְעָתָיִם: ח אַתָּה־
יְהוָה תִּשְׁמְרֵם תִּצְּרֶנּוּ | מִן־הַדּוֹר זוּ
לְעוֹלָם: ט סָבִיב רְשָׁעִים יִתְהַלָּכוּן כֻּרֻם
זֻלּוּת לִבְנֵי אָדָם: יג א לַמְנַצֵּחַ מִזְמוֹר
לְדָוִד: ב עַד־אָנָה יְהוָה תִּשְׁכָּחֵנִי נֶצַח
עד

**תרגום**

אַרְעָא וְזָקִיק שִׁבְעָתַי
זִמְנִין: ח אַנְתְּ יְיָ
תִּנְטְרִנּוּן לְצַדִּיקַיָּא
תִּנְצְרִנּוּן מִן דָּרָא בִּישָׁא
הָדֵין לְעָלְמִין: ט חֲזוֹר
חֲזוֹר רַשִׁיעַיָּא מְהַלְכִין
כַּעֲלוּקָא דְמָצְצָא דְמֵיהוֹן
דִּבְנֵי נָשָׁא: א לְשַׁבָּחָא
תּוּשְׁבַּחְתָּא לְדָוִד: ב עַד
אָן יְיָ תַּשְׁלִינַנִי לְעָלְמִין
עד

ת״א סביב רשעים. ברכות ו:

## רד״ק

שבעתים פעמים רבות כפולות כי מספר שבע ושבעה יבא בענין מספר רב: (ח) אתה ה' תשמרם. תשמור העניים. ואמר תצרנו ל' יחיד על כל עני ועני: מן הדור זו. מזה הדור שהם רשעים תשמרם לעולם בכל דור ודור: (ט) סביב רשעים. הרשעים יתהלכון סביב לצדיקים להרע להם לפיכך צריך שתשמרם מהם: כרום זולת לבני אדם. כשיתרוממו הרשעים הוא זולת ושפלות לבני אדם. וזולת הפך הכבוד והוא שם. והזי״ן בקבוץ שפתים: (ב) עד אנה ה'. זה המזמור אמר דוד בעת שהיה בצרה מאויביו או נאמר על ל' הגלות והוא הנכון. עד אנה. כמו עד מתי: תשכחני. לפי שתניחני בגלות זה כמה שנים יאמרו כי שכחתני או יודע אתה בעניי ותסתיר פניך ממני שלא לפנות אלי. ובדרש ד' פעמים. עד אנה כנגד ד'

## רש״י

המכתש שכותשין בו שקורין (פילנא״ן בלע״ז) ל״א בעליל ל' בעל יד כלומר אדון הארץ ושבח המלה כנגד השם וגם ת״י הוא ל' אדנות ואמר כי אמרותיו כסף צרוף מהאדון הארץ שהוא השם שהוא צרף וזקק אות' (סא״א): (ח) תשמרם. לאותם עניים ואביונים הנרדפים מן הדור זו שהם דילטורין. מזוקק שבעתים. מדרש אגדה יש ומיושב על הסדר ר' יהושע דסיכנין בשם ר' לוי תינוקות שהיו בימי דוד עד שלא טעמו טעם חטא היו יודעים לדרוש את התורה בארבעי' ותשע פנים לכל צד וזהו שבעתים והיה דוד מתפלל עליהם רבונו של עולם ראה כמה תורתך ואמרתך ברורה ומזוקקת שבעתי' בלבם אתה ה' תשמרם שמור אותם בלב' תצרנו מן הדור הזה שלא ילמדו דרכיה להיות דילטורין מן הדור הזה שהן דילטורין: (ט) סביב רשעים יתהלכון. לטמון מוקשים להכשילני: כרום זלות לבני אדם. מקנאתם שעינם רעה בגדולתי שנלקחתי מאחרי הצאן למלך וזהו פתרון כרום זולות לבני אדם שמתרוממם איש הזולל בעיני בני אדם וזהו דוגמת האמור במקו' אחר (לקמן קי״ח) אבן מאסו הבוני'. ומדרש אגדה פותרו על ישראל לעתיד לבא כשיתרוממו ומנחם פתר כרו' זולות לבני אדם כראם הזולל לאכול בני אדם ויהיה כרום כמו ריס וראם וזולות כמו זולל וסובא (דברים כ״א) וכן פתרונו סביב רשעים יתהלכון סביבות הטעי הולכים רשעים לבלעו חנם כרום זלות לבני אדם: יג (ב) עד אנה. ארבע פעמים כנגד ארבע מלכיות

## מנחת שי

פתח: (ט) סביב רשעים יתהלכון. ויקרא רבה ריש פ' ל״ב ר' יהודה אומר סביב לרשעים הצדיקים מהלכים וכו' ולפי זה היה צריך להיות פסוק הטעם במלת רשעים ולכן אמר לו רבי נחמיה עד מתי אתה עוקף (פי' מעקם ומעוות ובמדרש תילים גרים עוקם) עלינו את המקרא אלא סביב לצדיקים הרשעים מהלכים וכו': כרם זלות. מלת כרם חסר וא״ו והאמת במדרש רבתי ושוחר טוב דרשי ליה לשון רוממות כמו הקרי ולשון כרם כמו הכתיב זיל קרי הכא: יג (ב) עד אנה | הסתיר. בגרמי' וכן עד אנה, ירום:

## אבן עזרא

אדוני הארץ: **שבעתים**. פעמים רבות: (ח) **אתה**. יתכן להיות מ״ם תשמרם על אמרות השם ותצרנו המפיק בהם וזו כמו אלה ופי' כי בני דורו רעים ע״כ אחריו סביב והטעם שהם משוטטי' בכל מקום להרע ופי' זולות קנין כמו יקר מזולל כי הייתי זוללה כל מכבדיה הזילוה והוא הסר הראוי כרום אנשי זולות כדרך וגבורתך במלחמה אל תהי מרי ואני תפלה ויש אומרים מן זולל וסובא והראשון נכון: יג (א) **למנצח**. (ב) **עד אנה**. הטעם אם לא יהיה נושע מאויביו ידמה לעיני בני אדם כי אלהיו שכחו או

## מצודת ציון

(ז) בעליל. במקום מגולה ומבנה כין שנראה בעליל (ר״ה כ״א): לארץ. כמו בארץ: (ט) כרום. כמו כראם והוא מין חיה: זלות. מל' זולת. ומל' זולל ורעבתן: יג (ב) עד אנה. עד מתי: נצח. לעולם:

## מצודת דוד

שיתן כח ביד המאבד את הרשע: (ח) תשמרם. את האביונים: תצרנו. תשמור כל אחד לעולם מידי אנשי הדור ההוא: (ט) סביב. כי הרשעים הולכים סביבות האביון ללכדו כמו הראם הזולל אשר סובב הולך לטרוף בני אדם ולזה אין במירה לאביון כ״א על ידיך: יג (ב) עד אנה. עד מתי אהיה נד ומטולטל וכי תשכחני נצח:

*wicked walk to swallow him for naught, as a wild ox to swallow the sons of men.*—[*Rashi*]

1. **How long**—*Four times, corresponding to the four kingdoms* [Babylon, Persia, Greece, and Edom] *and it is stated concerning all Israel.*—[*Rashi* from *Mid. Ps.* 13:1] Since You have left me in the hands of my enemies all these years, the nations will say that You have forgotten me.—[*Redak*]

**How long will You hide Your face, etc.**—Or they will say that You know of my affliction but hide Your face, not wishing to turn to me.—[*Redak*]

exposed to the earth, clarified sevenfold. 8. You, O Lord, shall
guard them; You shall guard him from this generation forever.
9. Wicked men walk on all sides when the [one who appears]
basest to the sons of men is elevated.

## 13

1. To the conductor, a song of David. 2. How long, O Lord?
Will You forget me forever?

*Targum* in the Holy Writings. Moreover, the *Targum* of the Holy Writings was written anonymously after *Jonathan's* time (Meg.3a). Note also that the *Targum* in our editions does not coincide with the *Targum* quoted by *"Rashi"*.]

[7] **clarified sevenfold**—*There is a Midrash Aggadah which follows the sequence: Rabbi Joshua of Sichnin said in the name of Rabbi Levi: The children of David's time, before they tasted the taste of sin, knew how to expound on the Torah in forty-nine ways on each side.* [Buber ed. of *Pesikta* reads: *forty-nine reasons to render something ritually pure and forty-nine reasons to render it ritually impure.*] *That is the meaning of "sevenfold."* [I.e. seven times seven.] *David was praying for them, "O Lord of the World, see how clear and refined Your Torah and Your sayings are in their heart. You, O Lord, shall guard them." I.e. preserve them in their hearts. "You shall guard him from this generation," that they should not learn its ways—to be informers—from this generation, who are informers.*—[*Rashi* from *Pesikta d'Rav Kahana* p. 31b]

8. **shall guard them**—*Those poor and needy people being pursued by this generation, who are informers.*—[*Rashi*]

9. **Wicked men walk on all sides**—*to hide traps to cause me to stumble.*—[*Rashi*]

**when the basest to the sons of men is elevated**—Heb. כְּרֻם זֻלּוּת לִבְנֵי אָדָם. [They walk on all sides] *because of their envy, for they are jealous of my greatness, that I was taken from behind the sheep to be a king. This is the interpretation of* כְּרֻם זֻלּוּת לִבְנֵי אָדָם: *when a man considered by the sons of men to be base is elevated. This is on the order of the passage elsewhere* (below 118:22): *"The stone that the builders rejected became a cornerstone." The Midrash Aggadah interprets it concerning Israel in the future, when they will be elevated.*—[Unknown Midrashic source] [Cf. *Rashi* to Micah 5:1; *Pesachim* 119a, *Rashi* ad loc.] *Menachem interprets* כְּרֻם זֻלּוּת לִבְנֵי אָדָם (pp. 78, 164): *like a gluttonous wild ox to devour the sons of men. Accordingly,* כְּרֻם *is rendered: like a* רֵים *or* רְאֵם, *and* זֻלּוּת *is like* (Deut. 21:20) זוֹלֵל וְסֹבֵא, *"a glutton and a drunkard." The following is its interpretation: The wicked walk on all sides around the poor man; the*

עַד־אָנָה ׀ תַּסְתִּיר אֶת־פָּנֶיךָ מִמֶּנִּי׃
ג עַד־אָנָה אָשִׁית עֵצוֹת בְּנַפְשִׁי יָגוֹן
בִּלְבָבִי יוֹמָם עַד־אָנָה ׀ יָרוּם אֹיְבִי עָלָי׃
ד הַבִּיטָה עֲנֵנִי יְהוָה אֱלֹהָי הָאִירָה עֵינַי
פֶּן־אִישַׁן הַמָּוֶת׃ ה פֶּן־יֹאמַר אֹיְבִי
יְכָלְתִּיו צָרַי יָגִילוּ כִּי אֶמּוֹט׃ ו וַאֲנִי ׀
בְּחַסְדְּךָ בָטַחְתִּי יָגֵל לִבִּי בִּישׁוּעָתֶךָ
אָשִׁירָה לַיהוָה כִּי גָמַל עָלָי׃ יד א לַמְנַצֵּחַ
לְדָוִד אָמַר נָבָל בְּלִבּוֹ אֵין אֱלֹהִים

השחיתו

ת״א אמר נבל. ברכות יב יבמות סג:

עַד אָן תִּטְמוֹר זִיו אַפָּךְ
מִנִּי׃ ג עַד אָן אֲשַׁוֵּי
מִלְכָּא בְּנַפְשִׁי דְוָנָא
בְּלִבְבִי יְמָם עַד אָן
יִתְרָם בְּעֵל דְבָבִי עֲלָי׃
ד אִתְהַכֵּל וְקַבֵּל צְלוֹתִי
יְיָ אֱלָהִי אַנְהִיר עֵינַי
בְּאוֹרַיְתָךְ. לְמָא אֱחוֹב
וְאֶדְנוֹךְ עִם חַיָּבֵי מוֹתָא׃
ה דִלְמָא יֵימַר יִצְרָא
בִישָׁא אִשְׁלַטְתֵּיהּ מְעִיקַי
יְרַנְנוּן מְטוּל אֶסְטֵי
מֵאָרְחָתָךְ׃ ו וַאֲנָא
בְּטוּבָךְ אִתְרְחָצִית יְרַנֵּן
לִבִּי בְּפוּרְקָנָךְ אֲשַׁבַּח
קֳדָם יְיָ מְטוּל דִפְרִיעַ
עֲלַי טַבְתָא׃ א לְשַׁבָּחָא
בְּרוּחַ נְבוּאָה עַל דָוִד
אֲמַר שַׁטְיָא בְּלִבְבֵיהּ

## רש״י

ובשביל כל ישראל נאמר: (ד) פן אישן המות. שהמיתה נקראת שינה. וישנו שינת עולם (ירמיה נא): יד (א) אמר נבל בלבו וגו׳. שני מזמורים אמר דוד בספר זה בענין א׳ הראשון על נבוכדנאצר והשני (לקמן נג) על טיטוס. זה נתנבא על נבוכדנאצר שעתיד

## רד״ק

גליות: (ג) עד אנה אשית. עד אנה אצטרך להשית עצות בנפשי איך אמלט מהצרה שאני בה: יגון בלבבי יומם. אפילו היום שאדם מתעסק בצרכי העולם ושוכח יגונו אני לא כן כי רבות אנחותי: ירום אויבי עלי. שהוא ימשל בי: (ד) הביטה. כנגד מה שאמר הסתיר את פניך מבני אמר הביטה ענני ה׳ אלהי אתה ה׳ והיכולת בידך להושיע: האירה עיני. כי אני בחשיכה בתרדמת הגלות והצרות וקודם שאישן שינת המות ענני והאירה עיני: (ה) יכלתיו. יכלתי לו ולא יקום מתחתו עוד: (ו) ואני בחסדך בטחתי. הם חושבים כי אין לי מושיע ואני בחסדך בטחתי שתושיעני אע״פ שאינני ראוי לכך תעשה למען חסדך: יגל לבי. כנגד צרי שיגילו כי אמוט ובשתושיעני יגל לבי: אשירה לה׳ כי גמל עלי. ולא ישנתי שינת המות: (א) למנצח. זה המזמור גם כן הוא על לשון הגלות ונבל הוא

## אבן עזרא

לא ידע אשר קרהו: (ג) עד אנה. אחשוב ואשית עצות בנפשי כל עת בעבור היגון שהוא בלבבי יומם בעבור שירום אויבי עלי: (ד) הביטה. כנגד תסתיר את פניך: פן אישן. שינת המות כי השמות בכח הפעלי׳: (ה) פן יאמר. יכלתיו. יכול פועל עומד ע״כ כמו יכלתי לו כמו ויזעקו ואליך או לך: (ו) ואני. ואין לי חסד שאבטח בו כי אם בחסדך ולמען זה הבטחון יגל לבי:
יד (א) למנצח. אמר נבל. הפך חכם בעבור שידמה שאין אלהים בעבור זה השחיתו דרכם והתעיבו

## מנחת שי

(ו) יגל לבי. במקצת ספרים יגל בטעם אחד לבד בגעי״ל:

## מצודת דוד

(ג) אשית עצות. אשית עלות איך להמלט מן היגון אשר בלבבי כל היום: (ד) הביטה. ראה בעניי ועננו: האירה עיני. להתהכם בעלה מועלת להנצל מן האויב כי פן אהיה נלכד בידו ואישן שינה המות ויאבד נפשי: (ה) פן יאמר. אם לא תמצני תעשה עשה פן יאמר האויב יכלתיו ולמה ידי ולבי ישמחו כאשר אהיה נוטה ליפול לארץ: (ו) ואני. מעולם כאשר בטחתי בחסדך היה לבי שמח בהישועה הבאה ממך: אשירה. גם עתה אשירה לה׳ כאשר יגמול עלי חסדו: יד (א) אמר נבל. נבוכדנאצר המחריב את בית המקדש אמר

## מצודת ציון

(ה) יכלתיו. מלשון יכולת וכח: יד (א) נבל. אדם פחות ושפל:

*enter the Temple and to destroy it, with not one [man] of all his armies protesting against him.*—[*Rashi*]

**"There is no God"**—*and "I will ascend above the heights of the clouds."*—[*Rashi* from Isa. 14:14] He thought that there was no God and no Judge in the world to try him for his deeds.—[*Redak*]

How long will You hide Your face from me? 3. How long will I
take counsel in my soul, having sorrow in my heart by day; how
long will my enemy have the upper hand over me? 4. Look and
answer me, O Lord my God; enlighten my eyes lest I sleep the
sleep of death. 5. Lest my enemy say, "I have overwhelmed
him"; my adversaries will rejoice when I totter. 6. But I trusted
in Your loving-kindness, my heart will rejoice in Your salva-
tion; I will sing to the Lord for He has bestowed [it] upon me.

14

1. For the conductor, of David: The fool said in his heart,
"There is no God";

3. **How long will I take counsel, etc.**—For how long must I look for ways to extricate myself from my distressful situation?—[*Redak*]

**having sorrow in my heart by day**—Even by day, when a person is busy and forgets his sorrow, I nevertheless have sorrow in my heart because of my many sighs.—[*Redak*]

**have the upper hand, etc.**—for he rules over me.—[*Redak*]

4. **Look**—Instead of hiding Your face, look and answer me, for You are the Lord and have the power to save me, and You are my God Who judges my cause against my enemies.—[*Redak*]

**enlighten my eyes**—for I am in darkness, in the deep sleep of the exile and the troubles. Before I sleep the sleep of death, answer me and enlighten my eyes.—[*Redak*]

**lest I sleep the sleep of death**—*For death is called sleep,* (as in Jer. 51:39): *"and sleep a perpetual sleep."*—[*Rashi*]

6. **But I trusted in Your loving-kindness**—They think that I have no Savior, but I trusted that in Your loving-kindness You would save me.—[*Redak*]

**my heart will rejoice in Your salvation**—Instead of my enemies rejoicing when I totter, my heart will rejoice when You save me, and they will mourn.—[*Redak*]

1. **The fool said in his heart, etc.**—*David recited two psalms in this Book, in one manner* [with almost identical wording]: *the first one concerning Nebuchadnezzar and the second one* (ch. 53) *concerning Titus. In this one, he prophesied concerning Nebuchadnezzar, who was destined to*

הִשְׁחִיתוּ הִתְעִיבוּ עֲלִילָה אֵין עֹשֵׂה־
טוֹב׃ ב יְהוָה מִשָּׁמַיִם הִשְׁקִיף עַל־בְּנֵי־
אָדָם לִרְאוֹת הֲיֵשׁ מַשְׂכִּיל דֹּרֵשׁ אֶת־
אֱלֹהִים׃ ג הַכֹּל סָר יַחְדָּו נֶאֱלָחוּ אֵין
עֹשֵׂה־טוֹב אֵין גַּם־אֶחָד׃ ד הֲלֹא יָדְעוּ
כָּל־פֹּעֲלֵי אָוֶן אֹכְלֵי עַמִּי אָכְלוּ לֶחֶם

**תרגום**

לֵית שׁוּלְטָנָא דֶאֱלָהָא
בְּאַרְעָא חֲבִילוּ עוֹבָדֵיהוֹן
דַחֲקוּ טָבְתָא וְאֶשְׁכָּחוּ
עֲלָא לֵית דַעֲבַד טָב׃
ב יְיָ מִשְׁמַיָא אוֹדִיק עַל
בְּנֵי נָשָׁא לְמֶחֱמֵי אִין
אִית מַשְׂכִּיל תָּבַע
אוּלְפָן מִן קֳדָם יְיָ׃
ג כּוּלְהוֹן זָדוּ לַאֲחוֹרָא
כַּחֲדָא אִתְרַשְׁלוּ לֵית
דַעֲבַד טָב אֲפִילוּ לֵית
חַד׃ ד הֲלָא יָדְעוּ כָּל
עַבְדֵי שְׁקַר סָעֲדֵי עַמִּי

**ת"א** אוכלי עמי. סנהדרין קד:

## רד"ק

מלך בבל שישראל בידם וחושב בלבו בהריעו לישראל כי אין אלהים ואין שופט ודיין בעולם לשלם לאיש כמעשהו: השחיתו. הוא ועמו. התעיבו עלילה. עשו מעשה תועבה: אין עושה טוב. אין בהם אחד שיעשה טוב אלא כלם השחיתו: (ב) ה'. אף על פי שהוא גבוה עליהם הוא משקיף ומשגיח אם יש בהם משכיל אחד שידרוש אלהים ויחשוב כי יש אלהים שופטים והנה הכל סר: (ג) סר. מדרך הטוב ויש מפרשים כמו סג כמו שאמר בספר השני הכל סג והוא כן נסוגו אחור והענין אחד והגיט"ל רי"ש בא"ת ב"ש. ויש מפרשים כדמתרגמינן ויבאש וסרי כן אמר יחדו נאלחו שעניינו נתעבו ונבאשו: אין גם אחד אפי' אחד: (ד) הלא. על דרך תימה איך אין להם דיעה ובינה כשאומרים כי אין רואה כל אלה שהם פועלי און ומריעים לישראל ואוכלים עמו כמו שיאכלו הלחם ולא קראו ה' כלומר לא עלה בלבם כי ה' רואה אותם לפיכך לא קראו אותו. וי"מ לפי שהם אכלי עמי ועדיין אכלו לחם כלומר כי לא מתו ולא נענשו חשבו כי לית דין ולית דיין לפיכך ה' לא קראו ויש מפרשים לא קראו שעומדים ברשעם ואינם חוזרים בתשובה:

## רש"י

ליכנס להיכל ולהחריבו ואין אחד מכל חיילותיו מוחה בידו: אין אלהים. אעלה על במתי עב (ישעיה י"ד): השחיתו התעיבו עלילה. מעללים: (ג) הכל סר וגו'. אין איש בחיילותיו מוחה בידו: נאלחו. נהפכו לקלקול: (ד) הלא ידעו. הלא סופם ידעו מה שעלתה בהם: אוכלי עמי. זרעו של נבוכדנאצר: אכלו לחם. עשו משתה (דניאל ה') בלשאצר מלכא עבד לחם רב: ה' לא קראו. לא חשבוהו ולא זכרו נפלאותיו ונוראותיו במשתיה':

## מנחת שי

יד (א) השחיתו התעיבו. ההסי"ן בגעיא: (ב) ה' משמים. בגעיא בס"ם: על בני אדם. כ"כ: (ג) אין עשה טוב. כן הוא בס"ם בליר"י ומקף ולכן הברו שבסמוך ועיין בסימן כ"ג: (ד) הלא ידעו. חסר וה"ו כי לא נמנה עם ט' מלאים בכתובים:

## אבן עזרא

מעלליהם כמו ובעלילותיך אשיחה אין עושה טובה: (ב) ה'. השקיף. בעבור היות כבודו במקום עליון והוא השמים וזה דרך משל כי הוא יודע הכל ודרך כל: (ג) הכל סר. מהדרך הישר: יחדו נאלחו. כמו נשחתו: אין גם אחד. אפילו אחד כמו גם בשחוק יכאב לב גם לרעהו ישנא רש ואלה הרשעים שהם השונאים את ישראל והעד אכלי עמי: (ד) הלא ידעו. יתמה כלומר הלא ידעו אלה פעלי און בעוד שאכלו עמי כאילו אכלו לחם ולא אמרו כי השם נתן להם כח על דרך ידינו רמה וזה נוא ה' לא קראו:

## מצודת ציון

עלילה. פעולה: (ב) השקיף. ענין הבטה: (ג) נאלחו. נבאשו כמו נתעב ונאלח (איוב ט"ו): גם. הוא כענין אפילו:

## מצודת דוד

בלבו אין אלהים הכל לפי המקרה: השחיתו. הוא ועמו ואמר הכל בלשון עבר כי במראה הנבואה רואה כאילו כבר עשויה: התעיבו עלילה. עשו מעשים תעובים ואין בהם מי שיעשה טוב: (ב) השקיף. לראות במעשה העם ההוא: היש משכיל. למחות בדבר: דרש. להיות דורש וחוקר: את אלהים. ר"ל לדעת שיש אלהים שופטי': (ג) הכל סר. כולם סרו מדרך הטובה: יחדו. כולם יחד קלקלו מעשיהם: (ד) הלא. ר"ל איך יאמרו אין אלהים הלא יש לדעת

they have dealt corruptly; they have committed abominable
deeds; no one does good. 2. The Lord in Heaven looked down
upon the sons of men to see whether there is a man of under-
standing, who seeks the Lord. 3. All have turned away;
together they have spoiled; no one does good, not even one.
4. Did not all the workers of iniquity know? Those who
devoured My people partook of a feast;

**they have committed abominable deeds**—Heb. עֲלִילָה, *deeds.*—[*Rashi*] [The word עֲלִילָה is in this case related to מַעֲלָלִים, deeds; its usual meaning is, false charges.]

2. **The Lord in Heaven looked down**—Although He is high over them and hidden from their view, He looks down upon them and sees whether there is a man of understanding etc.—[*Redak*]

3. **All have turned away, etc.**—*Not one man of his armies protested against him.*—[*Rashi*] All have turned away from the good path. The word סָר may also be related to סָג (below 53:4) drew backwards, or to סְרִי, the Aramaic for "become putrid."—[*Redak*]

**they have spoiled**—Heb. נֶאֱלָחוּ, *have turned to rot.*—[*Rashi*]

4. **Did not . . . know?**—*Did they not know at the end what had befallen them?*—[*Rashi*]

**Those who devoured My people**—*The seed of Nebuchadnezzar.*—[*Rashi*]

**partook of a feast**—Heb. לֶחֶם, lit. bread. *They made a feast* (as in Dan. 5:1) *"made a huge feast* (לְחֶם). "—[*Rashi*]

**they did not call upon the Lord**—*They neither considered Him nor remembered His wondrous and awesome deeds at their feast, and* [they] *used His vessels.*—[*Rashi*]

*Redak* explains the verse:

**Did not all the workers of iniquity know?**—How foolish they are that they did not know! They have neither knowledge nor understanding when they say that God does not know of their deeds, the deeds of those who work iniquity and harm Israel.

**Those who devoured my people ate bread**—They devour my people as one eats bread.

יהוה לא קראו: ה שם פחדו פחד כי־
אלהים בדור צדיק: ו עצת־עני תבישו
כי יהוה מחסהו: ז מי יתן מציון ישועת
ישראל בשוב יהוה שבות עמו יגל
יעקב ישמח ישראל: טו א מזמור לדוד
יהוה מי־יגור באהלך מי־ישכן בהר

סעדו לחמא שמא דיי
לא בריכו: ה תמן דחלו
דחלא מטול דמימרא
דיי בדרא דצדיקי:
ו מלכה עניא תבהתון
מטול דשוי ביי סבריה:
ז מן יחיש מציון
פורקנא דישראל כד
יתיב יי גלות עמיה
ירנן יעקב יחדי ישראל:
א תושבחתא לדוד יי
מן חמי למדר במשכנך

ת"א עלת עני. עקרים מ"ד פ' ס"ו ס' זוהר אמור: מי יגור. מכות כד עקרים מ"ב פ"ל:

## רש"י

ונשתמשו בכליו: (ה) שם פחדו פחד. שנשתלם גמולו לבלשאצר מלך בבל לפחוד פחד כמו שנ' (דניאל שם) באדין מלכא זיוהי שנוהי ורעיונוהי יבהלוניה וקטרי חרציה משתריין וארכובתיה דא לדא נקשן. ורבותינו פירשו על העובדי כוכבים ומזלות כל שאינו גוזל את ישראל אינו טועם טעם ערב במאכלו. אוכלי עמי. נדמה להם כאוכל להם שטעמו טעם מאכל ערב: כי אלהים בדור צדיק. בדורו של יכניה שהיו צדיקי': (ו) עצת עני תבישו. אתם אומרי' שעצתם של ישראל בושה על שהם בוטחים בה' כי ה' מחסהו: (ז) מי יתן. אז יקרב היום שיתן מציון ישועת ישראל לעתיד ואז יגל יעקב ישמח ישראל

## רד"ק

(ה) פחדו. כמו יפחדו. אמר כי שם במקום גדולתם וגאותם יפחדו עוד פחד וידעו: כי אלהים בדור צדיק. עמהם יהיה ובעזרתם: (ו) עצת. ועתה עצת עני תבישו: כי ה' מחסהו. לפי שיש ה' מחסהו וזה עצתו שלהמלט מידכם אין לו מחסה אחר ואתם מביישים עצתו לפי שאין אתם רואים העונש במהרה ואומרים לעניים איה אלהיכם יקומו ויעזרכם: (ז) מציון. לפי שציון ראש ממלכות ישראל ושם שוכן הכבוד אמר כי מציון תבא ישועת ישראל ואמר מי יתן שיהיה בקרוב או מי יתן שנזכה ונראה הישועה בשוב ה' שבות עמו ואז יגל יעקב וישמח ישראל ופי' בשוב פעל יוצא כמו בהשיב או פירושו בהניח. מן בשובה ונחת תושעון: (א) באהליך. בהר קדשך. באהליך. הוא השמים

## אבן עזרא

(ה) שם. במקום שאכלו שם עמי פחדו בצרה שבאה עליהם עד שידעו כי השם בעזרת דור צדיק כמו לעזרת ה' בגבורים: (ו) עצת עני. הוא ישראל וכל עצתי היא כי ה' מחסהו: (ז) מי. טעם מציון כמו מטה עוזך ישלח ה' מציון ומציון יסעדך בעבור היות הכבוד עם הארון בימי דוד ויתכן שגשבו הגבים מישראל או היא לעתיד ויהיה הטעם מציון ישוב הכבוד ומי יתן כדרך מי יתן כל עם ה' נביאים: טו (א) מזמור. ה' מי יגור באהלך ביתך וכמוהו

## מנחת שי

כל פעלי. כ"כ: (ה) שם פחדו פחד. מלא פחד הס"א רפה. טו (א) מי ישכן. כל האומר ומי ישכן בוא"ו אינו אלא טועה:

## מצודת דוד

לפועלי האון שמה שאכלו את עמי כמו שאוכל את הלחם הוא בעבור אשר עמי לא קראו לה': (ה) שם. שהרי שם בירושלים עצמה בעת בוא עליה סנחריב הלוא פחדו שם פחד כי נפלו פגרים מתים ואמז"ל שנבוכדנאצר עצמו היה עמהם והיה מאותם שנשתיירו: כי אלהים. הפחד ההוא היה על כי ה' היה בהדור ההוא שהיה דור צדיק אבל בימי נבוכדנאצר היו רשעים ולזה לא עזרם ה' אבל אין דבר נופל במקרה: (ו) עצת עני. אתם מביישים עצת עם עני שאומר בעצתו אשר ה' מחסהו כי תכחשו לומר אין אלהים: (ז) מי יתן. הלואי שתבוא מהרה תשועת ישראל מהשוכן בציון: בשוב. בעת אשר ישקיע ה' את בני השבים ר"ל שיהיה ניכר לכל אשר ה' השקיעם: יגל. אז ישמחו כי הצליחו בעצתם לחסות בה' ובעל כרחם יודו העובדי כוכבים ומזלות להם:
טו (א) מי יגור. כאלו שואל אתה ה' מי הוא הראוי לדור באהלך וזה בית המקדש כי אין כולם ראוים וכמ"ש מי ידקש וגו'

## מצודת ציון

(ז) בשוב. ענין השקט כמו בשובה ונחת (ישעיה ל'): שבות. מל' שבי:

also be rendered: when the Lord grants tranquility to those in Israel who were in captivity.—[*Redak*]

1. **who will sojourn in Your tent**—The tent is the heavens, so called because they are stretched out like a tent.—[*Redak*] *Ibn Ezra* and *Mezudath David* note that the Temple, God's house, is sometimes called a tent.

**who will dwell upon Your holy mount?**—Mount Moriah, the site of the Temple, the most esteemed place in the world. He speaks here of the immortal soul and states: Whoever performed these deeds in his lifetime—his soul will dwell in the place of the glory after his death. Now what are these deeds?—[*Redak*]

they did not call upon the Lord. 5. There they were in great
fear, for God is in the generation of a righteous man. 6. You
put to shame the counsel of the poor, for the Lord is his refuge.
7. O that the salvation of Israel would come out of Zion; when
the Lord returns the captivity of His people, Jacob shall rejoice,
Israel shall be glad.

## 15

1. A song of David: O Lord, who will sojourn in Your tent,
who will dwell upon Your holy mount?

**they did not call upon the Lord**—As it did not even enter their mind that God sees them, they did not call upon Him. Some explain: Since they devoured my people and still ate bread .... Because they did not die and were not punished, they thought that there was no Judge and so did not call upon the Lord. Others explain "they did not call" as meaning they did not repent but remained as wicked as they had always been.

5. **There they were in great fear**—*For recompense was paid to Belshazzar king of Babylon* [causing him] *to be in great fear, as it is stated* (in Dan. 5:6): *"Then the king's color changed, his thoughts terrified him, the joints of his loins came loose, and his knees knocked against each other." But our Sages explained this (Sanh.* 104b, *Mid. Ps.* 14:4) *as referring to the heathens: Whoever does not rob Israel does not experience a pleasant taste in his food. Those who devoured my people felt as though they ate bread, for they experienced a pleasant taste.*—[*Rashi*]

**for God is in the generation of a righteous man**—*In the generation of Jeconiah, who were righteous.*—[*Rashi* from unknown midrashic source]

6. **You put to shame the counsel of the poor**—*You say that the counsel of Israel is shameful, for they trust in the Lord because He is their refuge.*—[*Rashi*] Their faith in God is the only counsel the poor have to use in extricating themselves from your hands; but because you do not see the approaching punishment, you disparage their counsel, saying to them, "Where is your God? Let Him rise and assist you."—[*Redak*]

7. **O that**—*Then the day will arrive that He will give out of Zion the salvation of Israel in the future; then Jacob shall rejoice; Israel shall be glad.*—[*Rashi*] Since Zion, the capital of the kingdom of Israel, is where the Divine Glory rests, he says, "O that the salvation of Israel would come out of Zion." This expresses either his wish that it come soon, or the wish that he merit to see that salvation, when the Lord returns the captivity of His people. Then ... —[*Redak*]

**Jacob shall rejoice, Israel shall be glad**—for now they are sad and mournful. The preceding clause may

קָדְשֶׁךָ׃ ב הוֹלֵךְ תָּמִים וּפֹעֵל צֶדֶק וְדֹבֵר אֱמֶת בִּלְבָבוֹ׃ ג לֹא־רָגַל ׀ עַל־לְשֹׁנוֹ לֹא־עָשָׂה לְרֵעֵהוּ רָעָה וְחֶרְפָּה לֹא־נָשָׂא עַל־קְרֹבוֹ׃ ד נִבְזֶה ׀ בְּעֵינָיו נִמְאָס וְאֶת־יראי

ת"א הולך תמים. מקידהובעד ק׳ : נבזה. סנהדרין מז מכות כד :

מן חָמֵי לְמִשְׁרֵי בְּטוּר בֵּית מַקְדְּשָׁךְ : ב דִּמְהַלֵּיךְ בִּשְׁלִימוּתָא וְעָבֵד צִדְקְתָּא וּמְמַלֵּל קוּשְׁטָא בִּלְבָבֵיהּ : ג לָא אָכַל קוּרְצִין בְּלִישָׁנֵיהּ לָא עָבַד לְחַבְרֵיהּ בִּישׁוּתָא וְכִסוּפָא לָא סוֹבַר עַל קְרִיבֵיהּ : ד דְּשָׁט

## רד"ק

וכנה אותם באהל לפי שהם מתוהים כאהל. והר קדשך הוא הר המוריה ששם בית המקדש לפי שהוא המקום הנכבד בארץ. ומי יגור כי ישכון. הוא על הנשמה העליונה. ואמר כי שעשה המעשים האלה בחייו תשכון נשמתו במקום הכבוד אחר מותו ומה הם המעשים : (ב) הולך תמים. אם תמים הוא תאר ר"ל הולך בדרך תמים. ואם היא שם ר"ל הולך בתמימות והענין אחד. והתמים היא כי שיתעסק בענייני העולם הזה בתמימות שלא יעמיק במחשבתו בתחבולות העולם : ופועל צדק. שכל מעשיו יעשה בצדק ותורת האדם עשה ולא תעשה הם על ג׳ פנים האחד במעשה והאחד בלשון ואחד בלב והנה זכר המעשה : ודובר אמת. הוא הל׳ והלב. ואמר שהדובר אמת לעולם לא ימצא שקר בדבריו והאמת שידבר בפיו הוא בלבבו כי אינו אומר אחד בפה ואחד בלב ונכלל גם כן בזה שיקיים מה שחשב בלבבו לעשות טובה כלומר אין צריך לומר כי מה שמדבר בפיו מקיים אלא אפי׳ מה שחושב יקיים וישים אמת מחשבתו ונכלל בו גם כן גודל מציאות האל ויחודו שהוא אמת ודובר אותו בפיו וחושב אותו בלבבו להבינו על דרך המופת כמו שתורה אותו החכמה : (ג) לא רגל. כאן אמר מצות לא תעשה בל׳ ובמעשה אבל בלב לא היה צריך להזכיר כי כבר אמר ודובר אמת בלבבו ואם מחשבותיו אמת וצדק אין רע במחשבותיו. ואמר לא רגל אע"פ שהוא אמת כל שכן שאר לא תעשה שבלשון. כי הרכילות אע"פ שהוא אמת יצא רע גדול ממנה ולפיכך אמר ודובר אמת כי האמת שהוא רע לא ידבר והוא הרכילות : לא עשה לרעהו רעה. וקרובו הוא שיש לו משא ומתן עמו ושכינו. ובאמרו כי לא עשה לרעהו רעה הוא הדין לשאינו רעהו ולשאינו קרובו אלא דבר הכתוב על ההווה לפי שמשאו ומתנו ועסקיו עמו. ובאמרו לא עשה לרעהו רעה כלל כל מצות לא תעשה שבין אדם לחבירו. ואמר בתורת הלשון : וחרפה לא נשא על קרובו. שלא חרף וגדף אותם אף על פי שנדפהו או הרע לו. ואמר נשא בנשילת הלשון. כמו לא תשא את שם ה׳ אלהיך לשוא : קרובו. כמו רעהו שהוא קרוב אליו במשאו ובמתנו או שכנו קרוב מן השאר כי דברי האדם ועסקיו ברוב עם אלו : (ד) נבזה. ספר מדותיו הטובות עוד כי אעפ"י שהוא תמים כו׳ אינו מתגאה בזה אלא נבזה בעיניו ונמאס וחושב בלבבו כי לא יעשה אחד מני אלף כמה שיש עליו חובת לעשות לכבוד הבורא : ואת יראי ה׳ יכבד. וחושב שיש ליראי ה׳ זולתו מעלה עליו והם יראים יותר ממנו ונותן להם מעלת

## רש"י

טו (ג) לא רגל על לשונו. (אנקוס"א בלע"ז הנו"ן יתירה. אקוסער בל"א בעשולדיגען אנליינגען) כמו וירגל בעבדך (שמואל ב׳ י"ט) מזמור זה להודיע מדת חסידות : ודובר אמת בלבבו. הטוב שהוא אומר בלבבו הוא אמת ואינו אחד בפה ואחד בלב. (סא"א) : וחרפה לא נשא. (רפורט"א בלע"ז. ראפאלט"ע. בל"א פלוידערן. ווידער זאגען) : על קרובו. אם עבר קרובו עבירה שיש בה עונש יעניש במשפט. ולא נשא עליו הרפתו שיהא פתחון פה למחרף לומר כך עבר פלוני קרובך והפית עליו : (ד) נבזה בעיניו נמאס. מי שהוא נבזה ברשעתו נמאס בעיניו של צדיק כגון חזקיה שגירר עצמות

## מנחת שי

(ד) בעיניו. בגעיא בס"ם :

## אבן עזרא

איש להליך ישראל : בהר קדשך. הר המוריה או הר ציון קודם שיודע כי הוא הר המוריה בשכון הארון בציון בבית שהכין לו דוד ככתוב בדברי הימים : (ב) הולך. זו תשובת מי יגור באהלך : תמים. תאר והמתואר חסר הולך בדרך תמים בענייניו ודבריו : ופועל צדק. עם חביריו : ודובר אמת בלבבו. והוא כל האדם : (ג) לא רגל על לשונו. כמו וירגל בעבדך הטעם לגלות המסתרים כדרך המרגלים : לא נשא. על דרך לא תשא שמע שוא ויש אומרים לא עשה דבר שיחרפו בו קרוביו : (ד) נבזה. קשור בעיניו גם נמאס והטעם כי עובד השם כל מצוה שעשה וכל טוב שעשה נבזה ונקל הוא בעיניו כנגד מה שהוא חייב

## מצודת ציון / מצודת דוד

טו (ג) רגל. ענין רכילות ולה"ר כמו וירגל בעבדך (ש"ב י"ט) : רמוס חלרי (ישעיה ה׳ ב׳) : (ב) הולך תמים. כאלו משיב ההולך בדרך תמים וגו׳ הוא אשר יגור בה : בלבבו. מאמת מחשבת לבו ונדבר מלוה : (ג) לא נשא. לא הטיל על קרובו דבר חרפה : (ד) נבזה. אדם הנבזה הוא נמאס בעיניו ולא יחניף למי : להרע.

walks with uprightness, works righteousness, and speaks the truth, he does not boast about it, but he considers himself base and despicable. He believes that he has not accomplished even a fraction of that which he was expected to do to honor the Creator.

**he swears to hurt**—*himself.*—[*Rashi*] I.e. he swears to hurt his body by fasting or abstaining from worldly pleasures, or to give of his possessions to charity.—[*Redak*. Cf. *Macc.* 24a]

**and does not retract**—*his oath. How much more does he not retract it if it concerns something that is not to his hurt!*—[*Rashi*]

2. He who walks uprightly and works righteousness, and
speaks truth in his heart. 3. He did not slander with his tongue;
he did his neighbor no harm, neither did he take up reproach
upon his kinsman. 4. A base person is despised in his eyes, and

2. **He who walks uprightly**—He who walks with uprightness, with sincerity. He is sincere in his secular pursuits, never concocting intrigues and devices.—[*Redak*]

**and works righteousness**—He performs all his deeds with righteousness.—[*Redak*]

**and speaks truth in his heart**—He always speaks the truth; a lie is never found in his words. And the truth that he speaks with his mouth is found in his heart. He never says one thing while thinking another; he does not speak with a double heart. Moreover, he fulfills not only what he promises orally, but also what he decides to do but does not verbalize. This clause includes discussing and pondering the existence and unity of God.—[*Redak*]

3. **He did not slander with his tongue**—*Ankuza in Old French, to accuse, as* (in II Sam. 19:28) *"And he slandered* (וַיְרַגֵּל) *your servant." This psalm is to inform us of the* [proper] *measure of piety.*—[*Rashi*] This verse includes all the evil a person can do with either his speech or his deeds. The psalmist mentions slander, which even if true is a great evil; so surely are other sins such as false testimony and blasphemy.—[*Redak*]

**and speaks truth in his heart**—*The good that he says in his heart is true. He is not a hypocrite* [lit. one in mouth and one in heart].—[*Rashi*] (This does not appear in mss. or in early editions.) [Note that this comment on verse 2 has already been stated in its proper place as quoted from *Redak*.]

**neither did he take up reproach**—*Rapporta in Old French, to report.*—[*Rashi*]

**upon his kinsman**—*If his kinsman committed a transgression for which he was punishable, he would punish him with justice, and he did not bear upon himself his reproach, that the reproacher should have an excuse to say, "So-and-so, your relative, committed such-and-such a sin, and you covered up for him."*—[*Rashi*] *Redak* explains that he never reproached a close friend or a neighbor. He never reproached strangers, either, but Scripture chose to speak of his friends because reproval usually occurs between intimates, who have dealings together.

4. **A base person is despised in his eyes**—*One who is base with his wickedness is despised in the eyes of the righteous man, e.g. Hezekiah, who dragged his father's remains in disgrace.*—[*Rashi* from *Macc.* 24a] *Redak* explains: He is base in his own eyes and despised—although he

יראי יהוה יכבד נשבע להרע ולא
ימר: ה כספו לא־נתן בנשך ושחד על־
נקי לא לקח עשה־אלה לא ימוט
לעולם: טז א מכתם לדוד שמרני אל
כי־חסיתי בך: ב אמרת ליהוה אדני

באנפוי ובסיר וית
דחליא דיי מוקיר דיוקי
לאבאשא לגרמיה ולא
משלחף: ה סימיה לא
יהב בחבוליא ושוחדא
על זכאה לא קביל
דעביד אלין לא יזוע
לעלמא: א גליפא
תריצא לדוד נטר יתי
אלהא מטול דסברית
במימרך: ב מליליה אנת

ה.א כספו. מכות כד ב"מ פא (ב"מ י): עושה אלה. עקידה שער יז כל המזמור: אמרת לה'. מנחות נג:

## רש"י

אביו בבזיון: נשבע להרע. לעצמו: ולא ימיר. שבועתו קל וחומר שאינו ממירה בדבר שאינו לרעתו: (ה) ושוחד וגו' לא לקח. על עני להרשיעו בדין להטות משפטו. ועוד פירשוהו רבותינו לא לקח שוחד על נקי לנקותו בדינו ק"ו שאינו לוקח שוחד להטות המשפט: לא ימוט. והוא ראוי לגור באהלך.(סא"א): לא ימוט לעולם. אם ימוט אין מוטתו מוטה לעולם אלא מתמוטט ועולה: טז (א) מכתם לדוד. אמרו רבותינו לדוד שהיה מך ותם שהיתה מכתו תמה שנולד מהול ואין שיטת המקר' נופל על המדרש כאן. יש מזמור שנאמר בו לדוד מכתם שם יש לפרש שיר זה לדוד שהיה מך ותם אבל כאן שנא' מכתם לדוד אין לפרשו כן. ואומר אני שהוא אחד מן שמות מיני נעימות הזמר וחלוק בנעימות השיר. ד"א מכתם לדוד לשון עטרה כמו כתם שמשמעו דבר זה היה רגיל לומר דוד שמרני אל כי חסיתי בך והיה לו כעטרה שנאמר (לעיל ה') כצנה רצון תעטרנו. (סא"א): (ב) אמרת לה' אדני

## רד"ק

עליו ומכבדם. ואמר עוד ממדותיו הטובות: נשבע להרע ולא ימיר. ופי' להרע להרע לגופו בצום ובמספד מן התענוגים וכן לחסר כיסו לצדקה ולמצות ולא ימיר מה שנשבע אע"פ שמריע לגופו לא ימיר ממה שאמר. ומה שאמר נשבע. לפי שהוא דבר קשה כנגד הגוף נשבע כדי שלא יטרידהו יצר הרע שלא לעשות: (ה) כספו. כבר אמר לא עשה לרעהו רעה ובכללו שלא הונה אותו ולא גזלו ולא גנב ממנו ועתה אמר כי אפילו ברצונו לא לקח ממנו בדבר שיש בו איסור והוא הנשך שנותן לו ברצונו. ודוד לא אמר אלא מה שאסרה תורה כמו שנאמר לא תוסף עליו ולא תגרע ממנו והתורה לא אסרה אלא לישראל אבל לנכרי מותר כמו שנאמר לנכרי תשיך. ובודאי אם עושה הנכרי חסד וטובה עם ישראל חייב לעשות ישראל גם כן עמו חסד ולהטיב לו. וההלואה בלא נשך הוא חסד יותר מן המתנה שהרבה יבושו לקחת מתנה ולא ללות: ושוחד על נקי לא לקח. גם זה הממון ברצון הנותנו ואם להטות דין כבר אמר לא עשה לרעהו רעה וזה בכללו אלא אפי' לא הטה הדין כי נקי הוא בדין אלא שהנותן לו חשב כי יעשה כן אעפ"כ לא לקח ממון מבעל דין לעולם: עושה אלה לא ימוט לעולם. אפי' במותו לא ימוט כי תשכון נפשו במקום הכבוד: (א) מכתם. כבר כתבנו בהמזמור בקראי עננו טעם מכתם: שמרני. השין נמשכת בגעיא. אתה ה'. אני קורא אליך שתשמרני כי בך חסיתי ולא

בזולתך: (ב) אמרת. כנגד נפשו ידבר מאחר שתודה לה' כי הוא אלהיך אדוניך וכן הדין עליך. תאמרי לו גם כן טובתי בל

## אבן עזרא

לעשות לכבוד בוראו וככה משפט הצדיקים שיבקשו לעלות אל מעלת קדוש ממנו ונכבד ואמר יכבד כנגד נבזה: נשבע להרע. נפשו כמו לצום כי יכחיש הבשר: (ה) כספו. אמר לא לקח כנגד לא נתן וזה הוא לשפוט דין עול: עושה אלה. כולל מצות עשה ומצות לא תעשה כמו לעשות את יום השבת כי הטעם כדרך תיקון כמו וימהר לעשות אותו: טז (א) מכתם. מזמור נכבד כמו כתם פז או טעם פיוט שתחלתו מכתם: שמרנו אל. וטעם שמרנו כי חסיתי בך שמרני כי אתה ה' והטעם גבור שתוכל להושיעני: (ב) אמרת. אומר לנפשו כבר הודית כי השם הוא אדוניך

## מנחת שי

טז (א) שמרני. השי"ן מעמדת בגעיא וקריאתה בקמץ רחב תמורת קמץ הטוף כן הוא בספרים כ"י מדוייקים וכ"כ רד"ק בפי' ובמכלול דף י"ח ודף רי"ו בשרשים. וכמוהו שמרה נפשי כי חסיד אני. במזמור פ"ו עיין מ"ש שם: (ב) אמרת לה'.

## מצודת דוד

לענות נפשו: (ה) על נקי. להטות דין הנקי: לא ימוט לעולם. לא יטה לנפול כי את הטוב עשה וממילא ראוי הוא לשכת בבית המקדש כי חפץ בו ה':

טז (ב) אמרת. אתה נפשי אמרת על ה' שהוא אדון הכל והכנעת

## מצודת ציון

לא נשא. לא הטיל: (ד) ימיר. מלשון המורה והלוף: בנשך. ברבית:

טז (א) מכתם. מלשון כתם והוא הזהב הטוב ור"ל שהיה המזמור הזה חביב לפניו ככתם:

*"It is your duty to say to the Lord, 'You are the Master, and You have the upper hand in all that befalls me.'" Another explanation: You should say to the Lord, "You are my Master." He* [David] *was saying this to his soul. Similarly, we find on this order* (in II Sam. 13:39): *"And David longed," which means: And the soul of David longed. Here too, "You, my soul, have said to the Lord," you my soul, should say to the Holy One, blessed be He.* (The second interpretation appears in very few early editions.)—[*Rashi*]

he honors the God-fearing; he swears to [his own] hurt and does not retract. 5. He did not give his money with interest, nor did he accept a bribe against the innocent; he who does these shall not falter forever.

16

1. A *michtam* of David: O God, guard me for I have taken refuge in You. 2. You should say to the Lord, "You are my Master;

5. **He did not give his money with interest**—The Talmud (*Macc.* 24a) explains this to mean that he did not charge interest on loans to non-Jews, even though the Torah permits it.*

**nor did he accept a bribe, etc.**—*against a poor man, to condemn him in judgment by judging perversely. Our Sages explained it further to mean that he would not accept a bribe to exonerate him in judgment, and he certainly will not take a bribe to pervert the judgment.*—[*Rashi* from unknown midrashic source]

**shall not falter**—*and he deserves to sojourn in Your tent.*—[*Rashi*, not appearing in mss. or early editions]

**shall not falter forever**—*If he falters, his faltering will not be permanent faltering, but he will falter and ascend.*—[*Rashi*] He will never falter, even in death, because his soul will rest in the place of glory.—[*Redak*]

1. **A michtam of David**—*Our Sages said (Sotah* 10b, *Mid. Ps.* 16:1): *Of David, who was poor* (מָךְ) *and perfect* (וְתָם), *whose wound* (מַכָּתוֹ) *was perfect* (תַּמָּה), *for he was born circumcised.* [I.e. the organ that should have been wounded by the circumcision was perfect because he was born already circumcised.—(*Rashi* to *Sotah* 10b)] *However, the sequence of the verse here does not lend itself to be interpreted according to the Midrash. There are psalms prefaced by the title* לְדָוִד מִכְתָּם, *which may be interpreted: This song is David's, who was poor and perfect, but here, where it is stated* מִכְתָּם לְדָוִד, *it cannot be interpreted in this manner. I therefore say that it is one of the names of the various types of melodies and the variations in the music. Another explanation:* מִכְתָּם *is an expression of a crown, like* כֶּתֶם, *meaning that David was accustomed to say, "O God, guard me for I have taken refuge in You." And this was to him as a crown, as it is stated* (5:13): *"You shall crown him with will."*—[*Rashi*] (This does not appear in mss. or in most early editions.) [Note that *Rashi* to 5:13 renders: "You shall encompass him" and defines כֶּתֶם as golden jewelry, not as a crown. See *Rashi* to 45:10.]

2. **You should say to the Lord, "You are my Master, etc."**—*David addresses the Congregation of Israel.*

אַתָּה טוֹבָתִי בַּל־עָלֶיךָ׃ ג לִקְדוֹשִׁים
אֲשֶׁר־בָּאָרֶץ הֵמָּה וְאַדִּירֵי כָּל־חֶפְצִי־
בָם׃ ד יִרְבּוּ עַצְּבוֹתָם אַחֵר מָהָרוּ בַּל־
אַסִּיךְ נִסְכֵּיהֶם מִדָּם וּבַל־אֶשָּׂא אֶת־

**תרגום**

נַפְשִׁי קֳדָם יְיָ אֱלָהִי אַנְתְּ
כְּרַם טֵיבְתִי לָא
מִתְיְהִיבָא בַּר מִנָּךְ׃
ג לְקַדִּישַׁיָא דִּי בְּאַרְעָא
הִנּוּן הוֹדַעוּ כֹּחַ גְּבוּרְתִּי
מִן שְׁרוּיָא וְגַוְתָנַיָּין
בְּעוֹבָדֵיהוֹן טָבַיָא כָּל
רְעוּתִי טָבָא בְּהוֹן׃
ד מַסְגָּן צַלְמָנֵיהוֹן מִן
בָּתַר כֵּן מוֹחָן לְקָרְבָא קוּרְבָּנֵיהוֹן לָא אֲקַבֵּל בְּרַעֲוָא נִסּוּכֵיהוֹן וְדַם־קוּרְבָּנֵיהוֹן וְלָא אַדְכַּר

**ת"א** טובתי. מנחות נג (ברכות ס): לקדושים. אבות יג: בל אסיך. סנהדרין ע:

## רד"ק

עליך פי' הטובה שאתה עושה לי אינו מוטל עליך לעשות כי אינני כדאי אלא הכל חסד מאתך. וא"א ז"ל פירש הטובה שאני עושה אינה עליך כלומר אינה מגעת עדיך כי לא יועיל לך אלא: (ג) לקדושים אשר בארץ המה. ולאהבתי אותך אני אוהב אותם שהם קדושים ואני מטיב להם: ואדירי כל חפצי בם. לאותם שהם אדירי לבי חפצי בהם להטיב להם בעבור שהם שומרים ועושים מצותיך ולפי' הראשון יפרשו לקדושים כי איננה ראויה טובתך אלא לקדושים. ולפי דעתי כי טעם לקדושים דבק עם אמרת לה' כלומר אחרי שתאמר לה' כי הוא אדוניך תאמר גם כן לקדושים אשר בארץ המה שתכנעי לפניהם ותן להם מעלה עליך ותלמדי ממעשיהם והכל לתכלית שתלמדי אהבת האל. ואמר אשר בארץ כלומר הקדושים שתמצאי בדרכך לכו בעקבותיהם ותלמדי ממעשיהם: ואדירי. אינו סמוך לפי דעתי כי ימצאו כמותו: לקדושים. דרך הקדושים עובדי האל אהבתי ודרך זולתם שעובדים לאל אחר שנאתי ואמר אני עליהם ירבו עצבותם וגו': (ד) אחר מהרו. אותן האנשים שהם ממהרים לאל אחר ובא אחר מהרו מענין מהרה ואפשר שיהיה מענין מהר ומתן: בל אסיך נסכיהם מדם. חלילה לי שאסיך נסכיהם שהם מדם כלומר נסכיהם אינו יין אלא דם שהוא גזול כי העולה והנסכים עם מעשים רעים לא יצילו: ובל אשא את שמותם. ואפי' שמות האנשים ההם לא

## רש"י

אתה וגו'. לכנסת ישראל אמר דוד יש עליך לומר לה' אדון אתה וידך על העליונה לכל הבא עלי. ד"א אמרת לה' אדני אתה לנפשו היה אומר. וכן מצינו דוגמתו ותכל דוד (שמואל ב' י"ד) ופתרונו ותכל נפש דוד. אף כאן אמר' נפשי לה' את נפשי יש עליך לומר כן להקב"ה.(סא"א): טובתי בל עליך. טובות שאתה עושה לי לא עליך הם לגמלני כי לא בצדקתי אתה מטיב לי: (ג) לקדושים אשר בארץ המה. בשביל הקדושים אשר המה קבורים בארץ אשר התהלכו לפניך באמת: ואדירי כל חפצי בם. הם האדירים אשר כל חפצי בם וכל צרכי נעשי' בשבילם: (ד) ירבו עצבותם וגו'. כל זה אמרו לה' ירבו עצבותם של כופרים בך המהירים והרדים לעבודת כוכבים ומזלות. ל"א מהרו ל' מוהר (דואירי"ש בלע"ז. בל"א באגאבן. מארגען געבען): בל אסיך נסכיהם מדם. אני לא אהיה כמותם לזרוק דם לעבודת כוכבים ומזלות ולא אשא שם עכו"ם על שפתי:

## אבן עזרא

ואת חייבת לעובדו ואם לא ייטב לך על דרך אל תהיו כעבדים ויאמר רב שלמה הספרדי בתפילותיו הנה לך לא לי עמדי לפנידולאם כבודך לא לשכר פעולתי. אמר ר' משה טובתי איננו חיוב עליך כי איני ראוי לכך כמו הקדושים אשר בארץ המה ולפי דעתי שהוא מבקש רחמים מהשם שייטיב לקדושים אשר בארץ המה והצרך לומר אשר בארץ כי הקדושים הם המלאכים כמו וכל קדושים עמך והרבה עלבון לאשר לא יעבדוך רק יעבדו אחרים על כן ירבו עצבותם לקדושים והנה טובתי בל עליך רק תן הטוב לקדושים ואדירי ארץ אשר כל חפצי בם ופירושו כל רצוני להיות כמותם וכמפרש לקדושים על האבות איננו מטעם המזמור: (ד) ירבו עצבותם אחר מהרו. אחרי אחר מהרו והוא מגזרת מהר ימהרנה אשר יתקשרו אל עם אחר רק אני לא אסיך נסכיהם שהם מעורבים בדם זבחיהם ואפילו שמותם לא

## מצודת ציון

(ד) מהרו. ענין מתן כמו כמוהר הבתולות (שמות כ"ב): אסיך נסכיהם. ענין זריקה:

## מצודת דוד

לו: טובתי. הטובה שאתה עושה לי איננה מוטלת עליך כי הכל בחסד: (ג) לקדושים. הכנעי עוד להאנשים הקדושים אשר המה בארץ ולהאדירים ביראת ה' כי כל חפצי באה לי בזכותם:

(ד) אחר מהרו. ר"ל אבל האנשים המרבים מוהר להקריב זבחים לאל אחר ירבו עצבותם על ידיך כי תרדפם להעליב לבם ולא תכניע להם: בל אסיך. לא אזרוק דם לגילולים כמוהם אף לא אזכיר שמם בשפתי:

my good is not incumbent upon You. 3. For the holy ones who are in the earth, and the mighty ones in whom is all my delight. 4. May the sorrows of those who hasten after another [deity] increase; I will not pour their libations of blood, nor will I take

**my good is not incumbent upon You.**—*The benefits that You do for me—it is not incumbent upon You to bestow* [them] *upon me, because You do not benefit me on account of my righteousness.*—[*Rashi*]

3. **For the holy ones who are in the earth**—*For the sake of the holy ones who are buried in the earth, who walked before You with sincerity.*—[*Rashi* from *Mid. Ps.* 16:2]

**and the mighty ones in whom is all my delight**—*They are the mighty ones in whom is all my delight and for whose sake all my necessities are accomplished.*—[*Rashi*]

4. **May the sorrows ... increase** *All this you should say to the Lord, "May the sorrows of those who do not believe in You increase," viz. those who hasten and scurry to idolatry. Another explanation:* מָהָרוּ *is an expression of* מֹהַר, *dowry, douaire in French.*—[*Rashi*] I.e. they give much of their possessions for pagan sacrifices.—[*Mezudath David*]

**I will not pour their libations of blood**—*I will not be like them, to sprinkle blood for pagan deities, neither will I take up the name of pagan deities upon my lips.*—[*Rashi*] *Redak,* after explaining the verse in this manner, suggests: I will cleave to the holy and mighty men, but as for those who hasten after others, to go in ways other than the way of God—may their sorrows increase. Far be it from me to pour their libations "of blood," which derive from stolen property and ill-gotten gain. Sacrifices effected through evil deeds will not avail the petitioner but will in fact be to his detriment, because (Prov. 21:27) "the sacrifice of the wicked is an abomination."

**nor will I take their names upon my**

שומהון על ספותי : ה יי מוהבית כלידי וחולקי אנת תסובר עדבי : ו עדבין נפלו לי בבסימתא אוף אחסנתא שפירא עלי : ז אברך ית יי דמלכני אוף בליליא דדאן לי כוליתי : ח שויתי יי לקובלי תדירא מטול

שמותם על־שפתי : ה יהוה מנת־חלקי
וכוסי אתה תומיך גורלי : ו חבלים
נפלו־לי בנעמים אף־נחלת שפרה
עלי : ז אברך את־יהוה אשר יעצני
אף־לילות יסרוני כליותי : ח שויתי יהוה
לנגדי

ת״א (ה׳ מנת. פסחים לז) : שויתי ה׳. סם כא (ברכות ד) :

## רש״י

(ה) ה׳ מנת חלקי וכוסי. כל טובתי הימני. ל׳ אחר וכוסי והשבוני כמו (שמות י״ב) תכוסו על השה וכן הברו מכסם : אתה תומיך גורלי. אתה הוא אשר הנחת ידי על החלק הטוב שנאמר החיים והמות נתתי לפניך ובחרת בחיים (דברים ל׳) כאדם המוהב אחד מבניו ומניח ידו על הלק הטוב ואומר את זה בחר לך : תומיך. השפלת ידי על הגורל ל׳ ימך המקרה (קהלת י׳) ישפל. כ״ה נדרש בספרי. וגם יש לפותרו ל׳ תמיכה למדרש אגדה כמו ויתמוך יד אביו וגו׳ (בראשית מ״ח) : (ו) חבלים נפלו לי בנעימים. כשנפל לי הגורל להיות בהלקך חבל נעים הוא זה אף עלי שפרה נחלה כזו : (ז) אברך את ה׳. עד כאן ניבא דוד על כנסת ישראל שתאמר כן ועכשיו אומר ואני גם אני אברך את ה׳ אשר יעצני לבחור בחיים וללכת בדרכיו : אף לילות יסרוני כליותי. ליראה אותו ולאהבו. ורבותינו פירשוהו על אברהם אבינו שלמד תורה מאיליו עד שלא נתנה תורה אך אנו צריכין ליישב המקראות על זה הדרך : (ח) שויתי ה׳ לנגדי תמיד. בכל מעשי שמתי מוראו לנגד עיני ולמה כי מימיני הוא תמיד לעזרני לבל אמוט ד״א שויתי ה׳ לנגדי תמיד ספר תורה היה עמו לקרות בו כל ימי חייו וז״ש מימיני בל אמוט על שם התורה שנתנה בימינו שאני

## רד״ק

אעלה על שפתי : (ה) ה׳ מנת חלקי. אין לי חלק אחר זולתו כמו אלה האנשים שחלקם ומנתם הכסף והזהב ותענוגי העולם והמנה והחלק והכוס והגורל אחד אלא כפל הענין במ״ש לחזק הדבר כמנהג הל׳ : תומיך גורלי. אתה עזרתני שבחרתי זה לחלק לעצמי כמ״ש הבא לטהר מסייעין אותו. ומלת תוכיך בחיר״ק כמו בצר״י : (ו) חבלים. החלקים שנפלו לי במקומות נעימים נפלו לי ובדיעות טובות ונכונות : אף נחלת שפרה עלי. התי״ו במקום ה״א ואיננו סמוך. וטעם אף כי איני מקנא לחלק אחר כי עמי החלק הטוב וזהו שפרה עלי : (ז) אשר יעצני. כמו שפירשנו אתה תומיך גורלי : אף לילות. זאת היתה לי תחלת שהוא יעצני וסייעני בבחרי זה החלק הטובה לעצמי וגם כן אני בעצמי בכל יום יסרוני כליותי שלא אעזוב זה הדרך אלא אחזיק בה בכל כחי. ואמר לילות כי בלילה יהיה לב האדם פנוי. ואמר כליותי. כי הם היועצות : (ח) שויתי ה׳ לנגדי. בכל דרכי אזכרנו כדבר שהוא נגד האדם תמיד שלא יסיר מעיניו ומלבו כי יודע אני כי הוא מימיני ובעזרתי לפיכך לא אמוט בכל אשר

## אבן עזרא

אזכירם בפי : (ה) וכוסי. כמו הלקי מגזרת תכוסו על השה וכמוהו לעיל מנת כוסם ולהיותו משקה כמו כוסי רויה איננו נכון ומלת תומיך כמו ותומך שבט כי מולא רוח כמו מוליא ולהיותו כמשקל מושיב רחוק מאד : (ו) חבלים. לשון הלקים כמו יוסף חבלים ובנעמים תאר כמו הנאהבים והנעימים ותהסר מקומות והוא דרך משל אמר רבי משה כי אף נחלת כמו נחלתי ועוד אפרש דעתי במלת עזי וזמרת יה והנכון בעיני שהוא סמוך אל השם כדרך במזרקי יין : (ז) אברך. זאת העצה היתה ממנו תחלה כי הוא המלמד אדם דעת וטעם בלילות בהתבודדו מעסקי העולם וכליותי רמז לכוחי התולדה שהם בסתר כמו הכליות וטעם יסרוני שחשב בלבו כל הקורות להולכים מן העולם הזה ע״כ נוסר : (ח) שויתי. העצה והמוסר הביאוהו לשום השם לנגדו יומם ולילה והנה נשמתו דבוקה בבוראה טרם הפרדה מעל גויתה ובעבור ששויתי השם לנגדי מימיני לא אמוט שיסור מהדרך

## מנחת שי

ל״ת לשון זכר : (ה) ה׳ מנת. בגעיא ובמייסב : מנת חלקי. י״ם הנו״ן בפתח ובמקף בין שתי המלות ובספרים אחרים בקמץ ובלא מקף : (ו) בנעמים. במקצת ספרים מדוייקים חסר יו״ד קדמאה וכן נמצאתי מסורת כ״י דדייקא כוותייהו וזו תואם הנאהבים והנעימים כתיב. חבלים נפלו לי בנעמים כתיב תודיעני נעמות כתיב ושאר כל לישנא מלא : שפרה עלי. במאריך הסי״ן :

## מצודת דוד

(ה) ה׳ מנת חלקי. הוא המנה הניתן לחלקי ר״ל בו אני מאמין : וכוסי. הוא המנה הניתן בתוך כוסי וכפל הדבר במ״ש : תומיך. תמכת בידי להניחה על הגורל ההוא ר״ל מורגת לבי להאמין בך. ואמר במשל כדרך האב התומך יד בנו המטיב לו ומניחה על חלק היפה לומר את זה ברור לך : (ו) חבלים. המחוזות אשר נפלו בחלקי הם המיוחדים בהדברים הנעימים ר״ל באלהים אשר בחרתי בו הוא האל המיוחד : אף נחלת. הנחלה שבחרתי יפה היא בעיני וכפל הדבר במ״ש : (ז) אשר יעצני. בעבור שיען אותי לקבלו לאלוה : אף לילות. כאשר הוא יען אותי כן אף כליותי מיסרות ויועצות אותי כ״ז בלילות שהיא עת אשר הלב פנוי ממחשבה הטורדת : (ח) שויתי ה׳. תמיד אחשב כאלו ה׳ עומד נגדי ורואה מעשי : כי מימיני. כי בעבור זה יעמוד מימיני

## מצודת ציון

(ו) חבלים. כן יקראו המחוזות וכן מחבל בני יהודה (יהושע י״ט) ע״ש כי בחבל יחולק נחלה : שפרה. ענין היופי כמו אמרי שפר (בראשית מ״ט) : (ח) שויתי. שמתי כמו משוה רגלי (שם י״ח) :

Deut. 17:19]. *This is what he states: "from my right hand I will not falter,"* meaning that because of the *Torah in which I am engaged, which was given with His right hand, I will not falter.*—[*Rashi* from *Sanh.* 21b,

their names upon my lips. 5. The Lord is my allotted portion
and my cup; You guide my destiny. 6. Portions have fallen to
me in pleasant places; even the inheritance pleases me." 7. I
will bless the Lord, Who counseled me; even at night my con-
science instructs me. 8. I have placed the Lord

**lips**—I will not even mention the names of those people.—*Redak, Ibn Ezra*]

5. **The Lord is my allotted portion and my cup**—*All my benefit is from Him. Another explanation:* כּוֹסִי *means "my share," as* (in Exod. 12:4): *"you shall make your count* (תָּכֹסּוּ) *on the lamb." This is how Menachem* (p.107) *associated it.*—[*Rashi*] *Ibn Ezra* and *Redak* follow the latter interpretation, yet it does not appear in mss. or in early printed editions of *Rashi. Mezudath David* renders: God is the portion given to me in my cup.

**You guide my destiny**—*It is You Who placed my hand on the good share, as it is stated* (in Deut. 30:19): *"I have set life and death before you . . . Choose life . . . " as a man who loves one of his sons and lays his hand on the better share, saying, "Choose this one for yourself."*—[*Rashi*]

**guide**—Heb. תּוֹמִיךְ. *You lowered my hand onto the portion, an expression of* (Ecc. 10:18): *"the rafter sinks* (יִמַּךְ), *" is lowered. In this manner it is expounded upon in Sifre* (Deut. 11:26, 27). *It can also be interpreted as an expression of support, according to the Midrash Aggadah, as* (in Gen. 48:17) *"he supported* (וַיִּתְמֹךְ) *his father's hand."*—[*Rashi*]

6. **Portions have fallen to me in pleasant places**—*When the lot fell to me to be in Your portion, it is a pleasant portion. Also, such an inheritance is pleasing to me.*—[*Rashi*]

7. **I will bless the Lord**—*Until here, David prophesied concerning the Congregation of Israel, that she would say this, and now he says, "I, too, will bless the Lord, Who counseled me to choose life and to go in His ways."*—[*Rashi*]

**even at night my conscience instructs me**—*to fear Him and to love Him. Our Sages though,* (*Mid. Ps.* 16:7) *explained it as referring to our father Abraham, who learned Torah by himself before the Torah was given, but we must reconcile the verses according to their sequence.*—[*Rashi*] [Note that we have translated *Rashi* according to all other editions and manuscripts, because the *Nach Lublin* reading, *according to this manner,* does not make much sense.]

8. **I have placed the Lord before me constantly**—*In all my deeds, I have placed His fear before my eyes. Why? Because He is always at my right hand to help me so that I should not falter. Another explanation: I have placed the Lord before me constantly.* [This alludes to] *the sefer Torah* [that] *was with him* [for him] *to read all the days of his life* [as in

לְנֶגְדִּי תָמִיד כִּי מִימִינִי בַּל־אֶמּוֹט׃
ט לָכֵן׀ שָׂמַח לִבִּי וַיָּגֶל כְּבוֹדִי אַף־בְּשָׂרִי
יִשְׁכֹּן לָבֶטַח׃ י כִּי׀ לֹא־תַעֲזֹב נַפְשִׁי
לִשְׁאוֹל לֹא־תִתֵּן חֲסִידְךָ לִרְאוֹת
שָׁחַת׃ יא תּוֹדִיעֵנִי אֹרַח חַיִּים שֹׂבַע
שְׂמָחוֹת אֶת־פָּנֶיךָ נְעִמוֹת בִּימִינְךָ
נֶצַח׃ יז א תְּפִלָּה לְדָוִד שִׁמְעָה יְהוָה׀
צֶדֶק הַקְשִׁיבָה רִנָּתִי הַאֲזִינָה תְּפִלָּתִי

**תרגום**

דִשְׁכִנְתֵּיהּ שַׁרְיָא עֲלַי
לָא אַזוּעַ׃ ט בְּגִין הָדָא
לִבִּי וְרָגֵן אַיְקָרִי אוּף
בִּשְׂרִי יִשְׁרֵי לְרוּחְצָן׃
י מְטוּל דְלָא תִשְׁבּוֹק
נַפְשִׁי לִשְׁיוֹל לָא תִמְסוֹר
זַכָּאָךְ לְמֶחֱמֵי בִשְׁחִיוּתָא׃
יא תְּהוֹדַע לִי אוֹרְחָא
דְחַיֵּי שׂוֹבְעָא דְחֶדְוָתָא
קֳדָם אַפָּךְ בְּסִימְתָא
בִּימִינָךְ לְעָלְמִין׃
א צְלוֹתָא לְדָוִד קַבֵּל יְיָ
פְּגִיעָתִי בִּצְדָקָה אֲצִית
שְׁבוּחִי הַצְלֵי אוּדְנָךְ
לִצְלוֹתִי בִּדְלָא סִפְוָתֵי

ת״א שמח לבי. עקידה שער יז׃ אף בשרי. מליצה פג בחרה׃

יתיר י׳ יז: כי לא תעזוב. עירובין יט יומא פו (בס ז): שבע שמחות. עירובין יג. עקרים מ״ב פ״ל (חגיגה י״ז: שמעה. ר״ה כט:

**רד״ק**

אלך ואצא: (ט) לכן שמח לבי. לפי ששמתיך כנגדי תמיד שמח לבי והוא השכל ויגל כבודי והוא הנשמה שהוא כבוד הגוף בטוח אני כי בהפרדה מן הגוף תדבק אל בורא׳: אף בשרי. בעודני בחיים ישכון לבטח שתצילני מכל נזק. ובדרש אחר מיתה מלמד שלא שלטה בו רמה ותולעה: (י) כי לא תעזוב. כי ידעתי כי באחזי בחיים והוא הדרך הישרה שאני בה וזהו שאומר חסידך ידעתי כי לא תעזוב נפשי לרדת שאול עם הגוף אלא תקיתנה אל כבודך. לא תעזוב. לא תתן. כפל הענין במלות שונות: (יא) תודיעני אורח חיים. אמר דרך תפלה שיודיעהו האל הדרך שיזכה בו לחיי העולם הבא כלומר הדרך החיא שתחיה הנפש בהפרדה מהגוף ותזכה לשובע שמחות את פניך ולנעימות בימינך שאותם השמחות והנעימות יחיו נצח ואין להם הפסק וזהו תענוג הנפש. וטעם את פניך ובימינך. כי הפנים והימין הם הכבוד כמו ישבו ישרים את פניך שב לימיני: (א) שמעה. תפלתי. שהיא בצדק כי פי ולבי שוים וזהו צדק וזהו בלא שפתי מרמה וכל הפסוק הוא כפל הענין במלות שונות: רנתי. הוא כמו צעקתי כי המתפלל פעמים צועק בקול רנה וכל

**רש״י**

עוסק בה ולפיכך בל אמוט (סא״א): (ט) לכן שמח לבי וגו׳. לפי שאני בטוח כי לא תעזוב נפשי לשאול. שהרי בעון עבירה גדולה שהיתה בידי בשרתני גס ה׳ העביר חטאתך (ש״ב י״ב) ק״ו שמעתה לא תעזבני לסור ממך: (יא) תודיעני אורח חיים. לי עתיד הוא ואינו לי תפלה: שבע שמחות. שמחה שאין לה קץ ותכלה היא השמחה של עתיד (סא״א): את פניך. שמחות אשר לפניך בכת הקרובה לך:

**מנחת שי**

(י) חסידך. בס״ם ביו״ד כתב דלי״ם ומסור עליו יתיר יו״ד:

**אבן עזרא**

הישרה: (ט) לכן. לבי. הוא שכל הדעת: וכבודי. הנשמה: אף בשרי. הגוף והטעם כי אחר שהוא דבק בכח עליון תעלוז נפשו וכח הדבקו בו ישמרנו מתחלואים בהשתנות העתיד על כן ישכון גופו בעולם הזה לבטח: (י) כי. הזכיר סבת גילת הנשמה כי לא תמות ותאבד: (יא) תודיעני. כי במות הגוף אז תודיעני דרך החיים והטעם הדרך שאעלה בה אל השמים להיותי עם מלאכי עליון וטעם שובע שמחות את פניך שיהנה מזיו שכינה וטעם תודיעני כי אז תאמן הנשמה מעסקי העולם ותראה עין בעין האמת וטעם נעימות בימינך שתתענג על השם וטעם בימינך כנותן מתנות נעימות לאוהבי בימינו וטעם נצח שלא תפסקנה מתנותיו והנה שכר הצדיק מפורש במזמור זה:
יז (א) תפלה. שמעה ה׳ צדק. שמעה כי צדק אדבר כי השוא לא ישמע אל: רנתי. בקול גדול כמו

**מצודת ציון**

(יא) נעימות. ענין מתיקות וערבות:

**מצודת דוד**

לעזור לי ולא אהיה נוטה לנפול: (ט) שמח לבי. כי השיג תאותו: ויגל כבודי. היא הנשמה שהיא כבוד הגוף: ישכון. אחר המות בקבר: (י) כי לא תעזוב נפשי. לא תכלה נפשי בקבר עם הגוף: לא תתן וגו׳. על הנפש יאמר וכפל הדבר במ״ש: (יא) תודיעני. תן בי דעת נכחת בליכת המביאה החיים הנצחיים להיות שובע בשמחות במה שתראה את פניך וכמ״ש רז״ל בהצדיקים נהנין מזיו השכינה: נעימות. ולהיות שבע עד נצח מן הנעימות הנתונות בימינך והם תענוגי עוה״ב הנאהבים והנעימים: יז (א) צדק. תפלתי

*before You, in a company that is near You.*—[*Rashi*]

1. **Hearken, O Lord, to righteousness**—Hearken to my prayer, which is pronounced with righteousness. Hearken to it because my mouth and my heart are in agreement. That harmony is called צֶדֶק, *righteousness,* and is synonymous with "without deceitful lips."—[*Redak*]

**my cry**—Heb. רִנָּתִי, equivalent to צַעֲקָתִי, for sometimes a person cries

before me constantly; because [He is] at my right hand, I will
not falter. 9. Therefore, my heart rejoiced, and my soul was
glad; even my flesh shall dwell in safety. 10. For You shall not
forsake my soul to the grave; You shall not allow Your pious
one to see the pit. 11. You shall let me know the way of life, the
fullness of joys in Your presence. There is pleasantness in Your
right hand forever.

17.

1. A prayer of David: Hearken, O Lord, to righteousness,
listen to my cry, lend an ear to my prayer,

22a with additional explanation] (This interpretation does not appear in any manuscript. It does, however, appear in several early printed editions.) *Rashi* to *Sanhedrin* explains that the "right hand" alludes to the Torah scroll that the king would carry suspended from his arm. David is confident that in the merit of that scroll, he will not falter.

9. **Therefore, my heart rejoiced, etc.**—*because I am confident that You will not forsake my soul to the grave. Since, concerning the iniquity of a grave transgression which I committed, You sent me the tidings* (in II Sam. 12:13): *"Also the Lord has removed your sin," certainly from now on You will not forsake me* [to cause me] *to turn away from You.*—[*Rashi*]

*Redak* explains:

**Therefore, my heart rejoiced**—Because I placed You before me always, my heart rejoiced.

**and my soul was glad**—lit. my glory. This is the soul, which is the glory of the body. I am confident that when it leaves my body, my soul will cleave to its Maker.

**even my flesh**—while I am alive, shall dwell in safety, for You will protect me from injury. According to the Sages (*Mid. Ps.* 16:10, *Bava Bathra* 17a), this teaches us that after his death worms did not devour him.

11. **You shall let me know the way of life**—*This is the future tense, not an expression of prayer.*—[*Rashi*] *Redak,* however, explains that David prays for God to let him know how to achieve the life of the world to come; that He give him the intellect and understanding to comprehend that way so that his soul may live after leaving his body and achieve the fullness of joys in God's presence and the pleasantness in His right hand forever.

**the fullness of joys**—*Endless joy. That is the joy of the future.*—[*Rashi*] (*Found only in certain manuscripts.*)

**in Your presence**—*Joys that are*

בְּלֹא שִׂפְתֵי מִרְמָה׃ ב מִלְּפָנֶיךָ מִשְׁפָּטִי
יֵצֵא עֵינֶיךָ תֶּחֱזֶינָה מֵישָׁרִים׃ ג בָּחַנְתָּ
לִבִּי ׀ פָּקַדְתָּ לַּיְלָה צְרַפְתַּנִי בַל־תִּמְצָא
זַמֹּתִי בַּל־יַעֲבָר־פִּי׃ ד לִפְעֻלּוֹת אָדָם
בִּדְבַר שְׂפָתֶיךָ אֲנִי שָׁמַרְתִּי אָרְחוֹת

ת״א מלפניך. (סנהדרין כ) : בחנת. סנהדרין קז : מלרע פריץ

נִכְלָא׃ ב מִן קֳדָמָךְ דִּינִי
יִפּוֹק עֵינָךְ תֶּחֱזְיָן חֶמְיָן
תְּרִיצוּתָא׃ ג בְּחַנְתָּא
לִבִּי אַסְעַרְתָּא עֲלַי
בְּלֵילְיָא סְנַנְתָּא לִי לָא
אַשְׁכַּחְתָּא שְׁחִיתָא
חַשְׁבֵית בִּישׁוּתָא לָא
עֲבַר פּוּמִי׃ ד בְּרַם
אַכְסַנְתָּא עַל עוֹבָדֵיהוֹן
דִּבְנֵי נָשָׁא בְּמֵימַר
סִפְוָתָךְ אֲנָא נְטָרִית

## רש״י

יז (ב) מלפניך משפטי יצא. עבירות שבידי שאני ראוי להפרע עליהם ביסורין יצאו מלפניך ולא יבאו לפניך בדין: עיניך תחזינה מישרים. אם יש בידי זכיות בהן תחזינה במישרים עיניך: (ג) בחנת לבי וגו׳. ידעתי כי יש עבירה בידי ואם משפט עונשו יבא לפניך לא אצדק בדין אשר כבר בחנת לבי: פקדת לילה. לעת הערב בעון בת שבע שנאמר ויהי לעת הערב ויקם דוד וגו׳ (ש״ב י״א): צרפתני. נסיתני: בל תמצא. לא מצאת בי חפלך: זמותי בל יעבר פי. אם תעלה עוד במחשבתי ליבחן לפניך בל יעבור פי לומר עוד בחנני ה׳ ונסני כמו שאמרתי כבר כמ״ש (לקמן כ״ו) בחנני ה׳ ונסני שאמר דוד לפני הקב״ה מפני מה אומרים אלהי אברהם ואין אומרים אלהי דוד אמר לו אני בחנתיו בי׳ נסיונות ונמצא שלם אמר בחנני ונסני כדאיתא במסכת שבת: (ד) לפעולות אדם בדבר שפתיך וגו׳. תמוך אשורי וגו׳. מאז והלאה לכל פעולת אדם שבאתי לפעול אני שמרתי בשביל דבר שפתיך ארחות פריץ לנטות מהם שלא אלך בהם אך לתמוך אשורי תמיד במעגלותיך לא נמוטו מהם פעמי. פי׳ אחר לפעולות אדם בדבר שפתיך וגו׳. לפי שצריך אדם להשתמש בפעולותיו לפי ישרת דבר שפתיך אשר אמרת לא תנאף אני שמרתי ארחות פריץ אף על פי שעשיתי

## רד״ק

לשון רנה היא לשון צעקה יש בהם לשירה ויש להכרזה ויש לתפלה ויש לבכי וכל אחד יתפרש לפי מקומו: (ב) מלפניך משפטי יצא. פירש א״א ז״ל התפלה הזאת על מעשה בת שבע ובקש מלפני הקב״ה זה המשפט יצא מלפניך שלא תשפטני בו ועיניך תחזינה מישרים ראה מישרים שעשיתי ואל יצאו בזה העון ושפטני ברוב זכיותי ולא בזה העון: (ג) בחנת לבי פקדת לילה. באותו הלילה בחנת ופקדת לבי וצרפתני ולא מצאתני נקי. ואמר זמותי בל יעבור פי. מה שחשבתי לומר בחנני ה׳ ונסני הלואי שלא יעביר פי ולא אומר אותו הדבר שנתגאתי בו לפניך הרבה ונכשלתי בו. והקרוב אלי מלפניך משפטי יצא תשפטני מאויבי: עיניך תחזינה מישרים. תראת שהמישרים עמי והעול והחמס עמהם וכן רוב המזמור על האויבים ובעבורם היה מבקש רחמים ואמר שיראה האל יושר מעשיו וכי אויביו שונאים אותו חנם. ואמר בחנת לבי פקדת. כי אתה בוחן לבבות וידעת אם דברי אמת ובלילה שהיא פנוי מעסקי העולם ואין לו מעשה בזמן שהוא ער היא חושב ואתה פקדת לבי ומחשבתי וצרפתני ולא מצאתי בי רק טוב. ובמחשבתי לא עבר דבר רע אלא כפי כן לבי וזהו זמותי בל יעבור פי וכמו שאני נזהר בעצמי כן אני מזהיר אחרים במה שאני רואה. וזה הוא שאמר: (ד) לפעולות אדם בדבר. במה שצווית והזהרת אני מתבונן לפעולות אנשים ומונע מהם העבירות וזהו אני שמרתי ארחות פריץ מנעתי שלא ילך אדם באורחות פריץ ורשע. ואחר שסיפר לפני האל יושר פיו ולבו ומעשיו התחנן לפני האל שיסמוך אשוריו שלא ימוטו לפני

## אבן עזרא

ותעבר הרנה ותפלתי בלחש: (ב) מלפניך. יצא דיני מלפניך שתענישני אם עיניך לא תחזינה מישרים: (ג) בחנת לבי. אתה תדע כל מחשבותי וטעם בלילה בהתבודדו מבני אדם: בל תמצא. פסול או מום: בל יעבר פי. כמו ומים לא יעברו פיו והנה מחשבתו בדברי פיו ואיננה להפך: (ד) לפעולות. מרוב אהבתי שיעבדוך הכל וזה טעם לפעולות אדם שיפעלו בני אדם מה שלויתם: שמרתי

## מנחת שי

יז (ג) זמתי. מלרע אבל בירמיה ד׳ כי דברתי זמתי מלעיל וכן נמסר עליו לית מלעיל: (ד) ארחות פרין. בספרים מדוייקים כ״י וגם בדפוסים ישנים מלא יו״ד וכן סגים בספרו בפי

## מצודת דוד

שנאמרה בלדק ובכוונת הלב: בלא. הנאמרה בלא שפתי מרמה: (ב) משפטי יצא. ר״ל לא תעשה בי משפט הראוי על אשמותי כי ראה מעשה הישרים שעשיתי ולפיהן בפטני: (ג) בחנת לבי. לדעת מחשבותי והשגחת בי בלילה זהוא עת שמחשבת האדם פנויה: צרפתני. כצורף הזה הצורף כספו לדעת הטובה סיג כך בחנת אותי ולא מצאת בי מחשבת רשע: זמותי. מחשבותי אינם עוברים דברי פי ר״ל כמחשבותי כן אמרי פי: (ד) לפעולות אדם וגו׳. מה שלוית בדבר שפתיך על פעולות האדם את המעשה אשר יעשה: ארחות פריץ. אורח הפריץ והשודד המבטל אורח המלות הנה אני שמרתי לבלתי את למו ללכת בו לבטל

## מצודת ציון

יז (ג) פקדת. ענין זכרון והשגחה כמו וה׳ פקד (בראשית כ״א):

tions) *of the word of Your lips, as You said, "You shall not commit adultery,"—I kept myself from the ways of the profligate although I behaved unfittingly according to the good You have done.*—[Rashi]

[which is] without deceitful lips. 2. May my judgment come forth from before You; may Your eyes see [my] upright acts. 3. You have tried my heart; You have visited [upon me] at night. You have refined me and not found: If I think, let it not pass my mouth. 4. As for man's deeds, because of the word of Your lips, I kept [myself] from the ways of

out in his prayer and sometimes he prays silently. Every expression of רִנָּה is an expression of a cry—sometimes in joy and song, sometimes when making an announcement, sometimes in prayer and supplication, and sometimes in weeping and sighing—each one to be explained according to its context.—[*Redak*]

2. **May my judgment come forth from before You**—*May the sins for which I deserve to be judged with torments, go forth from before You and not come before You in judgment.*— [*Rashi*]

**may Your eyes see [my] upright acts**—*If I have merits, may Your eyes see the upright acts.*—[*Rashi*]

3. **You have tried my heart, etc.**—*I know that I am guilty of a transgression, and, if the judgment of its punishment comes before You, I will not be declared innocent in the judgment, for You have already tried my heart.*—[*Rashi*]

**You have visited [upon me] at night**—*at eventide for the iniquity of Bathsheba, concerning which it is stated* (in II Sam. 11:2) *"And it came to pass at the time of evening, that David arose, etc."*—[*Rashi*]

**You have refined me**—*You have tested me.*—[*Rashi*]

**and not found**—*You have not found in me Your desire.*—[*Rashi*]

**If I think, let it not pass my mouth**—*If it enters my thoughts again to be tried before You, let it not pass my mouth to say again, "Try me, O Lord, and test me," as I have already said, as is written* (26:2) *"Try me, O Lord, and test me," for David asked the Holy One, blessed be He, "Why do they say, 'the God of Abraham,' yet they do not say, 'the God of David'?" He replied, "I tested him with ten tests, and he was found perfect." He* [David] *said, "Try me and test me," as appears in tractate Shabbath* (?).—[*Rashi*, found in *Sanh.* 107a]

4. **As for man's deeds, because of the word of Your lips, etc. To support my feet, etc.**—*From then on, for every deed of man that I came to perform, I watched myself because of the word of Your lips;* [I watched] *the ways of the profligate, to turn away from them, so that I should not walk in them, but* [would] *support my feet constantly in Your paths, that my feet should not falter from them. Another explanation:*

**For the deeds of man according to the word of Your lips, etc.**—*Since a person must use his deeds according to the uprightness (decree*—early edi-

פריץ: ה תמך אשרי במעגלותיך בל
נמוטו פעמי: ו אני קראתיך כי תענני
אל הט אזנך לי שמע אמרתי: ז הפלה
חסדיך מושיע חוסים ממתקוממים
בימינך: ח שמרני כאישון בת עין בצל
כנפיך תסתירני: ט מפני רשעים זו
שדוני איבי בנפש יקיפו עלי: י חלבמו

## תרגום

ארחות חציפא: ה סעד
אסתירי בהליכתך דלא
יזועון רגלי: ו אנא
קריתי יתך מטול תקבל
צלותי אלהא צלי
אודנך קבל צלותי:
ז פריש טבותך פריקהון
דסברין מן דקימין
עליהון באידא דימינך:
ח נטר יתי כגלגול די
במציעות עינא בטולא
דשכנתך תטמור יתי:
ט מן קדם רשיעיא אלין
דמחבלין יתי בעלי
דבבי ברעות נפשיהון מחזרן עלי: י עתרהון סגא שומניהון כסיאו פומהון

## רש"י

שלא כראוי בטובתך. תמוך אשורי וגו'. מאז והלאה לכל פעולת אדם שבאתי לפעול אף על פי שעשיתי שלא כראוי אתה את המשרים תחזינה עיניך ומשפטי מלפניך יצא (ספ"א): (ו) כי תענני אל. כי בטוח אני שתענני: (ז) הפלה חסדיך. (דיסבר"א בלע"ז. דעזעסאר"ע בל"א אבזאנדערן. כמו ונפלינו אני ועמך שמות ל"ג) מושיע בימינך את החוסים בך ממתקוממים עליהם (ספ"א). הפלה חסדיך מושיע חוסים. הרי זה מקרא מסורס הפלה חסדיך להושיע בימינך את החוסים וגו': (ח) כאישון. הוא השחור שבעין שהמאור תלוי בו וע"ש שחרוריתו הוא קרוי אישון ל' חשך והקב"ה הכין לו שומר את ריסי העין המכסין אותו תמיד: (ט) זו שדוני. בשביל זאת שסודדים אותי אויבי אשר בנפש יקיפו עלי ליטול נפשי: (י) חלבמו סגרו. בחלבם ובשמנם סגרו לבם ועיניהם מהביט אל פעלך ליראה מלפניך:

## רד"ק

אויביו. ואמר: (ה) תמוך. מקור במקו' צווי. ואמר במעגלותיך כלומר אשורי שהם הלכו במעגלותיך ובדרכך תמוך אותם שלא ימוטו. ומלת נמוטו מחלוקת בקריאתה יש ספרים שהוא דגש בטי"ת ואם כן הוא כפעלי הכפל ויש ספרים שאינו דגוש ואם כן הוא מנחי העי"ן: (ו) אני. לפיכך קראתיך כי בטחתי שתענני ואתה יכול לעוזרני וזה טעם אל: (ז) הפלה. הפרש אמר אתה שאתה מושיע חוסים הפרש והעבר חסדיך מאותם אנשים שהם מתקוממים בימינך כי כלם ידעו כי המלוכה לי מאתך והמורדים בי מורדים בך: (ח) שמרני. כמו ששומר אדם אישון עינו והוא השחור שבתוך המאור. ונקרא אישון לפי שנראית בו צורת איש והוי"ו והנו"ן להקטין לפי שהצורה היא קטנה וכן תוספת יו"ד האמינון להקטין וכן וי"ו נו"ן שבתין שענינו על תוספת קדושה: (ט) מפני. שמרני מפני האויב אשר שדדו אותי. ומלת זו כענין אשר: אויבי בנפש יקיפו עלי. שמרני מפני אויבי אשר יקיפו ויסבבו עלי בנפשי כלומר לקחת נפשי: (י) חלבמו. רוב שמנם סגר פיהם על כן דברו

## מנחת שי

א"ת וכן במסורת פריץ ב' ומכרו והוליד בן פריץ: (ה) תמך אשרי. י"ס תמוך אשורי: נמוטו פעמי. פליגא נמוטו לפי ועיין רד"ק בפי' ובשרש מטט: (ט) מפני רשעים זו. הימנית במלת

## אבן עזרא

ארחות פריץ. והטעם שמתי שומרים על ארחותיו עד שלא יעברו על דבר שפתים בעבור היותו פריץ: (ה) תמוך אשורי. רק אני לעולם תמכו אשורי במעגלותיך: (ו) אני. טעם אל כי יש לו כח: (ז) הפלא חסדיך. באר והפרש כמו אשר יפלא ה' ובימינך דבק עם חוסים כי לא מלאנו זאת הגזרה בלא בי"ת ויש אומרים כי הוא סמוך אל מלת מושיע: (ט) מפני, זו. כמו אלה: שדוני. כמו סבבוני: בנפש. בתאות נפש יקיפו עלי: (י) חלבמו. חסר בי"ת בחלבמו סגרו פימו אשר דברו בגאות אי חלבמו סגור בקרבם ופימו

## מצודת ציון

זמותי. ענין מחשבה: (ה) אשרי. הרגלים הפוסעים וכן לא תמעד אשוריו (לקמן ל"ז): במעגלותיך. בנתיבותיך: נמוטו. ענין המעדה ונטיה לנפול כמו לעת תמוט רגלם (דברים ל"ב): פעמי. רגלי כמו מה יפו פעמיך (ש"ה ז'): (ז) הפלה. ענין הפרשה: ממתקוממים. מהקמים למולך: (ח) כאישון בת עין. הוא השחור נקרא אישון על שנראה בו צורת איש קטן והנו"ן יורה

## מצודת דוד

אורח המלות: (ה) תמוך. תחזק רגלי ללכת בנתיבותיך בכדי שלא ימעדו לנפול: (ו) כי תענני. כי ידעתי שתענני: (ז) הפלה חסדיך וגו'. ר"ל אתה המושיע את החוסים בך הפרש חסדיך מן הקמים בימינך לעשות מול רצונך לבל עשות להם חסד בלבד להחוסים בך תעשה חסד: (ט) זו שדוני. אשר שדדו אותי: בנפש. בעבור קחת נפשי מקיפים ומסבבים עלי: (י) חלבמו. על

**themselves up**—*With their fat, they closed their heart and their eyes from looking at Your deeds, in fear of You.*—[*Rashi*] Other commentators render: With their fat, they closed their mouth; therefore, they spoke with haughtiness. Because of all their pleasures, they spoke arrogantly.—[*Redak, Ibn Ezra, Mezudath David*]

the profligate. 5. To support my feet in Your paths, lest my feet
falter. 6. I called to You because You shall answer me, O God.
Bend Your ear to me; hearken to my saying. 7. Distinguish
Your kind acts to save, with Your right hand, those who take
refuge [in You] from those who rise up [against them].
8. Guard me as the apple of the eye; in the shadow of Your
wings You shall hide me. 9. Because of the wicked who have
robbed me; my mortal enemies who encompass me. 10. [With]
their fat,

5. **To support my feet**—*From then on, for every deed of man that I did improperly, may Your eyes see the upright deeds, but my judgment shall go forth from before you.*—[*Rashi*] (*This appears in certain early editions but not in manuscripts.*) [The second interpretation is obviously difficult as well as repetitious, and was probably added to *Rashi's* commentary by a copyist.]

6. **because You shall answer me, O God**—*Because I am confident that You will answer me.*—[*Rashi, Ibn Ezra, Redak, Mezudath David*]

**Bend Your ear to me, etc.**—because You have the ability to help me.—[*Redak*]

7. **Distinguish Your kind acts**—Heb. הַפְלֵה, *ésévre in Old French, to separate, as* (in Exod. 33:16): *"and I and my people will be distinguished* (וְנִפְלֵינוּ)." *With Your right hand You save those who take refuge in You from those who rise up against them.* (*This does not appear in manuscripts or in most early editions.*) Lit. *Distinguish Your kind acts, You Who save those who take refuge, etc. This is a transposed verse, meaning: Distinguish Your kind acts to save with Your right hand those who take refuge, etc.*—[*Rashi*] *Redak* renders: Withdraw Your kind acts, You Who save those who seek refuge, from those who rise up against Your right hand. I.e. You Who save those who seek refuge, withdraw Your kind acts from those who rise up against Your authority, for all will recognize that the throne is mine by Your decree, and whoever rebels against me is actually rebelling against You.

8. **as the apple**—Heb. כְּאִישׁוֹן. *That is the pupil* (lit. the black) *of the eye, on which the vision depends. Because it is black, it is called* אִישׁוֹן, *an expression of darkness, and the Holy One, blessed be He, prepared a guard for it, viz. the eyelids, which constantly cover it.*—[*Rashi*] *Redak* derives it from אִישׁ, *man,* the suffix "vav nun" denoting the diminutive; hence, "a small man," named for the reflection of a man in the pupil of the eye.

9. **who have robbed me**—*Because of this: my enemies, who encompass me to take my life, rob me.*—[*Rashi*]

10. **[With] their fat, they closed**

סַגְּרוּ פִּימוֹ דִּבְּרוּ בְגֵאוּת: יא אַשֻּׁרֵנוּ
עַתָּה סְבָבוּנִי* עֵינֵיהֶם יָשִׁיתוּ לִנְטוֹת
בָּאָרֶץ: יב דִּמְיֹנוֹ כְּאַרְיֵה יִכְסוֹף לִטְרֹף
וְכִכְפִיר יֹשֵׁב בְּמִסְתָּרִים: יג קוּמָה יְהוָה
קַדְּמָה פָנָיו הַכְרִיעֵהוּ פַּלְּטָה נַפְשִׁי
מֵרָשָׁע חַרְבֶּךָ: יד מִמְתִים יָדְךָ ׀ יְהוָה

מַלִּילוּ בְּרַבְרְבוּתָא:
יא אִסְתַּוְרְנָא הַשְׁתָּא
חֲזוּרְנָא עֵינֵיהוֹן מְשַׁוְיָן
לְמִפְשַׁט בְּאַרְעָא:
יב דְמוּתֵיהּ הֵיךְ אַרְיָא
דִמְרַגַג לְמִתְבַּר
וּכְשַׁחֲלָא דְיָתִיב
בְּטוּמְרַיָא: יג קוּם יְיָ
אַקְדֵם אַפּוֹי חֲמָתֵיהּ
פְּצָא נַפְשִׁי מִן רַשִׁיעָא
דְאִתְחַיַּיב קְטוֹל בְּסַיְפָךְ:
יד וְצַדִּיקַיָא דְמָסְרִין

ת״א ממתים. ברכות ה מא: סבבונו קרי

### רש״י

(יא) אשורנו עתה סבבונו. את עקבנו עתה סבבונו האויבי' ועיניהם ישיתו לנטות בארץ. לפשוט בארץ וכ"ל שהתפלל דוד תפלה זו לאחר שבא לידו מעשה של אוריה. ויואב וישראל היו בארץ בני עמון צרים על רבה (שמואל ב' י"א) ויירא דוד שלא יכשלו שם בשביל עבירה שבידו וישמעו פלשתים ומואב ואדום וכל שכיני ארץ ישראל הרעים המלפי' ליום אידם ויבאו עליהם: (יב) יכסוף. יחמוד כמו (בראשית ל"א) כי נכסוף נכספת: (יג) קדמה פניו. של אויב: הכריעהו. קפה את רגליו ויכרע ויפול: פלטה נפשי. מכל רשע שהוא חרבך שאתה משליטו ליפרע מן המחוייבים לך: (יד) ממתים ידך. מן המתים

### רד״ק

בגיאות מרוב העונגם: (יא) אשרנו. בדגש השי"ן וסבבוני כתיב ביו"ד וקרי בוי"ו והוא לשון רבים ועל חבריו אשר התלקטו עמו בברחו מפני שאול ולשון יחיד על עצמו כי הוא העיקר ואמר אשורנו כשידעו דרכינו שאנחנו בה עתה סבבונו תכף ילכו אחרינו יסובבו עלינו: עיניהם ישיתו. על דרכינו לנטות לנו רשתם בארץ ללכדנו: (יב) דמיונו. לשון יחיד על שאול אמר: (יג) קומה ה'. כשיבא לטרפני קדמה פניו הכריעהו שלא יהיה בו כח להרע לי: מרשע חרבך. מרשע שהוא חרבך כי החרב והפליטה ממנו מאתך הוא הכל. כמו שכתוב הוי אשור שבט אפי וגו': (יד) ממתים. ופלטה נפשי ממתים שהם ידך ומכתך כמו שקראם חרבך קראם ידך: ממתים

### אבן עזרא

מדבר גאוה והראשון נכון בעיני כי הוא כדרך כי כסה פניו בחלבו: (יא) אשורנו. תחסר מלת עם או לפאת וככה הטעם סבבוני לפאת אשורנו ועיניהם ישיתו אולי ינטו אשורנו בארץ כמו אם תטה אשורי מני הדרך: (יב) דמיונו. דמיון כל אחד מהסובבים: (יג) קומה. להראות הכח: קדמה פניו. בבואו לטרוף אותי: מרשע. שהוא חרבך: (יד) ממתים. דבק עם הפסוק של מעלה והטעם פלטני ממתים ידך שהם מכתך בעבור היותה ביד כמו הנה יד ה'

### מנחת ישי

רשעים ונכון לפי' רד"ק ולא כן למפרשים אחרים: (יא) אשרנו. יש במלה זו חילופים רבים במילוי או חיסור וא"ו אחר שי"ן ובמילוי וחיסור יו"ד אחר לי"ם: סבבוני. סבבונו קרי: (יד) ממתים ידך ה' ממתים מחלד. כתוב בספר דקדוק ישן שכל ב' אותיות כפולות באמצע תיבה תנקד אחת בחטף פתח כמו הַלְלוּ צִלֲלוּ שְׁמֲמוֹת עולם חֲצוֹצְרוֹת אֲרוֹמִמְךָ וכיוצא בהן וכן מְמֲתִים ידך ס' מְמֲתִים מחלד ועיין מ"ש בריש סדר לך לך: ולפיק. ולפוק קרי: לעולליהם. בכל הספרים מלא וא"ו ובחילופים משמע שכן הוא למדינחאי אבל לא למערבי:

### מצודת דוד

שחלבם סגרו פיהם מגודל השומן מרוב כל זה ידברו בגאוה: (יא) אשרנו וגו'. מסבבים עתה רגלינו ללכוד אותנו ושמים עיניהם לנטות בארץ אנה ואנה לארוב עלינו: (יב) דמיונו. דומה הוא כאריה החומד לטרוף: יושב במסתרים. מטמין עצמו לארוב לכל יראוהו: (יג) קדמה פניו. עד שלא ילכדנו הקדימהו והפילהו לכרוע על ברכיו: פלטה. הצל נפשי מיד הרשע שהוא חרבך: (יד) ממתים. אהיה מן המתים מידך: מחלד. ממות שכלה זמן הייסם בעבור הזקנה: חלקם. ואותן שחלקם בחיי עולם כבא

### מצודת ציון

על קוטן הדבר ושם העלם היא בת עין והוא גלגל העין משם בא האור וכפל הדבר בשמות נרדפים וכמו אדמת עפר (דניאל י"ב): (יא) אשורנו. רגלינו: (יב) יכסוף. יחמוד כמו נכסוף נכספת

on his knees before he catches me.

**bring him down to his kness**—*Beat his legs, and he will kneel and fall.*—[*Rashi*] So that he will have no power to harm me.—[*Redak*]

**rescue my soul**—*from every wicked man who is Your sword, for You give him the power to rule, to requite those who are bound to You.*—[*Rashi*]

14. **Of those who die by Your hand**—*I choose to be one of those who die by Your hand on their bed.*—[*Rashi*]

they closed themselves up; their mouths spoke with haughtiness. 11. [By] our footsteps they surround us now, they set their eyes roaming over the land. 12. His likeness is like a lion, which yearns for prey, and as a young lion, which lurks in hidden places. 13. Arise, O Lord, confront him; bring him down to his knees; rescue my soul from the wicked, Your sword. 14. Of those who die by Your hand, O Lord,

11. **[By] our footsteps they surround us now**—*By our footsteps, the enemies surround us now, and they set their eyes roaming over the land, to raid the land. It appears to me that David prayed this prayer after the incident of Uriah and Joab had happened to him, and the Israelites were in the land of the children of Ammon besieging Rabbah* (II Sam. 11), *and David feared that they would be defeated there because of the sin that he had committed, and the Philistines, Moab, Edom, and all the evil neighbors of Eretz Israel, who looked forward to the day of their misfortune, would hear and march against them.*—[*Rashi*] *Redak* explains that this psalm is David's prayer to God to save him and his men from Saul, when he was fleeing from him. Hence, the "keri," *surround us,* and the "kethib," *surround me,* referring both to himself and to his men.

12. **His likeness**—The likeness of each of those who surround us.—[*Ibn Ezra*] *Redak* explains that the singular applies to Saul. The simile of Saul to a lion is reminiscent of 7:3, in the psalm concerning Cush the Benjamite, identified as Saul.

**which yearns**—Heb. יִכְסֹף, *yearns, as* (in Gen. 31:30): "*for you yearned* (נִכְסֹף נִכְסַפְתִּי)."—[*Rashi*]

**which lurks in hidden places**—He hides to lurk lest he be seen.—[*Mezudath David*] The young lion does not venture out of its lair to hunt its prey. Instead, it lurks inside the lair, waiting for prey to pass by. As it matures, it gains courage and pursues its prey. So did Saul originally attempt to assassinate David in the secrecy of his house, casting the spear at him, several times. Later, Saul pursued him in the deserts like an old lion, which pursues its prey.—[*Malbim*]

13. **Arise, O Lord**—when he comes to pursue me and tear me apart.—[*Redak*]

**confront him**—*The enemy.*—[*Rashi*] *Mezudath David* explains: Get ahead of him and cast him down

מִמְתִים מֵחֶלֶד חֶלְקָם בַּחַיִּים וּצְפִינְךָ
תְּמַלֵּא בִטְנָם יִשְׂבְּעוּ בָנִים וְהִנִּיחוּ
יִתְרָם לְעוֹלְלֵיהֶם׃ טו אֲנִי בְּצֶדֶק אֶחֱזֶה
פָנֶיךָ אֶשְׂבְּעָה בְהָקִיץ תְּמוּנָתֶךָ׃
יח א לַמְנַצֵּחַ ׀ לְעֶבֶד יְהוָה לְדָוִד אֲשֶׁר

ת״א אני בצדק. ברכות י זוהר נח (תענית סה סנהדרין כח)׃ וצפונך קרי דבר

נַפְשֵׁיהוֹן מְטוּלְתָךְ יְיָ
לְמִיתוּתָא בְּאַרְעָא
חוּלָקְהוֹן בְּחַיֵּי עָלְמָא
וְטַשְׁיוּתָךְ טָבָא יִתְמַלְיָן
כְּרֵיסֵהוֹן יִסְבְּעוּן בְּנִין
וְיִשְׁבְּקוּן שְׁיוּרֵהוֹן
לְטַלְיֵהוֹן׃ טו אֲנָא
בְקוּשְׁטָא אֶחְמֵי סְבַר
אַפָּךְ אֶשְׂבַּע בְּעִדָּן
דְאִתְּעַר מִן אִיקַר
פַּרְצוּפָךְ׃ א לְשַׁבָּחָא
עַל נִסַּיָא דְאִתְרְחִישׁוּ לְעַבְדָּא דַייָ לְדָוִד דְשַׁבַּח בִּנְבוּאָה קֳדָם יְיָ יַת פִּתְגָמֵי שִׁירָתָא הָדָא

## רד״ק

מחלד. ממתים שהם מזה העולם שכל תאותם וחפצם בזה העולם: חלקם בחיים. חלקם הוא בחיי העולם הזה כי לא יצפו לעולם הבא אלא שצפונך וטובך תמלא בטנם בעולם הזה: ישבעו בנים. שישבעו בניהם בחיים עמהם: והניחו יתרם לעולליהם. אחר מותם והם בני בניהם: (טו) אני. אמר דוד הרשעים אין להם חפץ בעולם הבא אבל אני מצפה לחזות בצדק פניך לעוה״ב בצדק שאעשה בעוה״ז לא לאכול ולהתענג כמוהם. אמר אשבעה כנגד ישבעו בנים הם ישבעו בעוה״ז ואני אשבע לעוה״ב: בהקיץ. כי לא תמות ותישן נפשי הפך וישנו שנת עולם: תמונתך. הוא השגת כבוד האל כפי כח הנשמה אחרי הפרדה מהגוף: (א) לעבד. שדוד בכל אשר

## רש״י

בידך על מתים אני בוחר להיות: ממתים מחלד. מאותם שמתים בזקנה שהעלו חלודה (רדוויל״א בלע״ז. הדלת יתירה כ״ל רולי״א. בל״א ראסט). ומן הצדיקים אשר חלקם בחיים: וצפונך תמלא בטנם. ומאותם אשר תמלא מעיהם מטובך אשר צפנת ליראיך: יתרם. נכסיהם אשר ישאירו במותם: (טו) אני בצדק אחזה פניך. לעתיד. או בצדק אחזה פניך משפטי יוצא מלפניך והצדקות שבידי אחזו ובהן אחזה פניך: אשבעה בהקיץ תמונתך. אשבעה מראיית תמונתך בהקיץ המתים משנתם (סא״א). ל״א אשבעה מראות פניך בהקיץ המתים משנתם שהם בדמות תמונתך שכן נאמר כי בצלם אלהים עשה את האדם (שם ט׳) (סא״א):

## מנחת שי

יח שירה זו נאמרה גם בספר שמואל אך יש הפרש ביניהם במלות שונות כמו שהעירותי על הרבה מהן שם ולפי שכתבתי אותה בסדר שירת הים ושירת דבורה מהטעמים האמורים שם גם זו ראיתי אני לכתבה כדמותה כצלמה דלא גרעא מינה ששתיהן נתנו

## אבן עזרא

הויה: ממתים מחלד. שכל הפלא להיותם מבני זה העולם כי חלד איננו דבר עומד והעד והצדי כאין נגדך כל יושבי חלד וכל שאלתם שיחיו שנים רבות וכל טוב צפון שיש לך שתמלא בטנם בעולם הזה ויתענגו בו הם ישמחו וישבעו בניהם ויניחו המותר לעוללי הבנים: (טו) אני. אין לי חפץ רק לחזות פניך כי צדק שמרתי היא סבה להתענגי בראותי פניך וטעם להכיר מעשה השם כי הם כולם כללים ובחכמה עשויים ולנצח עומדים ואני שבע מתענג בתמונתך לא כאשר תמלא בטנם וזה איננו בחלום רק בהקיץ וזאת המחזה איננה במראה העין רק במראה שקול הדעת שהם מראות אלהים באמת ואלה הדברים לא יבינם רק מי שלמד חכמת הנפש:

יח (א) למנצח. טעם לעבד ה׳ כי הוא משמר דרכיו כמו שמרתי דרכי ה׳ יגמלני ה׳ כצדקי וזאת השירה

## מצודת ציון

(בראשית ל״א): (יד) מחלד. ענין זמן כמו מה חלד (לקמן פ״ט): יתרם. יתרון ומרבית העושר: לעולליהם. לבניהם הקטנים:

## מצודת דוד

ואשר תמלא בטנם מרוב טוב הצפון אשר עין לא ראתה: ישבעו בנים. ומאותן אשר ישבעו בבנים הגונים ומאותן אשר יניחו יתרון עשרם לבניהם לרשת אותו אחרי מותם: (טו) בצדק. בעבור הצדק שעשיתי אזכה לחזות פניך ואשבעה ממראית תמונתך בעת בא זמן הקיצה הוא תחיית המתים כמ״ש ורבים מישני אדמת עפר יקיצו וגו׳ (דניאל י״ב):

the world of the souls, and after the resurrection of the dead. Verse 14, which mentions, "their share is in life," refers to life in this world. Verse 15 first refers to the world of the souls, where the righteous attain the level of the prophets, who experience visions in their sleep. The righteous, too, when their physical senses are no longer active, perceive the face of the *Shechinah*. Finally, the Psalmist refers to the resurrection of the dead, when the righteous will attain the level of Moses, who experienced prophecy and perceived the Shechinah while awake, for God would appear to him when his physical senses were at their best.

1. **of the servant of the Lord**—Whoever puts all his might and all his aims in God in all his affairs is called a servant of the Lord.—[*Redak*]

**of David**—Wherever he went and

of those who die of old age, whose share is in life, and whose belly You will fill with Your hidden treasure, who have children in plenty and leave their abundance to their babes. 15. I will see Your face with righteousness; I will be satisfied with Your image upon the awakening.

18

1. For the conductor: of the servant of the Lord, of David, who

**of those who die of old age**—Heb. מֵחֶלֶד. *Of those who die of old age, after they have "rusted"* (חֲלוּדָה) *rodijjl in Old French,* [rouille in Modern French] *rust, and of the righteous,whose share is in life.*—[*Rashi*]

**and whose belly You will fill with Your hidden treasure**—*And of those whose innards You will fill with Your good, which You have hidden for those who fear You.*—[*Rashi*]

**their abundance**—*Their property that they leave over when they die.*—[*Rashi*] *Redak* connects this verse to the preceding one. He renders as follows: [Rescue me] from those who die by Your blow, O Lord, from those who die, who are of this world; i.e. those whose sole desire is this world, [receive as] their share the life of this world, for they desire only this world and do not long for the world to come. They wish only that You fill their stomach in this world with Your good and Your hidden treasure.

**that their sons be sated**—That their sons be sated in this world together with them.—[*Redak*]

**and leave their abundance to their babes**—I.e. to the sons' babes, their grandchildren.—[*Redak, Ibn Ezra*]

15. **I will see Your face with righteousness**—*in the future* (*Mid. Ps.* 17:13), *or* **I will see Your face with righteousness**—*Take my judgment away from before You and grasp the righteous deeds that I have performed, and through them I will see Your face.*—[*Rashi*] In other editions, this is one interpretation: **I will see Your face with righteousness**—*In the future, take my judgment away from before You and grasp the righteous deeds that I have performed, and through them I will see Your face.*—[*Rashi*]

**I will be satisfied with Your image upon the awakening**—*I will be satisfied with the vision of Your image when the dead awaken from their sleep.*— [*Rashi*] In many editions, the following appears at this point: *Another explanation: I will be satisfied from seeing Your face when the dead awaken from their sleep for they are in the likeness of Your image, for so it is stated* (in Gen. 9:6): *"For in the image of God, He made man."*—[*Rashi*] *Isaiah da Trani* explains: I will be satisfied from seeing Your image when I am awake, not slumbering. Rabbi Joseph Yabetz explains that these verses depict man's life in three worlds: in this world, in

על כל יומיא דשזביה
יי כן ידא דכל בעלי
דבבוי ומחרבא דשאול:
ב ואמר אחבבנך יי
תוקפי: ג יי תוקפי
ורחצני ומשיזיב יתי
אלהא דאתרעי בי
קרבני לדחלתיה תריסי
דמן קדמוי אתיהב לי
הקוף ופורקן על בעלי

דברו ליהוה את דברי השירה הזאת
ביום הציל יהוה אותו מכף כל איביו
ומיד שאול: ב ויאמר ארחמך יהוה
חזקי: ג יהוה סלעי ומצודתי ומפלטי
אלי צורי אחסה בו מגני וקרן ישעי

## רש"י

**יח** (א) **ביום הציל ה' אותו וגו'**. כשהזקין וכבר עברו עליו כל צרותיו וניצול מהם: **ומיד שאול**. והלא שאול בכלל היה אלא לפי שהיה קשה עליו ורודפו יותר מכולם כיוצא בדבר אתה אומר (יהושע ב') וראו את הארץ ואת יריחו: (ב) **ארחמך**. אאהבך כדמתרגם ואהבת לרעך (ויקרא י"ט) ותרחם: (ג) **סלעי**. שעזרתני בסלע המחלקות כשהייתי מלומלם בין שאול ואנשיו להתפש כמו שנאמר ושאול ואנשיו עוטרים אל דוד וגו' (ש"א כ"ג): **ומצודתי**. ל' מבצר: **צורי**. ל' סלע: **אחסה**. (אבירא"ר בלע"ז. ל"א בשיטלען. בעדעקקען. וכן פירש"י בישעיה ל' ב' וביואל ד' ט"ז): **אחסה בו**. אתכסה בצלו כענין שנאמר ומבלי מחסה חבקו צור (איוב כ"ד) שהסלעים כסוי ומגן להולכי דרכים מן הרוחות

## רד"ק

הלך ובכל אשר פנה היתה כוונתו ובטחונו באל יתברך בכל כעבד המצפה על יד אדוניו והוא היה מציל אותו בכל אשר היה בסכנה כאדון המציל עבדו לפיכך אמר בזה המזמור לעבד ה'. וזאת השירה כתובה בספר שמואל אלא שמתחלפת בכמה מקומות והענין אחד וזאת השירה חיברה בסוף ימיו כשהניח ה' לו מכל אויביו. ואמר מכף כל אויביו ומכף שאול. כי שאול היה שקול כנגד כל אויביו: (ב) ארחמך. החי"ת נקראת בקמץ חטף ופירושו אאהבך תרגום ויאהב ורחם. והאהבה הוא מה שיכול האדם להתקרב אל הבורא בזה העולם והיראה קודמת לאהבה וכשירגיל אדם עצמו ביראה יבא לידי אהבה שיעבד הבורא מאהבה אפי' לא יהיה לו גמול בזה. וי"מ ארחמך אבקש רחמים ממך: חזקי. החי"ת בחיר"ק: (ג) סלעי. כמו הסלע והמצודה שישגב האדם שם מפני אויביו כן שמך הוא לי סלע ומצודה להשגב בו: ומפלטי. כי הסלע והמצודה שישגב אדם בו פעם ינצל ופעם לא ינצל שם כי יתפשוהו אויביו אבל אני נשגבתי בשמך והצלת אותי בכל הפעמים: אלי צורי. כפל ענין במ"ש כי האל נקרא כן לפי שהוא חזק ויכול: אחסה בו. לפיכך הדין עלי שאחסה בו: מגיני וקרן ישעי. דרך המקרא לכנות החזק בקרן. ואמר כי האל מגינו שיגן בשמו מאויביו

## אבן עזרא

אמרה כשנשבע אנשיו שלא יבוא עמהם עוד למלחמה והזכיר עם אויביו שאול: (ב) **ויאמר**. מלת רחמים בכל המקרא מהבנין הכבד וארחמך מבנין הקל ואיננו פועל יוצא על דרך בני יצאוני יצאו ממני הזקתני חזקה ממני וזה אבקש רחמים ממך ויש אומרים כמו תרגום אהבך: (ג) **ה' סלעי**. דרך משל כאדם שהוא במקום גבוה ולא יפחד מהשפל ממנו:

## מנחת שי

מרועה אחד. (א"ס לסיות כי נקודר השטה הוכרחנו לשנות מדעת הבעלים הרב המחבר שכתב מלמגלה עד ומיד שאול בשני שטות היינו הזאת סוף שטה אחת ובאר הפסוק בשטה אחרת רצינו להטיל על זה אוזן הקורא כדי שלא נהיה כשולח יד ב"א ברשות יהי רצון שנזכה לשיר את שיר ה' על אדמת הקודש בירושלים אמן: (ב) ארחמך. קבלנו קריאתו בקמץ חטוף אשר לא כדת בהיות הצי"ן גרוניה וכן אבחנך על מי מריבה בסימן כ"א ולזה הספרים הקמחי וי"ס **ארחמך** קמץ רחב וכן מצאתי בספר דקדוק יען כי אין דכך דו לבא קמץ חטוף רק במקום חולם שדומה לו קלת דכך קריאה על כן יאמר בספר מדוייק ארחמך ה' חזקי בקמץ רחב כי הוא בא מן ארחם ולא מן ארחום ויש חולקין בתיבה זו עכ"ל: (ג) ה' סלעי. סא"ך במאריך כן הוא בס"ם: ומצודתי ומפלטי. קל בלא דגש בלמ"ד בכמה ספרים מדוייקים וכמוסו

## מצודת דוד

**יח** (א) ביום הציל. לעת זקנותו שניצל מכל התלאות או בכל עת שהיה ניצל מאיזה צרה אז שר השירה הזאת: (ג) ה' סלעי. ה' לי למחסה כבנין הסלעים וכמצודה: וקרן ישעי. הוא לי לישע

## מצודת ציון

**יח** (ב) ארחמך. ענין אהבה וחבה: (ג) ומצודתי. מגדל גבוה וחזק: ומפלטי. ענין הצלה: צורי. חזקי כצור וסלע וכפל דברו: וקרן. דרך המקרא לכנות החוזק בקרן ע"ש שבעלי הקרנים

*ter is stated* (in Job 24:8): *"and without shelter* (מַחְסֶה) *they embrace the rocks," because the rocks are a shelter and a shield for the travelers from the winds and from the downpour of rains*—[*Rashi*]

**my shield and the horn of my salvation**—In many places in Scriptures strength is compared to a horn because the strength of the ram, the bull, and the wild ox is in the horns with which they gore. Scripture calls God David's shield because He protects him from his enemies, and his horn because He "gores" his enemies and saves him. God would save David from every dangerous situation, as a master saves his slave. Therefore, in this psalm David is called the servant of the Lord. A variant of this song appears in II Samuel 22.—[*Redak*]

spoke to the Lord the words of this song on the day that the Lord saved him from the hand of all his enemies and from the hand of Saul. 2. And he said, "I love You, O Lord, my strength. 3. O Lord, my rock and my fortress and my rescuer; my God, my rock, I will take refuge in Him; my shield and the horn of my salvation,

wherever he turned, his aim and his trust was in God in everything, like a slave who looks only to his master's hand.—[*Redak*]

**on the day the Lord saved him etc.**—*When he became old and all his troubles had already passed over him and he was saved from them.*—[*Rashi*] *Mezudath David* suggests also that David sang this song whenever he was rescued from any one of his enemies.

**and from the hand of Saul**—*Was not Saul included? But* [he is mentioned specifically] *because he was the worst to him and pursued him more than all of them. Similarly, you say* (in Josh. 2:1): *"see the land and Jericho."*—[*Rashi* from *Sifre* Num. 31:6]

2. **I love You**—Heb. אֶרְחָמְךָ, *I love You, as the Targum renders* (Lev. 19:18): *"and you shall love your neighbor,"* וּתְרַחֵם.—[*Rashi* from *Mid. Ps. 18:7*] Loving God is the closest a person can get to Him in this world. Fear of God precedes love of God, but through fear, a person can attain love, which involves serving God even if no reward is given him.—[*Redak*] *Ibn Ezra* suggests also: I will beg mercy from You.

3. **my rock**—*For You saved me at the Rock of the Divisions* (I Sam. 23:28), *when I was trapped between Saul and his men, to be caught, as it is stated* (in I Sam. 23:26): *"but Saul and his men were encircling to David and his men etc."*—[*Rashi* from *Mid. Ps.* 18:7]

**and my fortress**—Heb. וּמְצוּדָתִי *an expression of a fortress.*—[*Rashi*] Just as a person takes refuge from his enemy on a rock or in a fortress, David says: I have no rock or fortress in which to take refuge but Your name, as it is written (in Prov. 18:10): "The name of the Lord is a tower of strength; the righteous runs into it and is strengthened."—[*Redak*]

**and my rescuer**—If someone takes refuge in a rock or a fortress, sometimes he will be saved and sometimes he will not; the enemy might attack and capture him there. But I took refuge in Your name, and You saved me every time.—[*Redak*]

**I will take refuge in Him**—Therefore it is proper for me to take refuge in Him.—[*Redak*]

**my rock**—Heb. צוּרִי, *an expression of a rock.*—[*Rashi*]

**I will take refuge**—*Abrier in French* (to protect, cover. Cf. *Rashi* to Isa. 30:2, Joel 4:16).—[*Rashi*]

**I will take refuge in Him**— *I will take shelter in His shade, as the mat-*

מִשְׂגַּבִּי׃ ד מְהֻלָּל אֶקְרָא יְהוָה וּמִן־אֹיְבַי
אִוָּשֵׁעַ׃ ה אֲפָפוּנִי חֶבְלֵי־מָוֶת וְנַחֲלֵי
בְלִיַּעַל יְבַעֲתוּנִי׃ ו חֶבְלֵי שְׁאוֹל סְבָבוּנִי
קִדְּמוּנִי מוֹקְשֵׁי מָוֶת׃ ז בַּצַּר־לִי ׀ אֶקְרָא
יְהוָה וְאֶל־אֱלֹהַי אֲשַׁוֵּעַ יִשְׁמַע מֵהֵיכָלוֹ
קוֹלִי וְשַׁוְעָתִי לְפָנָיו ׀ תָּבוֹא בְאָזְנָיו׃

ותגעש

דבני רחצני: ד אמר
דוד בהושבחתא אנא
מצלי קדם יי ומן בעלי
דבבי פריק יתי:
ה אקפני עקא כאתתא
דיתבא על מתברא
וחיל לית לה למילד
והיא מסתכנא לממת
וסיעת טלומיא בעתת
יתי: ו משרית חיבין
אקפוני אקדומי יתי
דמזינין במני קטול:
ז בדעקא לי אנא מצלי
קדם יי וקדם אלהי אנא מתחנן ומקבל צלותי מן היכליה ובעותי קדמוי מתקבלא

## רש"י

ומזרם גשמים: (ד) מהולל אקרא ה'. בהלולים אקראנו ואתפלל לפניו תמיד. כלומר אף לפני התשועה אני מהללו לפי שבטוח אני שאושע מאויבי: (ה) אפפוני חבלי מות. פעמים רבות סבבוני רשעים. אפפוני כמו סבבוני וכן אפפו עלי רעות (לקמן מ'): חבלי מות. מחנות אויבים כמו חבל נביאים (ש"א י') וי"ת כדאיתא דיתבא על מתברא לחבלי יולדה (הושע ג'): ונחלי בליעל. אף הוא לי גייסות שוטפין כנחל: (ו) חבלי שאול. כמו חבלי מות משריין רשיע' ואני מה הייתי עושה: (ז) בצר לי אקרא.

## רד"ק

והוא קרני שיגנח בו אויביו ויושע מהם: משגבי. כי הוא לי כמו המגדל והסלע שאשגב בו: (ד) מהלל. כשאני מתפלל אקרא ה' מהלל שאהללו בתהילותי אז מאויבי אושע: (ה) אפפוני. סבבוני: חבלי מות. כמו חבלי יולדה וענינם אחד. ואמר זה על הצרות הגדולות שהיה בם קרוב למות: ונחלי בליעל יבעתוני. הצרות הם כנחל השוטף. ובליעל. אמר על כל אחד ואחד מאויביו. או יהיה בליעל שם הרשע ואפשר לפרש נחלי כמו נחלה מכתך: (ו) חבלי. כבר פירשנוהו וי"ת בספר שמואל משירית רשיעין כמו חבל נביאים: קדמוני מוקשי מות. שיצאו בפני: (ז) בצר. בעת שהיה צר לי לא פניתי אל מושיע אחר: ישמע מהיכלו. מן השמים בכל עת שהייתי קורא אליו: ושועתי לפניו תבא באזניו. שועתי

## אבן עזרא

(ד) מהלל אקרא ה'. בקראי אליו בתהלות מיד אושע: (ה) אפפוני חבלי מות. כמו צירים וחבלים ועל כן הוא בשלש נקודות להפריש בינו ובין חבלי מנשה: ונחלי. דמה האויב למים כמלך אשור את מי הנהר אזי המים שטפונו אמר רבי יהודה הלוי מ"כ כי בליעל דרך תפלה אל יעלה והוא האויב וחבלי דרך משל לחבלות המות: (ז) בצר לי. מהיכלו. השמים שכל גזירותיו כתובות וחתומות שם:

## מנחת שי

בספר שמואל ובמזמור קמ"ד: (ה) ונחלי בליעל. בגעיא בס"ם:

## מצודת ציון

ימחזקו בהם בהלחמם עם מי: (ה) אפפוני. סבבוני כמו כי אפפו עלי (לקמן מ'): חבלי. מכאובי כמו חבלי יולדה (הושע י"ג): ונחלי. מלשון חולי כמו נחלה מכתך (נחום ג'): בליעל. כמו בלי עול שפרקו עול שמים: (ו) קדמוני. באו לפני:

## מצודת דוד

ועוז כמו הקרן לבעל הקרנים: (ד) מהולל. כשאני קורא לה' בהלול אז אני נושע מאויבי: (ה) אפפוני. כאשר סבבו אותי כאבי מות וכאשר החנאים הבאים מאנשי בליעל בעתו והפחידו אותי: (ו) חבלי. וכאשר כאבי שאול סבבוני וקדמו אותי מוקשים המביאים המיתה: (ז) בצר לי. בעת שהיה צר לי באתה מצדרים סלה אז קראתי לה' ושמע קולי: ושועתי לפניו. ומה שצעקתי לפניו באה באזניו וכפל הדבר במ"ש כדרך מליצת השיר:

*Like "bands of death," camps of wicked men, and I—what did I do?*—[*Rashi*] The Sages (*Mid. Ps.* 18:10) explain these verses as referring to the four kingdoms that were destined to subjugate Israel: Babylon, Media, Greece, and Edom. The first and fourth are given the appellation "death" because Babylon destroyed the First Temple and Edom destroyed the Second Temple.—[*Redak*]

7. **When I am in distress, I call**—*I would always call upon the Lord.*—[*Rashi*] When I was in distress, I did not turn to any savior but God.—[*Redak*]

**out of His Temple He hears my voice**—From heaven, He would hear my voice whenever I called out to Him.—[*Redak*] The heavens are referred to as God's Temple because all His decrees are written and sealed there.—[*Ibn Ezra*]

**and my cry comes before Him in His ears**—My cry, which I cried out

my refuge. 4. With praise I call to the Lord, and from my
enemies I will be saved. 5. Bands of death have encompassed
me, and streams of scoundrels would affright me. 6. Bands of
the nether world have surrounded me; the snares of death con-
fronted me. 7. When I am in distress, I call upon the Lord; yes,
I cry out to my God; out of His temple He hears my voice, and
my cry comes before Him in His ears.

**my refuge**—For He is to me as the tower and the rock in which I take refuge. Our Sages tell us that because ten enemies fell before David, he lauded God with ten expressions of praise. These ten enemies were Saul, Doeg, Ahitophel, Sheba the son of Bichri, Shimei the son of Gera, Goliath and his three brothers, and the Egyptian whom Benaiah the son of Jehoiada slew. Five of them were Israelites and five were of the nations of the world. The ten praises are: my strength, my rock (סַלְעִי), my fortress, my rescuer, my God, my rock (צוּרִי), my refuge (מְצוּדָתִי), my shield, the horn of my salvation, my refuge (מִשְׂגַּבִּי).—[*Redak* from *Mid. Ps.* 18:8]

4. **With praise I call to the Lord**—*With praises I call Him and pray before Him constantly. I.e. even before the salvation I praise Him, because I am confident that I will be saved from my enemies.*—[*Rashi*] *Redak* explains: When I pray, I call the Lord "praised," for if I extol Him with my praises, then I will be saved from my enemies. *Abarbanel* and *Ralbag* to Samuel explain: When I prepare to call upon the Lord, I precede my request with praise of Him. Compare with *Berachoth* 32a: Man should first present his praise and then pray.

5. **Bands of death have encompassed me**—*Many times wicked men have surrounded me.* אֲפָפוּנִי *is like* סְבָבוּנִי. *Similarly* (below 40:13), *"For countless evils . . . have encompassed* (אָפְפוּ) *me."*—[*Rashi*]

**Bands of death**—Heb. חֶבְלֵי, *camps of enemies, as* (in I Sam. 10:5): *"a band* (חֶבֶל)*of prophets." But Jonathan renders: as a woman who sits on a birthstool, an expression of the pangs* (חֶבְלֵי) *of a woman in confinement.*—[*Rashi*]*

**and streams of scoundrels**—*That too is an expression of troops that flood like a stream.*—[*Rashi*] *Redak* explains that the troubles overwhelmed him like a flooding stream, and he terms each of his enemies a scoundrel. *Redak, Abarbanel,* and *Mezudath David* to Samuel, taking חֹלִי, *illness,* as the root of נַחֲלֵי, interpret: pains of scoundrels; pains inflicted by the scoundrels who pursued him. *Ibn Ezra* quotes *Rabbi Judah Halevi's* explanation that the enemy is compared to a flooding stream, and the word בְּלִיַּעַל is a prayer that he should not ascend (אַל יַעֲלֶה) [to heaven].

6. **Bands of the nether world**—

ח וַתִּגְעַשׁ וַתִּרְעַשׁ ׀ הָאָרֶץ וּמוֹסְדֵי הָרִים
יִרְגָּזוּ וַיִּתְגָּעֲשׁוּ כִּי־חָרָה לוֹ׃ ט עָלָה עָשָׁן ׀
בְּאַפּוֹ וְאֵשׁ־מִפִּיו תֹּאכֵל גֶּחָלִים בָּעֲרוּ
מִמֶּנּוּ׃ י וַיֵּט שָׁמַיִם וַיֵּרַד וַעֲרָפֶל תַּחַת
רַגְלָיו׃ יא וַיִּרְכַּב עַל־כְּרוּב וַיָּעֹף וַיֵּדֶא
עַל־כַּנְפֵי־רוּחַ׃ יב יָשֶׁת חֹשֶׁךְ ׀ סִתְרוֹ

ת״א וירכב . ר״ה לא׃ ישת חשך . חגיגה יא׃

סביבותיו

## תרגום

בְּאוּדְנוֹי וּמִתְעַבְדָא׃
ח וְאִתְרְגִיפַת וְאִתְרְגִישַׁת
אַרְעָא וְאֶשְׁיַת טוּרַיָּא
זָעוּ וְאִתְרְטִישׁוּ מְטוּל
דִּתְקֵיף לֵיהּ׃ ט סְלִיק
זְדוֹנֵיהּ דְּפַרְעֹה הֵיךְ
קוּטְרָא דִּבְקֵן שְׁלַח
רוּגְזֵיהּ כְּאֶשָּׁא בְּעָרָא
דְּמִן קֳדָמוֹי מְשֵׁיצְיָא
מִזִּיפִיתֵיהּ כְּגוּמְרִין דִּי
נוּר דְּלָקָא מִמֵּימְרֵיהּ׃
י וְאַרְכֵּן שְׁמַיָּא וְאִתְגְּלֵי
יְקָרֵיהּ וַעֲנַן אֲמִטְתָא
כְּבַשׁ קֳדָמוֹי׃ יא וְאִתְגְּלֵי בִּגְבוּרְתֵיהּ עַל כְּרוּבִין קַלִּילִין וּדְבַר בִּתְקוֹף עַל גַּדְפֵי זִיקָא׃ יב וְאַשְׁרֵי

## רש״י

אני הייתי קורא לה' תמיד: (ח) ותגעש ותרעש ארץ. אינו מחובר למקרא עליון. אלא מחובר ראשו לסופו כי חרה לו ותגעש ותרעש ארץ. כי משמש בל' כאשר כשחרה לו ובא לנקום נקמת עמו עבדיו מפרעה ומעמו געשה ורעשה הארץ: (ט) עלה עשן באפו. (אנשיצאריל״ש בלע״ז האנג זע״ס נארחל יע״ש בלשון אשכנז אין זיינע נאזלאכער) כן דרך כל חרון אף להעלות עשן מנחיריו: (י) ויט שמים וירד. לעבור בארץ מצרים. וירד כמשמעו. (ל״א א״י אנטבי״ש. בלע״ז נ״ל א״י אטענד״ו. בל״א ער דעהנטע אויס. כמו שמות ל״ט ג') והעיקר רדד: (יא) וידא. ויעף כמו כאשר ידאה הנשר (דברים כ״ח):

## רד״ק

וישועתי לפניו באה באזניו מיד והיה מושיעני: (ח) ותגעש. הנכון לפי דרך הפשט כי כל אלו הפסוקים הם משל על מפלת אויבי דוד וישראל וכי ה' נלחם להם באויביהם כי הצרה היא להם רעש. והארץ והשמים והחשך ערפל גחלים ואש וחצים וברק הכל דרך משל וכן תמצא במקרא בהרבה מקומות על הצרה חשך ואפלה ענן וערפל וקדרות השמש והירח והכוכבים ומה שאמר: (ט) עלה. משל על חרון אפו באויבים: ואש מפיו תאכל. אש שיצא מפיו תאכלם וגחלים שיצאו ממנו בער אותם: (י) ויט שמים וירד. כאילו הטה שמים וירד לכלותם במהרה וזהו: וערפל תחת רגליו. שם להם ערפל וחושך תחת רגליו שדרכם באפו: (יא) וירכב על כרוב ויעף וידא על כנפי רוח ר״ל מהירות הגזירה. וידא. בדל״ת מן הקל כמו כאשר ידאה הנשר עניינו ויעף. ובשמואל וירא ברי״ש מבנין נפעל כלומר היה נראה והענין אחד: (יב) ישת חשך. רמז לצרות כמו שפירשנו שהם להם חשך או פירושו כי האל המוריד להם הגזירות ישת חשך סתרו סביבותיו סכתו שלא יראוהו כי נעלם מהם. חשכת מים ובשמואל חשרת מים שענינו קשור

## אבן עזרא

(ה) ותגעש. הזכיר הארץ וההרים בעבור היותם עומדים ואין להם תנועה וזה משל שיתגעשו כל שונאי דוד מפני חרון השם ואילו היו חזקים כהרים: (ט) עלה. כמו תשלח חרונך וככה והיתה לשרפה מאכלת אש והטעם המות: (י) ויט. הטעם שתרד הגזירה על האויבים מן השמים מאת השם הנכבד: (יא) וירכב. דרך משל והטעם רדת הגזירה במהירות בלי התמהמה ועיכוב: (יב) ישת. בשאון גלי הים יתגעשו מימיו וירבה האיד העולה ע״כ יולד שם חשך וזה הוא חשכת מים עבי האד כאשר יהיה עב והוא

## מנחת שי

(ח) ויתגעשו. ביו״ד בגעיא:

## מצודת דוד

(ח) ותגעש. רעדו ורעשו אויבי יושבי הארץ: ומוסדי הרים. הוא משל על פרעה ושריו: כי חרה לו. כאשר חרה לו לנקמת מהם נקמתי: (ט) תאכל. השרוף את אויבי וממנו באו גחלים ובערו בהם: (י) ויט. נטה את השמים למטה לארץ וירד עליהם להיות קרוב לשם להכות בהם והוא מדרך משל לומר שהיה ממהר ליפרע מהם: תחת רגליו. להיות מוכן ליפרע מהם כחושך של ערפל: (יא) וירכב. למהר לבוא: כנפי רוח. דימה נסיעת הרוח לעפיפת העוף: (יב) ישת חשך. להחשיך לאויב. ההיבד בם סביב סוכתו להיות מוכן לפניו: סביבותיו. חשכת. החושך הזה

## מצודת ציון

(ח) ותגעש. ענין התנודה והתנועה כמו כנהרות יתגעשו מימיו (ירמיה מ״ו): (ט) עלה עשן. הוא ענין כעס ואמר בל' הנופל באדם שע״י חמום הכעס נראה כעין עשן יוצא מנחירי האף וכן יעשן אפך (תה' ע״ד): (י) וערפל. אופל הענן: (יא) כרוב. מלאך ורז״ל אמרו כרביא (חגיגה י״ג) והוא תרגום של נער כי דמות אדם להנה: וידא. ענין עפיפה ופריחה כמו כאשר ידאה הנשר (דברים כ״ח):

8. The earth shook and quaked, the foundations of the moun-
tains did tremble; and they were shaken when He was angered.
9. Smoke went up in His nostrils, and fire out of His mouth did
devour; coals flamed forth from Him. 10. And He bent the
heavens, and He came down, and thick darkness was under His
feet. 11. And He rode on a cherub and did fly; He swooped on
the wings of the wind. 12. He made darkness His hiding-place

to Him, came immediately into His ears, and He helped me and saved me.—[*Redak*]

The Sages interpret this verse also as referring to the four kingdoms: **When I was in distress, I called upon the Lord**—in Babylon.

**and I cried out to my God**—in Media and Persia.

**out of His Temple He heard my voice**—in Greece.

**and my cry came before Him in His ears**—in Edom.—[*Mid. Ps.* 18:11] The Midrash adds that the Temple of God is mentioned only in connection with Greece, the third kingdom, because the Temple existed throughout its reign only.

8. **The earth shook and quaked**—*This is not connected to the preceding verse, but its beginning is connected to its end; i.e. when He was angered, the earth shook and quaked.* [The word] כִּי *is used as an expression of "when." When He was angered and came to wreak the vengeance of His people, His servants, upon Pharaoh and upon his people the earth shook and quaked.*—[*Rashi*] [Note that Rashi to II Samuel 22:8 does not mention Egypt in the corresponding verse but interprets that verse as referring to all of Israel's enemies.]

9. **Smoke went up in His nostrils**—(*En ses nariles in Old French, in his nostrils.*) *So is the custom of every anger, to cause smoke to ascend from his nostrils.*—[*Rashi*]

10. **And He bent the heavens, and He came down**—*to pass through the land of Egypt. "He came down" is to be understood in its simple meaning. Another explanation is "i atonvit" in Old French, to flatten, as* (in Exod. 39:3), *and the radical is* רדד.—[*Rashi*]

11. **He swooped**—Heb. וַיֵּדֶא, *He flew, as* (in Deut. 28:49), *"as the eagle swoops* (יִדְאֶה)*."*—[*Rashi*]

12. **the darkness of waters**—*that are in the thick clouds of the skies are the darkness that is about Him. Lest you say that within the darkness there is no light, Scripture tells us: From the brightness before Him, and from within His partition, His thick clouds that are about Him are split, and hail and coals of fire pass through them.*—[*Rashi*]

סְבִיבוֹתָיו סֻכָּתוֹ חֶשְׁכַת־מַיִם עָבֵי
שְׁחָקִים׃ יג מִנֹּגַהּ נֶגְדּוֹ עָבָיו עָבְרוּ בָּרָד
וְגַחֲלֵי־אֵשׁ׃ יד וַיַּרְעֵם בַּשָּׁמַיִם ׀ יְהוָה
וְעֶלְיוֹן יִתֵּן קֹלוֹ בָּרָד וְגַחֲלֵי־אֵשׁ׃ טו וַיִּשְׁלַח
חִצָּיו וַיְפִיצֵם וּבְרָקִים רָב וַיְהֻמֵּם׃
טז וַיֵּרָאוּ ׀ אֲפִיקֵי מַיִם וַיִּגָּלוּ מוֹסְדוֹת
תֵּבֵל מִגַּעֲרָתְךָ יְהוָה מִנִּשְׁמַת רוּחַ אַפֶּךָ׃

ת"א חשכת. תענית י: מנגה. (סוטה כב): ועליון. זוהר וישב:

**תרגום**

שכינתיה בערפלא ואתחזר בענני יקריה היך מטללתא ואחית מטרין דרעוא על עמיה ומיין תקיפין מן רכפת עננין דקבלא על רשיעיא מן רומיה דעלמא: יג מן זהור יקריה ענני שמיא עברו במזופיתא כגומרין דנור ברדא דלקא מן מימריה: יד ואכלי מן שמיא יי ועלאה ארים מימריה רמא ברדא וגומרין די נור: טו ושדר פימריה היך גירין וברדין ובירקין סגיאין ישגשגון: טז ואתחמיאו עמקי מיא ואתגליאו שתאסיא דתבל ממזופיתא מן קדם יי ממימר תקוף רוגזך: שלח

**רד"ק**

העננים מתרגם חשוקיהם חשוריהון והענין אחד כי בהתקשר העננים זה בזה היה החשכה והחשכה מן המים שימלאו עבי שחקים: (יג) מנגה. שהוא לפניו אל אוהביו עביו עברו לאויביו. והוא חשך ברד וגחלי אש כלומר אותם העבים כמסירים על האויבים ברד וגחלי אש על דרך ואש מתלקחת בתוך הברד: (יד) וירעם. הרעים בשמים על האויבים ונתן קולו עליהם והענין ששם מורך ויראה בלבבם וירעדו ממנו כמו שירעד אדם ויבהל לקול הרעם. ואמר עוד ברד וגחלי אש כי עם הקולות יש מעשה הגזירות שכלה אותם שהם כברד וגחלי אש: (טו) וישלח. שלח חציו והפיץ האויבים: וברקים רב ויהומם. המם האויבים בברקים שרב עליהם. ורב מן וימררוהו ורבו ענינו ירה חצים והוא פעל עבר מפעלי הכפל. והחצים והברקים הם הגזירות הקשות: (טז) אפיקי. הם עמקים מלאים מים והמים הם הצרות והסכנות שהיה בהם והתשועה מהם על שני דרכים כאדם הטובע במים רבים שיחריב האל המים ויראו האפיקים ומוסדות תבל שהיו מכוסים במים וזהו בגערת ה' בבים וזהו מגערתך ה' וכן מנשמת רוח אפיך שנשב בהם ויבשו. וזהו על דרך משל למפלת האויבים במלחמה ודוד נושע והתשועה גם כן לטובע במים שיזדמן לו מי שימשהו כן המים כן תשועת דוד בלא מפלת אויביו במלחמה ועל זה אמר:

**רש"י**

(יב) חשכת מים. שבעבי שחקים הם חשך אשר סביבותיו. ושמא תאמר לפנים מן החשך אין אור ת"ל מנוגה אשר נגדו (ומתוך) מהילתו את עביו אשר סביבותיו בוקעים ועוברים ברד וגחלי אש: (יג) עברו. (טריספאנש"ט בלעז והוא טרעפאס"א. בל"א דורך געהען) הברק בוקע ועובר על המצרים על ים סוף: (טז) ויראו אפיקי מים. כשנבקע הים: ויגלו מוסדות תבל. שכל מימות שבעול'

**מנחת שי**

(יב) חשכת מים. אין ביו"ד מיושב: (יד) בשמים ה'. בגעיא בס"ס:

**אבן עזרא**

הענן והטעם רדת הגזרות ואין אדם רואה אותם: (יג) מנוגה. טעם עביו עברו החוק הידוע ברוב ברד וגחלי אש. הוא כדמות ברזל השורף גם ממית ברוח והטעם היראה והפחד בלב האויבים כשמוע קול הרעם: (יד) וירעם. המם שורש והזכיר פעם שנית ברד וגחלי אש להתחברם רגע אחד: (טו) וישלח חציו. ומלת רב פעל עבר מפעלי הכפל על משקל כ"א תם הכסף והוא מגזרת ורובו והנה רב כנגד וישלח: (טז) ויראו אפיקי מים. המקומות החזקים והטעם לגלות סתר הקמים על דוד והגל אומר יתכן להיות הטעם דרך אחרת כי השם ירעיש את הארץ כאשר ירגז והטעם שיסירנה ממתכונתה ויוריד המים מן השמים ומי שיש לו כח לעשות ככה

**מצודת ציון**

(טו) רב. ענין השלכת חצים כמו רובה קשת (בראשית כ"א): (טז) אפיקי. הם המים העוברים בחוזק כמו כאפיקים בנגב (לקמן

**מצודת דוד**

בה מחשכת רבוי המים הנבלעים בהעבים הפרושים תחת השחקים: (יג) מנגה נגדו. מחמת האורה שלפניו אשר הוא רוצה להאיר ולהושיע לי: עביו עברו. היו העבים מעבירים להשליך על האויב ברד וגחלי אש: (יד) וירעם. נתן בשמים קול רעם לרדת מהם ברד וגחלי אש: (טו) ויפיצם. את האויבים: וברקים רב. ירה ברקים והמם אותם: (טז) ויראו. היה נראה קרקעית אפיקי המים כי נבקעו המים: ויגלו. כי נבקעה הארץ: מגערתך. מאמר

hosts, described by Isaiah (9:4) as being burnt, consumed by fire. The intention is, they died.

[10] **And He bent the heavens**—The decree would descend upon the enemies from heaven; i.e. from God.

[11] **And He rode**—This too is allegorical: This decree would descend speedily, without delay.

[12] **He made darkness**—With the roaring of the waves of the sea, its waters quake, and the vapor that comes up is increased, thereby creating darkness. That is the meaning of

about Him as His booth; the darkness of waters, thick clouds of the skies. 13. From the brightness before Him, His thick cloud passed, hail and coals of fire. 14. The Lord thundered from Heaven; and the Most High gave forth His voice with hail and coals of fire. 15. And He sent out arrows and He scattered them; He shot lightning and He discomfited them. 16. And the depths of the water appeared; the foundations of the world were laid bare by Your rebuke, O Lord, by the blast of the breath of

13. **passed**—Heb. עָבְרוּ, *trepasant in Old French, passed. The hail split and passes through onto the Egyptians by the Sea of Reeds.*—[*Rashi*]

16. **And the depths of the water appeared**—*when the sea split.*—[*Rashi*]

**the foundations of the world were laid bare**—*for all the waters in the world split.*—[*Rashi* from *Mid. Ps.* 18:19]

**by the blast**—*from the blowing.* [*Rashi*]

17. **He sent forth from on high**—*His angels to save Israel from the sea and from the Egyptians.*—[*Rashi*]

**He drew me out**—Heb. יַמְשֵׁנִי, *an expression of drawing out, as* (in Exod. 2:10), *"I drew him out* (מְשִׁיתִהוּ) *of the water."*—[*Rashi*]

19. **They confronted me**—*My enemies would hasten and attack me early on the day of my calamity, but the Lord was, etc.*—[*Rashi*]

21. **according to my righteousness**—*According to the righteousness of my following Him in the desert.*—[*Rashi*]

**according to the cleanness**—Heb. כְּבֹר, *an expression of cleanness, as* (below 24:4), *"and pure of heart." Another explanation: He sent forth from on high* [and] *He took me* [David] *said this about himself, concerning the angel who came to the Rock of the Divisions* (I Sam. 23:27) *to turn Saul away from him, as it is stated: "And an angel came to Saul etc."*—[*Rashi* from *Mid. Ps.* 18:7]

**according to my righteousness**—*that I did not slay him when I severed the skirt of his coat.*—[*Rashi*] Obviously, *Rashi* explains verses 8-17 as referring to Israel's departure from Egypt. Only in verse 17 does he suggest the explanation that David refers to his own experiences. *Ibn Ezra,* however, explains all these verses in that manner, as follows:

[8] **shook**—The Psalmist mentions the earth and the mountains because they are stationary and do not move. Allegorically, they represent all David's enemies, who will shake because of God's anger even though they are as strong as mountains.

[9] **Smoke went up**—This is reminiscent of the destruction of Pharaoh and his hosts, depicted in the Song of the Sea as (Exod. 15:7), "You send forth Your wrath: it consumes them like stubble," and of the destruction of Sennacherib and his

אפך: יז ישלח ממרום יקחני ימשני
ממים רבים: יח יצילני מאיבי עז ומשנאי
כי אמצו ממני: יט יקדמוני ביום אידי
ויהי יהוה למשען לי: כ ויוציאני
למרחב יחלצני כי חפץ בי: כא יגמלני
יהוה כצדקי כבר ידי ישיב לי: כב כי
שמרתי דרכי יהוה ולא רשעתי

יז שלח נביוחי קלך
תקיף דיתיב בתקוף
רומא דברני שיזבני
מעממין סגיאין:
יח שזבני מן סנאי ארום
עשינין הינון ומן בעלי
דבבי ארום אתגברו
עלי: יט אקדימו לי
ביום טלטולי והוה
מימרא דיי סמיך לי:
כ ואפק יתי לרוחא
שזבני מטול דאתרעי
בי: כא יגמלני יי
בזכותי כברירות ידי יתיב לי: כב מטול דנטרית אורחן דתקנן קדם יי ולא הלכית

## רש״י

נבקעו: מנשמת. מנשיבת: (יז) ישלח ממרום. מלאכיו להציל את ישראל מן הים וממצרים: ימשני. ל׳ הוצאה כמו מן המים משיתיהו (שמות ב׳): (יח) יקדמוני. אויבי היו ממהרין ומקדימין לבוא עלי ביום אידי ויהי ה׳ וגו׳: (כא) כצדקי. כצדק לכתי אחריו במדבר: כבור. ל׳ נקיות כמו ובר לבב (לקמן כ״ד) ד״א ישלח ממרום יקחני. כנגד עצמו אמר על נס המלאך שבא בסלע המחלקות לפנות את שאול מעליו שנאמר ומלאך בא אל שאול וגו׳ (ש״א כ״ג): כצדקי. שלא הרגתיו בכרתי את
נרדף מפניו ולא שלחתי בו יד כשה ה לאל ידי כי עון היה

## רד״ק

(יז) ישלח ממרום יקחני ימשני ממים רבים. ועל זה אמר דוד והודה לאל על שהושיעו בשני הדרכים: (יח) מאיבי. ל׳ יחיד על גלית או ישבי בנוב: (יט) אידי. ת״י בספר שמואל קדמוני ביום טלטלי כלומר ביום שהיה לי אד והייתי גולה ומטלטל אויבי היו מקדימים אותי ברעותיהם כמו שעשו הזיפים: (כ) ויוציאני למרחב יחלצני. מן הצרה שהייתי בה ובזה הוציאני למרחב: (כא) יגמלני. כי הוא ידע כי הצדק עמי והעול עם אויבי לפיכך גמלני כצדקי והשיב לי כבור ידי והושיעני מידם: (כב) כי. יש לפרש בכל המצות כלומר אני שמרתי דרכיו והוא שמרני מאויבי: ולא רשעתי מאלהי. לא עשיתי ברשע ובזדון שיצאתי מדרכי ה׳ אלא אם כן הייתי שוגג ויש לפרש גם כן על דבר שאול. כי שמרתי דרכי ה׳ ולא רשעתי כשהייתי אם היה הורגו אף על פי שהיה רודפי כי שאול מלך היה:

## אבן עזרא

יצילני: (יז) ישלח. דברו או מלאכו ויקחני מאלה שהקיפוני. ימשני ממים רבים. כנגד ונחלי בליעל:
(יח) יצילני. נראה המשל במים שהוא איבי ותחסר מלה שהוא עז: (יט) יקדמוני. כנגד קדמוני מוקשי מות: (כ) ויוציאני למרחב. הפך צר לי אקרא ה׳: (כא) יגמלני. דבק עם אשר לפניו וכל זה עשה שיגמלני כצדקי. כבר ידי. על דרך נקיון כפי. על דרך בתום לבבי ובעבור היות רוב המעשים בידים הזכיר עמהם בור כדרך ובנקיון כפי:
(כב) כי שמרתי. מצות עשה ומצות דרכי תשמש אהרת עמה: ולא רשעתי. מדרכי אלהי מצות לא תעשה:

## מנחת ישי

(כ) כי חפץ בי. במדוייקים חפץ בב׳ טעמים כמו שכתבתי בשמואל:

## מצודת דוד

שנערת בהאויב: מנשמת. הרוח היוצא מאפך והכל הוא דרך משל: (יז) ישלח. עזרתו שלח ממרום ולקחני מיד האויב: ממים רבים. רודפי הרבים השוטפים כמים: (יח) כי אמצו. כאשר חזקו ממני במלחמה אז הצילני מידם: (יט) יקדמוני. שונאי היו מקדימין לבוא עלי בעת קרה לי מקרה רע בחשבם כאשר החילותי לנפול לא אקום עוד אבל ה׳ סמך אותי אף כי נפלתי הנס קמתי: (כ) למרחב. למקום רחב להנצל מידם: יחלצני. הצילני מן הצר: (כא) כצדקי. כפי צדקי כי לא הרעותי את אחד מהם. כבור ידי. כפל הדבר במ״ש: (כב) מאלהי. ממצות אלהי:

## מצודת ציון

קכ״ו): (יז) ימשני. ענין הוצאה כמו מן המים משיתיהו (שמות ב׳): (יט) אידי. ענין צער ומקרה רע כמו הלוא איד לעול (איוב ל״א): (כא) כבור. מלשון ברור ונקי:

for Israel. Accordingly, the verses would be explained as follows:

[8] **The earth shook and quaked**—This refers to the destruction of Sodom and Gemorrah, as does verse 9.

[14] **The Lord thundered from heaven**—This refers to the hailstones that fell in the time of Joshua.

[16] **And the depths of the water appeared**—This refers to the splitting of the Sea of Reeds and the Jordan. After all this, David says: May the Lord Who performed all these wondrous deeds perform wondrous deeds for me and save me from my enemies; may He send from on high and take me! However, *Redak* himself prefers to believe that these verses refer to the enemies of David and Israel, against whom God waged war.*

Your nostrils. 17. He sent forth from on high [and] He took
me; He drew me out of many waters. 18. He delivered me from
my mighty enemy, and from those that hated me, for they were
too powerful for me. 19. They confronted me on the day of my
calamity, but the Lord was a support to me. 20. And He
brought me forth into a wide space; He delivered me because
He took delight in me. 21. The Lord rewarded me according to
my righteousness; according to the cleanness of my hands He
recompensed me. 22. For I have kept the ways of the Lord and
have not wickedly departed

"darkness of water, the thick clouds of" the vapor, which is thick and cloudlike. The intention is that the decrees descend, detected by no one.

[13] **From the brightness**—I.e. the thick clouds overstepped the usual limit.

**hail and coals of fire**—That is like iron, which burns and kills in the wind. This represents the fear and fright cast into the hearts of the enemies, like the sound of thunder.

[14] **The Lord thundered . . . hail and coals of fire**—The final phrase is repeated because thunder and lightning occur simultaneously.

[16] **And the depths of the water appeared**—The strong places. This alludes to the secrets of those who rose up against David. *Ibn Ezra* here quotes others who explain the verse literally: God has the power to alter the nature of the world; may He who has that power save me.

[17] **He sent forth**—The object may be "His word" or "His angel," by which He will take me away from those who surround me.

**He drew me out of many waters**—This corresponds to (verse 5) "streams of scoundrels."

[18] **He delivered me**—This is the interpretation of the allegory of the water (verse 5), viz. that it represents David's enemies.

[19] **They confronted me**—This corresponds to (verse 6), "the snares of death confronted me."

[20] **And He brought me forth into a wide space**—This is the opposite of (verse 7), "When I am in distress, I call upon the Lord."

[21] **rewarded me**—He did all this for me in reward for my righteousness.

**according to the cleanness of my hands**—This expression is similar to the expression בְּנָקְיוֹן כַּפַּי in Genesis 20:5. As most deeds are performed with the hands, one who is not guilty of any evil deeds is said to have clean hands.

[22] **For I have kept**—the positive commandments.

**and have not wickedly departed**—from the ways of my God to disobey the negative commandments. *Redak* quotes *Rashi* and other commentators, including *Midrash Psalms* and the *Targum,* who explain these verses as referring to the miracles and salvations that God performed

מאלהי: כג כי כל־משפטיו לנגדי
וחקתיו לא־אסיר מני: כד ואהי תמים
עמו ואשתמר מעוני: כה וישב־יהוה לי
כצדקי כבר ידי לנגד עיניו: כו עם־
חסיד תתחסד עם־גבר תמים תתמם:
כז עם־נבר תתברר ועם־עקש
תתפתל: כח כי־אתה עם־עני תושיע

ת״א ואשתמר. זוכר כה״א: עם חסיד. נדרים לב:

ועינים

ברשיעא קדם יי: כג מטול
דכל דינו גלוי לקבלי
למעבדהון וקימוי לא
אעדי מני: כד והויתי
שלים ברחלתיה והויתי
נטיר נפשי מחובין:
כה ופרע יי לי היך
זכותי כברירות אידי
קדם מימריה: כו עם
אברהם דאשתכח חסיד
קדמך אסגיתא למעבד
חסדא עם זרעיה דיצחק
דהוה שלים ברחלתך
אשלמתא מימר רעותך
עליה: כז עם יעקב
דהוה בריר קדמך בחרתא בנוי מן כל עממיא ואפרשתא זרעיה מן כל פסילא
ועם פרעה וזרעיה ומצראי דחשיבו מחשבן בישן על עמך בלבלתנון
במחשבתהון: כח מטול דאנת ית עמא בית ישראל דחשיכין בגלותא אנת
עתיד למפרק ובמימרך אומיא תקיפיא דמתגברין עליהון

המאיך

## רש״י

כנף מעילו: (כג) כי כל משפטיו לנגדי. תמיד שמתי אותם לנגד עיני: (כו) עם חסיד התחסד. כלומר לפי שכן דרכיו לגמול מדה כנגד מדה. חסיד. תמים. נבר. כנגד שלשה אבות: (כז) עם נבר. נאמן: ועם עקש.

## רד״ק

(כג) כי כל משפטיו. היו לנגדי תמיד ולא הייתי שוכח: וחקתיו לא אסור מני. שלא הייתי מפנה לבי לדברים אחרים אלא כל זמן הייתי נשמר מכל עון בכל כחי: (כד) ואהי. עם האל לא הייתי מהרהר אחריו כשהיה שאול רודף אותי ולא הייתי כופר בנבואתו ואו׳ איך צוה האל עלי שאהיה מלך ושאול עומד עלי בכל יום להרגני: ואשתמר מעוני. מאותו עון לשלוח יד בשאול: (כה) וישב. ששאול ומלכותו וביתו כלו ואני עמדתי ומלכותי קיימת: (כו) עם. כי דרכך עם החסיד שתראה חסידותך לו ותשוב לו עוד יותר מן הראוי לו: עם גבר תמים התמם. ועם איש תמים תראה תמימותך ויושרך: (כז) נבר. כמו כבר ידי: ועם עקש תתפתל. תביא עליו כדרכו הנפתלה: (כח) כי. לעולם אתה תומך את העניים ותשפיל הקמים על העניים. וז״ש:

## מנחת שי

(כז) עם נבר. בספרי ספרד הבי״ת קמוצה וספר א׳ בפתח:

## אבן עזרא

(כג) כי. לא אשכח משפטיו וזה טעם לנגדי: (כד) ואהי תמים. כמו תמים תהיה: ואשתמר מעוני. כמו מענה לב: (כה) וישב. הזכיר כבור ידי לנגד עיניו כנגד כי כל משפטיו לנגדי: (כו) עם חסיד. יראה חסדיו: גבר. תואר ואיננו סמוך: התמם. מובלע תי״ו שלישי כמו התחזק והטעם יראה פעלך שהוא תמים או אתה תמים דעים: (כז) עם נבר. מפעלי הכפל כמו נקל ונמס: תתפתל. כמו נפתולי אלהים על דרך תלחם עד שתגלחנו: (כה) כי. עני. הפך עקש ותושיע הפך תתפתל והזכיר עם כי פלא הושע עם גדול מתשועת איש אחד והזכיר

## מצודת ציון

(כג) מני. ממני: (כו) גבר. הוא כמו דרך גבר בעלמה (משלי ל׳): (כז) עקש. עקום: התפתל. גם הוא ענין עקום כמו דור עקש

## מצודת דוד

(כד) עמו. עם ה׳: ואשתמר. שמרתי את עצמי מן הדבר הנחשב לי לעון: (כה) וישב. ולזה השיב ה׳ לי כצדקי: לנגד עיניו. ולא נגד בני אדם ולהתיהר: (כו) עם חסיד. כי כן דרכך להתנהג בחסד עם החסיד: (כז) עם נבר. אם איש ברור ונקי תתנהג בברירות כי אתה תשלם לאיש כמעשהו: (כח) עם עני. עם מוכנע:

stowed much kindness; with the offspring of Isaac, who was wholehearted in fear of You, You fulfilled the statement of Your will with Him. With Jacob, who was pure before You, You chose his children out of all the peoples and separated his seed from all taint, and with Pharaoh and his children and the Egyptians, who devised evil plots against Your people, You confused them in their plots.

28. **For You deliver a humble people**—You always support the poor, who are pursued, and You humble the haughty, who attack the poor.—[*Redak*]

from [the commandments of] my God. 23. For all His ordinances were before me; and His statutes I will not remove from myself. 24. And I was single-hearted with Him, and I kept myself from my iniquity. 25. And the Lord has recompensed me according to my righteousness, according to the cleanness of my hands before His eyes. 26. With a kind one, You show Yourself kind, with a sincere man, You show Yourself sincere. 27. With a pure one, You show Yourself pure, but with a crooked one, You deal crookedly. 28. For You deliver a humble people,

23. **For all His ordinances were before me**—*I always placed them before my eyes.*—[*Rashi*] I.e. I kept them always in mind and have not forgotten them.—[*Ibn Ezra, Redak*]

24. **And I was single-hearted with Him**—I was wholehearted with God, and I did not criticize Him when Saul pursued me, and I did not question His prophecy, saying, "How did God command that I become king when Saul stands over me daily intent upon killing me?"

**and I kept myself from iniquity**—From the iniquity of killing Saul.—[*Redak*]

25. **And the Lord has recompensed me, etc.**—Because I kept myself from iniquity, God has recompensed me according to my righteousness, and Saul and his household perished whereas I and my kingdom endure.—[*Redak*]

**before His eyes**—for He knows my deeds and knows that my intention is good.—[*Redak*]

26. **With a kind one, You show Yourself kind**—*Because so are His ways, to pay a measure for a measure. Kind . . . sincere . . . pure, corresponding to the three patriachs.*—[*Rashi*] *Rashi* to Samuel adds: for whom the Holy One, blessed be He, had paid the reward for their righteousness to their children.

27. **With a pure one**—*a faithful one.*—[*Rashi*]

**but with a crooked one**—*alluding to Pharaoh.*—[*Rashi* from *Targum*] The *Targum,* both here and in Samuel, reads: With Abraham, who was found kind before You, You be-

וְעֵינַיִם רָמוֹת תַּשְׁפִּיל: כט כִּי־אַתָּה תָּאִיר
נֵרִי יְהוָה אֱלֹהַי יַגִּיהַּ חָשְׁכִּי: ל כִּי־בְךָ
אָרֻץ גְּדוּד וּבֵאלֹהַי אֲדַלֶּג־שׁוּר: לא הָאֵל
תָּמִים דַּרְכּוֹ אִמְרַת־יְהוָה צְרוּפָה מָגֵן
הוּא לְכֹל הַחוֹסִים בּוֹ: לב כִּי מִי אֱלוֹהַּ
מִבַּלְעֲדֵי יְהוָה וּמִי צוּר זוּלָתִי אֱלֹהֵינוּ:
לג הָאֵל הַמְאַזְּרֵנִי חָיִל וַיִּתֵּן תָּמִים דַּרְכִּי:

ת"א אמרתי. יומא עב: מגן הוא. עקרים מ"א פ' כה: המאזרני. יומא מז נדה לא:

תְּמִיאִיךְ: כט מְטוּל דְּאַנְתְּ תַּנְהַר שְׁרַגָא דְּיִשְׂרָאֵל דְּמִטְפָּא בְּגָלוּתָא דְּאַנְתְּ הוּא מָרֵיהּ דִּנְהוֹרָא דְּיִשְׂרָאֵל יְיָ אֱלָהִי יַפְקְנַנִי מֵחֲשׁוֹכָא לִנְהוֹר יַחְמְנַנִי בְּנִיחָמוּתֵי דְעָלְמָא דַּעֲתִיד לְמֵיתֵי לְצַדִּיקַיָא: ל מְטוּל דִּבְמֵימְרָךְ אַסְגֵי מַשְׁרְיָן וּבְמֵימַר אֱלָהִי אֶכְבּוֹשׁ כְּרַכִּין תַּקִּיפִין: לא אֱלָהָא דִּכְוָן אָרְחָתֵיהּ אוֹרַיְתָא דַּייָ בְּחִירָא תְּרִיס הוּא לְכָל דְּמִתְרַחֲצִין עֲלוֹי: לב אֲרוּם עַל נִסָּא וּפוּרְקָנָא דְּתַעֲבֵיד לִמְשִׁיחָךְ וּלְשֵׁיזְבֵי עַמָּךְ דְּיִשְׁתָּאֲרוּן יוֹדוּן כָּל עַמְמַיָּא אוּמַיָּא וְלִשָּׁנַיָּא וְיֵימְרוּן לֵית אֱלָהָא אֱלָא יְיָ אֲרוּם לֵית בַּר מִנָּךְ וְעַמָּךְ יֵימְרוּן לֵית דְּתַקִּיף אֱלָא אֱלָהָנָא: לג אֱלָהָא דִּמְזָרֵז דִּי קָמוֹר בְּחֵילָא וּמְתַקֵּן שְׁלִים אָרְחִי:

### רש"י

כנגד פרעה: (כט) כי אתה תאיר נרי. כשנלחם בלילה בגדוד עמלק הבא על צקלג שנאמר (ש"א ל') ויכם דוד מהנשף עד הערב למחרתם: (ל) כי בך. במבטחך: ובאלהי אדלג שור. כשבא להלחם על יבוס ואמר כל מכה יבוסי וגו' יהיה לראש ולשר (דה"י א' י"א) הביא יואב ברוש רענן וכפפו ונתלה בו ועלה על החומה. אמר דוד יהלמני צדיק וגו' (לקמן קמ"א) קצר לו הקב"ה את החומה ודילג. במדרש תהלים: (לא) צרופה. ברורה מבטיח ועושה (לג) ויתן תמים דרכי. הסיר מדרכי

### רד"ק

ועינים רמות תשפיל. וסמך הגבהות לעינים כי הם סבת הגבהות והחטאים: (כט) תאיר. הצרה היא החשיכה והתשוע' ממנה היא האורה והנוגה וז"ש יגיה חשכי: (ל) כי בך. בעזרתך אשבר גדודי אויבי. וארוץ משורש רצץ ובא בשור"ק או פירושו ארוץ לקראת גדוד אויבי ולא אירא מהם. וכן אדלג חומת ערי אויבי לכובשם. ואמר אדלג למהירות לכבשו אותם כאילו בדילוג אכנס בהם: (לא) האל. שהיכולת בידו כה שעושה עושה בתמימות וביושר משלם לכל איש כמעשהו והשיב לי כצדקתי ולאויבי כרשעתם ואמרתו צרופה שאין בכל משפטיו סיג אלא הכל על קו היושר והאמונה: (לב) כי מי אלוה. שיפר אמרתו ומי ישיב גזירתו כי אין אלוה ואין צור זולתו: (לג) האל. הוא בעל הכח והוא נותן כח: ויתן תמים דרכי. נותן שלם

### מנחת שי

(לא) החוסים בו. יש ספרים החסים חסר וא"ו:

### אבן עזרא

ועינים רמות ואינם רואות בלילה: (כט) כי. הזכיר כי אתה תאיר נרי והוא משל למזלו הטוב: (ל) כי. ארוץ. כמו ארצך וכמוהו תרוצצם ויש אומרים ארוץ אחרי הגדוד כדרך ארדוף שימלא עם אחרים ופעם לבדו והטעם כי בך לבדך אגלה רבים וטעם בך עמך או בשמך שאקרא: (לא) האל. הטעם שהוא תקיף ולא יעשה עול רק תמים דרכו וכבר אמר ואמרתו אין דופי בה וסמך כי הוא צרופה שהוא יהיה לעולם מגן לחוסים בו: (לב) כי. ואין עומד כנגדו שלא ימלא אמרתו כי אין אלוה בלתו: (לג) האל. וכאשר הוא אל תקיף אזרני חיל מתוקפו וכאשר דרכו תמים כן נתן דרכי תמים וטעם ויתן כי מאתו יסוב הטוב:

### מצודת דוד

ועינים רמות המתגאים ביותר: (כט) תאיר נרי. ר"ל תשלח לי עזרה: יגיה חשכי. יושיעני מן הצרה: (ל) כי בך וגו'. בבטחונך ארוץ למחנה האויב ולא אירא ובעזר אלוה אדלג על החומה לכבוש העיר: (לא) תמים דרכו. לגמול לאדם כמפעלו: צרופה. ככסף צרוף שאין בו סיג כן אמרות ה' והבטחתו אין בה דבר בטל: מגן. מחסה כמגן: (לב) כי מי אלוה. אשר בידו הכח למחות בידו: (לג) תמים דרכי. דרכי היה תמים ושלם ולא נפקד איש

### מצודת ציון

ופתלתול (דברים ל"ב): (כט) יגיה. יזריח ויאיר: (ל) ארלג. אקפץ: שור. חומה כמו בנות צעדה עלי שור (בראשית מ"ט): (לב) צור. ענין חוזק: זולתי. בלתי: (לג) המאזרני. מלשון אזור וחגורה: חיל. כח:

**and He makes my way perfect**—*He removed all obstacles from my way until it became perfect and paved.*—[*Rashi*] I.e. none of my men fell in battle.—[*Redak, Mezudath David*] *Rabbi Joseph Yabetz* explains that David thanks God for giving him might in war, and that, although he enters the fray imbued with the cruelty of battle, this negative trait does not remain with him; God makes his way perfect, devoid of any uncomplimentary characteristics. *Sforno* explains: I knew that You are the God Who girds me with strength and sets me on the right path to be victorious.

and You humble haughty eyes. 29. For You light my lamp; the
Lord, my God, does light my darkness. 30. For by You I run
upon a troop, and by my God I scale a wall. 31. [He is] the
God Whose way is perfect; the word of the Lord is refined; He
is a shield to all who trust in Him. 32. For who is God save the
Lord? And who is a Rock, save our God? 33. The God is He
Who girds me with strength; and He makes my way perfect.

**and You humble haughty eyes**—The eyes are mentioned because they are the cause of haughtiness and sin.—[*Redak*]

29. **For You light my lamp**—*when he fought at night with the Amalekite troop that attacked Ziklag, as it is stated* (in I Sam. 30:17): *"And David smote them from evening until evening to their morrow."*—[*Rashi* from *Mid. Ps.* 18:23] *Ibn Ezra* interprets the phrase figuratively, as meaning that God give David good luck. *Redak* explains that darkness represents salvation from that trouble.

30. **For by You**—*By Your assurance.*—[*Rashi*] With You, or by Your name, when I call upon You.—[*Ibn Ezra*] With Your help.—[*Redak*]

**I run upon a troop**—I run toward a troop of my enemies and do not fear them. It may also mean: I shatter a troop.—[*Ibn Ezra, Redak*]

**and by my God I scale a wall**—*When he came to wage war against Jebus, and he said* (in I Chron. 11:6): *"Whoever smites the Jebusites, etc. shall be a leader and a prince." Joab brought a green juniper tree, bent it over, suspended himself on it, and scaled the wall. Said David* (in Ps. 141:5): *"May a righteous man smite me with loving-kindness," and the Holy one, blessed be He, lowered the wall, and he scaled it* (*Mid. Ps.* 18:24). [*Rashi*] It is as though he leaps upon the wall, hence the word אֲדַלֶּג, lit. I skip.—[*Redak*]

31. **the God**—He is my God, Who is all-powerful, and what He does is upright and just. He rewards every man according to his deeds. Therefore, He rewarded me according to my righteousness, and my enemies according to their wickedness.—[*Redak*]

**refined**—*Pure. He promises and He does.*—[*Rashi*] Like refined silver, which has no dross, so are God's words and promises pure, with no unfulfilled words.—*Mezudath David*] His judgments have no impurities, but all are just and true.—[*Redak*]

32. **For who is God save the Lord?**—There is no one to stand up against Him and prevent Him from fulfilling His word, because there is no God besides Him.—[*Ibn Ezra*]

33. **The God**—The word אֵל denotes the all-powerful. He is all-powerful and gives power to others.—[*Redak*] Just as He is a powerful God, so has He girded me with His strength, and just as His way is perfect, so did He make my way perfect.—[*Ibn Ezra*]

לד מְשַׁוֶּה רַגְלַי כָּאַיָּלוֹת וְעַל בָּמוֹתַי
יַעֲמִידֵנִי: לה מְלַמֵּד יָדַי לַמִּלְחָמָה
וְנִחֲתָה קֶשֶׁת־נְחוּשָׁה זְרוֹעֹתָי: לו וַתִּתֶּן
לִי מָגֵן יִשְׁעֶךָ וִימִינְךָ תִסְעָדֵנִי וְעַנְוַתְךָ
תַרְבֵּנִי: לז תַּרְחִיב צַעֲדִי תַחְתָּי וְלֹא
מָעֲדוּ קַרְסֻלָּי: לח אֶרְדּוֹף אוֹיְבַי וְאַשִּׂיגֵם
ולא

ת״א וענותך. עקידה שער ח: תרחיב. סנהדרין לה:

**תרגום**

לד דמשוי רגלי קלילין
היך איליא ועל בית
תוקפי יקימנני:
לה מליף אידי למעבד
קרבא ומתקיף היך
קשת ברכוסיא דרעי:
לו ויהבת לי תקוף
ופורקן וימינך
תסייעני ובמימרך
אסגעתני: לז אפתית
פסיעתי באתרי ולא
אזדעזע רכובתי:
לח ארדוף סנאי

## רד״ק

דרכי שלא נפקדו מאנשי אחד במלחמה: (לד) משוה רגלי. אם הכרחתני לברוח ולהמלט שם רגלי כאילות ולא השיגוני אויבי: ועל במותי יעמידני. ואחר כך במקום שהייתי נמלט שם והם במותי שם יעמידני בטוח: (לה) מלמד. כשהייתי מצליח במלחמה לא הייתי מתהלל בגבורתי אלא שהוא היה מלמד ומרגיל ידי למלחמה: ונחתה קשת נחושה זרועותי. כל כך למד ידי עד שיפילו קשת נחושה מאויבי והיתה נשברה בזרועותי ופירוש נחושה חזקה כנחושה וזהו חברזל החזק: (לו) ותתן. בכל המלחמות ישעך היה לי למגן שלא נגפתי באחת מהמלחמות ולא היה זה אלא ששבך תסעדני: וענותך תרבני. כלומר ענותך וחסידותך עשתה זאת כי לא הייתי ראוי לכך ואני לא הייתי בעם רב וענותך הרבתה אותי והייתי מנצח כאילו הייתי אני רב מהם: (לז) צעדי. כמו בלכתך לא יצר צעדך: ולא מעדו קרסולי. אם הייתי רץ לפני אויבי. ופירוש קרסולי כרעי כתרגום אשר לו כרעים דליה קרסולין: (לח) ארדוף

## רש״י

כל תקלה ומכשול עד שנעשה שלם וכבוש: (לד) משוה רגלי כאילות. רגלי הנקבות עומדות ביושר יותר משל זכרים: (לה) ונחתה קשת נחושה זרועותי. ונחתה ל׳ דריכת קשת כמו חציך נחתו בי (לקמן לח) ופעל שלו נחת וכשמתפעל בא דגש ומחסר את הנו״ן ונחתה מגזרת ננחתה כמו נחר גרוני (לקמן ס״ט) מגזרת ננחר כמו נחר מפוח (ירמיה ו) נדף מגזרת ננדף עיני נגרה (איכה ג) כמו ננגרה נתנה כמו ננתנה נגף מגזרת ננגף ואין לפותרו מגזרת חתה שהיה לומר נחתתה כמו מן עשה נעשתה מן ענה נענתה. ד״א ונחתה קשת נחושה זרועותי חי״ת הוא ל׳ דריכת קשת כמו חציך נחתו (לקמן ל״ח) והנו״ן אינ׳ יסוד בתיבה אלא כמו נחלו (ס״א) ונדרכה קשת נחושה ע״י זרועותי קשתית של נחשת היו תלויות לו לדוד בביתו ורואין אותם מלכי האומות ואומרים זה לזה אתה סבור שיש כח ביד דוד לדורכן אין זה אלא ליירא‍נו והוא היה שומע ודורכן בפניהם: (לו) וענותך תרבני. הרבת מדת ענותך להתנהג בה עמי: (לז) הרחיב צעדי תחתי. המרחיב צעדיו אינו נוח ליפול וכן הוא אומר בלכתך לא יצר צעדך (משלי ד׳): מעדו. איקלורגי״ש בלע״ז (מלה משנת בל׳ עקלאשערו״ש בל״א הינקען): קרסולי. הם הרגלים מן האסתירון שקורין קביליי״א בלע״ז (שטווילי) בל״א פוסקנאכעל (וכן יחזקאל מו ג׳) ולמטה:

## מנחת שי

(לג) ועל במתי. בספרים מדוייקים חסר וא״ו וכן הכרו בשמואל ובמסורת ג׳ חד מלא והוא דסוף חבקוק: (לה) ונחתה. בגעיא: (לו) וענותך. בגעיא:

## אבן עזרא

(לד) משוה. בעבור שהזכיר דרכו הזכיר רגלי. ומשוה כמו שוה או כמו שויתי ה׳ לנגדי תמיד: יעמידני. שלא אכשל: (לה) מלמד. מרגיל למודי הרע למוד מדבר: ונחתה. כל אחת מזרועותי כדרך בנות צעדה עלי שור והנו״ן שרש כמו ותנחת עלי ידך ויתכן להיות ונחתה כמו נחת הוא ואות הנו״ן לבנין נפעל ויחסר בית מזרועותי כמו הנמצא בית ה׳: (לו) ותתן. הזכיר וימינך כנגד המלמד ידי למלחמה וזאת הענוה שמחת כי היא תגדלני ותעלימני והנה תרבני כמו על כל רב ביתו: (לז) תרחיב. קרסולי. כתרגום אשר לו כרעים וטעם תרחיב בעבור: (לח) ארדוף. ולא אשוב מאחריהם:

## מצודת ציון

(לד) משוה. תשים כמו שויתי ער בקר (ישעיה לח): (לה) ונחתה. מלשון חתת ושבר: (לז) מעדו. ענין השמטה מן המקום: קרסלי. תרגום של כרעים הוא קרסולין:

## מצודת דוד

מאנשי במלחמה: (לד) משוה. שם רגלי קלים לרוץ אחר האויב כאילה זו הקלה במרוצתה: ועל במותי. העמדתני על גבהי וגדולתי: (לה) למלחמה. לדעת תכסיסי מלחמה: ונחתה. נתת בי כח לשבר קשת נחושה: (לו) וענותך תרבני. גודל הענוה שבך להשגיח בי עשה אותי כאלו הייתי עם רב לגלות אם האויב עם כי אנשי היו מתי מספר: (לז) תרחיב. הרחבת פסיעותי לבל

*Old French, to slip.*—[*Rashi*]

**my ankles**—Heb. קַרְסֻלָּי. *They are the feet from the ankle—which is called keville* (cheville) *in Old French—and below* [to the heel].—[*Rashi*] [According to *Rashi* to II Samuel 22:37, they are the heels. See Commentary Digest ad loc.] I.e. if I had to flee before my enemies.—[*Redak*]

38. **I have pursued**—and I did not turn back until I overtook them.—[*Ibn Ezra*] E.g. when David pursued the Amalekites.—[*Redak*]

34. He makes my feet like hinds, and sets me upon my high
places. 35. He trains my hands for war so that a copper bow is
bent by my arms. 36. You have given me the shield of Your
salvation; Your right hand has supported me, and You have
treated me with great humility. 37. You have enlarged my
step[s] beneath me, and my ankles have not slipped. 38. I have
pursued my enemies and overtaken them,

34. **He makes my feet like hinds**—*The feet of the females stand straighter than those of the males.*—[*Rashi* from *Mid. Ps.* 22:1] If I found it necessary to flee in order to escape, God would make my feet like those of a hind so that I could run swiftly and not be overtaken by my enemies.—[*Redak*]

**and sets me upon my high places**—He would stand me up safely in the place to which I fled.—[*Redak*]

35. **He trains my hands for war**—When I was victorious in battle, I did not boast of my military prowess, for He was the One Who taught me and trained me for battle.—[*Redak*]

**so that a copper bow is bent by my arms**—Heb. וְנִחֲתָה. וְנִחֲתָה *is an expression of treading the bow, as* (below 38:3): *"Your arrows were driven* (נִחֲתוּ) *into me." Its radical [or its active voice] is* נחת. *When it is used in the passive voice, a dagesh comes and causes the "nun" to drop out. Hence,* נִחֲתָה *is derived from* נִנְחֲתָה, *as* (below 69:4): *"My throat is dried* (נִחַר), *" derived from* נִנְחַר, *as* (in Jer. 6:29): *"The bellows is heated* (נָחַר)*";* נִדָּף, *rattling* (in Lev. 26:36) *is derived from* נִנְדָּף; *"My eyes stream* (נִגְּרָה)*"* (in Lam. 3:49), *is like* נִנְגְּרָה; *"was given* (נִתְּנָה)*"* (Gen. 38:14) *is like* נִנְתְּנָה; *"they were smitten* (נִגַּף)*"* (II Sam. 10:15) *is derived from* נִנְגַּף. *We cannot interpret it as being of the radical* חתת, *for then it would say* נֶחְתְּתָה, *as* [it says] נֶעֶשְׂתָה, *was done from* עשה; נֶעֶנְתָה, *was answered from* ענה. Another explanation: and a copper bow is bent by my arms: חית *is an expression of treading a bow, as* (below 38:3): *"Your arrows were driven* (נִחֲתוּ).*" The "nun" is not of the radical but it is like* נִחֲלוּ *"gave for inheritance"* (in Jos. 14:1), *and the copper bow was bent by my arms. Copper bows were hanging in David's house. The kings of the nations would see them and say to each other, "Do you think that David has the strength to bend them? This is only to frighten us." But he would hear [them] and bend the bows before them.*—[*Rashi* from unknown midrashic source]*

36. **You have given me the shield of Your salvation**—In all my battles, Your salvation was my shield; I was never wounded in battle, only because Your right hand supported me.—[*Redak*]

**and You have treated me with great humility**—*You have dealt with me with great humility.*—[*Rashi*]*

37. **You have enlarged my step[s] beneath me**—*One who widens his steps does not fall easily. Similarly, Scripture states* (in Prov. 4:12): *"When you walk, your steps will not be straitened* (יֵצַר).*"*—[*Rashi, Redak*]

**slipped**—Heb. מעדו *aluvériért in*

וְלֹא־אָשׁוּב עַד־כַּלּוֹתָם׃ לט אֶמְחָצֵם
וְלֹא־יֻכְלוּ קוּם יִפְּלוּ תַּחַת רַגְלָי׃
מ וַתְּאַזְּרֵנִי חַיִל לַמִּלְחָמָה תַּכְרִיעַ קָמַי
תַּחְתָּי׃ מא וְאֹיְבַי נָתַתָּה לִּי עֹרֶף וּמְשַׂנְאַי
אַצְמִיתֵם׃ מב יְשַׁוְּעוּ וְאֵין מוֹשִׁיעַ עַל
יְהוָה וְלֹא עָנָם׃ מג וְאֶשְׁחָקֵם כְּעָפָר עַל
פְּנֵי־רוּחַ כְּטִיט חוּצוֹת אֲרִיקֵם׃
מד תְּפַלְּטֵנִי מֵרִיבֵי עָם תְּשִׂימֵנִי לְרֹאשׁ
גוים

ושיצתנון ולא שבות עד
דגמרתנון׃ לט אנמרנון
ולא יכילו למקם ונפלו
קטילין תחות פרסת
רגלי׃ מ וזרזתא לי
חילא היך קמור למעבד
קרבא תכרתא עממין
דקימין לאבאשא לי
תחותי׃ מא ובעלי
דבבי תברת קדמי
יהבתנון מחזרי קדל
וסנאי אשיצנון׃
מב בען סעיד ולית להון
פריק מצלן קדם יי ולא
מקבל צלותהון׃
מג ודושתינון היך
גרגשתא דארעא על
אנפי זעפא והיך סין אשקקי בעטית אנון׃ מד תשזבנני מפלגת עממיא תנטרינני במיזרי מזין בריש

**רש"י**

(מא) נתתה לי ערף. פונים לי עורפם ובורחים: (מב) ישועו. מכחישי התורה לעבודת אלילים שלהם: ואין מושיע. שאין בה יכולת וחוזרים וקוראים אל ה' ולא יענם: (מג) ואשחקם. ל' כתישה: אריקם. כטיט הנרוק שאינו עב כמו הם מריקי' שקיהם (בראשית מ"ב) לא הורק מכלי אל כלי (ירמיה מ"ח): (מד) תפלטני מריבי עם. שלא אענש בדין ישראל להטות משפט ולא לשעבד בישראל יותר מן הרשות: תשימני לראש גוים. שאין עונש בהם:

**רד"ק**

אויבי ואשינם. כמו שעשה לעמלק: (לט) אמחצם. לא היתה להם תקומה מפני. כי כלם המית לבד ד' מאות נער שרכבו על הגמלים וינוסו: (מ) ותאזרני חיל. אזרת מתני בחיל ובכח ולא מעדתי והם מעדו והכרעתם תחתי: (מא) ואיבי וגו'. שנסו מלפני והפכו עורף: (מב) על ה'. כמו אל: (מג) אריקם. הנח תמורת הדגוש כי שרשו רקק ופי' אשימם רקק כמו טיט חוצות או יהיה מענין רקות בשר וכמו רקיקי מצות.: (מד) מריבי עם. ובספר שמואל מריבי עמי. אמר פלטתני ממלחמות שאול והסומכים את ידו מבני עמי גם מאבשלום ואשר עמו: תשימני לראש גוים. מריבי עמים פלטתני

**אבן עזרא**

(לט) אמחצם. קום. שם הפועל כאשר יפלו: (מ) ותאזרני חיל. נתת כח לאברי גופי לסבול סורח המלחמה: (מא) ואויבי נתתה. כאילו אמר נתת לי עורף אויבי בנוסם כמו ידך בעורף אויביך: (מב) ישועו. על ה'. כמו אל ה' כמו ותתפלל חנה על ה': (מג) ואשחקם. אריקם. כמו ורקות בשר אף על פי שהיה ראוי להיות הקו"ף דגושה: (מד) תפלטני מריבי עם. הם ישראל רמז לשאול ע"כ אחריו עם לא ידעתי

**מנחת שי**

(מא) ואויבי. בגעיא: (מג) ואשחקם. בגעיא: (מד) מֵרִיבֵי עָם. כן סוא בס"ס:

**מצודת דוד**

יעמדו רגלי להיות מוט נפול: (מא) נתתה לי עורף. כי ברחו מפני והפכו אלי עורף: (מב) ישועו. אל עזר מלכי האדמה: על ה'. כמו אל ה': (מג) כעפר. שיהיה דק כעפר הפורח ברוח: אריקם. אעשה אותם ריק מכל כטיט המושלך בחוצות שנשחק ונדוק ברגלי אדם והרוח מפזרם ונשאר המקום ריק ממנו: (מד) מריבי עם. ממלחמות עמים: תשימני לראש גוים. ויהיו מוכנעים לי ולא יוסיפו עוד להלחם עמדי: לא ידעתי. כי הם

**מצודת ציון**

(לט) אמחצם. ענין הכורה ומכה כמו מחץ ראש (לקמן ק"י): (מ) תכריע. ענינו הנפילה על הברכים: (מא) ערף. הוא אחורי הפנים: אצמיתם. אכריתם כמו אותו צמית (לקמן ק"א): (מג) ואשחקם. ענין כתישה כמו ושחקת ממנה הדק (שמות ל'):

45. **As soon as they hear**—*Even in my absence, as long as they hear my message.*—[*Rashi*] At the report of my military might.—[*Mezudath David*]

**they shall obey me**—*They shall give heed to my bidding and obey my orders.*—[*Rashi*] They shall gather around me.—[*Ibn Ezra, Redak*]

**shall lie to me**—*out of fright.*—[*Rashi*] They will lie to me, saying that they love me, because fear of me will fall upon them.—[*Mezudath David*]

never turning back until they were consumed. 39. I have
crushed them so that they cannot rise; yea, they are fallen under
my feet. 40. For You have girded me with strength for the
battle; You have subdued under me those that rose up against
me. 41. And of my enemies, You have given me the back of
their necks; those that hate me, that I may cut them off.
42. They pray but no one saves them; [even] to the Lord, but
He answered them not. 43. Then I ground them as dust before
the wind; as the mud in the streets I did pour them. 44. You
allowed me to escape from the contenders of the people; You
shall make me the head over

39. **I have crushed them, etc.**—They could not recover from David's attack, because he slew all of them except for the four hundred young men who rode up on the camels and fled, as in I Samuel 30:17.—[*Redak*]

40. **You have subdued, etc.**—I did not slip, but they slipped, and You subdued them under me.—[*Redak*]

41. **You have given me the back of their necks**—*They would turn the back of their necks to me and flee.*—[*Rashi*]

42. **They pray**—*to their idols.*—[*Rashi*] [The words: *Those who deny the Torah,* are not found in any other edition. They are apparently the result of censorship.]

**but no one saves them**—*Because it* [their prayer] *has no power, and they return and call upon the Lord, but He does not answer them.*—[*Rashi* from *Mid. Ps.* 33]

43. **Then I ground them**—Heb. וָאֶשְׁחָקֵם, *an expression of crushing.*—[*Rashi*]

**I did pour them**—*like loose mud, which is not thick, as* (in Gen. 42:35): *"when they emptied* (מְרִיקִים) *their sacks";* (in Jer. 48:11), *"has not been poured* (הוּרַק) *from one vessel to another vessel."*—[*Rashi*]

44. **You allowed me to escape from the contenders of the people**—*so that I should not be punished according to Jewish law, for perverting justice or for subjugating an Israelite more than is permitted.*—[*Rashi*, see *Parshandatha; Mid. Ps.* Buber, footnote 264]

**You shall make me the head over nations**—*for whom there is no punishment.*—[*Rashi*] *Rashi* to Samuel words it:

**from the contenders**—*Doeg, Ahitophel, Saul, and the Ziphites.*

**shall keep me as head of nations**—*You have preserved me for this. Now the Midrash Aggadah* [interprets it]: *Said David, "Lord of the Universe, spare me from the judgment of Israel, for if I err or force the Israelites into my service, I shall be punished. Place me instead as head of the Philistines, for they will serve me and I shall not be punished."*

גוים עם לא־ידעתי יעבדוני: מה לשמע
אזן ישמעו לי בני־נכר יכחשו־לי:
מו בני־נכר יבלו ויחרגו ממסגרותיהם:
מז חי־יהוה וברוך צורי וירום אלוהי
ישעי: מח האל הנותן נקמות לי וידבר
עמים תחתי: מט מפלטי מאיבי אף
מן־קמי תרוממני מאיש חמס תצילני:

ת"א חי ה'. זוהר וילא ופקן:

## תרגום

עממיא עמא דלא
חכימת יפלחונני:
מה לשמע אידין
ישתמעון לי בני
עממיא יכדבון קדמי:
מו בני עממיא יסופון
ויטלטלון מכרניתהון:
מז קים הוא יי ובריך
תקיפא דמן קדמוהי
מתיהב לי תקוף ופורקן
ומרומם אלהא תקוף
פורקני: מח אלהא
דעבד פורענותא לי
ומהכר עממיא דקימין
לאבאשא לי תחותי:
מט משזבי מבעלי דבבי לחוד על דקימין לאבאשא לי תגברנני מן גוג ומשרית עממין דחטופין עמהון

## רד"ק

ושמתני לראש אומות: עם לא ידעתי. שאינם מבני ישראל כמו אותם שהיו עבדים לדוד: (מה) ישמעו. יתקבצו: בני נכר יכחשו לי. מיראתם אותי יכחשו ויכזבו לי אותם שהיו במלחמה יאמרו לא נלחמו עליך ולא היינו לצרך. או פירושו יכחשו לבני בריתם בעבורי: (מו) יבלו. מיראתם אותי הם כעלה נובל: ויחרגו ממסגרותיהם. אפי' במקום שהם נסגרים שם מפחדים ומחדרים איכה מתורגם ומתוניא חרגת מותא: (מז) חי. כלומר כל הטוב והכבוד הזה שיש לי למח כי ה' שהוא צורי כלומר חלקי והוא אלהי ישעי. הוא חי וברוך ורם והכל בידו להרים ולהשפיל: (מח) האל הנותן. הנקמות שאני נוקם מאויבי הוא נותן אותם לי כלומר הוא נותן לי הכח: וידבר. וינהג מתורגם ודבר. מנהג העמים ממקומם אלי ונתנם תחתי. או הוא מן ותדבר את זרע המלוכה שהוא ענין דבר: (מט) מפלטי. לא די שמציל אותי מהם אלא שמרומם אותי

## רש"י

(מה) לשמע אזן. אפי' שלא בפני אלא שישמעו אליהותי: ישמעו לי. יסורו אל משמעתי ויהיו נשמעים לדברי: יכחשו לי. מחמת יראה: (מו) יבולו. ילאו כמו נבל תבול (שמות י"ח) דמתרגם מילאה תילאה ומנחם פי' כמו אחרי בלותי (בראשית י"ח) וכן פי' נבול תבול: ויחרגו. ל' אימ' ומהדרים אימה (דברים לב) מתרגמינן חרגת מותא. ממסגרותיהם. מהמת יסורי מסגרות כלא שאני מסגירם שם ומייסרן בהן. ויחרגו ממסגרותיהם מנחם פתר אותו ל' רפיון חגורה וכן פירשו ויתרפו ממסגרותיה' ודונש פתר ויחרגו ממסגרותיהם ויפסחו מכבליהם הכתונים על רגליה' ופתרון ויחרגו ויפסחו כדמתרגמינן חגירא (ס"א): (מז) חי ה'. העושה לי כל זאת: (מח) הנותן נקמות לי. נותן בי כח להנקם מאויבי: וידבר. ויהרוג ל' דבר. דבר אחר כמו וינהג דמתרגמינן ודבר וכן הברו מנחם וגם כן חבר ידבר עמים תחתינו (לקמן מ"ז) (ס"א): תחתי. במקומי וחלופי כענין שנאמר ואתן אדם תחתיך (ישעיה מ"ג) נתתי כפרך מצרים (שם):

## מנחת שי

(מז) אלוהי ישעי. מלא וא"ו על פי המסורה כמו שכתבתי בשמואל ובמדרש הסילות ויתירים כל אלהי שבמקרא חסר וא"ו ובמ"א מלא וירום אלוהי ישעו ולמה כשהישועה באה כל החסרות מתמלאות:

## אבן עזרא

יעבדוני: (מה) לשמע. ישמעו. כדרך וישמע שאול יתחברו: יכחשו לי. והטעם שיכחשו לי שהיו מתהללים בגבורתם כנגד גבורתי כמו ברוב עוזך יכחשו לך אויביך: (מו) יבולו. כמו נבול תבול: ויחרגו. כתרגום חרגת מותא ואין ריע לו במקרא: ממסגרותיהם. מארמוניהם הנשגבים שיסגרו בהם מפחד: (מז) חי. הטעם כי חי צורי לעולם ולעולם יהיה רם אלהי ישעי על כן לא אפחד: (מח) וידבר. כמו כעדר בתוך הדברו: (מט) מפלטי מאויבי. יש אומרים שאול ואנשיו: אף מן קמי. הם

## מצודת ציון

אריקם. מל' ריקם: (מו) יבלו. יכמשו: ויחרגו. הוא ספוק מל' חגר וכמו כבש כשב: (מז) צורי. מלשון צור רלה לומר חזקי: (מח) וידבר. מלשון דבר ומגפה וכן תדבר את כל זרע המלוכה

## מצודת דוד

מארץ רחוקה: (מה) לשמע אוזן. על כי ישמעו שילא לי שם גבורה יהיו נשמעין לעבודתי: יכחשו לי. ידברו אלי דברי כחש לומר שאוהבים המה לי כי יהיה פחדי עליהם: (מו) יבלו. ר"ל יהיו מיוסרים במכאוב: ויחרגו. יהיו פוסחים ממה שיהיו סגורים ברגליהם במסגרי כלי ברזל: (מז) חי ה'. הלוא ה' חי לעולם וכזאת יעשה כל הימים ויהיה ברוך לעולם בעבור זה: (מח) הנותן. הנוקם נקמתי מיד האויב: וידבר. מכה לעובדי כוכבים ומזלות בדבר תחת נפשי: (מט) מן קמי. תרומם אותי יותר מן הקמים

49. **Who delivers me from my enemies**—Not only does He deliver me from them but He lifts me above them.—[*Redak*]

**from the violent man You deliver me**—From Saul, who did me violence by pursuing me. With that deliverance, David gained all his glory. Thus he relates it at the end of the psalm, because it represented the beginning of his glory.—[*Redak*]

nations; may a people that I do not know serve me. 45. As
soon as they hear they shall obey me; foreigners shall lie to me.
46. Foreigners shall wither, and they shall fear their imprison-
ments. 47. The Lord lives, and blessed be my Rock, and exalt-
ed be the God of my salvation. 48. The God Who grants me
vengeance and destroys peoples instead of me. 49. Who
delivers me from my enemies; even above those that rise against
me You have lifted me; from the violent man You deliver me.

46. **shall wither**—Heb. יִבְּלוּ. *They shall become weary, as* (in Exod. 18:18): *"you shall surely wither* (נָבֹל תִּבֹּל)," *which the Targum renders: you shall surely weary. Menachem (Machbereth* p. 45) *explains it as* (in Gen. 18:12): *"after I have become old* (בְלֹתִי)," *and he explained* נָבֹל תִּבֹּל *in the same manner.*—[*Rashi*]*

**and they shall fear**—Heb. וְיַחְרְגוּ, *an expression of fear.* (In Deut. 32:25) *"and terror from within," the Targum renders:* חַרְגַּת, *fear of death.*—[*Rashi*]

**their imprisonments**—*Because of the tortures of the imprisonments in the dungeon where I imprison them and where they torture them. Menachem* (p. 94) *interprets it as an expression of loosening the girdle, and so he explains it: and they will be loosened of their girdles* [meaning they will be frightened or weakened]. *Dunash interprets* וְיַחְרְגוּ מִמִּסְגְּרוֹתֵיהֶם, *and they will be lamed from their shackles, which are placed on their feet. The meaning of* וְיַחְרְגוּ *is: they will become lame, as the Aramaic for a lame person is* חִגֵּר.—[*Rashi*]*

47. **The Lord lives**—*He Who does all this for me.*—[*Rashi*]

48. **Who grants me vengeance**—*Who gives me strength to avenge myself upon my enemies.*—[*Rashi*]

**and destroys**—Heb. וַיַּדְבֵּר, *and He slew, an expression of* דֶּבֶר, *pestilence. Another explanation: as* (in Exod. 3:1): *"and he led* (וַיִּנְהַג)," *which is translated into Aramaic as* וּדְבַר. *Menachem* (p. 61) *too associated it in this manner. Likewise, he associated* (below 47:4), *"He leads* (יַדְבֵּר) *peoples under us."*—[*Rashi*] (This does not appear in many editions.)

**instead of me**—תַּחְתָּי, *in my place and in my stead, as the matter is stated* (in Isa. 43:4): *"and I give men in your stead* (תַּחְתֶּיךָ)," (verse 3), *"I have given Egypt as your ransom.* [Cush and Seba in your stead (תַּחְתֶּיךָ)]."—[*Rashi*] [I have taken the liberty to add the bracketed words, as the beginning of the verse gives no proof. See also *Rashi* below 47:4, in which the word "etc." is added. *Rashi* refers to the final word of the verse from Isaiah.] Obviously, this interpretation of תַּחְתָּי follows *Rashi's* interpretation of וַיַּדְבֵּר, not *Menachem's.* According to *Menachem,* we render: He leads peoples under me.—[*Parshandatha*] *Redak* renders similarly: He leads peoples to me from their place and puts them under me. He also brings *Rashi's* interpretation and compares it to II Chron. 22:10: "and she destroyed (וַתְּדַבֵּר) all the royal seed."

נ עַל־כֵּן ׀ אוֹדְךָ בַגּוֹיִם ׀ יְהֹוָה וּלְשִׁמְךָ
אֲזַמֵּרָה׃ נא מַגְדִּל יְשׁוּעוֹת מַלְכּוֹ וְעֹשֶׂה
חֶסֶד ׀ לִמְשִׁיחוֹ לְדָוִד וּלְזַרְעוֹ עַד־עוֹלָם׃
יט א לַמְנַצֵּחַ מִזְמוֹר לְדָוִד׃ ב הַשָּׁמַיִם
מְסַפְּרִים כְּבוֹד־אֵל וּמַעֲשֵׂה יָדָיו מַגִּיד
הָרָקִיעַ׃ ג יוֹם לְיוֹם יַבִּיעַ אֹמֶר וְלַיְלָה

ת"א ועושה. (ברכות ה׳) : השמים. פסחים קיט עקידה נעילת שער זוהר בראשית ותרומה עקרים מ"ג פ"ג : מספרים. כתובות ה׳ :

תְּשֵׁזְבִנַנִי : נ מְטוּל
הֵיכְנָא אוֹדֵה קֳדָמָךְ
בֵּינֵי עַמְמַיָא יְיָ וְלִשְׁמָךְ
אֲנַמֵּר תּוּשְׁבְּחָתָא :
נא מְסַגֵּי לְמֶעְבַּד פֻּרְקָן
עִם מַלְכֵּיהּ וַעֲבַד טֵיבוּ
לִמְשִׁיחֵיהּ לְדָוִד וּלְזַרְעֵיהּ
עַד עָלְמָא : א לְשַׁבָּחָא
תּוּשְׁבַּחְתָּא לְדָוִד :
ב דְמִסְתַּכְּלִין בִּשְׁמַיָא
מִשְׁתָּעִין יְקָרָא דַיְיָ
וְעוֹבָדֵי יְדוֹי מְחַוְיָן
דִמְדַבְּקִין בְּאוִירָא : ג יוֹמָא לְיוֹמָא מוֹסִיף וּמַבִּיעַ מֵימְרָא וְלֵילְיָא לְלֵילְיָא פָּתִית וּמְחַוֵי

## רש"י

יט (ב) השמים מספרים כבוד אל. המשורר עצמו פי׳ את הדבר. אין אומר ואין דברים אינן מדברים עם הבריות אלא מתוך שבכל הארץ יצא קום ומאירים לבריות מתוך כך מספרי׳ הבריות כבוד אל ומודים ומברכין על המאורות: ומעשה ידיו מגיד הרקיע. הכוכבים והמזלות שהם מעשה ידיו של הקב"ה אשר הם שם כמו שנאמ׳ ויתן אות׳ אלהי׳ ברקיע השמי׳ (בראשי׳ א׳) ומשם מגידים כבודו (סא"א) : (ג) יום ליום יביע אומר.

## רד"ק

עליהם וזהו אף מן קמי תרוממני. מאיש חמס תצילני. משאול שהיה עושה לי חמס ברדפו אחרי הצלתני ובאותה ההצלה בא אלי כל הכבוד : (נ) על כן. שעשית לי כל אלה : אודך בגוים. לפני כל הגוים שהם נשמעים אלי ועובדים אותי אודה כי הגבורה והכח מאתך הם לי ולשמך אזמרה: (נא) מגדיל. ובספר שמואל מגדול והוא תואר והענין אחד. מלכו ומשיחו. הוא אומר על עצמו וכמו שהגדיל ישועותיו ועשה לו חסד כן יעשה לזרעו עד עולם: (ב) השמים מספרים. יש מפרשי׳ כי מהנפלאו׳ והמעשים הגדולים שאדם רואה בשמים יספר האדם כבוד האל וזהו שאמר אין אומר ואין דברים בלי נשמע קולם כלומר לא שהם מספרים בדברים אלא ממה שרואה אדם בהם מספרים בני אדם כבוד אל ונוכל לפרש מספרים על השמים ועל הרקיע עצמם כי במהלכם ובסיבובם על סדר נכון יראה כבוד האל יתברך ואותו הוא הסיפור והגדה. ומה שאמר אין אומר ואין דברים אין דברים כדברי בני אדם אלא המעשה שיעשו הן הדברים והם הסיפור וההגדה וכן אמר ובקצה תבל מליהם : ומעשה ידיו מגיד הרקיע. כפל כי הוא כמו השמים מספרים כבוד אל כי השמים נקראו רקיע: (ג) יביע. ידבר. ופי׳ היום הזה ידבר בעבור היום הבא אחריו והלילה בעבור הלילה שיבא

## אבן עזרא

גויי הארצות: מאיש חמס. מלך פלשתים כי רחוק הוא שיאמר על שאול מאיש חמס גם יתכן להיות רמז לשאול כאשר אמר מרשעים יצא רשע : (נ) על כן אודך. כפי כי הגבורה שלך היא : (נא) מגדל. ולשמך אזמרה שהוא מגדיל : יט (ב) השמים מספרים. זה המזמור נכבד מאד והוא קשור עם מלאכת השמים ועתה אפרשנו בדרך קצרה רק לא יבינהו מי שלא למד חכמת המזלות : השמים. תנועת הגלגלים שהן שוות בדרך אחת ושונות בדרך אחרת והולכות על דרך ישרה בעצמה ואיננה ישרה כנגד יושבי הארץ ומדת התנועה לא תוסיף ולא תגרע בראיות גמורות והיא תוסיף ותגרע במראית העין והנה היודע דרכי העגולות יודע דעת עליון והנה השמים כמו מלמדים מורי לדק על דרך או שיח לארץ ותורך והנה השמים הם מעונות הכוכבים ומלת מספרים בעבור היותם עומדים על מתכונת אחת וזה הוא כבוד השם ואמר אל להודיע כחו : מגיד הרקיע. שהוא האויר כמו שפירשתי בפרשת בראשית דברים מתחדשים בכל יום ע"כ כתוב ומעשה ידיו כי עם השמים כתב כבוד אל וזה אמת כי יקבל האויר כח המשרתים והצבא הגדול : (ג) יום. יש ראיות גמורות מהחכמת החשבון כי מערכת השבעה משתנה בכל הלקיה ולעולם לא

## מנחת שי

(נ) בגוים ׀ ס׳. יש פסיק בין בגוים לשם מפני הכבוד כמו שכתבתי בסימן ל"ז : יט (ב) מספרים. בגעיא בס"ם :

## מצודת דוד

עלי : (נ) על כן. בעבור התשועה הגדולה הזאת : (נא) מגדיל. ובזה אודך בגוים כי אספר לומר דעו שה׳ מגדיל ישועות ר"ל עושה ישועות גדולות למלכו ולא בתשלום גמול כי אם בחסד : ולזרעו. וכן יעשה לזרעו עד עולם : יט (ב) השמים מספרים. ר"ל על ידי השמים נראה כבוד האל וכאלו הם יספרו כבודו: ומעשה ידיו. הרקיע מגיד ומעיד על פלאי מעשה ידי ה׳ : (ג) יום ליום. מיום ליום יביע אומר ר"ל בכל יום כאלו יאמרו בו פלאי ה׳ כי בכל עת נראה בהם

## מצודת ציון

(ד"ה ב׳ כ"ב) : (נא) מגדיל. מלשון גדול :
יט (ג) יביע. ידבר כמו יביעון בפיהם (לקמן נ"ט) : יחוה. יגיד

50. Therefore, I will give thanks to You, O Lord, among the nations, and to Your name I will sing praises. 51. He gives great salvations to His king, and He performs kindness to His anointed; to David and to his seed forever.

19

1. For the conductor, a song of David. 2. The heavens recite the glory of God, and the sky tells of the work of His hands. 3. Day to day utters speech, and night

50. **Therefore**—Because You did all this for me.—[*Redak*]

**I will give thanks to You, O Lord**—Before all the nations that are subordinate to me and who serve me, I will give thanks, for whatever might and power that I have is from You.—[*Redak*]

51. **to David and to his seed forever**—Just as He gave him [David] great salvation and bestowed kindness upon him, so may He do to his seed forever.—[*Redak*]

2. **The heavens recite the glory of God**—*The Psalmist himself explains the matter: There is neither speech nor words. They do not speak with people but since "their line goes forth throughout the earth" and they give light to the people, thereby the creatures recite the glory of God and give thanks and bless* [Him] *for the luminaries.*—[*Rashi*]

**and the sky tells of the work of His hands**—*The stars and planets, which are the work of the hands of the Holy One, blessed be He, and which are there, as it is stated* (in Gen. 1:17): *"And God placed them in the firmament of the heavens," whence they proclaim His glory.*—[*Rashi*] (This does not appear in *Rashi* manuscripts.)

3. **Day to day utters speech**—*The Creation is renewed from day to day. In the evening, the sun sets, and in the morning it rises. Thereby, the people utter sayings of praise throughout these days and nights, for they teach the people to praise and to give thanks. (Menachem interprets* [the word] יַבִּיעַ *as an expression of a gushing fountain* (מַעְיָן נוֹבֵעַ).—[*Rashi*] The closing quotation is found in *Machbereth Menachem* p. 46. It does not appear in manuscripts or in some early editions.

**tells knowledge**—Heb. יְחַוֶּה, *an expression of telling.*—[*Rashi*]

לְלַיְלָה יְחַוֶּה־דָּעַת׃ ד אֵין אֹמֶר וְאֵין
דְּבָרִים בְּלִי נִשְׁמָע קוֹלָם׃ ה בְּכָל־
הָאָרֶץ יָצָא קַוָּם וּבִקְצֵה תֵבֵל מִלֵּיהֶם
לַשֶּׁמֶשׁ שָׂם אֹהֶל בָּהֶם׃ ו וְהוּא כְּחָתָן
יֹצֵא מֵחֻפָּתוֹ יָשִׂישׂ כְּגִבּוֹר לָרוּץ אֹרַח׃

ת״א וכוה כחתן . זוכר כבעניחן :

מקצה

**תרגום**

מַנְדְעָא : ד לֵית מֵימַר דְהוּרַעְמְתָא וְלֵית מִלֵי דְשִׁגוּשָׁא דְלָא מִשְׁתְּמַע קָלְהוֹן : ה בְּכוּלָא אַרְעָא נְפַק מְתַח עִנְיָנְהוֹן וּבְסְיָפֵי תֵבֵל מִלֵיהוֹן לְשִׁמְשָׁא שַׁוֵי מַשְׁרְנֵי זִיהֲרָא בְהוֹן : ו וְהוּא בְּצַפְרָא בְּמִפְּקֵיהּ יִפּוֹק הֵיךְ חַתְנָא דְנָפֵק מִגְנוּנֵיהּ וּבְמֵיהֲרָא יָחֲדֵי

**רד״ק**

כלומר כסדר התניעות ביום ובלילה כמו שהיה בששת ימי בראשית כן הוא וכן יהיה לעולם לא נשתנה ולא נתחלף דבר אם כן היום הזה מגיד בעבור מחר כידוע כי כן יהיה: (ד) אין. פירשנוהו: (ה) קום. בניינם לפי שהבנין יעשה בהטיית הקו כלומר מעשה הגלגלים והכוכבים יצא בכל הארץ. וכן ובקצה תבל מליהם מעשיהם דבריהם: לשמש שם אהל בהם. ומקום בגלגלים ואמר הספור על השמש לפי שהוא המאור הגדול שיושג ממנו תועלת גדולה יותר משאר הכוכבים במאורו ובחומו לבני אדם ולשאר בעלי חיים וצמחים. ובאמרו בהם ר״ל באחד מהם והוא הגלגל הרביעי משבעת הגלגלים שבהם שבעה כוכבי לכת ואמר בהם כי אלה הכוכבים תקיעים בגוף הגלגלים: (ו) והוא. בשחר בצאתו בזהרו ובהדרו הוא כחתן שיוצא מחופתו שהכל שמחים לנגדו כן השמש הכל שמחים לאורו. ואדוני אבי ז״ל פי׳ שדימהו לחתן יוצא מחופתו שהוא נכסף לשוב לכלתו כן השמש שב בכל יום למקום זריחתו. ודמהו גם כן לגבור שלא יכשל במרוצתו. ואמר ישיש כגבור. כי הגבור שש ושמח בצאתו למלחמה וכן השמש ישיש בצאתו

**רש״י**

מעשה בראשית מתחדש מיום אל יום לערב החמה שוקעת וזורחת לבוקר ומתוך כך יביעו הבריות אמרי שבח על ידי הימים והלילות שמורים את הבריות לקלס ולהודות (מנחם פתר יביעו ל׳ מעין נובע סא״א): יחוה. ל׳ הגדה: (ה) בכל הארץ יצא קום. קו השמים שהם נמתחים על פני כל הארץ ומהמת כן בקצה תבל מליהם שהכל מדברים בנפלאות שהם רואים: לשמש שם. הקב״ה: אהל בהם. בשמים מכאן שהשמש נתון בתוך תיקו. תנחומא: (ו) והוא כחתן יוצא מחופתו. בכל בקר

**אבן עזרא**

תמלא מתכונת מערכת דומה לאחרת אילו היה העולם עומד אלפי אלפים רבבות שנים גם זה מפורש בספר יצירה ובעבור זה מה יתחדש ביום הזה יודיענו ליום הבא זה לזה ודור אל דור כי בכל יום יש דבר חדש ואין טענה מדברי שלמה אין כל חדש כי על הכלל ידבר: יביע. שלא יפסוק כמו מבוע או כמו יגיד הנה יביעון בפיהם כמו אחוך שמע לי וטעם יום ולילה הזמן עומד: (ד) אין. הזכיר כי אין לשמים פה כגון בן אדם וטעם אומר הם הדבורים שיש להם טעם שלם כאומר ראובן חי וזה לא יהיה רק מחובר דברים והדבור הוא ראובן והקול ישמיע אות רי״ש ראובן והנה הזכיר כי במראה העין של גוף ומראה עין הנשמה הפנימית החכמה יראה אמתת ספור שמים ומה שיגיד הרקיע: (ה) בכל. קום. כמו קו לקו והוא המכתב ומ״ס קוס שב אל השמים והטעם כי מכתבם יקרא בכל מקום ויבינו מה טעמי כל המשכילים בכל מקומות הארץ: ובקצה תבל. היא הארץ המיושבת מליהם ישמיעו והנה ספור והקו הוא הספר והם שהזכיר בעל ספר יצירה בספר וספר וסיפור כי אלה שלשתם עיקרי כל החכמות וטעם להזכיר השמש כי הוא גדול מכל גוף והתנועות העליונות כולם קשורות בו והוא מוליד הזמן השוה והשונה והיום והלילה והמתכות והצמחים וכל החיים תלויים בשמש וככה אמר שלמה תחת השמש ואהל נוה כמו איש לאהליו כי השמש קבוע בגלגל בראיות גמורות מחכמת מלאכת השמים ויש אומרים כדמות אור וכמוהו לא יאהיל ולפי דעתי שאל״ף יאהיל נוסף כאל״ף והאזניחו נהרות והוא מגזרת לא יהלו אורם וטעם בהם בשמים ואשר הוא נסתר מעיני יושבי הארץ כנגד מרחק המדינות מקצה מזרח והמשילו לחתן בעבור שכל רואיו שמחים בו וטעם כגבור בעבור שירוץ גלגלו בו ולא ייעף ולא ייגע :

**מצודת ציון**

כמו אחוה דעי (איוב ל״ב): (ה) קום. ר״ל הבנין שלהם שנעשה בנטיית קו המשקל: מליהם. אמליהם כמו אין מלה

**מצודת דוד**

מופלאות שמקום: (ד) אין אומר. הן אמת שאין בהם אמירה ודיבור ולא נשמע קולם: (ה) בכל הארץ. אבל על כי בנייני השמים ילאו להיות נראים בכל הארץ לזה נשמע דבריהם בקלם הארץ עם שאין בהם אמירה כי במה שמראים מפלאות ה׳ הרי הם כאלו אמרו: לשמש. הנה לשמש שם אוהל בהשמים כי כל מהלכו בשמים ולא יזוז משם: (ו) והוא. שהשמש הזה יוצא בשמחה להאיר על הארץ כאשר ישמח החתן בצאתו מחופתו: ישיש. הוא שש במהלכו כאשר ישיש הגבור לרוץ באורח כי בטוח הוא בגבורתו ולא יחת מפני כל וכן השמש בטוח הוא שילך מהלכו באין מוחה :

to night tells knowledge.
4. There is neither speech nor words; their voice is not heard.
5. Their line goes forth throughout the earth, and their words are at the end of the world; for the sun He made a tent therein.
6. And it is like a bridegroom emerging from his chamber; it rejoices like a mighty man running a course.

4. **There is neither speech, etc.**—True, there is neither speech nor words, nor is their voice heard.—[*Mezudath David*]

5. **Their line goes forth throughout the earth**—*The line of the heavens, which are stretched out over the face of the entire earth, and because of which their words are at the end of the world, for all speak of the wonders they see.*—[*Rashi*] The expression קַוָּם, *their line,* denotes the heavenly structure, because a building is usually built with a plumb line. The meaning is that the work of the stars and planets extends throughout the earth.—[*Redak*] The celestial structures have no voice, but because their demonstration of the wonders of the Creator is observable from any place in the world, it is as though they speak, and their words are heard even at the ends of the earth.—[*Mezudath David*]

**for the sun He made**—[I.e.] *the Holy One, blessed be He.*—[*Rashi*]

**a tent therein**—*In the heavens. From here it is derived that the sun is placed within its case. Tanchuma* (Buber, *Tetzaveh* 6).—[*Rashi*]

*Mezudath David* explains that because the sun's orbit is fixed permanently in the heavens, the heavens are considered its tent.

6. **And it is like a bridegroom emerging from his chamber**—*every morning. This is what is meant by "The heavens recite the glory of God."*[*Rashi*] The sun emerges joyfully from his chamber.—[*Mezudath David*]

**it rejoices like a mighty man**—It rejoices in its orbit as a mighty man rejoices when he runs his course.—[*Mezudath David*] *Redak* explains that, just as all are happy to greet the bridegroom when he emerges from his chamber, so are all happy to greet the sun when it rises in the morning. *Redak* quotes his father's explanation, that just as the bridegroom longs to return to his bride, so does the sun hasten to return to the place whence it rises to shine in the morning.

ז מקצה השמים מוצאו ותקופתו על־
קצותם ואין נסתר מחמתו: ח תורת
יהוה תמימה משיבת נפש עדות יהוה

היך גברא למרהט
בארחא: ז מסיפי שמיא
מפקניה ותוקפיה על
סטריהון ולית דמטמר
מן רתחיה: ח אורייתא
דיי שלמתא מתיבא
נפש סהדותא דיי

ת״א תורת ה׳. קידושין ל עקרים מב פכ״ה עקידה שער נעילה (מגלה מה): עדות. יומא עב:

## רש״י

וזהו שא׳ השמים מספרים כבוד אל: (ז) ותקופתו על קצותם. הקפת סבובו מקצה אל קצה: ואין נסתר מחמהו. אלמלא נתן ברקיע התחתון לא היה אדם נסתר מפניו מפני המימותו שחמה ולבנה ברקיע השני כדאמרינן שבעה רקיעים הם וילון רקיע שחקים זבול מכון מעון ערבו׳ ומונה להם כסדרן וילון אינו משמש כלום רקיע יש בו חמה ולבנה כוכבים ומזלות כו׳: (ח) תורת ה׳ תמימה. גם היא מאיר׳ כשמש כמ״ש בסוף הענין מאירת עינים ואומר (משלי ו׳) כי נר מצוה ותורה אור. דבר אחר ואין נסתר מחמתו ליום הדין וליהט אותם היום הבא (מלאכי ג) אבל תורת ה׳ תמימה משיבת נפש לדרכי חיים ומגינה היא על לומדיה מאותו להט כמ״ש וזרחה לכם יראי שמי שמש צדקה ומרפא וגו׳ (שם): עדות ה׳ נאמנה. נאמנת היא להעיד בלומדיה: משיבת נפש. משיבתו מדרכי מיתה לדרכי חיים. תורת עדות פקודי מצות יראת משפטי ששה כנגד ששה סדרי משנה ובין כל שם ושם חמשה תיבות עם השם עצמו כנגד חמשה חומשי תורה והותם בסופן אמת לדקו

## רד״ק

והנצתו וזריחתו הוא חשון: (ז) מקצה השמים. ממזרח: ותקופתו על קצותם. על כל קצות השמים הוא מהלכו ואמר והקופתו שפירושו סיבובו לפי שסיבב הרוחות וישוב למקום זריהתו שמהלכו ביום נראה ברוח דרום והולך למערב וסובב רוח צפון בלילה עד שישוב בבוקר אל רוח שזרח ממנו וזה למראות העין לבד לפי שמהלכו נוטה לצד דרום אבל לא ילך לפאות דרום אך לפי חכמת התכונה לא נאמר זה מתקופת היום אלא בתקופת השנה שהוא אל דרום בימי החורף ובצפון בימי הקיץ וזה נראה לעינים וידוע וברור: ואין נסתר מחמתו. כי השמש בכל העולם הוא אף ע״פ שאינו בשוה בכל מקום. ואמר ואין נסתר מחמתו ולא אמר ואין נסתר מאורו. כי יוכל האדם להסתר מאורו ולא מחומו כי אפי׳ בחדרי חדרים ישיגנו חומו: (ח) תורת. ר״ל כמו שהשמים והשמש מעידים ומספרים על כבוד האל ועל חכמתו כן התורה והמצות אשר לעמו ישראל מעידים על חכמתו ועל יושרו ועוד אמר כמו שהשמים והשמש מועילים לעולם ובהם העולם עומד כן התורה שהיא תמימה היא משיבת נפש וקיום הנפש בה כמו שקיום העולם בשמש. כי כמו שהגר בארץ נכריה ואין לו עוזרים וסומכים כן הנפש בגוף. כי עוזרי הגוף רבים רודפים אחר התאוה והיא כיחידה ושבויה ביניהם והנה התורה מורה האדם הדרך הישרה ובסירה אותו מתאות העול׳ וממכשולות רבים והנה היא משיבת את הנפש משביה וממאסרה אל תולדתה ואל מקום כבודה והתורה היא תכונת המציח האיך תעשה. והנה הספר מבראשית עד לעיני כל ישראל נקרא בשם התורה כי מעשה בראשית וספור ענין האבות וכן ספור כל שאר הדברים כלם מורים על האל כי הוא יוצר העולם ועל טובתו ועל ברואיו והשגחתו בטובים וברעים. והזכיר המצות. והוא מה שצוה האל לעשות בדרכי עבודת האל ואהבתו כאדון המצוה לעבדו. והעדות. והם כה שהם עדות בין ישראל לאל שקבלו הם אותו לאלוה והוא קבלם לעם סגולה כמו ארון העדות ואהל מועד כי המצות אשר ציום לישראל שהם כל התורה היו עדות גדול

## אבן עזרא

(ז) מקצה. הזכיר תנועותיו כפי תולדתו באמת שהיא הפך התנועה הגדולה ומלת תקופה כמו כי הקיפו ימי המשתה הקיפוני וטעם ואין נסתר כי חמת השמש בעולם בדמות חום הלב בגוף האדם מראיות חכמת התולדת והנה הוא חיי כל הגופות: (ח) תורת. אמר רב סעדיה הגאון כי תחסר מלת יאמר כי השמש יאמר תורת השם תמימה ולפי דעתי שהזכיר עד כה איך יוכל המשכיל למצוא עדות על האלהות ולהכיר מעשיו ואמר דוד גם יש עד אחר נכבד ממנו ויותר נאמן והוא תורת השם ועדותיו ופקודיו ומצותיו ויראתו ומשפטיו ופירוש תורה שתורה הדרך הישרה בסימנים נזכרים כמו תורת הצרעת והנזיר והזכיר משיבת נפש כי התורה תסיר הספק מן הנפש וטעם לאמר תמימה כנגד השמש בעבור היות השמש תמימה באורה ואיננה כמו הלבנה וטע׳ משיב׳ נפש כשמש כי מעת היות השמש בחצי גלגל העולה תשיב נפש רבים מהחולים הפך מה שיקרה בהיותו בחצי גלגל היורד והרופאי׳ ידעו זה ועדות הדברי׳ העתיקים מפי המעידים שראו בעיניהם ובעבור שלא יוכל אדם לדעתם מדרך הראיות אמר מחכימת פתי ואמר שנאמנים הם ואינם כזב אף על פי שאינם יודעים אותם חכמי לב ואמר על התורה תמימה כי אין צריך לעדות עד אחר עמה:

## מצודת דוד

(ז) מקצה. יציאת השמש היא מקצה השמים לפי הנראה והנדמה בכל אחד באופק שלו: ותקופתו. וסבובו הוא על קצות השמים ר״ל בכל יום זורח ברוח שזרח אתמול ושוקע ברוח ששקע אתמול וכן סובב והולך יום יום: ואין נסתר. ואין מי שיהיה נסתר מקום השמש: (ח) תורת ה׳ תמימה. אבל תורת ה׳ היא יותר תמימה ר״ל שלימה בפעולותיה ומועלת יותר מן השמש: משיבת נפש. ר״ל כי השמש עם כל תועלתו לפעמים יזיק בחומו הרב עד כי יחלה אנשים חולי השמש אבל התורה משיבת עוד נפש האדם כי היא מגינה ומצלת מן השמש: עדות. המצות יקראו עדות כי מעידים על

## מצודת ציון

בלשוני (לקמן קל״ט): (ז) ותקופתו. מלשון הקפה וסבוב: (ח) משיבת. ענין הנחה והשקטה כמו להשיב נפש (רות ד׳):

7. From the end of the heavens is its source, and its circuit is to their ends, and none is hidden from its heat. 8. The law of the Lord is perfect, restoring the soul; the testimony of the Lord is

7. **From the end of the heavens**—I.e. from the east.—[*Redak*] The sun seems to come from the end of the heavens when it rises over the horizon.—[*Mezudath David*]

**and its circuit is to their ends**—*The circuit of its orbit is from one end to the other.*—[*Rashi*] Every day it rises where it rose the day before and it sets where it set the day before. Likewise, it revolves in the same way every day.—[*Mezudath David*]

**and none is hidden from its heat**—*Had the sun been placed in the lowest sky, no man would be able to hide from its heat (Mid. Ps.* 18:13) *for the sun and the moon are in the second sky, as is stated* (in *Hagigah* 12b): *There are seven skies—Vilon, Rakia, Shehakim, Zevul, Machon, Ma'on, Aravoth—and he counts them in order: Vilon does not serve for anything; in Rakia are the sun, the moon, the stars, and the planets, etc.*—[*Rashi*] [Note that the quotation from *Hagigah* does not appear in early manuscripts or in some early editions.] Although the sun does not shine all over the world at the same time, it does shine over the whole world. No one can avoid its heat. Its light, however, can be avoided by entering a dark, hidden place.—[*Rashi*]

8. **The law of the Lord is perfect**—*That too illuminates like the sun, as is written at the end of the topic: "enlightening the eyes," and Scripture states* (in Prov. 6:23): *"For a commandment is a candle and the Torah is light." Another explanation:*

**and none is hidden from its heat**—*on the Day of Judgment,* [as is stated in Malachi 3:19]: *"And the sun that comes shall burn them up." But the law of the Lord is perfect; it restores the soul to ways of life and it protects those who study it from that burning, as is stated* (ibid. verse 20): *"And the sun of mercy shall rise with healing . . . for you who fear My name."*—[*Rashi* from *Mid. Ps.* 19:13]

**the testimony of the Lord is faithful**—*It is faithful to testify for those who study it.*—[*Rashi* from *Mid. Ps.* ad loc.] *Parshandatha* explains that the testimony of the Lord is faithful in admonishing those who study it.

**restoring the soul**—*It* [the law] *restores it* [the soul] *from the ways of death to the ways of life. The law, the testimony, the orders, the commandments, the fear, and the judgments total six, corresponding to the six orders of the Mishnah. Between each name* [of God] *are five words including the name itself, corresponding to the Five Books of the Pentateuch. And so* [the Psalmist] *concludes: "true, altogether just." They are altogether devised with kindness and truth.*—[*Rashi* from *Mid. Ps.* 19:14]

נאמנה מחכימת פתי: ט פקודי יהוה
ישרים משמחי־לב מצות יהוה ברה
מאירת עינים: י יראת יהוה טהורה
עומדת לעד משפטי־יהוה אמת צדקו:

מהימנא מחכמא שברא: ט פקודיא דיי תריצין מחדין לבא פקודא דיי ברירא מנהרא עינין: י דחלתא דיי דכיא קימא לעלמין דיניא דיי הימנותא זכיו:

ת״א פקודי. שם תענית ל פרכין יא עקרים יא פ״ח עקידה שער מו: יראת יומא שם:

## רד״ק

לישראל בראותם כבודו על הר סיני בקולות ולפידים ותמראה הגדול ההוא הוא עדות להם ולבניהם עד עולם וכן שאר מצות הרבה כשבת ושכיבה: ואמר (ט) פקודי ה׳. על מצות השכל שהאל הפקידם ונתנם בלב והשכל מורה עליהם שהרי כתיב אח״כ מצות ה׳ ברה ואם כן מה הם פקודי אלא ל׳ גניזה והנחה שהשכל מורה עליהם. ולכן הם ישרים ומשמחי לב החכם שישכח על שכלו כאשר יגבר על הנוף וינהגהו בדרכי השכל והו לב המורה על השכל: ואמר יראת. שהיא ראשית המצות ועקרם כי העבד אם לא ירא מאדון לא יעשה מצותו והיראה הגמורה בסתר. ואמר המשפטים שהם הדינים בין אדם לחבירו והנה זכר לו כל לשונות המצוה לבד הקים והטע׳ כי אמר עליהם תמימה וברה ישרים משמחי לב וכל הנמשכים וכל זה לא יתכן לומר אלא על המצות שטעמם גלוי ונראה והחקים כמו אכילת חזיר ולבישת שעטנז והדומים להם שאין טעמם גלוי איך יאמר עליהם נחמדים ומתוקים וטהורים אף על פי שהם כן למי שטעמם נראה לו הנה אין טעמם נראה לרוב בני אדם. ואמר תמימה. שהוא שלימה כולה לא יחסר דבר בה מכל הדברים שצריך אדם להם בעולם הזה ובעוה״ב. ואמר עדות ה׳ נאמנה. כי אין כזב בה כי שכן הכבוד בישראל לעיני כל ישראל אין מכחיש ומפקפק. ואמר מחכימת פתי. כי כל דברי המשכן חכמה נפלאה כי לא דבר רק הוא המנורה והמזבחות והיריעות וכן כל הדברים כלם מורים על חכמה עד שיקראו אותו החכמים עולם האמצעי שהוא דמות העו״ם העליון ודמות העולם הקטן וכן שמירת השבת היא חכמה גדולה בגללה שיחקור האדם על חדוש העולם וכל מעשה בראשית והיא חכמת הטבע. ואע״פ שמחלק התארים האל׳ ואמר לתורה התמימה משיבת נפש ואמר על העדות נאמנה מחכימת פתי וכן לאחרים. כולם שוים בתארים ולא אמר התואר הזה על האחד רק ה״ה על חבירו אלא שסמך כל תואר אל המתואר הקרוב אליו שצריך ללמור עליו כפי התואר כמו שפירשנו וכמו שנפרש. ואמר מצות ה׳ ברה. כל מצוה ומצוה במקום שהיא ברה וזכה כאין כל סיג. ומאירת עינים. כי העם שהם בלא מצות הם הולכים בחושך כי המצות יאירו הלב והם מדרגה לעלות אל הכבוד הגדול: (י) יראת ה׳. הם הדברים שיעשה אותם בסתר או בלי דעת אדם כמו הגנבה והזיוף במדות והמשקלות והם הדברים שכתוב בהם ויראת מאלהיך והיראה טהורה מאין סיג כי הדברים רעים שהם בגלוי ימנע אדם מעשותם מיראת בני אדם והנה הכסף ההוא אינו טהור כי יש בו סיגים אבל הדברים שהם בסתר וימנע אדם לעשותם מיראת האל לבדו היראה היא טהורה כי אין בו סיגים.

## רש״י

יחדו כלם יחד מתוקנים בחסד ואמת: מחכימת פתי. נותנת חכמה לפתאים: (ט) ברה. מאהרת:

## מנחת שי

(י) יראת ה׳ טהורה. מלא וה״ו ועיין מ״ש דברים פרשת כח: משפטי. בגעיא:

## אבן עזרא

(ט) פקודי. מגז׳ פקדון והמ׳ הנמצאו׳ בכח הנשמה בכל אדם בהיותו בר מלו׳ והשם הפקיד׳ בלב והזכיר ישרי׳ עמהם כי כל המשכילי׳ מהכימי׳ עליהם בדרך הישר שאין שם מכשול ואמר משמחי לב כי בעבור׳ יגיע ההכם למעלת שמחת עולם וכנגד השמש הזכיר ישרי׳ בעבור כי מהלך השמש על סדני גלגל המזלות והוא הדרך הישר ועוד יתרו לפקודי׳ כי השמש פעמים נוטה מגלגל המישור ושמחת לב כנגד השמש כי ככה הוא רק ביום תשמח ולא בלילה והפקודי׳ משמחים תמיד ומצות ה׳ מצות עשה וקראם מצות בעבור שאין כתוב ברובם למה צוו ואמר עליהם ברה כי כן הם לברי לבב ע״כ מאירת עינים כאדם שהיה בחשך וכנגד השמש אמר ברה כי אין בה כדמות שחרות בתוכה כמו ללבנה ויתרון המצות כי העבי׳ יסתירו אור השמש ביום ולא כן המצוה ומאירת עינים כי היא אור העולם ביום גם בלילה כי אור הלבנה מורה בראיות גמורות: (י) יראת. מצות לא תעשה ואמר טהורה כי הטהור הוא שלא יתגאל במצות לא תעשה: עומדת לעד. שלא יתכן שהשם יתר האסור וכנגד השמש אמר טהורה בעבור שיש פעמים שיקדר השמש אע״פ שגופה טהור הוא רק הדבר כנגד אחרים והשמש עומדת לעד כי איננה מורכבת כמו הנבראי׳ מהארבע׳ יסודות אע״פ שתשתנה עמידת השמש כפי הרוחות: משפטי. ידוע כי משפטי חכמת המזלות

## מצודת ציון

(ט) ברה. מלשון ברור ונקי:

## מצודת דוד

המקיימם אשר מאמינים בה׳: מחכימת פתי. אבל השמש לפעמים יכלים חומו במות האדם ויתהגם: (ט) משמחי לב. ולא כן השמש כי מכנים דאגה בלב האדם שלא ילקה בדב חומו: מאירת עינים. אבל המרבה להסתכל באור השמש עיניו כהות: (י) עומדת

these statutes, we adhere to and obey them out of obedience to God; thus, they cannot be described as perfect, restoring the soul, faithful, causing the heart to rejoice, etc.*

10. **The fear of the Lord is pure**—I.e. if one performs the commandments in secret, when no one sees him, that is pure fear of God.—[*Redak*]

**existing forever**—Not so the sun, for it sometimes is covered by clouds.—[*Mezudath David*] Although certain commandments are to be performed at set times, the fear of God is to be practiced at all times. Also, the Torah is to be observed forever; the Christian belief that it is no longer binding is wrong.—[*Redak*]

faithful, making the simple one wise. 9. The orders of the Lord are upright, causing the heart to rejoice; the commandment of the Lord is clear, enlightening the eyes. 10. The fear of the Lord is pure, existing forever; the judgments of the Lord are true, altogether just.

**making the simple one wise**—*It gives wisdom to the simple.*—[*Rashi*]

9. **clear**—*Shining.*—[*Rashi*]

*Redak* explains that the Psalmist wishes to compare the Torah to the sun: just as the sun, the heavens, and the celestial spheres testify to God's glory and wisdom, so do the Torah and the commandments with which He charged His people Israel testify to His wisdom and His uprightness, as the Torah states (in Deut. 4:8): "who has righteous statutes and judgments, as all this law." Just as the heavens and the sun benefit the world and maintain its existence, so does the Torah; it is perfect, and it restores and preserves the soul just as the sun preserves the earth. The soul in the body is analogous to a stranger in a foreign land, who has neither helpers nor supporters, for the many helpers [limbs] of the body pursue worldly desires and lusts, and the soul is alone like a captive among them. King Solomon too refers to the soul as "a poor and wise man." The Torah preserves the soul by teaching man to walk the straight path, to avoid worldly lusts and the snares of worldly existence. Thereby, the Torah restores the soul from its captivity to its origin,which is heaven.

King David describes the Torah as being divided into three categories: 1) laws, or instructions; 2) testimony; and 3) orders and judgments.

1) The entire Pentateuch—from the Creation to the death of Moses—is called "the Torah" or, "the instruction," because it relates God's creation of the world and His bestowal of Divine Providence upon all His creatures. The specific category, laws, comprises descriptions of the commandments; e.g. the law of clean and unclean animals, the law of the nazirite, the law of the *mezora,* etc. Commandments are that which God charged His people to do in order to worship Him and love Him, as a master commands his slaves.

2) This category includes things that demonstrate the relationship between God and Israel, e.g. the tent of testimony, the ark of testimony, the tablets of testimony. All these show that Israel accepted God and that He chose them as His treasured people. Similarly, the observance of the Sabbath and the festivals is testimony, a sign, and a memorial. The Sabbatical year and the jubilee year testify that the land belongs to the Lord and that the Israelites are His slaves.

3) Orders are those commandments that can be rationalized, and judgments are laws of jurisprudence.

There is only one other category of Torah laws: חֻקִּים, *statutes,* the commandments that cannot be rationalized. Although we do not comprehend the reasons behind

נְבִיאוּ כַּחֲדָא: יא דִרְגִיגִין
מִדַּהֲבָא וּמִן אוּבְרִיזִין
סַגִּי וּבְסִימִין יַתִּיר מִן
דִּבְשָׁא וְכַכְּרִיתָא
חֲלִיאֲתָא: יב בְּרַם עַבְדָּךְ
אִזְדְּהַר בְּהוֹן כַּד נְטִירִין
חִלּוּפֵי הֵיכְנָא אִתְעֲבִיד
טָבְהוֹן דְיִשְׂרָאֵל:
יג שָׁלְוָתָא מַן יָחְכֵּם

יַחְדָּו׃ יא הַנֶּחֱמָדִים מִזָּהָב וּמִפַּז רָב
וּמְתוּקִים מִדְּבַשׁ וְנֹפֶת צוּפִים׃ יב גַּם
עַבְדְּךָ נִזְהָר בָּהֶם בְּשָׁמְרָם עֵקֶב רָב׃
יג שְׁגִיאוֹת מִי־יָבִין מִנִּסְתָּרוֹת נַקֵּנִי׃

ת״א שגיאות. סנהדרין קז:

גם

## רש״י

(יא) ונופת צופים. ומתק לופי׳ (ברוקייא״ש בלע״ז. ומקולקל בדפים צריך להיות כמ״ש במשלי ט״ו כ״ד בריסק״א מל׳ איטאליא האניגזיים) ומנחם פתר ונפת ל׳ טיפה וכן נופת תטופנה (משלי ה׳) נפתי משכבי (שם)(סא״א): (יב) בשמרם עקב רב. נזהרתי בשמירתה בשביל רב טובך אשר לפנת ול׳ הזה עקב כמו (בראשית כ״ו) עקב אשר שמע אברהם בקולי. דבר אחר עקב רב סופן של ת״ח לבא לידי גדולה עקב ל׳ סוף ויש לו חבר בל׳ משנה (בסוטה) בעקבות משיחא: (יג) שגיאות מי יבין. אני נזהרתי בהם אבל אי אפשר להזהר שלא אשגה בהם ואתה נקני מנסתרות

## רד״ק

ואמר עומדת לעד. כי יש מצות שיש להם מקום וזמן והדברים שהם ביראת ה׳ הם העומדים לעד אין להם זמן או אומר עומדת לעד על כל התורה שלא צוה האל בה לזמן אלא עד עולמי עד היא: משפטי ה׳ אמת. כבר פירשנו המשפטים שהם הדינים שבין אדם לחבירו וכולם הם דברי אמת גלוים לעינים וכלם יחדיו צדקו אין באחד מהם עול ויש מפרשים הטעם שסמך התורה לשמש להגדיל תועלתה על תועלת השמש כי יש דברים שהשמש מזיק והתורה מועילה בכל הדברים לפיכך אמר תורת ה׳ תמימה שלימה היא שבכל הדרכים ימצא אדם תועלת בה. ואמר משיבת נפש כי השמש כשישב אדם לחומו יותר מדאי שמא יחלה חולה מות והתורה משיבת נפש לגוף ומתקיים בה ופעמים שהשמש יכנס במוחו של אדם וישתגע והתורה מחכימת פתי. וכשישב אדם לשמש הרבה ידאג לחומה ולא כן פקודי ה׳ שהם משמחי לב וכאשר יסתכל אדם בעוצם השמש תכהינה עיניו ומצות ה׳ ברה מאירת עינים והשמש יכסוה עננים ויראת ה׳ טהורה חכה לא יכסנה דבר והשמש מאירה ביום ולא בלילה ויראת ה׳ עומדת לעד והשמש אין אורה וחומה שוה כל היום כי עד חצי היום מוסיף ומחצי היום ואילך יחסר ומשפטי ה׳ צדקו יחדיו ולא מכחישין זה את זה: (יא) הנחמדים. אמר כי התורה והמצות הם נחמדים יותר מזהב ומפז רב והפז הוא הזהב הטוב הנקי וזהו רב שהוא גדול בחשיבות ובגדולה או יהיה פי׳ רב במנין ויהיה טעם רב על זהב ואל פז כי בני אדם יתאוו לממון רב זהב ופז. ויש מפרשי׳ פז אבנים יקרות והאדם יתאוה אליהם והמשכילים יתאוו יותר לתורה ולחכמה כי הממון הוא בעה״ז ולא בעולם הבא והחכמה בעה״ז ובעולם הבא. והממון יגזלוהו או יגנבוהו מאדם או יאבדו בים או ביבשה והחכמה לא תגזל ותגנב ותאבד. והממון אם יוציאנה האדם לא ישאר בידו מה שיתן. והחכמה אם ילמדנה לאחר לא תצא מידו אבל יוסיף בחכמה: ומתוקים מדבש ונופת צופים. כי הדבש הוא המאכל שיערב להאדם יותר משאר המאכלים ואע״פ כן אם יוסיף לאכול ממנו יזיק לו ויקאנו והמאכל יועיל לפי שעה והחכמה כל מה שיוסיף בה תועילנו לעולם: (יב) גם עבדך. לפי שאמר הנחמדים ולמי הם נחמדים ומתוקים למשכילים וליראי ה׳ לפיכך אמר גם עבדך נזהר בהם כלומר גם אני מהם אע״פ שאינני מן החכמים עבדך אני וחרד למצותיך ונזהר בהם והם נחמדים ומתוקים לי גם ידעתי כי בשמרם עקב רב מלבד המתיקות והחמדה שימצא המשכיל בהם עוד יש לנו בשמירותם שכר רב שאתה מטיב לשומרי המצות בעוה״ז ובעוה״ב אלא שעיקר השכר הוא לעוה״ב לפיכך נקרא השכר עקב רב כמו שהעקב הוא סוף הגוף כן השכר סוף המעשה והמעשה לא יגמר לאדם עד יום מותו: (יג) שגיאות. אמת הוא כי לבי ורצוני אל מצותיך אבל אני מבקש ממך שתנקני מנסתרות כי השגיאות מי יבין כי אין אדם שידע ויבין הכל כי במקומות ישגה ויהיה הדבר נסתר מעיניו ואני אבקש ממך שלא תענישני עליהם:

## אבן עזרא

כפי מערכת המשרתים בערכם אל השמש וגם משפטים בערכים מכחישים אלה לאלה ובעבור זה יטעו בעלי הדין ע״כ אמר על משפטי השם צדקו יחדו ואחר שהשלים לדבר על יתרון התורה המועלת למשכיל בעוה״ב הזכירה כנגד תענוגי זה העולם: (יא) הנחמדים. אנשי העולם מתאוי׳ להיות להם זהב ופז רב הם אבנים יקרות בעבור שהם עומדים וימלאם בשעת הצורך בעבור היותם עומדים בעלמ׳ ולא יחסרו ולחכמה יתרון עליהם כי האדם ימלאנה בחייו ובמותו וטעם ומתוקים כי המאכל צריך אליו כל חי טוב ורע אמר כי תענוג החכמה יותר מתענוג המאכל המתוק ואין למעלה מהדבש בעבור היות המאכל תענוג רגע והחכמה לעולם גם טעם מתוקים הם מדבש ונופת למשכילי׳ לבדם לא לכל אדם ע״כ גם עבדך ומלת בהם כמו הנחמדים וטעם בשמרם עקב רב ידעתי כי בשמירתם שכר רק יקבל השומר והנה יועילו בעולם הזה ובבא: (יג) שגיאות. יתכן היות האל״ף תחת אות הכפל או תחת יו״ד כמו שכיות החמדה והטעם אני נזהר בכל מאדי רק אפחד אולי אשגה

## מנחת שי

(יא) ומפז רב. ס״א בס״א בפת״ח:

## מצודת דוד

לעד. ולא כן השמש כי לפעמים יכסהו הענן: צדקו יחדיו. אינם מכחישין זה את זה אבל השמש כשהוא נראה בזה האופק אינו נראה בהאופק שממולו וכאלו מכחישין זה את זה: (יא) הנחמדים. למי שחומד בהם אין לו דבר יערוך אליו כי חמודים המה לו מזהב וגו׳ ומתוקים המה לו מדבש וגו׳: (יב) גם עבדך. ר״ל גם אני מן המוזהרים בהם ואני זהיר בקיומם: בשמרם עקב רב. כי יש בשמירתן גמול שכר הרבה: (יג) מי יבין. מי יוכל להתבונן מבלי מלוא בו שגיאה כי פעמים רבים יקרה שישגה האדם בדעתו לחשוב שאין רע בדבר מה אבל לא כן הוא כי נעלם ונסתר ממנו תוכן הדבר: מנסתרות נקני. לזה אשאל אשר תכפר לי ותנקה אותי מהרע

## מצודת ציון

(יא) ונפת. ענין הזלה כמו נופת תטופנה (שיר השירים ד׳): צופים. כן יקראו חלות הדבש וכן צוף דבש (משלי ט״ז) וכפל דברו: (יב) עקב. ענין שכר וגמול שהוא סוף המעשה כהעקב הזה שהוא

11. They are to be desired more than gold, yea more than much fine gold, and are sweeter than honey and drippings of honeycombs. 12. Also Your servant was careful with them; for in observing them there is great reward. 13. Who understands errors? Cleanse me of hidden [sins].

11. **and drippings of honeycombs**—Heb. וְנֹפֶת צוּפִים, *sweetness of honeycombs; breche, or bresches, honeycombs. Menachem interprets* וְנֹפֶת *as an expression of a drop, and so* (in Prov. 5:3): "*drip sweetness* (נֹפֶת)"; (ibid. 7:17), "*I sprinkled* (נַפְתִּי) *my couch.*"—[*Rashi*] (This interpretation does not appear in all editions.) [Note that this definition appears neither in our edition of *Machbereth Menachem*, nor in *Rashi* to Proverbs.]

12. **for in observing them there is great reward**—*I was careful in its observance because of Your great good that You have hidden away, and according to this usage,* עֵקֶב *is like* (Gen. 26:5): "*because* (עֵקֶב) *Abraham hearkened to My voice.*" *Another explanation of* עֵקֶב רָב: *The end of the Torah scholars is that they will come to greatness.* עֵקֶב *is an expression of the end, and there is a similar expression in the language of the Mishnah* (*Sotah* 9:15): "*At the end* (בְּעִקְבוֹת) *of the exile, prior to the coming of the Messiah.*"—[*Rashi*] See *Rashi*, *Sotah* 49b. [Note that the second explanation and the reference for the first explanation do not appear in manuscripts or in early editions.]

13. **Who understands errors?**—*I was careful with them but it is impossible to be so careful that one does not err in them, and You cleanse me of hidden sins, which were hidden from me; of which I was unaware when I sinned inadvertently.*—[*Rashi*]

יד גַּם מִזֵּדִים ׀ חֲשֹׂךְ עַבְדֶּךָ אַל־יִמְשְׁלוּ־
בִי אָז אֵיתָם וְנִקֵּיתִי מִפֶּשַׁע רָב׃ טו יִהְיוּ
לְרָצוֹן ׀ אִמְרֵי־פִי וְהֶגְיוֹן לִבִּי לְפָנֶיךָ יְהוָה
צוּרִי וְגֹאֲלִי׃ כ א לַמְנַצֵּחַ מִזְמוֹר לְדָוִד׃
ב יַעַנְךָ יְהוָה בְּיוֹם צָרָה יְשַׂגֶּבְךָ שֵׁם ׀

**ת"א** יהיו לרלון. ברכות ד זוהר ויצלח עקרים מ"ג פ' כג (ברכות כ תענית כה) : יענך. ברכות סד פקידה שער כב זוהר שלח לך :

**תרגום**

ומשמיתא זכי יתי :
יד ברם מן זדניא פצא
עבדך דלא ישלטון בי
הדין אהי בלא מום
ואהי זכי מחובא רבא :
טו יהון לרעוא מימרי
פומי ורגנת רעיוני
קדמך יי תוקפי
ופריקי : א לשבחא
תושבחתא לדוד :
ב יקבל צלותך יי ביומא

## רד"ק

(יד) גם. ועוד אני מבקש ממך שאלה גדולה יותר ממה ששאלתי שתמנע אותי מן הזדונות שלא ימשלו בי ולא יהיה יצרי תוקפי כי אשמור בכל כחי וגם אתה תסייעני שלא ישלט בי יצר הרע כי הקב"ה מסייע למי שלבו נכון : מזדים. היא שם ולא תואר ויהיה זד שם בשקל רש ועושר : אז איתם. כתיב ביו"ד אחר האל"ף והוא הנח שהוא תמורת הדגש בלא יו"ד ויש בו דרש כי חשבון היו"ד עשרה ובעשרה הדברות היא תמימות התורה ושלימותה אמר אז כשתנקני מהשגיונות ותסייעני שלא ישלטו בי הזדונות אז אהיה תמים ושלם : ונקתי מפשע רב. הפשע הוא יותר רע מהזדון שהוא מתאותו בדבר הוא עובר במזיד אבל הפשע רע הוא המורד באדונו ויעשה העבירה אף על פי שאינו מתאוה אליה. ומי שהוא רגיל בזדונות יבא לידי המרד לפיכך אמר אם תנקני מהשגיונות ותסייעני על הזדונות שלא ימשלו בי אם כן לעולם לא אהיה מזיד ובודאי לא אהיה פושע ז"ש ונקתי מפשע רב. ורב. עניינו גדול כי הגדול שבמעשים הרעים הוא המרד ואחר התפללו זה שאל מהאל שיקבל תפלתו : (טו) יהיו. מה שאמרתי לפניך בפה. ומה שלא אמרתי בפי אלא חשבתי בלבי יהיה לרצון לפניך כי דברים רבים יחשוב אדם בלבו ולא יכול לדבר כן בשפתיו : ה' צורי וגואלי. חזקי שבו אבטח בשאלתי. גואלי מהשגיאות והזדונות : (א) לדוד. למ"ד לדוד פרשתים בעבור דוד. המשורר היה אומר אותו בעבור דוד בצאתו למלחמה. ואמר : (ב) יענך ה'. כשתהיה צרה במלחמה עם האויב יענך בתפלתך : ישגבך. כי העזרה היא במגדל עוז

## רש"י

(יד) גם מזדים. שנסתרו ממני לא ידעתי בחטאי בשגגה : מן הזדונות : אז איתם. אהיה תמים. אמרו חכמים למה דוד דומ' לכותי המחזיר על הפתחים והם מעריצים בדבר יותר מכל אדם תנו לי מים לשתות דבר שאין בו חסרון כיס משתה אמר יש כאן בצל קטן משנתנו לו אומר יש בצל בלא מלח משנתנו לו אמר תנו לי מעט להם שלא יזיקני הבצל. כך אמר דוד בתחילה על השגגות ואחר כך על הזדונות ואחר כך על המרדים פשעים אלו המרדי' שמתכוין להכעים וכה"א (מלכים ב' ג') מלך מואב פשע בי :
(טו) יהיו לרצון. לפיוס לרצותך :
כ (ב) יענך ה' ביום צרה. המזמור הזה על שם שהיה שולח את יואב ואת כל ישראל למלחמ' והוא היה

## מנחת שי

(יד) אל ימשלו בי אז איתם. במקצת מדוייקים מלא בי בטעם ימנית וככון הוא לפי משמעות הכתוב : (טו) יהיו לרלון. כ"כ :

## אבן עזרא

(יד) גם. יתפלל יקרה לי ע"כ אמר מנסתרות ממני נקני : אל השם שיסבב סבות כי לו נתכנו עלילות שיחשכהו מחברת הזדים ומרעתם ואל ימשלו בו וטעם אז איתם אז אהיה תם והיא מלה זרה והטעם כי לא יוכל לשמור המצות אם ימשלו בו זדים כי יכריחוהו : (טו) יהיו לרצון אמרי פי. שלא ימשלו בו זדים וטעם צורי שלא יפחד שימשלו בו זדים ואילו היו מושלים בו אין לו גואל מידם זולתו ע"כ ה' צורי וגואלי :
כ (א) למנצח. יענך ה' ביום צרה. יתכן שזה המזמור הברו אחד מהמשוררים על דוד ויהיה פי' לדוד כמו על דוד כמו לשלמה אלהים משפטיך למלך תן ואל תתמה על למ"ד לדוד והנה דרך אחרת מזמור שיר ליום השבת אן

## מצודת ציון

(יד) איתם. מלשון תם ושלם : סוף סגוף וכן עקב תשמעון (דברים ז') :

## מצודת דוד

(יד) גם מזדים. גם שגיאותי על כי היה נסתר ממני תוכן הדבר : מעשות רע במזיד מנע אותי ואמץ לבבי לבל עשותם : אל ימשלו בי. ר"ל לא יוכלו להסות לבבי אל העבירות והמתיקות שיש בהנאות זדים ההם אלא אתגבר על התאוה : אז איתם. אז אהיה תמים כי על השגיאות תכפר ומהזדים תחשוך אותי כי מפשע והוא המרד שהוא עון רב וגדול מזה אהיה נקי מעלמי כי בודאי לא אחטא במרד ואם כן לא ישאר בידי מאומה רע ואהיה תמים וכאומר הנה מאד קשה להיות תמים כי אם באופן זה : (טו) והגיון לבי. גם מחשבות לבי מה שלא אוכל להוליא בפה גם המה יהיו לרלון לפניך :
כ (א) לדוד. המשורר אמר אותו בעבור דוד בלאתו למלחמה : (ב) ביום צרה. כאשר תלחם מול האויב : ישגבך. יחזק

2. **May the Lord answer you on a day of distress**—*This psalm was* [composed] *because he* [David] *would send Joab and all Israel to war, and he would stand in Jerusalem and pray for them, as the matter is stated* (in II Sam. 18:3): *"it is better that you be for us from the city as aid." Were it not for David, Joab would not have succeeded in battle.*—[*Rashi* from *Targum Jonathan* to II Sam. ad loc.; *Sanh.* 49a, *Rashi* ad loc.]

**the name of the God of Jacob**—*Who promised him* [Jacob] *when he went to Haran and kept His promise; therefore, it is stated: "the God of Jacob."*—[*Rashi*, cf. *Mid. Ps.* 20:4]

14. Also withhold Your servant from willful sins; let them not rule over me; then I will be perfect and I will be cleansed of much transgression. 15. May the sayings of my mouth and the meditations of my heart be acceptable before You, O Lord, my Rock and my Redeemer.

## 20

1. For the conductor, a song of David. 2. May the Lord answer you on a day of distress; may the name of the God of Jacob

14. **Also . . . from willful sins**—Heb. מִזֵּדִים, *from willful sins.*—[*Rashi*]

**then I will be perfect**—Heb. אֵיתָם, *I will be perfect. The Sages said (Mid. Ps.* 19:17, *Lev. Rabbah* 5:8): *To what can David be compared? To a Cuthite who goes from door to door, and they are more cunning in this matter than any other people. "Give me a drink of water," something that costs no money. After he has drunk, he says, "Perhaps you have a small onion?" After he gives it to him, he says, "Is there an onion without salt?" After he gives it to him, he says, "Give me a little bread, so that the onion does not harm me." So did David say at first concerning the inadvertent sins, and then concerning the willful sins, and afterwards concerning the rebellious sins.* פְּשָׁעִים *are rebellious sins, with which one intends to provoke, and so Scripture says* (II Kings 3:7): *"The king of Moab rebelled against me* (פָּשַׁע)*."*—[*Rashi*]

*Redak* explains these verses in essentially the same manner, but elaborates somewhat:

[13] **Who understands errors? Cleanse me of hidden sins.**—Indeed, my heart and desire are to fulfill Your commandments, but I beseech You to cleanse me of hidden sins, because who understands errors? No one knows and understands everything, for one will err on occasion and not realize it. Therefore, I beseech You not to punish me for the hidden sins but to cleanse me of them.

[14] **Also withhold Your servant from willful sins, let them not rule over me**—Furthermore, I wish to make a great request of You, in addition to what I have already asked: May You withhold me from willful sins, so that they do not control me and my temptation will not overpower me. I will observe [Your laws] to the full extent of my ability, and with your assistance, the evil inclination should not rule over me, for the Holy One, blessed be He, helps one who is sincere.

**then I will be perfect**—Then, when You cleanse me of the inadvertent sins and help me so that the willful sins should not control me, I will be perfect and complete.

15. **be acceptable**—*To appease and placate You.*—[*Rashi*]

אֱלֹהֵי יַעֲקֹב: ג יִשְׁלַח־עֶזְרְךָ מִקֹּדֶשׁ
וּמִצִּיּוֹן יִסְעָדֶךָּ: ד יִזְכֹּר כָּל־מִנְחֹתֶךָ
וְעוֹלָתְךָ יְדַשְּׁנֶה סֶלָה: ה יִתֶּן־לְךָ
כִלְבָבֶךָ וְכָל־עֲצָתְךָ יְמַלֵּא: ו נְרַנְּנָה׀
בִּישׁוּעָתֶךָ וּבְשֵׁם־אֱלֹהֵינוּ נִדְגֹּל יְמַלֵּא
יְהוָה כָּל־מִשְׁאֲלוֹתֶיךָ: ז עַתָּה יָדַעְתִּי

דְעָקָא יְשַׂגְבִינָךְ שְׁמָא
דֶאֱלָהָא דְיַעֲקֹב: ג יְשַׁדַּר
סַעֲדָךְ מִן בֵּית מוּקְדְשֵׁהּ
וּמִצִּיּוֹן יְסַיְעִנָךְ: ד יִדְכַּר
כּוּלְהוֹן דוּרוֹנְיָתָךְ
וַעֲלָוָתָךְ יְדַהֵן לְעָלְמִין:
ה יִתֵּן לָךְ כְּרַעֲיוֹנָךְ וְכָל
מִלְכָּךְ יַשְׁלֵם: ו יְיַמְרוּן
עַמָּךְ נְשַׁבַּח בְּפוּרְקָנָךְ
וּבְשׁוּם אֱלָהָנָא נְטַקֵּס
יַשְׁלִים יְיָ כּוּלְהוֹן
שְׁאֵלָתָךְ: ז הַשְׁתָּא

## רש״י

עומד בירושלים ומתפלל עליהם כענין שנ׳ (ש״ב ב׳ י״ח) טוב כי תהיה לנו מעיר לעזור. ואמרו רבותינו אלמלא דוד לא עשה יואב מלחמה: **שם אלהי יעקב**. שהבטיחו בלכתו לחרן ושמר הבטחתו לכך נאמר אלהי יעקב: **(ג) מקודש**. מהיכל קדשו שהוא שוכן שם: **(ד) מנחותיך ועולתך**. הם התפלו׳ שאתם מתפללים במלחמה: **ידשנה סלה**. ל׳ שומן כמו (דברים ל״א) ואכל ושבע ודשן כלומר יקבלם ברצון כעולות מחים: **(ו) נרננה בישועתך**. כשיושיע אותך הקב״ה נרננה כלנו להקב״ה: **ובשם אלהינו נדגול**. נתאסף ונעשה חיל: **(ז) עתה ידעתי**. זו היא הרננה שנרנן עתה בתשועה זו שבאה ליואב ולישראל ידעתי שהפך המקום בו ועננו משמי קדשו כי תשועתם היא

## רד״ק

שישגב האדם בו שלא ישלוט בו יד האויב: **שם אלהי יעקב**. אמר אלהי יעקב לפי שראה עצמו בצרות יותר מאברהם ויצחק דכתיב לאל העונה אותי ביום צרתי ולכן אמר להם דוד לישראל מי שענה ליעקב אביכם הוא יענה לכם גם מפני כי יעקב הוא אבינו לבד אבל אברהם היה לו בן אחר ישמעאל ויצחק היה לו עשו. גם יתכן לפרש כי פי׳ אלהי יעקב על כל ישראל כי נקראו יעקב וישראל כמו אל תירא יעקב עבדי וכן במקומות רבים: (ג) מקדש. ממקום הקדוש והוא הבית שהיה שם הארון כי שם הכבוד ומשם ישלח עזרך במלחמה: ומציון. כי בציון היה הארון: (ד) יזכר. יריח כמו אזכרתה לה׳. כי בצאתו למלחמה היה מקריבין עולות ומנחות בעבורו שיצליחו האל: ידשנה סלה. והסגו״ל במקום קמ״ץ ופי׳ ידשנה ישימנה דשן כלומר שישלח אש לשרפה ויקבלה ברצון: (ה) כלבבך. שיתן אויביך תחתיך כמו שהוא בלבבך: וכל עצתך ימלא. על דרך כי בתחבולות תעשה לך מלחמה עצה וגבורה למלחמה: (ו) נרננה. כשיתמלא ה׳ כל משאלותיך ותשוב בשלום מן המלחמה אז נרננה בישיעתך: ובשם אלהינו נדגל. כלו׳ בשמו נרים דגלינו: (ז) עתה. יאמר כל אחד ואחד מישראל עתה ידעתי כי הושיעה ה׳ משיחו כלומר והוא רוצה בו לא כמו שהיו אומרים עליו אין ישועתה לו באלהים סלה. ועתה כשתושיענו

## אבן עזרא

דוד הברו ואומר לנסיכו יענך ה׳ ביום צרה או לעצמו ידבר וי״א שהוא על המשיח יענך ה׳ ביום צרה במלחמה וטעם אלהי יעקב כי צרות רבות עברו לו בדרכים והשם שגבהו: (ג) מקדש. ממקום הארון: (ד) יזכיר. פי׳ למה יעזרך כי יזכור כל מנחותיך וזהו הכתוב בתורה והרעותם בחצוצרו׳ ונזכרתם ונושעתם ויש אומרים שעולות היו עושים בעת המלחמות כמו ואתאפק ואעלה העולה: ידשנה. ישרפנה אש המזבח ותשוב דשן ומלת ידשנה על דרך ואקראה לך שלא בחה האל״ף קמולה כמשפט עם תוספת ה״א ע״כ אמרו רבים כי הם דומים לפעלי׳ הרבעיי׳: (ה) יתן. הטעם שיגלה האויב: (ו) נרננה. כל אחד מאנשי דוד יאמרו לו כך כי כ״ף בישועתך לנגדו: **ובשם אלהינו נדגול**. ירום דגלינו בעת שימלא השם כל משאלותיך: (ז) עתה. דברי כל אחד כן ידברו או הם דברי המשורר ברוח הקדש והוא הנכון בעיני ומשיחו הוא דוד או המשיח בנו ובמה יענהו בגבורת הישועה שתעשה ימין השם לא ימין

## מנחת שי

כ (ה) יתן לך כלבבך וכל. הוא״ו בגעיא: (ו) ובשם אלהינו. כן הוא בס״ם:

## מצודת דוד

אותך שם אלהי יעקב ור״ל כמו שהזק את יעקב מול לבן ועשו ולא יוכלו לו כן לא יוכלו אויביך לך: (ג) מקדש. ממקום קדשו הוא בית המקדש שהוא מקום השכינה ומשם בא העזר: ומציון וגו׳. כפל הדבר במ״ש: (ד) יזכר. יהיו זכורים לפניך המנחות אשר הבאת: ידשנה סלה. עד עולם יקובל עולתך ברצון ותאכלם האש ויעשו דשן: (ה) כלבבך. כתאות לבבך: ימלא. יתקיימו עצתך: (ו) בישועתך. בעבור התשועה הבאה ממך כולנו נרננה: ובשם. בעבור אלוה נלכה בדגלים למלחמה וה׳ ימלא שאלתך כי תתגבר במלחמה: (ז) עתה ידעתי. מהנפלאות אשר נעשו עתה לדוד

## מצודת ציון

כ (ג) יסעדך. מלשון סעד ותמיכה: (ד) ידשנה. מלשון דשן: (ו) נדגול. מלשון דגל:

His anointed and His king, and He desires him. It is not as his enemies said, that he is a sinner and that God did not desire him, as in 3:3: "He has no salvation in God to eternity." But now that You will save him, they all will admit that he is His anointed and His king.—[*Redak*]

**with the mighty acts of salvation from His right hand**—For with a small army he would cause tens of thousands of his enemies to fall, and this could have come about only through the mighty acts of God, which He sent to save him.—[*Redak*]

fortify you. 3. May He send your aid from His sanctuary, and
may He support you from Zion. 4. May He remember all your
meal offerings and may He accept your fat burnt offerings for-
ever. 5. May He give you as your heart [desires], and may He
fulfill all your counsel. 6. Let us sing praises for your salvation,
and let us assemble in the name of our God; may the Lord ful-
fill all your requests. 7. Now I know

3. **from His sanctuary**—*From His Holy Temple, in which He dwells.*—[*Rashi*]

**from Zion**—the site of the Holy Ark.—[*Redak*]

4. **your meal offerings . . . burnt offerings**—*They are the prayers that you pray in battle.*—[*Rashi*]

**fat**—Heb. יְדַשְּׁנֶה, *an expression of fat, as* (in Deut. 31:20): *"and it will eat and be satisfied, and it will become obese* (וְדָשֵׁן)." *I.e. He will accept them* [the prayers] *willingly like fat burnt offering.*—[*Rashi*] *Redak* renders: He will smell all your meal offerings, and He will burn your burnt offerings to ashes. This alludes to the practice of sacrificing burnt offerings and meal offerings when embarking upon war so that God should make them victorious. These sacrifices were offered up on a private high place; the large high place in Gibeon.

**will burn . . . to ashes**—He will send fire to burn it, and will accept it willingly.—[*Redak*]

5. **as your heart [desires]**—He will subjugate your enemies to you, as your heart desires.—[*Ibn Ezra, Redak*]

**and may He fulfill all your counsel**—I.e. He should give you counsel and might to wage war. The Midrash notes that only to King David would one say, "May He give you as your heart desires," because he was wholehearted with His Maker and would pray to Him with sincerity. To someone else we would not say it, because this one may have a desire to steal or to commit a sin or other unseemly act. To others we say, "May the Lord fulfill all your requests."—[*Redak* from *Mid. Ps.* 20:9]

6. **Let us sing praises for your salvation**—*When the Holy One, blessed be He, saves you, we will all sing praises to the Holy One, blessed be He.*—[*Rashi*] Each of David's men will say this to him. The singular second person possessive is addressed to David.—[*Ibn Ezra*]

**and let us assemble in the name of our God**—Heb. נִדְגֹּל, *let us assemble and become strong.*—[*Rashi*] Let us raise our banners in His name.—[*Ibn Ezra, Redak*]

7. **Now I know**—*This is the praise that we will sing now for this salvation that came to Joab and to Israel: I know that the Omnipresent desired me and has answered me from His holy heavens, for their salvation is my salvation.*—[*Rashi*] Every Israelite will say, "Now I know that the Lord saved His anointed." I.e. David is

כִּי הוֹשִׁיעַ יְהוָה מְשִׁיחוֹ יַעֲנֵהוּ מִשְּׁמֵי
קָדְשׁוֹ בִּגְבֻרוֹת יֵשַׁע יְמִינוֹ: ח אֵלֶּה
בָרֶכֶב וְאֵלֶּה בַסּוּסִים וַאֲנַחְנוּ בְּשֵׁם־
יְהוָה אֱלֹהֵינוּ נַזְכִּיר: ט הֵמָּה כָּרְעוּ וְנָפָלוּ
וַאֲנַחְנוּ קַּמְנוּ וַנִּתְעוֹדָד: י יְהוָה
הוֹשִׁיעָה הַמֶּלֶךְ יַעֲנֵנוּ בְיוֹם־קָרְאֵנוּ:
כא א לַמְנַצֵּחַ מִזְמוֹר לְדָוִד: ב יְהוָה
בְּעָזְּךָ

**תרגום**

ידעית ארום פריק יי משיחה קבל צלותה ממותבי דשמיא קדישה בגבורן פורקן ימינה: ח אלין ברתכין ואלין בסוסון ואנחנא בשום יי אלהנא נדכר: ט אנון גחנו ונפלו ואנחנא אזדקפנא ואתחילנא: י יי פרוק לן מלך תקיף קבל צלותן ביום מקרינא: א לשבחא תושבחתא לדוד: ב יי בעשנך

ת"א אלה ברכב. עקידה שער עשרים: ה' בעזך. זוהר פקודי:

### רד"ק

יודו כלם כי משיחו הוא והוא מושיעו ויענהו משמי קדשו: בגבורות ישע ימינו. כי במעט עם היה מפיל רבבות מאויביו ולא היה יכול להיות זה אלא בגבורות ימין האל שישלח להושיענו: (ח) אלה. האויבים באים עלינו ברכב ובסוסים ובוטחים בהם ואנחנו בשם ה' אלהינו נזכיר כשנזכיר שמו ונקראהו לנצח: נדגל. לנצח הרכב והסוסים: (ט) המה. שהם ברכב ובסוסים כרעו ונפלו: ואנחנו. שהיינו נופלים לפניהם כשנזכיר שם אלהינו: קמנו ונתעודד. פי' נתגאה ונתרומם עליהם: (י) ה'. זהו שהיו צועקים במלחמה כמ"ש ואנחנו בשם ה' אלהינו נזכיר ופי' המלך האל שהוא מלך העולם ובידו להושיענו יעננו וגו': (א) למנצח. גם זה המזמור על דוד ופי' לדוד כדלעיל וי"א על המלך המשיח המזמור הוא לדוד שאמרו ברוח הקדש על המשיח בנו והאויבים הם גוג ומגוג ומחנהו שיצורו על ירושלים או יהיה לדוד על המשיח כי הוא נקרא דוד כמו ודוד עבדי נשיא להם לעולם:

### רש"י

תשועתי: (ח) אלה ברכב. יש מן האומות שבוטחים ברכב ברזל שלהם ויש שבוטחי' בסוסים אבל אנחנו בשם ה' נזכיר כי לו הישועה. נזכיר ל' הקטרה ותפלה כמו (ישעיה ס"ו) מזכיר לבונ' את אזכרתה (ויקרא ה') ולפיכך המה יכרעו ויפולו: (ט) ואנחנו קמנו ונתעודד. נתגבר עליהם כמו (לקמן קמ"ז) מעודד ענוים ל' עוז:

### מנחת שי

(ז) ישע ימינו. היו"ד בציר"י כי לא נמלאו בסגול רק המפה והכיאס המכלול דף ר"ס ובעל המסורת ליסטיה סימן מ"ס ואין זה מכלל וכן הוא בספרי ספרד: (ט) קמנו. אין בנו"ן רביע: (י) יהוה. בגעיה בספרי ספרד:

### אבן עזרא

דוד בעבור הבא אחריו: (ח) אלה ברכב. יבטחו ובי"ת השם ל' זהו' כמו לחמו בלחמי: (ט) המה כרעו. כנגד אנשי הרכב: ונפלו. כנגד אנשי הסוסים כמו ויפל רוכבו אחור: ואנחנו קמנו. מגזרת וקם הבית: ונתעודד. ונתגאה ונתרומם כי מעודד הפך משפיל: (י) ה'. י"א כי המלך דבק עם הושיעה וזה איננו נכון בעבור האתנח. ואחרים אמרו שהוא הפיך ביום קראנו ה' הושיעה כמנהג תופשי המלחמה בבואם: יעננו. המלך שהוא דוד אמן כן יהי' וזה על דרך ברוך הבא כאשר אפרש והנכון שהוא הושיע' אותנו כי השם יודע מחשבתו וככה אנא ה' הושיעה נא והפעול איננו כתוב והמלך הוא השם שהוא המלך באמת כי דוד משיחו הוא:

כא (א) למנצח. ה' בעזך ישמח מלך. ה' בעוז שנתת לו ישמח וככה בישועתך:

### מצודת ציון

(ט) ונתעודד. ענין רוממות וחוזק כמו מעודד ענוים ה' (לקמן קמ"ז):

### מצודת דוד

מהם אדע שעד הנה הושיע ה' למשיחו במה שלא היה נלכד ביד שאול ולא במקרה וברוב תחבולותיו היה נמלט: יעננו. אז ענהו משמי קדשו להושיעו בגבורות התשועה הבאה מימינו: (ח) אלה ברכב. כי הלוא רואים אנחנו אשר אנשי מלחמתנו הבאים למלחמה אלה באים ברוב רכב ואלה באים ברוב סוסים אשר בהם ימלא העזר במלחמה: ואנחנו. ר"ל הלא אתנו מעט רכב וסוסים ואך אנחנו נזכיר במלחמה שם ה' ומעמו נבקש העזר: (ט) המה וגו'. הבאים ברוב רכב וסוסים כורעים ונופלים לפנינו ואנחנו קמים ומתרוממים ומתחזקים ומזה נדע שגם עד הנה הושיע ה' למשיחו מה שנמלט מיד שאול: (י) ה' הושיעה. כן הושיענו בכל עת: ביום קראנו. בו ביום שנקרא אליך:

der this superscription in the usual manner: a song of [by] David. It may also mean: a song about the Messiah, who is known as David.—[*Redak*]

2. **may the king rejoice with Your strength**—*Our Rabbis (Mid. Ps. 21:1) interpreted it as referring to the King Messiah, but the matter may correctly be interpreted further as referring to David himself, in order to refute the sectarians, who became bold because of it.*—[*Rashi*]*

that the Lord saved His anointed; He answered him from His
holy heavens; with the mighty acts of salvation from His right
hand. 8. These trust in chariots and these in horses, but
we—we mention the name of the Lord our God. 9. They kneel
and fall, but we rise and gain strength. 10. O Lord, save [us];
may the King answer us on the day we call.

## 21

1. For the conductor, a song about David. 2. O Lord,

8. **These trust in chariots**—*Some nations trust in their iron chariots, and some trust in horses, but we—we pray in the name of the Lord, because the salvation is His.* נַזְכִּיר *is an expression of burning sacrifices and of prayer, as* (in Isa. 66:3): *"he who burns* (מַזְכִּיר) *frankincense,"* (and in Lev. 2:2): *"its memorial part* (אַזְכָּרָתָהּ)*." Therefore, they kneel and fall . . .—[Rashi]*

9. **but we rise and gain strength**—*We gain strength over them, as* (below 147:6): *"strengthens* (מְעוֹדֵד) *the humble," an expression of strength.*—[*Rashi*]

*Redak* and *Mezudath David* explain these two verses: The enemies who attack us with chariots and horses, relying upon them, as is stated in Isaiah 31:1: "And they relied on chariots, which were many."

**but we—we mention the name of the Lord our God**—When we mention His name and call out to Him, we are victorious. We defeat soldiers who are in chariots and on horses.

**They kneel and fall**—They who rely on the chariots and horses kneel and fall before us, but we, who had been falling before them, are proud and exalted over them.—[*Redak, Mezudath David*] *Mezudath David* adds: From our victory we know also that David escaped from Saul only because God saved His anointed.

10. **O Lord, save [us]; may the King answer us on the day we call**—So will the Lord save us always on the very day that we call to Him.—[*Mezudath David*] *Redak* identifies this verse as the battle cry of Israel. In this manner they would mention the Lord's name in battle. The Lord is called "the King" because He is the King of the world and has the power to save us. *Ibn Ezra* identifies "the King" as the Almighty. He quotes others who identify him as King David. The meaning is that when the people pray for the Lord to save them, the king should answer, "Amen, may it be so."

1. **a song about David**—This translation follows *Rashi's* interpretation, that the psalm was written about David. Those who interpret it as referring to the King Messiah ren-

בְּעָזְּךָ יִשְׂמַח־מֶלֶךְ וּבִישׁוּעָתְךָ מַה־יָּגֶיל
מְאֹד: ג תַּאֲוַת לִבּוֹ נָתַתָּה לּוֹ וַאֲרֶשֶׁת
שְׂפָתָיו בַּל־מָנַעְתָּ סֶּלָה: ד כִּי־תְקַדְּמֶנּוּ
בִּרְכוֹת טוֹב תָּשִׁית לְרֹאשׁוֹ עֲטֶרֶת פָּז:
ה חַיִּים שָׁאַל מִמְּךָ נָתַתָּה לּוֹ אֹרֶךְ יָמִים
עוֹלָם וָעֶד: ו גָּדוֹל כְּבוֹדוֹ בִּישׁוּעָתֶךָ
הוֹד וְהָדָר תְּשַׁוֶּה עָלָיו: ז כִּי־תְשִׁיתֵהוּ

ת״א תאות לבו. עירובין נד: חיים שאל. סוכה נב זוהר וישלח: מלעיל ויתיר י׳

**תרגום**

יֶחְדֵי מַלְכָּא מְשִׁיחָא
בְּפוּרְקָנָךְ כְּמָא יְרַנֵן
לַחֲדָא: ג רְגִגַת נַפְשֵׁהּ
יְהַבְתְּ לֵיהּ וּפֵרוּשׁ
סִפְוָתֵהּ לָא כְלֵיתָא
לְעָלְמִין: ד אֲרוּם
תַּקְדְמִנֵהּ בִּרְכָן טָבָן
תְּשַׁוֵי עַל רֵישֵׁהּ כְּלִיל
דְהַב סְנִינָא: ה חַיֵי
עָלְמָא שָׁאַל מִנָךְ יְהַבְתָּ
לֵיהּ נַגְדָא דְיוֹמֵי
לְעָלְמֵי עָלְמִין: ו סַגִי
יְקָרֵיהּ בְּפוּרְקָנָךְ
תּוּשְׁבַּחְתָּא וְשִׁבְהוֹרָא
תְּשַׁוֵי עֲלוֹי: ז מְטוּל דִי

**רש״י**

כא (ב) **בעזך ישמח מלך**. רבותינו פתרוהו על מלך המשיח וגכון הדבר לפותרו עוד על דוד עלמו לתשובת אחרים שדרשו בו שאחר שלקח את בת שבע אמר מזמור זה: (ג) **וארשת**. ל׳ דבור ואין לו דמיון ומנחם הביא לו חבר ברשיון כורש מלך פרס (עזרא ג׳) ושניהם ל׳ מבטא שפתים הם״א): (ד) **כי תקדמנו ברכות טוב**. קודם ששאלתי ממך הקדמת לי ברכתך על ידי נתן הנביא (שמואל ב׳ ז׳) והקימותי את זרעך וגו׳ וכוננתי את כסא ממלכתך עד עולם: **תשית לראשו עטרת פז**. ויקח את עטרת מלכם וגו׳ ותהי על ראש דוד (שם כ׳ י״ב): (ה) **חיים שאל ממך**. כשהייתי בורח לחוצה לארץ מפני שאול הייתי מתפלל אתהלך לפני ה׳ בארצות החיים (לקמן קט״ז): **נתתה לו**. שהשיבותני לארץ ישראל: **אורך ימים**. למלכותו שאמרת וכוננתי את כסא ממלכתך **עד עולם**: (ו) **תשוה**. מנחם פתר תשוה תשים תשית ל׳ א׳ להם:

**רד״ק**

(ב) בעזך. העי״ן נקראת בקמ״ץ חטף. בעזך שתתן לו וכן ובישועתך מה יגיל מאד כתיב ביו״ד כמו יגיד דבר. והגימ״ל בסגו״ל מפני שהוא מלעיל הטעם ביו״ד האית״ן: (ג) נתתה לו. כמו תתן לו. עבר במקום עתיד וכן מנעת כי כן המנהג בדברי הנבואה ורוח הקדש בהרבה מקומות: וארשת שפתיו. כמו מבטא שפתים אין לו חבר במקרא: (ד) ברכות. כל דבר טוב אמר כל הברכות תקדם לו ותתן לו: תשית לראשו עטרת פז. שתקיים מלכותו בכבוד ובגדולה: (ה) חיים. שתאריך לו ימים בעולם הזה: אורך ימים עולם ועד. בחיי העולם הבא: (ו) גדול. כשתושיעהו מאויביו יגדל כבודו לעיני כל העמים: הוד והדר תשוה עליו. בישועתך כי כל העולם יכבדוהו ויהדרוהו

**אבן עזרא**

(ג) **תאות**. מה שיש בלבו: **וארשת**. מה שידבר בפיו והאל״ף נוסף כאל״ף ואזרועך וכמוה ברשיון מלך פרס: (ד) **כי**. תי״ו תקדמנו לנכח השם ויהיה הפועל יוצא לשנים פעולים כלומר המלך שהוא מוקדם מן הברכות: **עטרת**. זהב עם פז אבנים יקרות סביבה כי כן מנהג המלכים ויתכן היות תי״ו תקדמנו לשון נקבה בעבור ברכות כדרך בנות צעדה עלי שור: (ה) **חיים**. שם לעולם על לשון רבים לא יפרדו כמו נעורים בתולים זקונים מלואים: **אורך ימים עולם ועד**. עולם הפחות שני דורים: (ו) **גדול**. כל נושע לעולם יוסיף כבוד: **הוד והדר תשוה**. כמו תשית: (ז) **כי**. אמר השם

**מנחת שי**

כא (ב) בעזך. העי״ן בקמץ חטוף מפני דגשות הזי״ן וכן נהלת בעזך. אתה פוררת בעזך סימן ע״ד והם ג׳ הסרים וא״ו עפ״ה: מה יגיל. יו״ד האית״ן דגושה כדין דחיק והגימ״ל בסגול כי המלה מלעיל ויתיר יו״ד בתר גימ״ל. רד״ק בפירוש ומכלול דף קמ״ב ועיין זוהר פרשת פקודי ריש דף רל״ה: (ז) כי תשיתהו

**מצודת דוד**

כא (ב) בעזך. בהעוז הניתן למלך המשיח הנה ישמח בו: ובישועתך. כפל הדבר במלות שונות: (ג) תאות לבו. מה שיתאוה בלבו הען לו עם כי לא שאל עליו ואמר בלשון עבר כדרך הנבואה בהרבה מן המקומות על כי במראה הנבואה נראה כאלו כבר היה הדבר: וארשת. וכל שכן שבל תמנע ממנו מה שישאל בפיו: (ד) כי תקדמנו. תקדים ליתן לו ברכות טוב טרם ישאל עליו: עטרת פז. רלה לומר כבוד הרבה: (ה) חיים שאל. אמרו רבותינו ז״ל כאשר יראה משיח בן דוד שנהרג משיח בן יוסף ישאל אז על החיים וכו׳ יבטיחו עליו: (ו) **בישועתך**. על ידי ישועתך יתגדל כבודו: (ז) כי תשיתהו. תשים אותו לעולם

**מצודת ציון**

כא (ג) וארשת. ענין מבטא ואמירה ואין לו דומה במקרא ובפירוש של ראש שנה ארשת בשפתינו: (ד) תשית. תשים: לראשו. בראשו: (ו) תשוה. תשים: (ז) תחדהו.

All will bless themselves with him, saying that they should be like him.—[*Mezudath David*]

manuscripts nor in most early editions of *Rashi*.]

7. **For You make him blessings—**

may the king rejoice with Your strength, and how greatly does
he exult with Your salvation! 3. You gave him his heart's
desire, and the speech of his lips You have never withheld.
4. For You have preceded him with the blessings of the good
man; You have placed a gold crown on his head. 5. He asked
You for life; You gave it to him, length of days forever and
ever. 6. His glory is great in Your salvation; majesty and
beauty You place upon him. 7. For You make him

3. **and the speech of**—Heb. וַאֲרֶשֶׁת, *an expression of speech, which has no similar word. Menachem* (p. 167), *however, brought a* [word] *similar to it* (Ezra 3:7): *"by the authorization* (בִּרְשְׁיוֹן) *of Cyrus, king of Persia," (and both are an expression of the pronunciation of the lips. This does not appear in many editions.)* [Note that in manuscripts and in early editions, the quotation from *Menachem* does not appear.]

4. **For You have preceded him with the blessings of the good man**—*Before I asked You, You preceded me with Your blessing through Nathan the prophet* (in II Sam. 7:12f.): *"then I will raise up your seed . . . and I will establish the throne of his kingdom forever."*—[*Rashi*]

**You have placed a gold crown on his head**—(As in II Sam. 12:30): *"And he took the crown of Malkam . . . and it was [set] upon David's head."*—[*Rashi*]

5. **He asked You for life**—*As I fled outside the Holy Land from before Saul, I would pray, "May I walk before the Lord in the lands of the living"* (below 116:9).—[*Rashi*]

**You gave it to him**—*For You restored me to the land of Israel.*—[*Rashi*]

**length of days**—*to his kingdom, for You said, "and I will establish the throne of your* (sic) *kingdom forever,"* (II Sam. 7:13).—[*Rashi*] The Rabbis, who interpret this psalm as referring to the King Messiah (*Sukkah* 52a), explain that when the Messiah, the son of David, will see that the Messiah, the son of Joseph, has been slain, he will pray for his own life. Thereupon, God will answer him, "Your father David already prophesied on your account, 'He asked You for life, You gave it to him.'"—[*Mezudath David*]

6. **His glory is great in Your salvation**—When You save him from his enemies, his glory will increase in the eyes of all the nations.—[*Redak*]

**majesty and beauty You place upon him**—with Your salvation, for all the world will honor and praise him when they see that his salvation is from You.—[*Redak*]

**You place**—Heb. תְּשַׁוֶּה. *Menachem* (p. 171) *interpreted:* תָּשִׁים, תְּשַׁוֶּה, *and* תָּשִׁית *have the same meaning.*—[*Rashi*] [Note that the quotation from *Menachem* appears neither in

בְּרָכוֹת לָעַד תְּחַדֵּהוּ בְשִׂמְחָה אֶת־
פָּנֶיךָ׃ ח כִּי־הַמֶּלֶךְ בֹּטֵחַ בַּיהוָה וּבְחֶסֶד
עֶלְיוֹן בַּל־יִמּוֹט׃ ט תִּמְצָא יָדְךָ לְכָל־
אֹיְבֶיךָ יְמִינְךָ תִּמְצָא שֹׂנְאֶיךָ׃
י תְּשִׁיתֵמוֹ ׀ כְּתַנּוּר אֵשׁ לְעֵת פָּנֶיךָ יְהוָה
בְּאַפּוֹ יְבַלְּעֵם וְתֹאכְלֵם אֵשׁ׃ יא פִּרְיָמוֹ
מֵאֶרֶץ תְּאַבֵּד וְזַרְעָם מִבְּנֵי אָדָם׃ יב כִּי־

תְּשַׁוְיֵהּ בִּרְכָן לְעָלְמִין
תְּחַדְּנֵיהּ בְּחֶדְוָתָא דִי
מִן קֳדָמָךְ׃ ח מְטוּל
דְמַלְכָּא מְשִׁיחָא סְבִיר
בַּיְיָ וּבְחִסְדָא דְעִלָּאָה
לָא יְזוּעַ׃ ט תַּדְבֵּק
מְחַת אַיְדָךְ לְכָל בַּעֲלֵי
דְבָבָךְ פּוּרְעָנוּת יְמִינָךְ
תִּשְׁכַּח לְכָל סָנְאָךְ׃
י תְּשַׁוֵינוּן הֵיךְ אַתּוּן
נוּרָא לְעִדָּנֵי רוּגְזָךְ יְיָ
בְּרֻגְזֵהּ יְסַלְעֲמִנּוּן
וְתֵיכְלִנּוּן בְּעוּר גֵּיהִנָּם׃
יא בְּנֵיהוֹן מֵאַרְעָא תְּהוֹבֵד וְזַרְעִיָּתְהוֹן מִבְּנֵי נָשָׁא׃ יב מְטוּל דַּחֲשִׁילוּ עֲלָךְ בִּישְׁתָּא חֲשִׁיבוּ

## רד"ק

כשיראו כי הישועה באה לו מאתך: (ז) ברכות. כמו והיה ברכה: לעד, כי אפי' אחר מותו יתברכו בו. או פי' לעד זרעו כמו שיתברכו בו יתברכו בזרעו: תחדהו. תשמחהו ומה שאמר בשמחה אחר תחדהו לחזק השמחה: את פניך. כשתאיר אליו את פניך זו היא השמחה הגדולה שתהיה לו לא ישמח ברוב חילו שעמו וברוב זהבו וכספו אלא עם פניך שתפנה ותאירו אליו שהוא ההצלחה שנותן לאדם בכל אשר יעשה: (ח) כי המלך. אין לו בטחון ושמחה אלא בך ולא ברוב המון: ובחסד עליון. יש לו בטחון כי הוא עליון על הכל ובידו להושיע ולהטיב למי שירצה בו הן ברב הן במעט לפיכך הוא בטוח שלא ימוט. ואמר ובחסד כי כל מה שהוא מטיב לבריותיו הכל היא חסד מאתו: (ט) תמצא. תספיק לך ידך שלא תצטרך לעזר. ולפי שהקדים כי המלך בוטח בה' אמר כנגד המלך כיון שבטחת בה' תמצא ידך לכל אויביך. וכפל הדבר ואמר ימינך תמצא שונאך והוא כמו לשונאיך ולמ"ד לכל אויביך עומד במקום שנים או תמצא שונאך הוא ענין אחר בלא חסרון הלמ"ד כמשמעו כלומר שלא יהא להם כח ורשות להמלט מידך: (י) כתנור. כמו תנור שיש בתוכו אש ועצים והאש תאכל העצים כן תשית אתה אותם לעת כעסך עליהם שיכלו כלם ויהיו כתנור אש שאכלה מה שבתוכו. ופניך כמו פני ה' חלקם: (יא) תאבד. שלא ישאר להם זכר: (יב) כי. זה יהיה להם גמול לפי שנטו עליך לעשות רעה אלו היה הכח

## רש"י

(ז) תחדהו. ל' חדוה: את פניך. בגן עדן ורבותינו שדרשוהו במלך המשיח הביאו ראיה לדבר ועד עתיק יומיא מטא וקדמוהי הקריבוהי (דניאל ז') ואומר (ירמיה ל') והקרבתיו ונגש אלי: (ח) בל ימוט. ובחסד עליון הוא בוטח שלא ימוט: (ט) תמצא ידך לכל אויביך. כל מכת ידך שיש לך להביא הבא על אויביך: (י) לעת פניך. לעת זעמך: באפו יבלעם. תפלה היא זו: (יא) פרימו מארץ תאבד. להקב"ה הוא מתפלל שיאבד זרעו של עשו הרשע: (יב) כי נטו עליך רעה. כנגד טיטוס

## מנחת שי

ברכות. בספרי ספרד מלא תביתהו בגלגל ולפיכך הבי"ת רפויה. וספרים אחרים בימנית והבי"ת דגושה: (י) ותאכלם אש. סוא"ו

## אבן עזרא

לאברהם והיה ברכה והמשורר אמר ברכות לעד לנגד הוא וזרעו: תחדהו. מגזרת חדוה: (ח) כי. הטעם אין לו בטחון בגבורתו רק בשם ובחסדו והזכיר עליון כנגד בל ימוט: (ט) תמצא. זה חסד עליון שהשם אומר לדוד תמצא ידך והיא השמאלית וככה ידה ליתד תשלחנה וטעם תמצא כדרך והגרותי להם למען ימצאו אותם הקולעים והטעם לא יוכלו לנוס ולהפרד ולהמלט: (י) תשיתמו. פניך. כעסך פני ה' חלקם ופניה לא היו לה עוד וי"א כי כ"ף כתנור אש כמו בי"ת כדרך בהאי לילה כחצות הלילה: (יא) פרימו. ת"ו תאבד לנגד דוד או למשיח כי אחריו

## מצודת ציון

מלשון חדוה ושמחה כמו ויחד יתרו (שמות י"ח): (ט) תמצא. תספיק כמו ומצא להם (במדבר י"א): (י) תשיתמו. תשים אותם:

## מצודת דוד

לברכה כי הכל יתברכו בו לומר שיש' כמוהו: תחדהו. תשמח בשמחת ראיית פניך: (ח) כי וגו'. ובעבור שיהיה בטחונו בה' לזה לא ימוט: (ט) תמצא. תספיק מכת ידך לכל אויביך: ימינך תמצא. ר"ל תשיגם ולא יוכלו להנצל: (י) תשיתמו. יתמיד בהם האש כמו בתנור: לעת פניך. בעת כעסך אז יבלעם באפו ותאכלם האש: (יא) פרימו. בניהם: וזרעם. כפל הדבר במלות שונות: (יב) כי נטו. על כי נטו לעשות רעה למולך כמ"ש יתילצו

blessings forever; You shall make him happy with joy before
You. 8. For the king trusts in the Lord and in the loving-
kindness of the Most High, that he should not falter. 9. Your
hand shall suffice for all Your enemies; Your right hand shall
suffice for those who hate You. 10. You shall place them as a
fiery furnace at the time of Your anger; may the Lord destroy
them with His wrath and may fire consume them. 11. You shall
destroy their fruit from the earth and their seed from the sons of
man. 12. For

**You shall make him happy**—Heb. תְּחַדֵּהוּ, *an expression of* חֶדְוָה, *joy.*—[*Rashi*]

**before You**—*in Paradise. Our Rabbis, who interpreted it as referring to the King Messiah, brought proof on that matter* (from Dan. 7:13): *"and came to the ancient of days and brought him near before Him." Scripture also states* (in Jer. 30:21): *"and I will bring him near, and he shall approach Me."*—[*Rashi* from *Mid. Ps.* 21:5]

8. **that he should not falter**—*And he trusts in the loving-kindness of the Most High that he should not falter.*—[*Rashi*]

9. **Your hand shall suffice for all Your enemies**—*All the smiting of Your hand that You have to bring, bring upon Your enemies.*—[*Rashi*]

10. **at the time of Your anger**—Heb. פָּנֶיךָ, *at the time of Your fury.*—[*Rashi*]

**destroy them with His wrath**—*This is a prayer.*—[*Rashi*]

11. **You shall destroy their fruit from the earth**—*He prays to the Holy One, blessed be He, that He destroy the descendants of the wicked Esau.*—[*Rashi*]

12. **For they have directed evil against You**—[This was said] *regarding the wicked Titus, who said that he had killed Him.*—[*Rashi*, alluding to *Gittin* 56b. Cf. below 53:2]

**that they cannot**—*execute.*—[*Rashi*] *Mezudath David* interprets this verse as he did the second psalm, as concerning Gog and Magog.

This will be their punishment because they directed evil against You as though they had the power to do it: they devised a plot that they cannot execute, for they come to fight against You and to harm You.—[*Redak*]

נָטוּ עָלֶיךָ רָעָה חָשְׁבוּ מְזִמָּה בַּל־יוּכָלוּ׃
יג כִּֽי־תְשִׁיתֵמוֹ שֶׁכֶם בְּמֵיתָרֶיךָ תְּכוֹנֵן
עַל־פְּנֵיהֶם׃ יד רוּמָה יְהֹוָה בְעֻזֶּךָ נָשִׁירָה
וּֽנְזַמְּרָה גְּבוּרָתֶךָ׃ כב א לַמְנַצֵּחַ עַל־
אַיֶּלֶת הַשַּׁחַר מִזְמוֹר לְדָוִד׃ ב אֵלִי אֵלִי
לָמָה עֲזַבְתָּנִי רָחוֹק מִישׁוּעָתִי דִּבְרֵי

ת״א תכונן. עקידה שער י׳: אילת: יומא כט זוהר ויקרא: אלי אלי. עקדים פט״ו:

מַחְשְׁבָן בִּישָׁן וְלָא
יְכָלוּנָךְ: יג מְטוּל
דְּשַׁוִּיתִנּוּן לְעַמָּךְ כְּתַף
חַד בְּאַטוּנֵי מַשְׁכְּנָךְ
תְּתַקֵּן אוֹרְחַתְהוֹן
קֳדָמֵיהוֹן: יד אִזְדַּקַּף יְיָ
בְּעוּשְׁנָךְ נְשַׁבְּחָא וּנְדוּץ
בִּגְבוּרְתָּךְ: א לְשַׁבָּחָא
עַל תְּקוֹף קוּרְבַּן תְּדִירָא
דְּקַרְצְתָא תּוּשְׁבַּחְתָּא
לְדָוִד: ב אֵלִי אֵלִי מְטוּל
מָה שְׁבַקְתָּנִי רָחִיק מִן
פּוּרְקָנִי מִלֵּי אַכְלְיוּתִי:

## רש״י

הרשע שאמר הרג את עלמו בל יוכלו לעשותה: (יג) כי תשיתמו שכם. אשר תשית אותם להלק שיחלקו לישראל את ממונם כמו שנאמר (ישעיה כ״ג) והיה סחרה ואתננה וגו׳: במיתריך תכונן על פניהם. במיתרי קשתותיך תכונן חליך ותזמינם לירות על פניהם: (יד) רומה ה׳ בעזך. על הקמים ונשירה ונזמרה. סא״א:

כב (א) אילת השחר. שם כלי שיר דבר אחר על כנסת ישראל שהיא אילת אהבים הנשקפ׳ כמו שחר (שיר ז׳) ורבותינו דרשוהו באסתר ומנחם פתר אילת ל׳ מעוז כמו אילותי לעזרתי חושה (סימן זה) השחר ל׳ שחרית ומנחם פתר ל׳ בקור כמו שוחר טוב וגו׳ (משלי י״א) וכמו לשחר פניך (שם ז): (ב) למה עזבתני. עתידה היא ללכת בגולה ואמר דוד תפלה זו על העתיד:

## רד״ק

בידם וחשבו מזימה שלא יוכלו להביא׳ לידי מעשה כי היו באים להלחם עליך לעשות רעה: (יג) כי. טעם למה שאמר בל יכלו היאך לא יוכלו כי אתה תשים אותם לחלק אחד כלם שלא יהי׳ להם כח להתעכב עמך אלא יהיו לעבר אחד כלם ואתה כנגדם: במיתריך הכונן. חצך במיתריך ותורה אותם על פניהם והוא על דרך קצרה שחסר חצך כי כן מנהג המקרא: (יד) בעזך. הענין בקבוץ שפתים יאמרו כל ישראל רומה ה׳ על האויבים בעזך כי העוז והגבורה לך הוא ולא לנו: נשירה ונזמרה גבורתך. ובעזך ובגבורתך שתתן לנו נשירה ונזמרה לך ונודה לך כי מאתך הכל: (א) אילת השחר. הוא מכלי הנגון. ויש מפרשים אילת מן אילותי לעזרתי חושה כלומר שהיה נא׳ זה המזמור בכת עלות השחר. ויש מפרשים כי אילת שם כוכב הבוקר ויש מפרשים אותו על דוד בעודנו בורח מפני שאול והנכון כי אילת השחר נאמר על כנסת ישראל שהיר בגלות בבל וסוף המזמור יוכיח זה וקראם אילת כמו בצבאות או באילות השדה והשחר פירושו יופי וזוהר שהיה להם יופי וזוהר כמו הנשקפה כמו שחר והם בחשיכה בגלות וקוראים מן הגלות אלי למה עזבתני והוא בל׳ יחיד על עם ישראל יחד שהם כאיש אחד בגלות בלב אחד: (ב) אלי אלי. הכפל הקוראים והצועקים. ואמר אלי כלומר שהיית חזקי וצורי מקדם ועתה למה עזבתני: רחוק מישועתי. ולמה תהיה רחוק מישועתי כשתשמע דברי

## אבן עזרא

כתוב: (יב) כי נטו. מלת נטו יוצאה והפעול הוא רעה: מזמה. בכה ולא יוכלו להוציאה למעשה: (יג) כי. בעבור היות האתנחתא שבשכם הוא שכם אחד והטעם להיותם נחברים על דרך והגרותי להם למען ימלאו ומלת תכונן דרך קצרה כי הטעם תכונן הקשת בחצים: (יד) רומה. שב להודות השם בסוף המזמור כי כל זה יקרה לאויב בסוף בעוז השם כאשר החל ה׳ בעוז ישמח מלך:

כב (א) למנצח על אילת השחר. כאשר יראה כח עלות השחר ויש אומרי׳ כי הוא שם כלי ניגון וידענו כי יו״ד אילותי כנכר אין איל בלא דגש על כן הוא רחוק להיות אילת נגזרת מזאת הגזרה והנכון בעיני כי הוא תחלת פיוט נעשה על דרך דברי חשק כמו אילת אהבים וזה המזמור על נועם נגונו: (ב) אלי אלי. פעמים כי גזרה היה וטעם אלי בעבור עזבתני ותחסר מלת אלי כאילו הוא או׳ אלי רחוק מישועתי הם דברי שאגתי כמו שאגתי

## מנחת שי

בנפיא: (יג) כי תשיתמו שכם. בספרים מדויקים מלת כי בימינים ולכן התי״ו דגושה ויש ספרים כי תשיתמו במקף והתי״ו רפויה:

## מצודת דוד

וגו׳ על ה׳ ועל משיחו (לעיל ב׳): חשבו מזמה. יחשבו מחשבות שאי אפשר להם לעשותם: (יג) כי תשיתמו. כי בעבור זאת תשים אותם להלק אחד שיעמדו מובדל בפאה אחת להיות למטרה לחץ: במיתריך. בהבל הקשת תכוון החצים לירות בהם: (יד) בעזך. כפי גודל כחך תרים עצמך להפרע מאויביך ואז נשירה וגו׳:

כב (ב) אלי אלי. כפל המלה כדרך הקוראים והצועקים כמו ענני ה׳ ענני (מלכים א׳ י״ח): רחוק וגו׳. ר״ל דברי

## מצודת ציון

יבלעם. מלשון בליעה והשחתה: (יג) שכם. חלק כמו שכם אחד (בראשית מ״ח): במיתריך. הוא חבל הקשת כמו על יתר (לעיל י״א):

כב (א) אילת השחר. שם כלי זמר ידוע אז אלגס:

*the words of my moaning.*—[*Rashi*] *Redak* explains: You, Who were my strength and my rock in the past, why have You forsaken me now? Why should You be far from my salvation when You hear the words of my moaning? *Mezudath David* explains: The words of my moaning are a prayer to You, "Why are You far from my Salvation?"

they have directed evil against You; they have devised a plot
that they cannot [execute]. 13. For You shall place them as a
portion; with Your bowstrings You shall set [Your arrows]
toward their faces. 14. Exalt Yourself, O Lord, with Your
strength; let us sing and chant of Your might.

## 22

1. For the conductor, on the *ayeleth hashachar*, a song of
David. 2. My God, my God, why have You forsaken me? [You
are] far from my salvation [and] from the words of

13. **For You shall place them as a portion**—*For You shall place them as a portion, that Israel will divide their money, as it is stated* (in Isa. 23:18): "And her commerce and her hire shall be . . ."—[*Rashi*]

**with Your bowstrings You shall set toward their faces**—*With the strings of Your bows, You shall aim Your arrows at their faces.*—[*Rashi*]

*Redak* explains: Why will they be unable to execute their plot? Because You will place them as a portion apart, so that they will have no power to mingle with You[r people]. Instead, they will be one portion on one side, and You will be opposite them.

14. **Exalt Yourself, O Lord, with Your strength**—*over those who rise up* [against You], *and let us sing and chant.*—[*Rashi*] [The commentary on verse 14 does not appear in manuscripts or in most early editions.]

1. **ayeleth hashachar**—*The name of a musical instrument. Another explanation: Concerning the nation of Israel, which is a beloved hind* (אַיֶּלֶת אֲהָבִים), *who looks forth like the dawn* (שָׁחַר) (Song 6:10). *Our Sages, however, interpreted it as referring to Esther* (*Mid. Ps.* 22:1, *Meg.* 15b). [The Talmud interprets *ayeleth hashachar* as the morning star. Just as the morning star appears at the end of the night, so is the saga of Esther the final miraculous event recorded in Scripture (*Yoma* 29a.)] *Menachem* (p. 22) *interprets* אַיֶּלֶת *as an expression of strength, as* (verse 20): *"My strength* (אֱיָלוּתִי), *hasten to my assistance."* הַשַּׁחַר *is an expression of dawn, but Menachem* (p. 172) *interprets it as an expression of seeking, as* (in Prov. 11:27): *"He who desires* (שֹׁחֵר) *good etc." and as* (ibid. 7:15) *"to look* (לְשַׁחֵר) *for you."*—[*Rashi*] [In manuscripts and early editions, *Rashi's* commentary terminates with the Rabbinical interpretation of the verse.]

2. **My God, my God**—The singular is used, referring to the people of Israel as an individual. He repeats, "My God," as is the custom of people who cry out.—[*Redak*]

**why have You forsaken me?**—*They are destined to go into exile, and David recited this prayer for the future.*—[*Rashi*]

**far from my salvation**—*and from*

שַׁאֲגָתִי׃ ג אֱלֹהַי אֶקְרָא יוֹמָם וְלֹא תַעֲנֶה
וְלַיְלָה וְלֹא־דוּמִיָּה לִי׃ ד וְאַתָּה קָדוֹשׁ
יוֹשֵׁב תְּהִלּוֹת יִשְׂרָאֵל׃ ה בְּךָ בָּטְחוּ
אֲבֹתֵינוּ בָּטְחוּ וַתְּפַלְּטֵמוֹ׃ ו אֵלֶיךָ זָעֲקוּ
וְנִמְלָטוּ בְּךָ בָטְחוּ וְלֹא־בוֹשׁוּ׃ ז וְאָנֹכִי
תוֹלַעַת וְלֹא־אִישׁ חֶרְפַּת אָדָם וּבְזוּי
עָם׃ ח כָּל־רֹאַי יַלְעִגוּ לִי יַפְטִירוּ בְשָׂפָה

ה"א אלהי אקרא. מגלה ס"ו: (ואתה קדוש. שבת סו): ואנכי תולעת. חולין פט:

### תרגום

ג אֱלָהִי אֲנָא קָרֵי בִימָמָא
וְלָא תְקַבֵּל וּבְלֵילְיָא לָא
שְׁתִיקוּתָא לִי׃ ד וְאַנְתְּ
קַדִּישׁ דִמְיַתֵּב עָלְמָא עַל
תּוּשְׁבְּחָן יִשְׂרָאֵל׃ ה עֲלָךְ
סַבָּרוּ אַבְהָתָנָא סַבָּרוּ
בְמֵימְרָךְ וְשֵׁזְבְתִנּוּן׃
ו קֳדָמָךְ צַלּוּ וְאִשְׁתְּזִבוּ
נַעֲלָךְ אִתְרְחִיצוּ וְלָא
בְהִיתוּ׃ ז וַאֲנָא זְחִיל
חָלָשׁ וְלָא גְבַר סְכָל
חִסוּדֵי בְּנֵי נָשָׁא
וּמִתְרַמְרְמוּתָא דְעַמְמֵי׃
ח כָּל דְחָמַיִן לִי יְדַחֲכוּן
עֲלַי מִתְנַגְּדִין

### רד"ק

שאנתי: (ג) אלהי. ביום ובלילה אקרא ולא דומיה לי כי צעקתי ואתה לא תענה. ודומיה שם לא תאר: (ד) ואתה. ואיך לא תענה ואתה שאתה יושב וקיים לעולם היית פעמים רבות תהלות ישראל שהיו מהללים אותך בהושיעך אותם מצרתם. ואיך לא תושיעני כי אתה קיים לעד וכבוחך אז כחך עתה: (ה) בך. כמה פעמים בטחו בך אבותינו ותפלטמו מצרתם ולא היה שקר בטחונ' וכפל בטחו לחזק הבטחון כי לא היה להם בטחון באחר אלא בך. וכן אליך זעקו ונמלטו לא לאלהי' אחרי' לפיכך לא יבושו: (ז) ואנכי. נבזה בעיני כל כמו התולעת ואינני איש בעיניהם אלא חרפת אדם ובזוי עם בגולה: (ח) יפטירו. עלי בשפה דברים של לעג וקלון ויניעו ראש עלי:

### רש"י

רחוק מישועתי. ומדברי שאגתי: (ג) אקרא יומם. אני קורא לך מיום אל יום ואינך עונה: (ד) ואתה קדוש. ויושב לשמוע תהלות ישראל מימים קדמונים: (ז) ואנכי תולעת. כל ישראל מכנה כאיש א': (ח) יפטירו. יפתחו כמו פטר רחם ופטר חמור (שמות

### מנחת שי

כב (ג) אלהי אקרא. בספרי ספרד יש געיא באל"ף בין שו"א לסגול ולא ידענא למאי אהניא: ולא דומיה. כוא"ו בגעיא בספרי ספרד: דומיה לי. כתב בעל המסורת דומיה ד' א' חסר וסימן ולילה ולא דמיה לי. נאלמתי דומיה סימן ל"ט אך אל אלהים דומיה נפשי בסימן ס"ב. לך דומיה תהלה סימן ס"ה קדמאה חסר וכן הוא חסר בעקלת מדוייקים ועיין מ"ש בסימן ס"ה: (ח) ילעגו לי. בספרים מדוייקים חסר יו"ד והגיע"ל רפה:

### אבן עזרא

מנהמת לבי והוסיף דברי בעבור היותו בן אדם: (ג) אלהי. תהימה כי אתה אלהי ואיך לא תענה והטעם כי אין לי אלוה אחר מבלעדיך ולא אקרא רגע אחד ואדום רק ולא דומיה לי: (ד) ואתה. תהלות ישראל. הבית שהם האחרון כדרך בית קדשנו ותפארתנו אשר הללוך אבותינו וכל זה בעבור היות יושב דבק עם תהלות כי י"א כי טעם יושב שאתה עומד ויושב קדם סלה. כמו שוכן עד כמו אתה ה' לעולם תשב ואתה תהלות ישר' כדרך הוא תהלתך והוא אלהיך. וי"א כי אתה הנמצא בתוך תהלות ואתה הוא הקדוש המהולל כדרך בקרבך קדוש: (ה) בך. כבר בטחו בך בהיותם בלא צרה היו לבטח ובעת צרתם שבטחו בך תפלטמו: (ו) אליך. לבדך זעקו ולא נשענו על אחרים על כן לא בושו: (ז) ואנכי. רחוק הוא שיאמר איש דעת על עצמו שאיננו איש רק ידבר כנגד האויבים שהם יבזוהו ואיננו נחשב בעיניהם למאומה: (ח) כל. גזרות לעג קשורה לעול' עם למ"ד: יפטירו בשפה. יפתחו כמו פטר רחם והבי"ת

### מצודת ציון

(ח) יפטירו. ענין פתיחה כמו פוטר מים (משלי י"ז):

### מצודת דוד

שאגתי שזה להתפלל על מה אתה רחוק מישועתי: (ג) ולילה. ואף בלילה אני קורא ומתפלל: ולא דומיה לי. לא אשתוק כי כשהאדם נענה דרכו לשתוק אבל לא כשעדיין לא נענה: (ד) יושב. קיים ונצחי כמו אתה ה' לעולם תשב (איכה ה') ור"ל הלא ככחך אז כחך עתה ופעמים רבות היית תהלות ישראל כי היו מהללים אותך בהושיעך אותם מצרתם ומדוע אם כן תרחק עתה מישועתי: (ה) בטחו ותפלטמו. כאשר בטחו בך כן פלטתם: (ז) תולעת. אני חשב כתולעת: חרפת אדם. בני אדם יחרפו עמדי את הזולת כי יאמרו לו בחרפה שהוא שפל כמוני: ובזוי עם. כל עם מבזה זולתו עמדי וכפל הדבר במלות שונות: (ח) יפטירו. יפתחו

worm. People reproach others by comparing them to a Jew, and peoples despise other nations by comparing them to Israel.

8. **they will open**—Heb. יַפְטִירוּ, *they open, as* (in Exod. 13:12, 13): *"all that open* (פֶּטֶר) *the womb, . . . and firstling* (וּפֶטֶר) *of a donkey."* [Also] (in Prov. 17:14): *"like letting out* (פּוֹטֵר) *water."*—[*Rashi*] They open their lips to mock me and they shake their heads as mockers do.—[*Mesudath David*] *Redak* renders: they send forth [their speech].

my moaning. 3. My God, I call out by day and You do not
reply, and at night I do not keep silent. 4. But You are holy;
You await the praises of Israel. 5. Our ancestors trusted in
You; they trusted and You rescued them. 6. They cried out to
You and they escaped; they trusted in You and they were not
shamed. 7. But I am a worm and not a man; a reproach of
man, despised by peoples. 8. All who see me will mock me;
they will open their lips,

3. **I call out by day**—*I call out to You every day, and You do not answer.*—[*Rashi*] Since I have no God besides You, I wonder how You cannot answer me. I do not call out one moment and then remain silent, but call to You constantly; I do not remain silent.—[*Ibn Ezra*] A person stops praying and is silent when his prayers are answered, but not when he gets no response.—[*Mezudath David*]

4. **But You are holy**—*and You wait to hear the praises of Israel from time immemorial.*—[*Rashi*] *Redak* renders: And You are holy, forever existing; the praises of Israel. How do You not answer me now, You Who exist forever and Who often were the [object of] praises of Israel? They would praise You when You saved them from their distress, for praise and thanksgiving are appropriate [responses] to redemption from troubles. Since You exist forever, and Your strength today is as it was then, how is it that You do not save me now from my straits? *Ibn Ezra* renders: You dwell in the sanctuary which is the object of the praises of Israel.

5. **Our ancestors trusted in You**—When they were not in straits, they trusted in You and they lived securely. When they were in straits, they trusted in You and You rescued them.—[*Ibn Ezra*] They trusted in You many times and You rescued them from their straits. The repetition indicates the intensity of their trust in God, for they trusted only in Him and in no other.—[*Redak*]

6. **They cried out to You and they escaped**—because they cried out only to You, they escaped from their straits.—[*Redak*]

**they trusted in You and were not shamed**—Therefore, they were not shamed.—[*Redak, Ibn Ezra*]

7. **But I am a worm**—*He refers to all Israel as one man.*—[*Rashi*] I am despised by the nations as a worm.—[*Redak*]

**and not a man**—In their eyes, I am not a man but a reproach of man, and I am despised by peoples while I am in exile.—[*Redak*] *Ibn Ezra,* too, reasons that a person would not term himself "not a man." David surely means that the enemies do not consider Jews human beings. *Mezudath David* explains that David refers to the weakness of the people of Israel, comparing them to a

יָנִיעוּ רֹאשׁ: ט גֹּל אֶל־יְהֹוָה יְפַלְּטֵהוּ
יַצִּילֵהוּ כִּי חָפֵץ בּוֹ: י כִּי־אַתָּה גֹחִי מִבָּטֶן
מַבְטִיחִי עַל־שְׁדֵי אִמִּי: יא עָלֶיךָ
הָשְׁלַכְתִּי מֵרָחֶם מִבֶּטֶן אִמִּי אֵלִי אָתָּה:
יב אַל־תִּרְחַק מִמֶּנִּי כִּי־צָרָה קְרוֹבָה כִּי
אֵין עוֹזֵר: יג סְבָבוּנִי פָּרִים רַבִּים אַבִּירֵי
בָשָׁן

בְּסִפְוָתְהוֹן יְטַלְטְלוּן
בְּרֵישֵׁיהוֹן: ט שַׁבַּח
קֳדָם יְיָ וְשֵׁזְבֵיהּ פָּצָא
יָתֵיהּ מְטוּל דְאִתְרְעֵי
בֵיהּ: י מְטוּל דְאַתְּ
אַפַּקְתַּנִי מִכְּרֵיסָא
אַסְבַּרְתַּנִי עַל תַּדְיֵי
אִמִּי: יא בְּסַעֲדָךְ
אִטַלְקִית מִמַּעֲיָנָא
מִכְּרֵיסַת אִמִּי אֱלִי אַתְּ:
יב לָא תִתְרַחֵיק מִנִּי
מְטוּל דְעָקְתָא קְרִיבָא
אֲרוּם לֵית פָּרִיק: יג אַחֲרוּ עֲלַי פָּלְחֵי כוֹכְבַיָא דִמְתִילִין לְתוֹרִין סַגִיאִין רַבְרְבָנֵי

## רש"י

י"ג) פוטר מים (משלי יז): (ט) גול אל ה'. כמו לגול יש לאדם לגולל יהבו ומשאו אל יוצרו למען יפלטהו: (י) גוחי. מוציאי ומשכי כמו (איוב מ') יגיח ירדן אל פיהו: מבטיחי על שדי אמי. זימנת לאדם שדים לישען עליהם למחיה: (יא) עליך השלכתי מרחם. נשלכתי מרחם מאז הולאתני מרח' כמה דאת אמר (ישעיה מ"ו) העמוסים מני בטן מאז נולדו השבטים נשאם ונהלם: (יג) פרים רבים. מלכיות הזקים: אבירי בשן. גם הוא לשון פרים בבשן שהם שמנים: כתרוני. סבבוני

## רד"ק

יפטירו. ישלחו הדברים: (ה) גל. הוא תאר פי' מי שמסבב לו דרכיו בתפלותיו יפלטהו: יצילהו כי חפץ בו. כי חפץ ה' בו ושמע תפלתו. או פי' כי חפץ האדם באל כלומר זה ראינו ושמענו כמה פעמים כי מי שמסבב דרכיו ותפלתו אל האל יפלטהו אם כן למה לא תושיעני כי אנחנו עינינו אליך: (י) גחי. מוציאי אמר איך לא תושיענו ואנחנו מודים אליך ויודעים ומכירים כי הכח מאתך ואתה המבטיח התינוק על שדי האם שאין מחייתו אלא על ידי אחרים ואתה מבטיחו שיגדל מעט מעט ויוסף בו כח והרגל עד שיבקש מחיתו מעצמו והוא חכמה נפלאה והכל בכונת המכוון והנהגת מנהיג לא כדברי האומרים כי הכל בטבע ובמקרה ואנחנו העם המודים לך: (יא) עליך השלכתי. כי אתה המטריף לאמי מזונה שתטרפני ותגדלני: השלכתי. המשליך האב והאם כי הוא אין בו דעת להשליך יהבו על האל וכן אלי אתה כי הם המודים לך עלי: (יב) אל תרחק. כיון שהיית קרוב לי מבטן אמי בגדלי אל תרחק ממני בעת צרתי: כי צרה קרובה. ואם תקרב תהיה רחוקה כי אין עוזר בלתך: (יג) סבבוני פרים. כן היא הצרה קרובה כי סבבוני פרים והוא משל לנבוכדנצר וסיעתו הדשנים והתקיפים. ופי' רבים. גדולים בכח. וכן אבירי בשן. ובשן הוא מקום בארץ ישראל מקום מרעה דשן ושמן והבהמות הרועות שם הם דשנים וחזקים והמשיל הרשעים

## אבן עזרא

דרך להות כמו לחמי בלחמי ויתכן שתחסר מלה: (ט) גול. תאר השם כדמות פועל על משקל לאס הוס כי הגולל דבריו על השם כדרך גול על ה' דרכך: יפלטהו כי חפץ בו. השם כי טעה האומר כי הגולל חפץ בשם והכתוב אומר אם חפץ בנו ה' ורבים ככה: (י) גוחי. פועל או שם התאר כמו גוזי מגזרת ותגח בנהרותיך כמו מוליאי והזכיר זה כי הגולל על השם יצילהו כי הנה הוא גוחי מבטן שאין דעת לנו ולא כח: (יא) עליך. הטעם עליך הושלכתי לא על שדי אמי כי אתה אכילה ומאכיל אותי ואתה הנותן לי כח לקבל עד שאגדל ע"כ אמר אלי אתה: (יב) אל תרחק ממני. דרך לאו' בשירי' תרחק עם קרובה: (יג) סבבוני. טעם רבים מכל פאה: אבירי בשן. כמו עגלי על דרך פרות הבשן: כתרוני. מן כתר מלכות שהוא עגול:

## מנחת שי

(ט) כי חפץ בו. בהרבה מדוייקים בשני טעמים: (יב) אל תרחק ממני. ממני בימינית:

## מצודת דוד

שפתם ללעוג בי ויניעו בראש כדרך המלעיג: (ט) גול. אבל המגלגל ומסבב בטחונו אל ה' הוא מלילו: כי חפץ בו. במי שבוטח בו כראוי: (י) גחי מבטן. מוציאי מבטן אמי: מבטיחי. ממך הובטחתי לבטון על שדי אמי להיות כזון מהלבה: (יא) מרחם. מעת לאתי מרחם אמי השלכתי עליך להזמין לי די ספוקי: מבטן וגו'. כפל הדבר במ"ש: (יב) קרובה. ואיש מסר לריך אני להללה: כי אין עוזר. אין בעולם עוזר בלתך: (יג) פרים וגו'. הוא משל על השרים והמלכים: כתרוני.

## מצודת ציון

(י) גחי. ענין הולאה והמשכה כמו ותגח בנהרותיך (יחזקאל ל"ב). (יג) אבירי בשן. פרים החזקים הרועים בבשן כי שם מרעה שמן

13. **Great bulls**—*Mighty kingdoms.*—[*Rashi*]

**the mighty ones of Bashan**—*That too is an expression of the bulls of Bashan, which are fat.*—[*Rashi*]

**encompassed me**—Heb. כִּתְּרוּנִי. *They encompassed me like a crown* (כֶּתֶר), *which encompasses the head.*—[*Rashi*] See *Rashi* to Jeremiah 4:7 and Amos 3:6, where Ne-

they will shake their head. 9. One should cast his trust upon the
Lord, and He will rescue him; He will save him because He
delights in him. 10. For You drew me from the womb; You
made me secure on my mother's breasts. 11. Upon You, I was
cast from birth; from my mother's womb You are my God.
12. Do not distance Yourself from me, for distress is near; for
there is none to help. 13. Great bulls have surrounded me; the
mighty ones of

9. One should cast his trust upon the Lord—Heb. גֹּל like לָגֹל, lit. *to roll. A person should roll his burden and his load upon His Creator so that He rescue him.*—[*Rashi*] *Redak* explains: If one directs his ways, his requests, and his prayers to the Lord . . .

**He will rescue him; He will save him because He delights in him**—God desires him and hearkens to his prayer. This may also be rendered: for he delights in Him. God will save him because he delights in God. We have heard many times that if one directs his ways and prayers to God, He saves him and rescues him from straits. If so, why do You not save us, seeing that our eyes are directed toward You?—[*Redak*]

10. **drew me**—Heb. גֹחִי, *who took me out and drew me out, as* (*in Job* 40:23): *"he will draw* (יָגִיחַ) *the Jordan into his mouth."*—[*Rashi*]

**You made me secure on my mother's breasts**—*You prepared for a person breasts upon which to rely for sustenance.*—[*Rashi*] How is it that You do not save us? Do we not believe in You and recognize that any strength a person possesses comes from You, that You help and bring about birth and make the infant secure on his mother's breasts, when he can obtain his sustenance only through others? You make him secure so that he can grow little by little until he is able to obtain his own sustenance. We recognize the wisdom with which man's growth comes about, from his mother's breasts until he matures; everything is accomplished through the intention of an Intender and the guidance of a Guide—things do not, as others believe, come about through nature, by chance, without intention and guidance of a higher Power.—[*Redak*]

11. **Upon You, I was cast from birth**—*I was cast from birth since You took me out of the womb, as Scripture states* (in Isa. 46:3): *"who are carried from birth." From the time the tribes were born, He carried them and led them.*—[*Rashi*]

12. **is near**—and I need immediate help.—[*Mezudath David*]

**for there is none to help**—There is none in the world besides You who can help us.—[*Mezudath David*]

בָּשָׁן כִּתְּרוּנִי׃ יד פָּצוּ עָלַי פִּיהֶם אַרְיֵה
טֹרֵף וְשֹׁאֵג׃ טו כַּמַּיִם נִשְׁפַּכְתִּי
וְהִתְפָּרְדוּ כָּל־עַצְמוֹתָי הָיָה לִבִּי כַּדּוֹנָג
נָמֵס בְּתוֹךְ מֵעָי׃ טז יָבֵשׁ כַּחֶרֶשׂ ׀ כֹּחִי
וּלְשׁוֹנִי מֻדְבָּק מַלְקוֹחָי וְלַעֲפַר־מָוֶת
תִּשְׁפְּתֵנִי׃ יז כִּי־סְבָבוּנִי כְּלָבִים עֲדַת
מְרֵעִים הִקִּיפוּנִי כָּאֲרִי יָדַי וְרַגְלָי׃

**תרגום**

מַתְנָן אַקְפוּנִי׃ יד פְּתַחוּ
עֲלַי פּוּמְהוֹן הֵיךְ
כְּאַרְיָא מְכַלֵּי וְתָבַר׃
טו הֵיךְ כְּמַיָּא אִשְׁתְּדַת
וְאִתְפַּרְפְּרָן כּוּלְהוֹן
גַּרְמַי הֲוָה לִבִּי מִתְמְסֵי
הֵיךְ שַׁעֲוָה בְּגוֹ מְעַי׃
טז יָבֵשׁ הֵיךְ פְּחָד חֵילִי
וְלִישָּׁנִי אַדְבֵּיק לְמוֹרִיגַי
וּלְבֵית קְבוּרְתָּא
אַמְטֵיתַנִי׃ יז מְטוּל
דְּאַחֲזַרוּ עֲלַי רַשִׁיעֵי
דְּמַתִילִין לְכַלְבַיָּא
סַגִּיעִין כְּנִישַׁת מַבְאִישִׁין

## רד"ק

האבירים להם: (יד) פצו. אלה הפרים פיהם וטורפים אותי אף על פי שאין דרך הפרים לטרוף אלה הפרים הם כמו האריה שהוא טורף ושואג. ואריה חסר כ"ף הדמיון ושאגת האריה אחר שטרף לשמחה ולגאוה כן נ"נ וסיעתו אחר שהורגים ובוזזים אותנו הם שמחים ומתהללים: (טו) כמים. מפחדם נשפכתי כמים על דרך משל כאלו הייתי נמס: והתפרדו כל עצמותי. העצמות הם קשים מן המים לפיכך אמר בהם והתפרדו שנפרדו מקשריהם זה בזה: כדונג. היא השעוה שהוא נמס קל מפני החמימות: בתוך מעי. כל האברים הפנימי' נקרא מעיים: (טז) כחי. כתב אדוני אבי ז"ל מדברי רז"ל כיחו וניעו ויש שפירשו הפוך כמו חכי כלומר שלא אוכל לדבר כמ"ש ולשוני מודבק מלקוחי. למ"ד השימוש משפטו מדובק למלקוחי כי מודבק קמ"ץ ואיננו סמוך. והמלקחים הם החניכים למעלה מהלשון ושתחתיו ונקראו מלקוחים לפי שלוקחים המאכל בעת הלעיסה: ולעפר מות תשפתני. כלומר קרוב אני להמית. כאילו תכין אותי לטמנני בקבר שהוא עפר המות: תשפתני. מן שפות הסיר: (יז) כי. אני בתוך אנשי בבל כמו מי שסבבוהו כלבים שאין לו דרך לנוס מפניהם. ופי'

## רש"י

ככתר המקפת את הראש: (יד) אריה טורף. נבוכדנצר: (טו) כדונג. שעוה הנמוחה מחום האש: (טז) מלקוחי. הם החנכיים (שקורין פאליי"ש בלע"ז פאלא"י בל"א דער גוימען) כשאדם מצר אין רוק מצוי בפיו ומנחם פתר מלקוחי (אנטיילא"ש בלע"ז. נ"ל טענאלי"ע) בלשון אשכנז אייגע צואנגע) כמו (שם ו') במלקחי' לקח והמלקוח הן השניים אשר דומות למלקוחי חרשים (סא"א): ולעפר מות. לדכאות מיתה: תשפתני. אתה תושיבני לשון שפיתת קדירה שפות הסיר (יחזקאל כ"ה) ומנחם פתר כל לשון שפיתה לשון שימה: (יז) כארי ידי ורגלי. כאלו הם

## מנחת שי

(טו) והתפרדו כל עצמותי. בספרי ספרד הכ"ף במאריך אף על פי שהמלה מוקפת ועיין בסוף פרשת ראה על כל הבכור ויש עוד שנים למטה בזה המזמור: (טז) ולעפר. הוא"ו בגעיא: (יז) כלבים. יש גם סמך השליש: כארי. הכ"ף בקמץ ועיין מ"ש בישעיה ל"ו:

## אבן עזרא

(יד) פצו. פתחו כמו ופצתה האדמה ותחסר כ"ף מן אריה על דרך אש אוכלה הוא ואמר על אלה הפרים שהם טורפים כמו אריה ושואגים: (טו) כמים. דרך משל מרוב הפחד היה כמים אשר לא יאספו כן נפזרו איבריו והתפרדו העצמות שהם מוסדי הגוף ונמס לבי בקרבו כאילו סרה דעתו: (טז) יבש. ולא יוכלו לדבר על כן אמר אחד מהגאוני' כי כחי הפך חכי ולפי דעתי בעבור היות ליחת התולדה הקושרת הכל המעמדת הגוף כינה הליחה בשם כח והנה יבש כאשר יקרה לזקן הבא בימים ומלקוחי מגזרת ומלקחיה ואם אינגו על משקלו: ולעפר מות. לעפר בני מות כמו גבורתך במלחמה ותשפתני כמו שפות הסיר: (יז) כי. יאמר כי סבבוהו גרים ואויבים אחרים שהם פחותים מהפרים ויותר מכעיסים

## מצודת ציון

וסובב: (יד) פצו. פתחו כמו פצו שפתי (לקמן ס"ו): (טו) כדונג. כשעוה וכן כהמס דונג (לקמן ס"ח): (טז) מלקוחי. הוא מה שממעל הלשון ומתחת ויקרא כן על שם שבהם לוקחים המאכל בעת הלעיסה: תשפתני. ענין עריכה כמו שפות הסיר (יחזקאל כ"ד): (יז) מרעים. מלשון רע: הקיפוני. סבבוני:

## מצודת דוד

סבבוני ככתר המקיף את הראש: (יד) פצו. פתחו פיהם לבלעני: אריה. כאריה שמתחלה טורף ואחר זה שואג בשמחת גבורתו כן האויב בולע ומרים קול שמחה: (טו) נשפכתי. האיברים שבי נשפכו כמים ונתפרדו עצמותי: כדונג. כנמס מחום האש כן נמס לבי בתוך מעי: (טז) מדבק מלקוחי. בעבור הצער כלה הרוק שבפי וכאלו נדבק הלשון בבשר הפה: תשפתני. תערכני לשכב לעפר מות והוא הקבר: (יז) כלבים. מוכים ככלבים: כארי. ישברו ידי ורגלי כמו הארי המשבר עצמות הנטרף בפיו:

from *Menachem* appears only in the Bomberg and Warsaw editions, not in manuscripts or other early editions.]

17. **For dogs, etc.**—I am amidst the enemies as one surrounded by dogs, with no avenue of escape.—[*Redak*]

**like a lion, my hands and feet**—*As though they are crushed in a lion's mouth, and so did Hezekiah say* (in Isa. 38:13): *"like a lion, so it would*

Bashan encompassed me. 14. They opened their mouth against
me [like] a tearing, roaring lion. 15. I was spilled like water,
and all my bones were separated; my heart was like wax, melt-
ing within my innards. 16. My strength became dried out like a
potsherd, and my tongue cleaves to my palate; and You set me
down in the dust of death. 17. For dogs have surrounded me; a
band of evildoers has encompassed me, like a lion, my hands
and feet.

buchadnezzar is likened to a lion. *Redak* to Jeremiah explains that just as noone resists a lion, so did no nation resist Nebuchadnezzar's invasion. *Rabbi Joseph Kara* explains that Nebuchadnezzar was the ruler of the world just as the lion is the king of the beasts. *Redak* explains our verse to mean that, although bulls are never carnivorous, these bulls opened their mouth against me like a tearing, roaring lion: i.e. like a lion, which is a tearing, roaring beast. So do the enemies kill and plunder and then rejoice and revel.

15. **I was spilled like water**—This is figurative: Because of my intense fear, I was like water, which cannot be collected. So were my limbs scattered and my bones separated.—[*Ibn Ezra*]

**like wax**—*Wax, which melts from the heat of the fire.*—[*Rashi*] It was as though he lost his mind.—[*Ibn Ezra*]

**my innards**—Heb. מֵעָי. All internal organs are referred to as מֵעַיִם.—[*Redak*]

16. **My strength**—Heb. כֹּחִי. Our translation follows *Targum*. *Ibn Ezra* renders: my moisture, since a person's strength is a result of the moisture in his body. He quotes one of the *geonim*, who renders: my palate, transposing כֹּחִי to חִכִּי. *Rabbi Joseph Kimchi* renders: כִּיחַ, my phlegm, as found in the Talmud.

**my palate**—Heb. מַלְקוֹחָי. *This is the palate which is called palayç* (palais) *in Old French, gaumen in German. When a person is distressed, he has no saliva in his mouth. Menachem, however, interprets* מַלְקוֹחָי *as etenayles in Old French* (tongs), *like* (Isa. 6:6): "*with tongs* (בְּמֶלְקָחַיִם) *he had taken it.*" *And the* מַלְקוֹח *is the teeth, which resemble a smith's tongs.*—[*Rashi* from *Machbereth Menachem* p. 114] (The quotation from *Menachem* appears only in the Salonika edition of *Rashi* printed in 1515.)

**and in the dust of death**—*To the crushing of death.*—[*Rashi*]

**You set me down**—Heb. תִּשְׁפְּתֵנִי, *You set me down, an expression of setting a pot, as* (in Ezek. 24:3, II Kings 4:38): "*set on* (שְׁפֹת) *the pot.*" *Menachem* (p.179) *interprets every expression of* שְׁפִיתָה *as an expression of placing.*—[*Rashi*] [This quotation

יח אֲסַפֵּר כָּל־עַצְמוֹתָי הֵמָּה יַבִּיטוּ יִרְאוּ־
בִי׃ יט יְחַלְּקוּ בְגָדַי לָהֶם וְעַל־לְבוּשִׁי
יַפִּילוּ גוֹרָל׃ כ וְאַתָּה יְהוָה אַל־תִּרְחָק
אֱיָלוּתִי לְעֶזְרָתִי חוּשָׁה׃ כא הַצִּילָה
מֵחֶרֶב נַפְשִׁי מִיַּד־כֶּלֶב יְחִידָתִי׃
כב הוֹשִׁיעֵנִי מִפִּי אַרְיֵה וּמִקַּרְנֵי רֵמִים

ת״א ואתה ה׳. זוהר ויקרא ואלוה : הלכה. מגילה טו :

אַקְפּוּנִי נָכְתִין הֵיךְ
כְּאַרְיָא אִידַי וְרִגְלָי׃
יח אֲחַוֵי כָּל הַלְבְּשׁוּשֵׁי
גַרְמַי אִנּוּן מִסְתַּכְּלִין
מְבַזַּן לִי׃ יט מְפַלְּגִין
לְבוּשַׁי לְהוֹן וְעַלַוֵי פְּתַנֵי
יַרְמוֹן עַדְבִין׃ כ וְאַנְתְּ
יְיָ לָא תִתְרַחִיק תּוּקְפִּי
לְסִיוּעֵי אוֹחִי׃ כא פְּצֵי
מִקַּטְלִין בְּחַרְבָּא נַפְשִׁי
מִן אִידָא דְכַלְבָּא רוּחָא
דְגוּשְׁמִי׃ כב פְּרוֹקְנִי
מִפּוּם אַרְיָא וּמִמַּלְכִין
דְתַקִּיפִין וְרָמִין כְּרֵימָנָא קַבֵּלְתָּא צְלוֹתִי׃

אחוי

## רש״י

מדוכאי׳ כפי ארי וכן אמר חזקיה כארי כן ישבר כל עצמותי (ישעיה ל״ח): (יח) אספר כל עצמותי. כאב עלמי: המה יביטו. שמחים לאידי: (יט) ועל לבושי יפילו גורל. בוזזים את נכסינו: (כ) אילותי. כחי כמו (לקמן כ״ח) הייתי כגבר אין איל וכמו יש לאל ידי (בראשית ל״א): (כב) הושיעני מפי אריה. כאשר מקרני ראמים עניתני. זה האמורי אשר כגובה ארזים גבהו (עמוס ב׳) שלשים

## רד״ק

סבבוני כלבים אמר המשל והמליצה כארי ידי ורגלי כי הקיפוני כמו הארי שמקיף בזנבו ביער וכל חיה שתראה אותו העגולה לא תצא כשם ממורא האריה ומפחדו ויאספו ידיהם ורגליהם וימצא האריה טרפו בתוך עגולתו כן אנחנו בבבל בתוך העגולה לא נוכל לצאת ממנה שלא נהיה ביד הטורפים: (יח) אספר. ואם אבא לספר דברי ריבותי לפני גדוליהם ממה שיעשקוני קטניהם. המה הגדולים יביטו אלי. ויראוני בעין בזיון ושנאה. ויש מפרשים עצמותי כמשמעו מן עצם ויפרשו אספר מענין מספר ופירושו מרוב כחישותי אוכל לספור כל עצמותי והמה ישימוני דל בשר ורע תאר וילעגו לי: (יט) יחלקו. לקחו ממונינו עד שאפי׳ בגדינו ולבושינו יחלקו להם ויפילו גורלם עליהם: (כ) ואתה ה׳. כשתראה הצרות האלה אל תרחק כי אתה אילותי וכחי ולא בפחתי אלא בך על כן לעזרתי חושה: (כא) מחרב. גלותם שלא אספה בגלותם. כלב. וארי. וראמים. הוא משל על נ״נ ושריו וכל אחד לפי גדולתו קורא אותו: יחידתי. היא הנשמה שהיא יחידה שוכנת בבתי חומר: (כב) ומקרני רמים. כי הראם ינגח בקרניו: עניתני. כמו תענני או פירושו כי פעמים רבות הושעתני מצרו׳ גדולות שהתשועה מהם כמו הנושע מקרני רמים כן הושיעני עתה מפי אריה:

## אבן עזרא

והם עדת מרעים וטעם כארי דבק עם הקיפוני שהקיפו כארי׳ ידי ורגלי והזכיר ידי כי בהם הוא נלחם ורגלי כי בהם יוכל לברוח: (יח) אספר. יש אומרים כמו אספרם מחול ירבון וכמוהו מי יספר שחקים בחכמה והטעם שהוא רזה ואין לו בשר והנכון בעיני בעבור שהזכיר והתפרדו כל עצמותי אמר כאשר אספר כמה עצמות יתפרדו ממני ישחקו אויבי כמו לראות כך ויתכן שהעצמות דרך משל לאנשיו שנבדלו ממנו בעת צרתו במלחמה: (יט) יחלקו. כפי מחשבת האויבים ודבריהם בעבור היותם בגדי מלוכה ולולא היותי מלך לא היה טעם בדבריו וזה רמז: (כ) ואתה. אילותי. השם ואל יעלה על לבך איך יקרא דוד כי השם הוא אילותו ואורו וישעו ועזרתו וכל אלה מקדים כי חפצו להגיד כח עליון שקבלו: (כא) הצילה מחרב. כנגד עדת מרעי׳: מיד כלב. כנגד כי סבבוני: (כב) הושיעני. כנגד אריה טורף ושואג וטעם יחידתי בעבור היות כל נשמת אדם יחידה מתבודדת עם גופה מנשמת הכל וכהפרדה מגוייתה אז תאסף אל הכל: וטעם ומקרני ראמים שהם חזקים מכל הקרנות ושמעתי בני איש אומרים כי הראם יפיל עצמו מהר גבוה על קרניו ולא תשברנה ורמים חסר אל״ף כמו כרחוק הליכי בהמה וטעם עניתני כי כבר עשית לי חסד כזאת וטעם ומקרני כאילו הייתי על קרניו ויש אומרים כי קרניו גבוהים מכל הקרנות והעד ותרם כראם קרני וטעם

## מנחת שי

(כב) ומקרני רמים. כתב רד״ק בשרש ראם ובסנית הא׳ ומקרני ראמים עניתני ע״כ. אמנם בכל ספרים שלנו כתוב רמים בחסרון

## מצודת דוד

(יח) אספר. מגודל הבזיון בולטים עצמותי עד שאוכל לספרם ורואי מסתכלים בי דרך בזיון ונקמה: (יט) יחלקו. מפשיטים מעלי וחולקים ביניהם: ועל לבושי. כפל הדבר במלות שונות: (כ) אילותי. אתה חזקי מהר לעזרתי: (כא) מיד כלב. מדוגמ הנושך ככלב: (כב) עניתני. הלא מעולם עניתני להצילני מחזק

## מצודת ציון

(כ) אילותי. ענין כח והוא כמו כגבר אין איל (לקמן פ״ח): (כא) יחידתי. נשמתי שהיא יחידה מול חלקי הגוף וכחותיו וכן

2:9); *the thirty-one kings.*—[*Rashi*] According to this reading, *Rashi* refers to the thirty-one kings of Canaan who were vanquished by Joshua (ch. 12). According to *Atereth Zvi* and Berliner, the correct reading is: *Another explanation: kings*. See *Parshandatha*.

18. I tell about all my bones. They look and gloat over me.
19. They share my garments among themselves and cast lots
for my raiment. 20. But You, O Lord, do not distance Your-
self; my strength, hasten to my assistance. 21. Save my soul
from the sword, my only one from the grip of the dog. 22. Save
me from the lion's mouth, as from the horns of the wild oxen

*break all my bones."*—[*Rashi*] Cf. Commentary Digest ad loc. *Redak* explains the figure as a lion, which makes a circle with its tail in the forest. Any animal that finds itself within the circle is afraid to leave it lest it incur the lion's wrath. They therefore gather in their hands and feet, and the lion finds his prey within his circle. So are we in exile. If we leave the territory of the Moslems, we find ourselves in the territory of the Christians. It is as though we have gathered in our hands and feet, for we cannot wage war with our hands nor flee with our feet.

18. **I tell about all my bones**—*The pain of my bones.*—[*Rashi*] Others render: I count all my bones. I am so emaciated that my bones protrude and I can count them.—[Commentators quoted by *Ibn Ezra* and *Redak; Mezudath David*]

**They look**—*They rejoice at my misfortune.*—[*Rashi*]

19. **They share my garments**—They strip me of my garments and share them among themselves.—[*Mezudath David*]

**and cast lots for my raiment**—*They plunder our property.*—[*Rashi*] They take our property; they even cast lots on our clothing.—[*Redak*] *Mezudath David* considers these two segments of the verse synonymous. *Malbim* explains that they share the regular clothing among themselves and cast lots for the royal raiment, to decide who is to receive it.

20. **my strength**—Heb. אֱיָלוּתִי, *my strength,* as (below 88:5): *"I was as a man without strength* (אֱיָל)*," and as* (Gen. 31:29): *"It is within the power* (לְאֵל) *of my hand."*—[*Rashi*]

21. **Save my soul from the sword**—From the sword of the exile, that I should not perish in exile.—[*Redak*]

**my only one from the grip of the dog**—The lion, the dog, and the wild ox represent the kings of the nations among whom we are exiled, each one given an appellation according to his status. "My only one" means the soul, which is the only spiritual being dwelling in this material world.—[*Redak*]

22. **Save me from the lion's mouth**—*as You answered me from the horns of the wild oxen. This is the Amorite, "whose height is as the height of the cedar trees"* (Amos

ענתני: כג אספרה שמך לאחי בתוך
קהל אהללך: כד יראי יהוה | הללוהו
כל-זרע יעקב כבדוהו וגורו ממנו כל-
זרע ישראל: כה כי לא-בזה ולא שקץ
ענות עני ולא-הסתיר פניו ממנו
ובשועו אליו שמע: כו מאתך תהלתי
בקהל רב נדרי אשלם נגד יראיו:
כז יאכלו ענוים | וישבעו יהללו יהוה

**תרגום**

כג אחוי גבורת שמך לאחי במצע כנשתא אשבחנך: כד דחליא דיי שבחו קדמוי כל זרעא דיעקב הבו ליה יקר ואזדעזעו מניה כל זרעא דישראל: כה מטול דלא בסר ולא שאט צלותהון דעניי ולא סליק שכנתיה מביניהון ובצלאיהון קדמוהי מקבל: כו מנך תושבחתי בכנישת סגיעת עמא נדרי אשלם קביל דחלוי: כז ייכלון ענותני

ת"א יראי ה'. עקידה שער מד:

**רש"י**

ואחד מלכים: (כג) **אספרה שמך לאחי**. בהתאסף כל כנסיותי. וכן אומר להם יראי ה' הללוהו אלו הגרים. וכל זרע יעקב: (כד) **וגורו**. לשון יראה: (כה) **ענות עני**. לעקת דל. כל ענייה שבמקרא ל' לעקה. ועוד יש לפתור ענות ל' הכנעה כמו (שמות י') לענות מפני שהוא נכנע ומתפלל לפניך: (כז) **יאכלו ענוים**. לעת גאולתינו לימות

**רד"ק**

(כג) **אספרה**. כשתושיעני מפי אריה ומקרני רמים שתוציאני מן גלות בבל אז אספרה שמך לאחי ואחי הם עשרת השבטים שגלו בלחלח וחבור ולא היתה יד נ"נ שולטת עליהם כמו עלינו: (כד) יראי. כן יאמרו בעת התשועה ופי' יראי ה' מישראל והטעם כל אחד לפי מעלתו ושכלו ולפי קרבתו אל האל. והנה הזכיר בזה הפסוק האהבה והיראה וכן הכבוד והיראה כי יראי ה' יגיעו מן היראה אל האהבה: וגורו ממנו כל זרע ישראל. אותם שלא הגיעו עדין אל האהבה: (כה) כי. וכן יאמרו בהתודם כשיצאו מן הגלות כשהיינו בגלות: לא בזה ולא שקץ. ענין תיעבה: ענות. מענין עוני ויש מפרש ענות עני תפלת עני מה שעונ' בפיו: שמע. פעל עבר במשקל כי חפץ בבת יעקב: (כו) מאתך. יאמר כל אחד ואחד מישראל. או כל ישראל כאחד כמו שהם דברי המזמיר תהלתי שאני אהללך בקהל רב מאתך היא כי אתה גרמת לי התהלה שהושעתני: נדרי. שנדרתי: אשלם נגד יראיו. כי כל העולם יראוהו אז: (כז) ענוים. ישראל שהם ענוים כי הבבליים היו גאים עד עת גאולת ישראל וכן ישראל שהם דורשים אותי בגלות כשיהיו נגאלים יאכלו וישבעו משלל בבל ומאוצר כורש ויתענגו הפך ממה שהיו בגלות ויאמר להם

**מנחת שי**

פסל"ק: (כה) ובשועו. בגעיא: (כו) מאתך תהלתי. בגעיא:

**אבן עזרא**

עניתני כנגד אקרא יומם ולא תענה: (כג) **אספרה**. כנגד אספר כל עצמותי וטעם לאחי לאנשי סודי: **ובתוך קהל אהללך**. וזאת היא התהלה שאומ' להם: (כד) **יראי**. וי"ו הללוהו שב אל שמך הנזכר למעלה ואלה יראי ה' מהגוי' ע"כ אין שם מלת כל כמו כל זרע יעקב ואמר לישראל גורו שיהיו כלם יראים ואם תעו ידם על אויביהם יתנו העוז לשם: (כה) **כי**. **ולא שקץ**. הרחיק ושנא: **ענות**. מגזרת עני ויש אומרי' כמו מענה לשון על משקל שבית: (כו) **מאתך**. אתה הוא הסבה והיסוד לתהלתי כנגד ואהללך: (כז) **יאכלו**. הטעם שהענוים יאכלו וישמחו וישבעו מרוב השמחה בראות' כי השם הושיע העני אשר אין עוזר לו וטעם יחי לבבכם זה יאמר איש לרעהו כדרך ותחי רוח יעקב אביהם כי לבו היה

**מצודת ציון**

מכפירים יחידתי (לקמן ל"ה): (כד) וגורו. ופחדו: (כה) **שקץ**. ענין תעוב: **ענות**. הכנעה כמו לענות מפני (שמות י'):

**מצודת דוד**

האומות לזה הושיעני גם עתה: (כג) אספרה. אז אספר הנס ברבים: (כד) יראי ה'. כה אומר להם אתם יראי ה' הללו אותו: (כה) כי לא בזה. על שלא בזה הכנעת העני: ובשועו. אבל כשלעק אל ה' שמע אליו: (כו) מאתך וגו'. רלה לומר מה שאהללך בקהל רב בשה היא מאתך בעבור התשועה שעשית לי ולזה הנדרים שנדרתי בעת לרה אשלם נגד יראיו לפרסם הנס: (כז) יאכלו. מזבחי שלמי התודה אשר אביא לה': יחי. רלה לומר ישמחו בלבבם

You in a great congregation because of the salvation You have performed for me. Therefore the vows I made in times of distress I will pay in the presence of those who fear Him, in order to publicize the miracles.—[*Mezudath David*]

27. **The humble shall eat**—*at the time of our redemption in the days of our Messiah.*—[*Rashi*]

You answered me. 23. I will tell Your name to my brothers; in
the midst of the congregation I will praise You. 24. You who
fear the Lord, praise Him; all the seed of Jacob, honor Him,
and fear Him, all the seed of Israel. 25. For He has neither
despised nor abhorred the cry of the poor, neither has He
hidden His countenance from him; and when he cried out to
Him, He hearkened. 26. Because of You is my praise in the
great congregation; I pay my vows in the presence of those who
fear Him. 27. The humble shall eat and be sated; they shall
praise the Lord,

23. **I will tell Your name to my brothers**—*when any of my assemblies gathers, and so I will say to them, "You who fear the Lord, praise Him." This refers to the proselytes, and "all the seed of Jacob."*—[*Rashi* from *Mid. Ps.* 22:29, *Lev. Rabbah* 3:2] *Targum* paraphrases: I will tell the might of Your name. Instead of counting my bones, I will tell Your name to my brothers, to my confidants.—[*Ibn Ezra*]*

24. **You who fear the Lord, praise Him**—They will say this at the time of the redemption. This refers to the God-fearing of Israel. The nation is divided as in psalm 135:19-20: "You who fear the Lord, bless the Lord; the house of the Levites, bless the Lord; the house of Aaron . . . the house of Israel . . ." Each group should bless the Lord according to its spiritual status, its intellect, and its closeness to God. In this verse, the Psalmist mentions both love and fear of God, for honoring Him denotes love. Those who fear God should strive to love Him.—[*Redak*]

**and fear Him, all the seed of Israel**—Those who have not attained the level of fear should strive to attain it.—[*Redak*] *Redak* continues his quoting of the Midrash (Ps. ad loc.): Rabbi Joshua ben Levi says: **You who fear the Lord**—These are the people who fear Heaven. Rabbi Samuel bar Nachmani says: These are the righteous proselytes of the future; and the Sages say: **You who fear the Lord**—These are the priests. **All the seed of Jacob**—These are the Levites. **All the seed of Israel**—According to its apparent meaning. (Cf. extant editions of *Midrash Psalms.*)

**and fear**—Heb. וְגוּרוּ, *an expression of fear.*—[*Rashi*]

25. **the cry of the poor**—*Every* [expression of] עֲנִיָּה *in Scripture is an expression of a cry.* עֱנוּת *can also be interpreted as an expression of humility, as* (in Exod. 10:3): *"to humble yourself* (לֵעָנֹת)," *because he* (the poor man) *humbles himself and prays before You.*—[*Rashi*]

26. **Because of You, etc.**—I praise

דֹּרְשָׁיו יְחִי לְבַבְכֶם לָעַד: כח יִזְכְּרוּ
וְיָשֻׁבוּ אֶל־יְהוָה כָּל־אַפְסֵי־אָרֶץ
וְיִשְׁתַּחֲווּ לְפָנֶיךָ כָּל־מִשְׁפְּחוֹת גּוֹיִם:
כט כִּי לַיהוָה הַמְּלוּכָה וּמֹשֵׁל בַּגּוֹיִם:
ל אָכְלוּ וַיִּשְׁתַּחֲווּ כָּל־דִּשְׁנֵי־אֶרֶץ לְפָנָיו
יִכְרְעוּ כָּל־יוֹרְדֵי עָפָר וְנַפְשׁוֹ לֹא חִיָּה:
לא זֶרַע יַעַבְדֶנּוּ יְסֻפַּר לַאדֹנָי לַדּוֹר:

ת"א לפניו יכרעו. נדה ל׳: זרע יעבדנו. סוטה כ׳ סנהדרין עב: (שביעית לה): :

**תרגום**

וישבעון ישבחון קדם יי
דתבעין ליה ישרי רוח
נבואה ברעיוני לבכון
לעלמין: כח ידכרון נסוי
ויתובון קדם יי כל סיפי
ארעא ויסגדון קדמך כל
גניסת עממיא:
כט מטול דמן קדם יי
מלכותא ושליט
בעממיא: ל סעודו
וסגידו כל דהני ארעא
קדמוי יגחנון כל נחתין
בי קבורתא ונפש
רשיעא לא יחיי:
לא זרעיה דאברהם

## רש"י

מסיחנו: יחי לבבכם לעד. כל זה אומר לפניהם: (כח) יזכרו וישובו אל ה׳. יזכרו האומות הרעה שמלאתנו כשיראו את הטובה וישובו אל ה׳: (כט) כי לה׳ המלוכה. כי יראו שחזרה לך המלוכה והממשלה: (ל) אכלו וישתחוו כל דשני ארץ. הרי זה מקרא מסורס אכלו ענוים כל דשני הארץ וישתחוו לה׳ בהלל והודאה על הטובה. דשני ארץ טוב חלב הארץ כל זה יראו כל אפסי הארץ וישובו אל ה׳: לפניו יכרעו. אז כל מתחייבי תורה מתוך גיהנם ולא ירחם עליהם להיות את נפשם מגיהנם: ונפשו. של כל א׳ וא׳: לא חיה. לא יחיה. ורבותינו דרשו מן המקרא הזה שהמתים לפני מיתתם בשעת נטילת נשמה רואין פני שכינה: (לא) זרע יעבדנו וגו׳. זרע ישראל אשר תמיד עובדי׳ אותו: יסופר לה׳ לדור. סרס המקרא ודרשהו יסופר לדור אחרון לשם

## רד"ק

יחי לבבכם לעד כי הרוח החיה היא בלב וכשהאדם בצרה לבו מת וכשיצא לרוחה הנה יחיה לבבו. וטעם לעד. כי יהיו בארצם שמחי לב הם ובניהם זמן רב: (כח) יזכרו. בכל העוני והדלות שהיו בהם ישראל בגלות ויראו הישועה הגדולה וישובו אל ה׳ כל אפסי ארץ: לפניך. דבר הנביא כנגד השם: (כט) כי לה׳. אז יכירו כל הגוים כי לה׳ המלוכה ואז יהיה מושל בגוים: (ל) אכלו. פי׳ א"א כי הן המדיים ופרסיים שישובו אל ה׳ שהיו דשנים ורעננים כן יהיו עתה כי האל יקבל אותם בתשובתם ויאכלו וישתחוו לאל ויודו לו על הטובה אבל יש מהם שאפי׳ יכרעו לפניו לא יקבל אותם שהרגו ישראל שהם יורדי עפר כלו׳ שיהיו בגיהנם ולא יחיה האל נפש אחד מהם. והנכון היא זה הפי׳: (לא) זרע יעבדנו. אבל זרע שיעבדנו הם

## אבן עזרא

כמת: (כח) יזכרו. טעם אפסי ארץ כי השומעים אע"פ שהם בקצה הארץ יזכרו זה הפלא שעשה השם וישובו לעבדו ואלה הינם ענוים על כן אמר כל משפחות גוים: (כט) כי. אז יודו כי לשם לבדו המלוכה וגם הכתוב הוא כמו והנבואה עודד הנביא שהטעם והנבואה נבואת עודד ורבים כמוהו כאילו אמר כי לה׳ המלוכה וה׳ מושל בגוים: (ל) אכלו. זה הפסוק כנגד יאכלו ענוים וישבעו כי דשני ארץ הם המתענגים בעול׳ הזה לאכול כל דשן ודשני ארץ הפך ענוים והטעם אם יתעדנו בעול׳ הזה בסוף ובאחרית ימיהם ישתחוו למלך האוסף רוחם ואין כח בהם למרות וככה לפניו יכרעו כל יורדי עפר וטעם ונפשו לא חיה על דרך בנות צעדה עלי שור כי אחד מהם לא יוכל לחיות נפשו וזה רמז כי תאבד נפשם בעולם הזה הפך הענוים שכתוב בהם יחי לבבכם לעד: (לא) זרע. וי"ו לפניו גם וי"ו

## מנחת שי

(כז) לעד. הלי"ו קמץ והלי"ו פתח ויש ספרים כולו קמץ: (כח) כל משפחות. בספרי ספרד במאריך וכן כל דשני ארץ: (כט) ומשל בגוים. בספרים מדוייקים חסר וא"ו בתר מ"ם וכן במסורת קהלת סימן ט׳ במסר מושל י"ד מלאים ואין זה מהם:

## מצודת דוד

לעד כי המיצר כאילו לבו מת כמ"ש בנבל הכרמלי וימת לבו (ש"א כ"ה): (כח) יזכרו. בגודל פלאי ה׳ וישובו כולם אליו: (כט) כי לה׳ המלוכה. רצה לומר הכל יכירו אשר לה׳ המלוכה והוא מושל בכל הגוים: (ל) כל דשני ארץ. כל שמנים ובריאים כאשר יאכלו מה ר"ל כאשר יבוא להם טובה ישתחוו לה׳ כי יכירו שהכל בא מידו: כל יורדי עפר. כל בני אדם המעומדים לרדת בעפר הקבר: ונפשו. הכל ר׳ לא יחיה אף נפש אחת מהם: (לא) זרע יעבדנו. כל בני אדם שמאמינים בו ואשר עבדוהו מעולם אותם יחיה והם

## מצודת ציון

(כח) כל אפסי ארץ. קצות ארץ: (ל) דשני. מלשון דשן ושמן:

*verse and explain it: It shall be told to the last generation in the name of the Lord and in His praise what He did for that seed.*—[*Rashi*] *Redak* explains: The seed that worships Him shall be regarded as the Lord's throughout the generations. Although other nations repent, only Israel—the seed that worships Him—will be called the nation of God throughout all generations. They alone will be regarded as belonging to the Lord, throughout all generations.

those who seek him; your hearts shall live forever. 28. All the ends of the earth shall remember and return to the Lord, and all the families of the nations shall prostrate themselves before You. 29. For the kingship is the Lord's, and He rules over the nations. 30. They shall eat all the best of the earth and prostrate themselves; before Him shall all those who descend to the dust kneel, and He will not quicken his soul. 31. The seed that worships Him; it shall be told to the generation concerning the Lord.

**your hearts shall live forever**—*I will say all this before them.*—[*Rashi*] *Targum* paraphrases: the spirit of prophecy shall rest in the thoughts of your heart forever.

*Mezudath David* explains:

**shall eat**—from the thanksgiving offering that I will bring to God.

**shall live**—Their hearts shall rejoice forever, for if one is distressed, it is as though his heart has died, as is stated with regard to Nabal the Carmelite in I Samuel 25:37.

28. **shall remember and return to the Lord**—*The nations shall remember the evil that befell us when they see the good and return to the Lord.*— [*Rashi*]

29. **For the kingship is the Lord's**—For then all the nations will recognize that the kingship is the Lord's and that He rules over the nations. Then He will rule over the nations, as Zechariah (14:9) states: "And the Lord shall become king over all the earth."—[*Redak*] *For they will see that the kingship and the rule has returned to You.—*[*Rashi*]

30. **They shall eat all the best of the earth and prostrate themselves**—Lit. They shall eat and prostrate themselves all the best of the earth. *This is a transposed verse. The humble shall eat all the best of the earth and prostrate themselves to the Lord with praise and thanksgiving for the good .* דִּשְׁנֵי *means the good, the fat of the earth.* [People at] *all the ends of the earth will see all this and return to the Lord.*[*Rashi*]

**before Him shall . . . kneel**—*Then all the dead of nations* [will kneel] *from Gehinnom but He will not have mercy upon them to revive their souls from Gehinnom.*—[*Rashi*]

**his soul**—[The soul] *of each one.*—[*Rashi*]

**He will not quicken**—Lit. *He did not quicken. Our Sages* (*Mid. Ps.* 22:32) *derived from this verse that the dead, before their death, at the time their soul is taken, see the countenance of the Shechinah.*—[*Rashi*]

31. **The seed that worships Him**—*The seed of Israel, which constantly worship Him.*—[*Rashi*]

**it shall be told to the generation concerning the Lord**—*Transpose the*

לב יָבֹאוּ וְיַגִּידוּ צִדְקָתוֹ לְעַם נוֹלָד כִּי
עָשָׂה: כג א מִזְמוֹר לְדָוִד יְהוָה רֹעִי לֹא
אֶחְסָר: ב בִּנְאוֹת דֶּשֶׁא יַרְבִּיצֵנִי עַל־מֵי

מנוחות

ת"א מזמור לדוד. פסחים קיח: רועי. זוהר תרומה:

יִפְלְחוּן קֳדָמוֹי וִיחַוּוּן כֹּחַ גְבוּרְתֵּהּ דַיְיָ לְדָרָא בַּתְרָאָה: לב יְתוּבוּן בְּנֵיהוֹן וִיתַנּוּן צִדְקָתֵיהּ לְעַמֵּהּ דַעֲתִיד לְמִילַד פְּרִישָׁן דַּעֲבַד: א תּוּשְׁבַּחְתָּא לְדָוִד יְיָ זָן יַת עַמֵּהּ בְּמַדְבְּרָא לָא חֲסַרוּ כּוּלָּא: ב בַּאֲתַר צִיחֲתָא כְּהָנֵית דִּתְאִין יַשְׁרֵינַנִי עַל מֵי נִיחָא

## רד"ק

זרע ישראל שעובדים אותו תמיד יספר לה' לדור הוא יקרא ויספר בשם ה' ויאכרו עליהם עם ה' כי אע"פ ששאר האומות ישובו אל ה' לא יקרא עם ה' אלא עובד השם והוא לבדו יספר לה' לכל דור ודור: (לב) יבאו. העולים מהגלות שיבואו מכל אפסי ארץ יגידו צדקתו לעם שהיה נולד מהם לבניהם יגידו צדקתו שעשה להם כי הם לא ראו את מעשה ה' אשר עשה עמהם ואבותם הגידו להם: (א) מזמור. המזמור הזה אמרו דוד על עצמו כשיצא מצרה לרווחה או נאמר על ישראל שיאמרו כן בצאתם מבבל לפיכך סמכו למזמור של מעלה: (ב) בנאות. מדבר בדוד בשעה שברח מפני שאול ומה כתיב שם וילך דוד ויבא יער חרת ולמה נקרא שמו יער חרת שהיה מנוגב כחרס

## רש"י

ה' ולשבחו את אשר עשה לאותו זרע: (לב) יבאו. הראשונים ויגידו צדקתו לעם הנולד כי עשה להם צדקה: כג (א) מזמור לדוד. אמרו רבותינו כל מקום שנאמר מזמור לדוד מנגן ואחר כך שורה עליו שכינה מזמור להביא רוח הקודש לדוד. וכל שנא' בו לדוד מזמור שרתה עליו שכינה ואח"כ אמר שירה: ה' רועי. במדבר הזה שאני הולך בו בטוח אני שלא אחסר כלום: (ב) בנאות דשא. בנוה דשאין לפי שההיל לדמות מזונותיו למרעה בהמה שאמר ה' רועי נופל על הלשון של ה' רועי נאות דשא. ומזמור זה אמר דוד ביער חרת למה נקרא שמו יער חרת שהיה מנוגב כחרס והרטיבו הקב"ה מטוב של

## אבן עזרא

יעבדנו שב אל כי לה' המלוכה והטעם כמו וחסד ה' מעולם ועד עולם על יראיו וככה בני עבדיך ישכנו ותחסר מלת אשר כמו עם לבבכם שלם כאילו הוא זרע אשר יעבדנו והם בני הענוים הנזכרים למעלה וטעם לדור לדור הבא ע"כ אחריו יבואו על דרך דור הולך ודור בא: (לב) לעם נולד. הוא דור שלישי וטעם צדקתו על דרך צדקתו עומדת לעד גם בעוה"ז: כג (א) מזמור לדוד ה' רועי לא אחסר. זה המזמור נכבד ודמה עצמו כשה שמשענתו על הרועה והנה השם הוא הרועה אותי ע"כ לא אחסר כל והטעם לא יחסר לי מה שאני צריך כדרך משל: (ב) בנאות. הטעם שימלא הדשא ויהיה שם נוה קרוב שלא ייגע בהרים בעת שתרבץ השה: על מי. הזכיר המים וטעם מנוחות הפך נחל

## מצודת ציון

כג (ב) בנאות. ענין מדור כמו נאות השלום (ירמיה כ"ה): ירביצני. ענין השכיבה לנוח: ינהלני. ענין הנהגה

## מצודת דוד

יספרו מעשה ה' להדור שאחריהם: (לב) יבואו. הם יבואו ויגידו צדקתו לעם הנולד אחריהם: כי עשה. אשר עשה עמהם: כג (א) ה' רועי. על כי ה' רועה אותי אם כן בוודאי לא אסיר אחסר מאומה כי הכל בידו: (ב) בנאות. כרועה הרחמני המרבץ עדרו במקום דשא. ולפי שהמשילו לרועה אמר

who explains that it was as dry as a חֶרֶת, *a shriveled lung,* and the Holy One, blessed be He, moistened it etc.

The merciful shepherd causes his flock to lie down in grassy pastures.—[*Mezudath David*] There they can easily find grass and need not tire themselves by climbing mountains.—[*Ibn Ezra*]

**beside still waters**—in contrast to a gushing stream.—[*Ibn Ezra*] Still waters are usually clearer than gushing water, which picks up mud.—[*Mezudath David*] *Redak* explains that the good shepherd leads his flock by still waters, rather than by gushing streams, lest the sheep be overwhelmed by the current and drown.

32. They shall come and tell His righteousness to the newborn people, that which He has done.

23

1. A song of David. The Lord is my shepherd; I shall not want.
2. He causes me to lie down in green pastures; He leads me beside

32. **They shall come**—*The first ones shall come and tell His righteousness to the newborn people, for He performed righteous deeds for them.*—[*Rashi*] I.e. the people who will go up from the exile will tell of God's righteousness to the people who are born from them. To their children, who did not witness God's deeds, they will tell of the righteousness that He did for them.—[*Redak*]

1. **A song of David**—*The Rabbis said: Wherever it says: "A song of David," he would play* [his musical instrument] *and afterwards the Shechinah would rest on him. It is a song to bring the holy spirit upon David. And, wherever it says: "Of David, a song," the Shechinah rested on him* [first] *and then he recited a song.*—[*Rashi* from *Pes.* 117a] David recited this psalm about himself when he was extricated from his troubles. It is also possible that he composed it for the Jewish people as a whole, to recite upon their emergence from exile. For that reason, it was juxtaposed to the preceding psalm.—[*Redak*]

**The Lord is my shepherd**—*In this desert where I am going,* [therefore] *I am confident that I will lack nothing.*—[*Rashi*] This psalm is of deep significance. David compares himself to a lamb which relies upon its shepherd. Since God is my shepherd, I will lack nothing.—[*Ibn Ezra*]

2. **in green pastures**—*In grassy pastures. Since he commences to compare his sustenance to the pasture of an animal by saying, "The Lord is my shepherd," "green pastures" is appropriate for the expression, "the Lord is my shepherd." David recited this psalm in the forest of Hereth* (I Sam. 22:5). *Why was it called Hereth? Because it was as dry as a potsherd* (חֶרֶס) *and the Holy One, blessed be He, moistened it with the good of the world to come* (*Mid. Ps.* 23:6).—[*Rashi*] See *Redak* to I Sam.,

מִנְחוֹת יְנַהֲלֵנִי: ג נַפְשִׁי יְשׁוֹבֵב יַנְחֵנִי
בְמַעְגְּלֵי־צֶדֶק לְמַעַן שְׁמוֹ: ד גַּם כִּי־
אֵלֵךְ בְּגֵיא צַלְמָוֶת לֹא־אִירָא רָע כִּי־
אַתָּה עִמָּדִי שִׁבְטְךָ וּמִשְׁעַנְתֶּךָ הֵמָּה
יְנַחֲמֻנִי: ה תַּעֲרֹךְ לְפָנַי שֻׁלְחָן נֶגֶד צֹרְרָי

**תרגום**

דַּבְּרַנִי: ג נַפְשִׁי יְתִיב
דַבְּרַנִי בְּהִלְכַת צִדְקָא
מְטוּל שְׁמֵהּ: ד בְּרַם כַּד
אֵזֵל בְּגָלוּתָא בְּמֵישַׁר
טוּלָא דְמוֹתָא לָא
אֶדְחַל מִבִּישְׁתָא מְטוּל
דְמֵימְרָךְ בְּסַעֲדִי תִּנְרָךְ
תְּרִיצָא וְאוֹרַיְתָךְ הִנוּן
יְנַחֲמוּנַנִי: ה סַדַּרְתְּ
קֳדָמַי פָּתוֹר קֳבֵל

ת״א תערוך. יומא עו זוהר תרומה:

**רש״י**

העולם הבא. מדרש תהלים: (ג) **נפשי ישובב.** רוחו שהופג בצרות ובמנוס׳ ישובב לקדמותו: **במעגלי צדק.** בדרכי מישור שלא אפול ביד אויבי: (ד) **בגיא צלמות.** בארץ השך ועל מדבר זיף אמר. כל צלמות לשון חשך פירשו דונש בן לברט: **שבטך ומשענתך.** יסורים שבאו עלי ומשען שאני בטוח על חסדך שניהם ינחמוני שיהיו לי

**רד״ק**

והרטיבו הקב״ה מעין טובו של עה״ב: (ג) **נפשי ישובב.** זו היא המלכות שלא היה עלי זכות אלא למען שמו: (ד) **בגיא צלמות.** זה מדבר זיף: **לא אירע רע.** למה כי אתה עמדי: **שבטך.** אלו היסורין: **ומשענתך.** זו התורה: (ה) **שלחן.** זו המלכות:

**אבן עזרא**

שוטף: (ג) **נפשי.** הזכיר כי הרועה לא ידפקנו להוליכו ממרעה אל מרעה בניהוץ רק נפשו ישובב בטובה ונחת וטע׳ במעגלי צדק שלא יוליכני על גבהות ועל עמקים וכל זה לא למעני הוא עושה רק למען שמו למען ספר שמו בכל הארץ כי הוא רועה טוב ורחמן אין כמוהו: (ד) **גם.** הטעם אם תקראנה גזירות השמים שהשם גזר מימי קדם לבוא רעה בעולם וידמה הרעה לגיא צלמות לא אירא שרע יהיה לי כי שבטך יראה לי הדרך עד שאלא וזה השבט והמשענה בה יתנהם לבו והטעם כאשר תבואנה שנת רעה לעולם השם יסבב סבות לחוסים בו להיותם ברעב ולהציל ממות נפשם והטעם מות שאיננו כדרך התולדה כמו מתי מלחמה ומגפה: (ה) **הערך. נגד צררי.** כנגד בגיא צלמות על דרך מעוף צוקה והנה השלחן כנגד הדשא וכוסי רויה כנגד על מי מנוחות ורויה תאר השם כמו אשה חכמה ומרוב דשן המטעמי׳ שהם על השלחן ראשי מדושן כאילו הוא בלול בשמן רענן וטעם זה המזמור על עבדי השם העוזבים תאות העולם והם שמחים בחלקם ויחשבו כי להם ומים כנגד כל העגוג המטעמים כי מחשבתם ולבם על תענוגי העולם הבא ע״כ יניהו תענוגי רגע בעבור תענוג עולם ע״כ אמר אך זאת כל מחשבתי וטעם ירדפוני כל כך ארגיל עצמי לעשות טוב וחסד טוב לנפשי וחסד עם אחרים ללמדם ולהורותם לעבוד את ה׳ עד שיהיה לי חוק כי אילו ראיתי

**מנחת שי**

כג (ב) **מנחות.** כן מלאתי במקלת מדויקים כ״י: (ד) **ינחמני.** ההי״ת בחטף פתח:

**מצודת דוד**

לבין הנופל ברועה: **מי מנוחות.** כי מים הנאים המה ללוליס משא״כ הרודפים כי יגרשו מימיו רפש וטיט: (ג) **ינחני.** ינהג אותי בהודה ישר למען לא אכשל: **למען שמו.** להודיע רב השגחתו על יראיו: (ד) **בגיא צלמות.** בעמק אופל ר״ל במקום סכנה: **לא אירע רע.** ממקרה רעה: **שבטך ומשענתך.** מה שאתה מכה אותי בשבט של יסורין ותחזור והסמוך אותי הם הם המנחמים אותי כי בזה הראה שלא עזבתני להמקרים: (ה) **תערוך.** ופנ

**מצודת ציון**

כמו נהלת בעזך (שמות ט״ו): (ג) **ישובב.** ענין הנחה והשקט: (ד) **צלמות.** צלו של מות רלס לומר חשכת הקבר: (ה) **דשנת**

teousness served for him as a rod and staff, and comforted him in all his troubles.

According to *Midrash Psalms,* the rod represents pains and the staff represents the Torah, which is Israel's support. *Mezudath David* explains: Your rod with which You smite me and You staff with which You support me after the punishment—both comfort me, because I see that You have not abandoned me to chance.

5. **You set a table before me in the presence of my adversaries**—The allegory has been concluded. The Psalmist says: You set a table before me in the presence of my adversaries; i.e. they will see my glory and their bones will rot out of envy.—[*Redak*] Therefore, I trust that You will yet set a table before me, to benefit me with the pleasures that You will heap upon me.—[*Mezudath David*]

**in the presence of my adversaries**—I.e. they will see my glory.—[*Mezudath David*]

still waters. 3. He restores my soul; He leads me in paths of righteousness for His name's sake. 4. Even when I walk in the valley of darkness, I will fear no evil for You are with me; Your rod and Your staff—they comfort me. 5. You set a table before me in the presence of my adversaries;

3. **He restores my soul**—*My spirit, which has been weakened by troubles and haste, He will restore to its previous status.*—[*Rashi*] *Redak, Ibn Ezra,* and *Mezudath Zion* render: He rests my soul. The shepherd does not rush the flocks from pasture to pasture, but leads them slowly.—[*Ibn Ezra*] This restfulness represents the throne.—[*Redak*]

**in paths of righteousness**—*In straight paths, so that I should not fall into the hands of my enemies.*—[*Rashi*] He does not lead me on hills and into valleys. All this He does, not for my sake, but for His name's sake, in order that His reputation be publicized throughout the land—that He is such a good shepherd, and has such compassion on His flock, that there is none like Him.—[*Ibn Ezra*] Not that I was worthy of God's mercies, but for His name's sake [did He do this].—[*Redak*]

4. **in the valley of darkness**—Heb. צַלְמָוֶת, *in a land of darkness. He alludes to the desert of Ziph* (I Sam. 23:13-28). *Every* [mention of] צַלְמָוֶת *is an expression of darkness. Dunash ben Labrat defined it* [in this manner].—[*Rashi*] See *Machbereth Menachem,* p. 150, *Teshuvoth Dunash* p. 89. *Targum* here, as well as in Job 10:22, 12:21f, and *Targum Jonathan* to Jeremiah 2:6, define צַלְמָוֶת as two words: צֵל מָוֶת, *the shadow of death;* so *Redak, Shorashim* and *Saadia Gaon. Ibn Ganah* (*Sepher Haschorashim,* p. 431) explains that darkness, because of its desolation and man's fear of it, is depicted as the shadow of death; as though death were a person with a shadow, and darkness is that shadow. *Redak* here explains: Even if I should happen to be in a perilous place, which is like the grave, the place of absolute darkness (as in Job 10:21). He therefore compares distress to the grave. Since David was often in danger, he says, "I will fear no evil"; because of his intense trust in God, he did not fear that evil would befall him.

**for You are with me**—For I hoped that You would be with me as [You are] with all those who seek You.—[*Redak*]

**Your rod and Your staff**—*The pains that came upon me, and the support, that I rely upon Your lovingkindness—both of them will comfort me, for they will serve to expiate my iniquity, and I am confident that You will set a table before me. That is the throne.*—[*Rashi* from *Mid. Ps.* 23:6] *Redak* explains that the shepherd leads his flock with his rod and leans on it when he stands. So was it with David: God's kindness and righ-

דִּשַּׁנְתָּ בַשֶּׁמֶן רֹאשִׁי כּוֹסִי רְוָיָה: ו אַךְ
טוֹב וָחֶסֶד יִרְדְּפוּנִי כָּל־יְמֵי חַיָּי וְשַׁבְתִּי
בְּבֵית יְהוָה לְאֹרֶךְ יָמִים: כד א לְדָוִד
מִזְמוֹר לַיהוָה הָאָרֶץ וּמְלוֹאָהּ תֵּבֵל

**תרגום:** מְעִיקֵי דַהֲנָתָא בִּמְשַׁח רְבוּתָא רֵישׁ כַּהֲנֵי כַּלִּידֵי רְוִיתָא: ו בְּרַם טָבְתָא וְחִסְדָא יִרְדְּפוּנַנִי כָּל יוֹמֵי חַיַּי כַּד אֵתֵב בְּבֵית מַקְדְּשָׁא דַיְיָ לְנַגְדָא דְיוֹמָנָא: א לְדָוִד תּוּשְׁבַּחְתָּא לַיְיָ הִיא אַרְעָא וּבְרִיָּתָהָא תֵּבֵל

**ת"א** (דשנת. פסחים לז): לדוד מזמור. פסחים קיז: לה' הארץ. ברכות לה שבת קיט ר"ה לא גיטין מז חולין קלט ערכין יא יב תמיד לג עקידה שער א' זוהר פ' נח ותזריע (ברכות ס'):

## רד"ק

נגד צוררי. דואג ואחיתופל: דשנת בשמן ראשי. יכול על ידי יסורין ת"ל אך טוב וחסד ירדפוני וגו': (ו) אך טוב. יכול בעה"ז ת"ל לאורך ימים ועתה אפרש המזמור על דרך פשוטו וחבורו. כי עד עתה פירשתי המלות דרך פרט ואומר כי אמר ה' רעי לא אחסר. והמשיל עצמו לשה והאל רועה אותו ואמר ה' רועי וכיון שהוא רועה אותי לא אחסר דבר. בנאות דשא ירביצני. פי' בנאות מקום דשא ואל"ף נאות עומדת במקום וי"ו נוה. והרועה הטוב נוהג את צאנו ורועה אותם במקו' דשא ושם יטה אהלו וירעם בבקר ובנטות היום ובעת הצהרים ירביצם בצל אהלו וכשרוצה להשקותם ינהלם על מי מנוחות כלומר מים שילכו לאט ולא נחל שוטף פן ישטפו אותם המים בבואם לשתות. ישובב. ינוח כמו הרועה הטוב שלא ייגע הצאן ולא ידחפם אלא ינהלם לאטם. ינחני במעגלי צדק. כמו הרועה הטוב שלא ינהג צאנו בהרים ולא יעבירם אל הר ומהר אל גבעה אלא במעגלי צדק כן הוא ינחני במעגלי צדק וכל זה למען שמו לא שאני ראוי לכך. גם כי אלך בגיא צלמות. גם אם יקרה לי שאהיה במקום סכנה שהיא דומה לגיא צלמות הוא הקבר שהוא מקום החשך אמר כי מרוב בטחונו באל לא היה ירא שיבואהו רע. כי אתה עמדי. כי בטחתי שאתה עמדי כמו שאתה עם כל דורשיך. ואמר משענתך. מאחר שהמשיל האל לרועה הרועה הצאן במטה אשר בידו וישען עליו כשיעמוד. ואמר המה. ואף ע"פ שהוא אחד לפי שזכרו בשנים מטה ומשענת מטה בלכתו והמשענת בעמדו. תערוך לפני שלחן. עתה השיב המשל למליצה אמר תערוך לפני שלחן נגד צוררי שיראו בכבודי וירקב עצמם לקנאתם. דשנת בשמן ראשי. הדשן הוא השמן והלחות ואם יהיה הראש דשן יהיה כן כל הגוף ור"ל כי לא יחסר דבר ממה שהוא צריך. כוסי רויה. שלם עם למ"ד הפועל ופי' שבעה כלומר שהיא שבעה לעולם ויהיו לעולם שבעים השותים בה וכל זה לרוב הטוב שנתן האל לו ולכל עמו. אך טוב וחסד ירדפוני. אני מודה לך בטובה שנתתה לי עד היום אך זה אני מבקש ממך שירדפני טובתך וחסדך כל ימי חיי ולא ירדפוני מלחמות ועסקי העולם שאוכל לנוח בבית ה' לאורך ימים ולהתבודד שם ואכין לבי ומחשבתי לעבודתך וליחודך: ושבתי. מענין בשובה ונחת או פירושו כמשמעו ר"ל שיתמיד הליכתו שם פעם אחר פעם. ופי' בבית ה'. מקום הארון. ופי' לאורך ימים כמו שאמר כל ימי חיי אך היה מבקש שחייו יהיו ארוכים לפי שנות האדם זהו לאורך ימים: (א) לדוד. זה המזמור חברו דוד שיאמרו אותו כשיכניסו הארון לבית קדש הקדשים והיה זה

## רש"י

לסליחת עון ובטוח אני שתערוך לפני שלחן היא המלכות: (ה) דשנת בשמן ראשי. כבר נמשחתי על פיך למלך: כוסי רויה. לשון שובע: כד (א) לה' הארץ. ארץ ישראל: תבל. שאר ארצות:

## מנחת שי

(ו) ושבתי בבית. הבי"ת דגושה בספרי ספרד:

## אבן עזרא

להניח הטוב רגע אחד הוא היה רודף אחרי וטעם ושבתי פעם אחר פעם כדרך כלה שב במרולתם וי"א כמו ושקטתי מגזרת בשובה ונחת תושעון והנה הטעם כי לעולם אעשה טוב וחסד וכל ימי אשב בבית השם להכיר מעשיו וזאת היא התפלה באמת כי אז יתבודד מבני אדם: כד (א) לדוד. לה' הארץ ומלואה. (ב) כי הוא על ימים. בעבור שיש מקומות בארץ יקבלו כח עליון כדרך

## מצודת ציון

מלשון דשן ושמן: רויה. ענין שביעה כמו תלמיה רוה (לקמן ס"ה): כד (א) לה'. של ה': תבל. הוא המקום המיושב:

## מצודת דוד

ידי זה אבטח שעוד תערוך לפני בלה במעדנים להתענג בהם: נגד צוררי. רלה לומר המה יראו בכבודי: דשנת. רלה לומר מאז משחת ראשי בשמן המשחה להיות מלך: כוסי רויה. הבטחתני להיות כוסי שבעה רלה לומר שאמלוך בכל אות נפשי ודבר לא תקום: (ו) אך טוב. לא תבוא עלי עוד מאומה רע ואך זה הטוב והחסד ירדוף אחרי לבוא עלי: ושבתי. ישבתי בבית ה' תהיה לאורך ימים ולא אהיה עוד מגורש ומטולטל: כד (א) ומלואה. כל

**and kindness**—of the Holy One, blessed be He, that I have all my needs.

**pursue me**—without effort on my part.

**and I will dwell**—After they drove me out from attaching myself to God's heritage, may I merit to [return and] dwell there for length of days.

1. **Of David, a song**—After David sacrificed a burnt offering on Mount Moriah, the site of the Temple was revealed to him (as in I Chron. 22:1), and he composed this psalm to be recited as the Holy Ark was brought into the Holy of Holies.—[*Redak*]

**The land . . . are the Lord's**—*The land of Israel.*—[*Rashi* from *Mid. Ps.* 24:3]

You anointed my head with oil; my cup overflows. 6. May only
goodness and kindness pursue me all the days of my life, and I
will dwell in the house of the Lord for length of days.

24

1. Of David, a song. The land and the fullness thereof are the
Lord's; the world

**You anointed my head with oil**—*I have already been anointed king by Your orders.*—[*Rashi* from *Mid. Ps.* 23:6]

**my cup overflows**—Heb. רְוָיָה, *an expression of fullness.*—[*Rashi*] You promised me that my cup would overflow, that I would rule to my heart's content.—[*Mezudath David*] *Redak* explains this phrase as referring to the plenty God bestowed upon David and his people.*

6. **May only**—May this be my only thought.—[*Ibn Ezra*]

**pursue me**—I should become so accustomed to doing good and kindness—good for my soul and kindness to others, to teach them and to instruct them to worship God—that it becomes routine, until if I wished to abandon doing good for one second, it would pursue me.—[*Ibn Ezra*] *Redak* explains: I thank You for all the good You have bestowed upon me until now. Only this I request of You, that Your good and Your kindness pursue me . . .

**all the days of my life**—and that wars and other mundane matters should not occupy me.—[*Redak*]

**and I will dwell**—*Targum* renders: when I will dwell in the Temple of the Lord, etc. *Redak* and *Ibn Ezra* render: and I will rest in the house of the Lord. There I will be able to rest and seclude myself from people, thus preparing my heart and my thoughts to Your worship and Your unity. *Redak* suggests also: and I will dwell; meaning, I will visit the sanctuary constantly.

**in the house of the Lord**—In the place of the Ark.—[*Redak*] [David cannot mean the Temple, as it had not yet been, and would not be, built in his time.]

**for length of days**— All the days of my life. David prays to God that he should have long life, relative to the average human lifespan.—[*Redak*] *Mezudath David* explains that David prays that he might dwell in the house of the Lord for a long time and not be driven out into exile as he was previously. According to the Midrash, David prays that he may sit in the Temple of the world to come, in the world that is infinitely long. Another explanation given by the Midrash is that the entire psalm deals with the Jewish people, who pray to be allowed to sit in the Holy Temple of the future in the world of infinite longevity.

*Sforno* explains: **May only goodness**—The good teachings of the Torah and wisdom.

וְדְיָתְבִין בַּהּ: ב מְטוּל
דִי הִיא עַל יַמַיָא שַׁוִי
שְׁתָסָהָא וְעַל נַהֲרָוָתָא
אַתְקְנָהּ: ג מַן יִסַק
לְטוּר בֵּית מַקְדְשָׁא דַיְיָ
וּמַן יְקוּם בַּאֲתַר
קוּדְשֵׁיהּ: ד דְכֵי אַיְדַיָא
וּבְרִיר רַעְיוֹנָא דְלָא
אוֹמֵי עַל שִׁקְרָא לְהַיְבָא

וְיֹשְׁבֵי בָהּ: ב כִּי־הוּא עַל־יַמִּים יְסָדָהּ
וְעַל־נְהָרוֹת יְכוֹנְנֶהָ: ג מִי־יַעֲלֶה בְהַר־
יְהוָה וּמִי־יָקוּם בִּמְקוֹם קָדְשׁוֹ: ד נְקִי
כַפַּיִם וּבַר־לֵבָב אֲשֶׁר לֹא־נָשָׂא לַשָּׁוְא*

ת"א כי הוא. ב"ב עד (בגלים לב) מי יעלה. זוהר ויקהל: נקי כפים. נדה ל עקרים מג פ"ל זוהר וילך:

ואו זעירא

### רש"י

(ב) על ימים יסדה. שבעה ימים מקיפין ארץ ישראל וארבע נהרות ירדן וירמוך קרמיון ופיגה: (ג) מי יעלה בהר ה'. אע"פ שכל יושבי תבל שלו אין הכל כדי ליקרב אליו אלא אלא נקי כפים וגו': (ד) לא נשא לשוא נפשי. לא נשבע בשמי ובנפשי לשוא. מצינו לשון שבועה נופל על נפש שנא' נשבע ה' אלהים בנפשו (עמוס ו'):

### רד"ק

אחר שהעלה עולה בהר המוריה ונגלה אליו המקום וידע כי שם יהיה בית ה': לה' הארץ ומלואה תבל ויושבי בה. ואף על פי שכל הארץ היא לה' זה ההר נקרא הר ה' ומקום קדשו כי הוא מכוון כנגד כסא הכבוד. והארץ הוא כולל כל הארץ: תבל. הם מקומות הישוב. לפיכך אמר עם הארץ מלואה ועם תבל יושבי בה. וכונן הארץ על ימים ועל נהרות לצורך הברואים עליה אבל זה ההר לא כונן אותו לכל הברואים. ואף לא לכל בני אדם אלא לנקי כפים ובר לבב והוא זרע יעקב שהם מבקשי ה'. ונצטוו שיהיו נקיי כפים וברי לבב. וכן היו פעמים רבות כמו בימי יהושע והזקנים והשופטים והנביאים ומלכים כשרים ולא היה כזה באומה אחרת לעבוד ה' יחד: (ב) על ימים. ועל נהרות. סמוך לימים ונהרות כמו ועליו מטה מנשה. ואמרו כי אין ישוב רחוק מן הים י"ח יום וזה לתועלת הלהות לברואים וכן הנהרות לתועלת הברואים וטעם כי היא מתחלה לא נבראת כך אלא להיותה כולה תחת המים כי המים היו סובבים אותה מכל צד כמו שהאויר יסובב המים מכל צד והאש סובב האויר מכל צד והנה הארץ תחת המים והאל צוה שתהיה מחציתה האחת מגולה לשבת היצורים בה: (ג) מי. שאין ראוי לכל אדם שיעלה בו לפי שהוא מקום הקדושה והחשובה: (ד) נקי. הנה הזכיר שלשת תכונות האדם בפסוק זה. המעשה. והדיבור. והמחשבה. ובשלשתם יהיה האדם שלם

### אבן עזרא

וזה שער השמים על כן החל לאמר לה' הארץ בעבור בהר ה' וטעם לה' הארץ כי בדרך התולדת נבראה להיותה תחת המים ובחפץ השם יבש קצתה והיא המעלה אשר היא מגולה על כן כי הוא על. ויאמר רבי משה כי פי' על כמו עם כמו ויבואו האנשים על הנשים והטעם שלא היה על מתכונת יבראה שיהיו בני אדם עליה כי אם שיהיו סביבה ימים ונהרו' וכן בלעם אמר כ' הטעם שאינה רחוקה מנהר או ים: (ג) מי בהר ה'. זה הר המוריה וזה המזמור חברו דוד אחר דבר גורן ארונה היבוסי: ומי יקום. הטעם לדור בו: (ד) נקי. בעבור היות כל המעשים בידים הזכיר נקי כפים

### מנחת שי

כד (ד) אשר לא נשא לשוא נפשו. נפשי קרי ובמקצת ספרי ספרד כתוב נפשו בוא"ו זעירא וכן מסור עליו וא"ו זעירא. ודפוס רבות יש במנה זו חלוקות זו מזו הא' שאין כאן קרי וכתיב והכתיבה והקריאה שוים בוא"ו ובמולם וכן נראה מהתרגום שתרגם לאייבא נפשיה וכן בב"ר פ' כ"ט סימן ו' ושמות רבה ריש פ' ד' ובדברים רבה ריש פרשת וזאת הברכה ובתנא דבי אליהו ריש פ' י"ז ובמדרש שוחר טוב כפי נסחת הילקוט באמרו אשר לא נשא לשוא נפשו זה משה שלא נשא לשוא נפשו של מצרי וכו'. דבר אחר מדבר באברהם וכו' אשר לא נשא לשוא נפשו של נמרוד. דבר אחר מדבר ביעקב וכו' אשר לא נשא לשוא נפשו של לבן. אך במדרש שנזכר הנמצא אצלינו בדפוס כתוב בתחלה אשר לא נשא לשוא נפשו זה משה וכו' כמו שכתבתי לעיל ואחר כך הומר זה אברהם וכו' אשר לא נשא לשוא נפשו נפשו של נמרוד וכו' דבר אחר זה יעקב וכו' אשר לא נשא לשוא נפשו של לבן וכו' ע"ש. גם החכם בעל העקידה בתחלת שער א' ובסוף שער כ"ה ובעל נוה שלום במאמר י' פ' כ' ובעל העקרים במאמר ג' חלק ל' כלם דרשו נפשו בוא"ו וכ"כ ר' אליה המדקדק בספר המסורת מאמר ט' ז"ל והנה במסרות המדוייקות לא קראו סוא"ו הקטנה וא"ו זעירא אך וא"ו קטיעא פי' וא"ו קלולה מעט מלמטה כמו את בריתי שלום וא"ו קטיעה וכן לא נשא לשוא נפשו וא"ו קטיעה. ותמהתי אני על כל המפרשים אשר ראיתי שלפי פי' כלם הוא כתוב נפשו וקרי נפשי וכן ראיתי ברוב נסחאות המסורת ואין ספק כי הוא טעות סופרים וטעו

### מצודת דוד

הדברים שהארץ מלאה מהם: (ב) כי הוא וגו'. רלה לומר כי מה שהארץ היא למעלה מן הים נראה מזה שהוא יתברך יסדה על הימים והכינה על הנהרות כי בדרך הטבע היתה הארץ יורדת תחת המים: (ג) מי יעלה. ר"ל עם שכולם המה לה' מכל מקום אין כולם ראויים לבוא בהר ה' והוא בית המקדש וכמו שכתוב מי בקש וגו' רמוס חצרי (ישעיה א') וכאלו ישאל ומי הם כן ראוי נעלות בהר ה': (ד) נקי כפים. וכאלו השיב זהו הראוי מי שכפיו נקיים מממון שאינו של יושר ולבו ברור ביראת ה' ולא תפחד אדם: אשר לא נשא. עד שלא נשבע בה לשוא ולרמות שהוא דבר המסור ללב ואין מי יכיר בו

### מצודת ציון

(ד) לא נשא. לא נשבע כמו לא תשא (שמות כ'): נפשי. שם

According to the masoretic text, however, the word is spelled נַפְשׁוֹ, *his soul,* meaning that he has not even sworn in vain by his own life, surely not by the name of God.

and those who dwell therein. 2. For He founded it upon seas
and established it upon rivers. 3. Who will ascend upon the
Lord's mount and who will stand in His Holy place? 4. He who
has clean hands and a pure heart, who has not taken My name
in vain

**the world**—*The other lands.*—[*Rashi*] Although all the land is the Lord's, this mountain is called the Lord's mount and His Holy place, because this is indeed His Holy place, directly opposite His Throne of Glory. The earth and the fullness thereof are the Lord's, the inhabited land and those who dwell therein. Because תֵּבֵל is the inhabited land, Scripture mentions those who dwell therein.—[*Redak*]

2. **founded it upon seas**—*Seven seas surrounded Eretz Yisroel and four rivers: the Jordan, Yarmuk, Karmion, and Pigah.*—[*Rashi* from *Bava Bathra* 74b *Mid. Ps.* 24:6] The seas are the Sea of Tiberias (Kinnereth), Sodom (Dead Sea), Hillith, Sivchi, Hilta, Aspamia, and the Great Sea (Mediterranean). See *Midrash Psalms* for variations, see also footnotes.*

3. **Who will ascend upon the Lord's mount**—*Although all the inhabitants of the world are His, not everyone deserves to come near to Him, except these: he who has clean hands, etc.*—[*Rashi*] *Mezudath David* equates this verse with Isaiah 1:12: "When you come to appear before Me, who requested this of you, to trample My courts?" It is as though the Psalmist asks, "Who is worthy to enter the Temple?"

**and who will stand**—Who is worthy to dwell there?—[*Ibn Ezra*]

4. **He who has clean hands**—It is as though the Psalmist answers, "This one is worthy of ascending upon the Lord's mount: he whose hands are clean of dishonest gain and whose heart is pure in the fear of God, unadulterated by the fear of man."—[*Mezudath David*]

**who has not taken My name in vain**—*Who has not sworn with My name and My soul in vain. We find an expression of an oath used with the soul* (נֶפֶשׁ), *as it is stated* (in Amos 6:8): *"The Lord God swore by Himself* (בְּנַפְשׁוֹ)."—[*Rashi*]

**and has not sworn deceitfully**— He has not sworn to deceive people. As people are unaware of the truth or falsity of his oath, that he refrains from swearing falsely is obviously due only to his fear of God, not of humans.—[*Mezudath David*]

*Redak* explains that the Psalmist depicts the righteous man as one who is perfect in deed, thought, and speech. He must be clean in his deeds, pure in his heart, and honest in his speech. He must not swear falsely with God's name, as in Exodus 20:7: "You shall not take the name of the Lord your God in vain." This follows the "keri," the traditional reading of the verse.

נפשו ולא נשבע למרמה: ה ישא
ברכה מאת יהוה וצדקה מאלהי
ישעו: ו זה דור דרשו מבקשי פניך
יעקב סלה: ז שאו שערים ראשיכם

נפשה ולא קיים לנכלא:
ה יקבל ברכתא מן
קדם יי וצדקתא
מאלהא דפורקניה:
ו דין דרא דתבעין ליה
דבעין סבר אפוי יעקב
לעלמין: ז זקופו תרעי
בית מקדשא רישיכון

**ת״א** ישא ברכה. חגיגה יב: זה דור. ערכין יז: שאו שערים. שבת ל׳ פסחים כו ר״ק לג סנהדרין קז זוהר פנחס (ר״ה כט):

## רד״ק

נפשי קרי דורשיו קרי

שיהיה נקי במעשיו. ובר בלבבו: נפשי. ביו״ד והוא מאמר האל כמו לא תשא את שם ה׳ אלהיך לשוא ונפשו הוא שמו וכתיב נפשו בוי״ו ר״ל אפי׳ נפשו של הנשבע לא ישא לשוא: ולא נשבע למרמה. כי אם באמת ובצדקה ואותה השבועה היא מצוה ליראי השם כמ״ש ובשמו תשבע: (ה) ישא. יקח כמו וישאו להם נשים. או פי׳ ישא אליו הנושא אותם שיעלו בבית ה׳ ישא ברכה מאת ה׳ שיתן להם ברכתו וצדקתו ויושיעם מכל צרה: (ו) זה. מי הוא שיעלה בהר ה׳ ובמקום קדשו שהוא נקי כפים ובר לבב זהו דור דורשי ה׳ והם עובדי ה׳ וכתיב דרשו כנגד דור שהוא דרך כלל לשון יחיד וקרי דורשיו כנגד הפרטים שהם רבים: מבקשי פניך. כנגד האל מדבר המשורר הם הם שיבקשו פניך בבית המקדש: יעקב. הם ישראל כי זרע יעקב נקראים בשם יעקב ומלת סלה פירשתיה במזמור השלישי: (ז) שאו. דרך משל כמו ירעם הים ומלואו יעלוז השדה וכל אשר בו וכן אמר שאו שערים

## רש״י

(ו) זה. שכך מעשיו, הוא דור דורשיו: (ז) שאו שערים ראשיכם. בימי שלמה בנו כשיבא להכניס ארון לבית קדשי הקדשים ודבקו שערים זה בזה אמר עשרים וארבע

## מנחת שי

בין זה ובין פדה נפשו מעבור בשלח (איוב ל״ג) שהוא קרי נפשי וכן נמנה עם מ״א מלין דכתיבין וא״ו וקריין יו״ד ולשוא נפשו לא נמנה עמהם הרי שאינה אלא וא״ו קטיעא וכן בהגהותיו לשרשים כתב ס״א לשוא נפשו רבים טועים סבורים שהוא כתיב נפשו וקרי נפשי ואינו אלא וא״ו זעירא וקריאת המלה כנקודתה נפשו עד כאן לשונו. הדעת השני שכתוב נפשי וקרי נפשו וזהו דעת הרא״ע. השלישי שכתוב נפשו וקרי נפשי כמו שראיתי בספרים כתובי יד מדוייקים וכן נתפשט המנהג בספרי הדפוס וזה גם כן דעת רד״ק כמו שכתב בפי׳ הפסוק וכן כתב החכם ר׳ יונה המדקדק בספר הרקמה בשער ממ״ה שהאמ״ר בלשו״ן והחפ״ץ ב״ו זולת״ו נשבע ה׳ בנפשו במקום בשמו וכמוהו אשר לא נשא לשוא נפשי במקום שמי עד כאן. וכן כתב בעל יפה תואר בבראשית רבה פ׳ כ״ט סימן ז׳ וכן הוא מפורש בספר הזוהר פרשת וירא דף ק״א ופרשת תזריע דף מ״ה וכן כתב בעל מראות אלהים בחלק התכלית ריש פרק ס״ב וכן משמע בספר הכוזרי במאמר ג׳ סימן כ״ז כמו שפירש המהור״ר יהודה מוסקאטו ז״ל ז״ל קרי השם וכ״כ בתשובה כמוהר״ר יוסף חזק ז״ל לכמהר״ר עזרא מפאנו ז״ל ולא תקשי לן מספרא דאגדתא דכל היכא דאיכא למידרש דרשי כפי הכתיב או כפי הקרי והכתיב הלזה ובתר הכי הביא המדרש שאינו דורש אלא הכתיב והמתרגם ככר נודע שדרכו על הרוב לתקן הדבור אחר פשט הכתוב גם לא יקשה ממה שלא נמנה זה במסורת מאינון דכתיבין וא״ו בסוף תיבותא וקריין יו״ד כי פעמים רבות מלאתי מסרות דנחתי למנינא ושיירי כמו שכתוב בפרשת בשלח על השלו וזמנין דבלרי כגון הכא דמסיר מ״א מלין ובהרמן אתה מולא יותר ומה שכתב רבי אליאו בטעמו הסופרים בין זה ובין פדה נפשו מעבור בשלח (איוב ל״ג) שהוא קרי נפשי וכן נמנה עם מלין דכתיבים וא״ו וקריין יו״ד אחרי שמתחילה ממנו נראה שהוא הטועה ואדרבה איפכא כתיב פדה נפשי וקרי נפשו ונמסר עליו שהוא חד מן כ״ד מלין דכתיבין יו״ד בסוף תיבותא וקרינן וא״ו וסימן נמסר במסורה גדולה מערכת אות יו״ד ואותן מ״א דכתיבין וא״ו וקרינן יו״ד סימן ברים שמואל ולית דין ביניהו גם לא אחדל לומר כי במסורת הדפוס במנין אותיות זעירות כתוב וא״ו לשוא לא נשא אולי נפל בגבול בספרים בין וא״ו לשוא לוא״ו נפשו דסמיך ליה. אל ה׳ נפשי אשא ביליל נפשי ושפת שקר וכפר על אשר הטא על הנפש ונפשי ישובב ינחני במעגלי לדק למען שמו ועיין מה שכת׳ באיוב כ״ג: (ו) דורשו. דורשיו קרי:

## אבן עזרא

שלא עשה רע׳ והוא בר לבב שהוא העיקר ונפשו עלם כבוד השם כמו נשבע השם בנפשו וכתוב נפשי דרך כינוי בעבור כבוד השם על דרך והייתי אני ובני שלמה חטאים כאשר פירשתיו. והנה הזכיר המעשה והלב והלשון: (ה) ישא. אמר ישא ברכה כנגד לא נשא לשוא נפשי: (ו) זה. רמז לדור שנבנה הבית בימיהם במות דוד ואחר כך שב לנכח השם כי זה הדור הם מבקשי פניך: סלה. באמת יעקב סלה פי׳ הם זרע יעקב ואין צורך לפי׳ אחר שאמר תחסר מלת אלהי יעקב: (ז) שאו. אמרו קדמונינו ז״ל כי זה רמז להכנס ארון אל בית קדשי הקדשים על כן כתוב למעלה

## מצודת ציון

ה׳ כמו נשבע אדני ה׳ בנפשו (עמוס ו׳) ואמר דבריו במקום ה׳: (ה) ישא. יקח כמו וישאו להם נשים (רות א׳):

## מצודת דוד

ואם כן מנע מזה מפחד המקום: (ה) ישא ברכה. זהו הנושא ברכה מאת ה׳ ויכול הוא לבוא לבית המקדש להתפלל על הברכה: (ו) זה דור. זהו הדור בהמה דורשי ה׳ והמה קרואים זרע יעקב הראוים לבקש פניך לעולם ולבא לבית המקדש: (ז) שאו. אתם שערי בית המקדש הנה לכם יהיה נשיאת והרמת ראש וגדולה

*not turn back the face of Your anointed; remember the kind deeds of David, Your servant."*—[*Rashi* from *Shabbath* 30a] *Rashi* ad loc. explains that the twenty-four praises are the various expressions of prayer mentioned in I Kings 8, in the prayer recited by Solomon at the occasion of the dedication of the Temple.

and has not sworn deceitfully. 5. He shall receive a blessing
from the Lord and charity from the God of his salvation.
6. This is the generation of those who seek Him, who seek
Your presence—Jacob, forever. 7. [You] gates, lift your heads

**and has not sworn deceitfully**—But he did swear truly and honestly. For people who fear God sincerely, it is meritorious to swear by His name, as we find in the Torah (Deut. 6:13): "and you shall swear by His name." Also (Deut. 10:20): "You shall fear the Lord your God, you shall worship Him, cleave to Him, and swear by His name." When you possess all these traits, then you shall swear by His name. Jeremiah (4:2) also states this idea: "And you shall swear, 'As the Lord lives,' in truth and in justice and in righteousness." *Redak* to Jeremiah elaborates on this theme: . . . it is honor and glory to the Lord if one who fears Him and serves Him wholeheartedly swears by His name when the occasion arises to swear. In that case, it is a positive commandment to swear in God's name, just as the masses swear by something they love deeply, such as the soul or the head. The prophets, too, were wont to swear by God's name, as we find in their Books. Not everyone should adopt this practice, however, but only those who fear God and love Him. As the Torah states: "You shall fear, etc., and swear in His name." The Rabbis comment (*Tanchuma, Mattoth* 1): If you possess all these traits, you shall swear by My name. Otherwise, you may not.

5. **He shall receive a blessing, etc.**—Those who ascend to the house of the Lord shall receive a blessing from the Lord: He will give them His blessing and His charity and save them from all trouble. Hence the expression, "from the God of His salvation." *Malbim* explains that God's blessing is His bestowal of more perfection than the recipient had previously possessed. "Charity" denotes divine inspiration, which God will bestow upon him as pure charity.

6. **This is the generation of those who seek Him**—Who is it who will ascend upon the Lord's mount and stand in His Holy place, who has clean hands and a pure heart? That is the generation of those who seek the Lord, viz. Israel, during the reign of Solomon, when the Temple was built.—[*Redak*]

**who seek Your presence**—The Psalmist addresses God: They are the ones who will seek Your presence in the Temple.—[*Redak*]

**Jacob**—The people of Israel, often referred to as Jacob.—[*Redak*]

7. **[You] gates, lift your heads**—*In the days of Solomon his son, when he comes to bring the Ark into the Holy of Holies and the gates cling to each other, he* [Solomon] *recited twenty-four praises, but he was not answered until he said* (II Chron. 6:42): *"Do*

וְהִנָּשְׂאוּ פִּתְחֵי עוֹלָם וְיָבוֹא מֶלֶךְ
הַכָּבוֹד׃ ח מִי זֶה מֶלֶךְ הַכָּבוֹד יְהוָה
עִזּוּז וְגִבּוֹר יְהוָה גִּבּוֹר מִלְחָמָה׃ ט שְׂאוּ
שְׁעָרִים ׀ רָאשֵׁיכֶם וּשְׂאוּ פִּתְחֵי עוֹלָם
וְיָבֹא מֶלֶךְ הַכָּבוֹד׃ י מִי הוּא זֶה מֶלֶךְ
הַכָּבוֹד יְהוָה צְבָאוֹת הוּא מֶלֶךְ הַכָּבוֹד
סֶלָה׃ כה א לְדָוִד אֵלֶיךָ יְהוָה נַפְשִׁי

ואזדקפו מעלני עלמא
ויעול מלך יקרא׃
ח מן הוא דיכי מלכא
יקרא יי עשין וגבר יי
מרי גבורתא ועבד
קרבא׃ ט זקופו תרעי
גנתא דעדן רישיכון
ואזדקפו מעלני עלמא
ויעול מלכא יקירא׃
י מן הוא דיכי מלכא
יקירא יי צבאות הוא
מלכא יקירא לעלמין׃
א לדוד קדמך יי נפשי
אטול

ת״א שאו שערים. ר״ה שם מ״ק ט׳ סנהדרין קז כריתות כח שבת ל׳: אליך ה׳. זוכר לך לך ובמדבר:

## רש״י

רננות ולא נענה עד שאמ׳ (ד״ה ב׳ ו׳) אל תשב פני משיחך. זכרה לחסדי דוד עבדך: (ט) פתחי עולם. פתחים שקדושתן עולמית: כה (א) נפשי אשא. אכוין לבי:

## רד״ק

ראשיכם כשיכניסו הארון בכם כי כבוד גדול תקבלו היום שיבא בכם מלך הכבוד ולפי ששכן הכבוד על הארון בין שני הכרובים קראו בשם ה׳ מלך הכבוד ואמר פתחי עולם לפי שעד עתה נסע הארון ממקום למקום ולפי שעתה הכניסוהו במקום שיהיה שם לעולם לפיכך אמר פתחי עולם. ושער יקרא האסקופות עם המזוזות כמו שהוא, ופתח יקרא מה שנשאר מן השער מן הדלתות ולחוץ. ולכך נקרא פתח שהוא נפתח תמיד: (ח) מי. כאילו שואלים השערים מי זה מלך הכבוד. והתשובה ה׳ עזוז וגבור ה׳ גבור מלחמה. ואמר אלה התארים. לפי שהארון הוא יוצא עמהם במלחמה והיו מנצחים בו אויביהם: (ט) שאו. כפל ענין במ״ש וראשיכם שזכר עומד במקום שנים כמנהג הל׳: (י) מי. בזה הפסוק לא הזכיר גבור מלחמ׳ והטעם כי אחר ששכן הארון בבית עולמים לא יצא עוד למלחמה לפיכך היתה התשובה ה׳ צבאות הוא מלך הכבוד סלה שנראה בכבודו בבית העולמים. ואמר ה׳ צבאות לפי שכל צבאות ישראל היו באים בזה הבית ולא יקריבו אלא בו: (א) לדוד. זה המזמור נאמר באל״ף בי״ת וכן יש אחרים בספר כמוהו. יש אות בראש כל פ׳ ויש בפסוק אחד שתי אותיות ולא נודע אצלינו מפני מה באלו יותר מבאחרים אלא אם כן נזדמן לו בפיו ברוח הקדש ונראה שכל מזמור שנ׳ באל״ף בי״ת הוא לפי גדלו. והנה אין בו בי״ת בראש פסוק ולא וי״ו ולא

## אבן עזרא

במקום קדשו וזה שאומר לשערים דרך משל והטעם היות המקום ששם הארון נכון מכל הר גבוה ונשא בעבור הכבוד ששוכן שם וטעם שערי׳ ופתחי עולם שהם רבי׳ ופתחי עולם שהם עומדים לנגה בעבור כבוד הכבוד וטעם מלך הכבוד שבעבורו היה כבוד הבית הגדול: (ח) מי. אם ישאל השואל מי זה מלך הכבוד התשובה ה׳ עזוז וגבור שירא גבורתו במעשיו ויהם בעבור קדושיו והנה הטעם כי בשכון הכבוד בין ישראל ישבו לבטח כי לא יפחדו מן האויב: (ט) שאו. פעם שני׳ רמז לשוב הכבוד בבוא הגואל כי לא היה הכבוד בבית שני וראשיכם הראשון בעבור אחר כאילו אמר ושאו פתחי עולם ראשיכם: (י) מי. תוספת הוא בעבור שיעמוד בית שלישי ולא הזכיר גבור מלחמה בעבור וכתתו חרבותם לאתים והארץ תשקט מכל מלחמה וטעם ה׳ צבאות שיהיו אנשי הדור כמו מלאכי השם וטעם ה׳ צבאות כי נקרא השם ככה בעבור צבא השמים כאשר פירשתי לא בעבור צבא ישראל כאשר אמר הגאון: כה (א) לדוד אליך ה׳ נפשי אשא. אמר רבי משה טעם נפשי אשא כדרך מנחה כמו וישא משאו׳

## מנחת שי

(ז) והנשאו. בגעיא: והנשאו. כראשון והנשאו מי זה והשני ושאו מי הוא זה והוא חד מן זוגין קדמאה כ״יב אות וחסר מלה ותנייגא חסר אות ויתיר מלה וסימן במסר׳ דיחזקאל י״א במ״ג: כה (א) אליך ה׳ נפשי אשא. במדרש הזית פסוק השבעתי אתכם אליך ה׳ נפשי אשא אביה אביה כתיב שהיו מביאין עלמן על קדושת שמו של הקדוש ברוך הוא פילס מדליקין כמו ויבאם דוד ואנשיו דשמואל פילש וישרפם ולא נמלא כתיב זה בספרנו:

## מצודת דוד

יתירה: והנשאו. כפל הדבר לגודל ההתנשאות: פתחי עולם. כן יקראו פתחי בית המקדש כי המשכן לא היה קבוע במקום אחד אבל בית המקדש קבוע במקומו עד עולם וכן נאמר מכון לשבתך עולמים (מלכים ב׳ ח׳): ויבוא מלך הכבוד. כי ה׳ שהוא המלך אשר בו כל הכבוד הוא יבוא בכם לבית המקדש לשמוע אל הרנה ואל התפלה מן הבאים בו: (ח) מי זה. כאומר ואם תשאלו מי זה מלך הכבוד אשיב לכם שהוא ה׳ החזק והגבור: גבור מלחמה. מתגבר הוא על הלוחמים עם אוהביו: (ט) שאו וגו׳. כפל הדבר כדרך המשוררים ויתכן שהאחד אמור על בית ראשון והאחד על בית העתיד כי בבית השני לא שרתה השכינה: (י) ה׳ צבאות. המושל בצבאות מעלה ומטה: סלה. עד עולם הוא מלך הכבוד:
כה (א) נפשי אשא. אמסור נפשי לך למנה:

## מצודת ציון

(ח) עזוז. מלשון עוז וחוזק:
כה (א) אשא. ענין מנחה ודורון כמו וישא משאות מאת פניו

longer exists, a person offers up his soul, i.e. his strength, by fasting, and that is accepted by God as a sacrifice.

and be uplifted, [you] everlasting portals, so that the King of
Glory may enter. 8. Who is this King of Glory? The Lord,
Who is strong and mighty, the Lord Who is a mighty warrior.
9. [You] gates, lift your heads and lift up, [you] everlasting
portals, so that the King of Glory may enter. 10. Who is this
King of Glory? The Lord of Hosts—He is the King of Glory
forever.

## 25

1. Of David. To You, O Lord, I will lift up my soul.

8. **Who is this King of Glory?**—It is as though the gates ask, "Who is this King of Glory?" The reply is, "The Lord, Who is strong and mighty; the Lord, Who is a mighty warrior." These attributes allude to the fact that the Ark would accompany the Israelites to battle, and they would be victorious.—[*Redak*]*

9. **[You] gates, lift your heads**—Such repetition is customary.—[*Redak*] *Ibn Ezra* explains that verse 9 refers to the return of God's glory to the Temple of the future. In the second Temple, however, the Shechinah did not rest.

**everlasting portals**—*Portals whose sanctity is everlasting.*—[*Rashi*]

**and lift up, [you] everlasting portals**—I.e. lift up your heads, as in the beginning of the verse.—[*Ibn Ezra*]

10. **Who is this King of Glory?**—In this verse, God is not described as being a mighty warrior because once the Ark rested in the Temple, it was no longer taken out to war.—[*Redak*]

1. **I will lift up my soul**—*I will direct my heart.*—[*Rashi*] *Redak,* too, explains this clause as an expression of prayer. *Rabbi Moshe Gikatilia,* quoted by *Ibn Ezra* and *Redak,* explains it as an expression of an offering, that David offers his soul to God as a gift. *Rabbi Joseph Yabetz* explains that David became so engrossed in prayer, he was as though lifeless, his soul lifted up to God. He conjectures further that David states that he has no other desire but to cleave to God. Since he asks God to teach him His ways, he must seclude himself with Him and abandon all worldly pleasures.

In *Midrash Psalms,* we find several interpretations: 1) David longs for God as a hireling longs for his wages, as in Deuteronomy 24:15. 2) The generation of religious persecution would give up their souls as a pledge to God. 3) When a person goes to sleep, he entrusts his soul to God and receives it in the morning refreshed. 4) When the Temple no

אֶשָּׂא׃ ב אֱלֹהַי בְּךָ בָטַחְתִּי אַל־אֵבוֹשָׁה
אַל־יַעַלְצוּ אוֹיְבַי לִי׃ ג גַּם כָּל־קוֹיֶךָ לֹא
יֵבֹשׁוּ יֵבֹשׁוּ הַבּוֹגְדִים רֵיקָם׃ ד דְּרָכֶיךָ
יְהוָה הוֹדִיעֵנִי אוֹרְחוֹתֶיךָ לַמְּדֵנִי׃
ה הַדְרִיכֵנִי בַאֲמִתֶּךָ וְלַמְּדֵנִי כִּי־אַתָּה
אֱלֹהֵי יִשְׁעִי אוֹתְךָ קִוִּיתִי כָּל־הַיּוֹם׃

**תרגום**

אָטוּל בִּצְלוֹ׃ ב אֱלָהִי
בָּךְ אִתְרְחֵצִית לָא
אֶבְהַת לָא יֶחְדוּן בְּעֱלֵי
דְבָבַי עֲלָי׃ ג בְּרַם כָּל
דִסְבְרִין לָךְ לָא יִבְהֲתוּן
יִבְהֲתוּן בְּזוּזִין וּסְרִיקַיָא׃
ד אוֹרְחָתָךְ יְיָ אוֹדַע יָתִי
הִלְכָתָךְ אַלֵיף יָתִי׃
ה דַבְּרַנִי בִּזְכוּתָךְ
וְאַלְפַנִי אֲרוּם אַתְּ הוּא
אֱלָהָא דְפוּרְקָנִי יָתָךְ
סַבְרִית כָּל יוֹמָא׃

**ת"א** אלהי. עקרים מ"ד פמ"ו׃

זכר

## רד"ק

קו"ף ויש בו רי"ש שתי פעמים. ויש אומרים כי הבי"ת היא מלת בך הסמוכים לאלהי. וכן וא"ו ולמדני ולא נודע באמת. ופי' נפשי אשא. דרך תהינה. ויש מפרשים דרך מנחה: (ב) בך בטחתי. ולא באחר לפיכך החינתי לפניך שלא אבושה שאם לא תתן לי שאלתי הנה יש לי בושת בבטחוני ואם תתננה לא אבוש ולא יעלצו אויבי לי: (ג) גם. לא עלי לבדי אני מבקש שלא אבוש אלא גם על כל יראי שמך שמקוים לך אבל אותם האנשים שהם בוגדים בי ריקם יבושו מסברם כי אין סברם ובטחונם בך: (ד) דרכיך וארחותיך. כפל ענין במ"ש ופי' דרכיך ה' הודיעני כמו שבקש משרבע"ה בהודיעני נא את דרכיך ואדעך כי כשידע דרכיו ידענו. ופי' הדבר שישכילהו הנמצאות כלם שישיג טבעם והתקשרם קצתם בקצתם וידע הנהגתו להם בכלל ופרט וכן שאל משה רבינו ע"ה בהראני נא את כבודך שאל גם כן דוד ואמר הדריכני באמתך והוא אמתת מציאתו: (ה) הדריכני. בשאלה ראשונה אמר הודיעני שהוא חכמה שיוכל האדם לדעת אותה והיא חכמת הטבע וממנה ידע הבורא כי היא כסולם לידיעת האלהות ממנה ידע האדם הבורא מה שיוכל לדעת כשהוא גוף אבל אמתת מציאותו ועצמו כמו שתשיג הנפש לא יוכל לדעת בעודו גוף לפיכך אמר הדריכני באמתך כאדם המדריך הנער ללכת מעט מעט עד שירגיל וילך מעצמו וכן פי' ולמדני הרגילני: כי אתה אלהי ישעי. שתושיעני מצרות העה"ז. ותתן לי לב לקנות העה"ב והוא ידיעת האמת: כל היום. כמו כל הימים:

## רש"י

(ג) הבוגדים ריקם. הגזלנים והחמסנים המושיבים את העניים ריקם מנכסיהם כמו (לעיל ד) והאלה לוררי ריקם: (ה) הדריכני. (הדרונמווי"י בלע"ז והוא אדרעס"ע מאו"י בלשון אשכנז אונטערכיטע מיך. וווייזע מיך אן): אותך קויתי כל היום

## מנחת שי

(ב) אלהי. האל"ף בגעיא בספרי ספרד דין שו"א לסגול:
(ד) ארחותיך. יש ספרים שהאל"ף בקמ"ן חטוף אבל במדוייקים בחולם וכן כתב רד"ק בשרשים והספרים מתחלפים במילוי או חסיר וא"ו קדמאה ותניינא: (ה) הדריכני באמתך. הבי"ת רפה:

## אבן עזרא

והנכון בעיני שהוא כמו ואליו הוא נושא את נפשו לא לאחר: (ב) אלהי. יתכן להיות בי"ת בך בטחתי תחת הב' ית כמו וי"ו ולמדני תחת הוי"ו או ככה נמלא והנה בטחתי בך אינני ראוי שאבוש: (ג) גם. האמת והראוי שיבושו הבוגדים ריקם כמו הנס והמס נוסף: (ד) דרכיך. הם דרכי השם והתולדת שברא בדרך הכמה: ואורחותיך. על יד הנביא והם הארחות שלוית: (ה) הדריכני. זה הפסוק נכבד והטעם שיבקש שיעזרהו השם בדרך האמת עד

## מצודת ציון

(בראשית מ"ד): (ג) ריקם. בהנם וכן והאלה לוררי ריקם (לעיל ז'): (ה) הדריכני. מל' דרך:

## מצודת דוד

(ב) בך בטחתי. הואיל ובטחתי בך ידעתי שלא אבוש ולא ישמחו אויבי במפלתי: (ג) גם. אז גם כל המקוים לך לא יבושו מן המלעיגים כי יראו כי יש תקוה: הבוגדים. אבל הבוגדים ברעיהם חנם הם שוכו: (ה) הדריכני. רלה לומר למדני לדעת אמיתת דרכך לפי שאתה מושיעי ואליך אקוה לזה למדני דרכך ואלך בה ואהיה ראוי

2. My God, I trusted in You; let me not be ashamed. Nor shall
my enemies rejoice over me. 3. Neither shall any of those who
hope for You be ashamed; let those who betray [to the extent
of] destitution be ashamed. 4. O Lord, let me know Your ways;
teach me Your paths. 5. Direct me with Your truth and teach
me, for You are the God of my salvation; I hope for You all day
long.

2. **My God, I trusted in You, etc.**—Since I trusted in You and in no other, I beseech You that I should not be ashamed, because if I do not receive what I prayed for, I will experience shame in my trust.—[*Redak*] *Mezudath David* explains: Since I trusted in You, I know that I will not be ashamed. *Ibn Ezra* explains: Since I trusted in You, it is proper that I should not be ashamed.

3. **Neither shall any of those who hope for You, etc.**—I pray not only for myself, but for all those who hope for You, that they should not be ashamed.—[*Redak*]

**those who betray [to the extent of] destitution**—*Robbers and confiscators, who leave the poor destitute of their property, as* (above 7:5): *"and I stripped my adversary into emptiness* (רֵיקָם)."—[*Rashi*] Others render: who betray without cause.—[*Ibn Ezra, Redak, Mezudoth*]

4. **O Lord, let me know Your ways, etc.**—Teach me Your ways until I know them. David asks God to teach him His ways, as Moses asked (Exod. 33:13): "Let me know Your ways and I will know You." When a person knows God's ways, he knows Him. He begged that God teach him about all the beings in the world, their relationship to each other, and God's relationship to them collectively and individually.—[*Redak*]

5. **Direct me**—Heb. הַדְרִיכֵנִי, *adréza moy in Old French.*—[*Rashi* in several printed editions]

**with Your truth**—Teach me to know the truth of Your ways, because You are my Savior, and I [direct my] hope to You. Therefore, teach me Your way and I will follow it and be worthy of salvation.—[*Mezudath David*]

**I hope for You all day long**—*That is this world, which is day for the nations of the world and night for Israel.*—[*Rashi* from *Mid. Ps.* 25:7]

ו זְכֹר רַחֲמֶיךָ יְהוָה וַחֲסָדֶיךָ כִּי מֵעוֹלָם
הֵמָּה׃ ז חַטֹּאות נְעוּרַי ׀ וּפְשָׁעַי אַל־
תִּזְכֹּר כְּחַסְדְּךָ זְכָר־לִי־אַתָּה לְמַעַן
טוּבְךָ יְהוָה׃ ח טוֹב וְיָשָׁר יְהוָה עַל־כֵּן
יוֹרֶה חַטָּאִים בַּדָּרֶךְ׃ ט יַדְרֵךְ עֲנָוִים
בַּמִּשְׁפָּט וִילַמֵּד עֲנָוִים דַּרְכּוֹ׃ י כָּל־
אָרְחוֹת יְהוָה חֶסֶד וֶאֱמֶת לְנֹצְרֵי בְרִיתוֹ

ו אִדְכַּר רַחֲמָךְ יְיָ
וְטַבְוָתָךְ אֲרוּם מִן עָלְמָא
הִנּוּן׃ ז חוֹבֵי טַלְיוּתִי
וּמְרָדַי לָא תִדְכַּר
כְּטוּבָךְ אִדְכַּר לִי אַנְתְּ
בְּטוּל טִיבוּתָךְ יְיָ׃ ח טָב
וְתָרִיץ יְיָ בְּגִין כֵּן מַלִּיף
חַיָּבַיָּא בְּאוֹרְחָא׃
ט מַדְרִיךְ עִנְוָתָנֵי בְּדִינָא
וּמַלִּיף עִנְוָתָנֵי אוֹרְחֵהּ׃
י כָּל הִלְכָתֵהּ דַּיְיָ טִיבוּ
וּקְשׁוֹט לְנָטְרֵי קְיָמֵיהּ

ת״א זכר רחמיך. חגיגה יב זוהר במיני: חטאת נעורי. עקידה שער סו: טוב וישר. מכות י׳ עקידה שער נז (מכות לא):

יתיר ואו

### רש״י

הוא העול׳ הזה (שהו׳) יום לעכו״ם ולי׳ לישראל: (ו) כי מעולם המה. מימות אדם הראשון שאמרת לו ביום אכלך ממנו מות תמות (בראשית ב׳) ונתת לו יום משלך שהוא אלף שנים: (ז) כחסדך זכר לי אתה. הראוי לחסדך זכור לי אלו מעשים טובים שבידי: (ח) טוב וישר ה׳. והפך להצדיק בריותיו: על כן יורה חטאים בדרך. תשובה. ד״א יורה החטאים לרוצחים שנאמר תכין לך הדרך וגו׳ (דברים י״ט) מקלט מקלט היה כתוב על פרשת דרכים

### רד״ק

(ו) זכר. לי עתה רחמיך וחסדיך שהיו לי תמיד וזהו כי מעולם המה כלומר בעת היצירה היו לי רחמיך וחסדיך בבטן אמי ובגידולי אחרי צאתי וכיון שגדלתני והבאתני עד הלום ראוי לך לחמול עלי כי מעשה ידיך אני: (ז) חטאות. אותם שבימי נעורי׳ יקראו חטאות שלא שלמה דעת האדם ואין שם פשע כי הפשע הוא המרד וכשיהיה אדם מזיד בבואו בימים מעשרים שנה ומעלה שהוא בדעתו יקרא פושע כי הוא מכיר ויודע ועובר המצוה הרי הוא מורד באדון המצוה אותו והתפלל על כלם שלא יזכור לו האל לא זה ולא זה אלא יזכור לו חסדיו ויגמלהו בחסד: למען טובך ה׳. לא למעני אלא למען טובך שאתה טוב וסלח: (ח) טוב. לפי שהוא טוב וישר לא ימאס ההוטאים אלא אם ירצו לשוב יקבלם ויורה אותם הדרך הישרה. ופי׳ בדרך. בפתחו״ת הבי״ת הדרך הידיעה והוא דרך תשובה והוא ידוע לבני אדם מאתו מימי בראשית שהורה דרך תשובה לקין החוטא שאמר לו אם תטיב שאת: (ט) ידרך. אותם הנכנעים ושבים מחטאם ידריכם במשפט התשובה ויכין לבם לדעת משפטי האל ודרכיו וזהו וילמד ענוים דרכו והוא כפל ענין במ״ש וטעם במשפט בפתחו״ת הבי״ת כי הוא ידוע בתורתו: (י) כל ארחות ה׳. כל הדרכים אשר צוה בתורתו האל יתברך ללכת בהם הם חסד ואמת אין בהם נפתל ועקש: לנוצרי בריתו ועדותיו. לא

### אבן עזרא

היותו רגיל וזה טעם ולמדני כמו למוד מדבר כענל לא לומד וטעם אלהי ישעי שיושיעהו מכל דבר שימנעהו ללכת בדרך האמת כי אין לי מי אקוה זולתך: (ו) זכור. מבקש רחמיו וחסדיו שלא יגמלנו על מעשיו הקדמונים שמנעוהו עד עתה להבין דרכי השם באמת על כן אחריו: (ז) חטאות. ופשעי. הפשע שילא הפושע מתחת הרשות והעד על כל דבר פשע והטעם כחסדך בעבור כי אתה מקור החסד ומבוע הטוב על כן אחריו: (ח) טוב. ופתחות הבי״ת בדרך שהוא דרך השם כאשר החל דרכיך ה׳ הודיעני והנה יורה החטאים איזה הדרך הישר והענוים ידריכם בדרכו וירגילם עד שיהיה להם חוק ומשפט: (י) כל ארחות ה׳. בתחלה חסד ואחר כן אמת: לנוצרי בריתו. על דרך נוצר חסד לאלפים:

### מנחת שי

ולמדני. הוא״ו בגעיא: (ו) זכר רחמיך. הכ״ף בחולם ובדפוס ישן מויניליאה בקמץ חטוף והוא טעות שכך במסורת איכה ג׳ נמסר זכר ג׳ קמצין וסימן כחסדך זכר לי אתה. זכר דבר לעבדך. זכר עניי ומרודי. וכל דסמיכין לאז״ן (פירש זכר אני זכר זאת זכר

### מצודת דוד

לתשועה: (ו) המה. חסדיך ורחמיך: (ז) כחסדך וגו׳. אתה ה׳ כפי מדת החסד זכור לה לומר זכור מעשי הטובים המכילים מדת החסד: למען טובך. עשה למען מדת טובך: (ח) טוב וישר ה׳. ורוצה הוא להטיב לכל ע״כ מלמד את החוטאים ומזהירם ללכת בדרך הנכון: (ט) ידרך. מדריך את הענוים לאחוז בדרכיהם במשפט הראשון ולא יסורו ממנה ומלמדם עוד לאחוז בדרכיה׳ וכמ״ש רבותינו ז״ל מה הוא רחום וכו׳: (י) לנצרי. לשלם חסד לשומרי בריתו ועדותיו:

### מצודת ציון

(ח) יורה. ילמד: (ט) ידרך. מלשון דרך:

which was known to people from the days of Cain, to whom God said (Gen. 4:7), "if you improve, you will be forgiven."

9. **He leads the humble**—Those who humble themselves and repent of their sins He will lead with just rules. He will open for them the way of repentance and prepare their hearts to know the judgments of God and His ways.—[*Redak*]

10. **All the Lord's ways**—All His ways are kindness and truth. All the ways that He commanded in His Torah, which we must follow, consist only of kindness and truth. There is nothing crooked or perverse in them.—[*Redak*]

6. Remember Your mercies, O Lord, and Your kindnesses, for
they have been since time immemorial. 7. The sins of my youth
and my transgressions, do not remember; what is worthy of
Your kindness, You remember for me, for the sake of Your
goodness, O Lord. 8. The Lord is good and upright; therefore,
He leads sinners on the road. 9. He leads the humble with just
rules and He teaches the humble His way. 10. All the Lord's
ways are kindness and truth for those who keep His covenant

6. **for they have been since time immemorial**—*Since the days of Adam, to whom You said,* (Gen. 2:17), *"for on the day that you eat from it you must die," but You gave him Your day, which is a thousand years.*—[*Rashi* from *Mid. Ps.* 25:8]

*Redak* explains: **Remember**—for me now Your mercies, O Lord, and Your kindnesses, which I always enjoyed. This is the meaning of the conclusion of the verse: for they have been since time immemorial. I.e. since my formation I enjoyed Your mercies and Your kindnesses, in my mother's womb and after my emergence therefrom, when I grew up. Now, since You have sustained me and brought me this far, it is only fitting that You have pity on me, for I am the work of Your hands.

7. **The sins of my youth and my transgressions, do not remember**—The sins of youth are known as חַטָּאוֹת, *inadvertent sins,* for a person's intellect is not yet mature, and he does not intend to rebel against God. The sins he commits in later years, however, when he has his full intelligence, are called פְּשָׁעִים, transgressions or rebellions, for he recognizes God and nevertheless disobeys His commandments, thereby rebelling against the Lord Who comanded him.—[*Redak*]

**what is worthy of Your kindness, You remember for me**—*What is deserving of Your kindness remember for me. These are the good deeds on my record.*—[*Rashi*]*

**for the sake of Your goodness**—Not for my sake but for the sake of Your goodness, for You are good and forgiving.—[*Redak*]

8. **The Lord is good and upright**—*and wishes to exonerate His creatures.*—[*Rashi*] Since He is good and upright, He will not reject the sinners, but if they wish to repent, He accepts them and teaches them the straight path.—[*Redak*]

**therefore, He leads sinners on the road**—*of repentance. Another explanation: He leads sinners, meaning murderers* [who flee to the cities of refuge], *as it is said* (in Deut. 19:3): *"You shall prepare for yourself the road, etc." Refuge, refuge," was written at the crossroads, etc., as is stated in Makkoth, chapter 2* (10b).—[*Rashi*] *Redak* prefers the first interpretation. He notes that the word בַּדָּרֶךְ, *on the road,* has the definite article, and so means the well-known road, the road of repentance,

וְעֵדֹתָיו: יא לְמַעַן־שִׁמְךָ יְהוָה וְסָלַחְתָּ
לַעֲוֹנִי כִּי רַב־הוּא: יב מִי זֶה הָאִישׁ יְרֵא
יְהוָה יוֹרֶנּוּ בְּדֶרֶךְ יִבְחָר: יג נַפְשׁוֹ בְּטוֹב
תָּלִין וְזַרְעוֹ יִירַשׁ אָרֶץ: יד סוֹד יְהוָה
לִירֵאָיו וּבְרִיתוֹ לְהוֹדִיעָם: טו עֵינַי
תָּמִיד אֶל־יְהוָה כִּי הוּא יוֹצִיא מֵרֶשֶׁת
רַגְלָי: טז פְּנֵה־אֵלַי וְחָנֵּנִי כִּי־יָחִיד וְעָנִי

**תרגום**

וְסַהֲדְוָתֵהּ: יא מִן בְּגְלַל
שְׁמָךְ יְיָ וְתִשְׁבּוֹק לְחוֹבַי
אֲרוּם סַגֵּי הוּא: יב מַן
הוּא דֵין גַּבְרָא דְּדָחִיל
מִן קֳדָם יְיָ יַלְפִנֵּיהּ
בְּאוֹרְחָא דְּאִתְרְעֵי:
יג נַפְשֵׁהּ בְּטִיבוּתָא
תְּבִית וּבְנוֹי יַחְסְנוּן
אַרְעָא: יד רָזָא דַיְיָ
גַּלְיָא לְדַחֲלוֹי וּקְיָמֵהּ
לְאוֹדָעוּתְהוֹן: טו עַיְנַי
מִסְתַּכְּלִין תְּדִירָא קֳדָם
יְיָ אֲרוּם הוּא יַפֵּיק
מִמְּצְדְּתָא רִגְלָי:
טז אִסְתְּכֵי לְוָתִי וְחוּס

**ת״א** מי זה. עקרים מ״ד פ״מ: סוד ה׳. שבת עז חגיגה כ׳ כותה ד׳ י׳ סנהדרין פח נדה כ׳ ידים ד׳ זוהר פקודי (סוטה יז): פנה אלי. זוהר לך לך:

**רד״ק**

למעקשים נכונה שלא יוכלו להכיר האמת: (יא) למען שמך. שנקרא טוב וסלח. וסלחת לעוני כי רב הוא. העון המיוחד שהוא גדול מכל חעונות שעשה והוא עון בת שבע. ואף על פי שבקשתי מלפניך מחילה על אותו העון. אני שונה לך לבקש מחילה כי רב הוא: (יב) מי. מי שירצה להיות ירא ה׳ יכין לבבו כי האל יעזרנו ויורני בדרך שיבחר האל שילך בה האדם והוא הדרך הטובה ויש מפרשים שיבחר האדם: (יג) נפשו. אם יאחז הדרך שיורנו: נפשו בטוב תלין. במותו וזה עיקר שכר האדם: וזרעו ירש ארץ. למען צדקתו יברך האל בניו אחריו בגללו: (יד) סוד ה׳. לא יגלה כי אם ליראיו כי המתעסקי׳ בחכמה אם לא יהיו יראי ה׳ ושלמים במצותיו לא יגלה להם סוד האל: ובריתו להודיעם. להודיעם בריתו שיגלה להם סודו והברית הוא שכורת עם הנשמה להשכילה ולאספה אל כבודו בהפרדה מהגוף: (טו) עיני. הוא מבטי ואליו אני נושא את עיני לא לעזרת אחר: מרשת רגלי. פי׳ מרשת העונות או מרשת האויבים לפי מחשבתם שהם חושבים ללכדני ועד הנה דבר בצרכי הנפש ועתה ידבר בצרכי הגוף שיצילהו מאויביו כמו שדבר בהם בתחילת המזמור אל יעלצו אויבי לי כי גם הם מצרכי הנפש כי אם ישרידוהו האויבים לא יהיה לו פנאי בצרכי הנפש: (טז) פנה. אע״פ שאני מלך ויש לי עם רב יחיד אני כי אינני בוטח ברב חיל אלא בגבורתך לבד: ועני. פירוש נכנע

**רש״י**

כדאיתא במכות פ״ב: (יא) למען שמך. הרב סלח לעוני כי רב הוא. כי נאה לרב לסלוח עון רב: (יב) מי זה האיש ירא ה׳. הקב״ה יורנו בדרך שהוא יבחר הוא דרך הטוב: (יג) נפשו בטוב תלין. כשילין בקבר תלין בטובה נפשו: (טז) כי יחיד ועני אני. ועון רבים תלויה בי. ולנגדן אני יחיד לפיכך פנה אלי וחנני כי תפלתי צריכה

**מנחת שי**

כא דכוותהון קמלין): (יא) וסלחת. הוא״ו בגעיא: (יד) ליראיו. בספרי ספרד ביו״ד אחר רי״ש וס״א ליראיו חסר:

**אבן עזרא**

(יא) למען. כי רב הוא. אף על פי שהוא רב כדרך כי עם קשה עורף. כי חטאתי לך. ויש אומרים למען אודיע שמך והנכון שיודע ששמך סלח: (יב) מי. האיש. הוא הנכבד כמו וחזקת והיית לאיש והטעם כי יראת השם תביאנו אל הדרך שיבחר בה: (יג) נפשו. טעם נפשו כדרך כי נפש כל בשר דמו בנפשו הוא והיא המתה בהפרד הנשמה וטעם תלין כמו תשכב והטעם כי עד יום מותו יהיה בעולם הזה בטוב ויש אומרים כי זה רמז לחיי נשמתו ותהיה בטוב: (יד) סוד. סודות האלהים לא יתגלו כי אם ליראיו ואף כי אחרי שתלין נפשו ואמר ליריאיו כאשר החל ירא ה׳: (טו) עיני. הנכון בעיני כי טעם מרשת רגלי תאות היצר הרע והנשמה נתפשת ברשת התאוה וזה דרך משל ואם השם לא יעזרהו אין לאל ידיו לצאת מהרשע על כן הוא יוציא: (טז) פנה. כי הנשמה יחידה וככה הלב וטעם עני בעבור

**מצודת ציון**

(טז) ועני. ר״ל מוכנע:

**מצודת דוד**

(יא) למען שמך ה׳. המורה על הרחמים: כי רב הוא. אף שעוני גדול ורב: (יב) מי זה. מי שירא מה׳ ובוחר בטוב אז ה׳ מלמדו ללכת בדרך שבחר וכמו שאמרו רבותינו ז״ל הבא לטהר מסייעין לו: (יג) תלין. כשימות וישכב בקבר תנוח נפשו בטוב ובזכותו ילליח זרעו ויירשו ארץ העמים: (יד) ליראיו. מגלה ליראיו: ובריתו. התורה הנתונה בברית יגלה להם להודיעם: (טו) כי הוא וגו׳. ולזה עיני אליו לבטוח בו כי יש תקוה: (טז) כי יחיד. רלה לומר אין לי אוהב וריע כי כולם קמו עלי:

*am a single person. Therefore, turn to me and be gracious to me because my prayer is necessary for the salvation of all Israel.*—[*Rashi* from *Mid. Ps.* 25:14] I have no friends because all have turned against me.—[*Mezudath David*]

and His testimonies. 11. For Your name's sake, O Lord, You
shall forgive my iniquity, for it is great. 12. Who is this man
who fears the Lord? He will guide him on the road that he
chooses. 13. His soul shall abide in prosperity, and his seed
shall inherit the earth. 14. The secret of the Lord is with those
who fear Him, and His covenant is to let them know [it].
15. My eyes are always to God for He will take my feet out of
the net. 16. Turn to me and be gracious to me, for I am alone
and poor.

11. **For Your name's sake**—[For the sake of Your] *great* [name], *forgive my iniquity . . .—[Rashi]*

**for it is great**—*For it is fitting for a great One to forgive great iniquity.*—[*Rashi*]

*Redak* explains that David begs forgiveness for his sin with Bath-sheba. He says, "For Your name's sake, because You are called good and forgiving, forgive my egregious iniquity, that of Bath-sheba. Although I have already begged forgiveness for that sin, I repeat my request because that sin is so great. *Ibn Ezra* renders: although it is great.

12. **Who is this man who fears the Lord?**—*The Holy One, blessed be He, will guide him on the road that he chooses; that is the good road.*—[*Rashi*] He who wishes to be a God-fearing man will prepare his heart, for then God will help him and guide him on the road that God will choose for a person to follow; that is the good road.—[*Redak*] *Ibn Ezra* explains: that the man will choose. [*Rashi's* interpretation is ambiguous.]

13. **His soul shall abide in prosperity**—*When he abides in the grave, his soul will abide in prosperity.*—[*Rashi*] If he adheres to the way in which God instructs him, his soul will abide in prosperity after his death.—[*Redak*] *Ibn Ezra* explains that this verse refers to the body, which will rest in peace in the grave. He quotes others who see an allusion to the doctrine of the immortality of the soul.

**and his seed will inherit the earth**—In his merit, his descendants will inherit the land of the nations.—[*Mezudath David*]

14. **The secret of the Lord**—He reveals only to those who fear Him, for if those who engage in wisdom do not fear God and observe His commandments scrupulously, He will not reveal His secrets to them.—[*Redak*]

**and His covenant**—The Torah, which was given through a covenant, will be revealed to them, to let them know it.—[*Mezudath David*]

16. **for I am alone and poor**—*and the eyes of the public are directed toward me, and compared to them, I*

אני: יז צרות לבבי הרחיבו ממצוקותי
הוציאני: יח ראה־עניי ועמלי ושא
לכל־חטאותי: יט ראה איבי כי־רבו
ושנאת חמס שנאוני: כ שמרה נפשי
והצילני אל־אבוש כי־חסיתי בך:
כא תם־וישר יצרוני כי קויתיך: כב פדה
אלהים את־ישראל מכל צרותיו:
כו א לדוד שפטני יהוה כי־אני בתמי

יתיר ואו

עלי מטול דיחידי ועניא אנא: יז עקתין דלבבי פתין משנוקי אפק יתי: יח חמי סגופי וטרחי ושבוק לכולהון חובי: יט חמי בעלי דבבי ארום סגיעו וכאתה דחטופין סנו יתי: כ טור נפשי ושזיב יתי לא אבהת מטול דסברית לך: כא שלימותא ותריצותא יטרונני ארום סברית במימרך: כב פרוק יי ית ישראל מכל עקתוי: א לדוד דון יתי יי ארום

### רש"י

לתשועת כל ישראל: (יח) ראה עניי ועמלי. ועל ידיהם שא לכל חטאתי: (יט) ושנאת חמס. שלא כדין: (כא) יצרוני. ישמרוני: כו (א) שפטני. ובמקום אחר הוא אומר אל תבא במשפט וגו' (לקמן קמ"ג) אמר דוד כשאתה דן את הרשעים שפטני כי לפי הרשעים אני צדיק וכשאתה דן את הצדיקי'

### רד"ק

כלומר אעפ"י שאני מלך איני מתגאה במלכותי אבל אני שפל ונכנע: (יז) הרחיבו. הצרות מושבם בלבי. כלו' כי רבות הם ובאמרו כי הצר' הרחיבו הוא דרך צחות לכן אני צועק אליך מהם שתוציאני ממצוקותי שאני נלכד בהם כי אם לבבי נלכד במצוקות וצרות לא יהיה לבבי פנוי לעבודתיך: (יח) עניי. כמו שפירשתי ועני: ועמלי. שאני עמל במלחמות: ושא לכל חטאתי. שיהיה עניי כפרת חטאתי כי עמלי הוא למצוה שאני נלחם בעד ישראל: (יט) ראה אויבי. פלשתים ואדום עמון ומואב וארם: ושנאת חמס שנאוני. שלא הרעותי להם והם נלחמים בי: (כ) והצילני. מידם כי הם אורבים לנפשי לפי שלא הצליחו על ישראל מעת שמלכתי: (כא) תום. כי עמי התום והיושר ועמם העול והחמס. והתום והיושר יצרוני מרעתם כי בכל צרותי קויתיך: (כב) פדה אלהים. בין בחיי בין לאחר מותי פדה את ישראל מכל צרותיו: (א) שפטני ה'. וראה אם לבבי ישר אליך וכפי לבבי שפטני: כי אני בתמי הלכתי. כלומר

### אבן עזרא

חסרון כמו לעמוד כנגד התאוה: (יז) צרות לבבי. הוא השכל הנטוע בלב על כן נקרא בשמו והרחיבו פועל עומד והטעם שהם רבות ויש אומרים כי לבבי פעול והוא רחוק כי אחריו ממצוקותי: (יח) ראה עניי. מן עני ורב עמלי למנוע עצמי מן התאוה ושא לכל חטאתי. שעברו: (יט) ראה. ועוד שאפחד מאויבי חנם שישנאוני ויהיו סבה שלא אלמד דרכיך: (כ) שמרה. אל אבוש. מאשר אקוה להיות עבד השם: (כא) תום. תום לבבו ויושר מעשיו יצרוהו שלא ילך בדרך עקש גם נכון הוא שיצרוהו מן האויבים על כן אחריו: (כב) פדה. וכמו שהתפלל שהשם יצרהו ואל ימשלו בו שונאיו כן יפדה כל ישראל: כו (א) לדוד שפטני. אמר רבי משה כי טעם שפטני קח משפטי ועשה לי דין מאויבי. הנכון בעיני שטעמו

### מנחת שי

(יח) ושא לכל חטאותי. כל חטאתי חסר וס"ו כר מן דין ושא לכל חטאותי:

### מצודת דוד

(יז) צרות לבבי. הצרות אשר בלבבי המה מתרחבים והולכים לזה אשאל הוציאני ממצוקותי: (יט) ושנאת חמס. רצה לומר שונאים אותי כאלו הייתי איש חמס: (כא) תם ויושר. מעשה התום והיושר שעשיתי המה ילמדו עלי זכות לנטות נשמר: כי קויתיך. הואיל ואקוה לך אם כן מהראוי שאהיה נשמר בצרוף זכות מעשה התום והיושר: (כב) פדה וגו'. כאומר לא על עצמי בלבד אני מתפלל כי אם על כלל ישראל:
כו (א) שפטני. לקחת משפטי משונאי: לא אמעד. לזה מהראוי שלא אמעד:

### מצודת ציון

(יז) ממצוקותי. מלשון צוקה וצרה: (יח) ושא. ענין מחילה וסליחה: (יט) רבו. גדלו: כו (א) אמעד. ענין החלקה והשמטה ממקום:

not praying only for myself but for the entire Israelite nation.—[*Mezudath David*]

1. **Judge me**—*And elsewhere* (143:2) *he says, "You shall not enter judgment* [with Your servant]." *Said David: When You judge the wicked, judge me, for compared to the wicked, I am a righteous man, but when You judge the righteous, do not bring me into judgment.*—[*Rashi* from *Mid. Ps.* 26:1] *Redak* explains: Judge me and see whether my heart is upright with You, and according to my heart, judge me.

**for I have walked with sincerity, etc.**—I walked with the sincerity of my heart, and wherever I went, I

17. The troubles of my heart have increased; deliver me from my straits. 18. See my affliction and my toil, and forgive all my sins. 19. See my enemies for they have increased, and they hate me with unjust hatred. 20. Guard my soul and save me; let me not be shamed for I have taken refuge in You. 21. Sincerity and uprightness shall guard me, for I have hoped for You. 22. O God, redeem Israel from all its troubles.

26

1. Of David. Judge me, O Lord, for I have walked with sincerity,

17. **The troubles of my heart**—The troubles that are in my heart are continuously increasing. Therefore, I beseech You to deliver me from my straits.—[*Redak, Mezudath David*]

**deliver me from my straits**—in which I am caught, for if my heart is caught in straits, it will not be free to think of worshipping You.—[*Redak*]

18. **See my affliction**—Heb. עָנְיִי, according to *Targum. Redak* renders: my humility.

**and my toil**—that I toil in waging war.—[*Redak*]

**See my affliction and my toil**—*and through them, forgive all my sins.*—[*Rashi*]

**and forgive all my sins**—Let my humility expiate my sins, for my toil should be counted as a good deed, because I am waging war for Israel.—[*Redak*]

19. **See my enemies**—The Philistines, Edom, Ammon, Moab, and Aram.—[*Redak*]

**and they hate me with unjust hatred**—Heb. חָמָס, *unlawful.*—[*Rashi*] For I did not harm them; yet they wage war against me. *Midrash Psalms* 25:14 expresses this idea, as follows: If Esau hates Jacob because he took away the blessing, what did he do to the Barbarians? What did he do to the Philistines? Hence, they hate me with an unjust hatred.—[*Redak*] *Mezudath David* renders: That hate me as though I were a violent man.

20. **let me not be ashamed**—Save me from their clutches, for they lurk to take my soul. This is because they were unsuccessful in their attacks on Israel as soon as I assumed the throne.—[*Redak*] *Ibn Ezra* explains: let me not be ashamed for hoping to be a servant of God.

21. **Sincerity and uprightness shall guard me, etc.**—for sincerity and uprightness are with me, and injustice and violence are with them. Let the sincerity and uprightness guard me from their harm because I have hoped for You in all my troubles.—[*Redak*]

**shall guard me**—Heb. יִצְּרוּנִי, *shall watch me.*—[*Rashi*]

22. **O God, redeem Israel**—I am

הָלַכְתִּי וּבַיהוָה בָּטַחְתִּי לֹא אֶמְעָד׃
ב בְּחָנֵנִי יְהוָה וְנַסֵּנִי צָרְופָה כִלְיוֹתַי
וְלִבִּי׃ ג כִּי־חַסְדְּךָ לְנֶגֶד עֵינָי
וְהִתְהַלַּכְתִּי בַּאֲמִתֶּךָ׃ ד לֹא־יָשַׁבְתִּי
עִם־מְתֵי־שָׁוְא וְעִם נַעֲלָמִים לֹא אָבוֹא׃
ה שָׂנֵאתִי קְהַל מְרֵעִים וְעִם־רְשָׁעִים
לֹא אֵשֵׁב׃ ו אֶרְחַץ בְּנִקָּיוֹן כַּפָּי
וַאֲסֹבְבָה אֶת־מִזְבַּחֲךָ יְהוָה׃ ז לַשְׁמִעַ
בְּקוֹל תּוֹדָה וּלְסַפֵּר כָּל־נִפְלְאוֹתֶיךָ׃

## תרגום

בִּשְׁלָמוּתִי אֲנָא הַלְכִית
וּבַיְיָ סְבָרִית לָא
אִזְדַּעְזַע׃ ב בְּחוֹן יָתִי יְיָ
וְנַסִּי יָתִי סְגִין כֻּלְיָתִי
וְרַעְיוֹנָי׃ ג מְטוּל דְּטוּבָךְ
קֳבֵל עֵינַי וְהַלְכֵית
בְּקוּשְׁטָךְ׃ ד לָא
אִסְתַּחֲרִית עִם גַּבְרֵי
שִׁקְרָא וְעִם מְטַמְּרִין
לְאַבְאָשָׁא לָא אֵעוֹל׃
ה סְנֵיתִי כְּנִישַׁת מַבְאִשִׁין
וְעִם רַשִׁיעַיָּא לָא
אֶסְתַּחַר׃ ו אֲקַדִּישׁ
בְּזַכּוּתָא אִידַי וְאַחֲזַרִית
יַת מַדְבְּחָךְ יְיָ׃
ז לְאַשְׁמָעָא בְּקָל שְׁבָחָא
וּלְאִשְׁתָּעָא כָּל

ת״א בחנני ה׳. סנהדרין קיז: ארחץ. ברכות ס זוהר ויקהל:

## רד״ק

יתיר ואו

בתם לבבי. ובכל אשר היה לי בטחתי בה׳ לפיכך אין ראוי לי שאמעד: (ב) בחנני. וכפי שתמצא בלבי תדינני: צרפה כליותי. תמצאם ככסף נקי. ואמר כליותי כי הם היועצות ואמר לבי כי הוא המבין ובעל המחשבות. וכתיב צרופה על כל מחשבה ומחשבה שהיא בלא שום סיג. וכפי מחשבותי שפטני כי אף על פי שמעשי אינם טובים לפעמים לבי הוא ישר בכל עת ולפי המעשים אמר אל תבא במשפט את עבדך: (ג) כי. לפיכך לא נטה לבי מאחריך כי תמיד חסדך לנגד עיני לפיכך התהלכתי באמתך באמת וביושר לבב: (ד) לא ישבתי. כדי שאלמד ממעשיהם ומדרכיהם הרעים: ועם נעלמים. שעושים חטא בסתר ונעלמים מבני אדם לא אבא לא די שלא עשיתי כמותם אלא אפי׳ לא נכנסתי עמהם במקום סתרם. ועוד כפל ענין במ״ש. ואמר: (ה) שנאתי. להתחבר עמהם ולשבת אתם אבל מושבי בבית אלהים ושם אלך תמיד וכשארחץ בנקיון כפי שלא יהא בי שום עון כשאבא להקריב עולות אז אסובבה את מזבחך ה׳ לא כרשעים שמביאים עולות בידיהם שדמים מלאו: (ז) לשמע. כמו להשמיע. אמר ואסובבה את מזבחך להשביע שם בפני קהל קדושים תודה בקול רם והוא שיהיה מודה בפניהם על החסדים שעשה לו האל ולספר כל הנפלאות שעשה

## רש״י

אל תביאני במשפט: (ד) ועם נעלמים. הנכנסין בסתר לעשות במחשך מעשיהם: לא אבוא. איני רגיל לבא וליכנס במקהלם: (ו) בנקיון. שאין גזל במצות שאני מקיים לולב הגזול פסול: (ז) לשמיע. כמו להשמיע: כל נפלאותיך. זה הלל שיש בו לשעבר ויש בו לגוג ומגוג ויש

## מנחת שי

ב (ב) צרופה. צרפה קרי: (ו) ואסבבה. חסר וא״ו:

## אבן עזרא

קח הדין ממני אם נטה לבי מאחריך על כן כי אני בתומי כמו תמים תהיה: ובה׳ בטחתי. שיעזרני להיות לבי שלם על כן לא מדעתי: (ב) בחנני. ידוע כי השם יודע הנסתרות והנה הטעם כי אתה תדע לבי כבוחן הכסף: (ג) כי. כאילו אני רואה חסדיך לעולם לנגד עיני: והתהלכתי. להרגיל כדרך ויתהלך חנוך: באמתך. מדרך האמת: (ד) לא. מתי שוא. הפך דרך האמת: נעלמים. מגזרת ונעלם דבר שיעשו דברי׳ לא כן בסתר ויש אומרים מגזרת עלם שהוא אוהב השחוק והלעג: (ה) שנאתי. הזכיר הליכה והתהלכתי ואח״כ שבת לא ישבתי ואח״כ הביאה לא אבוא והנכון בעיני כי הטעם לא אבוא בסודם והזכיר פעם אחרת ועם רשעים לא אשב כי מתי שוא הם בדבור והרשעים במעשה: (ו) ארחץ. טעם בנקיון שלא עשה אחת ממצות לא תעשה ואז אסובב מזבחך בעולות: (ז) לשמיע. כמו להשמיע וכמוהו לשמיד מעוזניה

## מצודת ציון

(ד) מתי. אנשי כמו מתי מספר (בראשית ל״ד):

## מצודת דוד

(ב) בחנני. לדעת מחשבותי: (ג) לנגד עיני. להסתכן בהם ולזה אהלך באמתך: (ד) לא ישבתי. שלא אלמד ממעשיהם: ועם נעלמים. העושים עבירות במקום נעלם ונסתר: (ו) ארחץ. כלה לומר בתחלה אנקה כפי מגזל ועון ואחר זה אסובב מזבחך להקריב בו לה׳ כי עולת הנקיון אין הקרבן מקובל ברצון: (ז) לשמיע. להשמיע לבני אדם בקול הודאה:

from *Mid. Ps.* 26:5] This passage is interpreted as an allusion to the Succoth procession around the altar with the lulav.*

7. **To proclaim**—Heb. לַשְׁמִעַ, *like* לְהַשְׁמִיעַ.—[*Rashi*]*

**all Your wonders**—*This refers to Hallel, which contains mention of the past, mention of Gog and Magog, mention of the Messianic era, and mention of the future.*—[*Rashi* from *Mid. Ps.* 26:6]

and I trusted in the Lord; I shall not falter. 2. Test me, O Lord,
and try me; refine my reins and my heart. 3. For Your kindness
is before my eyes, and I walked in Your truth. 4. I did not sit
with dishonest men, neither did I go with hypocrites. 5. I hated
the congregation of the evildoers, and I did not sit with the
wicked. 6. I washed my hands with cleanliness, and I encom-
passed Your altar, O Lord. 7. To proclaim thanksgiving with a
loud voice and to recite all Your wonders.

trusted in the Lord. Therefore, I should not falter.—[*Redak*]

2. **Test me**—to know my thoughts.—[*Mezudath David*] And according to what You find in my heart, You shall judge me.—[*Redak*]

**refine my reins and my heart**—and You will find them like pure silver. The reins are mentioned because they give advice, as in *Berachoth* 61a. The heart is mentioned as the seat of his thoughts and his understanding (ad loc.). The masoretic text reads צְרוּפָה, *refined.* Every one of my thoughts is refined and free of dross. Judge me according to my thoughts. Although my deeds are sometimes wanting, my heart is always upright. Concerning his deeds, he says, "You shall not enter judgment with Your servant."—[*Redak*]

3. **before my eyes**—to ponder on it. Therefore, I walked in Your truth.—[*Mezudath David*]

**and I walked in Your truth**—I followed God's ways in truth and sincerity.—[*Redak*]

4. **dishonest men**—Heb. מְתֵי שָׁוְא, men of lies, according to *Targum. Ibn Ezra* explains that this is the opposite of "the way of truth" mentioned in the preceding verse.

*Teruath Melech* renders: false people. They do not deserve to be called human beings. They are no better than animals.

I do not sit with them lest I learn from their ways.—[*Redak, Mezudath David*]

**and . . . with hypocrites**—*who go into hidden places to do their deeds in the dark.*—[*Rashi*] *Ibn Ezra* quotes others who render: scorners.

**neither did I go**—*I am not accustomed to come and enter their assembly.*—[*Rashi*] I did not enter their hiding places with them.—[*Redak*]

5. **I hated the congregation of the evildoers, etc.**—I hated to associate with wicked men and to sit with them. My seat is in the house of God, and that is where I constantly go.—[*Redak*] *Ibn Ezra* points out that the dishonest men referred to in the preceding verse are those who sin with their speech, whereas the wicked mentioned in this verse are those who sin with their deeds.

6. **with cleanliness**—*For there is no robbery* [involved] *in my fulfillment of the commandments.*—[*Rashi*

ח יְהוָה אָהַבְתִּי מְעוֹן בֵּיתֶךָ וּמְקוֹם
מִשְׁכַּן כְּבוֹדֶךָ׃ ט אַל־תֶּאֱסֹף עִם־
חַטָּאִים נַפְשִׁי וְעִם־אַנְשֵׁי דָמִים חַיָּי׃
י אֲשֶׁר־בִּידֵיהֶם זִמָּה וִימִינָם מָלְאָה
שֹּׁחַד׃ יא וַאֲנִי בְּתֻמִּי אֵלֵךְ פְּדֵנִי וְחָנֵּנִי׃
יב רַגְלִי עָמְדָה בְמִישׁוֹר בְּמַקְהֵלִים
אֲבָרֵךְ יְהוָה׃ כז א לְדָוִד ׀ יְהוָה ׀ אוֹרִי

**תרגום**

ברישותך: ח יי רחמית
מדור בית מקדשך
ואתר משכן יקרך:
ט לא תכנוש עם חייבא
נפשי ועם אנשי שדין
דמא חיי: י די בידיהון
עצת חטאין וימינהון
מלין שוחדא: יא ואנא
בשלימותי איזיל פרוק
יתי וחוס עלי: יב רגלי
קם בתרצא בכנשת
צדיקין אברך יי: א לדוד
יי נהורי ופורקני כמן

ת״א אל תאסוף. עקידה שער כג (סנהדרין כג): כ׳ אהבתי. מגלה כט: ואני. סנהדרין פט. כל המזמור עקידה פב״ה שערים: כ׳ אורי. זוהר ויחי במדבר:

**רש״י**

בו לימות המשיח ויש בו לעתיד לבא: (י) זמה. כל זמה שבמקרא לשון מחשבה יש לטובה ויש לרעה: (יב) רגלי עמדה במישור. בדרך ישר:

**רד״ק**

עמו בעתות צרותיו: (ח) ה׳ אהבתי. קהל מרעים שנאתי. אבל מעון ביתך אהבתי והוא הבית שהיה בו הארון ושם הלוים. והכהנים משרתי האל כמו אסף ואחיו: ומקום משכן כבודך. כי במקום שהיה בו הארון שם היה שוכן הכבוד על אנשי רה״ק: (ט) אל. וכיון שבחרתי אני חברת הצדיקים אל תאסף עם חטאים נפשי כלומר שלא אמות מיתת חטאים כי נפשם כמים הנגרים ארצה אשר לא יאספו ונפשי האסף אל כבודך במותי: (י) זמה. ענין תועבה ומעשה הרע כמו ההרג והמכה שיעשו בידיהם וכן השחד שיקבלו כמו שאמר וימינם מלאה שחד. ויש לפרש בידיהם ברשותם. מכון מקובץ מגזל ועון: (יא) ואני. לא אתעסק בדברי מרמה לא במחשבה ולא במעשה: פדני וחנני. פדני מהצרות וחנני מטובך כפי שתראה תם לבבי ואז אודה את שמך. ואומר: (יב) רגלי. כלומר שלא מטה רגלי לפיכך במקהלים אברך את ה׳: (א) ה׳ אורי. הואיל והוא אורי וישעי ממי אירא. ואמר

**אבן עזרא**

ונפלאותיך פעול למלת לשמוע ולספר: (ח) ה׳ אהבתי מעון ביתך. כנגד לא ישבתי עם מתי שוא וטעם ביתך.. שם הצדיקים העובדים שמך באמת כי שמה תמיד יושבים. אמר רבי משה כי טעם אל תאסוף שיתפלל שלא יהיה אחריתו כאחריתם והנכון בעיני שלא יתכנו עלילות שיתחבר עם החטאים כל ימיו ואף כי עם אנשי דמים שהם רעים מהחטאים: (י) אשר. שיש להם כח לחשוב מחשבות ולסבב סבות לקחת שוחד וממון ויש אומרים כל מזמתם לקחת בידם וככה וימינם והטעם כפול: (יא) ואני בתומי. בלא זמה והטעם שיזכיר בתהלה בתומי הלכתי עד עתה וככה אלך ואתה תפדני מזימות׳: (יב) רגלי. טעם בתומי תום לבבי וטע׳ רגלי ללכת בדרך ישרה והנכון בעיני כי אתה תפדני ואני אודך במקהלים ורגלי תעמוד לפניהם: כז (א) לדוד ה׳ אורי וישעי ממי אירא. יש אומרים

**מנחת שי**

(ח) ה׳ אהבתי. בגעיא בספרי ספרד: (י) מלאה שחד. בס״ס השי״ן דגושה: (יא) אלך. בטעם רביע:

**מצודת דוד**

(ח) אהבתי מעון ביתך. לבוא בה ולהלך: (ט) עם חטאים. במיתת החטאים ודומה להם בענין רע: (י) אשר בידיהם זמה. ולזה ראוים הם למות בענין רע: (יא) ואני. אבל אני הנה בתומי אלך לזה פדני ממיתת החטאים: (יב) רגלי עמדה. הנה רגלי עמדה בדרך הישר ובקהל רב אברך לה׳ והיינו כמוהם לסיום דומה להם: כז (א) ה׳ אורי. הנה ה׳ מאיר לי בעת צרה אם כן ממי אירא:

**מצודת ציון**

(ח) מעון. מדור: תאסף. ענין מיתה:

plains: My foot stood on a straight path; it did not falter. Therefore, I will bless the Lord in assemblies.

1. **my light**—Troubles are compared to darkness and salvation from them, to light.—[*Redak*]

*Ibn Ezra* explains:

**my light**—at night.

**and my salvation**—by day.

**whom shall I fear?**—Since He is my light and my salvation, whom shall I fear? There is no need to fear man.—[*Redak*]

8. O Lord, I love the dwelling of Your house and the place of the residence of Your glory. 9. Gather not my soul with sinners nor my life with men of blood, 10. in whose hands are plots and whose right hand is full of bribery. 11. But I walk with sincerity; redeem me and be gracious to me. 12. My foot stood on a straight path; I will bless the Lord in assemblies.

27

1. Of David. The Lord is my light

8. **I love the dwelling of Your house**—to enter it and to praise You.—[*Mezudath David*] I hate the congregation of the evildoers but I love the dwelling of Your house. That is the house that contained the Ark. It was frequented by Levites, priests, prophets, saints, and holy men who served God, e.g. Asaph and his brothers.—[*Redak*]

**and the place of the residence of Your glory**—For in the place that housed the Ark, the glory of God would rest on the prophets and the divinely inspired men.—[*Redak*]

9. **Gather not my soul with sinners**—Since I chose the company of the righteous, do not gather my soul with the sinners. I.e. let me not die with sinners and men of blood, for their souls are "as water that is spilt on the ground which cannot be gathered up again," but let my soul be gathered up to Your glory when I die.—[*Redak*]

10. **plots**—Heb. זִמָּה. *Every* זִמָּה *in Scripture is an expression of a plan, some for good and some for evil.*—[*Rashi*] *Redak* interprets it as an abomination and an evil deed, like the murder that they commit with their hands and the bribes that they receive. "In their hands;" can also mean "in their possession." They accumulate money through plunder and other dishonest means. *Mezudath David* adds that because of their evil deeds they deserve to die horribly.

11. **But I walk with sincerity**—I do not engage in deceit either in speech or in deed.—[*Redak*] Therefore, redeem me from the death of sinners.—[*Mezudath David*]

12. **My foot stood on a straight path**—Heb. בְּמִישׁוֹר, *on a straight path.*—[*Rashi*] Did not my foot always stand on a straight path, and did I not always bless the Lord in great assemblies? I am not like the sinners, that I should die as they do.—[*Mezudath David*] *Redak* ex-

וְיִשְׁעִי מִמִּי אִירָא יְהוָה מָעוֹז חַיַּי מִמִּי
אֶפְחָד׃ ב בִּקְרֹב עָלַי ׀ מְרֵעִים לֶאֱכֹל
אֶת־בְּשָׂרִי צָרַי וְאֹיְבַי לִי הֵמָּה כָּשְׁלוּ
וְנָפָלוּ׃ ג אִם־תַּחֲנֶה עָלַי ׀ מַחֲנֶה לֹא־
יִירָא לִבִּי אִם־תָּקוּם עָלַי מִלְחָמָה
בְּזֹאת אֲנִי בוֹטֵחַ׃ ד אַחַת ׀ שָׁאַלְתִּי
מֵאֵת־יְהוָה אוֹתָהּ אֲבַקֵּשׁ שִׁבְתִּי

תרגום

אֶדְחַל יְיָ עוּשְׁנָא דְחַיַּי
מִמַּן אֶדְחַל׃ ב כַּד
יִתְקַרְבוּן עֲלַי מַבְאֲשִׁין
לְגַרְמָא יַת בִּסְרִי מְעִיקֵי
וּבַעֲלֵי דְבָבַי הִנּוּן
אִתְקַלוּ וּנְפָלוּ׃ ג אִין
תִּשְׁרֵי עֲלַי מַשְׁרְיַת
רַשִּׁיעֵי לָא אֶדְחַל לִבְבִי
אִין תְּקוּם עֲלַי קְרָבָא
בְּדָא אֲנָא סְבִיר׃ ד חֲדָא
בְּעֵיתִי מִן קֳדָם יְיָ יָתָהּ
אֶתְבַּע דְאֵתַב בְּבֵית
מַקְדְּשָׁא דַיְיָ כָּל

ת"א בזאת. שם מקן:

רש"י

כז (ג) בזאת אני בוטח. במה שאמור למעלה ה' מעוז חיי:

רד"ק

אורי. כי הצרה דומה לחשכה והתשועה ממנה היא האורה ההוא מעוז חיי גם כן: ממי אפחד. שמיתני כי הנשגב במגדל עוז ירא ופוחד פן יצורו עליו אויביו ויכבשוהו או יצורו עליו עד שימות שם ברעב ובצמא מכל זה אין אני פוחד הואיל והאל מעוז חיי: (ב) בקרב. יש מפרש בקרוב ענין קרב ומלחמה. כלומר בהלחם עלי. או פירושו כמשמעו. אמר אעפ"י שהיו קרובים עלי להמיתני זהו לאכל את בשרי לא פחדתי מהם כיון שהאל מעוז חיי וראיתי כי כן היה פעמים רבות כשהיו באים צרי ואויבי לי כלומר בעבורי להכשילני ולהמיתני ולהפילני המה כרעו ונפלו: (ג) אם. אפילו תחנה עלי מחנה גדול ואני במעט עם לא יירא לבבי כי לבי מבטיחי באלהים: בזאת אני בוטח. בזאת האמירה שאמרתי כי ה' אורי וישעי ומעוז חיי: (ד) אחת. אמר אמת הוא כי בבטחתי בו יצילני מכל צרה אעפ"כ שאלה אחת אני שואל ממנו. וכפל הענין עוד ואמר אבקש להודיע כי בכל לבו מבקש אותה להשקיטו מהמלחמות שלבו טרוד בהם ומתעסק בצרכי הגוף וכל חשקו שיהא גופו ולבו פנוי לשבת בבית ה' והוא הבית שהיה שם הארון להתעסק בעבודת האלהים בצרכי הנפש. וזה לחזות בנועם ה' ולבקר בהיכלו

מנחת שי

כז (ב) המה כשלו. רפי:

אבן עזרא

אורי בלילה שאין שם אור כי הנפש תפחד וישעי ביום ויש אומרים אורי תלוי בדברי הנשמה וישעי בדברי הגוף ומעוז חיי קשור הנשמה בגוף על כן לא יפחד מאדם טיפרידס: (ב) בקרוב. יש אומרי' בקרוב מגזרת המלמד ידי לקרב ואחרים אמרו כאשר יקרבו אלי. ויאמר רבי משה כי טעם צרי ואויבי. אנשים ידועים שהיו שונאי': (ג) אם. גם אם תחנה עלי מחנה שהם מהגוים ואם הם רבים ואם הערכתי לבא למלחמה עמהם בזאת והטע' שהשם אורי וישעי ויש אומרי' כי בזאת היא השאלה הנזכרת אחר כן: (ד) אחת. כ"ל כי זה המזמור חברו דוד באחרית ימיו כאשר נשבעו אנשיו לא תבא עמנו למלחמה כאשר אפרש

מצודת ציון

כז (א) מעוז. חוזק:

מצודת דוד

(ב) בקרב. בעת קרבו רשעים לבוא עלי לאכול בשרי והמה לי לאויבים ובודאי לא יהזרו מרעתם אבל בעת ההיא צרי ה' והמה כשלו ונפלו ונמלטתי מידם: (ג) בזאת. בהאמירה הזאת שאמרתי והיא ה' אורי וישעי: (ד) שבתי. שאשב בבית ה' טוב

house of the Lord, where His Ark is situated and where the prophets and the pious men stand to engage in the worship of God and spiritual pursuits.—[*Redak*]

**to see**—the pleasantness of God's Torah.—[*Mezudath David*] *Ibn Ezra* explains that David wished to learn the secrets of God's works so that he would have no complaints about them.

**and to visit His Temple every morning**—*To appear there every morning. Dunash (Teshuvoth Dunash,* p. 53) *explained in this manner. Menachem (Machbereth Menachem,* p. 47) *however associated it with* (Lev. 27:33), *"He shall not inquire* (יְבַקֵּר),"

and my salvation; whom shall I fear? The Lord is the strong-
hold of my life; from whom shall I be frightened? 2. When evil-
doers draw near to me to devour my flesh, my adversaries and
my enemies against me—they stumbled and fell. 3. If a camp
encamps against me, my heart shall not fear; if a war should rise
up against me, in this I trust. 4. One [thing] I ask of the Lord,
that I seek—that I may dwell

**the stronghold of my life**—Just as a person takes refuge in a tower to protect himself from his enemies, so that they should not kill him, so do I take refuge in Him, and therefore have no reason to fear anyone. Unlike one who takes refuge in a tower, who must still fear that the enemies may capture or besiege the tower and kill him through thirst and starvation, I need not be frightened, because the Lord is the stronghold of my life.—[*Redak*] *Mezudath Zion,* following *Targum,* renders: the strength of my life.

2. **When evildoers draw near to me**—Heb. בִּקְרֹב. Although they are near to killing me.—[*Redak*] *Ibn Ezra* and *Redak* quote commentators who render: When evildoers battle against me, deriving בִּקְרֹב from קְרָב, *battle.*

**to devour my flesh**—and will surely not retreat, God helped me and they stumbled and fell.—[*Mezudath David*] I did not fear them because God is the stronghold of my life, and I saw many times that when they came against me, to defeat me and kill me, they stumbled and fell.—[*Redak*]

3. **If a camp encamps against me**—If a large host camps against me, and I have [only] a small force.—[*Redak*]

**my heart shall not fear**—It is my heart and my intellect that tell me to trust in the Lord.—[*Redak*]

**in this I trust**—*In what is stated above: "The Lord is the stronghold of my life."*—[*Rashi, Redak, Ibn Ezra, Mezudath David*] *Ibn Ezra* quotes others who explain that the Psalmist refers to the subsequent verse, in which he expresses his desire to dwell in the house of the Lord all his life. *Alshich* explains that David felt confident because he experienced no fear when the enemy host came to attack him. Had he been a sinner, he surely would have been frightened by them. Realizing this, he was confident that God would help him. In this, in the fact that my heart does not fear, I trust.

4. **One [thing] I ask of the Lord**—Although I trust in the Lord that He will save me from all my troubles, I nevertheless ask Him for one thing; that He spare me from wars even though He saves me from my enemies. I wish to be free from the distraction of the wars and be granted the opportunity to dwell in the

בבית־יהוה כל־ימי חיי לחזות בנעם־
יהוה ולבקר בהיכלו: ה כי יצפנני ׀
בסכה ביום רעה יסתרני בסתר אהלו
בצור ירוממני: ו ועתה ירום ראשי על־
איבי סביבותי ואזבחה באהלו זבחי
תרועה אשירה ואזמרה ליהוה:
ז שמע־יהוה קולי אקרא וחנני וענני:
ח לך ׀ אמר לבי בקשו פני את־פניך

**תרגום**

יומי חיי למחמי
בבסימותא דיי ולבקרא
בהיכליה: ה ארום
יטשנני בטלליה ביום
בישתא יטמרנני בטמיר
משכניה בכרך תקיף
ירומם יתי: ו והשתא
יתרומם רישי על בעלי
דבבי חזור חזור ואיכוס
במשכניה נכסי רעוא
אשבח ואביע קדם יי:
ז קביל יי צלותי במקראי
וחוס עלי ורחם יתי:
ח לך אמר לבי בעי אפי
ית סבר אפך יי אתבע:

ת"א לך אמר . בס המור:

פתח באתנח בסכו קרי

**רש"י**

חיי: (ד) ולבקר בהיכלו. לראות שם בכל בקר ובקר כך פירשו דונש. ומנחם חברו עם לא יבקר בין טוב לרע (ויקרא כ"ו). אבל דונש פתר ל' בוקר: (ה) כי יצפנני בסוכו. בטוח אני שיצפנני בבית מקדשו ושנינו בסדר עולם שהמקרא הזה נאמר על יואש בן אחזיה שהסתירתו יהושבע אחותו בעלי' בית קדשי הקדשים כענין שנא' (מ"ב י"א) ויהי אתה בית ה' מתחבא שש שנים: בצור ירוממני. העמיד על סלע רגלי: (ו) זבחי תרועה. זבחי' שאומרי' עליהם שיר: (ח) לך אמר לבי בקשו פני. בשבילך בשליחותך אומר (לי) לבי בקשו כולכם ישראל את פני ואני שומע לו את פניך ה' אבקש. לך. כמו

**רד"ק**

שיהיה לי פנאי לבקר ולחפש בשכלים הנפרדים שהם מלאכי שמים אשר הנפש גזורה מהם ואליהם תשוב: (ה) כי. עתה בהתעסקי בצרכי הגוף יעשה עמי טובה ויתן שאלתי ויצפנני בסכה מזרם האויבים שלא ישיגוני. וזהו ביום רעה שהם חשבו לעשות לי רעה והוא יסתירני בסתר אהלו וירוממני בצור שלא ישיגני יד אויב: (ו) ועתה. בהנצלי מאויבי שהיו סביבותי ואזבחה באהלו זבחי תרועה כלומר זבחים עם תרועת ושבח והודאה שהצילני מאויבים רבים ואשירה ואזמרה לו. כל זה החסד הוא עמי אבל זאת השאלה הנזכרת אני שואל ועל זה אמר שמע ה': (ח) לבי. שואל תמיד בעבורך לפני בקשו. כמו שאמר אף לילות יסרוני כליותי לבי יסרוני בעבורך ואומ'

**אבן עז"א**

במזמור נאם ה' לאדוני: לחזות בנועם ה'. שיתגלו לו סודות ממעשה הבורא שלא ירעם ע"כ: ולבקר בהיכלו. כמו לא יבקר בין טוב לרע והטעם שהכהני' היושבי' תמיד בבית ילמדוהו ויורוהו ויש אומרי' לבקר ללכת בכל בוקר ובקר בהיכל השם כמו השכם והערב: (ה) כי. הוא יצפנני ולא יוכל לגעת אלי כל אויב: בסכה. הוא ירושלים כמו ויהי בשלם סכה: ביום רעה. מערכת רע' מכוכבי' כנגד מזלו וטעם בצור כי אהיה בסתר אהלו כאילו אני בצור מרומים: (ו) ועתה. אע"פ שלא יעשה מהיום מלחמה ראשי ירום כי הוא בסתר עליון: זבחי תרועה. כדרך וביום שמחתכם בימי שמחת חזקיהו: (ז) שמע. תחסר מלת אשר או טעמו זה השם הנכבד שאני קורא ומזכיר: וחנני ועגני. וזה לאות כי יתפלל בעד ישראל הנלחמים עם הצרי' כי הם אנשיו: (ח) לך. אמר רבי משה כי לך בעבורך כמו

**מנחת שי**

(ה) כי יצפנני בסכה. ברים מס"ג באלפ"א בית"א מאותיות קטנות ס' כי יצפנני בסכה ולא מצאתים קטנה בשום ספר גם לא בנוסח א' כ"י מאותיות קטנות ומ"ש במק"ג ברים ספר ויקרא ס' יצפנני בסכה טעות הוא עוד כתוב שם ס' בסופה ובסערה דרכו (נחום א') שכתוב ובשערה בשי"ן והם שנים במסורת כתובים שי"ן והכתו אשר בשערה ישופני (איוב ט') אות קטנה דהתם הוא סמך בסופה ועיין מה שכת' ברים נחום: יסתירני. במקלת מדוייקי' מולא יו"ד ויש ספרים חסר: (ו) סביבותי. הסמ"ך בגעיא. סביבתי סל"ל בכמה ספרים חסר וא"ו: (ז) וחנני.

**מצודת דוד**

כי תגלבת למלחמה ונגלה: לחזות. לראות בנעימות תורת ה': ולבקר. לדרוש בהיכלו בדבר מלות ה': (ה) כי יצפנני. ביום בוא האויב תסתירני בסוכתו ולא יכלו לי: בצור. היה מרומם אותי להתגבר עליהם כאלו עמדתי על צור גבוה כי כן הדרך שהעומד ממעל הוא מתחזק על העומד מתחת: (ו) ועתה. כלומר הנה עכ"ז הייתי מוטרד במלחמה ולזה אבקש עתה ממך שראשי ירום על אויבי מסביב שלא ילחמו עוד כי: ואזבחה. ואז אזבח זבחים ואריע בשמחה יותר מאלו נלחמו בי ונצחתי אותם: (ז) קולי אקרא. קולי אשר אקרא: (ח) לך. בשליחותך אמר לי לבי

**מצודת ציון**

(ד) ולבקר. ולדרוש כמו לא יבקר (ויקרא כ"ז): (ו) תרועת. ר"ל בקול תרועת שמחה:

*my heart says,'' in Your stead, my heart comes to me to say this.*—[*Rashi*] My heart said to me that they should seek You and that all their aims should be toward You. Therefore, he says, "Your presence, *sence, O Lord, I will seek.''* [The word] לְךָ *is like* (Job 33:6): *"Behold I am like your mouth to God* (לְאֵ־ל)*," in His stead; (ibid. 13:8), "Will you contend for God* (לְאֵ־ל)*?", in His stead. Here, too, "On Your behalf,*

in the house of the Lord all the days of my life, to see the
pleasantness of the Lord and to visit His Temple every morn-
ing. 5. That He will hide me in His tabernacle on the day of
calamity; He will conceal me in the secrecy of His tent; He will
lift me up on a rock. 6. And now, my head will be raised over
my enemies around me, and I will sacrifice in His tent sacrifices
with joyous song; I will sing and chant praise to the Lord.
7. Hearken, O Lord, to my voice [which] I call out, and be gra-
cious to me and answer me. 8. On Your behalf, my heart says,
"Seek My presence." Your presence,

*but Dunash interpreted it as an expression of "morning"* (בֹּקֶר).—[*Rashi*]*

5. **That He will hide me in His tabernacle**—*I am confident that He will hide me in His Temple, and we learned in Seder Olam* (ch. 18) *that this verse was stated concerning Joash the son of Ahaziah, who was hidden by his sister, Jehosheba, in the attic of the Holy of Holies, as the matter is stated* (in II Kings 11:3): *"And he was hiding with her in the house of the Lord for six years."*—[*Rashi*]

**on the day of calamity**—The day they sought to bring harm upon me.—[*Redak*] *Ibn Ezra* interprets this to mean a day designated for evil by the stars.

**He will lift me up on a rock**—*He stood my feet on a rock.*—[*Rashi*] According to *Seder Olam* (ad loc.), the "rock" represents Jehoiada the priest, who anointed Joash king. He is referred to as "a man who resembles a rock" [i.e. he was as steadfast as a rock]. *Ibn Ezra* explains that David prays to be hidden from his enemies in Jerusalem, God's tabernacle (as in 76:3). *Redak* explains that David asks God to protect him in the time before he comes to dwell in the House of the Lord, while he must still engage in battle with the enemies surrounding his people.

When I am in the secrecy of His tent, it is as though I am on a rock on high.—[*Ibn Ezra*]

6. **And now, my head will be raised over my enemies around me**—when I am saved from my enemies who were around me.—[*Redak*] *Mezudath David* explains: Despite all this, I was distracted by wars. Therefore, I beseech You to raise my head over all my enemies around me, that they should no longer wage war against me.

**sacrifices with joyous song**—*Sacrifices over which a song is recited.*—[*Rashi*]

8. **On Your behalf, my heart says, "Seek My presence."**—*On Your behalf, as Your agent, my heart says to me, "All of you Israelites, seek My presence." And I obey it. "Your pre-*

יהוה אבקש: ט אל־תסתר פניך ממני
אל־תט באף עבדך עזרתי היית אל־
תטשני ואל־תעזבני אלהי ישעי: י כי־
אבי ואמי עזבוני ויהוה יאספני:
יא הורני יהוה דרכך ונחני בארח
מישור למען שוררי: יב אל־תתנני
בנפש צרי כי קמו־בי עדי־שקר ויפח
חמס: יג לולא* האמנתי לראות בטוב־

* נקוד מלעיל ומלרע

תרגום

ט לא תסלק שכינתך מני
לא תצלי ברוגזא
לעבדך סיועי הויתא
לא תטלטל יתי ולא
תשבקנני אלהא
דפורקני: י מטול דאבא
ואמא ישבקו יתי יי
יכנוש לי: יא אלפני יי
אורחתך ודברני
בהלכתא תריצא מטול
תושבחתי: יב לא
תמסורנני ברעות מעיקי
ארום קמו עלי סהדי
שקרא וממללי חטופא:
יג אלולי די המנית
למחמי בטובא דיי

## רד"ק

לפני שיבקשוך ותהיה מגמתם אליך ובעבור זה את פניך ה' אבקש וזו היא השאלה ששאלתי כי לבי יעננו כן: (ט) פניך. שאבקש אל תסתירה ממני: אל תטשני. בעסקי העה"ז שהם אף וכעס למתעסק בהם וזהו אל תט באף: עזרתי היית. עד הנה היית עזרתי בצרכי הגוף. ועתה בשאלי עזרתך בצרכי הנפש: אל תטשני ואל תעזבני אלהי ישעי. כי הושעתני מצרי כן תושיעני מעמל הגוף ואתעסק בצרכי הנפש: (י) כי. אחר שיצאתי מגידולם אספתני אתה כלומר זמנת לי מחייתי וצרכי. ואחר שאני מעשה ידיך ואספתני עד הלום הורני ה' דרכך: (יא) הורני. כבר פירשנו מה שהיה מבקש: למען שוררי. הם האויבים המביטים אותי בעין רעה. והם חשבים כי אין לי חלק בה': (יב) בנפש צרי. ברצון אויבי תאותם ורצונם שלא יהיה לי פנאי לעבודת האלהים אלא שאתעסק כל ימי במלחמות בעמל הגוף: כי קמו וגו'. שהיו מעידים בי ומדברים דברי חמס לאמר שאני רשע ואיש דמים ואין לי חלק בה': (יג) לולא. הם היו בי עדי שקר ומדברים חמס וכמעט אבדתי מדבריהם לולא

## רש"י

(איוב ל"ג) הן אני כפיך לאל במקומו. אם לאל תריבון (שם י"ג) במקומו. אף כאן לך אמר לבי במקומך בא אלי לבי לומר כן: (ט) אל תט. אל תכריע כמו ויט שמים (לעיל י"ח): (י) כי אבי ואמי עזבוני. בשעת תשמיש להנאתן נתכוונו כיון שגמרו הנאתן זה הופך פניו אילך וזו הופכת פניה אילך: וה' יאספני. הקב"ה שומר את הטפה ולר העובר: (יב) בנפש צרי. בתאות שונאי להיות תאותם מתקיימת עלי: ויפח חמס. דוברי רעה. לשון אחר לשון מוקש (סא"א): (יג) לולא האמנתי לראות וגו'. אם לא

## מנחת שי

כוא"ו בכל הספרים: (יא) למען שוררי. ברוב ספרים ישנים מלא וא"ו: (יג) לולא. בטעם רביע ונקוד למעלה ולמטה

## אבן עזרא

אמרי לי אחי הוא והטעם אני אומר מה שאו' לנו ביד שלוחיך ואמרת לנו בקשו פני על כן את פניך ה' אבקש: (ט) אל תט. פועל יוצא והפעול עבדך כמו קיר נטוי על כן אחריו עזרתי והטעם עזבני עתה כאשר עזרתני מנעורי ועד עתה: (י) כי אבי ואמי. שהיו סבות בואי בעולם הזה עזבוני במותם ואתה אספתני תמיד ואם הוא לשון עתיד כדרך נתתי כסף השדה קח ממני יעשו עגל בחרב: (יא) הורני. אמר אחד מחכמי לב הרוצה להתגבר על שונאיו יוסיף בעבודת השם: (יב) אל. בנפש. בתאותם כמו בנפש: ויפח. מדבר חמס כמו יפיח: (יג) לולא. זה קשור כאשר לפניו

## מצודת ציון

(ט) תטשני. כמו תעזבני וכפל הדבר במ"ש: (יא) הורני. למדני: שוררי. ענין הבטה וכן שאפו שוררי (לקמן נ"ו) ור"ל האויבים המביטים עלי בעין רע: (יב) בנפש. ברצון כמו אם יש את נפשכם (בראשית כ"ג): ויפח. ענין דבור הבא בהפחת רוח ספה: (יג) לולא.

## מצודת דוד

בקשו פני וכן אעשה כי את פניך ה' אבקש: (ט) אל תט. אל תטה את עבדך לנפול ביד האף הלא מעולם היית עזרתי לזה גם עתה אל תטשני: (י) עזבוני. לא נתנו לי די מחסורי: יאספני. אסף אותי אליו בתת לי די מחסורי: (יא) למען שוררי. כי כשאכשל בדרכי ה' ואענש עליו ישמחו שוררי ויאמרו ידיהם רמה: (יב) בנפש צרי. להשיג בי תאותם ורצונם: ויפח חמס. המדברים עלי דברי חמס: (יג) לולא. כאומר הנה כמעט היו מאבדים

*reward to the righteous in the world to come, but I do not know whether I have a share with them or not.*—[*Rashi*] The dots over the letters modify the word's meaning. It indicates that David was not completely sure of his belief that he would see the pleasantness of the Lord in the land of the living. He feared that he might have sinned and thus would not have a share in the world to come.—[*Rashi* to *Ber.* ad loc.] *Redak* explains: I was almost lost because of their words, had I not believed in You and disregarded them. I believed that there is hope in God and that I would see His good in the world to come.

O Lord, I will seek. 9. Do not hide Your presence from me; do
not turn Your servant away with anger. You were my help; do
not forsake me and do not abandon me, O God of my salva-
tion. 10. For my father and my mother have forsaken me, but
the Lord gathers me in. 11. Instruct me, O Lord, in Your way,
and lead me in the straight path because of those who lie in wait
for me. 12. Do not deliver me to the desires of my adversaries,
for false witnesses and speakers of evil have risen against me.
13. Had I not believed in seeing the good of

O Lord, I will seek." This is the question that I asked, because my heart advised me to ask it.—[*Redak*]

9. **do not turn . . . away**—Heb. תַּט, *do not bend over, as* (above 18:10): "*And He bent* (וַיֵּט) *the heavens.*"—[*Rashi*] Instead, help me as You have helped me in the past.—[*Ibn Ezra*] *Redak* explains: Do not turn me away and do not occupy me with worldly matters, which are anger and wrath for him who engages in them.

9. **For my father and my mother have forsaken me**—*At the time of coitus, they intended their own pleasure. As soon as they completed their pleasure, this one turns his face this way and that one turns her face the other way.*—[*Rashi* from *Lev. Rabbah* 14:5]

**but the Lord gathers me in**—*The Holy One, blessed be He, guards the drop and forms the fetus.*—[*Rashi*] *Ibn Ezra* explains: My father and mother, who caused me to enter the world, forsook me when they died, but You always gathered me in. *Mezudath David* explains: My father and mother forsook me by not giving me sufficient sustenance, but You gathered me in and gave me all I needed.

11. **Instruct me, O Lord, in Your way, and lead me in the straight path**—as he had requested previously.— [*Redak*]

**because of those who lie in wait for me**—Those who look at me with an evil eye, who think that I have no share in the world to come.—[*Redak*]*

12. **to the desires of my adversaries**—*To the desire of my enemies, to have their desire fulfilled through me.*—[*Rashi*]

**and speakers of evil**—Heb. וִיפֵחַ חָמָס, *speakers of evil. Another explanation: An expression of a trap* (פַּח).—[*Rashi*] (The second explanation does not appear in manuscripts or in most early editions.)

13. **Had I not believed in seeing, etc.**—*If I had not believed in the Holy One, blessed be He, those false witnesses would have already risen against me and destroyed me.* [The word] לוּלֵא *is punctuated for the homily which our Sages expounded* (*Ber.* 4a): *I know that You give*

יְהֹוָה בְּאֶרֶץ חַיִּים: יד קַוֵּה אֶל־יְהֹוָה חֲזַק
וְיַאֲמֵץ לִבֶּךָ וְקַוֵּה אֶל־יְהֹוָה: כח א לְדָוִד
אֵלֶיךָ יְהֹוָה | אֶקְרָא צוּרִי אַל־תֶּחֱרַשׁ
מִמֶּנִּי פֶּן־תֶּחֱשֶׁה מִמֶּנִּי וְנִמְשַׁלְתִּי עִם־
יוֹרְדֵי בוֹר: ב שְׁמַע קוֹל תַּחֲנוּנַי בְּשַׁוְּעִי
אֵלֶיךָ בְּנָשְׂאִי יָדַי אֶל־דְּבִיר קָדְשֶׁךָ:
ג אַל־תִּמְשְׁכֵנִי עִם־רְשָׁעִים וְעִם־פֹּעֲלֵי

**תרגום**

בְּאַרְעָא דְחַיֵי עָלְמָא:
יד סְבוֹר עַל יְיָ תְּקוֹף
וְעַלֵּם לִבָּךְ וּסְבוֹר עַל יְיָ:
א לְדָוִד לְוָתָךְ יְיָ אֲנָא
אֶקְרֵי תַּקִּיפִי לָא תִשְׁתּוֹק
מִנִּי דִלְמָא תִשְׁתּוֹק מִנִּי
וְאִתְמְתַלִית עִם נָחֲתֵי
גוּבָא: ב קַבֵּל בְּקָל
בָּעוּתִי בְּמִצְלַיִי לְוָתָךְ
כַּד אֶפְרוֹשׂ יְדַי בִּצְלוֹ
קֳדָם הֵיכַל קוּדְשָׁךְ:
ג לָא תְנַגְדִינַנִי עִם
רַשִּׁיעַיָּא וְעִם עָבְדֵי
עוּלָא

### רש"י

שהאמנתי בהקב"ה כבר קמו בי אותם עדי שקר וכלוני. לולא נקוד עליו למדרש שדרשו רבותינו יודע אני שאתה נותן שכר לצדיקים לעוה"ב אבל איני יודע אם יש לי חלק עמהם אם לאו: **(יד) וקוה אל ה'.** ואם לא תתקבל תפלתך חזור וקוה: **כח (ג) אל תמשכני.** אל תרגילני עם רשעי' (אטרייר"ש מוי"י בלע"ז אפיר"ע מאוי"י. בל"א מיך אן זיך

### רד"ק

שהאמנתי ולא חששתי והאמנתי שיש לי תקוה בה' **ואראה** בטובו לעה"ב וזה בארץ החיים. ואמר לחיי העה"ב **ארץ חיים.** ואע"פ שאין לנשמה מקום כל שכן **ארץ** אלא לפי שנמשל **טוב** העה"ב לגן **עדן** שהוא מקום המשובח בארץ והיא נקראת **ארץ** חיים כן כאשר גורש האדם ונקנס עליו מיתה וכל זה להבין השומעים דרך משל כמו שנקרא גם כן משפט הרשעים גיהנם והוא מקום בארץ סמוך לירושלים והוא מקום נמאס ומשליכים שם הטומאות והנבלות והיה שם אש תמיד לשרוף הטומאות ועצמות לפיכך נקרא על דרך משל משפט הרשעי' גיהנם: (יד) קוה. ומרוב האמנתי בה' אני אומר כנגד עצמי כל היום **קוה אל** ה' **אל** תחוש לדברי האויבים: חזק ויאמץ **לבך.** אם תחזק בדרכיו הוא **יאמץ** לבך שלא יחלש לדברי האויבים: וקוה אל ה'. **פעם** שנית ר"ל שתהיה בו התקוה תמיד לא **תמוש** מלבבי: (א) לדוד. גם זה המזמור מענין המזמור שלפניו שקורא **אל ה'** להשקיטו מעסקי העולם שיהיה פנוי להתעסק בעבודת האל ובזה יכופרו עונותיו שעברו ותקרב נפשו אל האלהים ואמר **צורי** אל החרש ממני מלשמוע אל **שאלתי כי** יראתי פן תחשה ממני ונמשלתי עם יורדי בור פן אהיה כמו הרשעים יורדי גיהנם שתלך באבדון נפשם במותם ומלת **תחרש** כמו תשתוק כלומר שתעשה עצמך כחרש שלא תשמע **ולא** תענני בתפלתי: (ב) דביר קדשך. הבית **שהיה** שם הארון כי שם הכבוד וטעם בנשאי ידי כמבקש עזר מאחר שפירש לו ידיו שיקבלהו בעזרתו ויהיה פי' אל דביר קדשך בדביר קדשך. או יהיה כמשמעו כי לנכח המקום ישא ידיו והוא על דרך משל כמו סולם לעלות התפלה לכסא הכבוד. **או** יקרא דביר קדשך. השמים כמו שקראם היכל והר קודש כמו שפירשנו: **(ג) אל תמשכני. שלא** אמות מות רשעים: דברי שלום. כי רוב

### אבן עזרא

**כמעט** וימשלו בי שנאי לולא האמנתי בשם ואמרתי לנפשי קוה אל ה' אז יתברר יושר דברי שהייתי מוכיח ואמרתי קוה אל ה': (יד) **חזק ויאמץ לבך.** פועל יוצא והטעם כי השם יאמץ לבך וטעם וקוה אל ה' תמיד בראשונ' ובאחרונ': **כח** (א) **לדוד אליך ה' אקרא.** זה המזמור חברו דוד או אחד מהמשוררים עליו. אמר צורי לנגד **יורדי בור** ומלת תחרש מגזרת דומיה ואמרו אל תחרש על **רעך רעה** להפריש בינות הטעמי' כי השרש הוא אחד: (ב) **שמע. בנשאי.** אל מקום הארון יקראו דביר: (ג) **אל** תסבב סבות שאתערב עם רשעי' ואמשך עמהם:

### מנחת שי

כן הוא בספרים מדוייקים וכן מצאתי במסורה כ"י דין נקוד למעלה ולמטה ושארא כי אם לעיל ובמסרה אחרת כ"י מצאתי כלשון הזה ל ול א נקוד מלעיל ומלרע בר מן וא"ו דלא נקודה אלא מלעיל עד כאן. וכן ראיתי במקרא כ"י מטוליטולא. ובפרק קמא דברכות תנא מבאיה דרבי יוסי למה נקוד על לולא אמר דוד לפני הקדוש ברוך הוא רבונו של עולם מובטח אני בך שאתה משלם שכר טוב לצדיקים לעתיד לבא אבל איני יודע אם יש לי חלק ביניהם אם לאו דספר שמא יגרום החטא. והחסיד יעבץ כתב כל לולא שבמקרא מפורש וזה סתום כי לא פירש מה היה אם לא היה מאמין ע"ש: בטוב. הבי"ת בגעיא:

### מצודת דוד

אותי אם לא עמדה לי זכות האמונה שהאמנתי בדבר ה' אשר הבטיחני לראות בטובו בזה העולם: (יד) קוה. ואמרתי אל נפשי קוה אל ה' וחזק בהבטחתו וזכות האמונה היא היא אשר עמדה לי: וקוה וגו'. כפל הדבר להתמדתו: **כח** (א) פן תחשה. פן כשתחשה ממני אהיה נמשל עם יורדי בור: (ב) **בנשאי ידי.** בעת התפלה: (ג) **אל תמשכני.** להיות עמהם ודומה להם בקבול הגמול: ורעה בלבבם.

### מצודת ציון

אם לא: בארץ חיים. זה העולם יקרא ארץ חיים: (יד) **ויאמץ.** ענין כח והחזק: **כח** (א) צורי. ר"ל חזקי: תחרש. תחשה. ענין שתיקה כמו והחריש יעקב (שם ל"ד). וכמו עת להשות (קהלת ג'): (ב) בשועי. בזעקי: דביר. היא בית קה"ק:

mean that he raised his hands toward heaven, often referred to as the Holy Temple.—[*Redak*]

3. **Do not cause me to be drawn**—Heb. תִּמְשְׁכֵנִי, *do not draw me with the wicked, tréras moy in Old French.*—[*Rashi*] Do not cause me to be drawn with them and like them into their punishment.—[*Mezudath David*]

the Lord in the land of the living! 14. Hope for the Lord, be strong and He will give your heart courage, and hope for the Lord.

## 28

1. Of David. To You, O Lord, I call. My Rock, do not be deaf to me, lest You be silent to me, and I will be likened to those who descend into the Pit. 2. Hearken to the voice of my supplications when I cry out to You, when I lift my hands towards Your Holy Sanctuary. 3. Do not cause me to be drawn with the wicked or with those who work

**the land of the living**—The world to come is called the land of the living although the soul does not occupy even a place—surely not a land. This is similar to the term "Garden of Eden," used to describe the world to come. The Garden of Eden was actually a place on Earth, but the term is used as an example, to allow the listener to get an idea of the world to come. Similarly, the punishment of the wicked is known as Gehinnom, which is actually a valley near Jerusalem. This was a very undesirable place, where unclean objects and carcasses of animals were cast. A constant fire burned there to consume the unclean objects, the bones, and the carcasses. Therefore, the punishment of the wicked became known as Gehinnom. Similarly, the reward of the righteous is called the Garden of Eden, the best place on earth. The Garden of Eden is also called the land of the living because when God drove Adam out of there, he was punished with death. Hence, the Garden of Eden is synonymous with the land of the living.—[*Redak*]

14. **Hope for the Lord**—*and if your prayer is not accepted, reinforce your hope.*—[*Rashi* from *Mid. Ps.* 27:7,*Ber.* 32b]*

1. **Of David.**—This psalm is a continuation of the preceding one, in which David appeals to God to let him rest from worldly matters, to be free to engage in the needs of the soul,—viz. divine worship—and thereby expiate his past sins and draw his soul near to Him.—[*Redak*]*

**lest You be silent to me, and I will be likened to those who descend into the Pit**—I will be like the wicked, who descend into Gehinnom, whose soul is lost in death.—[*Redak*]

2. **towards Your Holy Sanctuary**—David would raise his hands in prayer toward the place that housed the Ark upon which the Shechinah rested, as one raises his hands in prayer toward heaven. It may also

אָוֶן דֹּבְרֵי שָׁלוֹם עִם־רֵעֵיהֶם וְרָעָה
בִּלְבָבָם׃ ד תֶּן־לָהֶם כְּפָעֳלָם וּכְרֹעַ
מַעַלְלֵיהֶם כְּמַעֲשֵׂה יְדֵיהֶם תֵּן לָהֶם
הָשֵׁב גְּמוּלָם לָהֶם׃ ה כִּי לֹא יָבִינוּ אֶל־
פְּעֻלֹּת יְהוָה וְאֶל־מַעֲשֵׂה יָדָיו יֶהֶרְסֵם
וְלֹא יִבְנֵם׃ ו בָּרוּךְ יְהוָה כִּי שָׁמַע קוֹל
תַּחֲנוּנָי׃ ז יְהוָה עֻזִּי וּמָגִנִּי בּוֹ בָטַח לִבִּי
וְנֶעֱזָרְתִּי וַיַּעֲלֹז לִבִּי וּמִשִּׁירִי אֲהוֹדֶנּוּ׃
ח יְהוָה עֹז־לָמוֹ וּמָעוֹז יְשׁוּעוֹת מְשִׁיחוֹ

### תרגום

עֻוְלָא וּ מְמַלְלִין שְׁלָמָא
עִם חַבְרֵיהוֹן וּבִשְׁתָא
בְּלִבְּהוֹן: ד הַב לְהוֹן
כְּעוֹבָדֵיהוֹן וּכְבִישׁוּת
עוֹבָדֵיהוֹן כְּעוֹבָדֵי
יְדֵיהוֹן פְּרַע לְהוֹן אֲתִיב
פּוּרְעֲנוּתְהוֹן לְהוֹן:
ה מְטוּל דְּלָא מִתְבַּיְנִין
לְאוֹרַיְתָא דַיָי וּלְעוֹבָדֵי
אִידוֹי יִפְגְרִנּוּן וְלָא
יִבְנִנּוּן: ו בְּרִיךְ יְיָ
אֲרוּם קַבֵּל קָל צְלוֹתִי:
ז יְיָ עוּשְׁנִי וּתְרֵיסִי בֵּיהּ
סְבַר לִבִּי וְסַעֲדַנִי וְדָאִיץ
לִבִּי וּמִתּוּשְׁבְּחָתִי אוֹדֶה
קֳדָמוֹי: ח יְיָ תְּקוֹף לְהוֹן
וְעוּשְׁנָא פּוּרְקָנוּת
מְשִׁיחֵיהּ

### רד"ק

הרשעים אינם מגלים בעצמם ברשע והם דוברי שלום עם רעיהם ויחשבו רעה בלבבם: (ד) תן. כי אין יודע לבבם אלא אתה שאתה ידע הנסתרות לפיכך שלם להם כמעשיהם הרעים: (ה) כי. אינם מתעסקים בעבודת האל כי אם בהבלי העולם שהם מתחכמים ומבינים עליהם וההבנה והשגחה בפעולות ה' ובמעשה ידיו הוא מעבודת האלהים והיא להבין בחכמת הטבע ובפעולותיו ובמעשה ידיו בשמים ובארץ ומהם יתבונן כח מעשה אלהים ושהכל מאתו והוא הסבה הראשונה: יהרסם ולא יבנם. דרך תפלה. ולא יבנם עוד ויהרסם. וטעם יהרסם. הם לא יבינו אל פעולות ה' הוא יהרוס פעולתם ומעשה ידיהם: (ו) ברוך ה'. דרך נבואה. נתן הודאה לאל ששמע תפלתו. וכן היה כי באחרית ימיו היתה סבה מאת ה' שנשבעו אנשיו שלא יצא עוד עמהם למלחמה: (ז) עזי. בשור"ק העי"ן. ואמר דרך שבח והודאה ה' עוזי ומגיני שהצילהו מישבי בנוב: בו בטח לבי. שיעזרני ממנו אעפ"י שהייתי בסכנה גדולה: ונעזרתי ויעלוז לבי. אין צ"ל אם נוצל ממות ששמח אלא פירושו ויעלוז לבי שכלי לפי שבאותו סבה נשבעו אנשי שלא אצא למלחמה עוד ושמח השכל שנפרד מעסקי העולם ויהיה לו פנאי להתעסק בדרכי האלהים: ומשירי אהודנו. לפיכך אתן לו הודאה. וממה אתן לו. משירי אהודנו בשירותי ובזמרותי: (ח) ה'. וכיון שישב הוא בבית ה' התפלל על ישראל שיהיה להם עוז בצאתם למלחמה שלא ירך לבבם כשלא יהיה הוא עמהם במלחמה. ויתן ה' להם עוז במלחמתם ויגברו על אויביהם:

### רש"י

ליהן אן לאקקען): (ז) ומשירי אהודנו. ומה היא ההודיה: (ח) ה' עוז למו. לאותן התלויין בו והם כל בית ישראל בעת

### מנחת שי

כח (ד) ידיהם תן להם. בספרים מדוייקים בלידי וכן היה ראוי להיות אף על פי שהוא במקף לפי שאינו סמוך למלה זעירא או מלה שהיא מלעיל כמו תן להם ה' מה תתן תן להם רחם משכיל (הושע ט') אבל במכלול דף ק"ב כתוב שנמלא א' בסגול שלא כמנהג תן להם כפעלם והמסור עליו לית כותיה סגול וחד זמן עליה אש (פרשת קרח) וכן כתוב בהגהת לוית חן ס"ס פ"ח: (ה) כי לא יבינו. אין אחר כי פסק: (ז) עזי. בג' נקודות

### אבן עזרא

(ד) תן. כפעלם. כנגד פועלי און: (ה) כי. פעולות השם כנגד פעלם: ואל מעשה ידיו. כנגד כמעשה ידיהם והטעם אילו היו מבינים פעולות השם לא היו פועלי און כי ידעו כי השם יהרסם וי"א שזאת תפלה או דרך נבואה וטעם ולא יבנם שיפלו ולא יקומו עוד: (ו) ברוך. כדרך נבואה כי נשמע תפלתו והוא שמע קול תחנוני על דרך ותבא אליך תפלתי: (ז) ה'. לפי דעתי בו בטחתי לבדו ועזרוני רבים כי הוא לוה להם: ומשירי. כמו בשירי הפך והנותר כבשר ובלחם ואמר רבי משה הכהן יותר מזה השיר אהודנו: (ח) ה' עוז. טעם למו לעוזרי כי השם הוא עוז לעוזרי ומעוז

### מצודת ציון

(ז) ויעלז. וישמח:

### מצודת דוד

חושבים בלבבם לעשות רעה: (ד) תן להם. להרשעים הללו: (ה) כי לא יבינו. אינם נותנים לב להבין פעולת ה' שמשלם לרשע כרשעתו: יהרסם. ולנה יהרס אותם ולא יבנם עוד אותם לחזור לקדמותם: (ו) כי שמע. אשר שאלתי לגל אסיה עם הרשעים הללו בעת קבול הגמול: (ז) ויעלז לבי. בעבור העזרה: ומשירי. אודה לו בשיר מן השירים שאמרתי: (ח) למו. לכל

*entire house of Israel, at the time that He is the stronghold of the salvations of His anointed.*—[*Rashi*] Since he dwelt in the house of the Lord, he prayed for Israel that He should be their might when they go forth into battle; that they should not lose courage when he [David] no longer accompanied them and that the Lord should give them might in their battles, so that they might overpower their foes.—[*Redak*]

iniquity, who speak peace with their friends but evil is in their heart. 4. Give them according to their deeds and according to the evil of their endeavors; according to the work of their hands give to them; return their recompense to them. 5. For they do not understand the works of the Lord or the deeds of His hands. He shall break them down and not build them up. 6. Blessed is the Lord, for He has heard the voice of my supplication. 7. The Lord is my strength and my shield; my heart trusted in Him and I was helped; my heart rejoiced and I will thank Him with my song. 8. The Lord is strength to them and He is the stronghold of the salvations of His anointed.

**who speak peace, etc.**—Most wicked men do not reveal their true intentions but speak peace with their friends while plotting against them.—[*Redak*]

4. **Give them**—These wicked men.—[*Mezudath David*]

**according to their deeds, etc.**—Only *You* know their thoughts; therefore requite them according to their evil deeds, for You know their wickedness.—[*Redak*]

5. **For they do not understand, etc.**—They do not strive to understand God's works, that He pays the wicked according to his wickedness.—[*Mezudath David*]*

**He shall break them down**—This is a prayer.—[*Redak*]

6. **Blessed is the Lord, etc.**—This is the prophetic past. The psalmist prophecies that God will hearken to his prayer and he offers thanks for this. Indeed, God did hearken: when David, battling Ishbi in Nob, was in danger so grave that his men (fearing for all of Israel) swore that he should no longer go in battle with them (II Sam. 21:16f.).—[*Redak*]

7. **and my shield**—because He saved him from Ishbi in Nob, who attempted to slay him.—[*Redak*]

**my heart trusted in Him**—although I was in grave danger.—[*Redak*]

**and I was helped**—by Abishai the son of Zeruiah.—[*Redak*]

**my heart rejoiced**—It is unnecessary to state that David rejoiced when his life was saved. The intention is that his intellect rejoiced because, due to this accident, his men swore that he would no longer go forth in battle; thus they released him from worldly worries, freeing him to engage in study and divine worship.—[*Redak*]

**and I will thank Him with my song**—Therefore, I will thank Him. With what will I thank Him? With my song.—[*Redak*] *Now what is the thanks? . . .*—[*Rashi*]

8. **The Lord is strength to them**—*to those who rely on Him, viz. the*

הוּא׃ ט הוֹשִׁיעָה אֶת־עַמֶּךָ וּבָרֵךְ אֶת־
נַחֲלָתֶךָ וּרְעֵם וְנַשְּׂאֵם עַד־הָעוֹלָם׃
כט א מִזְמוֹר לְדָוִד הָבוּ לַיהוָה בְּנֵי
אֵלִים הָבוּ לַיהוָה כָּבוֹד וָעֹז׃ ב הָבוּ
לַיהוָה כְּבוֹד שְׁמוֹ הִשְׁתַּחֲווּ לַיהוָה
בְּהַדְרַת־קֹדֶשׁ׃ ג קוֹל יְהוָה עַל־הַמָּיִם

משיחיה הוא׃ ט פרוק
ית עמך וברך ית
אחסנתך זון להון וסובר
יתהון עד עלמא׃
א תושבחתא לדוד
הבון קדם יי תושבחתא
כתי מלאכיא בני אלים
הבון קדם יי איקר
ועושנא׃ ב הבון קדם
יי איקר שמיה סגידו
קדם יי בשבהורבת
קודשא׃ ג קלא דיי

ת"א הבו לה׳. ברכות כח סוכה נה ר"ה לה מגלה יז עקידה שער לד (ברכות ח׳ תענית סה)׃ השתחוו. ברכות כט׃ קול ה׳׳ פסחים קיב זוהר לו (ברכות כ׳)׃

## רש"י

שמעון ישועות משיחו הוא׃ (ט) ורעם. לשון מרעה׃ כט (א) הבו לה׳. הכינו לה׳ והכינו לו אתם בני אילי הארץ מכאן שאומרים אבות. ומנחם חבר הבו לשון נתינה׃ אילים. שרים (ס"א)׃ הבו לה׳ כבוד ועוז. מכאן שאומרים גבורות׃ (ב) כבוד שמו. זו קדושת השם ויש במזמור זה שמונה עשרה אזכרות וכנגדן תקנו שמונה עשרה ברכות׃ (ג) קול ה׳ על המים. על ים סוף ירעם

## רד"ק

משיחו הוא. אמר על עצמו שהוא משיח כלומר כאשר היית מעוזי. וי"ו ומעוז. ענינ׳ כאשר׃ (ט) הושיעה. הושיעם מאויביהם וברכם במעשה ידיהם׃ ורעם. ענינו כרועה עדרו ירעה׃ ונשאם. על העמים׃ עד העולם. תפלתי עליהם בין בימי בין אחרי תהיה כל ימי עולם. ופירוש עד העולם. עד סוף העולם׃ (א) הבו. כמו תנו לה׳ כבוד ועוז. ותנו עוז לאלהים. והנתינה בדבור ובהודאה והכפל לחזק הדבר וכפל עוד׃ (ב) הבו לה׳ כבוד שמו. שתתנו לו בדבריכם הכבוד והקדושה כי ההדר הוא הכבוד׃ (ג) קול. לפי דעתי כי המזמור הזה לעתיד לימות המשיח ובני אלים הם ישראל שהם בני אברהם יצחק ויעקב והמשיל מלכי האומות לארזים וכן להרים כמו שהוא מנהג הכתוב ובפסוק זה המשיל האומות שהיו עובדי

## אבן עזרא

נעזר והוא משיחו דוד ור׳ משה אמר כי עוז למו כמו לו וכמוהו נגע למו ואיננו נכון כי למו שב אל עבד ה׳ ולעמו׃ (ט) הושיעה. בעבור שהזכיר כי השם היה עוזו ויעלוז לבו התפלל שירעה את ישר׳ על כן הושיע׳ וברך להוסיף השם עליהם וישמרם כמו הרועה על כן ורעם ונשאם כלומר שיושיבם במקו׳ גבוה שלא תוכלנה החיות להזיקם ורבי משה אמר כי ונשאם שיתן להם נרכם כדרך ישאוהו אנשי מקומו׃ כט (א) מזמור. הבו לה׳ בני אלים. הבו אולי תשתנה תנועת הה"א בעבור אות הגרון כמו את אשר תאפו

אשו ובני אלים הם הככבים והעד ברן יחד ככבי בקר ואחריו ויריעו כל בני אלהים והטעם כפ׳ ל׳ וטעם להזכיר הככבים כי כפי מערכתם ירדו הגשמים בעזרת אלהי האלהים והזכיר פעם אחרת הבו לה׳ כי כן תמיד על דרך נשאו נהרות ה׳ וטעם הבו לה׳ ברכות על דרך תנו עוז שתודו שהעוז והכבוד לשם לבדו וטעם והשתחוו כהשתחו העבד לאדוניו ברצותו לעשות את אשר יצונו והטעם כי אין יכולת בכוכבים לשנות את תנועתם ודרכי מערכתם׃ (ג) קול. הזכיר ה׳ בעבור הראות כחו ועוזו בעת רדת הגשם כאשר כתוב באיוב עושה גדולות עד אין חקר ואחריו הנותן מטר ובעבור כי הזכיר כבוד שמו קראו אל הכבוד הרעים וזה פי׳ קול ה׳ על המים וטעם ה׳ על מים רבים

## מנחת שי

הפי"ן׃ ונעזרתי. סוא"ו בגעיא׃ (ט) ורעם. בס"ס המדוייקים סוא"ו במאריך וזה מ"ם בהילופים ב"א ורעם יוליא הרי"ש ב"ב לא יוליא ועיין מה שכתוב בשופטים ס׳׃

## מצודת דוד

ישראל בכללם׃ ומעוז. וחוזק ישועות של משיחו׃ (ט) נחלתך. ישראל שלקחת לך לנחלה׃ ורעם. רעה אותם במרעה טוב ונשא להם רוממות עד עולם׃

כט (א) בני אלים. אתם בני אברהם יצחק ויעקב הבו לה׳ וחוזר ומפרש מהו ואמר הבו לה׳ כבוד ועוז רלה לומר שבחו ואמרו הכבוד והעוז המה לה׳׃ (ב) כבוד שמו. הכבוד הראוי לשמו כי כל שם משמותיו מורה על כבודו׃ בהדרת. במקום שהוא מסודר בקדושה והוא בית המקדש׃ (ג) קול ה׳. או ישאג קול ה׳ להחריד העובדי כוכבים ומזלות המשולים לנחלי מים׃ הרעים.

## מצודת ציון

כט (א) הבו. תנו כמו הבה את אשתי (בראשית כ"ט) ור"ל תנו בפה ואמרו כמו ולא נתן תפלה (איוב א׳)׃ אלים.

concludes: the Holy God.] *In this psalm, there are eighteen mentions of God's name, and corresponding to them, they instituted eighteen blessings.*—[*Rashi* from *Ber.* 28b, *Mid. Ps.* 29:2]

3. **The voice of the Lord is upon the waters**—*Upon the Sea of Reeds, "The Lord thundered from heaven"* (above 18:14).—[*Rashi*]

**thunders**—Heb. הִרְעִים, *tormanta in Old French.*—[*Rashi*]

9. Save Your people and bless Your inheritance, and tend them and elevate them forever.

29

1. A song of David. Prepare for the Lord, [you] sons of the
mighty; prepare for the Lord glory and might. 2. Prepare for
the Lord the glory due His name; prostrate yourselves to the
Lord in the place beautified with sanctity. 3. The voice of the
Lord is upon the waters;

**and He is the stronghold of the salvations of His anointed**—David refers to himself as the anointed of the Lord. May God be strength for Israel as He was my stronghold when I went out with them into battle.—[*Redak*]

9. **Save Your people**—from their enemies.—[*Redak*]

**and bless Your inheritance**—Israel, whom You took for Yourself as an inheritance.—[*Mezudath David*] Bless them with the works of their hands.—[*Redak*]

**and tend them**—Heb. וּרְעֵם, *an expression of pasture* (מִרְעֶה).—[*Rashi*]

**and elevate them**—This follows *Mezudath David. Targum* renders: bear them.

1. **Prepare for the Lord**—Heb. הָבוּ. *Prepare for the Lord and prepare for Him, you sons of the mighty of the land. From here we derive the ruling that we should say the blessing* אָבוֹת, *the Patriarchs* (*Meg.* 17b, *R.H.* 32b, *Mid. Ps.* 29:2). [That is, the first blessing of the *Amidah,* which refers to God as "the God of our fathers, the God of Abraham, the God of Isaac, and the God of Jacob."] *But Menachem* (p. 68) *associated* הָבוּ *as an expression of giving.*— [*Rashi*] [I.e. *Menachem* associated the word הָבוּ with other words of the same spelling, which mean to give.] Thus we render: Give to the Lord, meaning attribute to the Lord with speech and thanksgiving.—[*Redak*]

**mighty**—Heb. אֵלִים, *princes.*—[*Rashi*] (The quotation from *Menachem* and the definition of אֵלִים do not appear in manuscripts or in most early editions.)

**prepare for the Lord glory and might**—*From here we derive that we should say the blessing of* גְּבוּרוֹת, *mighty deeds.*—[*Rashi* from aforementioned sources] [I.e. we should recite the second blessing of the *Amidah,* which commences: You are mighty forever, O Lord.]

2. **the glory due His name**—*This is the blessing of the sanctity of the Name.* [I.e. the third blessing of the Amidah, which commences: You are holy and Your name is holy, and

אֶל־הַכָּבוֹד הִרְעִים יְהוָה עַל־מַיִם
רַבִּים: ד קוֹל־יְהוָה בַּכֹּחַ קוֹל יְהוָה
בֶּהָדָר: ה קוֹל יְהוָה שֹׁבֵר אֲרָזִים וַיְשַׁבֵּר
יְהוָה אֶת־אַרְזֵי הַלְּבָנוֹן: ו וַיַּרְקִידֵם כְּמוֹ־
עֵגֶל לְבָנוֹן וְשִׂרְיֹן כְּמוֹ בֶן־רְאֵמִים:

### תרגום

שְׁמִיעַ עַל מַיָא בִּתְקוֹף
אַיְקָרֵיהּ אַכְלֵי יְיָ עַל מַיִן
סְגִיאִין: ד קָלָא דַיְיָ
שְׁמִיעַ בְּחֵילָא קָלָא דַיְיָ
שְׁמִיעַ בְּשִׁבְהוֹרָא:
ה קָלָא דַיְיָ מְתַבַּר אַרְזַיָא
וְתַבַּר מֵימְרָא דַיְיָ יַת
אַרְזֵי לְבָנוֹן: ו וְשׁוּרְנוּן
הֵיךְ עֵגָל לִבְנָן וְטוּר
מְסָרֵי פְּרַוֵי הֵיךְ בַּר

### רש"י

משמים ה' וגו' (לעיל י"ח): **הרעים**. (טורימנטאו"ש בלע"ז טורמאנד"ו בל"א שטירמש): **(ד) קול ה' בכח**. בשעת מתן תורה למלא את קולו לפי כחן של ישראל שנא' והאלהים יעננו בקול (שמות י"ט) בקולו של משה: **(ה) קול ה' שובר ארזים**. מלכי העכו"ס כענין שנאמר (שמואל א' ז') וירעם ה' בקול גדול וגו' על פלשתים. כי מקול ה' יחת אשור (ישעיה ל') ובשעת מתן תורה כי מי כל בשר וגו' ויחי (דברים ד') אתה שמעת והיית ועכו"ס שמעו ומתו: **ויירקידם כמו עגל**. את הארזים ואת ההרים שבאו לשמוע מתן תורה: **לבנון ושריון**. שמות ההרים:

### רד"ק

ע"א למים לפי שהם שלוים ומלאים בזה העולם מכל טוב כמים לים מכסים. והמשיל בחרבנ' חורב המים ואפשר שזה הוא כמשמעו כי כן יהיה לעתיד. ואמר קול ה' על המים. ר"ל על שלות האומות ועל טובם הרב ואמר כי אל הכבוד הרעים עליהם בקולו ר"ל ישחיתם אז יראה כבוד לנשארים ויאמרו עליו אל הכבוד: (ד) קול ה'. יבא להם בכחו ובהדרו ובכבודו עד שיכירו כי כל כחם הבל ואין לאל ידם להנצל ממנו. ויפה שהמשיל האבידו אותם לקול לפי שהקול לא יראנו האדם ולא ירגישנו כי אם בשמוע ויבהל ויפיל וימות כן ילחם ה' עליהם בלא חרב וחנית ויתכן לפ' הענין כמשמעו כי במלחמות גוג ומגוג שילחם האל כתיב ונשפטתי אתו בדבר ובדם וגשם שוטף וגו' ויהיה אותו הקול לאויבי השם בכח שימיתם ויפילם ויהיה לישראל להדר שלא יזיק': (ה) ארזים. הם התקיפי' והחזקי' מאויבי השם. ואמר ארזי הלבנון. לפי שהוא יער בארץ ישראל יש בו ארזים גבוהים ואף על פי שיש במקומות אחרים כמוהו או יותר ממנו הנביאים היו מדברים על ההווה ועל הקרוב אליהם. וכן לבנון ושריון שהם הרים בארץ ישראל: (ו) וירקידם. הארזי' ירקדו כמו עגל שהוא קל בעודו קטן ורוקד ורץ ור"ל שיפילם ויניעם ממקומם וכן ההרים כמו לבנון ושריון. וירקידם כמו בן ראמי. כי הקטן הוא קל ורוקד כן יניע אויביו וישלשלם ממקומם:

### מנחת שי

כט (ו) ושריון. בשי"ן במאה'ית כמו שכתוב בסוף דברים עוד מלאתי הכרעה לזה במ"ג ריש מערכת אות השמ"ך בנמסר בס סימן מן ה' זוגין חד ס' וחד ש' כגון סתרי ומגיני. ואלפן וסתרי וא' מהם הוא שריון דלידניס יקראו. ושריון

### אבן עזרא

שמביא רעם והנה מלת הרעים מושכת עצמה ואחרת עמה: (ד) קול. יש אומרים בכח שם השם בתולדת וככה בהדר ויש אומרים בגופות שיש להם כח ובהדר הם ההרים כמו והדורים איישר ועל זה הדרך יהיה השם תאר כאילו אמר בבעלי הכח על דרך ואני תפלה או פי' בכח הכתוב אחר זה קול ה' שובר ארזים והזכיר הארזים בעבור היותם חזקים ועם ארזי הלבנון הם הידועים בארזים: (ו) וירקידם. זה הדבר ידוע ממעשה הרעם: **כמו בן ראמים**. בן תורים

### מצודת ציון

חזקים כמו אילי מואב (שמות ט"ו): (ג) הרעים. מל' רעם ורעש: (ה) הלבנון. שם יער בארץ ישראל: (ו) וירקידם. ענין קפילה ודלוג: לבנון ושריון. שמות הרים: בן ראמים. רלה לומר ראם

### מצודת דוד

ירעם בקול: ה' על מים רבים. ה' ירעם בקול' על העובדי כוכבים ומזלות הנמשלים למים רבים. וכפל הדבר פעמים ושלש להתמדת הדבר: (ד) בכח. ישאג בכח רב: בהדר. בעבור להדר ולפאר את ישראל להיות לשם למהסה: (ה) ארזים. הוא משל על מלכי עובדי כוכבים ומזלות: (ז) וירקידם. בתנועת הרעדה: לבנון ושריון. רלה לומר המלכים האדירים:

the God of glory thunders; the Lord is over the vast waters.
4. The voice of the Lord is in strength; the voice of the Lord is
in beauty. 5. The voice of the Lord breaks the cedars, yea, the
Lord breaks the cedars of Lebanon. 6. He causes them to
dance like a calf, Lebanon and Sirion like a young wild ox.

4. **The voice of the Lord is in strength**—*At the time of the giving of the Torah, He limited His voice according to the strength of Israel, as it is said* (Exod. 19:19): *"and God would answer him with a voice," with Moses' voice.*—[*Rashi* from *Mechilta Yithro, Bachodesh* 9 (235), *Ber.* 45b, *Tanchuma, Shemoth* 22]

5. **The voice of the Lord breaks the cedars**—*The kings of the nations, as the matter that is written* (in I Sam. 7:10): *"and the Lord thundered with a loud noise etc. upon the Philistines";* (in Isa. 30:31): *"For from the Lord's voice Assyria shall be broken." And at the time of the giving of the Torah* (Deut. 5:23): *"For who in the flesh has heard the voice of the living God speak out of the fire as we have and remained alive?" You heard and remained alive, but the nations of the world would hear it and die.*—[*Rashi* from *Lev. Rabbah* 1:11 and aforementioned *Tanchuma.* For the figure of the cedars representing the kings. see below verse 9.]

6. **He causes them to dance like a calf**—*The cedars and the mountains that came to hear the giving of the Torah.*—[*Rashi*]

**Lebanon and Sirion**—*The names of mountains.*—[*Rashi*]

ז קול־יהוה חצב להבות אש: ח קול
יהוה יחיל מדבר יחיל יהוה מדבר
קדש: ט קול יהוה | יחולל אילות
ויחשף יערות ובהיכלו כלו אמר כבוד:
י יהוה למבול ישב וישב יהוה מלך:

רמיא: ז קלא דיי מנסר
שלהובין די נור: ח קלא
דיי מרטש מדברא
מרטש מימרא דיי
מדברא דרקם: ט קלא
דיי מכמין איילתא
ומזליח חות חורשא
ובמקדשיה דלעיל
כולהון שמשוי אמרין
איקר קדמוי: י יי בדר
טופנא יתיב על כורסיה

ת"א מדבר קדש. שבת פט: יחולל אילות. פסחים קיב עקרים מ"ב פי"ד: ובהיכלו. זבחים קיו:

## רש"י

(ז) חוצב להבות אש. (עיילנ"ט בלע"ז טאליאנ"ט. בל"א שניידענד הויענד). רבותינו פירשו שהיה הדבור של עשרת הדברות יוצא בלהבת אש מפיו ונחקק על הלוחות כתבניתם: (ח) יחיל מדבר. ל' חיל כיולדה (ירמיה ו'): יחיל ה' מדבר קדש. הוא מדבר סיני כמו שאמרו רבותינו במס' שבת ה' שמות נקראו לו מדבר סיני מדבר צין מדבר קדש מדבר קדמות מדבר פארן. מדבר קדש שנתקדשו ישראל עליו: (ט) קול ה' יחולל אילות. יפחיד ויחיל לעתיד את עכו"ם שהם עכשיו עומדי' בחוזק כאילות כענין שנאמר (לעיל מ"ח) משוה רגלי כאילות. אמר ר' פנחס כאילים אין כתיב כאן אלא כאילות כנקבות שרגלי הנקיבות עומדו' ביושר יותר מן הזכרים ל"א יחולל (קריא"ה בלע"ז קרעא בל"א ערהשאפפן) כמו לפני גבעות חוללתי (משלי ח') (סא"א): ויחשוף יערות. כמו מחשוף הלבן (בראשית ל') יקלף עלי היער. כלומר יפשוט מכבודם האומות המשולים לעלי היער כמ"ש אשר כגובה ארזים גובהו: ובהיכלו. שכינה: כלו אומר כבוד. הכל יקלסוהו שם ויאמרו: (י) ה' למבול ישב. בגדולתו

## רד"ק

(ז) חצב. כמו קול הרעם שחוצב בו להבות אש והם הברקים שישרפו כן יצא חרון אפו עליהם שישרפם ויכלם: (ח) יחיל. יכאוב המדבר. והוא על דרך משל והזכיר מדבר לפי שאין בו ישוב ובניין יראה ארכו ורחבו יותר. ואמר מדבר קדש. שהוא מדבר גדול ונורא ור"ל יחיל מדבר אויביו וארצות': (ט) אילות. הם הקלים ברגליהם. החזקים המשילם בארזים ובהרים. והקלים המשילם באילות שהם קלים ברגליהם או רוכבי הסוסים ולא ימלטו ברגליהם או לפי שהמשיל ארץ אויבי השם למדבר המשיל השוכנים בה לאילות שהם שוכני מדבר: ויחשוף. בסגו"ל האות הנוספות שלא כמנהג. אשר הם במשקל יפעול אלא בפתח כמו יחלוף ויעבור והדומים. ופי' ויחשוף. כי בהפיל הארזים הנה היערות מגולות: ובהיכלו כלו אומר כבוד. בהיכלו בירושלים יתנו כבוד לאל שנשפט את אויביו והכניעם עד אותו היום: (י) ה'. ויאמרו הכל ה' למבול ישב אלו הימים הם כימי המבול שישב על כסא המלוכה כשלא היו

## אבן עזרא

בן אתונות: (ז) קול ה' חוצב להבות אש. אמר רבי משה זה רמז לאבן שהוא כדמות ברזל התורפת וטעם הולך שהאבן מהאור והטעם בדמיון כאילו חוצב ולפי דעתי שהטע' על הברקים כדרך ועליון יתן קולו ואחריו יפלה חציו: (ח) קול ה' יחיל מדבר. דרך משל כמו תכאיבו באבני' או רמז לחיות המדבר כאשר יפרש: (ט) קול ה' יחולל אילות. הזכיר מדבר כנגד בהדר. והזכיר מדבר קדש בעבור היותו גדול ונורא והזכיר אילות כי לידת' קשה והנה הרעם מחוללם והטעם יביא להם החיל מהרה ותלדנה בהפתח הרחם האיילה גם בעבור הפחד וטעם ויחשף יערות יגלה בנפול האילנות. וי"א כי טעם ובהיכלו השמים כמו ה' בהיכל קדשו וטעם שהשוכנים בו יתנו כבוד לשם ואומרים כמה גדול כבודך ואחרים אמרו כי הטעם על הכהנים והלוים העומדים להתפלל ור' משה אמר כי הטעם שהשוכני' בהיכלו הוא בית המקדש ולא יפחדו כי השם יכבדם שלא יבא להם שום נזק בעבור הרעם על כן אחריו ה' למבול ישב והטעם כי המים השחיתו הרשעים אז נתגלתה מלכות השם כי עשה בהם משפט והנה השם ימלט חסידיו כנח ובניו וימית שונאיו ואחרים אמרו כי טעם להזכיר המבול בעבור שהזכיר הלק מנפלאותיו והוא רדת הגשם הזכיר הפלא העצום והוא הגשם הרב בימי נח וזהו אות כי השם יושב קדם ולעולם חסדו על עמו על כן אחריו ה' עוז לעמו יתן ויש אומרים כי הזכיר

## מנחת שי

דויקקידס כמו ענג: (ח) יחולל אילות. בספר הזוהר פרשת אחרי מות דף ס"ח אילת כתוב חסר ובספרי דילן מלא: ויחשוף.

## מצודת דוד

(ז) חוצב. כורת לכבות אש נלחמים על פני הארץ והם הברקי' והמה יחרידו את העובדי כוכבים ומזלות: (ח) יחיל מדבר. ירעיד יושבי מדבר: מדבר קדש. שהיא גדולה ורחבה: (ט) ויחשף יערות. כי ישבר ויפיל כל עלי היערות ויבארו אם כן היערות מגולים ופנוים מן האילנות והכל הוא דרך משל על מפלת העובדי כוכבים ומזלות: ובהיכלו. וכל הבאים בבית המקדש יאמרו הנה עתה נראה כבודו: (י) ה' למבול ישב. כמו בעת שהיה המבול ישב

## מצודת ציון

קטן וכן ובן יונה (ויקרא י"ב): (ז) חוצב. ענין חטיבה וחתוך כמו חצבה עמודיה שבעה (משלי ט'): (ח) יחיל. יחולל. מלשון חיל והלחנה: (ט) אילות. נקבות מאילים: ויחשף. ענין גלוי כמו מחשוף הלבן (בראשית ל'): (י) למבול. כמו במבול:

*"What is the sound of the stirring that we heard? Is He going to bring a flood upon the world?" He replied to them, "He already swore that He would not bring a flood. Rather, the sound of the stirring that you heard is that the Holy One, blessed be He, is giving a Torah to His people."—[Rashi]**

7. The voice of the Lord cleaves with flames of fire. 8. The voice of the Lord causes the desert to quake; the Lord causes the desert of Kadesh to quake. 9. The voice of the Lord will frighten the hinds and strip the forests, and in His Temple everyone speaks of His glory. 10. The Lord sat [enthroned] at the flood; the Lord sat as King

7. **cleaves with flames of fire**—*taylont in Old French,* to cut. *Our Sages* (*Mechilta* ibid.) *explained that the utterance of the Decalogue emanated from His mouth with a flame of fire and was engraved on the tablets according to their form.*—[*Rashi* from *Mechilta, Bachodesh* 9]

8. **causes the desert to quake**—Heb. יָחִיל, *an expression of* (Jer. 6:24), *"pain* (חִיל) *as a woman in travail."*—[*Rashi*]

**the Lord causes the desert of Kadesh to quake**—*That is the desert of Sinai, as our Sages said in Tractate Shabbath* (89a): *It was called by five names: the desert of Sinai, the desert of Zin, the desert of Kadesh, the desert of Kedemoth, the desert of Paran.* [It was called] *the desert of Kadesh because Israel was sanctified on its account.*—[*Rashi*]

9. **The voice of the Lord will frighten the hinds**—*In the future, it will frighten the nations of the world and cause* [them] *to quake, those who are now standing firmly like hinds, as the matter that is stated* (above 18:34): *"He makes my feet like hinds." Said Rabbi Phinehas: It does not say, "like harts," but "like hinds," like the females, because the feet of the females stand straighter than the males* (*Mid. Ps.* 22:1). *Another explanation:* יְחוֹלֵל *is kria in Old French, to create, as* (in Prov. 8:25), *"before the hills, I was created* (חוֹלָלְתִּי)."—[*Rashi*] (This second explanation does not appear in all editions.)

**and strip the forests**—*Like* (Gen. 30:37), *"by uncovering* (מַחְשֹׂף) *the white." He will strip the forest trees, i.e. he will strip the nations, compared to forest trees, of their glory, as is stated* (in Amos 2:9): *"whose height is as the height of the cedar trees."*—[*Rashi* from *Mid. Ps.* 29:2]

**and in His Temple**—*which will be built.*—[*Rashi*]

**everyone speaks of His glory**—*Everyone will praise Him there and say . . .*—[*Rashi*]

10. **The Lord sat [enthroned] at the flood**—*alone in His greatness, and now also, the Lord sits alone forever, "but the idols will completely pass away,"* (as in Isa. 2:18), *yet to His people He will give strength and a blessing of peace. Our Sages, however, expounded upon it in Midrash Psalms* (29:2) *that the nations became frightened and startled, and they came to Balaam and said to him,*

לְעוֹלָם׃ יא יְהוָה עֹז לְעַמּוֹ יִתֵּן יְהוָה
יְבָרֵךְ אֶת־עַמּוֹ בַשָּׁלוֹם׃ ל א מִזְמוֹר שִׁיר
חֲנֻכַּת הַבַּיִת לְדָוִד׃ ב אֲרוֹמִמְךָ יְהוָה
כִּי דִלִּיתָנִי וְלֹא־שִׂמַּחְתָּ אֹיְבַי לִי׃ ג יְהוָה
אֱלֹהָי שִׁוַּעְתִּי אֵלֶיךָ וַתִּרְפָּאֵנִי׃ ד יְהוָה

ת"א ה' עוז. ברכות ו' וס"ד זבחים סס עקידה שער יג סס פ' אחרון: ה' יברך. מגלה יח פוקלין פת: ארוממך. בכורים סו שבועות טו:

דינא למתפרע מנהון ויתיב יי על כורסי רחמותא ושיזיב ית נח ומלך על בנוי לעלמי עלמין: יא יי אוריתא לעמיה יהב יי יברך ית עמיה בשלם:
א תושבחת שירתא על חנוכת בית מקדשא לדוד: ב אשבחינך יי ארום אזקפתני ולא אחדיתא בעלי דבבי עלי: ג יי אלהי צליתי קדמך ואסתני: ד יי אסקתא מן שיול נפשי

## רד"ק

מכירים האל אנשי העולם ויאמרו לאל סור ממנו וגו' ומה יפעל שדי למו. וכשהביא עליהם את מי המבול הבאים אחריהם הכירו כי לה' המלוכה והוא ברא את העולם והיא משחיתו לכשירצה כן עתה לימות משיחנו אויבי ה' שלא יראו מהאל ולא הכירו אותו למלך ושהוא אדון העולם כאשר יעשה להם משפט אשר ישובו לאל מהם ידעו ויאמרו וישב ה' מלך לעול': (יא) ה'. ואז עוז ה' לעמו יתן. ויכניע כל אויביו בפניהם: ה' יברך את עמו בשלום. כי לעולם לא יהי' להם עוד מלחמה: ל (א) מזמור. חברו דוד שיאמרוהו בחנוכת בית המקדש אע"פ שאין בזה המזמור זכר הבית הזכיר בו סליחת פשעיו שהיו חושבים אויביו שלא תקיים לו המלוכה ולזרעו אחריו לעונש אותו עון. ולא היו מאמינים כי הבן שיולד לו מאותה האשה יהיה מלך ויבנה בית המקדש לה' שיהיה מקום סליחה וכפרה. וכיון שהמליך שלמה וראו כי הצליח הדבר הכירו כל ישראל כי מה' היא מלכות שלמה והוא נולד לו מאותה אשה ידעו באמת כי נמחל לדוד אותו עון לגמרי וזהו לדוד שיזכר בו סליחת חטאיו שהוא רפואה לנפשו כי בזה הענין נודע הסליחה לכל אדם: (ב) ארוממך. שטבעתי בבור החטא ואתה העליתני ממנו: ולא שמחת אויבי לי. שאם לא סלחת לי היית משמח אותם בעבורי: (ג) שועתי. שתסלח לי וכן עשית וזהו ותרפאני

## רש"י

יחידי וגם עתה וישב ה' לבדו מלך לעולם והאלילים כליל יחלוף (ישעיה ב') אבל לעמו יתן עוז וברכת שלום. ורבותינו דרשוהו במ"ת שנתפחדו ונתבהלו האומות ובאו להם אצל בלעם ואמרו לו מה קול ההמון ששמענו שמא מבול הוא בא להביא לעולם אמר להם כבר נשבע שלא יביא מבול אלא קול ההמון ששמעתם הקב"ה נותן תורה לעמו: ל (א) שיר חנוכת הבית. שיאמרוהו הלוים בחנוכת הבית בימי שלמה: (ב) ארוממך ה' כי דליתני. הגבהתני: ולא שמחת אויבי לי. כמו עלי. שהיו אומרים אין לדוד חלק לעוה"ב וכשראו שבשבילי נפתחו הדלתות לארון אז ידעו שמחל לי הקב"ה על אותו עון ונהפכו פני שונאי דוד כשולי קדירה: (ג) ותרפאני. היא

## מנחת שי

הסי"ת בחטוף סגול: (יא) ה' עוז. בגעיא:
ל (א) מזמור שיר חנכת הבית. ב' בטעם אזל הדין ואידך שירו לה' שיר חדש סימן ל"ה ועיין זוהר פרשת בלק דף כ"א: (ד) ה' העלית. בגעיא: העלית. הלמ"ד בחירק וכן במסורת ג'

## אבן עזרא

המבול בעבור השבועה שמים לא ישחתו כל הארץ ולא תשחת ממלכת השם שהוא מלך החיים על כן אחריו וישב ה' מלך לעולם ויש אומרים כי מיום שישב לשפוט בימי המבול נראתה מלכותו ויפחדו בני אדם הבאים אחרי המבול כי לפני זה לא היה מבול: (י) ה'. תפלה או ברוח הקודש שהשם יתן עוז לעמו בעתות הרעש ושלום יהיה להם:
ל (א) מזמור. חנוכת הבית. יש אומרים שלוה דוד שינגנו המשוררים זה המזמור בחנוכת הבית הראשון ויש אומרים בחנוכת הבית השני או השלישי כי דמה ימי הגלות לימי החולי כאשר אפרש והקרוב אלי כי זה המזמור חברו בחנוכת ביתו בית ארזים כי הכתוב לא הזכיר בית השם וכמוהו עור ופסח לא יבוא אל הבית כאשר פירשתי במקומו ואותו הזמן חלה דוד ויחי מחליו ואמר רבי משה כי דוד התאבל כאשר אמר לו נתן כי הוא לא יבנה הבית לשם וכאשר אמר לו כי שלמה בנו יבנה הבית אז התאזר שמחה תחת אבלו כי בנו כמוהו ולא יחרפהו האויב ואמר כי יגון הנפש נמשל לחולי הגוף ויותר קשה כדרך רוח איש יכלכל מחלהו: (ב) ארוממך. כנגד דליתני כפי מחשבתי שהוא מת וטעם ולא שמחת ככתוב במזמור אשרי משכיל אל דל כי דרך אחד לשניהם: (ג) ה'. טעם שועתי אליך לבדך ולא לרופא ותרפאני: (ד) ה'. הטעם כמעט וירד אל הקבר ומלאכו מירדי בור שלם כמו תחת רדפי טוב:

## מצודת ציון

ל (א) חנוכת. התחלת הדבר שעתיד לעמוד בה קרוי חנוך בלשון המקרא: (ב) דליתני. רוממתני כמו דלו עיני למרום (ישעיה ל"ח):

## מצודת דוד

ה' לבדד כי הכל נשטף ונודע אז שהוא המושל בכל: וישב. ר"ל כ"כ בימי המשיח ישב הוא לבדו למלך לעולם כי האלילים כליל יחלוף: (יא) ה' עוז. אז יתן ה' החוזק לעמו ויברכם בשלום כי לא תהיה עוד מלחמה:
ל (א) חנכת הבית. המזמור הזה תקן לאמרו בעת חנוכת בית המקדש: (ב) דליתני. רוממתני במה ששלמה בני הבא מבת שבע בנה המקדש כי בזה ידעו הכל אשר מחלת לי על עון דבת שבע: אויבי. האומרים עדיין העון הזה שמור בידי: (ג) שועתי.

ed."—[*Rashi*] You healed me of my spiritual illness; although You punished me in this world, everything appears good to me, because You healed my soul so that it should not descend to Gehinnom.—[*Redak*]

4. **from my descent into the Pit, etc.**—Heb. מִיָּרְדִי, like מִיָּרְדְתִּי, *from my*

forever. 11. The Lord shall grant strength to His people; the
Lord shall bless His people with peace.

## 30

1. A psalm; a song of dedication of the House, of David. 2. I
will exalt You, O Lord, for You have raised me up, and You
have not allowed my enemies to rejoice over me. 3. O Lord, I
have cried out to You, and You have healed me. 4. O Lord,

1. **A song of dedication of the House**—*which the Levites will say at the dedication of the House in the days of Solomon.*—[*Rashi*] Although no mention of the Temple is made throughout the entire psalm, it does discuss David's sins and the fact that God forgave him. His enemies thought he and his descendants would not retain the throne because of his sin with Bath-sheba. Even though the prophet had predicted that David's son would build the Temple, they could not believe that the son whom he had begotten by Bath-sheba would be acceptable to build that edifice, the House of forgiveness of sins. When they crowned Adonijah in David's lifetime, they believed that Solomon would never attain the throne. When Adonijah failed, however, they realized that God had indeed intended that Solomon become king, and, since God desired that the son born of the union of David and Bath-sheba build the Temple, they knew definitely that David's sin had been completely forgiven. Thereupon, David showed Solomon the blueprint of the Temple before all Israel and donated towards its building, as did all Israel in its presence.

As a memorial of this event, he composed the psalm of the Temple in this manner, telling of the forgiveness of his sin, which was the healing of his soul.—[*Redak*]

2. **I will exalt You, O Lord, for You have raised me up**—Heb. דִלִּיתָנִי, *You have lifted me on high.*—[*Rashi*] You have lifted me up by designating my son Solomon, the son of Bath-Sheba, as the one to build the Temple, thereby demonstrating to all that You have forgiven me for the sin of Bath-sheba.—[*Mezudath David*]

**and You have not allowed my enemies to rejoice over me**—Heb. לִי, *like* עָלַי, *over me, for they would say, "David has no share in the world to come," but when they saw that the doors opened for the Ark because of me, then they knew that the Holy One, blessed be He, had forgiven me for that sin, and the faces of David's enemies became as black as the bottom of a pot.*—[*Rashi,* based on *Shab. 30b, Mid. Ps.* 24:10]

3. **and You have healed me**—*That is the forgiving of iniquity, as* (in Isa. 6:10), *"and he repent and be heal-*

קִימְתַּנִי מִן מְחַת
לְגוֹבָא׃ ה שַׁבְּחוּ קֳדָם
יְיָ חֲסִידוֹי וְאוֹדוּ לְאַדְכָּרוּת
קֻדְשֵׁיהּ׃ ו מְטוּל
דְּשַׁעְתָּא רוּגְזֵהּ חַיֵּי
עָלְמָא בִּרְעוּתֵיהּ טָבָא
בְּרַמְשָׁא מְבִית בְּבִכוּתָא
וּלְצַפְרָא מְקִים
בְּתֻשְׁבְּחָתָא׃ ז וַאֲנָא
אֲמָרִית בְּמַתְבִי
בְּרוּחֲצָנָא דְלָא אֶזּוּעַ
לְעָלְמָא׃ ח יְיָ בִּרְעוּתָךְ
אַתְעַתַּדְתָּא לְטוּרַיָּא

הֶעֱלִיתָ מִן־שְׁאוֹל נַפְשִׁי חִיִּיתַנִי מִיָּורְדֵי־
בוֹר׃ ה זַמְּרוּ לַיהוָה חֲסִידָיו וְהוֹדוּ לְזֵכֶר
קָדְשׁוֹ׃ ו כִּי רֶגַע בְּאַפּוֹ חַיִּים בִּרְצוֹנוֹ
בָּעֶרֶב יָלִין בֶּכִי וְלַבֹּקֶר רִנָּה׃ ז וַאֲנִי
אָמַרְתִּי בְשַׁלְוִי בַּל־אֶמּוֹט לְעוֹלָם׃
ח יְהוָה בִּרְצוֹנְךָ הֶעֱמַדְתָּה לְהַרְרִי עֹז

ת"א כי רגע. ברכות ז סנהדרין קה ע"ג ד: מירדי קרי הסתרת

## רש"י

סליחת עון כמו ושב ורפא לו (שם ו'): (ד) מירדי בור. כמו מירידתי לבור שלא ארד לגיהנם: (ה) זמרו לה' חסידיו. על מה שעשה לי כי יכולים אתם לחסות בו שייטיב לכם ואפי' אתם שרויים בצער אל תיראו: (ו) כי רגע. קטן באפו וחיים ברצונו וחיים ארוכים יש בהרצותו ובהפייסו: (ז) ואני אמרתי בשלוי. בשלוותי הייתי חושב לא אמוט לעולם אבל אין הדבר ברשותי כי אם ברשותו של הקב"ה ברצונו העמיד את הררי את גדולתי

## רד"ק

שרפאת אותי ממדוה הנפש כי אע"פ שהענשתני בעה"ז הכל הוא טוב בעיני כיון שרפאת נפשי שלא ארד לגיהנם: (ד) שאול ובור. פי' גיהנם והוא משפט הרשעים: מיורדי בור. כתיב בוי"ו כמו ונמשלתי עם יורדי בור. חייתני. ר"ל הבדלתני מהם. וקרי מירדי בקמ"ץ והוא מקור ובמשך הקמ"ץ תחת היו"ד כמו תחת רדפי טוב: (ה) זמרו. כל החסידים וצדיקים ראוים לזמר ולהודות לאל על זה כי יסלח לשבים אליו שלא יאבד החסיד בחטא פעם אחת אפי' יהיה החטא גדול: והודו לזכר קדשו. כמו והודו לשמו כי שמו הוא זכר קדשו כי בו נזכרהו כי אמיתת עצמו לא ידענו: (ו) כי. אם יכעס על האדם. רגע ומעט זמן יהיה כעסו וכן נראה לו לדוד העונש בעה"ז שהיא הבשורה בסליחת העון אבל רצונו עם רצונו יהיה זמן רב וחיים ארוכים שהם חיי עוה"ב כי מדת הטובה מכוי יתירה על מדת הפורעניות: בערב ילין בכי. אם לערב ילין האדם בבכי לבקר יבשרנו ברנה. והמשיל עתה בכי ויגון לערב שהוא חשך ועת הישועה והטובה לבוקר שהוא אור ושמחה: (ז) ואני. כשהייתי שליו ושקט שלא משל בי יצר הרע הייתי חושב שלא אמוט ולא אחטא לעולם שלא יהיה ביצר הרע כח להטותי מן הדרך הטובה: (ח) להררי. פירושו לשכלי שהיה הררי העמדת בעזרתי שלא נכשלתי בהשנבי בך ולא היה בי יצר הרע לקחת שכלי כי במקום עוז היה אבל כשהסתרת פניך רגע ממני ולא היית בעזרת שכלי או לנסותי לפי שהייתי מתפאר בעצמי או לעונש חטא שקדם זה רפית יד עזרתך הייתי

## אבן עזרא

(ה) זמרו. בעבור היות דוד חסיד ככתוב ולא תתן חסידך חסדי דוד יבשר החסידי' שאם קרה להם כאשר קרהו השם יצילם: (ו) כי. טעם חיים ארוכים כמו אנשי מדות גדולות ודרך משל אמר כי הבכי ילין או יחסר הפועל כמו אשר ילדה אותה והטעם בערב ילין המלין בבכי ולבקר ברינה כי חסרון הבית בכל המקרא הרבה כמו הנמצא בבית ה': (ז) ואני. אמר ר' משה זה טעם ויהי כי ישב המלך בביתו כאשר ענהו נתן כל אשר בלבבך עשה וזה רחוק והנכון כאשר יקרה לבריא בגופו ובחזקתו שיחשוב שככה יהיה תמיד ולא יבוא לו חולי שיחלש כחו: (ח) ה'. עתה אדע כי כחי מאתך היה בבריאותי כי עת שהסתרת פניך הייתי נבהל. אמר רבי משה כי העמדת הטעם העמדתני להררי עז כמו למען יזמרך כבוד שהוא כבודי ואחרים אמרו כי יו"ד להררי סימן המדב'

## מנחת שי

בקריאה וסימן לך עלה מזה. וטמנו מלרים. העלית מן שאול נפשי: מיורדי בור. מירדי קרי והיו"ד דגושה והוא מקור והיה לאוי בקמ"ן חטוף ונמשך הקמן בטעם כמו לרדפי טוב והכתיב מיורדי בור ונמשלתי עם יורדי בור ונמסר עליו לית יתיר וא"ו: (ח) ה' ברצונך. בגעיא: העמדת להררי. למ"ד בגעיא:

## מצודת דוד

התפללתי על העון הזה: ותרפאני. הוא מחילת העון שהיא רפואות הנפש וכן ונאמר ושב ורפא לו (ישעיה ו'): (ד) העלית. הצלתני מן השחתה על ידי מחילת העון: מירדי. מירידתי אל הבור וכפל הדבר במלות שונות: (ה) זמרו וגו'. כראותכם גודל חסדי ה': (ו) כי רגע. רק רגע חרה עלי באפו: חיים ברצונו. בעת נתרצה לי הבטיחני החיים: בערב. רלה לומר כן דרכו מעולם כאשר יחטא האדם וילין עמו בערב בכי מהפורענות הבא ובהגיגו מדרכו יתרצה לו ומיד לבוקר ישלח עזרתו לשמחו: (ז) בשלוי. כשהייתי בשלוי אמרתי לעולם לא אנטה לפול: (ח) ה' ברצונך. עתה רנאה אני אשר הכל ממך כשהיית מרוצה לי העמדתה להררי

You have brought my soul from the grave; You have revived
me from my descent into the Pit. 5. Sing to the Lord, His pious
ones, and give thanks to His holy name. 6. For His wrath lasts
but a moment; life results from His favor; in the evening, weep-
ing may tarry, but in the morning there is joyful singing.
7. And I said in my tranquility, "I will never falter." 8. O
Lord, with Your will, You set up my mountain to be might,

*descent into the Pit, that I should not descend into Gehinnom.*—[*Rashi*] According to the "kethiv," the masoretic text, the meaning is: from those who descend to the Pit. According to the "keri," the traditional reading, the meaning is: from my descent.—[*Redak*] Both "the grave" and "the Pit" are synonymous with Gehinnom, the judgment of the wicked.—[*Ibn Ezra*]

5. **Sing to the Lord, His pious ones**—*about what He did for me, because you can take refuge in Him, and He will benefit you; and even if you are experiencing pain, have no fear.*—[*Rashi*]

6. **For . . . but a moment**—[For] *His wrath lasts but a short* [moment]; *life results from His favor, there is long life in appeasing and placating Him.—[Rashi*] When He is angry with a person, His anger lasts only a short time, but with His good will, there is a long time and long life. We find this contrast in the Thirteen Attributes of Mercy (Exod. 34:6f.): all are for good except the attribute of "He visits the iniquities of the fathers upon the sons, upon the third or fourth generations," whereas He rewards those who love him, for thousands of generations.—[*Redak*]

**in the evening**—So is His wont: when a person sins against Him, and suffers from His retribution in the evening, and then repents of his evil ways, God will forgive him; in the morning, He will send him His help to cause him to rejoice.—[*Mezudath David*]

7. **And I said in my tranquility**—*In my tranquility, I thought that I would never falter. However, the matter is not in my power, but in the power of the Holy One, blessed be He. With His will, He set up my mountain, my greatness to be* [my] *might—but when He hid His countenance from me, I was immediately frightened.*—[*Rashi*]

הִסְתַּרְתָּ פָנֶיךָ הָיִיתִי נִבְהָל׃ ט אֵלֶיךָ
יְהוָה אֶקְרָא וְאֶל־אֲדֹנָי אֶתְחַנָּן׃ י מַה
בֶּצַע בְּדָמִי בְּרִדְתִּי אֶל שָׁחַת הֲיוֹדְךָ
עָפָר הֲיַגִּיד אֲמִתֶּךָ׃ יא שְׁמַע־יְהוָה
וְחָנֵּנִי יְהוָה הֱיֵה עֹזֵר לִי׃ יב הָפַכְתָּ
מִסְפְּדִי לְמָחוֹל לִי פִּתַּחְתָּ שַׂקִּי וַתְּאַזְּרֵנִי
שִׂמְחָה׃ יג לְמַעַן יְזַמֶּרְךָ כָבוֹד וְלֹא
יִדֹּם יְהוָה אֱלֹהַי לְעוֹלָם אוֹדֶךָּ׃

ה"א הפכת. ברכות נה (בס ט):

למנצח

**תרגום**

עַשִׁינָא סַלֵּיקְתָּא
שְׁכִינְתָּךְ הֲוֵיתִי
מִתְבְּהִיל: ט קֳדָמָךְ יְיָ
אֶקְרֵי וּלְוָתָךְ אֱלָהִי
אֲצַלֵּי: י מָה מָמוֹן אִית
בִּדְמִי בְּמַחֲתִי לְבֵי
קְבוּרְתָּא. אֶפְשַׁר
לְשַׁבָּחוּנָךְ נָחֲתֵי עַפְרָא
הַחֲוֵיתוּן הֵימְנוּתָךְ:
יא קַבֵּל יְיָ צְלוֹתִי וְחוּס
עֲלַי יְיָ הֲוֵי סָעִיד לִי:
יב אַפְּכְתָּא אִלְיִי לְחִנְגִּין
לִי שְׁרֵיתָא שַׂקִּי וְזָרַזְתַּנִי
חֶדְוָא: יג מִן בִּגְלַל
דִישַׁבְּחוּן יַקִּירֵי עָלְמָא
וְלָא יִשְׁתְּקוּן יְיָ אֱלָהִי
לְעָלְמָא אֲשַׁבְּחִנָּךְ:

## רד"ק

נבהל ונכשלתי במחשבתי וגבר יצרי על שכלי. ועז פירשנו אותו שם והוא חסר בי"ת השמוש בעוז ואפשר שהוא תואר בשקל לחם חום מעוז לתום: (ט) אליך. וכשעבר עלי החטא מה עשיתי. קראתי אליך כי ידעתי כי אין לי רפואה בלתך וידעתי כי הייתי חייב מיתה אליך בגיהנם ואמרתי מה בצע וגו': (י) ברמי. הוא נפשי כי הדם הוא הנפש והנפש הוא החיים הטבעיים ואמר מה בצע בחיי אם ארד אל שחת אם סופי לגיהנם וארד במותי שמה למה לי חיים ולמה הבאתני בעה"ז אם לא לקנות עה"ב כי החוטאים במותם לא ישאר אחריהם דבר חי אלא הכל ירד לעפר והעפר לא יודך ולא יגיד אמתך אלא הרוח שתשוב אל האלהים אשר נתנה ואם לא זכתה בחיים לא תשוב אל האלהים ואם תסלח לי אודך בחיים ובמות: (יא) שמע. וקראתי אליך ואמרתי שמע ה' וחנני אם ממה רגלי היה עוזר לי ופלוז לי: (יב) מספדי. שהייתי מתאבל על נפשי אם תאבד הפכת ובשרתני על יד נביא גם ה' העביר חטאתך לא תמות: שקי. שאזרתי והתעניתי על חטאי פתחת אותו בבשורתך: ותאזרני שמחה. התחת השק: (יג) למען יזמרך כבוד. הוא הנפש כנגד מה שאמר היודך עפר אבל

## רש"י

להיות עוז וכיון שהסתיר פניו ממני מיד הייתי נבהל: (ט) אליך ה' אקרא. אקרא אליך ואתחנן תמיד לאמר לפניך מה בצע בדמי וגו' ואתה שמעת קולי והפכת מספדי למחול לי: (יב) פתחת. (אלאק"ש בלע"ז כמו אלשע האש לאזגעמאכט. געאפפנעט) כמו (בראשית כ"ד) ויפתח את הגמלי'. ורבותינו דרשו כל המזמור על מרדכי ואסתר והמן בפסיקתא זוטא. ואני אמרתי בשלוי. אמר המן. אליך ה' אקרא. אמרה אסתר וגו' עד היה עוזר לי. הפכת מספדי למחול לי. אמר מרדכי וכל ישראל:

## מנחת שי

(ט) ואל אדני אתחנן. בספרים מדוייקים בפסוק של אדנות וכן נמסר במסורת הגדולה במנין קל"ד: (יא) היה עזר. בגעיא בין השו"א לסגול בספרי ספרד:

## אבן עזרא

והטעם לשום אותו כמו הר ורבי יהודה הלוי אמר כי להררי כמו הררי בשדה כי משקלי השמות משתנים: (ט) אליך. יספר כי לא מצא מה לעשות כי אם לקרוא ולהתחנן ולומר מה תועלת במותי כי הדם הוא הנפש וכתוב ושרט לנפש: (י) היודך עפר. ככתוב וישוב העפר אל הארץ: (יב) הפכת. שמח כי יהיה עד מלאת נשמתו לעבוד בוראו ולהכיר מעשיו כי בעבור זה נברא וטעם פתחת שקי דרך משל המתאבל על נפשו וטעם ותאזרני להיזוק: (יג) למען. והטעם אני אודך כל ימי למען יודך ויזמרך כל אדם שיש לו כבוד והטעם נשמה

## מצודת ציון

(י) מה בצע. מה תועלת והנאה כמו ומה בצע (מלאכי ג'): (יב) למחול. מל' מחולות ורקוד: פתחת. ענין התרת הקשר כמו פתחת למוסרי (לקמן קט"ז): (יג) כבוד. היא הנשמ' שהיא כבוד הגוף:

## מצודת דוד

ולגדולתי להיות בה העוז וכאשר הסתרת פניך ממני בעבור העון הייתי נבהל וחרד מהצרות הבאות: (י) מה בצע. מה תועלת כשישפך דמי: היודך עפר. כשהאדם שב להיות עפר וכי יודך אז כי יגיד אמתך הלא טוב להחיותו ושב ורפא לו ואז יודה לך: (יב) הפכת. הלא רבות פעמים הפכת מספדי למחול והשק אשר שמתי על מתני בעבור האבל והצער הלא התרת אותו מעלי ואזרתני בשמחה לזה גם עתה חנני: (יג) למען יזמרך. ובעבור זה תזמר לך הנשמה ולא ישתוק מן הזמר ואודך לעולם:

the soul, which has no silence or rest. Therefore, he says, "O Lord, my God, I will thank you forever." I.e. all my life I will thank You for forgiving me, for I know that my soul will remain after me and sing Your praises incessantly.

You hid Your countenance and I became frightened. 9. To
You, O Lord, I would call, and to the Lord I would supplicate.
10. "What gain is there in my blood, in my descent to the
grave? Will dust thank You; will it recite Your truth? 11. Hear,
O Lord, and be gracious to me; O Lord, be my helper."
12. You have turned my lament into dancing for me; You
loosened my sackcloth and girded me with joy. 13. So that my
soul will sing praises to You and not be silent. O Lord, my God,
I will thank You forever.

9. **To You, O Lord, I would call**—*I would call to You and supplicate constantly, saying before You: "What gain is there in my blood, etc.." and You heard my voice and turned my lament into dancing for me.*—[*Rashi*] When I was overwhelmed by sin, what did I do? I called to You because I knew that there is no remedy except You, and I knew that I was liable to death in Gehinnom, and I supplicated You and said . . .—[*Redak*]

10. **"What gain is there in my blood, etc."**—What use is there in my life if ultimately I will descend into Gehinnom? Why did You bring me to this life if not to achieve life in the Hereafter? For nothing remains of the sinners after their death, but they turn to dust.—[*Redak*]

12. **You have turned my lament into dancing for me**—When I was mourning for my lost soul, You sent me the tidings and said to me through Your prophet (II Sam. 12:13): "Also the Lord has removed your sin; you shall not die." You turned my lamenting into joy for me.—[*Redak*]

**You loosened**—Heb. פִּתַּחְתָּ, *alachas in Old French, to release, like* (Gen. 24:32): *"and he untied* (וַיְפַתַּח) *the camels." Our Sages, however, explained the entire psalm as referring to Mordecai, Esther, and Haman in Pesikta Zuta.*—[*Rashi*] [According to *Buber,* the source is *Pesikta d'Rav Kahana* 72b, not *Pesikta Zuta. See also Rav P'alim,* p. 100]

**and I said in my tranquility**—*Haman said this.—[Rashi]*

**To You, O Lord, I would call**—*Esther said this, etc. until "be my helper."—[Rashi*]

**You turned my lament into dancing for me**—*Mordecai and all Israel said this.*—[*Rashi*]

13. **So that my soul will sing praises to You**—In contrast to his statement, "Will dust thank You?" he says, "My soul will sing praises to You," and thank You.—[*Redak*]

**and not be silent**—He mentions

לא א למנצח מזמור לדוד: ב בך־יהוה
חסיתי אל־אבושה לעולם בצדקתך
פלטני: ג הטה אלי | אזנך מהרה
הצילני היה לי | לצור־מעוז לבית
מצודות להושיעני: ד כי־סלעי ומצודתי
אתה ולמען שמך תנחני ותנהלני:
ה תוציאני מרשת זו טמנו לי כי־אתה

א לְשַׁבָּחָא תּוּשְׁבַּחְתָּא
לְדָוִד: ב בְּמֵימְרָךְ יְיָ
סְבָרֵת לָא אֶבְהֵת
לְעָלְמָא בְּצִדְקָתָךְ שֵׁיזֵב
יָתִי: ג אַצְלֵי לְוָתִי אוּדְנָךְ
בִּסְרְהוֹבְיָא פְּצֵי יָתִי הֲוֵי
לִי לְכֵרַךְ עָשִׁין לְחוּסְנָא
כְּרִיכָא לְמִפְרַק יָתִי:
ד מְטוּל דְתוּקְפִּי וְרוֹחֲצָנִי
אַתְּ וּבְגְלַל שְׁמָךְ דַבֵּר
יָתִי וְזוּן יָתִי: ה אַפֵּיק
יָתִי מִמְצַדְתָּא דְנָן
דְפָרְסִין לִי אֲרוּם אַתְּ
עושני

### רש"י

לא (ג) מצודות. (פלייסי"ץ בלע"ז והוא פאליסע"ר פאלעסארירין שולטגיטער פאן ביימען מאכן. וכן פרש"י בשופטים ו' ב'. ע' מ"ו): (ד) תנחני. (מינאר"א שמוי"ו בלע"ז בל"א ווירד מיך לייטען. פיהרען) כמו

### רד"ק

הכבוד יזמרך. וזכר הכבוד שאין לו דממה והפסק וזהו לא ידום. ולפיכך אמר אלהי לעולם אודך כל ימי חיי אודך בעבור זה שסלחת לי וידעתי כי כבודי ישאר אחרי ויזמרך לעולם ולא ידום: (א) למנצח. זה המזמור חברו דוד כשהיה בורח מפני שאול: (ב) חסיתי. וכיון שחסיתי בך אל אבושה לעולם: בצדקתך. לא בצדקתי: (ג) לצור. מפני רודפי שלא ישיגוני ואעוז בך כמו שיעוז אדם בצור גבוה: לבית מצודות. מגדול: (ד) כי. אתה היית סלעי ומצודתי ומכאן ואילך גם כן למע[ן] שמך לא למעני תנחני: (ה) תוציאני. לפי מחשבתם שהם חושבים כי כבר לכדוני ולא אוכל להמלט מידם תוציאני ופי[...]

### אבן עזרא

חכמה ובעבור כי המשכילים מעטים אמר כבוד ולא כל כבוד:
לא (א) למנצח. בך ה' חסיתי אל אבושה לעולם. נתנו לאחד מהמשוררים לנגן: (ב) בך. טעם כי אויבי אנשי חמס הם לי חנם: (ג) הטה. דברה תורה כלשון בני אדם כי הנוטע אזן ישמע מבלי אזן: לבית מצודות. מקום גבוה שלא יפחד בו מהאויב: (ד) כי סלעי. כנגד צור מעוז ומצודתי כנגד בית מצודות וטעם תנחני בעבור כי ההליכה בהר בעבור גבהו קשה וטעם תנהלני לאטי: (ה) תוציאני מרשת. אלה טמנו לי וי"א כי כמו זאת:

### מנחת שי

לא (ג) לצור. בגעיא: מעוז. בזיי"ן וכמזמור ע"א מעין בנו"ן כמ"ש בס בסיעתא דשמיא. וכן מצאתי במסרה כ"י סימ קדמאה לצור מעוז תניינא לצור מעין וחד פסוק סימן מפיקים מזן מז זן: (ד) ותנהלני. דמאריך בוא"ו בספרי ספרד: (ה) מעוזי. נכתב בוא"ו עם הדגש:

### מצודת דוד

לא (ב) אל אבושה. גם מהראוי שלא אבוש לעולם ואף שאין בי זכות הצילני בצדקתך: (ג) הטה אלי. לשמוע תפלתי: לצור. דומה לסלע חזק ולבית מצודות והוא מבצר חזק: (ד) ולמען שמך. המורה על הרחמים: תנחני. במקום שלא אהיה נלכד: (ה) טמנו לי. הסתירו עלי שאפול בה:

### מצודת ציון

לא (ד) ותנהלני. ותנהגני:

An example is the Ziphim, who said (I Sam. 23:20), "and it is incumbent upon us to deliver him into the King's hands."—[*Redak*]

**this net**—Heb. רֶשֶׁת זוּ, from the well-known trap that they have set for me. This may also be rendered: from the net which they have hidden for me.—[*Redak*]

*Rabbi Joseph Yabetz* explains this verse literally as referring to that incident: David composed this psalm when the Ziphim came to Saul and revealed to him that David was hiding with them. So it is written in verses 22f.: " . . . Go now, prepare yet, and know and see his place where his foot will be . . . And see and know of all the hiding places where he hides, and you shall return to me with the certainty, etc." Saul commanded them to lay a trap for David in such a way that he would be unable to escape it.

**for You are my stronghold**—and I do not rely on the stars.—[*Yabetz*]

## 31

1. To the conductor, a song of David. 2. I took refuge in You,
O Lord; let me not be shamed forever; rescue me with Your
righteousness. 3. Incline Your ear to me, quickly rescue me; be
a rock of strength to me, a stronghold to save me. 4. For You
are my Rock and my Stronghold, and for Your name's sake,
You shall lead me and guide me. 5. You shall free me from this
net which they have hidden for me, for You are

1. **To the conductor**—This psalm was given to one of the Levite singers to sing.—[*Ibn Ezra*] David composed this psalm when he was fleeing from Saul.—[*Redak*] *Rabbi Joseph Yabetz* asserts that he composed it in reference to the salvation that God wrought for him at the Rock of the Divisions, which is related in I Samuel 23:26ff. That was the greatest of his troubles, as Scripture states: "and David was hastening to get away from Saul, but Saul and his men were encircling to David and his men, to seize them."

2. **I took refuge in You, O Lord**—And since I took refuge in You, it is fitting that I should never be shamed.—[*Redak, Mezudath David*]

**with Your righteousness**—not with mine.—[***Redak***]

3. **Incline Your ear**—This is anthropomorphic, for the one who "planted" the ear can hear without an ear.—[*Ibn Ezra*] Incline Your ear to hear my prayer.—[*Mezudath David*]

**be a rock of strength to me**—before my enemies, that they should not overtake me, and I will strengthen myself as one strengthens himself on a lofty rock.—[*Redak*]

**a stronghold**—*Pleysiz in Old French,* a fortress.—[*Rashi*] A mighty tower.—[*Redak*]

4. **For You are my Rock and my Stronghold**—For You were my rock and my stronghold in the past.—[*Redak*]

**and for Your name's sake**—lead me and guide me in the future, not for my sake.—[*Redak*] I.e. for the Ineffable Name, which denotes divine mercy.—[*Mezudath David*]

**You shall lead me**——Heb. תַּנְחֵנִי, *mene moi in French,* lead me, *as* (in Exod. 32:34): *"go lead* (נְחֵה) *the people."*—[*Rashi* according to Bomberg edition and later printed editions.] You shall lead me where I will not be caught.—[*Mezudath David*] Since the Psalmist pictures himself ascending a rock on which he finds no path, he beseeches the Lord to lead him onto a path and to guide him so that he does not fall.—[*Yabetz*]

5. **You shall free me from this net**—with which, so they think, they have already caught me. I cannot extricate myself from their hands.

מָעוּזִּי׃ ו בְּיָדְךָ אַפְקִיד רוּחִי פָּדִיתָה
אוֹתִי יְהֹוָה אֵל אֱמֶת׃ ז שָׂנֵאתִי
הַשֹּׁמְרִים הַבְלֵי־שָׁוְא וַאֲנִי אֶל־יְהֹוָה
בָּטָחְתִּי׃ ח אָגִילָה וְאֶשְׂמְחָה בְּחַסְדֶּךָ
אֲשֶׁר רָאִיתָ אֶת־עָנְיִי יָדַעְתָּ בְּצָרוֹת
נַפְשִׁי׃ ט וְלֹא הִסְגַּרְתַּנִי בְּיַד אוֹיֵב
הֶעֱמַדְתָּ בַמֶּרְחָב רַגְלָי׃ י חָנֵּנִי יְהֹוָה כִּי

תרגום

עוּשְׁנִי׃ ו בְּאִידָךְ אֲמַנֵּי
רוּחִי פְּרוּקְתָּ יָתִי יְיָ
אֱלָהָא קְשִׁיטָא׃
ז שְׂנֵאתִי דְנַטְרִין עוֹבְדִין
דְּדָמִין לְלָמָא וּלְשִׁקְרָא
וַאֲנָא עַל יְיָ כְּלִיתִי׃
ח אֲבוּעַ וְאֶחְדֵּי
בְּטִיבוּתָךְ דִּי חֲמִיתָא יַת
סִגּוּפִי יְדַעְתָּ בְּעָקְתִין
דְּנַפְשִׁי׃ ט וְלָא מְסַרְתַּנִי
בְּאִידָא דְּבָעִיל דְּבָבָא
אֲקֵימְתָּא לִרְוָחָא רַגְלָי׃
י חוּס עֲלַי יְיָ אֲרוּם עָיק

ת"א בידך. ברכות ז׳ זוהר במדבר:

רד"ק

מרשת זו כמשמעו כי היה ידוע רשתם לכל. ויש מפרשים זו טמנו כמו אשר: מעוזי. נכתב בוי"ו עם הדגש: (ו) בידך. הם מארבים לנפשי ואני אפקידנה לידך וידעתי שתפדה אותי מידם: פדית. עבר במקום עתיד: ה׳ אל אמת. כי אתה אל שפירושו חזק ויש יכולת בידך להפדותי ואמת שתקיים דברך שאמרת שאני אמלוך: (ז) שנאתי. כי אני בברחי מפני שאול לא שאלתי למנחשים על טלטולי אלא על ה׳ בטחתי לבדו כי אותם המנחשים שנאתי אותם כי הם שומרים הבלי שוא: אל ה׳. כמו על ה׳ כי יבא ל׳ בטחון קשור עם מלת אל כמו בטח אל ה׳ בכל לבך: (ח) אגילה. אחר שתעשה עמי חסד ותצילני מידם שלא אפחד עוד מהם אגילה בחסדך ואודה לך על זה שראית את עניי וידעת בצרות נפשי. ופי׳ ראית וידעת ראית שפנית אלי להוציאני מן העוני שהייתי בו לא העלמת עיניך ממני וכן ידעת כשהיתה נפשי בצרות הכרת והשגחת עלי להטיב לי: (ט) אויב. זה שאול שאמרו הזיפים להסגירני בידו וכיון שלא היה רצונך להסגירני בידו העמדת במרחב רגלי מן המצר שהיו בו העמדת במרחב כל זה אודה לפניך כשאנצל

רש"י

(שמות ל"ב) לך נחה את העם: (ו) בידך אפקיד רוחי. (קומנדרי"ה בלע"ז בל"א ווערדע בעפעהלען) אפקיד רוחי תמיד לפי שאתה פדיתה אותי מצרה: (ז) השומרים הבלי שוא. המצפים לתשועת ע"א: (ט) הסגרתני. (ליבר"א שמו"י בלע"ז בל"א מיך איבערליעפערן. איבר געבען) ומנחם חבר אותו לשון סגירה וכן כל לשון סגר:

מנחת שי

(ו) בידך אפקיד רוחי פדיתה אותי. כן הוא בכל ספרי ספרד: (ט) העמדת במרחב רגלי. הבי"ת רפויה בספרים מדוייקי׳ כ"י וכן

אבן עזרא

(ו) בידך. הטעם שלא יוכל האויב לקחתה ובעבור שנתנה לפקדון הזכיר ה׳ אמת בעבור הפקדון וטעם ה׳ שלא יוכל בעל כח לאנסו: (ז) שנאתי השומרים. הניחוש והקסם אי זה יום ילא למלחמה כי בטחונו על השם לבדו: (ח) אגילה. והנה אם נגרם ידי לא אשמח רק בחסדך: (ט) ולא הסגרתני. מגזרת סגירה כאדם נסגר כנתון למוסרה: במרחב רגלי. שילך למקום שיאהב הפך הסגרתני: (י) חנני. יתכן שטעם העמדת כי אני אשמח בחסד שעשית עמי בימים שעברו ולא הסגרתני רק עתה צר לי מאד ולא מרחב. רבים פי׳ שזה המזמור על חולי שקרהו. (י) טעם עששה בכעס. בעבור היות כעס האויב עלי עששתי כולי כאילו עש אכלני ודימה היגון שהוא בלב לאוש הגוף וטעם עיני שהמאכל הרואה החולה יתעבה כל אכל תתעב נפשו וטעם נפשי הנפש המתאוה שכחה נטוע בכבד וככה הכתוב או׳ הנפש האוכלת. ובטני רמז לקרב העליון שם המאכל והנה הטעם כי כח הגוף חלש כבגד אכלו עש:

מצודת ציון

(ז) השומרים. המצפים כמו ואביו שמר את הדבר (בראשית ל"ז): (ט) הסגרתני. מסרתני כמו להסגיר לאדום (עמוס א׳):

מצודת דוד

(ו) בידך. בפקדון אתן רוחי בידך ועליך לשמרו: פדיתה. עבר במקום עתיד ור"ל הן ידעתי שתפדה אותי ממות כי אתה אל אמת להחזיר הפקדון: (ז) השומרים. המצפים לתשועת העכו"ם: (ח) אשר ראית. נתת לב לראות עניי ולדעת צרות נפשי: (ט) ולא הסגרתני. לא מסרת אותי ביד האויב והעמדת רגלי במקום מרחב

**You have placed my feet in a broad place**—Instead of being in straits, they are now in a broad place. I will thank you for all this when I have been rescued from their hands and no longer fear them.—[*Redak*]

10. **is dimmed**—Heb. עָשְׁשָׁה, *an expression of a lantern* עֲשָׁשִׁית, *If a person puts glass in front of his eyes to see something on the other side of the glass, the appearance* (of that thing) *is unclear.*—[*Rashi*] *Redak* and others derive it from עָשׁ, a moth. Because of the anger of the enemy, my eyes have decayed from weeping.

my stronghold. 6. In Your hand I entrust my spirit; You have
redeemed me, O Lord, God of truth. 7. I hated those who
await worthless vanities, but I hoped for the Lord. 8. I will
exult and rejoice in Your kindness, for You have seen my afflic-
tion; You have known the troubles of my soul. 9. And you did
not deliver me into the hands of an enemy; You have placed my
feet in a broad place. 10. Be gracious to me, O Lord, for

6. **I entrust**—Heb. אַפְקִיד, *komonderé in Old French,* I will entrust. *I always entrust my spirit because You redeemed me from trouble.*—[*Rashi*] They are lurking to take my soul, and I will entrust it to you because I know that You will redeem me.—[*Redak*]

**You have redeemed me**—*Redak* and *Mezudath David* interpret פָּדִיתָה as past tense used instead of the future: I know that You will redeem me.

**O Lord, God of truth**—You are God, אֵל, the Mighty One, and You have the ability to redeem me. Moreover, You are true and You shall fulfill Your promise that I will reign. Consequently, I know that You shall redeem me from their hands.—[*Redak*]

7. **those who await worthless vanities**—*Who await the salvation of pagan deities.*—[*Rashi*]*

8. **I will exult and rejoice in Your kindness**—After You bestow kindness upon me and save me from their hands, so that I need no longer fear them, I will exult and rejoice in Your kindness and thank You for it.—[*Redak*]

**You have seen**—I.e. You have known. You have turned to me to release me from my affliction and have not disregarded my distress.—[*Redak*] If one was benefited by chance, he rejoices only once, because he does not know whether he will experience that benefit a second time. One who is under Divine Providence, however, who has reached the top of the spiritual ladder, so to speak, by cleaving to God, may be certain that he will be saved from all his troubles, for God's goodness is infinite. Therefore, David says, "I will exult and rejoice," joy after exultation.—[*Yabetz*]

9. **deliver me**—Heb. הִסְגַּרְתַּנִי, *livras moi in French, but Menachem* (p 125) *associated it as an expression of closing, and likewise every expression of* סגר.—[*Rashi*] [Accordingly, we render: And You did not lock me up in the hands of an enemy.] This verse refers to Saul, into whose hands the Ziphim wished to deliver David. David says to God: Since You did not deliver me into his hands, they had no power to do so.—[*Redak*]

צַר לִי עָשְׁשָׁה בְכַעַס עֵינִי נַפְשִׁי וּבִטְנִי׃
יא כִּי כָלוּ בְיָגוֹן חַיַּי וּשְׁנוֹתַי בַּאֲנָחָה כָּשַׁל
בַּעֲוֺנִי כֹחִי וַעֲצָמַי עָשֵׁשׁוּ׃ יב מִכָּל־
צֹרְרַי הָיִיתִי חֶרְפָּה וְלִשְׁכֵנַי ׀ מְאֹד
וּפַחַד לִמְיֻדָּעָי רֹאַי בַּחוּץ נָדְדוּ מִמֶּנִּי׃
יג נִשְׁכַּחְתִּי כְּמֵת מִלֵּב הָיִיתִי כִּכְלִי
אֹבֵד׃ יד כִּי שָׁמַעְתִּי דִּבַּת רַבִּים מָגוֹר

לִי בִּכְאַת מְרוֹנְזָא עֵינִי
אִתְעֵק נַפְשִׁי וּכְרֵיסִי׃
יא אֲרוּם שְׁצִיאוּ בִּדְוָנָא
חַיַּי וּשְׁנַי בְּתִנְחֲתָא תְּקַל
בְּחוֹבֵי חֵילִי וְאֵבְרַי
חֲשַׁכוּ׃ יב מִן כָּל מְעִיקַי
הֲוֵיתִי כְּסוּפָא וּלְשֵׁבָבַי
לַחֲדָא וּדְלוּחָא לְיָדְעַי
לִי דְחָמַיִן לִי בְּשׁוּקָא
עֲרְקִין מִן קֳדָמַי׃
יג אִתְנְשֵׁיתִי הֵיךְ שְׁכִיבָא
מִן רַעְיוֹנָא הֲוֵיתִי כְּמָן
דִּפְחַר תְּבִיר׃ יד מְטוֹל
דִּי שְׁמַעִית טִיב בִּישׁ

## רש"י

(י) עששה. כהתה לשון עששית שאדם נותן זכוכית לנגד עיניו לראות לעבר הזכוכית דבר. אין אותה מראה ברור׳: (יא) ועצמי עששו. לשון רקב כאילו אכלם עש: (יב) מכל צוררי. מאת כל צוררי: הייתי חרפה. לגדוף: ולשכני. אני חרפה מאוד: ופחד למיודעי. (אמ"ק טייסנ"ץ בלע"ז אמו"ס קאנעסאנ"ש. לו מיינע בקאננטע). מתפחדים על קורותי: (יג) ככלי אובד. ההולך לאבוד. כל לשון אבידה אין הלשון נופל על בעל אבידה לומר הוא אבד אות׳ אלא האביד׳ אובדת ממנו כד"א אשר תאבד ממנו (דברי׳ כב) האובדת לא בקשתם (יחזקאל לד): (יד) דבת

## רד"ק

מידם שלא אפחד עוד מהם. ועתה שב לתפלתו ואמר חנני ה׳: (י) עששה. מגזרת יאכלם עש כלו׳ נרקבה בכעס אויב עיני מבכי: נפשי ובטני. נרקבה גם כן מרעב ומצמא כי פעמים רבות היה לו רעב וצמא בברחו. ואמר נפשי. שהיא הנפש המתאוה לאכול: ובטני. הקרבים שאוספים המאכל ובראשם האצטומכא כי בה הרעבון והשובע: (יא) כי. מעת שהכה דוד הפלשתי שאמרו הנשים ודוד ברבבותיו נאמר ויהי שאול עוין את דוד והיה דוד ביגון ואנחה: כשל בעוני כחי. אמר כי באנחה כשל כחי מפחדי מפני שאול כי האנחה שוברת גופו של אדם. ומה שאמר בעוני כחי כאדם האומר בעומתי אירע לי כך וכך: ועצמי עששו. שהם כח באדם ומוסדות הגוף כאלו נרקבו: (יב) מכל. מהרעות שעושים לי כל צוררי הייתי חרפ׳ שאני בורח מפניהם: ולשכני מאד. איני חרפה לעם-נכרי כי אם לשכני שהם ישראל שהם מחרפים ומבזים אותי: ופחד למיודעי. שהם אוהבי ובני משפחתי אני פחד להם שהם מפחדים עלי פן אספה יום אחד בידי שאול: רואי בחוץ נדדו ממני. מי שרואה זה אותי מַמיודעי בברחי נדדו ממני כלומר פוחדים ורועדים ממה שרואים ממני כי הרועד מתנודד גופו: (יג) נשכחתי. כל כך מיידעי פוחדים עלי עד שנתייאשו ממני ונשכחתי מלבם כמת שישתכח מלב אוהביו שאין להם תוחלת לשוב אליהם עוד. וכן כלי אובד שמתייאשים הבעלים ממנו: (יד) כי. יש לי מגור מסביב כי אין מגורי מפאה אחת שאשמור

## אבן עזרא

(יא) כי כלו. בחסרון המאכל דרך משל והזכיר העצמות שהם מוסדות הגוף: (יב) מכל. הזכיר כי מפאת צורריו תבא לו חרפה: ולשכיני מאד. היה החרפה להם בעבור שהם קרובים אליו: נדדו ממני. כאדם שיראה מראות חלי קשה ודבר מגונה ונמאס למראה: (יג) נשכחתי. שאדם לא יזכרני ככלי אין חפץ בו כאשר יאבד לא יבוקש: (יד) כי.

## מנחת שי

דינם כפי הכלל שכתבתי בראש הספר: (י) עששה בקמץ. הבי"ת רפה ופליגי בה ספרי: (יא) ביגון. אין בבי"ת געיא: כשל בעוני כחי. הכ"ף רפה: (יב) ולשכני. במאריך הלמ"ד בס"ס: למידעי. במאריך הלמ"ד בס"ס: (יד) מָגוֹר מסביב. כן כתוב:

## מצודת דוד

שלא אמעד: (י) עששה. בעבור כעס מתוגיון הצרות כאלו נרקבו עיני וגו׳: (יא) ביגון. בעבור היגון כלו ונשלמו ימי חיי וכן ושנותי באנחה וכפל הדבר במלות שונות: בעוני. בעבור עוני כשל כחי ונרקבו עצמי: (יב) מכל צוררי. מכל מה שעושים לי צוררי הייתי לחרפה להרואים כי כי מלעיגים עלי: ולשכני. היודעים יותר ממה שעושים לי צוררי להם אני מאוד לחרפה: ופחד למיודעי. אני לפחד להם כי ברואתם לרתי יפחדו לנפשם שלא יקרה להם כמקרי: רואי בחוץ. הרואים אותי בחוצות נדדו מפני והלכו להם כי כן דרך אדם לברוח מראות חלי קשה ודבר מגונה ונמאס: (יג) כמת מלב. כמו המת הנשכח מהלב: ככלי. רלה לומר ככלי כל שהוא אשר כשהיא נאבדת אין אדם זוכרה: (יד) דבת רבים. דברי רע מרבים המפחדים אותי מסביב:

## מצודת ציון

(י) עששה. ענין בליה ורקבון וכן למטה ועצמי עששו וקרוב הוא מלשון עש יאכלם (ישעיה נ׳) שהוא התולעת האוכל הבגד ומפסידו: נפשי. היא הנפש המתאוה: (יב) למידעי. למכירי ואוהבי כמו ומודע לבינה תקרא (משלי ז׳): (יד) דבת. ענין אמירת דבר הרע כמו ויבא יוסף את דבתם (בראשית ל"ז): מגור.

*in Old French, gossip (so* Gen. 37:2, Num. 14:36, Ezek. 36:3*).—[Rashi]* This refers to his enemies, who slandered him to Saul.—[*Redak*]

**terror from all sides**—*that they scare me and frighten me.*—[*Rashi*] My terror is not on one side, that I might be able to beware of it, but on all sides.—[*Redak*]

I am in distress; my eye is dimmed from anger, my soul and my
belly. 11. For my life is spent in grief and my years in sighing;
my strength has failed because of my iniquity, and my bones
have decayed. 12. From all my tormentors I have become a
reproach—and very much so to my neighbors—and fright to
my acquaintances; those who see me outside avoid me. 13. I
was forgotten like a dead person, out of mind; I was like a lost
utensil. 14. For I heard the gossip of many, terror

**my soul and my belly**—have also decayed from hunger and thirst, for when David was fleeing from Saul, he suffered many times from hunger and thirst; e.g. when he fled to Ahimelech, who gave him show-bread so that he and his men should not starve.—[*Redak*]

11. **For my life is spent in grief and my years in sighing**—From the day that David slew Goliath and the women said, "Saul has slain his thousands, and David his ten thousands," in I Samuel 18:7, Scripture (ibid verse 9) states that "Saul eyed David from that day on." Since then, David was grief-stricken and constantly sighing because "there was but a step between him and death."[*Redak*]

**my strength has failed**—Because of his constant sighing out of his fear of Saul, he lost his strength. As the Rabbis (*Ber*. 58b) say: A sigh breaks half a person's body.—[*Redak*]

**and my bones have decayed**—Heb. עָשְׁשׁוּ, *an expression of decay, as though a moth* (עָשׁ) *had eaten them.*—[*Rashi*]

12. **From all my tormentors**—*From all my tormentors.*—[*Rashi*] [*Rashi* emphasizes that the verse should not be read: **because** of all my tormentors, as *Redak* and *Mezudath David* explain it.] *Redak* explains: Because I am compelled to flee from my tormentors, I have become a reproach.

**I have become a reproach**—Heb. חֶרְפָּה, *a reproach.*—[*Rashi*]

**to my neighbors**—*I am very much a reproach.*—[*Rashi*] Not to a foreign nation, but to my neighbors, who are Israelites, I am a reproach, for they reproach and disgrace me.—[*Redak*]

**and fright to my acquaintances**—*A mes connaissances in French, to my acquaintances. They are frightened by what happens to me.*—[*Rashi*]

13. **like a lost utensil**—*Which is in the process of becoming lost. Any expression of* אֲבֵדָה, *loss, does not refer to the owner of the lost article, saying that he lost it but that the lost article is lost from him, as is stated* (in Deut. 22:3): *"which will be lost from him"*; (in Ezek. 34:4), *"the lost one you did not seek."*—[*Rashi*]

14. **the gossip of many**—Heb. דִּבַּת, *the counsel of many.* דִּבַּת *is an expression of* (Song 7:10): *"making the lips of the sleeping speak* (דּוֹבֵב)*." Likewise, every* דִּבַּת *in Scripture, parledic*

מִסָּבִיב בְּהִוָּסְדָם יַחַד עָלַי לָקַחַת נַפְשִׁי
זָמָמוּ׃ טו וַאֲנִי ׀ עָלֶיךָ בָטַחְתִּי יְהוָה
אָמַרְתִּי אֱלֹהַי אָתָּה׃ טז בְּיָדְךָ עִתֹּתָי
הַצִּילֵנִי מִיַּד־אוֹיְבַי וּמֵרֹדְפָי׃ יז הָאִירָה
פָנֶיךָ עַל־עַבְדֶּךָ הוֹשִׁיעֵנִי בְחַסְדֶּךָ׃
יח יְהוָה אַל־אֵבוֹשָׁה כִּי קְרָאתִיךָ יֵבֹשׁוּ
רְשָׁעִים יִדְּמוּ לִשְׁאוֹל׃ יט תֵּאָלַמְנָה

שפתי

פתח באתנח

ת"א תאלמנה. ב"מ עה (חגיגה כז):

**תרגום**

דְאָמְרִין עֲלַי עַמְמִין
סַגִיאִין דְהִיתָא מֵחֲזוֹר
חֲזוֹר בְּאִתְכַּנְשׁוּתְהוֹן
כַּחֲדָא עֲלַי לְמִסַּב נַפְשִׁי
הֲשִׁיבוּ׃ טו וַאֲנָא עֲלָךְ
רְחִיצִית יְיָ אֲמָרִית אֱלָהִי
אַנְתְּ׃ טז בְּאִידָךְ זִמְנֵי
פוּרְקָנִי פְּצֵי יָתִי מִן יַד
בַּעֲלֵי דְבָבִי וּמֵרָדְפָי׃
יז אַנְהַר סְבַר אַפָּךְ עַל
עַבְדָךְ פְּרוֹקְנִי בְטוּבָךְ׃
יח יְיָ לָא אֶבְהַת אֲרוּם
קְרֵיתָךְ יִבְהֲתוּן רַשִׁיעֵי
יִשְׁתְּקוּן וְיֵחֲתוּן לִשְׁיוֹל׃
יט תִּתְפַּקְקָן סִפְוָת

## רד"ק

ממנה אלא מסביב שהם מתייעצים יחד עלי ומוציאים דבה עלי לשאול והשבו לקחת נפשי ולא ללכדי אותי ולקחת אותי לעבד כי אם לקחת נפשי: (טו) ואני. חשבו לקחת נפשי ואני בטחתי עליך כי אמרתי אלהי אתה כלו' אתה אדון ושופט עלי לא הם: (טז) עתותי. העתים שהם חושבים לקחת אותי ואורבים לנפשי בידך הם ולא בידם לפיכך הצילני וגו': (יז) על. כמו אל. ואור הפנים היא הישועת וההצלחה: בחסדך. ואע"פ שאיני ראוי: (יח) אל אבישה. שלא אשוב ריקם מלפניך אבל הרשעים יבושו מתקותם: ידמו. לשון כריתה: לשאול. לקבר: (יט) תאלמנה. המוציאים עלי דבה לשאול: על צדיק.

## רש"י

רבים. עלת רבים. דבת ל' דובב שפתי ישנים (שיר ז') וכן כל דבת שבמקרא (פרלרי"ן בלע"ז בל"א געשוואטץ געפלוידער. געוואלט. וכן בראשית לז ב' במדבר יד לו ישעיה כג ז'. יחזקאל לו ג'): מגור מסביב. שמייראין ומפחידין אותי: בהוסדם. בהתיעצם: זממו. לשון מחשבה: (טז) בידך עתותי. עתים העוברים עלי על פיך הם ובגזרותיך: (יח) אל אבושה כי קראתיך. אחרי שקראתיך אין נאה שאבוש: ידמו לשאול. ישתתקו

## מנחת שי

(טו) ואני | עליך בטחתי. יש פסיק בין ואני ובין עליך כדי שיהיה דבריו של אדם ברורים כלפי מעלה ואל ימהר להוציא מפיו בבהלה ואני עליך כי האלהים בשמים ואדם עלי ארץ: (טז) בידך עתתי. חסר וא"ו: (יז) הושיעני. מלא יו"ד: (יח) יהוה אל אבושה. בגעיא:

## אבן עזרא

יתכן היות נשכחתי מפאת השם בעבור שלא יושיעני כאילו שכחני בעבור שאמר אחר כן כי שמעתי דבה רעה שיוליאו עלי שיפחד ממנה כל השומע או טעמו להיות לי מנור מכל סביבי: בהוסדם. מגזרת סוד: (טו) ואני. אף על פי שיחשבו האויבים ששכחתני אני בך אבטח ואודה כי אתה אלהי: (טז) בידך. כנגד השומרים הבלי שוא כי עת ישועתי בידך לבדך הוא: (יז) האירה. מלת על כמו אל כמו ותתפלל על ה' כמו יאר ה' פניו כי ההוה במצוק כיושב בחשך על כן האירה: (יט) תאלמנה. בעבור שהזכיר למעלה כי שמעתי דבת רבים והנה עתק כדרך וידבר אתם קשות והנה יחסר דבר וטעם לדיק כמוני:

## מצודת ציון

פחד כמו ויגר מואב (במדבר כ"ב): בהוסדם. ענין עצה שהיא כיסוד להבנין: זממו. חשבו: (יח) ידמו. יכרתו כמו אל תדמו בעונם (ירמיה נ"א): (יט) תאלמנה. מלשון אלם: עתק. חזק וקשה כמו ידברו

## מצודת דוד

בהוסדם. במה שהם מתייעצים עלי כולם יחד והושבים לקחת נפשי ורלה לומר ובעבור באני שומע כ"ז ואני כאלם לא יפתח פיו לזה אני שכוח בעיני כל כי חושבים שלום תקיתי: (טו) ואני. אבל אני אבטח בה' ולא אירא מהם: אלהי אתה. והעזרני מהם: (טז) בידך עתותי. כל העתות שעברו עלי בין העתים לטובה בין העתים לרעה הלא המה בידך ועל פיך נעשה: הצילני מיד אויבי. כי הלא הכל בידך: (יז) האירה. הראה לי פנים מאירות והוא מדרך משל הנהוג בבן אדם לרעהו: (יח) כי קראתיך. והואיל וכך בטחתי מהראוי שלא אבוש: ידמו. יכרתו לרדת שאול: (יט) תאלמנה. מהראוי שתאלמנה בשתי שקר:

from all sides when they take counsel together against me; they plotted to take my soul. 15. But I trusted in You, O Lord; I said, "You are my God." 16. My times are in Your hands; rescue me from the hands of my enemies and from my pursuers. 17. Cause Your countenance to shine upon Your servant; save me with Your kindness. 18. O Lord, let me not be shamed because I called out to You; let the wicked be shamed, let them be silenced to the grave.

**when they take counsel**—Heb. בְּהִוָּסְדָם *when they take counsel.*—[*Rashi*]

**to take my soul**—They plot not to capture me and take me as a slave, but to kill me.—[*Redak*]

**they plotted**—Heb. זָמָמוּ, *an expression of thought.*—[*Rashi*]

15. **But I trusted in You**—But I trusted in the Lord and did not fear them.—[*Mezudath David*]

**You are my God**—and You will help me against them.—[*Mezudath David*] Although my enemies think that You have forgotten me, I trust in You and give thanks to You because You are my God.—[*Ibn Ezra*] You are my Master and my Judge, not they.—[*Redak*]

16. **My times are in Your hands**—*The times that pass over me are through Your orders and by Your decrees.*—[*Rashi*] The times at which they plot to capture me and to lie in wait for me, are in Your hands, not in theirs. Therefore, rescue me, etc.—[*Redak*] *Ibn Ezra* sees this verse as a contrast to "those who await worthless vanities," in verse 7.

17. **Cause Your countenance to shine**—One who is in trouble is depicted as sitting in the dark. Therefore, he prays that God cause His countenance to shine on him.—[*Ibn Ezra*] God's shining countenance denotes salvation and success.—[*Redak*] David repeats this prayer numerous times to reveal that he expects God's salvation directly from His "countenance," which disregards the omens of the stars and planets. He therefore concludes, "Save me with Your kindness," which is superior to the heavens.—[*Yabetz*]

18. **let me not be shamed because I called out to You**—*Since I called You, it is not fitting that I should be shamed.*—[*Rashi*] I should not return empty-handed from before You, but the wicked [should], etc.—[*Redak*]

**let them be silenced to the grave**—Heb. יִדְּמוּ, *let them be silenced and made dumb to die.*—[*Rashi*] *Targum* paraphrases: let them be silenced and descend to the grave. *Redak* renders: let them be cut off to the grave.

שִׂפְתֵי שָׁקֶר הַדֹּבְרוֹת עַל־צַדִּיק עָתָק
בְּגַאֲוָה וָבוּז: כ מָה רַב טוּבְךָ אֲשֶׁר־
צָפַנְתָּ לִּירֵאֶיךָ פָּעַלְתָּ לַחוֹסִים בָּךְ נֶגֶד
בְּנֵי אָדָם: כא תַּסְתִּירֵם בְּסֵתֶר פָּנֶיךָ
מֵרֻכְסֵי אִישׁ תִּצְפְּנֵם בְּסֻכָּה מֵרִיב
לְשֹׁנוֹת: כב בָּרוּךְ יְהוָה כִּי־הִפְלִיא חַסְדּוֹ
לִי בְּעִיר מָצוֹר: כג וַאֲנִי | אָמַרְתִּי בְחָפְזִי

ת"א מה רב. סוטה ה' ל"א זוהר בראשית תרומה אמור פקודי שלח לך:

שִׁקְרָא דִמְמַלְלָן עַל
צַדִּיקַיָא גִדּוּפִין
בְּגֵיוְתָנוּתָא וּבְסָרְנוּתָא:
כ כְּמָא סַגִּי טוּבָךְ
דְאַטְשֵׁיתָא לְדַחֲלִין מִנָךְ
עֲנַדְתָּא לְסַבְרִין עֲלָךְ
לְמִפְרַע לְהוֹן אֲגַר טָב
קֳבֵיל בְּנֵי נָשָׁא:
כא תְּטַמְרִינוּן בְּטוּמְרָא
בְּעִדַּן רוּגְזָךְ מִגְדוּדֵי
גִבְרַיָא תְּטַשְׁנוּן כַּד
בִּמְטַלַּלְתָּא מִתְגְּרַת
לִישָׁנַיָא: כב בְּרִיךְ יְיָ
אֲרוּם פְּרַשׁ טִיבוּתֵהּ לִי
בְּקַרְתָּא כְּרִיכְתָּא:
כג וַאֲנָא אֲמַרֵית בְּאִתְבְּעוּתִי לְמֶעְרוֹק אִשְׁתְּצֵיתִי מִקֳּבֵיל יְקָרָךְ בְּקוּשְׁטָא שְׁמַעְתָּ קָל

### רש"י

ויאלמו למות: (יט) הדוברות על צדיק עתק. שאומרות לשאול עלי דוד מבקש רעתך: עתק. שרה דבר שאינו כמו ויעתק משם (בראשית י"ב) ודוגש פתר אותו לשון דבר גדול וקשה כמו עתקו גם גברו חיל (איוב כ"א) הון עתק (משלי ח') ולמכסה עתיק (ישעיה כ"ג)(סא"א): (כ) מה רב טובך. ידעתי לעולם הבא יש שכר טוב ליראך ומ"מ בעוה"ז שהרשעים מקיפין אותי אני מתפלל עליה' שתסתיר' בסתר פניך: (כא) מרוכסי איש. מחבורי רשעים המתקשרי' יחד להרע להם: (כב) בעיר מצור. בקעילה כשאמר שאול עלי נסגר לבא בעיר דלתים ובריח (שמואל א' כ"ג): (כג) ואני אמרתי בחפזי. כשיצאתי מקעילה ובאתי אל מדבר מעון והייתי נחפז ללכת מפני שאול כי השיגני ושאול ואנשיו עוטרים אלי ואל אנשי לתפשם: אמרתי. בלבי: נגרזתי. נכרתי ל' גרזן הכורת את העץ

### רד"ק

על עצמו ועל צדיקים אחרים: עתק. דבר עתק וחזק: (כ) מה. הרשעים מדברים דברים עתיקים על הצדיקים לפי שרואים אותם חלושים ואינם יודעים מה גדול הוא הטוב אשר צפנת להם לעה"ב ואם הם בעה"ז שפלים יתרוממו לעה"ב ומלבד זה פעלת וחדשת טוב רב להם פעמים רבות בעה"ז זהו נגד בני אדם לפי שלא יבושו בעיניהם מפני שהם חוסים בך: (כא) תסתירם. דרך תפלה או דרך נבואה: בסתר פניך. בסתר רצונך כי בפנותו אל האדם ר"ל שהוא רוצה בו וכשמעלים עיניו ממנו הוא שונאו: מרוכסי איש. מגאות בני אדם ומגבהותם כמ"ש בגאוה: תצפנם בסכה מריב לשונות. כמ"ש דבת רבים: (כב) ברוך. ואז אומר ברוך ה' כי הפליא חסדו לי כי דבר פלא היתה הצלתו ובדרך נבואה אמר זה: בעיר מצור. הייתי נשגב בו כאלו הייתי בעיר מצור. ומצור. ענין חוזק: (כג) בחפזי. שנאמר ויהי דוד נחפז ללכת מפני שאול

### אבן עזרא

(כ) מה. ואלה הדוברים עתק לא ידעו הטוב שצפנת ליראיך וכבר עשית כמה טובות בגלוי לחוסים בך וזה טעם נגד בני אדם: (כא) תסתירם. וככה כל יראיך תסתירם וסתרם הוא שתסתיר פניס מאנשים מעותים: מרכסי. מגזרה והרכסים לבקעה וי"א תסתירם בסתר שיראו פניך מריב לשונות ויש אומרים בסתר אפך וכעסך מהם בריב לשונות כי דבת רבים: (כב) ברוך ה'. י"א כאילו הייתי בעיר מצור או אז אומר בעיר מצור ברוך ה': (כג) ואני. נגרזתי. מגזרת גרזן שהוא כלי להרוג בו ויש אומרים שהוא הפוך וכאשר אמר עיניך אמר שמעת:

### מצודת דוד

(כ) מה רב. מה מאוד רב הטוב אשר צפנת לתת ליראיך בעוה"ב ואף הרבה טובה פעלת להחוסים בך נגד בני אדם רצה לומר אשר כל אדם חזו בו: (כא) תסתירם. כי הסתרתם בסתר הבאה מפניך להיות נסתרים מגבהות של איש רשע: מריב. מהמריבה הבאה מהלשונות: (כב) כי הפליא. אשר נס לי עשה חסד נפלא לחזק אותי כאלו הייתי בעיר מבצר: (כג) בחפזי. כשהייתי נחפז לברוח מפני שאול כמו שכתוב ויהי דוד נחפז (שמואל א' כ"ג) אז אמרתי נכרתי

### מצודת ציון

עתק (לקמן ל"ד): ובוז. ובזיון: (כא) מרוכסי. ענין גבהות וכן והרכסים לבקעה (ישעיה מ'): (כג) בחפזי. מלשון חפזון ובהלה:

22. **for He has been wondrously kind to me in a beseiged city**—*In Keilah, when Saul said concerning me* (I Sam. 23:7): "*for he has been shut in by coming into a city with doors and bars.*"—[*Rashi*] *Redak* renders: in a fortified city. I was granted refuge by God as if I was in a fortified city.

23. **But I said in my haste**—*When I left Keilah and came to the desert of Maon, I was hastening to leave because Saul and his men were surrounding me and my men, to seize us.*—[*Rashi*]

**I said**—*in my heart.*—[*Rashi*]

19. Let lying lips become mute, those that speak against a
righteous man falsely, with haughtiness and disdain. 20. How
great is Your goodness that You have laid away for those who
fear You, that You have worked for those who take refuge in
You, in the presence of the sons of men! 21. You shall hide
them in the secrecy of Your countenance, from bands of men;
protect them in a shelter from the strife of tongues. 22. Blessed
is the Lord for He has been wondrously kind to me in a
besieged city. 23. But I said in my haste,

19. **Let lying lips become mute**—It is fitting that they become mute.—[*Mezudath David*] This refers to the "gossip of many," mentioned in verse 14.—[*Ibn Ezra*]

**that speak against a righteous man falsely**—*That say to Saul concerning me, "David seeks to harm you."*—[*Rashi*]

**falsely**—Heb. עָתָק, *untruth, something unfounded, as* (Gen. 12:8): *"And he moved* (וַיַּעְתֵּק) *from there."* [I.e. something removed from the truth.] *Dunash* (pp. 17f.) *however, interpreted it as an expression of a great and strong thing, as* (in Job 21:7): *"grow strong* (עָתְקוּ) *and powerfully rich"*; (Prov. 8:18), *"powerful* (עָתֵק) *wealth"*; (Isa. 23:18), *"and for stately* (עָתִיק) *clothing."*—[*Rashi*] [*Not found in manuscripts or most early editions.*]

20. **How great is Your goodness**—*I knew that those who fear You have good reward in the world to come, nevertheless, in this world, because the wicked surround them, I pray for them that You hide them in the secrecy of Your countenance.*—[*Rashi*] The wicked speak of haughtiness and disdain and with harsh words against the righteous, God-fearing men, because they regard them as being humble and weak, but the wicked do not know how great is the good that You have laid away for the righteous in the world to come. If they are humble and weak in this world, they will be exalted in the world to come. Moreover, You have bestowed much good upon them in this world in the presence of the sons of men, for they need not be ashamed in their [men's] eyes for seeking shelter in You.—[*Redak*]

21. **You shall hide them**—This may be interpreted as a prayer or as a prophecy.—[*Redak*]

**in the secrecy of Your countenance**—in the secrecy of Your desire, for when God is said to face a person, it means that He takes delight in him, and when He is said to hide His eyes from Him, He hates him.—[*Redak*]

**from bands of men**—Heb. מֵרֻכְסֵי, *from the groups of wicked men who group together to harm them.*—[*Rashi*] *Redak* renders: from the haughtiness of the sons of men.

**from the strife of tongues**—From "the gossip of many."—[*Redak*]

נִגְרַזְתִּי מִנֶּגֶד עֵינֶיךָ אָכֵן שָׁמַעְתָּ קוֹל
תַּחֲנוּנַי בְּשַׁוְּעִי אֵלֶיךָ: כד אֶהֱבוּ אֶת־
יְהוָה כָּל־חֲסִידָיו אֱמוּנִים נֹצֵר יְהוָה
וּמְשַׁלֵּם עַל־יֶתֶר עֹשֵׂה גַאֲוָה: כה חִזְקוּ
וְיַאֲמֵץ לְבַבְכֶם כָּל־הַמְיַחֲלִים לַיהוָה:
לב א לְדָוִד מַשְׂכִּיל אַשְׁרֵי נְשׂוּי־פֶּשַׁע

## תרגום

צלותי באתחננותי
לותך: כד רחומו ית יי
כל חסידוי מהימניא
נטיר מן בית יי ופרע
על דורבני דעבדין
גיותנותא: כה תקופו
ויתעלם רעיונכון כל
דכלין למימרא דיי:
א לדוד שכלא טבא
אמר דוד טובוי דמן
דשבקין ליה מרודוי
חפין

ת"א חזקו. עקרים מח פמ"ט: לדוד משכיל. פסחים קיז זוהר כ' אמור: אשרי נשוי. ברכות לד יומא פו פז:

### רד"ק

שהיה אז בסכנה גדולה: נגרזתי מנגד עיניך. כמו נגזרתי מענין גרזן אמר חשבתי באותו העת שהושלכתי מנגד עיניך ולא תפנה אלי עוד: אכן שמעת קול תחנוני. והסבות סבות להצילני שנאמר ומלאך בא ויאמר מהרה ולכה כי פשטו פלשתים על הארץ: (כד) אהבו. צווי בסגו"ל מפני אות הגרון וברוב יבא בפתח כמו ושחטו את הפסח. אמר הדין עליכם שתאהבו אותו כשתראו מה עשה עמי כי אמונים נוצר ה'. שנצרני מכל אויבי. ואמונים תאר: ומשלם על יתר עשה גאוה. האמונים נוצר מיד הגאים המדברים בגאוה והעושים בגאוה ישפילם ומשלם להם על יתרם ועל גאותם: (כה) חזקו. כל המיחלים לה' כי הוא יאמץ לבבכם: (א) משכיל. כבר כתבנו בפתיחה ובמזמור הרביעי טעם משכיל ושאר ראשי המזמורים. אמר אשרי מי שנשא האל על פשעו וכסה את חטאתו בתשובה שישוב אל האל והנה אשריו שיהיה נקי מעון לעה"ב. ומלת נשוי בא בדרך בעלי נחי הה"א ועוד כפל הענין. ואמר:

### רש"י

על שם גזירתו נקרא גרזן כך פירש דונש (ומנחם חברו כמו נגרשתי ואין לו דמיון בתורה. סא"א): (כד) אמונים נוצר ה'. שומר ה' את המאמינים בישועתו וסומכין עליו: על יתר. (מדה במדה ומכוונת כמו על יתר הקשת סא"א) או יש לפתור על יתר חבל כנגד חבל קו כנגד קו ל"א יתר הוא ל' גאוה כמו (ישעיה ט"ו) יתרה עשה (פירוש ומשלם על יתר ומשלם בגאוה לעושה גאוה סא"א): (כה) חזקו ויאמץ לבבכם. כמו שראית' שעש' לי להושיעני שהוחלתי לו: לב (א) לדוד משכיל. אמרו חכמים כל מזמור שנאמר בו משכיל על ידי תורגמן אמרו: אשרי נשוי פשע. שהקדוש ברוך הוא נושא פשע ומכסה חטאיו נשוי (אנדפירדוני"ן בלע"ז פארדאכע"ד בל"א איהם פערצייהן פאר געבען להורות שהעיקר נשא כמו שכתוב הרד"ק ובא על דרך בעלי הה"א והוא ענין המחיל' כי סליחת העון היא

### מנחת שי

(כג) נגרזתי. סימן תלים נגרזתי קינות נגזלתי יונה נגרשתי: מנגד עיניך. כן כתיב: (כד) אהבו. האל"ף בסגו"ל ובספרים אחרים בחטף סגול וטעות נפל בחומשים שלנו מב"א וב"ג:
לב (א) נשוי. בגעיא:

### אבן עזרא

(כד) אהבו. לשון צווי כמו אחזו לנו שועלים: אמונים. תאר כמו פסו אמונים: על יתר. הנותרים מאנשי הגאוה ומלת לעשות לתקן הסבות כמו וימהר לעשות אותו ויתכן היות גאוה חסר בי"ת גם יחסר מלת מעשה כאילו אמר ומשלם על יתר עושי מעשה בגאוה: (כה) חזקו. אמר לחסידים אהבו בעבור גודל מעלתם ולמיחלים חזקו:
לב (א) לדוד משכיל אשרי נשוי פשע. יתכן היות זה המזמור על טעם פיוט תהלתו משכיל או בעבור שכתוב בו אשכילך ומלת נשוי פשע מבעלי האל"ף בא על דרך בעלי הה"א או שניהם נמצאים והעד ונשאו את כלימתם וכסוי פעול כי וכסה קלון פועל יוצא והטעם כי המוכה או הנגוע בעבור פשע שעשה בגלוי על כן אמר אודה עלי פשעי ויש שאלה קשה הנה מצאנו דוד אומר כי חסיד אני ולא תתן חסידך א"כ איך מצאנו בכמה מזמורים שיש לו פשעי' ועונות כי פשעי אני אדע והתשובה כי לבו היה שלם עם השם ולא פשע ולא חטא רק כנגד בני אדם יש לו פשיעות בשגגה ואחרים אמרו שהוא מדבר בעד אחרים שהם בגלות א"כ מה יעשה במלת כי פשעי אני אדע שהוא כדבר כם

### מצודת ציון

נגרזתי. מלשון גרזן ור"ל נכרתי כדבר הנכרת בגרזן:
לב (א) נשוי. ענין מחילה כמו כל תשא עון (הושע י"ד):

### מצודת דוד

מנגד עיניך כי היה קרוב מאוד לנמסר ליד שאול: אכן שמעת. כי נגאלתי גם אז מידו: (כד) אהבו. לזה אהבו את ה' כי הוא שומר אנשי האמונים: על יתר. על יתרון הגאוה של עושי הגאוה: (כה) חזקו. כל המקוים לה' חזקו ואמצו לבבכם ותהיו בטוחים כי הלא תראו כי יש תקוה:
לב (א) משכיל. בזה ישכיל את העם ללמדם דעת: נשוי פשע. אשרי למי שנמחל פשעו ונתכסה חטאו למען לא יזכר כי

last radical is "hey." [The literal meaning is: *whose transgression is lifted.*] *The implication is forgiveness, because the forgiveness of iniquity represents* [the sin] *being lifted up and taken away from upon a person.)*—[*Rashi*] [The parenthetical material is obviously not *Rashi's* but the addition of a publisher. Even the **laaz* appears only in the Bomberg and Warsaw editions.]

**Foreign translation of Hebrew.*

"I have been cut off from before Your eyes," but You heard the voice of my supplications when I cried out to You. 24. Love the Lord, all His pious ones. The Lord guards those who believe [in Him] and He pays with a bowstring him who works with haughtiness. 25. Strengthen yourselves, and He will give your heart courage, all who hope to the Lord.

32

1. Of David, a *maskil*. Praiseworthy is he whose transgression is forgiven,

**I have been cut off**—Heb. נִגְרַזְתִּי, *I have been cut off, an expression of an ax* (גַּרְזֶן) *which cuts the tree. Because of its cutting* (גִּזְרָתוֹ), *it is called* גַּרְזֶן, *an ax. This is how Dunash explained it* (p. 57). *(Menachem, however, defined it like* נִגְרַשְׁתִּי, *I have driven out, but it has no parallel in the Torah.* (p. 59). *(Menachem's definition appears only in certain editions of Rashi, not in manuscripts.)*—[*Rashi*]

**but You heard, etc**—and You devised methods of saving me, as in I Samuel 23:27: "And a messenger came to Saul, saying, 'Make haste and go, for the Philistines have spread out over the land.'"—[*Redak*]

24. **Love the Lord, etc.**—Therefore, love the Lord because He guards who believe in Him.—[*Mezudath David*]

**The Lord guards those who believe**—*in His salvation and rely on Him.—[Rashi*] For He guarded me from all my enemies.—[*Redak*]

**with a bowstring**—Heb. יֶתֶר *(with measure for measure and with exactitude, like an arrow on a bowstring. Not in all editions.) Or,* יֶתֶר *can be interpreted as a rope for a rope, a line for a line. Another interpretation:* יֶתֶר *is an expression of haughtiness, as* (in Isa. 15:7): *"Because of the haughtiness* (יִתְרָה) *with which they acted." (Thus, the passage is to be rendered:* וּמְשַׁלֵּם עַל־יֶתֶר, *and He repays with haughtiness those who work with haughtiness. This does not appear in all editions.)*—[*Rashi*]

25. **Strengthen yourselves, and He will give your heart courage**—*as you see that He did for me, to save me because I hoped for Him.*—[*Rashi*]

1. **Of David, a maskil**—*The Sages said* (*Pes.* 117a): *Every Psalm in which "maskil" is mentioned was said through an interpreter.*—[*Rashi*]*

**Praiseworthy is he whose transgression is forgiven**—*Whose transgression the Holy One, Blessed Be He, forgives, and He conceals his sins.* (נְשׂוּי *is anpardoné in Old French, pardoned,* indicating that the radical is נשא, as is stated by *Redak,* but it appears here as would a verb whose

כסוי חטאה: ב אשרי אדם לא־יחשב
יהוה לו עון ואין ברוחו רמיה: ג כי
החרשתי בלו עצמי בשאגתי כל־
היום: ד כי יומם ולילה תכבד עלי
ידך נהפך לשדי בחרבני קיץ
סלה: ה חטאתי אודיעך ועוני לא־
כסיתי אמרתי אודה עלי פשעי ליהוה

חפין על חטאוי: ב טובוי
דבר נשא דלא חשיב יי
ליה עוין ודלא ברוחיה
נכלא: ג מטול דשתקית
מן פתגמי אוריתא בלין
גרמי בנהמותי כולא
יומא: ד ארום יימם
ולילי תקיפת עלי
מחתך אתהפך רוטבי
היך שרבא דקיטא
לעלמא: ה חובתי
אודענך ועויתי לא
חפית אמרית אודי על
מרודי קדם יי ואת

ת"א אשרי אדם. זוהר נח : חטאתי. עקידה שער סג עקרים מ"ד פכ"ו זוהר ויקרא :

## רש"י

נשיאתו ונטילתו מעל האדם) : (ב) לא יחשוב ה' לו עון. ובלבד שלא תהא ברוחו רמיה להיות בדעתו לשוב אל קיאו : (ג) כי החרשתי. כאשר החרשתי מלהתודות על פשעי לפניך: בלו עצמי. מרוב אנחותי ודאגותי כל היום שהייתי דואג מן הפורענות: (ד) כי יומם ולילה. היה כבד עלי מורא ידך וגזירותיך: נהפך לשדי. לחלוח שלי וכן לשד השמן (במדב' י"א) לחלוח שמן כך פירשו דונש ומנח' הברו ל' שדידה כמו משוד עניים (לעיל י"ב) רשעי' זו שדוני (לעיל י"ז): בחרבוני קיץ. עד שייבש כחורב הקיץ מפני דאגת כובד ידך שהייתי דואג על חטאי ולפיכך: (ה) חטאתי אודיעך. תמיד ול' הווה הוא. כי אמרתי טוב שאודה עלי פשעי לה' ועתה כשהתודיתי ואמרתי לנתן הנביא חטאתי (שמואל ב' י"ב) : נשאת עון חטאתי. כענין שנא' שם גם ה' העביר חטאתך וגו':

## רד"ק

(ב) אשרי אדם לא יחשוב ה'. לו עונו למאומה כלו' שנשאר בראותו יושר לבבו ששב אל ה' בכל לבו וז"ש ואין ברוחו רמית כי אין תשובתו במרמה כאומר אחטא ואשוב ואמר דוד זה על עצמו שהיה דואג על עונותיו : (ג) כי. ענינו כאן כמו כאשר ואמר כאשר שתקתי וחשבתי בעצמי עוני : בלו עצמי. מרוב דאגתי אני שואג עליהם כל היום : (ד) כי. ביום ובלילה אני דואג על עוני וז"ש תכבד עלי ידיך שאני דואג מסכתך שלא תענישני עונש גדול כמו שעוני גדול. ולרוב דאגתי כחש בשרי ונהפך השמן לחורב וליובש. ולשדי הוא טוב השמן ולחותו. ואמר : בחרבוני קיץ. כי בקיץ יתיבשו העניינים והית דואג דוד שמא לא נגמר מירוק העון בעה"ז אולי יענש בו בעה"ב : (ה) חטאתי. אע"פ שהוא יודע הנסתרות אמר אודיעך כדרך ל' בני אדם כלומר שאתודה עליו בפי לפניך ולא אכסת אותו : אמרתי. השבתי : ואתה. בהתודותי לפניך בלב שלם תשא עלי חטאתי : נשאת. עבר במקום עתיד וכמוהו רבים

## אבן עזרא

שבע ועוד אפרשנו : (ב) אשרי. הנה כסוי חטאה הוא העושה תשובה וסר הרון השם ממנו ולא נראתה חטאתו שלא היה עליה עונש טעם יחשוב ממחשבה או חשבון. ורמיה כמו מרמה ויש אומרים ואין ברוחו להיות כקשת רמיה ועוד אפרשנו: (ג) כי. אם שתקתי שלא אדבר כדבור בני אדם בלו עצמי. בשאגתי כמו האריה שירים קול: (ד) כי. ידך. מכתך כי המכה ביד היא : לשדי. מגזרת לשד השמן והטעם הליחה החמה שבה חיי האדם גם בחרבוני קיץ דרך דרך משל שיבשה הליחה וימיו קרבו למות: (ה) חטאתי. כנגד כסוי הטאה ועוני כנגד לא יחשב ה' לו עון ופשע כנגד נשוי פשע וטעם אודה להתודות וטעם נשאת ברוח הקודש או שנשא עד היום עונו:

## מנחת שי

(ב) אשרי אדם. עיין מ"ש בריש סיפרא: (ד) בחרבני. לית וחסר :

## מצודת דוד

בודאי עשה תשובה הגונה : (ב) לא יחשוב. העון שעשה לא יחשוב לו ה' בהשבון מעשיו כי נמחל לו על ידי התשובה : ואין ברוחו רמיה. וזהו כשאין במחשבתו רמיה שאין עושה תשובה לרמות הבריות כי אם בלב שלם : (ג) כי החרשתי. ועל שגדול כל כך כח התשובה לזה כאשר החרשתי ועמדתי בשתיקה להתודות במעשי אז הייתי דואג על עונותי עד שבלו עצמי ועסקתי בשאגתי כל היום: (ד) כי וגו'. רלה לומר כי פחדתי סן יומם ולילה תכבד עלי מכת ידך והלחלוחים שבי יהיה נהפך ליובש כאילו היה לעולם בחורב הקיץ: (ה) חטאתי. לזאת אודיע חטאתי ולא אכחש בם כי אמרתי כשאודה עלי פשעי

## מצודת ציון

(ג) בלו. נרקבו : (ד) לשדי. ענין לחלוחית כמו לשד השמן (במדבר י"א) : בחרבני. מלשון חורב ויובש החום: קיץ.

*Until it dries up as the drought of summer out of my worry of the heaviness of Your hand, that I was worrying about my sins; therefore . . .*—[*Rashi*]

5. **I would inform You of my sin**—*always. This is a present tense. For I said, it is good that I should confess my transgressions to the Lord, and now that I confessed and said to Nathan the prophet, "I have sinned,"* (as in II Samuel 12:13) . . .—[*Rashi*]

whose sin is concealed. 2. Praiseworthy is the man to whom the
Lord ascribes no iniquity and in whose spirit there is no guile.
3. When I was silent, my bones decayed with my moaning all
day long. 4. For [both] day and night Your hand is heavy upon
me; my freshness was transformed as in the droughts of sum-
mer, forever. 5. I would inform You of my sin, and I did not
conceal my iniquity; I said, "I will confess my transgressions to
the Lord,"

2. **to whom the Lord ascribes no iniquity**—*provided that in his spirit there is no guile, thinking to revert to his "vomit."*—[*Rashi*] [*Rashi's* expression originates from *Midrash Psalms* 32:2, which is based on Proverbs 26:11.] *David* said this about himself. He was concerned about his iniquities and said: Praiseworthy is the one who knows that God has forgiven his sin.—[*Redak*]

*Redak* quotes his father, *Rabbi Joseph Kimchi,* who explains this verse in a very interesting manner. The Psalmist speaks of three categories of righteous men: 1) One whose transgression is forgiven: because he repented fully and sincerely, his sin was completely forgiven; 2) one whose sin is concealed, who has many merits and good deeds, but only one insignificant sin, much as a kernel of millet is invisible in a large measure of wheat; 3) one to whom the Lord ascribes no sin at all because he has committed no sins, nor has he thought to commit a sin; hence there is no guile in his heart. He commences with the righteous man who has sinned because most people have committed sins, and he concludes with the one who has not committed any sins because they are a rarity.

3. **When I was silent**—*When I was silent,* [when I refrained] *from confessing my transgressions before You.*—[*Rashi*] *Redak* explains: When I was silent and pondered my iniquity, my bones decayed from the magnitude of my worries, etc.

**my bones decayed**—*because of my many sighs and my worries all day, that I was worrying about the punishment.*—[*Rashi*]

4. **For [both] day and night**—*the fear of Your hand and Your decrees was heavy upon me.*—[*Rashi*]

**my freshness was transformed**—Heb. לְשַׁדִּי, *my moisture, and so* (in Num. 11:8): *"the moisture* (לְשַׁד) *of oil," the moisture of oil. This is how Dunash explained it* (p. 14). *Menachem* (p. 171) *associates* [it with] *an expression of plunder as* (above 12:6): *"from the plunder* (מִשֹּׁד) *of the poor"*; (above 17:9) *"Because of the wicked who have robbed me* (שַׁדּוּנִי)."—[*Rashi*] [Note that *Menachem's* definition does not appear in manuscripts of *Rashi* or in most early editions, and his rendering of this verse is obscure.]

**as in the droughts of summer**—

וְאַתָּה נָשָׂאתָ עֲוֺן חַטָּאתִי סֶלָה׃ ו עַל־
זֹאת יִתְפַּלֵּל כָּל־חָסִיד ׀ אֵלֶיךָ לְעֵת
מְצוֹא רַק לְשֵׁטֶף מַיִם רַבִּים אֵלָיו לֹא
יַגִּיעוּ׃ ז אַתָּה ׀ סֵתֶר לִי מִצַּר תִּצְּרֵנִי רָנֵּי
פַלֵּט תְּסוֹבְבֵנִי סֶלָה׃ ח אַשְׂכִּילְךָ ׀
וְאוֹרְךָ בְּדֶרֶךְ־זוּ תֵלֵךְ אִיעֲצָה עָלֶיךָ
עֵינִי׃ ט אַל־תִּהְיוּ ׀ כְּסוּס כְּפֶרֶד אֵין הָבִין
בְּמֶתֶג

**תרגום**

שבקתא עוית חובי לעלמין: ו מטול דא יצלי כל חסידא קדמך לעידן רעותה לחוד דייתון עממין סגיאין היך מיא לותה לא ימטון למבאשא: ז את הוא יי טמור לי ממעיקא תנטרנני ביעת שיזבותא תחזרנני לעלמא: ח אשכלינך ואלפינך באורחא דדין תהך אמלכנך ואשוי עלך לטבא עיני: ט לא תהוון כסוסיא והיך

## רד"ק

בדברי הנבואה או אמר נשאת דרך נבואה וסמיכת עון לחטאתי לגודל חטאתי: (ו) על. כיון שראו כי שמעת תפלתי ונשאת חטאתי יתפלל כל חסיד אליך אם קרהו עון: לעת מצוא. לעת שימצא לבו פנוי שיהיה לבו שלם בתשובה: רק לשטף מים רבים. אם יעשה זה אין צ"ל שהוא לא יאבד בחטאו. אלא אפי' באות בעולם צרות דומות לשטף מים רבים ששוטפים הכל: אליו לא יגיעו. כמו שלא הגיעו אלי: (ז) אתה. היית סתר לי ומצרות תצילני כל זמן שאני בהם מעינש עוני ולא נטשתני ביד אויבי: רני פלט תסובבני. רננות וצעקות של הצלה תסובבני כנגד האויבים שסבבוני: (ח) אשכילך. הוכיח למי שישמע תוכחתו יהיה יחיד או רבים: איעצה עליך עיני. אתן לך עצה מה שראיתי בעיני עצמי כי חטאתי והלכתי בדרך לא טוב ושבתי אל ה' בכל לבי וסלח לי בתשובה כן תעשה אתה: (ט) אל תהיו. כמו הבהמה שאין בה תבונה ולא הדע אם

## רש"י

(ו) לעת מצוא. כשתמצא לקבל תפילתו ומה היא זאת: רק לשטף מים רבים. אשר אליו לא יגיעו. שלא יפול ביד שונאים שהם כמים שוטפי' וכן מצינו שהתפלל דוד על זאת ואמר נפלה נא ביד ה' כי רבים רחמיו וביד אדם אל אפולה (שמואל ב' כ"ד): (ז) אתה סתר לי. להסתר בצלך מפני פחד אויב: תצרני. כמו תשמרני: רני פלט. רנה של הצלה: תסובבני. לשון הווה הוא סבבתני תמיד רני פלט וכך אמרת לי: (ח) אשכילך ואורך בדרך. ללכת: איעצה. ארמוז לך בעיני רמז מה תעשה. איעצה לשון קריצת עין כמו עוצה עיניו לחשוב תהפוכות (משלי ט"ז): (ט) אל תהיו כסוס כפרד. שאינו

## מנחת שי

(ס) ואתה נשאת. בלא פסק באמצע: (ו) לעת מצוא. במדוייקים כ"י מלא וס"ו ואל"ף: לשטף. במדוייקים כ"י בחמש נקודות וכן כתב רד"ק בשרשו: (ח) ואורך. בגעיא:

## אבן עזרא

(ו) על זאת. שאתה נושא עון: לעת מצוא. כדרך דרשו ה' בהמצאו ובקשתם משם את ה' אלהיך ומצאת או כאשר ימצא לבבו מפונה ממחשבות ופנוי מעסקיו וצרכיו אז יתפלל על דרך על כן מצא עבדך את לבו. טעם לשטף מים רבים רמז להמית אויביו במים כמו ימשני ממים רבים או המות והתחלואים והמשילם למים שהתגברו וטעם רק כי המי' יליכו אחרים וכאילו הוא קשור עם אליו לא יגיעו וכמוהו בלשוננו הרבה: (ז) אתה. יתכן להיות מצר כמו אויב או הצרת החולי כמו צר ומצוק והעד רבים מכאובים: רני פלט. אמר רבי משה תסובבני פועל יוצא לשני פעולי' קולות מלאכים שאמלט והנה רני כדרך ותעבור הרנה והם יוכיחוני ויאמרו אשכילך: (ח) בדרך זו תלך. כמו זאת ותחסר בי"ת מן עיני ויש אומרים הטעם רמז: (ט) אל תהיו. זאת היא העצה: כסום כפרד. דרך לחות בלא וי"ו כרע כאח לי ופעמים יחסרו הכ"ף א"ר משה

## מצודת ציון

כס ימי הסמה: (ח) ואורך. ואלמדך: איעצת. מלשון עלה:

## מצודת דוד

ואתחרט אז תמחול עליהם לעולם כי לא יזכרו עוד: (ו) על זאת. האמור למטה: לעת מצוא. כשימצא לבו שלם בתשובה: רק לשטף. רלה לומר לא יתפלל שלא יבא עליו הפורענות ככל כי. במה אם כן ימורק העון ורק תפלתו תהיה שלא יבוא הרבה יחד כשטף מים רבים: (ז) אתה סתר לי. ויאמר בתפלתו אתה תהיה לי לסתר מן הפורעניות ותשמור אותי מכל הצרות לבל יכלו אותי מן העולם: רני וגו'. לעולם תסבב אותי בריכה של הצלה ר"ל כשתבוא עלי צרה למרק העון ותלך לה ותבוא טוב והחזור ותלך לה ואז בכל פעם שתלך הרנן רינה של הצלה וכאלו אהיה מסובב בהם לעולם: (ח) אשכילך. אתן שכל בלבך ואלמדך אשר בדרך הזה תלך: איעצה. אתן לך עלה בדבר אשר ראיתי בעיני בעצמי כי גם אנכי חטאתי ושבתי לה' וכזה התפללתי והנה הועילה תפלתי: (ט) כסוס כפרד. אטוטי לב כמותם: במתג ורסן. אשר כשמקשטים אותו במתג ורסן אז מהלוך לבלום פיו לבל יקרב אליך

*insert a bit into his mouth, he closes his mouth and shakes his bridle, and when you curry him and brush him, you must close his mouth and chastise him with a bit and bridle when you adorn him and groom him.*—[*Rashi* from *Mid. Ps.* 32:2]

and You forgave the iniquity of my sin forever. 6. For this let every pious man pray to You at the time that You are found, only about a flood of vast waters [that] should not reach him. 7. You are a shelter for me, from an adversary You guard me; with songs of deliverance You encompass me forever, 8. "I will enlighten you and instruct you which way [to go]; I will wink My eye to you." 9. Be not like a horse, like a mule that does not discern;

**You forgave the iniquity of my sin**—*as the matter that is stated there* (verse 13): *"Also the Lord has removed your sin, etc."*—[*Rashi*]*

**the iniquity of my sin**—The repetition denotes the magnitude of his sin.—[*Redak*]

6. **at the time that You are found**—*When You are found to accept his prayer, and what is this?* . . . [*Rashi*]

**only about a flood of vast waters**—*that they should not reach him, that he should not fall into the hands of enemies, who are like flooding waters. And so we find that David prayed for this and said* (II Sam. 24:14): *"Let us fall now into the hand of the Lord, for His mercies are great; but into the hand of man let me not fall."*—[*Rashi*]

*Redak* explains:

**For this every pious man will pray to You**—Since they saw that You accepted my prayer and forgave my sin, every pious man will pray to You if he commits a sin.

**at the time of finding**—At the time that he finds his heart completely repentant.

**only about a flood of vast waters**—If he does this, it goes without saying that he will not perish for his sin, but instead even if great troubles come upon the world, troubles that are like vast waters, they will not reach him, just as they did not reach me.

7. **You are a shelter for me**—*to hide in Your shadow from before the enemy.*—[*Rashi*]

**You guard me**—Heb. תִּצְּרֵנִי, *like* תִּשְׁמְרֵנִי.—[*Rashi*]

**songs of deliverance**—*A song of rescue.*—[*Rashi*]

**You encompass me**—Heb. תְּסוֹבְבֵנִי. *This is the present tense. You always encompassed me with songs of deliverance. And so You said to me* . . .—[*Rashi*]

8. **I will enlighten you and instruct you which way**—*to go.*—[*Rashi*]

**I will wink**—*With My eye, I will hint to you what to do.* אִיעֲצָה *is an expression of winking the eye, as* (in Prov. 16:30): *"He winks* (עֹצֶה) *his eyes to think perverse thoughts."*—[*Rashi*]

9. **Be not like a horse, like a mule**—*which does not discern between one who benefits him and one who does him harm, for when you*

במתג ורסן עדיו לבלום בל קרב
אליך: י רבים מכאובים לרשע
והבוטח ביהוה חסד יסובבנו:
יא שמחו ביהוה וגילו צדיקים והרנינו
כל-ישרי-לב: לג א רננו צדיקים ביהוה
לישרים נאוה תהלה: ב הודו ליהוה

**תרגום**

כּוּדְנָא דְלֵית לְהוֹן בִּיוּנָא
בְזְמָמָא וּבְפְרוּמְבְיָא
תְקוּנֵיה לְאִתְחֲסָמָא
כִּחֲדָא לָא יִתְקְרֵיב
לְוָתָךְ: י סַגִיאִין כֵּיבִין
לְרַשִׁיעָא וּדְכָלֵי בַּיְיָ
טֵיבוּתָא יְחַזְרִינֵיהּ:
יא חֲדוּ בְּמֵימְרָא דַיְיָ
וּבְעוּ צַדִּיקַיָא וְשַׁבָּחוּ
כָּל תְּרִיצֵי לִבָּא:
א שַׁבָּחוּ צַדִּיקַיָא קֳדָם
יְיָ לְתְרִיצַיָא שַׁבְחָתָא:
ב אוֹדִיאוּ קֳדָם יְיָ בְּכִנָרָא

ת"א רבים מכאובים. (שבת טו): שמחו. זוהר אמור: רננו. סוטה ל׳ עקידה ש׳ נד כל המזמור. הודו לה׳. ערכין יג:

**רש"י**

מבין בין העושה לו טובה לעושה לו רעה כשאתה ממתגו במתג הוא בולם פיו ומכסכס ברסנו וכשאתה מקרדו ומקרצפו אתה צריך לבלום ולסגור פיו ולייסרו במתג ורסן כשאת׳ מעדהו עדי ומיפהו (מהגאון מהר"ז. ומיפה במסגר): **בל קרוב אליך**. שלא יקרב אליך להזיקך כשאתה מייפהו במתג ורסן עדיו לבלום בשעת עדיו שאתה מקרדו ומקרצפו אתה צריך לסוגרו במתג ורסן שלא יקרב אליך. ובלימה בלשון משנה לשון מסגר פיו בולם רגליו מבולמו׳ במסכ׳ בכורות ומנהס חבר לבלוס וכן על בלימה (איוב כ"ו) לשון תוכן (סא"א):

**רד"ק**

תעשה רע ותזיק ולא תבין וצריך לבלום פיה במתג ורסן שלא תקרב אליך לנשוך אותך. אבל אתם הבינו והתווסרו ושובו כמעשיכם הרעים ויסלח לכם. וזכר הסוס והפרד שהם נרכבים ויאחז הרוכב הרסן שהוא בפיהם בידו להנהיגם אל מקו׳ שירצ׳ למונעם מן המקום שירצו ללכת ולמנוע פיהם מהזיק. ומתג ורסן אחד. והיא כלי עשוי לבלום פי הבהמה אלא שהם משונים זה מזה בתכונות מעשיהם: עדיו. פיו: (י) רבים. הבוטח ברוב חיל ולא הפיס אל האל ולא הבין בעונותיו רבים מכאובים באים לו ואין מי שיצילהו מהם. אבל מי שהוא בוטח בה׳ ויבין שאין לו משען בלעדיו הבוטח בו לבד חסד יסובבנו הפך הרשעים שיסבבום מכאובי רבים: (יא) שמחו. מי שבוטח או ישמח מרוב הטוב שיבא לו מאתו או פי׳ שימצא נפשו בעבודת האל שמחה בבטחונו בו: והרנינו. פועל יוצא אתם שמח׳ והרנינו כל מי שלבו ישר בשרו אותו בטוב מאת האל: (א) ביהוה. בי"ת בה׳ במקום למ"ד או תהי׳ הבי"ת כמשמעה ופי׳ רינתכם ותהלתכם בה׳ תהי׳ לא בזולתו: נאוה. האל"ף נחה ושרש׳ אוה. והסכימה דעת המדקדקים שאל"ף שורש פ"א הפועל והנו"ן לבניין נפעל ויתכן שהנו"ן שורש ושרשו נאה כלומר יפה לצדיקים ולישרים לרנן ולהלל לה׳ כי הם המבינים והמשכילים בפועל ה׳ ובחסדיו עם ברואיו ובזה השתדלותם לא

**אבן עזרא**

אל תהיו כדמו׳ הסוס שהוא צריך למתג ולרסן ואמר עדיו כמו להיו וכמוהו המשביע בטוב עדייך: **לבלום**. מלה ידועה בלשון חז"ל. וטע׳ בל קרוב אליך להזיקך וי"א כי בל קרוב אליך חלילה לך מהיופך כסוס כדרך ועלת רשעים החקה מני וי"א כי תהסר מלת אותו כאלו כתב במתג ורסן תפארתו לבלום אותו ועוד עדיו על דרך למלוא פונו לשנוא: (י) **רבים**. אמר רבי משה מי שלא שם לבו לשמור אורחותיו אולי מעדו אשוריו ובעבור זה נקרא רשע ויתכן שהוא הנשוי פשע וטעם והבוטח בה׳ שלא ישען על הרופאים כאשא ודע כי הכתוב לא התיר להתרפאות רק ממכת בן אדם כי השם לבדו הוא רופא ישראל ורפואתו לחזק נפשו ולהוסיף על יראתו: (יא) **שמחו**. הצדיקים שלא חטאו הם שמחים שלא יבוא עליהם חולי כי רופאם שהיא השם הוא שומרם והוא יסיר כל מחלה הנמצאים במאכלם:

**לג** (א) **רננו צדיקים**. השמיעו קול ונאוה מגזרת תאוה והנו"ן לבנין נפעל על משקל וכל נעשה במרחשת ויש אומרים כמו נאה בלשון גמרא: (ב) **הודו**. **בנבל עשור**. אמר רבי משה נבל שיש בו עשרה נקבים ולא דבר

**מנחת שי**

(ט) בל קרב. חסר וא"ו:

**מצודת דוד**

לנשוך כי אין לו חלק בבינה לדעת שלקבטו משימין בו ולא להכאיבו ואמר שאתה לא תהיה כן ובין תבין שהיסורים הבאים המה למרק העון ולא תבעט בהם: (י) רבים וגו׳. כי הרשע המבעט ביסורים הנה באים עליו רבים מכאובים אבל הבוטח בה׳ ומשכיל לדעת שסמה לטובתו כי בהם ימורק העון ואינו מבעט בהם החסד מה׳ מסבבו כי יסירם ממנו ויהיה נקי מעון: (יא) שמחו בה׳. בהחסד הבא ממנו: **לג** (א) בה׳. במהללי ה׳: נאוה תהלה. להם נאה

**מצודת ציון**

(ט) במתג ורסן. שמות כלי ברזל ההושם בפי הבהמה להוליכה ע"י ולקבטה: עדיו. כמו המשביע בטוב עדיך (לקמן ק"ג): לבלום. ענין חסימת וסגירת הפה ובדברותינו ז"ל מי שבולם עצמו בשעת מריבה (חולין פ"ט): **לג** (א) נאוה. מלשון נאה ויפה:

1. **Sing praises to the Lord**—This may also be interpreted: Your praise and song shall be only concerning God.—[*Redak*] Alternatively: Sing joyously with the praises of the Lord.—[*Mezudath David*]

**for the upright, praise is fitting**—It is fitting for them to sing His praises, because they understand something of the glory of His greatness.—[*Mezudath David*]

2. **Give thanks to the Lord with a harp**—This is an instrument which arouses a person's intellect and aids it.—[*Redak*]

whose mouth must be held with bit and bridle, so that when he is being groomed, he does not come near you.
10. Many are the pains of the wicked, but as for him who trusts in the Lord—kindness will encompass him.
11. Rejoice with the Lord and exult, You righteous, and cause all those of upright hearts to sing praises.

## 33

1. Sing praises to the Lord, O you righteous; for the upright, praise is fitting.
2. Give thanks to the Lord

**so that . . . he does not come near you**—*So that he should not come near you to hurt you when you groom him, with bit and bridle (when he is being groomed, to close his mouth. When he is being groomed—when you curry him and brush him—you must close his mouth with a bit and bridle so that he does not come near you.)* בְּלִימָה *is an expression of closing in the language of the Mishnah: Its mouth is closed* (בָּלוּם), *its feet are closed* (מְבֻלָּמוֹת), *in Tractate Bechoroth* (40b). *(Menachem associated* לִבְלוֹם, *and also* בְּלִימָה (Job 26:7) *as an expression of regulating* (p. 45).)—[*Rashi*] (Parenthetic material is not found in all manuscripts.) [It is not clear whether the bit and bridle are the adornments of the horse and mule or whether they are the restraints used to prevent him from hurting the groom. The editor of *Shem Ephraim* considers these two distinct interpretations. See *Midrash Psalms* 32:2, fn. 15, 16, 17, 18, also *Parshandatha.*] *Redak* defines עֶדְיוֹ as "his mouth"; *Ibn Ezra,* as "his jaw." Hence, we render: with bit and bridle to close his mouth (or jaw), so that he does not come near you.

10. **Many are the pains of the wicked**—for he trusts in his vast wealth and does not consider God. He does not realize that his many pains result from his sins, and that no one can save him from his pains.—[*Redak*]

**but as for him who trusts in the Lord**—But he who trusts in the Lord and realizes that he has no support besides Him, must repent of his sins and of the acts forbidden by God. He will understand that both good and bad befall him according to his deeds, and he will trust in God alone.—[*Redak*]

**kindness will encompass him**—in contrast with the many pains that encompass the wicked.—[*Redak*]

11. **Rejoice with the Lord, etc.**—Whoever trusts in Him will rejoice from the bountiful good that He gives him. Another explanation: His soul will find enjoyment in the worship of God and the trust in Him.—[*Redak*]

**and cause all those of upright hearts to sing praises**—All those who wish to follow your way, tell them of the good that has befallen you and make them happy so that they will sing praises.—[*Redak*]

בְּכִנּוֹר בְּנֵבֶל עָשׂוֹר זַמְּרוּ־לוֹ: ג שִׁירוּ
לוֹ שִׁיר חָדָשׁ הֵיטִיבוּ נַגֵּן בִּתְרוּעָה:
ד כִּי־יָשָׁר דְּבַר־יְהוָה וְכָל־מַעֲשֵׂהוּ
בֶּאֱמוּנָה: ה אֹהֵב צְדָקָה וּמִשְׁפָּט חֶסֶד
יְהוָה מָלְאָה הָאָרֶץ: ו בִּדְבַר יְהוָה
שָׁמַיִם נַעֲשׂוּ וּבְרוּחַ פִּיו כָּל־צְבָאָם:
ז כֹּנֵס כַּנֵּד מֵי הַיָּם נֹתֵן בְּאוֹצָרוֹת

**תרגום**

בְּנִבְלָא דְעַסְרְתֵּי נִימִין
שַׁבַּחוּ לֵיהּ: ג שַׁבַּחוּ
קֳדָם יְיָ שִׁירְתָא חַדְתָּא
אוֹטִיבוּ לְשַׁבָּחָא
בְּיַבָּבָא: ד מְטוּל דְּתַקִּין
פִּתְגָּמָא דַּיְיָ וְכָל עוֹבָדוֹי
בְּהֵימָנוּתָא: ה רָחֵם
צִדְקְתָא וְדִינָא טוּבָא דַּיְיָ
מַלְיָא אַרְעָא: ו בְּמֵלְּא
דַּיְיָ שְׁמַיָּא אִתְעֲבִידוּ
וּבְרוּחָא דְפוּמֵיהּ כָּל
חֵילֵיהוֹן: ז דְּמַכְנִים הֵיךְ
זִיקָא מוֹי דְיַמָּא יַהֲבִנּוּן
בְּאַפּוֹתֵיקֵי תְהוֹמַיָּא:

**ת"א** כי ישר. עקידה ש' לב: אוהב לדקה. סוכה מט ערכין פח: בדבר ה'. שבת קיט ר"ה לב מגלה כא חגיגה יד: כונס. יומא ט' תענית ט' סנהד' קג עקידה ש' יד:

## רש"י

**לג (ב) בנבל עשור.** של עשר מיני נעימה: **(ז) כנד.** לשון גובה וכן תרגם אונקלוס נלבו כמו נד (שמות ט"ו) קמו כשור וכן פי' מנחם ואין נד ונאד שוין: **נותן באוצרות תהומות.** תחת הארץ:

## רד"ק

בתאות העולם: (ב) בכנור. כי כלי הנגון מעוררים הנפש החכמה ועוזרים אותה: בנבל עשור. חסר וי"ו השימוש והוא כמו בנבל ועשור ועשור הוא כלי נגון שיש לו עשרה יתרים. לפיכך נקרא עשור: (ג) חדש. חדשו לו שיר תמיד: היטיבו נגן. בפה וביד תשתדלו לרנן לו: (ד) כי. גזירות האל ומשפטיו ישרים הכל באמונה אין עול יכירו ויודו צדקו ואם יבואם מקר' ישבחו לאל ויודו צדקו ויכירו כי לטובתם הוא ומה שעושה האל באמונה הוא עושה וישבחו בשמחה ובטוב לבב על הרעה כמו על הטובה כי הרעה טובה הוא אצלם: (ה) אוהב. הוא עושה בעולמו פעם צדקה פעם משפט אבל החסד הוא הגובר לפיכך אמר חסד ה' מלאה הארץ: (ו) בדבר. כמו ויאמר אלהים במעשה בראשית והוא הרצון והחפץ וכן וברוח פיו והוא כפל דבר והנה השמים וכל צבאם נעשו בדברו והארץ בכללם: (ז) כנס. ועוד מחסדי האל על בריאיו שהקוה המים מעל פני הארץ וכנסם וקבצם במקום אחד והיתה יבשה כי לולי זה לא היתה בריה שם אלא הדגים. ואמרו כנד שהוא התל והערימה להורות כי המים גבוהים על הארץ. וכן נראה כי המים שהיו שטוחים על פני כל הארץ כשנקוו במקום אחד באמה גבהו על הארץ לרוב כי אין במקום שנקוו המים עומק. אף על פי שבסוף הארץ מושפעת ויורד' מפני שהיא כדורית ומה שאמר יורדי הים הוא כנגד השפה שהארץ גבוה על שפת הים וזה מנפלאות הבורא שהמים גבוהים ויבאו גלי הים עד המקום שהיא השפה ולא יעברו המקום לפיכך אמר נותן באוצרות תהומות כאלו הם באוצרות שלא יוכלו לצאת משם והנה באלו הפסוקים זכר הארבעה יסודות כי במלת שמים רמז יסוד האש וברוח פיו רמז האויר והארץ רמוזה בשני הפסוקים

## אבן עזרא

נכונה כי נבל כלי בפני עצמו ג"כ עשור כאילו אמר בנבל בעשור על דרך כרע כאח לי וכמוהו ככבש אלוף ככבש כאלוף כי הכ"ף ישמש בעבור שנים כדרך בי"ת באל שדי יעשה חפצו והעד שהם שנים עלי עשור ועלי נבל: (ג) שירו לו. בעבור שנים כאילו כתוב הטיבו נגן לו בתרועה כדרך אל באפך תוכיחני: (ד) כי. דבר ה'. הם גזרותיו שגזר ונקראו דברים שהכל על ידי המלאכים שהם עושי רצונו וככה הודו כל הנביאים גם חכמי הלב וטעם שמחו עם זה הכתוב כי הצדיקים בשמחה וברננה לעולם ואינם מתעצבי' על מה שגזר עליהם השם כי הכל יושר ואמונה: (ה) אהב. הזכיר יושר עם דבר כי הוא הנכון ואמונה עם המעשים שיוציא לאור כל תעלומה וצדקה כמו צדק כדי להשוות הכל ומשפט זה מזה והסדו כולל הכל על כן חסד ה' מלאה הארץ: (ו) בדבר. שב להזכיר הדבר כי לא החלקים לבדם דבקים בדבר השם רק השרשים והזכיר השמים וברוח פיו כמו בדבר ה' בעבור כי כל הנבראים בארץ וכל ההווה גם תלויים במערכת השמים: (ז) כונס. והנה הזכיר הארץ בתחלה כי היא המוצק ואנחנו הנולדים ממנה ואח"כ השמים ואח"כ הים ולא הזכיר גלגל הרוח והאש כי לא דבר רק על הנרא' לעין אמר רבי משה לא יגל' שטח הארץ שהיא היבשה רק בעמוד המים כמו נד שנקוו המים והנה כונס מגזרת לך כנוס את כל היהודים ונותן באוצרות הטעם כפול:

## מצודת ציון

(ב) בנבל עשור. כמו ועשור והוא כ"ז בעלת עשר נימין: (ז) כונס. מאסף: כנד. כדבר הצבור כמו קמו נד אחד (יהושע

## מצודת דוד

להלל לה' כי שמה ישכילו מה מכבוד גדלו: (ג) היטיבו. שירו בנגון טוב ויפה בקול תרועה: (ד) כי ישר. ומהראוי א"כ לספר הלולו: (ה) מלאה הארץ. עושה חסד עם כל הבריות: (ו) צבאם. הם המלאכים והגלגלים: (ז) כנס. אוסף מי ים אוקינוס להיות כמו נד ולבור גבוה מן הארץ ולא ירדו למטה כדרך המים: נותן. כלא

stood up like a wall, and so did Menachem (p. 121, missing) *explain it.* נֵד *and* נאד *are not the same.*—[*Rashi*] *Rashi* to Exodus ad loc. explains that נאד is a bottle. If the meaning were that He gathers in as in a bottle the word would be כְּבְנֵד.

**He puts the deeps into treasuries**—*under the earth.*—[*Rashi*]

with a harp; with a lyre of ten melodies make music to Him.
3. Sing to Him a new song; play well with joyful shouting.
4. For the word of the Lord is upright, and all his deeds are
with faith. 5. He loves charity and justice; the earth is full of the
Lord's kindness. 6. By the word of the Lord, the heavens were
made, and with the breath of His mouth, all their host. 7. He
gathers in the water of the sea as a mound; He puts the deeps
into treasuries.

**with a lyre of ten melodies**—Heb. בְּנֵבֶל עָשׂוֹר, *of ten kinds of melody.*—[*Rashi*] Note that *Rashi* to 92:4 defines עָשׂוֹר as a harp of ten strings. *Parshandatha* reconciles these two explanations: the ten strings produce ten different tones. According to *Arachin* 13b, this is a harp of ten strings, which will be used in the future, after the resurrection of the dead. It is called נֵבֶל, rather than כִּנּוֹר, because it produces a loud sound like that of a נֵבֶל, a wind instrument shaped like a bellows. *Ibn Ezra* quotes *Rabbi Moshe,* who defines this as a wind instrument with ten holes. He, himself, defines נֵבֶל and עָשׂוֹר as two separate instruments, but does not explain what they are. *Redak* explains that the עָשׂוֹר has ten strings, as the Talmud defines it (ad loc.).

3. **a new song**—Renew your songs to Him constantly.—[*Redak*] As mentioned above, the Talmud explains this as the song to be sung in the future, to the tune of the ten-stringed harp.

**play well with joyful shouting**—Praise God with your mouth and your hands.—[*Redak*]

4. **For the word of the Lord is upright, etc.**—God's decrees and His judgments are upright, and everything is just, as Moses states in Deuteronomy 32:4. The righteous recognize this and thank Him for His righteousness and His uprightness. If trouble befalls them, they praise God because they know that it is for their ultimate good; realizing this, they praise Him with joy for the evil as well as for the good.—[*Redak*]

5. **He loves charity and justice**—Sometimes he bestows charity and sometimes He performs justice, but kindness predominates, as the verse concludes: the earth is full of the Lord's kindness. Just as He bestows kindness on the world, so does He desire that His creatures do likewise.—[*Redak*]

6. **By the word of the Lord, the heavens were made, etc.**—It was an act of kindness that God created the world in the most beneficial manner possible, according to His infinite wisdom.—[*Redak*]

7. **as a mound**—Heb. כַּנֵּד, *an expression of height, and so did Onkelos render* (Exod. 15:8): נִצְּבוּ כְמוֹ־נֵד, *they*

תְּהוֹמוֹת׃ ח יִירְאוּ מֵיְהוָה כָּל־הָאָרֶץ
מִמֶּנּוּ יָגוּרוּ כָּל־יֹשְׁבֵי תֵבֵל׃ ט כִּי הוּא
אָמַר וַיֶּהִי הוּא־צִוָּה וַיַּעֲמֹד׃ י יְהוָה
הֵפִיר עֲצַת גּוֹיִם הֵנִיא מַחְשְׁבוֹת
עַמִּים׃ יא עֲצַת יְהוָה לְעוֹלָם תַּעֲמֹד
מַחְשְׁבוֹת לִבּוֹ לְדֹר וָדֹר׃ יב אַשְׁרֵי הַגּוֹי
אֲשֶׁר־יְהוָה אֱלֹהָיו הָעָם בָּחַר לְנַחֲלָה
לוֹ׃ יג מִשָּׁמַיִם הִבִּיט יְהוָה רָאָה אֶת־
כָּל־בְּנֵי הָאָדָם׃ יד מִמְּכוֹן־שִׁבְתּוֹ

ח וְיִדְחֲלוּן מִן קֳדָם יְיָ
כָּל יָתְבֵי אַרְעָא מִנֵּיהּ
יִרְתְּתוּן כָּל דַּיְרֵי תֵבֵל׃
ט מְטוּל דְּהוּא אֲמַר וַהֲוֵי
הוּא פַּקִּיד וְאִתְקַיַּם׃ י יְיָ
תְּבַר מִלְּכַת עַמְמַיָּא
בַּטֵּל מַחְשֶׁבֶת אוּמַיָּא׃
יא מִלְּכְתָא דַּייָ לְעָלְמָא
קַיְמָא מַחְשֶׁבֶת לִבֵּיהּ
לְדָרֵי דָּרַיָּא׃ יב טוּבוֹי
דְּגַבְרָא דַּייָ אֱלָהֵיהּ עַמָּא
דִּי בְּחַר לְאַחְסָנָא לֵיהּ׃
יג מִן שְׁמַיָּא אִסְתַּכַּל יְיָ
חֲמָא יַת כָּל בְּנֵי נָשָׁא׃
יד מִמְּדוֹר בֵּית מוֹתְבֵהּ
אוֹדִיק לְוַת כָּל יָתְבֵי
ארעא

## רד"ק

וזכרה בפי' למעלה שאמר וחסד ה' מלאה הארץ: (ח) ייראו. וכיון שהוא כן דין הוא שייראו מה' כל הארץ כי הוא תיקן להם הישוב: (ט) כי. אם תרצה תפרש אותו על הענין שכתב על בריאת העולם או על הענין הבא אחריו ה' הפיר עצת גוים. אמר כי הוא ברא את העולם ובידו הכל ואין כח באדם לשנות בעניני העולם ממה שהוא אמר וצוים להיות כי כן יהיה ויעמוד: (י) גוים. אפי' יהיו כל הגוים בעצה אחת ה' יפר עצתם או אמר גוים כנגד מה שעתיד לזכור אשרי הגוי אשר ה' אלהיו כי שאר הגוים נותנים הכח לאלהים אחרים. לפיכך אמר ה' הפיר עצת גוים: הניא מחשבות עמים. כפל הענין במ"ש: (יא) עצת ה'. דרך משל כנגד עצתם ומחשבותם: (יב) אשרי. כי איננה כאלה האמונות הסכלות. שאינם מאמינים בו. ואמר אלהיו כי הוא לעם לאלהים. וכן העם בחר לנחלה לו. כי הוא קבלם לעם נחלה ויודעים כי מאתו יבא להם הטוב יתמרותו והגוי שיש להם אמונה זו אשריהם: (יג) משמים. זה דעת הגוי שזכר. לא כאותם האומרים עבים סתר לו ולא יראה: (יד) ממכון. כפל מה שאמר במ"ש לחזק האמונה: השגיח כמו הביט:

## אבן עזרא

(ח) ייראו. והנה הכל נברא בדברו והנה ראוי הוא שיראו אנשי הארץ מהשם ויהדרו אל דברו והזכיר כל הארץ כדרך וכל הארץ באו מצרימה: (ט) כי הוא אמר. בחפץ וברצון לא בכלי: הוא צוה ויעמוד. הטע' כפול כאילו אמר כי הוא אמר ויהי אמר והוא צוה נווי ויעמוד כאשר פירשתי כדרך וכרך ולא אשיבנה כי כח השם בכח כל פועל עבר או עתיד: (י) ה'. אח"כ שעצתו עומדת אין כח לכל הגוי' להפר אות' רק הוא ויפר עצתם: (יא) עצת ה'. כנגד עצת גוים: מחשבות לבו. דרך משל כנגד מחשבות עמים: (יג) משמים. בעבור שהזכיר גבורת השם אמר כי הוא יודע סתרי לב והנה הוא חכם ואמיץ כח וטעם השקיף כאיש רואה הכל בעיניו והזכיר השמים כי הם סביבו' כל הארץ ואמר אל כל יושבי שלא יפקד מהם איש:

## מנחת שי

לג (י) ס' הפיר. בגעיא:

## מצודת דוד

את התהומות באוצרות לבל יצאו לשטוף הארץ: (ט) ויהי. כאשר אמר כן היה: ויעמד. כן יעמוד עד עולם: (יא) לעולם תעמוד. ואין מי לבטל עצתו: לדור ודור. תתקיים בכל ימי הדורות: (יב) אשרי הגוי. אשרי להגוי: העם. מלת אשרי משמשת בשנים כאלו אמר אשרי העם שה' בחר לנחלה לו: (יג) משמים. עם שהוא בשמים מביט לראות בארץ מעשה בני אדם: (יד) ממכון. מהשמים שמכון לשבתו וכפל הדבר במלות שונות:

## מצודת ציון

ג'): תהומות. כן יקרא רבוי המים: (ח) יגורו. יפחדו: (י) הפיר. הניא. מענין בטול ומניעה כמו יניא אותם והפר (במדבר ל'): (יד) ממכון. מלשון הכנה: השגיח. מלשון השגחה בהתבוננות רב:

8. Let all the earth fear the Lord; let all the inhabitants of the
world stand in awe of Him. 9. For He said and it came about;
He commanded and it endured. 10. The Lord frustrated the
counsel of nations; He put the plans of peoples to nought.
11. The counsel of the Lord shall endure forever; the plans of
His heart to all generations. 12. Praiseworthy is the nation
whose God is the Lord, the people that He chose as His inheri-
tance. 13. The Lord looked from heaven; He saw all the sons of
men. 14. From His dwelling place

8. **Let all the earth fear the Lord**—As everything was created by His word, it is fitting that the people of the earth fear Him and quake at His word.—[*Ibn Ezra*]

9. **For He said and it came about, etc.**—This may be interpreted as referring to the topic below: The Lord frustrated the counsel of nations, etc. He created the world, and all is in His hands. No man has the power to alter anything in the world from what He said and commanded to be, for so it will be. No man will be able to repeal His decrees either with strength or with wealth, and what man plans to accomplish cannot be accomplished unless God wills it so—as in the following verses.—[*Redak*]

10. **the counsel of nations**—Even if all the nations will be in one counsel and of one accord, the Lord will frustrate their counsel, as in Isaiah 40:17: "All the nations are as nought before Him." It may also be a contrast to the following verses that deal with Israel, the inheritance of God. The Psalmist states that among the nations, many attribute power to pagan deities. A minority of the nations believes that God has no knowledge of man's deeds. The truth is, however, that the Lord frustrates the counsel of nations.—[*Redak*]

11. **shall endure forever**—and no one can annul His counsel.—[*Mezudath David*]

12. **Praiseworthy is the nation whose God is the Lord**—Who does not abide by these foolish beliefs but says that the Lord is God, the judge, guide, and overseer of all. This nation chose them for His inheritance.—[*Redak*]

13. **The Lord looked from hcaven**—This is the belief of this nation, not like those who say that "The clouds are a concealment for Him, and He does not see, and He walks on the circle of the heavens," in Job 22:14.—[*Redak*]

14. **He oversees**—*He looks.*—[*Rashi*]

הִשְׁגִּיחַ אֶל כָּל־יֹשְׁבֵי הָאָרֶץ: טו הַיֹּצֵר
יַחַד לִבָּם הַמֵּבִין אֶל־כָּל־מַעֲשֵׂיהֶם:
טז אֵין הַמֶּלֶךְ נוֹשָׁע בְּרָב־חָיִל גִּבּוֹר לֹא־
יִנָּצֵל בְּרָב־כֹּחַ: יז שֶׁקֶר הַסּוּס לִתְשׁוּעָה
וּבְרֹב חֵילוֹ לֹא יְמַלֵּט: יח הִנֵּה עֵין יְהוָה
אֶל־יְרֵאָיו לַמְיַחֲלִים לְחַסְדּוֹ: יט לְהַצִּיל
מִמָּוֶת נַפְשָׁם וּלְחַיּוֹתָם בָּרָעָב: כ נַפְשֵׁנוּ
חִכְּתָה לַיהוָה עֶזְרֵנוּ וּמָגִנֵּנוּ הוּא: כא כִּי־

ת״א היוצר. ר״ה יח עקידה ש׳ י׳ (ר״ה כו): הנה עין. זוהר נשא עקרים מ״ב פמ״ח:

**תרגום**

ארעא: טו די ברא יתהון
מכון כחדא לבהון
ומתבונן לכל עובדיהון:
טז לית מלכא מתפרק
בסגעי חילותה גברא
לא מתפצי בסגעי
חיליה: יז שקרא סוסא
לפורקנא ובסגעי
תוקפה לא משתזיב:
יח הא עינא דיי מסתכלא
לדחלין מניה לסברין
לטיבותיה: יט למפצי
ממותא נפשיהון
ולקימותהון באולצנא:
כ נפשנא מסתכיא
לפורקנא דיי סעודנא
ותריסנא הוא: כא ארום

## רש״י

(יד) השגיח. הביט: (טו) היוצר יחד לבם. לב כולם יחד ויודע כל המחשבות ורבותינו הסיבוהו אל ממכון שבתו השגיח יחד לבם היוצר ודרשו מכאן שכולן נסקרין בסקירה אחת:

## רד״ק

(טו) היוצר. כי מי שיצר לבם באמת ידעם כלומר איך יעלמו ממנו מחשבות לבם והוא יצרם. ומה שאמר יחד. כי ידעם כולם דרך כלל וכן ארז״ל ודקדקו מלת יחד ואמרו כלם נסקרים בסקירה אחת ובין שידע לבם כל שכן מעשיהם זהו המבין אל כל מעשיהם ויש לפרש היוצר כמו האוצר כמו ואשליכהו אל בית היוצר שהוא האוצר ואחר כי הוא אוצר יחד לבב כלומר באוצרו ובגנזיו הם כלם: (טז) אין. יכירו בני אדם כי הוא המשגיח עליהם ומבין אל כל מעשיהם כי הנה תראה לפעמים כי המלך שהוא הגדול שבבני אדם ויש לו רב חיל לא יושע אלא יכשל עם כל חילו לפני עם מעט ובמה יהיה זה אם לא משגיח במעשה האדם: לא ינצל ברב כח. כי הנה סנחריב בניו הכוהו בחרב וגלית שהיה גבור נפל ביד דוד שהיה נער ורך. הנה לא יועיל לו לאדם כי אם רצון האל: (יז) שקר. כי האל נתן לו הגבורה כמו שאמר התתן לסוס גבורה כלומר כמו שנתתי אני. וכשלא ירצה האל בגבורתו יכשילנו ולא יושע בו רכבו: וברוב חילו לא ימלט. וברוב כחו לא ימלט הרוכב עליו: (יח) הנה. הבוטחים בחילם לא ינצלו אבל יראי האל והמייחלי׳ לחסדו שמירת האל עליהם ויצילם מחיל רב: (יט) להציל. במלחמה ואם יבא רעב בעולם יחיה אותם מאחר שמייחלים לחסדו לסבב סבות להשביעם בין הרעבים: (כ) נפשנו. ואנחנו יראיו המייחלים לחסדו נפשנו חכתה לה׳ לפיכך הוא עזרינו: (כא) כי. בהנצלנו מן הרעות ישמח בו לבנו

## אבן עזרא

(טו) היוצר. היוצר א׳ ואם היוצרי׳ שונים ע״כ הוא לבדו יבין אל כל מעשיהם: (טז) אין המלך. אין הגזרות כמחשבת היועץ הגדול בבני אדם והוא המלך והנה מה תועלת יש בעלתו והנה איננו נושע בעבור רוב כח שיש לו והטעם על מחנותיו: (יז) שקר. בעבור שאמ׳ השם התתן לסוס גבורה והטעם על סוס המלך והחיל: לא ימלט. הפעול חסר והוא נפשו: (יח) הנה עין ה׳. על דרך ואשימה עיני עליו ועיניך שים עליו: אל יראיו. ממנו לבדו לא ממלך שהוא בשר ודם ולא ייחלו רק לחסדו לבדו: (יט) להציל ממות. הרב או דבר: (כ) נפשנו. בעבור שראינו יראי השם והמייחלי׳ לו נמלטו על כן נפשנו חכת׳ לו וטעם עזרנו כנגד ברוב חיל שהזכיר עם המלך ומגיננו כנגד המלך כמו מגיננו ראה אלהים: (כא) כי

## מצודת ציון

(טז) חיל. צבאות עם: (כ) חכתה. קותה:

## מצודת דוד

(טו) היוצר. לפי שהוא הוא היוצר לבם יחד זה כזה איש לא נעדר אף הוא המבין אל כל מעשיהם לזאת ישגיח על הכל: (טז) אין המלך. מביא ראיה שהכל בהשגחה ואמר הלא ראינו שאין המלך נושע במלחמה עם רוב החיל אשר עמו ואם היה הכל לפי הטבע ראוי היה להיות נושע בהם: (יז) שקר הסוס. מרוצת הסוס הוא שקר להביא תשועה לבעליו: וברוב חילו. עם רוב כחו לא ימלט נפשו: (יח) עין ה׳. השגחת ה׳ היא על יראיו אשר יקוו לחסדו: (יט) להציל. ואף אם הטבע ינגד: ברעב. בהיות רעב בעולם: (כ) נפשנו. ולזה תחכה נפשנו אל ה׳ כי הוא מעולם עוזר לנו: (כא) כי בו. בישועתו ישמח לבנו כי בו בטחנו ודרכו להושיע

21. **For our heart will rejoice in Him**—When He saves us from troubles, our heart will rejoice in Him; we recognize that the salvation comes from Him, for we hoped in His name and were therefore saved.—[*Redak*]

He oversees all the inhabitants of the earth. 15. He Who forms their hearts together, Who understands all their deeds. 16. The king is not saved with a vast army; a mighty man will not be rescued with great strength. 17. A horse is a false hope for victory, and with his power, he will not escape. 18. Behold the eye of the Lord is to those who fear Him, to those who hope for His kindness, 19. to rescue their soul from death and to sustain them in famine. 20. Our soul waits for the Lord; He is our help and our shield. 21. For

15. **He Who forms their hearts together**—*All of their hearts together and knows all the thoughts. Our Sages, however, explain that it refers back to "From His dwelling place, the Creator oversees their hearts together," and they derived from here that all are viewed with one view* (*Rosh Hashana* 18a).—[*Rashi*] *Redak* suggests: He Who stores all their hearts together, Who keeps them in His treasury.

16. **The king is not saved with a vast army**—*Redak* asks: Is not the king indeed victorious with his vast army? Rather, the Psalmist wishes to bring out the idea that people should realize that God is their overseer; that He understands all their deeds and bestows good or evil upon whomever He wishes. The proof of this is that the king, the most powerful of men, who controls a vast military force, is not always victorious—sometimes he and all his armies are defeated by a small force. Now, how does this come about unless there is an overseer Who controls man's deeds?

17. **A horse is a false hope for victory**—For God gave him the might, as is stated in Job (39:19): "Did you give the horse his strength [as I did]?" When God does not wish to grant the horse might, He causes him to stumble, and the rider is not saved.—[*Redak*]

**he will not escape**—Lit. he will not cause to escape. He will not enable the rider to escape.—[*Redak*]

18. **Behold the eye of the Lord, etc.**—Whereas those who trust in their wealth will not be saved, those who fear God and hope for His kindness will be guarded by Him and rescued from vast armies.—[*Redak*]

19. **To rescue their soul from death**—*in war.*—[*Redak*]

**and to sustain them in famine**—If a famine comes upon the world, He will sustain them; since they hope for His kindness, He brings about ways of sustaining them among the hungry.—[*Redak*]

20. **Our soul waits for the Lord**—Therefore, He is our help and our shield when we are saved.—[*Redak*]

בְּמֵימְרֵיהּ יֶחְדֵי לִבְּנָא
מְטוּל דִבְשׁוּם קוּדְשֵׁהּ
אִתְרְחַצְנָא: כב יְהֵי
טוּבָךְ יְיָ עֲלָנָא הֵיכְמָא
דְסַבְרִינָן עֲלָךְ: א לְדָוִד
כַּד שַׁנֵי יַת מַדְעֵיהּ קֳדָם
אֲבִימֶלֶךְ וּפַטְרֵהּ וַאֲזַל:
ב אֲבָרֵךְ יַת יְיָ בְּכָל עִדָן
תְּדִירָא תּוּשְׁבְּחָתֵיהּ
בְּפוּמִי: ג בְּמֵימְרָא דַיְיָ
תּוּשְׁבַּחַת נַפְשִׁי יִשְׁמְעוּן
עִנְוְתָנַיָא וְיֶחְדוּן:
ד הָבוּ רְבוּתָא קֳדָם יְיָ
עִמִּי

בּוֹ יִשְׂמַח לִבֵּנוּ כִּי בְשֵׁם קָדְשׁוֹ בָטָחְנוּ:
כב יְהִי־חַסְדְּךָ יְהוָה עָלֵינוּ כַּאֲשֶׁר יִחַלְנוּ
לָךְ: לד א לְדָוִד בְּשַׁנּוֹתוֹ אֶת־טַעְמוֹ
לִפְנֵי אֲבִימֶלֶךְ וַיְגָרְשֵׁהוּ וַיֵּלַךְ: ב אֲבָרְכָה
אֶת־יְהוָה בְּכָל־עֵת תָּמִיד תְּהִלָּתוֹ
בְּפִי: ג בַּיהוָה תִּתְהַלֵּל נַפְשִׁי יִשְׁמְעוּ
עֲנָוִים וְיִשְׂמָחוּ: ד גַּדְּלוּ לַיהוָה אִתִּי

**ת"א** לדוד בשנותו. זוהר תרומה עקידה ש׳ כו: אברכה. זוהר בלק ודברים: גדלו. ברכות מה מח:

### רש"י

**לד (א) בשנותו את טעמו.** כענין שנאמר (שמואל א׳ כ"א) וישנו את טעמו בעיניהם וגו׳ ויתו על דלתות השער. ששנה דברו וטעמו ועשה עצמו שוטה והוריד רירו על זקנו (שם"א): **לפני אבימלך.** כך כל מלכי פלשתים נקראים וכל מלכי מצרים פרעה ואף על פי ששמו אכיש קורין לו אבימלך. ומדרש אגדה שהיה צדיק כאבימלך (שנכתב בתורה אצל שרה) שלא רצה להרגו ואנשיו אומרים לו (שם) הלוא זה דוד מלך הארץ. כדאיתא במדרש תהלים: **(ג) בה׳ תתהלל נפשי.** מתפאר אני ומתהלל שיש לי פטרון כזה להושיע ולהגן: **תתהלל נפשי.** (ספורוונ"א בלע"ז זעכפער וואנדע"ע בלשון אשכנז זיך ריהמען):

### רד"ק

כי הכרנו כי התשועה באה לנו מאתו כי בשם קדשו בטחנו: (כב) יהי. כן יהיה חסדך עלינו בכל עת ובכל זמן כמו שיחלנו: (א) אבימלך. הוא אכיש מלך גת ושני שמות היו לו. או היה שם כנוי לכל מלך כפלשתים אבימלך: ויגרשהו וילך. היה בסכנה גדולה ושנה טעמו. ופירוש טעמו. דעתו כדי שיתנכר אליהם או לפי שבראותם אותו כי היה שוטה ומתהולל לא יחושו עליו ועל גבורתו ולא ימיתוהו וכיון שגרשהו אכיש הודה לאל שהצילהו וחבר זה המזמור והוא באל"ף בי"ת בראשי הפסוקים זולתי הוי"ו שהוא באמצע פסוק: (ב) אברכה. כי תמיד הוא עושה לי נסים וחייב אני לברכו תמיד בכל עת: (ג) בה׳. לא במושיע אחר כי אין זולתו והוא נתן בלב אבימלך לגרשני ולא חקר עלי: ישמעו. הענוים הצלתי וישמחו אבל לא הגאים שהיו שונאי דוד: (ד) גדלו. אמר כנגד הענוים גדלו לה׳ אתי על הישועה שהושיעני ואני ואתם יחדיו נרוממה שמו:

### אבן עזרא

**בו ישמח לבנו.** כנגד יראיו: **(כב) יהי.** הזכיר חסדך ויחלנו לך כנגד למיחלים לחסדו:

**לד (א) לדוד בשנותו את טעמו.** טעמו לבו ושכלו ודעתו כמו משיבי טעם ואכיש היו לו שני שמות וכמוהו רבים: **(ב) אברכה.** בכל עת בהיותו במרחב או בצר או בטעמו או בשנותו אותו: **(ג) בה׳.** בו אתהלל עד שישמעו ענוי׳ תהלתי וישמחו: **(ד) גדלו.** כאילו ידבר

### מנחת שי

**לד (א)** ויגרשהו. יש ספרים בפתח הגימ"ל ובספר הלל מדוייק כתוב ויג רש הו הכי"ם בחטף פתח. גם בהילופים כלאס שזהו דעת ב"א: (ג) תתהלל. בגעיא:

### מצודת דוד

להבוטחים בו: (כב) כאשר. כפי התקוה כן יהי החסד: **לד (א)** בשנותו. בעת ששינה את דברו לדבר מבלי חכמה: לפני אבימלך. לפי שהיה ירא ממנו לבל יהרגו נפשו כמו שכתוב (בשמואל א׳ כ"א) ולזה דבר סוללות וסכלות לאחוז שאין הוא דוד: ויגרשהו. ועל ידי זה לזה אבימלך לגרשו והלך לדרכו וניצל מידו: (ג) בה׳. בתשועת ה׳ תתהלל נפשי וכאשר ישמעו ענוים ישועתי ישמחו גם המה: (ד) גדלו. ספרו גדולתו עמי: יחדו. אני ואתם:

### מצודת ציון

**לד (א)** טעמו. ענין דבור בחכמה כמו וטעם זקנים יקח (איוב י"ב): אבימלך. זה אכיש ונקרא אבימלך כי הוא שם כולל לכל מלכי פלשתים כמו ששם פרעה כולל לכל מלכי מצרים:

3. **My soul boasts of the Lord**—*I boast, and praise myself that I have a patron like this to save me and protect me. Se porvantera in French,* I will boast.—[*Rashi*] *Redak* explains: I boast of God, not of any other savior, because there is no other savior. He inspired Achish to banish me rather than investigate my identity.

**may the humble hear**—*the wonders that He did for me. Through my praise, they will understand it and rejoice.*—[*Rashi*]

4. **Declare the greatness of the Lord, etc.**—He addresses the humble and exhorts them to declare the greatness of the Lord, Who granted him salvation, and he and they will exalt Him together.—[*Redak*]

our heart will rejoice in Him, because we hoped in His holy
name. 22. May Your kindness, O Lord, be upon us, as we
hoped for You.

## 34

1. Of David, when he disguised his sanity before Abimelech,
whereupon he drove him out and he departed. 2. I will bless
the Lord at all times; His praise is always in my mouth. 3. My
soul boasts of the Lord; may the humble hear and rejoice.
4. Declare the greatness of the Lord with me,

22. **May Your kindness, O Lord, be upon us, etc.**—So may Your kindness always be upon us, as we hoped.—[*Redak*]

1. **when he disguised his sanity**—*as the matter that is stated* (in I Sam. 21:14): *"And he changed his speech before their eyes, etc. And he scribbled upon the doors of the gates." That he disguised his speech and his sanity and feigned madness and let his saliva run down upon his beard.*—[*Rashi*] The comment following the quotation from Samuel appears only in a few early editions and in no manuscripts.) This translation follows *Targum* and *Ibn Ezra. Mezudoth* explains טַעְמוֹ as "intelligent speech." *Rashi* to Samuel also renders: his speech.

**before Abimelech**—*All Philistine kings were called thus, and all Egyptian kings* [were called] *Pharaoh. Although his name was Achish, he was called Abimelech. The Midrash Aggadah explains that he was as righteous as Abimelech (mentioned in the Torah in relation to Sarah), for he did not want to kill him although his men were saying to him, "Is this not David, the king of the land?" As is stated in Midrash Psalms* (34:1).—[*Rashi*]

**whereupon he drove him out**—Because of this behavior, Abimelech ordered that David be driven out of his land, thus enabling him to escape and avoid being slain.—[*Mezudath David*] Out of great joy at his salvation, David composed this psalm in the order of "Alef-Beth."—[*Redak*]

2.—**I will bless the Lord at all times; His praise is always in my mouth**—*Because He always performs miracles for me, and I am obligated to bless Him and praise Him at all times. The Midrash* (Psalms 34:1) states: What is the meaning of "always"? This is what Scripture states (in Ecc. 3:11): "He made everything beautiful in its time." Even madness is beautiful in its time. That is the meaning of, "Of David, when he disguised his sanity before Abimelech." He feigned madness, disguising his sanity, and wrote on the doors, "Achish, the king of Gath, owes me a million gold coins."—[*Redak*]

וּנְרוֹמְמָה שְׁמוֹ יַחְדָּו׃ ה דָּרַשְׁתִּי אֶת־
יְהוָה וְעָנָנִי וּמִכָּל־מְגוּרוֹתַי הִצִּילָנִי׃
ו הִבִּיטוּ אֵלָיו וְנָהָרוּ וּפְנֵיהֶם אַל־יֶחְפָּרוּ׃
ז זֶה עָנִי קָרָא וַיהוָה שָׁמֵעַ וּמִכָּל־צָרוֹתָיו
הוֹשִׁיעוֹ׃ ח חֹנֶה מַלְאַךְ־יְהוָה סָבִיב
לִירֵאָיו וַיְחַלְּצֵם׃ ט טַעֲמוּ וּרְאוּ כִּי־טוֹב
יְהוָה אַשְׁרֵי הַגֶּבֶר יֶחֱסֶה־בּוֹ׃ י יְראוּ
אֶת־יְהוָה קְדֹשָׁיו כִּי אֵין מַחְסוֹר

**תרגום**

עמי ונרומם שמיה
כחדא: ה תבעית אולפן
מן קדם יי ועני ומכל
דחלתי פצי יתי:
ו אסתכלו לותה
ואתנהרו ואפיהון
לא עצבו: ז דין עניא
צלי קדם יי שמיע ומכל
עקתוי פרקיה: ח שרי
מלאכא דיי חזור חזור
לדחלין מניה ושזיב
הנון: ט אשתמודעון
נחמון ארום טב יי
טובוי לגבר דאתרחיץ
במימריה: י דחילו מן
קדם יי קדישוי ארום
לית חוסרנא לדחלוי:

ה״א חנה מלאך. יבמות קב מנחות מג זוהר שלח (ברכות יד): יראו. עקידה שער לג:

## רד״ק

(ה) דרשתי. כי בהיותו בין ידיהם היה בלבו דורש את ה׳ ומתחנן לפניו בלבבו שיצילהו מידם ומיד זולתם: ומכל מגורותי הצילני. מזו וממגרת שאול ששלח לביתו להמיתו והטיל כמה פעמים החנית עליו להמיתו: (ו) הביטו. עבר במקום עתיד וכמוה רבים. אמר כל בני אדם שהם בצרה יביטו אליו וינהרו אליו ענינו ההליכה במרוצה כמו שירוץ אדם למגדל עוז להשגב בו ולא יבושו בבטחונם זהו ופניהם אל יחפרו: יחפרו. ענין בשת כשיראו זה עני קרא וה׳ שמע ואמר ופניה׳. לפי שהבושת יראה בפנים. ויש מפרשים נהרו ענין אורה ר״ל הביטו אליו הצריכים לעזרתו ונהרו פניהם כלומר שיושעו: (ז) זה. ע״ע אמר כמו שפירשנו: (ח) חנה. כשהאויבים פונים סביבם להרע להם מלאך ה׳ חונה סביבם ואין להם כח לגעת בהם ויחלצם. וטעם מלאך כמאמ׳ דניאל אלהי שלח מלאכי׳ וסגר פום אריותא. (ט) טעמו. ידיעת השכל ובחינתו יקרא טעם וראו גם כן במראה העין כמו שתראו בעיניכם כי טוב ה׳ שמגיע טובו לחוסים בו והכירו ותדעו כי אשרי הגבר יחסה בו: (י) יראו. האל״ף נחה ואילו היה נראה היה על משקל שמרו זכרו ולהפריד בינו ובין יראו מן ראה הניחו האל״ף: קדושיו. הם המונעים עצמם מרוב התאוה כמו המזיר עצמו מן היין שנקרא קדוש. ואמר אתם קדושי ה׳ ומספיקים במעט מן העולם לא תיראו שיחסר טרפכם יראו את ה׳ לבדו והוא יטריפכם הצורך כי אין מחסור ליראיו ואמר זה לפי שהוא היה בין פלשתים ואין לו שם המכירים שיתנו לו לאכול ולפי שירא

## רש״י

ישמעו ענוים. נפלאות שעשה לי מתוך מהללי יבינו אותי וישמחו: (ה) מגורותי. ל׳ פחד כמו ויגר מואב (במדבר כ״ב): (ו) הביטו אליו. כל אותם שהביטו אליו מתוך צרתם: ונהרו. האירו פניהם: יחפרו. יתביישו כמו (ישעיה כ״ד) וחפרה הלבנה ובושה החמה: (ט) טעמו וראו כי טוב ה׳. טעמו דברו: (י) יראו. היו יראים

## מנחת שי

(י) יראו את ה׳. האל״ף נחה כמ״ש בסוף יהושע:

## אבן עזרא

עמהם ובקש מהם שיעזרוהו לגדל את השם: (ה) דרשתי. ספר להם שדרש השם בצר לו וענהו: (ו) הביטו. טעם אליו זה שהזכיר אחרי כן עני קרא וכמוהו אראנו ולא עתה והוא לדרך כוכב מיעקב: ונהרו. יאירו פניהם הפך אל יחפרו מגז׳ המנהרות ובתרגום ונהורא עמיה שריה וי״א מגז׳ ונהרו אליו מגזרת נהר: (ז) זה. שמע. עבר כמו האשר אהב בעבור היותו באתנחתא: (ח) חונה. בעבור שסבבוהו עבדי אכיש והשם שלח מלאך להצילו על דרך ישלח מלאכו לפניך וטעם סביב שטעם מלאך שם המין כמו ויהי לי שור וחמור והנה הטעם מלאכים רבים ככתוב בדברי אלישע ואע״פ שאינם נראים במראה העין הם נודעים בלב באמת: (ט) טעמו. מגז׳ טעמו זה הוא מראה הלב וראו מראה העין: (י) יראו. א״ר משה הי׳ ראוי להיו׳ יראו כמו קראו רק בא משונה בעבור שלא תתערב עם יראו לדיקי׳ וטעם, קדושיו הם העוזבים תאות העולם ועסקיו וטעם יראו

## מצודת ציון

(ה) מגורותי. פחדי: (ו) ונהרו. ענין הארה כמו ואל תופע עליו נהרה (איוב ג׳): (ט) טעמו. כן יקרא ידיעת השכל ובחינתו כמו טעמה כי טוב סחרה (משלי ל״א): (י) יראו. פחדו:

## מצודת דוד

(ו) הביטו אליו. לבטוח בו: ונהרו. ויבוא עליכם האורה ותשועה: אלי חפרו. כי השואל מה ואין נותנים לו יחפר ויכלם: (ז) זה עני קרא. כשזה שקורא הוא עני ומוכנע אז ה׳ שומע: (ח) ויחלצם.

who are satisfied with little from this world, and do not pursue your sustenance—do not fear that you will suffer deprivation. Fear the Lord alone, and He will supply you with all your needs.—[*Redak*]

**for there is no want to those who fear Him**—David says this because he had been wandering among the Philistines, in a land where he had neither kith nor kin to sustain him, but, because he feared God, he suffered no deprivation.—[*Redak*]

and let us exalt His name together. 5. I sought the Lord and He
answered me, and He delivered me from all my terrors. 6. They
looked to Him and they became radiant, and their faces will not
be ashamed. 7. This poor man called and the Lord heard, and
He saved him from all his troubles. 8. An angel of the Lord is
stationed around those who fear Him, and He saved them.
9. Comprehend and see that the Lord is good; praiseworthy is
the man who takes shelter in Him. 10. Fear the Lord, His holy
ones; for there is no want

5. **I sought the Lord and He answered me**—When he was in the hands of the Philistines, he sought God in his heart and beseeched Him to save him from their clutches.—[*Redak*]

**and He delivered me from all my terrors**—From this terror and from the terror of Saul, who sent [servants] to David's house to slay him and cast a javelin at him many times.—[*Redak*]

**my terrors**—Heb. מְגוּרוֹתַי, *an expression of fear, as* (in Num. 22:3): *"and Moab became terrified* (וַיָּגָר)." —[*Rashi*]

6. **They looked to Him**—*All those who looked to Him out of their trouble.*—[*Rashi*]

**and they became radiant**—*Their faces shone.*—[*Rashi*] *Redak* explains that the verse expresses the future tense. He renders: All those who are troubled should look to the Lord and stream to Him, and they will not be shamed for their trust.

**be ashamed**—Heb. יֶחְפָּרוּ, *they will be ashamed, as* (in Isa. 24:23): *"And the moon shall be ashamed* (וְחָפְרָה) *and the sun shall be abashed."*—[*Rashi*]

7. **This poor man called, etc.**—David is referring to himself.—[*Redak*] *Mezudath David* explains: When the caller is poor and humble, the Lord hears his prayer.

8. **An angel of the Lord is stationed around those who fear Him, etc.**—When their enemies camp around them intending harm, an angel of the Lord is stationed around them, and the enemies have no power to touch them. In this way, God saves them. Scripture relates instances of this, such as in Daniel 6:23: "My God sent an angel and He closed the mouth of the lions." Isaiah (63:9) states: "and the angel of His presence saved them." Jacob stated (in Gen. 48:16): "The angel who redeemed me from all harm."—[*Redak*]

9. **Comprehend and see that the Lord is good**—*Comprehend His word.*—[*Rashi*]

10. **Fear**—Heb. יִרְאוּ. *Be afraid, the imperative form.*—[*Rashi*]

**His holy ones**—who refrain from indulging their lusts, such as the nazirite, who abstains from wine and is given the appellation "holy." You holy ones of the Most High,

ליראיו: יא כפירים רשו ורעבו ודרשי
יהוה לא־יחסרו כל־טוב: יב לכו־בנים
שמעו־לי יראת יהוה אלמדכם: יג מי־
האיש החפץ חיים אהב ימים לראות
טוב: יד נצר לשונך מרע ושפתיך
מדבר מרמה: טו סור מרע ועשה־טוב
בקש שלום ורדפהו: טז עיני יהוה אל־

יא בני אריון אתמסכנו
וכפנו והבעי אולפנא
דיי לא יחסרין כל טובא:
יב אזילו בניא קבילו
מני דחלתא דיי אליף
יתכון: יג מן גברא
דבעי חיי רחם יומיא
למחמי טבא: יד טור
לישנך מביש וספותך
כמללא נכלא: טו זור
מביש ועבד טב בעי
שלמא ורדף בתרוהי:
טז עינוי דיי לות צדיקיא

ת״א כפירים. זוהר פנחס (יבמות ג׳) מי האיש. ע״ג יש עקידה שער ז׳ זוהר במיני: נלור. ע״ג שם זוהר משפטים: סור מרע. (פאה טו): בקש שלום. ברכות ז׳ יבמות קט קדושין מ׳: עיני ה׳. זוהר תצא ויקהל פקודי:

## רש״י

לשון לווי: (יא) רשו. לשון דלות: כל טוב. (נא״ן ביי״ן בלע״ז. כמו נעשון ביענ״ג בל״א קיין גוט) כמו כל מלאכה (שמות י״ב): (טו) בקש שלום. במקומך:

## רד״ק

את ה׳ לא חסר טרפו: (יא) כפירים. שיש להם גבורה בבקשת טרפם פעמים רשו ורעבו ולא תועיל להם גבורה אבל דורשי ה׳ וגו׳: (יב) לכו. פעמים יפול לשון הליכה על זירוז המעשה לא הליכה ממש. ופי׳ בנים. שמרו מוסרי ולמודי: יראת ה׳ אלמדכם. לפי שזכר כי אין מחסור ליראיו אמר כי שירצה להיות מיראיו אני אלמדכם היראה. ועוד אמר: (יג) מי. שירצה בחיים ובימים שיראה בהם טוב ישמע יראת ה׳ שאלמדנו והחיים וימי הטוב הם בעולם הזה ובעולם הבא ומה היא היראה: (יד) נצור. באלה שני הפסוקים כלל מצות עשה ומל״ת בדבור ובמחשבה ובמעשה: נצור לשונך מרע. מדבר רע בבני אדם ובכלל זה עדות שקר וקללת אביו ואמו וקללת הדיין והמלך וכל שכן ברכת השם: ושפתיך מדבר מרמה. שלא תדבר אחד בפה ואחד בלב שמרמה את חברו שמדבר לו טובות וחשב בלבו רעתו וזהו מל״ת שבלב: (טו) סור. מעשות רע ובכלל זה כל הלאוין אשר במעשה: ועשה טוב. כלל בו כל מ״ע שבמעשה: בקש שלום ורדפהו. בלב וזהו יראת ה׳ שלמדתי אתכם: (טז) עיני. ומי שאוחז הדרכים האלה נקרא ירא ה׳ וצדיק ומהו

## אבן עזרא

שלא תירחו טיבות להם. כוק או מחסור אפילו מכחם: (יא) כפירים. יש אומרי׳ הכופרי׳ בעיקר והנכון בעיני שהם בני האד׳ הדומי׳ לכפירים לטרוף ברוב אכלם הנה רשו ורעבו: ודורשי ה׳. שלא יבקשו לחם רק מהשם לבדו ויש אומרי׳ כי כאשר תפשוהו אנשי אכיש הרעיבוהו ובעמדו לפני אכיש היה רעב והשם בחסדו עזרו כדרך אליהו: (יב) לכו. הזכי׳ בני׳ שהם צריכי׳ לימוד: (יג) מי. תאות הכל לחיות שנים רבות ע״כ אוהב ימים ארוכים כמו אנשי מדות אנשי לבב והנה הטעם ימים ידועים כימי פלוני שחיה ככה: (יד) נצור. אמר לקדושים היראה בלב כי מעלתם גבוהה להשמר בלשון ובמעשה: (טו) סור מרע. מצות לא תעשה: ועשה טוב. מצות עשה: בקש שלום. כי אין משפט הכנים לבקש שררה ולהתגבר זה על זה: (טז) עיני. הזכיר העינים והאזנים הסתר והגלוי:

## מנחת שי

(יא) כל טוב. בחולם גם לא נמנה במסורה עם אותם שהם בשורק: (יב) לכו בנים. בגעיא:

## מצודת דוד

יוליאם בשליחותו בל מקום: (יא) כפירים. רלה לומר גדולים ועשירים: (יג) החפץ חיים. חיי עולם הבא: אוהב ימים. רלה לומר אוהב ימי העולם להרבות במעשים טובים לראות בטוב הטמוני בעולם הבא: (טו) בקש שלום. בקשהו יסיה לעשות שלום בין איש לאחיו. ורדפהו. ר״ל מאוד תהיה מחזיר אחר השלום:

## מצודת ציון

(יא) רשו. מלשון רש ועני: (יב) לכו. הוא מלת זרוז כמו ועתה לכו ונהרגהו (בראשית ל״ז) והנה הוא כא אליהם:

**and pursue it**—in your heart. This is the fear of the Lord that I have taught you, [to be] just as the slave who fears his master and obeys his every order, being scrupulously careful not to transgress any of them.

16. **The eyes of the Lord are to the righteous**—Whoever adheres to these ways is a God-fearing, righteous man. What is his reward from God? That Divine Providence clings to him in all his ways. If anything does befall him, he calls out to God, Who saves him from his misfortune.—[*Redak*]

to those who fear Him. 11. Young lions suffer want and are
hungry, but those who seek the Lord lack no good. 12. Come,
children, hearken to me; I will teach you the fear of the Lord.
13. Who is the man who desires life, who loves days to see
goodness? 14. Guard your tongue from evil and your lips from
speaking deceitfully. 15. Shun evil and do good, seek peace and
pursue it. 16. The eyes of the Lord are to

11. **suffer want**—Heb. רָשׁוּ, *an expression of poverty.*—[*Rashi*]

**no good**—Heb. כָּל טוֹב, *nient bon,* any good, *as* (in Exod. 12:16): *"any work* (כָּל־מְלָאכָה) *."*—[*Rashi*] Young lions, which are mighty and fierce, sometimes suffer deprivation, and their might does not avail them; but those who seek the Lord lack no good.—[*Redak*]

12. **Come, children, hearken to me**—Heb. לְכוּ, lit. go. This expression is often used to denote the inspiration to perform any act or deed. The expression, בָּנִים, *children,* denotes "those who obey me and follow my instructions." We find often the term בְּנֵי הַנְּבִיאִים, *the disciples of the prophets.*—[*Redak*]

**I will teach you the fear of the Lord**—Since he mentioned above that those who fear the Lord lack no good, he proceeds by stating, "Whoever wishes to be of those who fear the Lord, I will teach him how to acquire that fear."—[*Redak*]

13. **Who is the man, etc.**—Whoever desires life and days, in which to experience good, should hearken to the fear of the Lord, which I will teach him. This refers to life both in this world and in the hereafter.—[*Redak*]

14. **Guard**—This verse and the following one delineate the way to fear the Lord. They include all positive and negative commandments, in speech, thought, and deed.—[*Redak*]

**Guard your tongue from evil**—You shall speak no evil about anyone. This includes testifying falsely, cursing one's parents, cursing a judge or a king, and, surely, blasphemy.—[*Redak*]

**and your lips from speaking deceitfully**—You shall not speak hypocritically, such as deceiving one's fellow by promising him good while planning to harm him. This is a negative commandment involved with thought, e.g. (Lev. 19:17): "You shall not hate your brother in your heart."—[*Redak*]

15. **Shun evil**—Shun the commission of evil. This includes all negative commandments that involve action.—[*Redak*]

**and do good**—This includes all positive commandments that involve action.—[*Redak*]

**seek peace**—*in your place.*—[*Rashi*]

**and pursue it**—*elsewhere.*—[*Rashi*] *Redak* explains:

**seek peace**—with your mouth.

צַדִּיקִים וְאָזְנָיו אֶל־שַׁוְעָתָם: יז פְּנֵי יְהֹוָה
בְּעֹשֵׂי רָע לְהַכְרִית מֵאֶרֶץ זִכְרָם:
יח צָעֲקוּ וַיהֹוָה שָׁמֵעַ וּמִכָּל־צָרוֹתָם
הִצִּילָם: יט קָרוֹב יְהֹוָה לְנִשְׁבְּרֵי־לֵב
וְאֶת־דַּכְּאֵי־רוּחַ יוֹשִׁיעַ: כ רַבּוֹת רָעוֹת
צַדִּיק וּמִכֻּלָּם יַצִּילֶנּוּ יְהֹוָה: כא שֹׁמֵר כָּל־
עַצְמוֹתָיו אַחַת מֵהֵנָּה לֹא נִשְׁבָּרָה:
כב תְּמוֹתֵת רָשָׁע רָעָה וְשֹׂנְאֵי צַדִּיק

וְאוּדְנוֹי לְקַבָּלָא
צְלוֹתְהוֹן: יז פַּרְצוּפָא
דַיְיָ רְגַז בְּעָבְדֵי בִּישָׁא
לְשֵׁיצָאָה מִן אַרְעָא
דָּכְרָנְהוֹן: יח צַלִּין
צַדִּיקַיָּא וְקֳדָם יְיָ שְׁמִיעַ
וּמִכָּל עָקְתְהוֹן פַּצְנוּן:
יט קָרִיב יְיָ לִתְבִירֵי לִבָּא
וְיַת מַכִּיכֵי רוּחָא יִפְרוֹק:
כ סַגִּיאִין בִּישָׁן מְעַרְעָן
לְצַדִּיקָא וּמִן כּוּלְהוֹן
פָּצֵא לֵיהּ יְיָ: כא נָטַר
לְכוּלְהוֹן אִבְרוֹי חֲדָא
מִנְהוֹן לָא מִתַּבְּרָא:
כב מִיתוּתָא דְרַשִׁיעָא
בִּישָׁא וְסַנְאֵי צַדִּיקָא

**ת"א** קרוב ה'. עקרים מג פכ"ד: רבות רעות. זוהר ויגש: תמותת. סנהדרין פח:

### רש"י

ורדפהו. במקום אחר: (יז) פני. פנים של זעם (ליקוטי"ש בלע"ז. בל"א דער צארן. וכן כתב רש"י ביחזקאל י"ד ז') כמו (ויקרא כ) ושמתי אני את פני וגו' כך הברו מנחם: (יח) צעקו. הצדיקים וה' שמע: (כ) רבות רעות צדיק. הרבה רעות ופחדים באות עליו ומכלם נצול: (כא) שומר. הקב"ה כל עצמותיו: (כב) תמותת רשע

### רד"ק

תגמולו מאת האל ששמירת האל דבקה בו ומצילהו בכל דרכיו. וזהו עיני ה' אל צדיקים ואם יקרהו שום פגע יקרא אליו וישמע צעקתו ויצילהו מצרתו: (יז) פני. בצדיקים עיניו ושמירתו לטובה ובעושה רע פניו להכרית מארץ זכרם: (יח) צעקו. טעמו אל הצדיקים שזכר לא בעושי רע הדבק בו: (יט) קרוב. לשמוע צעקתם ותפלתם: ואת דכאי רוח יושיע. כפל ענין במ"ש: (כ) רבות. פעמים רבות ינסה האל את הצדיק לטובתו ולהראות צדקתו לבני אדם כי לא ימה מדרך האמת מפני הצרה ומכולם יצילנו שלא יכשל באחת מהם: (כא) עצמותיו. הם מעמידי הגוף ויסודו: נשברה. מלעיל והוא נפעל עבר: נשברה. מלרע והוא נפעל עומד: תמותת.

### אבן עזרא

(יז) פני. חרון אף שיראה בפנים כמו ופניה לא היו לה: (יח) צעקו. בשובם מרשעתם וי"א כי זה הפסוק שב אל שועת הצדיקים והנכון כאשר דברתי והעד. קרוב: (יט) לנשברי לב. הם ששבו מדרכם הרעה: (כ) רבות. הטעם אם תראו צדיק שבאו עליו רעות אל יואש כי השם יצילנו מכולם: (כא) שומר. והטעם שאפילו על אבריו שום נזק גדול לא יהיה והזכיר העצמות בעבור שהם מוסדות הגוף: (כב) המותה.

### מנחת שי

(יט) ואת דכאי. בגעיא:

### מצודת דוד

(יח) צעקו. אבל כאשר יצעקו בתפלה וישובו לה' אז ישמע לקול ויצילם מצרותם: (יט) לנשברי לב. המכניע עצמו ושב ממעשיו: (כ) רבות רעות. אף אם יבוא על הצדיק רעות רבות אין תוחלתו נאבדה כי מכולם יצילנו ה': (כב) תמותת וגו'. הרעה

### מצודת ציון

(יז) פני. ענין כעס הוא וכן אתן את פני (ויקרא כ) וזהו לפי שבהפנים נראה הכעס: (יט) דכאי. ענין כתות ושבר: (כא) מהנה. מהן: (כב) יאשמו. מלשון שממה וכן עדרי הצאן נאשמו (יואל א'):

blessed be He, [guards] *all his bones*.—[*Rashi*]

**not one of them was broken**—because the bones are the pillars of the body and its foundations.—[*Redak*]

22. **Evil will kill the wicked**—*The evil that the wicked man does will kill him*.—[*Rashi*]

**will kill**—Heb. תְּמוֹתֵת, [equivalent to] תָּמִית.—[*Rashi*] *Ibn Ezra* explains that this is in contrast with the righteous, who is stricken with many evils but is saved from all of them.

the righteous, and His ears are to their cry. 17. The face of the
Lord is against evildoers, to cut off their remembrance from the
earth. 18. They cry out and the Lord hearkens, and He saves
them from all their troubles. 19. The Lord is near to the
broken-hearted, and He saves those of crushed spirit.
20. Many evils befall the righteous, but the Lord saves him
from them all. 21. He guards all his bones; not one of them was
broken. 22. Evil will kill the wicked, and those who hate the
righteous

17. **The face of the Lord**—*His angry face, les ires in Old French,* ire. (*Rashi* writes the same in Ezek. 14:7,) *as* (in Lev. 20:5): *"And I will direct My face, etc." So did Menachem* (p. 143) *associate it.*—[*Rashi*] Whereas He guards the righteous in order to do good to them, He looks at the evildoers in order to cut off their remembrance from the earth.—[*Redak*]

18. **They cry out**—*I.e. the righteous, and the Lord hearkens.*—[*Rashi*] Although this verse follows the mention of the wicked, its antecedent is "the righteous," mentioned in verse 16.—[*Redak*]

19. **is near**—to hear their prayer.—[*Redak*]

**the broken-hearted**—Those who have repented of their sins.—[*Ibn Ezra*] He who humbles himself and repents of his deeds.—[*Mezudath David*]

**and He saves those of crushed spirit**—According to *Redak,* this is synonymous with the beginning of the verse. *Sforno* differentiates between the two phrases: the one of crushed spirit suffers more than the broken-hearted one. Therefore, God saves him even without prayer, just by looking at his affliction.

20. **Many evils befall the righteous**—*Many evils and terrors befall him, and he is saved from all of them.*—[*Rashi*] If you see that the righteous is plagued by many evils, let him not despair, for the Lord will save him from all of them.—[*Ibn Ezra*] Oftentimes God tests the righteous man for his own benefit, and to demonstrate his righteousness to his fellowmen, for his heart will not falter and he will not turn away from the true path because of his trouble.—[*Redak*]

**but the Lord saves him from them all**—that he will not stumble on any of them, as (in Prov. 24:16): "For a righteous man can fall seven times and rise, but the wicked shall stumble upon evil."—[*Redak*]

21. **He guards**—*The Holy One*

יֶאְשָׁמוּ: כג פּוֹדֶה יְהוָה נֶפֶשׁ עֲבָדָיו וְלֹא
יֶאְשְׁמוּ כָּל־הַחֹסִים בּוֹ: לה א לְדָוִד
רִיבָה יְהוָה אֶת־יְרִיבַי לְחַם אֶת־לֹחֲמָי:
ב הַחֲזֵק מָגֵן וְצִנָּה וְקוּמָה בְּעֶזְרָתִי:
ג וְהָרֵק חֲנִית וּסְגֹר לִקְרַאת רֹדְפָי אֱמֹר
לְנַפְשִׁי יְשֻׁעָתֵךְ אָנִי: ד יֵבֹשׁוּ וְיִכָּלְמוּ
מְבַקְשֵׁי נַפְשִׁי יִסֹּגוּ אָחוֹר וְיַחְפְּרוּ
חֹשְׁבֵי רָעָתִי: ה יִהְיוּ כְּמֹץ לִפְנֵי־רוּחַ

יְתְחַיְבוּן: כג פָּרוֹק יְיָ
נַפְשָׁא דְעַבְדוֹי וְלָא
מִתְחַיְבִין כָּל דִסְבָרִין
בְּמֵימְרֵהּ: א לְדָוִד
אִתְגָר יְיָ בְּמָרֵי תִגְרָתִי
סְדַר קְרָב קֳבֵל בַּעֲלֵי
קְרָבָתִי: ב אַתְקֵיף תְּרִיס
נְגִיל וְקוּם בְּסַעֲדִי:
ג וּשְׁלוֹף מוּרְנִיתָא
וּפְרוֹק לְאוּרְעוּת רָדְפַי
אֱמַר לְנַפְשִׁי פְּרִיקִךְ
אֲנָא: ד יִבְהֲתוּן וְיִכַּסְפוּן
תָּבְעֵי נַפְשִׁי יִרְתְּעוּן
לַאֲחוֹרָא וְיִתְכַּנְעוּן
חָשְׁלֵי בִישׁוּתִי: ה יְהוֹוּן
הֵיךְ כּוּזָא קֳדָם זַעֲפָא

### רש"י

פתח באתנח

**רעה.** תמותת את הרשע הרעה שהוא עושה: **התמותת.** תמית: (כג) **ולא יאשמו.** לא יתחרטו לאמר אשמנו שחסינו בך (רפונטירו"ט בלע"ז. רעפונטיראנ"ט בל"א בערייען): **לה** (א) **ריבה ה' את יריבי.** עשה מריבה עם אותם שעושים מריבה עמי: **לחם.** לשון מלחמה וכן לוחמי. הלחם עם הנלחמים עמי: (ג) **והרק חנית.** הזדיין כמו הריק הרבי (שמות ט"ו) וירק את חניכיו (ברא' י"ד): **וסגור לקראת רודפי.** הגן ביני וביניהם כמחילה: **לנפשי.** (א"י מו"י מאימא"ש בלע"ז. והוא אי מו"י

### רד"ק

הרעה שחושב לעשות תמותהו: **יאשמו.** האל"ף בשו"א לבדו והיא נקראת בתנועה קלה ועניינו מן שממה. **אשם ושמם בענין אחד:** (כג) **פודה.** הרשעים חושבים עליהם רעה והאל פודה אותם מידם. ואמר נפש. כי הם חושבים עליהם לקחת נפשותם: ולא יאשמו. הרשעים יאשמו ולא כל החוסים בו: **יאשמו.** האל"ף בשו"א לבדו והשי"ן בשו"א הראשון נח והשני נע: (א) לדוד. גם זה המזמור בברחו מפני שאול: **ריבה.** מלרע ציווי מבנין הפעיל משפטו הריבה: **יריבי.** היו"ד נוספת ענינו מריבי והוא תאר: לחם את לחמי. כפל הענין במ"ש: (ב) **החזק.** דרך משל כאדם האוחז כלי מלחמה להלחם. החזק ענינו אחוז בחזקה ויבא בקשר בי"ת ובלא בי"ת והוא לשון אחיזה: וקומה. מלעיל ואין כמוהו בספר: (ג) **והרק.** ענין חליצת למלחמה: וסגור. שם כלי המלחמה ויש מפרשים אותו ענין סגירה כלו' הסגר הדרך לקראתם ברדפם אחרי **שלא ישיגוני:** אמר נפשי. המבקשים לקחת נפשי ואתה בשר **נפשי** ואמור לה אל תפחדי ישועתך **אני** והענין **שיבא חזוק בלבו:** (ד) **יבשו.** כגבורתם ומתקותם: יסוגו אחור. ישובו אחור אמר כשתבא לקראתם בחרב ובחנית הם **ישובו אחור** מרדוף **אחרי: ויחפרו** חושבי רעתי. יבושו שחשבו לעשות לי רעה ולא יכולו: (ה) כמוץ. הוא התבן הדק והוא נדף לפני הרוח: **ומלאך ה'**

### אבן עזרא

**רעה.** אחת מיד תמותת הרשע כנגד רבות רעות לצדיק: (כג) **פודה. ולא יאשמו.** כמו ושונאי צדיק יאשמו וכמוהם תאשם שמרון: **לה** (א) **לדוד ריבה ה' את יריבי. יריבי** י"א שהוא הפוך כמו אם בוב תשובו אם שוב ישיבני ה' והנכון בעיני שהם שנים שרשים: (ב) **החזק.** הטעם כי המגן והצנה שאקה למלחמה אין משעני עליהם רק עליך שתחזקני ותהזק מגיני: (ג) **והרק.** כאלו אתה הוא שתריק החנית: וסגור. לסגור עליה' שלא ישיגוהו כרדפם אחריו: **אמר.** כי התשועה תהיה מהשם: (ד) **יבושו. יסוגו אחור.** כמו יכונו מבנין נפעל כי אלו היה מבעלי הנו"ן היה כמו יפלו בלב אויבי המלך: (ה) **יהיו. יתכן שידחה**

### מנחת שי

(כב) יאשמו. האל"ף בשוא לבדו ודומה לו תאשם שמרון (הושע י"ד): (כג) ולא יאשמו. האל"ף בשוא לבדו והשי"ן בשוא. הראשון נח והשני נע: כל החסים בו. בספרי ספרד במאריך ובמקף ועיין מה שכתבתי סוף פרשת ראה:
**לה** (א) ריבה. מלרע: (ב) וקומה. לית מלעיל בספרא: (ג) **ישועתך.**

### מצודת דוד

שהרשע עושה היא תמית אותו ר"ל העון עלמו מקטרג עליו: (כג) פודה. בגמול שכר המעשים טובים פודהו מן הצרה: **לה** (א) את יריבי. עם המריבים עמדי תריב אתה בעבורי: (ב) החזק. אחוז בידך מגן וגו' והיא מלשון הכושג **באדם:** (ג) וסגור. התילב בדרך וסגור לקראתם לבל ירדפו אחרי: (ד) יבושו. כאשר לא יוכלו לי: (ה) יהיו כמוץ. יהיו נעים ונדים ממקום למקום כמוץ הנד מפני הרוח:

### מצודת ציון

**לה** (א) לחם. מלשון מלחמה: (ג) והרק. ענין הוצאת הדבר מתערו כמו והריקותי אחריכם חרב (ויקרא כ"ו): (ד) יסוגו אחור. יחזרו אחור וכן לא נסוג אחור (לקמן מ"ד): חושבי. מלשון מחשבה: (ה) כמוץ. היא פסולת התבואה:

**to my soul**—*A moi meme in French,* to myself, *as* (in Jer. 18:20): "*for they have dug a pit for me* (לְנַפְשִׁי)."—[*Rashi*]

5. **Let them be as chaff**—Let them be moved from place to place like the chaff that moves with the wind.—[*Mezudath David*]

shall be accounted guilty. 23. The Lord redeems the soul of His
servants, and all who take refuge in Him shall not be accounted
guilty.

35

1. Of David. O Lord, strive with those who strive against me,
battle my foes. 2. Grasp a shield and encircling armor, and rise
to my assistance. 3. And arm Yourself with a spear and bar the
way before my pursuers; say to my soul, "I am your salvation."
4. May those who seek my life be shamed and embarrassed;
may those who plan my harm draw backward and be abashed.
5. Let them be as chaff before the wind,

**shall be accounted guilty**—This follows *Targum*. *Redak* renders: shall become desolate.

23. **redeems**—As reward for their good deeds, He redeems them from their trouble.—[*Mezudath David*]

**shall not be accounted guilty**—*They will not regret saying, "We are guilty, because we took shelter in You." Repontiront in Old French, se repentiront:* they repent.—[*Rashi*] *Redak* explains: The wicked plot evil against the righteous, but the Lord redeems them from their hands. David states: the soul, because the wicked plan to take their lives, and all who take shelter in Him shall not be made desolate. Only the wicked will be left desolate, not those who take refuge in God.—[*Redak*]

1. **O Lord, strive with those who strive against me**—*Make a quarrel with those who make quarrels with me.*—[*Rashi*]

**battle**—Heb. לְחַם, *an expression of war* (מִלְחָמָה), *and so* לְחַמָי, *battle those who battle with me.*—[*Rashi*]

2. **Grasp**—Heb. הַחֲזֵק, an expression denoting holding something strongly and swiftly.—[*Redak*]

**and encircling armor**—Heb. וְצִנָּה. *Rashi* to 5:13 defines צִנָּה as a shield that protects its bearer on three sides. *Rashi* to 91:4 defines it as one that protects him on almost all four sides.

This is an anthropomorphism, describing God as a man holding weapons and armor in his hand.

3. **And arm Yourself with a spear**—Heb. וְהָרֵק. *Arm Yourself, as* (in Exod. 15:9): *"I will arm myself* (אָרִיק) *with my sword";* (Gen. 14:14), *"And he armed* (וַיָּרֶק) *his trained men."*—[*Rashi*]

**and bar the way before my pursuers**—*Protect between me and them, as a barrier.*—[*Rashi*]

וּמַלְאַךְ יְהוָה דֹּחֶה׃ ו יְהִי־דַרְכָּם חֹשֶׁךְ
וַחֲלַקְלַקֹּת וּמַלְאַךְ יְהוָה רֹדְפָם׃ ז כִּי־
חִנָּם טָמְנוּ־לִי שַׁחַת רִשְׁתָּם חִנָּם חָפְרוּ
לְנַפְשִׁי׃ ח תְּבוֹאֵהוּ שׁוֹאָה לֹא יֵדָע
וְרִשְׁתּוֹ אֲשֶׁר־טָמַן תִּלְכְּדוֹ בְּשׁוֹאָה
יִפָּל־בָּהּ׃ ט וְנַפְשִׁי תָּגִיל בַּיהוָה תָּשִׂישׂ
בִּישׁוּעָתוֹ׃ י כָּל עַצְמֹתַי ׀ תֹּאמַרְנָה

**תרגום**

וּמַלְאֲכָא דַיְיָ דָחֵי׃ ו יְהֵי
אוֹרְחַתְהוֹן חֲשׁוֹכָא
וַחֲסִירָא וּמַלְאֲכָא דַיְיָ
רָדֵיף לְהוֹן׃ ז אֲרוּם מַגָּן
פְּרַסוּ לְוָתִי שִׁיחַ מְצָדְהוֹן
מַגָּן כְּמַנוּ לְנַפְשִׁי׃
ח תֵּיתֵיהּ שֵׁיצָיָא לָא
יִתְחַכַּם וּמְצַדְתֵּיהּ דִּי
פְּרַס תְּצַיְּדֵיהּ בְּשֵׁיצָיָא
יִפּוֹל בַּהּ׃ ט וְנַפְשִׁי
תֶּחְדֵי בְּמֵימְרָא דַיְיָ
תְּדוּץ בְּפוּרְקָנֵהּ׃
י כּוּלְהוֹן אֵבָרֵי תְהֶוְיָן
אָמְרִין יְיָ מַן כְּוָתָךְ פָּצֵי
עַנְיָא

**ת"א** כל עצמותי. ברכות כה זוהר תרומה ואתחנן (ברכות ג׳ ח׳).

## רד"ק

דוחה. כי המוץ פעמים יהיה לו מעמד לפני הרוח כשימצא דבר שיעמידנו אבל הם לא יהיה להם מעמד כי מלאך ה׳ ידחם: (ו) יהי. שתים רעות והשלישית ומלאך ה׳ רדפם כי ההולך בחשך יכשל ויפול וכן ההולך בחלקלקות ימעדו רגליו ויפול ועם כל זה יוכל לילך בנחת ואולי ימלט אבל אם רודף אחריו יצטרך לו ללכת במרוצה ועל כל פנים יפול: (ז) כי חנם. על לא חמס בכפי טמנו לי: שחת רשתם. ר"ל שחת ברשתם כלומר שחפרו ביר וכסו וטמנו פיו ברשת כדי שאעבור עליו ולא ארגיש ואפול לתוכו: לנפשי. כמו לגופי. אינני מקלל בחנם אבל הם רדפוני חנם ופי׳ שחת ורשת שני דברים הם כי השחת היא חפירה ויש לפרש שחת כמו רשת. סמיכות שחת לרשת לרוב השתדלותם ללכדו ואחר כן אמר חפרו לנפשי שחפרו לי חפיר׳ שאפול בה והענין כי בכל צד שיוכלו לחשוב תחבולות ולהתעולל עלילות ללכדני עשו כן: (ח) תבואהו. כנוי היחיד כנגד כל אחד מאויביו או כנגד שאול: לא ידע. לא ירגיש בה עד שתבואהו כדי שלא יוכל להמלט ממנה: בשואה יפל בה. ברשת שטמן לי. וענין שואה כמו מהומה הבאה פתאום: (ט) ונפשי. כשינקום לי מאויבי נפשי שחשבו לקחת׳ תגיל בה׳. תשיש בישועתו שתושיעה מידם: (י) כל. זה איננו חטוף בחביריו אלא נקרא בקמ"ץ רחב וזכרו העצמות במקום הגוף

## רש"י

מעמ"ט בל׳ אשכנז לו מיר זעלבסט) כמו כרו שוחה לנפשי (ירמיה י"ח): (ו) חשך וחלקלקות. שניהם יחד כדי שיחליקו רגליהם בחלקלקות והחשך אינו מניחם להשמר מן החלקלקות כד"א (שם כ"ג) לכן יהיה דרכם להם כחלקלקות באפלה ידחו ונפלו בה: (ז) חפרו לנפשי. שיהא ליפול בה: (ח) שואה. חשך. (ברואינה בלע"ז. מל׳ לאטיכ"א בל"א שטויב רעגען. רייף. וכן ביחזקאל ל"ח ט׳): ורשתו אשר טמן. כן דרך לטמון הרשת ולכסותו בקש או בעפר כדי שלא ירגיש בה העובר עליה עד שנלכד בה: (ט) ונפשי תגיל. כשאראה במפלתם: (י) כל

## מנחת שי

בגעיא: (ו) יהי דרכם. בגעיא בס"ם: וחלקלקת. חסר וא"ו: (י) כל עצמותי. ב׳ קמצין בטעם בקריא וסימן כל אחי רש שנאוהו (משלי יט) כל עצמותי תאמרנה וכן במכלול דף ר"כ

## אבן עזרא

הרוח המוץ אל מקום וינוח בו רק אם היה המלאך דוחה לא ינוח לעול׳ רק יתפזר כולו עד שלא ימלא: (ו) יהי. הטעם בברחם עד שלא ידעו אותה דרך יברחו: ומלאך ה׳ רודפם. עד שלא ינצלו: וחלקלקות. כפול כמו סחרחר שחרחורת והטע׳ החשך עב וחלק שיוכל כח הרגשת המשוש להכירו כדרך וימש החשך בהוא כמו כאשר ימשש העור ולהיותו כמו וימשש איננו נכון כלל: (ז) כי. שחת. מגזרת ישוח על משקל אשר זורה ברחת מגז׳ רוח: (ח) תבואהו. לכל אחד רעה שיאתה כל שומעה: תלכדו. כדרך וזה שמו אשר יקראו: (ט) ונפשי. רמז לנשמה העליו׳ ונקראה נפש בעבור היותה קשורה עמה: (י) כל עצמותי. רמז

## מצודת ציון

(ו) וחלקלקות. מלשון חלק: (ז) שחת. בור: רשתם. כמו ורשתם והוא פח יקוש: (ח) שואה. חושך כמו אמש שואה (איוב ל׳):

## מצודת דוד

(ו) יהי דרכם חשך. לבל יראו להשמר ויהיה דרכם חלק וימעדו רגלם בעת ינוסו כשירדפם המלאך והוא משל לומר שיהיו נלכדים בצרות ולא יוכלו להנצל: (ז) חנם. על לא חמס בכפי: לנפשי. כמו לגופי וכן ברזל באה נפשו (לקמן ק"ו) (ח) תבואהו. תבוא עליו חושך שלא ידע להזהר: אשר טמן. כי כן הדרך להטמין ולכסות הרשת לבל תהא נראה להשמר ממנה. תלכדו. את הפורש אותה: בשואה. בעבור החושך הבא עליו לא יראה ויפול בה: (ט) בה׳.

in *Rashi's* dialect may have meant "dark night," like the Italian *notte bruna.*]

**and his net that he hid**—*So is the custom to hide the net and to cover it with straw or with earth, in order that the one who passes over it should not notice it until he is caught in it.*—[*Rashi*]

9. **And my soul shall exult**—*when I see their downfall.*—[*Rashi*]

10. **All my bones**—*will praise You for everything, for now . . .*—[*Rashi*]

with an angel of the Lord thrusting them. 6. May their way be dark and slippery, with an angel of the Lord pursuing them. 7. For without cause they have hidden for me a pit, yea a net; without cause they have dug it for my soul. 8. May darkness that he does not know come upon him, and his net that he hid shall ensnare him; in the darkness may he fall into it. 9. And my soul shall exult in the Lord; it shall rejoice in His salvation. 10. All my bones shall say,

**with an angel of the Lord thrusting them**—Chaff sometimes stands before the wind if it finds a fence or something else to hold it in place. My enemies, however, should have nothing to hold them because an angel of the Lord will thrust them.—[*Redak*]

6. **dark and slippery**—*Both together, so that their feet should slip on the slippery places and the darkness should not allow them to beware of the slippery places, as it is written* (in Jer. 23:12): *"Therefore, their way shall be for them like slippery places in the dark: 'let them be thrust and fall therein.'"*—[*Rashi*]

*Redak* explains:

**May their way be dark and slippery**—These are two evils, and the third is . . .

**with an angel of the Lord pursuing them**—For if someone walks in the dark, he may stumble on a stone or an obstacle on the road and fall. Likewise, if one walks in slippery places he may slip and fall. He could walk slowly and thus perhaps avoid tripping, but if someone is chasing him, he must walk fast and will surely fall.

7. **a pit, yea a net**—Without cause, they hid for me a net in which I should be caught, and a pit into which I should fall. I did not curse them without cause, but they plotted to capture me without cause.—[*Redak*] He suggests also: a pit with a net. I.e. they dug a pit, covered it, and hid its opening with a net, so that when I passed over it, I would not notice the pit and would fall into it. Such tactics are used by hunters, who dig pits in the fields and the forests and cover them with nets and earth. The wild beasts do not notice the pits, and fall into them as they pass over.

**they have dug it for my soul**—*they have dug a pit into which I should fall.*—[*Rashi*]

8. **darkness**—Heb. שׁוֹאָה, *darkness, broine in Old French,* obscurity.—[*Rashi*] [This word is not known in Old French. The intention may be *nuit brune,* twilight, which

עַנְיָא מִן תַּקִּיף מִנֵּיהּ
וְעַנְיָא וַחֲשִׁיכָא מִן
אַנְסֵיהּ: יא קָיְמִין סַהֲדֵי
חֲטוֹפִין מִן דְּלָא חֲכִימִית
שָׁיְלִין לִי: יב פָּרְעִין לִי
בִּישְׁתָא חֲלַף טָבְתָא
בְּעַן לְמִתְכַּל לְנַפְשִׁי:
יג וַאֲנָא בְּעִדָּן מַרְעוּתְהוֹן
לְבִישַׁת סַקָּא סַגְּפִית
בְּצוֹמָא נַפְשִׁי וּצְלוֹתִי
עַל

יְהוָה מִי כָמוֹךָ מַצִּיל עָנִי מֵחָזָק מִמֶּנּוּ
וְעָנִי וְאֶבְיוֹן מִגֹּזְלוֹ: יא יְקוּמוּן עֵדֵי חָמָס
אֲשֶׁר לֹא־יָדַעְתִּי יִשְׁאָלוּנִי: יב יְשַׁלְּמוּנִי
רָעָה תַּחַת טוֹבָה שְׁכוֹל לְנַפְשִׁי:
יג וַאֲנִי בַּחֲלוֹתָם לְבוּשִׁי שָׂק עִנֵּיתִי
בַצּוֹם נַפְשִׁי וּתְפִלָּתִי עַל־חֵיקִי תָשׁוּב:

ת"א ואני בחלותם. ברכות יב:

## רש"י

עצמותי. יקלסוך על כל. כי עתה: (יא) יקומון. עלי תמיד עדי חמס וגו': (יג) והפלתי על חיקי תשוב. כלו' ואם יאמרו לא עניתי נפשי אלא לרעתם שיכבד עליהם

## רד"ק

כי העצמות הם מעמידי הגוף ויסודו אמר כי הנפש והגוף יודו לך שהצלת והודאת הגוף דרך משל. או פי' עצמותיו הודעזו איברי הגוף בכונת התפלה וההודאה וכאלו הם ישבחו. או פי' כל עצמותי כי מתכונת יצירת אברי הגוף ישבח אדם הבורא בהם וכאלו הם ישבחו: מי כמוך מציל. שתציל ועני מחזק ממנו שהצלת אותי מאויבי שהיו חזקים ממני ובדרש מציל יצר טוב מיצר רע: ועני ואביון מגזלו. וכי יש גזלן גדול מזה: (יא) יקומון. היו לו בישראל שונאים והיה בהם מי ששאל ממנו ממון בעד שקר ואף על פי שלא מצאנו זה בספר שמואל הנה ראינו שזכר זה החכם בין התלונות שהיו לי על שונאיו: (יב) ישלמוני. שאלו ממני ממון שלא ידעתי מעולם שהיה להם אצלי דבר ואני עשיתי עם אלה האנשים טובה. והם ישלמוני רעה שכול לנפשי או פי' יקחו ממנו ממון בחמס ויבקשו לקחת נפשי ויסובבו לה אם יוכלו: (יג) ואני. אם היה אחד מהם חולה הייתי כואב ולובש שק ומתענה בעבורו שירפאהו האל ולא שהייתי מראה כך אבל לא היה כן בלבי לזה אמר ותפלתי שהייתי מתפלל על חיקי תשוב כלומר הטוב שהייתי מבקש עליהם יבא אלי. ובי"ת בצום פתוחה כלומר בצום הידוע והוא היום שיתענו קרובי החולה גם אני עניתי

## אבן עזרא

לגוף כי העצמות מוסדותימו וכאילו תדברנ' והעידנה כי אין אלהים רק השם שיכול להציל זה העני: (יא) יקומון. יספר למה יביא השם עליהם הרעה ותביאם שואה לא ידעוה כנגד אשר לא ידעתי וטעם ישאלוני ישאלו ממני שאתן להם מה שלא ידעתי רק בעדות חמס: (יב) ישלמוני. והרעה הוא שכול לנפשי והוא שם: (יג) ואני. יספר טובתו והוא בחלותם לבושו שק והנה ידענו כי כל עינוי דבק עם נפש לעולם הוא צום ועניתם את נפשותיכם ונפש נענה תשביע יום ענות. אדם נפשו ואם כן מה טעם להוסיף מלת בצום והבי"ת פתוח והטעם כי ביום שכבד עליו חליו קראו אוהביו וחבריו צום והיה יום ידוע גם אני עניתי בו נפשי: והפלתי על חיקי תשוב. אמר רבי לוי הטעם שהייתי מתפלל ואני משתחו' ונדכה והנכון כדרך והשב לשכנינו שבעתים אל חיקם שיתן לי השם כמו תפלתי ובקשתי מהשם

## מנחת שי

כל מלת כל שהיא במקף ישוב ההולם לקמץ חטוף חוץ מסניס שיקראו בלא מקף בקמץ רחב כל עצמותי תאמרנה. כל אחי רש כמ"ש (במשלי י"ט): מי כמוך. במסרה שלנו בדניאל ס' נמסר סי' מן י"ח מלין דגושין בתר יהו"א בלא מבטל ובניס מהם ה' מי כמכה נאדר בקדש. כל עצמותי תאמרנה ה' מי כמוך ובסוף הספי' כתוב כל עצמותי פלוגתא דב"א וב"נ וכ"כ בס' עקב על פי' ויעקב וילענך אמנם בכל ספרי המדקדקים לא נמנה זה דתילים עם היוצאים מן הכלל וגם בפלוגתות שלנו שבין ב"א וב"נ לא נמצא זה עמהם וכן בכל הספרים שלנו רפי כדינו וכר מן דין אסכהגא בס' דקדוק ישן כלשון הזה וכן מי כמוך שבשירת הים הסמוך לאזכרת השם והוא מי כמכה הבני שבפ' היא נדגש שלא יהא נראה כמו ה' מיכה ולא יזכר שם מיכה גבי אזכרת השם אבל מי כמכה הראשון שאינו סמוך לאזכרת השם יעמיד בעומדו להרפותו וגם כל עצמותי שאמרנה ה' מי כמוך רפי כמשפט חיק יהו"א אף כי סמוך לאזכרת השם לפי שלא נאמר על הים ולא הודגש רק אותן שעל הים כי מיכה נגב פסלו והעבירו בים שנאמר ועבר בים לרה על כן נכון לדקדק באותו שעל הים כמבואר. עוד כתוב בס' הנזכר עם זו גאלת פלוגתא בין ב"א ובין ב"נ ובס' ר' אברהם אבן עזרא דגש מפני הונן הקריאה ע"כ. וכתבתי זה להראות שטעות נפל במקרא גדולה בכל במקומות בדניאל ובסרבה עקב כי מה שכתוב שם דמחלוקת ב"א וב"נ ובס' בן עזרא שאמר על פסוק עם זו גאלת כי באמת יש כו

## מצודת דוד

בעזרת ה': (י) מי כמוך. מי מושיע כמוך: מחזק ממנו. מן השואב החזק ממנו: מגוזלו. ממי שרוצה לגזלו: (יא) יקומון. עדי רשע קמים להעיד בי ושואלים ומבקשים ממני להחזיר דבר אשר לא ידעתי מעולם ולא בא לידי: (יב) תחת. במקום הטובה שעשיתי להם: שכול לנפשי. חפצים להביא עלי עת המיתה: (יג) בחלותם. כשהיו חולים היה לבושי שק והייתי מענה נפשי בצום בעבורם: ותפלתי. רלה לומר בן יאמרו שכל זה היה למען יכבד עוד החולי עליהם לזה אמר ותפלתי מה שהתפללתי עליהם

## מצודת ציון

(יב) שכול. ענין מיתה:

that it is proper for a person to pray that the wicked should repent and be spared the punishment of Gehinnom. *Meiri* suggests that the intention is that David repeatedly prayed for his enemies.

O Lord, who is like You, Who saves a poor man from one stronger than he and a poor man and a needy one from one who robs him. 11. False witnesses rise up; they ask me of things that I know not. 12. They recompense me with evil instead of good, death to my soul. 13. But, as for me, when they were ill, my attire was sackcloth; I afflicted myself with fasting, and may my prayer return upon my bosom.

11. **False witnesses rise up**—*constantly against me, etc.*—[*Rashi*] *Redak* explains:

[10] **All my bones**—Since the bones are the mainstays of the body, they are mentioned instead of the body.

**shall say, O Lord, who is like You**—He says that both his soul and his body will thank the Lord for saving them. The thanks of the body is figurative, like (84:3): "My soul and my flesh shall sing praises to the living God." It may also mean that his limbs would shake because of his intense devotion to his prayer and thanksgiving, as though they themselves were thanking God.

**Who saves**—I.e. because You save.

**a poor man from one stronger than he**—For You saved me from my enemies who were stronger than I. According to the Midrash (*Ps.* 34:23):

**Who saves a poor man from one stronger than he and a poor man and a needy one from one who robs him**—I.e. the good inclination from the evil inclination. Is there any robber greater than that?

[11] **False witnesses rise up, etc.**—David had enemies in Israel, among whom was one who claimed money with false witnesses. Although we do not find this in the Book of Samuel, he mentions this among his complaints against his enemies.—[*Redak*]

12. **They recompense me with evil instead of good**—They ask me for money but I never knew of any such debt. While I benefited these people, they recompense me with evil.—[*Redak*]

**death to my soul**—This matter is like death to my soul. Alternatively: they take money from me unjustly and strive to take my soul.—[*Redak*]

13. **But, as for me, when they were ill, etc.**—He relates the good that he sought and did for them. He says: If one of them was ill, I felt pain and anguish, and I would wear sackcloth and fast on his behalf, that God heal him.—[*Redak*]

**and may my prayer return upon my bosom**—*That is to say: If they say that I afflicted myself only for their detriment, that their illness should become more serious, may my prayer that I prayed for them return to me.*—[*Rashi*] From this verse, the Rabbis (*Zohar* vol. 1, 105a) derive

יד כְּרֵעַ כְּאָח־לִי הִתְהַלָּכְתִּי כַּאֲבֶל־אֵם
קֹדֵר שַׁחוֹתִי׃ טו וּבְצַלְעִי שָׂמְחוּ וְנֶאֱסָפוּ
נֶאֶסְפוּ עָלַי נֵכִים וְלֹא יָדַעְתִּי קָרְעוּ
וְלֹא־דָמּוּ׃ טז בְּחַנְפֵי לַעֲגֵי מָעוֹג חָרֹק
עָלַי

פתח באתנח

ת"א ובצלעי. מגילה נט סנהדרין קז: בחנפי. סנהדרין כב:

**תרגום**

על עובי תהוב: יד היך חברא והיך אחא דילי הליכית היך אבילא דמתאבל על אמיה חכיר שהיית: טו ובתברי חדו ואתכנשו מתכנשין עלי רשיעיא דמכבין לי במלהון ולא חכימית אלו כבזעין משכי ולא מפקין דמא: טז במלי שעיעותא ובמרהביא ומכקניא מעסן עלי ככיהון

## רש"י

הלייס. תפלתי שהתפללתי עליהם תשוב אלי: (יד) כרע כאח לי התהלכתי. כאלו היו לי אחי ורעי התהלכתי מיצר עליהם על צרתם: כאבל אם. כבן המתאבל על אמו או כאם המתאבלת על בנה: קודר. לשון שחרות: שחותי. לשון שפלות: (טו) ובצלעי שמחו ונאספו. וכשאני צולע שסבר בא עלי שמחו ונאספו: נאספו עלי נכים. אנשים פסחים כמו שאנו מתרגמין נכה חגירא. ומנחם חברו כמו נכאים (ישעיה ט"ז) (אומנוייש"ץ בלע"ז. המוניסע"ר בל"א ארמען. דיא אלמאזען נעהמען. בעטטלער): קרעו ולא דמו. אלו היה קורעין את בשרי לא היה דמי שותת לארץ כשמלבינין פני: (טז) בחנפי לעגי מעוג חרק וגו'. בשביל חניפות של ליצנות אכילה ושתיה שמחניפין לשאול בשביל שיאכילם וישקם חורקים עלי שניהם: מעוג. לשון אכילה כמו אם יש לי מעוג דאליהו

## רד"ק

נפשי עמהם כאילו היה אחי וקרובי: (יד) ברע. כן הייתי הולך קודר על מי שהיה חולה בהם כמו שעושה הריע על ריעו והאח על אחיו או כמו שמתאבל הבן על אמו שמתה ואמר אם ולא אב כי יותר כואב אדם על אמו שנוצר במעה בבטנה והניקתו וגדלתו וטפחתו עד שגדל אף אחר שגדל האם מצויה בבית ומכינה לבן צרכו במאכל ובמשתה. כן שחותי והלכתי קודר. כי האבל והמצטער הולך שחוח. וטעם קודר. כי מפני היגון ואנחה ינום זוהר פני אדם כי יתקדרו פניו או אמר קודר על המלבוש כי האבל לובש שחורים: (טו) ובצלעי. והם שמעו בשהייתי צולע מכאב איברי היו נאספים לספר עלי ולשמוח זה עם זה לחליי: נכים. אנשים פחותים כלו' שהם נכים ודחופים מפחיתותם. ופי' לא ידעתי למה נאספו עלי לשמוח בצרתי כי אני לא גמלתי להם רעה: קרעו ולא דמו. קרעו פיהם מרוב השחוק ולא שתקו משחקם עלי כי יבא לשון הקריעה בענין הפתיחה בזה הדרך. וא"א ז"ל פירש קרעו מה שלא יוכלו להפור אם יתחרטו וכן הוא דרך משל במעשים ובדברים רעים: (טז) בחנפי לעגי. סמוך על סמוך ופי' אנשים חנפים ולועגים מתעסקים בדברים בטלים. זהו פי' מעוג שיחה בטלה. וביאת בחנפי כמו עם. ופירושו אלה הנכים יאספו עם החנפים ואנשי לעג ישחקו ויחרקו עלי שניהם והמפרשים פירשו מעוג כמו עוגה ור"ל האנשים המתענגים ובעלי התאות: חרק. מקור.

## מנחת שי

מחלוקת ב"א וב"נ אבל זה דתילים ליכא מאן דפליג דהוא רפי ועיין מ"ש בפרשת בשלח בשם א"ת: (טו) ונאספו. בגעיא:

## אבן עזרא

בעבורו: (יד) ברע. התהלכתי. דבק עם כאבל אם והנכון שהוא עם קודר הלכתי וטעם קודר כי מנהג האבל ללבוש עלמו קדרות: (טו) ובצלעי. הרמז בחליי מגזרת והוא צולע על ירכו בעבור שיאהה לעמוד על רגליו וללכת ככל בריא: נכים. תאר על משקל מתים והוא נכה רוח כמו גאים וי"א כמו נכה רגלים כנגד ובצלעי וטעם ולא ידעתי שהם עידי חמס שהכרתים ובקרתים בחליים נאספו נכים פחותים מהם לבקר אותי ואע"פ שלא ידעתי מי הם: קרעו. בשרי דרך משל שידברו רעות בי: ולא דמו. מגזרת דמם מפעלי הכפל כמו תמו דברי איוב: (טז) בחנפי. י"א שהחנפים יאמרו דבר שילעגו להם בעלי מעוג וזה הפי' ארוך אין לו טעם והקרוב אלי שמלה החנפי' שהם חנפי לעג הלעג בעיניהם כמעוג לאכלו להם ע"כ למעלה קרעו בשרי והעד שכן הוא הבא אחריו חרוק

## מצודת ציון

(יד) קדר. ענין השך כמו שמש וירח קדרו (יואל ד'): שחותי. ענין שחיה וכפיפה: (טו) ובצלעי. ענין הנגף ופסח כמו והוא צולע (בראשית ל"ב): נכים. מוכה ברגל כמו נכה רגלים (שמואל ב' ה'): קרעו. כן יקרא פתיחת הפה לשחוק וכאשר כן יקרא פתיחת החלונות כמו שכתוב וקרע לו חלוני (ירמיה כ"ב): ולא דמו. ולא שתקו: (טז) מעוג. הררה ועוגה כמו אם יש לי מעוג (מלכים א' י"ז): חרוק. ענין שחיקת וטחינת

## מצודת דוד

תשוב אל חיקי ותקוים בי: (יד) כרע. התהלכתי כפוף ומעונה כאלו יהיה רע ואחי: כאבל אם. כאם המתאבלת על בנה כן הלכתי בקדרות שחוח: (טו) ובצלעי. רלה לומר בחליי כי אז ילאה האדם לעמוד על רגליו ביותר כי אם כהגר ופסח: נכים. אף המוכים ברגליהם נאספו עלי ורלה לומר כולם נאספו איש לא נעדר: ולא ידעתי. על מה נאספו הנה לא הרעותי את אחד מהם: קרעו. והמה פותחים פיהם בשחוק ואינם יכולים להתאפק ולשתוק מן השחוק: (טז) בחנפי. המה יתחברו עם החנפים הלועגים ומתלוללים בבני אדם ובעבור מהן ההררה שמקבלים ממי שרולה בזה וכל אחד מהם הרוק עלי שיניו דרך כעס וקלף:

16. **Because of the flattery of scorn for food, they gnash, etc.**—*Because of the flattery of scorn of eating and drinking, that they flatter Saul in order that he give them to eat and drink, they gnash their teeth against me.*—[*Rashi*]

*Baba Mezia* 59a] *Redak* renders: They open their mouths with derision and are not silent. *Ibn Ezra:* They tear my flesh and are not silent. I.e. the evil they speak about me is tantamount to tearing my flesh.

14. I walked about as though it were a friend or as though it were my own brother; I was bowed with gloom as the mourning of a mother. 15. And, when I limped, they rejoiced and gathered; lame people gathered about me, [why,] I do not know. Were they to tear, they would not draw blood.
16. Because of the flattery of scorn for food, they gnash

14. **I walked about as though it were a friend or as though it were my own brother**—*As though it were my brother or my friend, I walked about, depressed because of their distress.*—[*Rashi*]

**as the mourning of a mother**—*As a son who mourns for his mother or as a mother who mourns for her son.*—[*Rashi*] The Psalmist compares his sorrow for his enemies to one mourning for his mother, rather than to one mourning for his father, because a person feels more pain when he loses his mother than when he loses his father. He was formed in her womb, and she sustained him with her milk, weaned him, and nurtured him until he grew up. Even after he grows up, she is in the house with him and prepares his meals for him.—[*Redak*]

**with gloom**—Heb. קֹדֵר, *an expression of blackness.*—[*Rashi*] Because of his sadness, the glow of his countenance leaves him, and it appears darkened; moreover, the mourner dresses in black.—[*Redak*] *Redak* proceeds to quote his father's explanation that the verse refers to an infant whose mother died, leaving him without a wet nurse. Hence, he is indeed blackened by misfortune.

**I was bowed**—*An expression of humility.*—[*Rashi*] It is customary for mourners and people in distress to walk bent over.—[*Redak*]

15. **And, when I limped, they rejoiced and gathered**—*And when I limped because I suffered a fracture, they rejoiced and gathered.*—[*Rashi*]

**lame people gathered about me**—Heb. נֵכִים, *lame people, as we translate "Pharaoh-neco,"* חֲגִירָא, *lame. Menachem* (p. 122f.) *associated it with* (Isa. 16:7), נְכָאִים, *broken-hearted, amenuyźe in Old French,* crushed.— [*Rashi*] [This translation of the French follows *Parshandatha.* Accordingly, there is no difference between *Rashi* and *Menachem,* as indeed it appears from *Machbereth Menachem* itself, in which he associates our verse with נְכֵה רַגְלַיִם, *lame,* in II Samuel 4:4. In *Nach Lublin,* the word *amenuyźe* is associated with alms, thereby defining it as a poor man, one who begs for alms. That has no connection with any words cited by *Menachem.*] *Redak* explains: low people.

**I do not know**—I do not know why they gathered around me to rejoice over my troubles. I never did them any harm.—[*Redak*]

**Were they to tear, they would not draw blood**—*Were they to tear my flesh, my blood would not flow to the ground when they embarrass me* [lit. make my face white].—[*Rashi* from

עָלַי שִׁנֵּימוֹ: יז אֲדֹנָי כַּמָּה תִּרְאֶה
הָשִׁיבָה נַפְשִׁי מִשֹּׁאֵיהֶם מִכְּפִירִים
יְחִידָתִי: יח אוֹדְךָ בְּקָהָל רָב בְּעַם עָצוּם
אֲהַלְלֶךָּ: יט אַל־יִשְׂמְחוּ־לִי אֹיְבַי שֶׁקֶר
שֹׂנְאַי חִנָּם יִקְרְצוּ־עָיִן: כ כִּי לֹא שָׁלוֹם
יְדַבֵּרוּ וְעַל רִגְעֵי־אֶרֶץ דִּבְרֵי מִרְמוֹת
יַחֲשֹׁבוּן: כא וַיַּרְחִיבוּ עָלַי פִּיהֶם אָמְרוּ
הֶאָח הֶאָח רָאֲתָה עֵינֵנוּ: כב רָאִיתָה

יהוה — סגול באתנח סגול באתנח

תרגום:
כְּכֵיהוֹן: יז יְיָ כְּמָה אַתְּ
חָמֵי אֲתִיב נַפְשִׁי
מִשְּׁלָיֵתְהוֹן מִבְּנֵי
אַרְיָוָתָא גוּשְׁמִי: יח אוֹדֵי
קֳדָמָךְ בִּכְנִשְׁתָּא רַבָּא
בְּעַמָּא תַּקִּיפָא
אֲשַׁבְּחִנָךְ: יט לָא יֶחְדוּן
עֲלַי בַּעֲלֵי דְבָבַי שִׁקְרָא
סָנְאַי מַגָּן רָמְזִין
בְּעֵינֵיהוֹן: כ אֲרוּם לָא
שְׁלָמָא מְמַלְּלִין וְעַל
צַדִּיקֵי אַרְעָא דְּנָיְחִין
בְּעָלְמָא הַהוּא מִלֵּי
נִכְלִין מְחַשְּׁלִין:
כא וְאַפְתִּיאוּ עֲלַי פּוּמְהוֹן
אֲמַרוּ חֶדְוָה חֶדְוָה חָמַת
עֵינָנָא: כב חֲמֵיתָא יְיָ לָא

## רש"י

(מלכים א' י"א) ומנחם פתר אותו לשון עוגת לחם. וכן אם יש לי מעוג (שם): (יז) כמה הראה. כמה ארך אפים יש לפניך לראות כל אלה: משואיהם. מחשך שלהם: מכפירים יחידתי. מוסב על השיבה נפשי השיבה מכפירים יחידתי (יחידתי נשמתי פא"א): (יט) אויבי שקר. שסונאין אותי על דבר שקר שמעידין עלי מה שלא עלה במחשבתי מעולם. אל ישמחו במפלתי: שונאי. שסונאי' אותי אל יקרצו עלי עין ללעוג בעיניהם על מפלתי. יקרצו (לינאצ"ט בלע"ז. סיגנאצ"ט בלשון אשכנז ווינקען. בלינגלען): (כ) ועל רגעי ארץ. על דכאי ארץ וכן רוגע הים (ירמיה ל"א) עורי רגע (איוב ו') וכן פי' דונש: (כא) האח האח. לשון שמחה מתהלל בתאות לבו מרוב

## רד"ק

ועינינו כשמחרק אדם שיניו בראותו נקמת מאויביו: (יז) אדני. עד כמה הראה בעניי ובלוחצי מהם כאלו אמר מתי תראה: משואיהם. משאונם וממהומתם ומשואיהם לשון רבים האחד שואה. בפלס יורה ומלקוש: מכפירים יחידתי. שהם כמו הכפירים הטורפים ופי' יהידתי נפשי: (יח) אודך. כשתצילני מהכפירים: בקהל רב. בהיות כל ישראל כאחד: (יט) אל ישמחו. בעבורי עוד כי הרבה שמחו עלי עד עתה: אויבי שקר. בסגו"ל ובאתנ"ח ופי' שהם שונאים אותי בחנם: חנם יקרצו עין. יקרצו עין זה לזה בלעגם עלי. וקריצת עין הוא נדנוד העינים ללעג ולבוז. וכן בענין הזה בשפתים קורץ שפתיו וכן מולל ברגליו מורה באצבעותיו: (כ) כי. כמו ולא יוכלו דברו לשלום: ועל רגעי ארץ. בסגו"ל באתנ"ח והם ד' במסרה: רגעי ארץ. הרשעים והשאננים שהם במרגוע ובנחת ופי' ועל כמו ועם ופירושו אלה החנפים והלועגים עם אלה הדשנים יחשבון דברי מרמות עלי והם בנחת ואני גולה ובצרה: (כא) וירהיבו. בשחוק ובדיבור כשראו אותי גולה ממקום למקך

## אבן עזרא

עלי שנימו: (יז) אדני כמה הראה. ולא אראה נקמתך מהם: משואיהם. שם כאילו הוא משואתם כי יש שמות במתכונת זכרים ונקבות וטעם מכפירי' בשיניהם כשיני אריה: (יח) אודך. נדר כי כהנצלו יודה השם בגלוי: (יט) אל. שקר. קשור עם אויבי כמו שונאי חנם יקרצו עין לסגור קצה העין רמז כמשפט ללעוג: (כ) כי. אמר רבי משה כי רגעי ארץ בקיעי ארץ והטעם רמז למסתור וכמוהו עורי רגע וימאס: (כא) וירחיבו. מלת האח רמז לנקמה: (כב) ראיתה. כנגד ראתה עינינו: אל תחרש.

## מנחת שי

(יז) כַּמָּה תִּרְאֶה. כן כתוב: (כא) ראתה עינינו. בלא יו"ד סגולה:

## מצודת דוד

(יז) כמה תראה. עד מתי תראה בעניי ולא תושיע: השיבה. הצל נפשי מחשכת הרעות אשר יבואו עלי: (יח) אודך. ואז אודך בקהל רב: (יט) אויבי שקר. אויבים לי בחנם: יקרצו עין. מלת אל משמשת בשתים כאלו אמר אל יקרצו עין בדרך לעג: (כ) כי לא שלום ידברו. כל דבריהם בריב ומצה: ועל רגעי ארץ. על הנסתרים מפניה' בבקעי ארץ יחשבו מרמה: (כא) וירחיבו. בשחוק רב: ראתה עינינו. מה שחפצנו לראות: (כב) ראיתה.

## מצודת ציון

השנים אלו באלו בהתקצף כמו ויחרקו שן (איכה ב'): (יז) כמה. ענין זמן רב: משואיהם. ענין חושך: מכפירים. חזקים מכפיריים: יחידתי. נשמתי: (יח) עצום. ענין רבוי וכן עצמו לי אלמנותיו (ירמיה ט"ו): (יט) לי. עלי: יקרצו. ענין נדנוד העין ללעג וכן קורץ בעיניו (משלי ו'): (כ) רגעי. ענין בקוע כמו עורי רגע (איוב ז'): (כא) האח. ענין לשון שמחה כמו וכן אמרה צור על ירושלים האח (יחזקאל כ"ו):

this definition is found in *Machbereth Menachem,* p. 162, not in *Teshuvoth Dunash.*

21. **Aha! Aha!**—Heb. הֶאָח, *an expression of joy of one who boasts with the lust of his heart, out of their* [sic] *great joy, that they see their lust gratified.*—[*Rashi*]

22. **You saw, O Lord, do not be silent**—Do not be silent to my cry. Do not act as though You are deaf, but answer me and save me, because You saw their derision and their speech about me.—[*Redak*] Scripture states in Proverbs 24:18: "Lest the Lord see and it displeases Him,

their teeth at me. 17. O Lord, how long will You look on?
Return my soul from their darkness, my only one from young
lions. 18. I will thank You in a large assembly; in a mighty
people I will praise You. 19. Let them not rejoice over me,
those who are my enemies for an unjust cause, neither shall
those who hate me for nought wink their eyes. 20. For they do
not speak peace, and against the crushed people of the earth
they think words of deceit. 21. And they opened their mouth
wide against me and they said, "Aha! Aha! Our eyes have seen
[what we desired]." 22. You saw,

**food**—Heb. מָעוֹג, *an expression of eating, as* (in I Kings 17:12): *"if I have food* (מָעוֹג)," *written regarding Elijah, but Menachem* (p. 130) *interpreted it as an expression of a loaf of bread, and so "if I have a cake* (מָעוֹג)."—[*Rashi*] [Note that *Rashi* to Kings explains מָעוֹג as a cake. Also, in our edition of *Machbereth Menachem,* מָעוֹג in our verse is interpreted as "venom." The quotations from *Menachem* do not appear in manuscripts, only in several early editions.] *Redak* renders: idle talk. He suggests further: lustful people.

17. **how long will You look on?**—*How much patience do You have to look upon all these?*—[*Rashi*] How long will You look on at my affliction and my oppression?—[*Redak*]

**from their darkness**—Heb. מִשֹּׁאֵיהֶם, *from their darkness.*—[*Rashi*] from their tumult.—[*Redak*]

**my only one from young lions**—*This refers to "Return my soul." Return my only one from young lions. ("My only one" means my soul. This does not appear in all editions.)*—[*Rashi*]

18. **I will thank You in a large assembly**—when You save me from the young lions.—[*Redak*] He vows to thank God publicly when he is delivered from his straits.—[*Ibn Ezra*]

**in a mighty people I will praise You**—Both expressions, "a large assembly" and "a mighty people," refer to all Israel when they are as one.—[*Redak*]

19. **those who are my enemies for an unjust cause**—*who hate me because of a false matter, that they testify against me what never entered my mind. Let them not rejoice at my downfall.*—[*Rashi*]

**who hate me**—*Let those who hate me not wink their eyes at me, to mock my downfall with their eyes.* קָרְצוּ *means séynt in Old French,* signal.—[*Rashi*]

20. **and against the crushed people of the earth**—Heb. רִגְעֵי, *on the crushed people of the earth, and so* (in Jer. 31:34): *"Who stirs up* (רֹגַע) *the sea";* (Job 7:5), *"my skin wrinkled* (רָגַע)." *And so did Dunash explain it.*—[*Rashi*] *Parshandatha* notes tha

יְהוָה אַל־תֶּחֱרַשׁ אֲדֹנָי אַל־תִּרְחַק
מִמֶּנִּי: כג הָעִירָה וְהָקִיצָה לְמִשְׁפָּטִי
אֱלֹהַי וַאדֹנָי לְרִיבִי: כד שָׁפְטֵנִי כְצִדְקְךָ
יְהוָה אֱלֹהָי וְאַל־יִשְׂמְחוּ־לִי: כה אַל־
יֹאמְרוּ בְלִבָּם הֶאָח נַפְשֵׁנוּ אַל־יֹאמְרוּ
בִּלַּעֲנוּהוּ: כו יֵבֹשׁוּ וְיַחְפְּרוּ יַחְדָּו שְׂמֵחֵי
רָעָתִי יִלְבְּשׁוּ־בֹשֶׁת וּכְלִמָּה הַמַּגְדִּילִים
עָלָי: כז יָרֹנּוּ וְיִשְׂמְחוּ חֲפֵצֵי צִדְקִי
וְיֹאמְרוּ תָמִיד יִגְדַּל יְהוָה הֶחָפֵץ שְׁלוֹם

פתח באתנח

**תרגום**

תִשְׁתּוֹק יְיָ לָא תִתְרַחֵיק
מִנִּי: כג אִתְּעַר וְהִתְקִיץ
לְדִינִי אֱלָהִי וּמָרֵי נִצְחָנִי
יְיָ לְתִגְרְתִי: כד דוּן יָתִי
כְּצִדְקָתָךְ יְיָ אֱלָהִי וְלָא
יֶחְדוּן עֲלָי: כה לָא
יֵימְרוּן בְּלִבְּהוֹן חֲדִיאַת
נַפְשָׁנָא דִלְמָא יֵימְרוּן
גְמַרְנָא יָתֵיהּ: כו יִבְהֲתוּן
וְיִתְכַּנְעוּן כַּחֲדָא דְחָדַיִן
עַל בִּישְׁתִי יִלְבְּשׁוּן
בַּהֲתָא וְכִסוּפָא
דְמִתְרַבְרְבָן עֲלָי:
כז יְבוּעוּן וְיֶחְדוּן תָּבְעֵי
צִדְקִי וְיֵימְרוּן תְּדִירָא
יִסְגֵי יְקָרָא דַיְיָ דְּצָבָא
שְׁלָמָא דְעַבְדֵיהּ:
ולישני

### רד״ק

אמרו האח האח ראתה עינינו כלומר ראתה עינינו בו מה שדמינו: האח. שמחה והכפל לרוב השמחה: (כב) אל תחרש. אל תשתוק לצעקתי ואל תעשה עצמך כחרש אלא תענני ותושיעני כי אתה ראית לעגם ודבורם עלי: (כג) העירה והקיצה. כפל הענין במ״ש לחזק ר״ל שלא תהיה כישן עוד וקח משפטי וריבי מהם כי אתה אלהי אין לי שופט אחר שאתה אדון והאדון ידרוש משפט עבדו: (כד) שפטני. קח משפטי מהם בצדקתך וביושרך וצדקתך כי אתה יודע כי אתי האמת ועמם העול והחמס: ואל ישמחו לי. אל ישמחו עוד לי: (כה) בלבם. אפי׳ בלבם לא יוכלו לשמוח עלי ולאמר האח נפשנו כלומר שמחני נפשנו ולא יאמרו עוד בלענוהו ושחתנו אותו: (כו) יבושו ויחפרו. הכפל לחזק: יחדיו. כמו שנאספו יחד עלי לשמוח כן יבושו יחדיו מתקותם המגדילים עלי פיהם: (כז) ירונו. הם יבושו ויחפרו שהם שמחים לרעתי וחפצי צדקי יראו וישמחו ופי׳ צדקי ישרי מה שראוי לי: ויאמרו תמיד יגדל

### רש״י

שמחת׳ שרואי׳ תאותם מתקיימת: (כג) העירה והקיצה׳ פמליא של מעלה לשפוט משפטי מאויבי:

### מנחת שי

(כה) אל יאמרו בלבם האח נפשנו אל יאמרו. בס״א כ״י ואל יאמרו בוא״ו וכן היה כתוב בס״א ישן נושן רק שנמחקה אח״כ אות הוא״ו ויפה עשה למחוק אותה שכן במסורת שמואל ב׳ א׳ נמסר סי׳ מן כ״ג פסוקים בקריאה רישא ומציעתא אל אל ודין חד מנהון ויש לדעת כי במסורת פה כתוב אל יאמרו בלבבם וכן מצאתי בס״א ישן שבתחלה היה כתוב בלבבם ואח״כ הגיהו בלבם וכן נכון שזהו א׳ מן ט׳ בלבם בקריאה וסי׳ נמסר ביחזקאל י״ד: בלענוהו. הע״ן בשוא ופתח:

### אבן עזרא

כנגד אמרו: (כג) העירה. שניהם פעלים אינם יוצאים או יהיה העירה יוצא והטעם עצמך כדרך קודר הלכתי שהוא יוצא ובעבור שחבר העירה והקיצה למשפטי חבר אלהי הטעם העירה אלהי למשפטי והקיצה אדני לריבי ולפי דעתי בעבור אתה אלהי ואתה אדני והטעם האדון שלי כי עם אל״ף ודל״ת הוא כתוב: (כד) שפטני. קח לי משפט צדק מהם: (כה) אל. תשמח נפשם ויתהללו בלשונם: (כו) יבושו. טעם יחדו כנגד נאספו עלי נכים ופעול מגדילים חסר והוא לשון או מלה: (כז) ירונו. כאשר יבושו שמחי רעתי אז ישמחו החפצים לראות צדקי ויגדל ה׳ כנגד המגדילים עלי:

### מצודת ציון

(כו) המגדילים. מלשון גדול:

### מצודת דוד

הלא ראיתה שמחתם עלי אל תשתוק לבל מלקחת מהם נקמתי: (כג) למשפטי. לעשות משפטי ולריב ריבי: (כד) כצדקך. כפי מדת צדקך ולא כמעשי: (כה) האח נפשנו. שמחה נפשנו: בלענוהו. בלענו את דוד: (כו) יחדו. כולם יחדו וכל אחד ילבשו כבושת מכירו: שמחי רעתי. השמחים בבוא עלי הרעה: המגדילים עלי. המתגאים ומחזיקים עצמם לגדולים למולי: (כז) חפצי צדקי. החפצים שאמצא צדקה מה׳: ויאמרו תמיד. בכל עת יאמרו יגדל ה׳ החפץ בשלום עבדו:

**abashed, etc.**—These are synonyms, used to intensify the matter. Just as they assembled together against me to rejoice, so will they be disgraced and ashamed together.—[*Redak*]*

27. **Let those who desire my vindication sing praises and rejoice**— When those who desire my harm will be ashamed, then those who desire to see my vindication will rejoice and God will be magnified, contrary to those who raised themselves haughtily over me.—[*Ibn Ezra*]*

O Lord, do not be silent; O Lord, do not distance Yourself from me. 23. Arouse Yourself and awaken to my judgment, my God and my Lord, to my cause. 24. Judge me according to Your righteousness, O Lord, my God, and let them not rejoice over me. 25. Let them not say in their hearts, "Our soul rejoices." Let them not say, "We have swallowed him up." 26. Let them be ashamed and abashed together, those who rejoice at my misfortune; let them be clothed in shame and disgrace, those who raise themselves haughtily over me. 27. Let those who desire my vindication sing praises and rejoice, and let them constantly say, "May the Lord, Who desires the peace of His servant, be magnified."

etc." Now, You have already seen that they rejoice at my downfall—You, O Lord, whose eyes are open to all the ways of the sons of men.—[*Yabetz*]

**do not be silent**—For I was silent, and I cast upon You my repentance, as below (38:14): "But I am as a deaf man, etc." Now You answer, O Lord, my God; O Lord, do not distance Yourself from me. Lord of the world, I need Your Providence face to face, because I am in grave distress, as You see; they opened their mouths wide and said, "Aha! Aha!" This is said only concerning one who is completely helpless. Therefore, David says, "Do not distance Yourself from me."—[*Yabetz*]

23. **Arouse Yourself and awaken**—*the heavenly household to judge my cause from my enemies.*—[*Rashi*] [*Rashi* apparently interprets הָקִיצָה, and perhaps הָעִירָה as well, as a transitive verb, making "the heavenly household" its object. *Ibn Ezra* and *Redak,* however, regard them both as intransitive verbs, meaning "arouse Yourself and awaken," the repetition serving to intensify the concept. Do not appear to be sleeping, but demand my judgment and my cause from them, for You are my God and I have no other judge. You are my Lord, and the lord seeks justice for his slave.—[*Redak*]

24. **Judge me according to Your righteousness**— Demand justice for me from [my enemies] with Your righteousness and Your uprightness, because You know that I am right and that they are treating me unjustly.—[*Redak*]

**and let them not rejoice, etc.**—Let them no longer rejoice over me.—[*Redak*]

25. **Let them not say in their hearts, etc.**—Even in their hearts, let them not rejoice over me, and let them not think that they have destroyed me.—[*Redak*]

26. **Let them be ashamed and**

עַבְדּוֹ: כח וּלְשׁוֹנִי תֶּהְגֶּה צִדְקֶךָ כָּל־
הַיּוֹם תְּהִלָּתֶךָ: לו א לַמְנַצֵּחַ לְעֶבֶד־
יְהֹוָה לְדָוִד: ב נְאֻם־פֶּשַׁע לָרָשָׁע בְּקֶרֶב
לִבִּי אֵין־פַּחַד אֱלֹהִים לְנֶגֶד עֵינָיו: ג כִּי־
הֶחֱלִיק אֵלָיו בְּעֵינָיו לִמְצֹא עֲוֹנוֹ לִשְׂנֹא:
ד דִּבְרֵי־פִיו אָוֶן וּמִרְמָה חָדַל לְהַשְׂכִּיל
לְהֵיטִיב: ה אָוֶן ׀ יַחְשֹׁב עַל־מִשְׁכָּבוֹ
יִתְיַצֵּב עַל־דֶּרֶךְ לֹא־טוֹב רָע לֹא יִמְאָס:

כח וְלִישָׁנִי תְּרַגֵּן צִדְקָתָךְ
כּוּלֵי יוֹמָא תּוּשְׁבַּחְתָּךְ:
א לְשַׁבָּחָא לְעַבְדָּא דַיְיָ
לְדָוִד: ב אֲמַר מְרָדָא
לְחַיָּבָא בִּמְצִיעוּת לְבָבִי
לֵית דַחַלְתָּא דַיְיָ לְקֳבֵיל
עֵינוֹי: ג אֲרוּם שְׁעַיַא
לֵיהּ בְּעֵינוֹי לְמִשְׁכַּח
חוֹבִין לְמִסְנֵי אוּלְפָנָא:
ד מִלֵּי פּוּמֵיהּ רִישְׁעָא
וּנְכִילוּ פְּסַק לְמִשְׁכַּל
לְאוֹטָבָא: ה רִשְׁעָא
חָשִׁיל עַל שְׁוָוֵיהּ יִתְעַתַּד
עַל אוֹרַח דְּלָא טָב בִּישׁ

ת״א נאם פשע. בכורות סא עקידה ש׳ מג:

## רש״י

לו (ב) נאום פשע לרשע בקרב לבי וגו׳. הרי זה מקרא מסורס יש בקרב לבי שהפשע הוא היצר הרע אומר לרשע שלא יהיה פחד אלהים לנגד עיניו: בקרב לבי. כאדם שאומר כמדומה אני: (ג) כי החליק. הפשע על הרשע חלקלקות בעיניו כדי שימצא הקב״ה את עונו לשנוא אותו: (ד) חדל להשכיל להיטיב. מנע עצמו מהשכיל להיטיב מעשיו: (ה) יתיצב על דרך לא טוב. הקב״ה נתן לפניו דרך הטוב ודרך המות והוא בוחר

## רד״ק

ה׳. הם ישבחו תמיד האל עלי ויאמרו יגדל ה׳: החפץ שלום עבדו. הוא דוד שרצה בשלומו ותצילהו משונאו: (כח) ולשוני. הם ישבחו לאל עלי וכל שכן לשוני שהיא ראויה שתהגה צדקך כל היום תהלתך כמו שהם יאמרו תמיד: (א) לעבד. לפי שהרשע דעתו שאין לו אדון שיענישהו על הרע שעושה לפיכך אמר לעבד ה׳ כי הוא עצת רשעים רחקה מנו והוא עבד ה׳ באמת וידע שיש לו אדון גומל האדם על הטוב והרע: (ב) נאם. אני אומר בקרב לבי כי הפשע שהוא היצר הרע כמו שנקרא חטאת רובץ אומר לרשע עשה מה שתרצה כי אין פחד וגו׳: (ג) למצוא. מחליק אליו בעיניו ומיפה לו המעשה ויפתנו לחפש המעשה הרע עד שימצאנו ומרוב התמדתו יקוץ בעבירה וישנאה: (ד) דברי. כי אם ידבר טוב בפיו און ומרמה הוא בלבו שחושב רע: חדל להשכיל. לבו ולהטיב דרכו: (ה) על. כי המטה הוא מקום המחשבה בעוד האדם ער כי איננו פונה לשום עסק. וביום יתיצב וגו׳. ואמר לא טוב כמו אשר איננה טהורה. או אמר כך שלא יאמר רע פעמים סמוכים או פי׳ כי אין בדרכו בשום צד טוב כי כלו רע ואין עת

## אבן עזרא

(כח) ולשוני. כנגד אמרו האח ותהגה לדקך כנגד שפטני כצדקך וטעם כל היום שככה יהיה תמיד: לו (א) למנצח לעבד ה׳ לדוד. טעם לעבד ה׳ בעבור שהזכיר דברי הפושעים והמורדים בשם הנכבד: (ב) נאם. הטעם זה אחשוב בקרב לבי כי הפשע כאלו ידבר לאדם הרשע אל תפחד ע״כ אין אלהים לנגד עיניו: כי החליק. מגז׳ אמריה החליקה כמו ואנכי איש חלק כי החליק דבר הרע בעיניו למצוא השם עונו וישנאהו על דרך אלהים מצא את עון עבדיך: (ד) דברי. ונקשר חדל עם למ״ד כמו ויחדלו לבנות העיר: (ה) און. על משכבו. בלילה:

## מצודת דוד

(כח) צדקך. הצדקה שעשית לי: כל היום. אספר תהלתך: לו (ב) נאם פשע וגו׳. רלה לומר חושב אני בקרב לבי שהיצר הרע מסית ואומר לרשע אין מי בעולם שיהיה פחד אלהים לנגד עיניו כי אין המקום משגיח בעולם השפל ולזה עשה מה שלבו חפץ: (ג) כי החליק. כי בפתויו מחליק ומיפה לו הדבר הזה בעיניו וכל כוונתו למצוא בו עון להשניאו בעיני המקום כי אינו דורש שלום אליו: (ד) דברי פיו. והרשע ניסת לו ובפיו ידבר און ומרמה ומונע עצמו להשכיל בדבר ולחקור על האמת ולהטיב דרכו: (ה) על משכבו. בעת אשר יפנה מן הטרדות: יתיצב. עם כי מתחלה הוא הלך בדרך והנהגה אשר איננה טובה

## מצודת ציון

(כח) תהגה. תדבר: לו (ב) נאם. ענין מאמר הוא כמו נאם האדון (ישעיה א׳): פשע. יצר הרע נקרא פשע כמו שנקרא חטאת וכמו שכתוב לפתח חטאת רובץ (בראשית ד׳): (ד) און. עמל ושקר:

onymous with רַע, *evil,* but it is customary for Scripture to use the milder expression of "not good," rather than the harsher "evil," as we find in many places. Another possibility is that Scripture wished to avoid the repetition of the word רָע, *evil.* Still another explanation is that he stands on a way that is completely bad, with no good factor in it.—[*Redak*]

**he does not reject evil**—He always loves to do evil; he never rejects doing evil.—[*Redak*] *Mezudath*

28. And my tongue shall utter Your righteousness, Your praise all day long.

36

1. For the conductor. Of the servant of the Lord, of David.
2. The word of the transgression to the wicked man, in the midst of my heart, is that there is no fear of God before his eyes.
3. For it smoothed the way before him in his eyes, to find his iniquity to hate [him]. 4. The words of his mouth are iniquity and deceit; he refrained from learning to improve. 5. He thinks iniquity on his couch; he stands on a way that is not good; he does not reject evil.

28. **And my tongue shall utter Your righteousness**—They [David's enemies] will praise God for me, and I will surely praise Him for His righteousness.—[*Redak*]

**Your praise all day long**—Just as they recite Your praise all day long.—[*Redak*]

1. **For the conductor. Of the servant of the Lord, of David**—Because he speaks of the wicked, who believes that he has no master to punish him for his evil deeds, the Psalmist states: "Of the servant of the Lord," for that is the counsel of the wicked and is far away from him. He is the servant of the Lord, and he knows that he has a master Who recompenses a man for both good and evil.—[*Redak*]

2. **The word of the transgression to the wicked man, in the midst of my heart, etc.**—*This is a transposed verse. I feel within my heart that the transgression—i.e. the evil inclination—says to the wicked man that the fear of God should not be before his eyes.*—[*Rashi*]

**in the midst of my heart**—*Like a person who says, "It seems to me."*—[*Rashi*]

3. **For it smoothed**—*The transgression made smooth places appear to his eyes in order that the Holy One, blessed be He, find his iniquity to hate him.*—[*Rashi*] [He imagined that he could transgress without suffering for his sins.]

4. **he refrained from learning to improve**—*He refrained from contemplating to improve his deeds.*—[*Rashi*]

5. **he stands on a way that is not good**—*The Holy One, blessed be He, placed before him the good way and the way of death, and he chooses for himself a way that is not good.*—[*Rashi* from *Mid. Ps.* 36:3]

*Redak* explains: **He thinks iniquity on his couch**—At night, he plans to do evil, because the bed is the place where a person thinks while he is still awake, but not active. And by day, he stands on a way that is not good—to execute that evil. The expression, לֹא טוֹב, *not good,* is syn-

ו יְהֹוָה בְּהַשָּׁמַיִם חַסְדֶּךָ אֱמוּנָתְךָ עַד־
שְׁחָקִים: ז צִדְקָתְךָ ׀ כְּהַרְרֵי־אֵל
מִשְׁפָּטֶךָ תְּהוֹם רַבָּה אָדָם וּבְהֵמָה

**תרגום**

לָא יִרְחַק: ו יְיָ בִּשְׁמֵי
שְׁמַיָא טוּבָךְ הֵימָנוּתָךְ
עַד שְׁחָקֵי: ז צִדְקוּתָךְ
רָמָא הֵיךְ טוּרַיָא תַקִּיפָא
דִּינָךְ עֲמִיקִין הֵיךְ
תְּהוֹמָא רַבָּא בְּנֵי נָשָׁא

**ת"א** לדקתך. נדרים לז חולין כג ערכין ח׳ עקידה שער מ״ד זוהר אמור ונשא: משפטיך. חולין שם: אדם ובהמה: שם ה׳ (מליעא ח׳) ירושלמי כ׳. עקידה שער פד:

## רד"ק

שיבאם הרע מלעשותו: (ו) בהשמים. הוא ה״א הידיע׳ כמשפט ופי׳ בהשמים עד השמים וחסד האל ואמונתו לעולם כי האמונה הוא קיום המין שלא יהרס כי אם יאבדו הפרטים התחסדים והאמת לא יהיה המין קיים לעולם והחסד הוא שמזמין לכל חי טרפו בדרך הקרוב אליו בלי יגיעה רבה כי לא יוכל לקיים העולם ביגיעה רבה ותהיה האמונה קיימת. אבל החסד שהוא יהרון להיות הטובה הוא הזמנה לקיום העולם כמ״ש המצמיח חצים חציר שההרים הם מקום הבהמות המדבריות ושם הוא מצמיח להם מאכלם וזהו חסד על הברואים. והמשקים יותר צריכים התמדתם להחיים מן המאכלים לפיכך המים נמצאים בהזמנתם יותר מן המאכל ובלא מלאכה ותיקון. והאויר יותר צריך לכל חי מהמאכל והמשקה. לפיכך נמצא יותר כי לא יעמד חי בלתו אפי׳ שעה אחת ואמר דוד כשסיפר מעשה הרשע כי גדולים חסדי ה׳ שאפי׳ הכופרים בו שהזכיר למעלה יזמין להם מחייתם וטרפם עד העולם. שמים ושחקים אחד הוא וכן מנהג הל׳ לשנות המלות במקום שיבאו הכפל ובהפליגו יותר אמר מעל שמים ופי׳ עד השמי׳ כמו מן הארץ עד השמים: (ז) כהררי אל. ההרים הגבוהים וכן מנהג הל׳ כשרוצה להגדיל הדבר סומך אותו אל האל ואמר צדקתך כהררי אל לפי שאמר ה׳ בהשמים חסדך אמר אף אף פי שחסדך גדול לכל לטובים ולרעים אתה מבדיל ביניהם בעת אשר תרצה ותגדיל צדקתך לטובים כהרים הגבוהים והגדולים כן גדולה צדקתך לטובים ותגדיל משפטים לרשעים עד שתביאם במשפטי׳ והשקיעם עד תהום רבה שלא יצאו משם לעולם והמשיל הטובה להרים שהוא מקום המשגב והמפלט מן האויב כן טובת האל יתברך וישועתו שלא יוכלו בני אדם להסירה מן הטובים ולגזלה משם והמשיל הרעה לתהום רבה שהוא מקום האבדון שלא ינצל אדם ממנו ואמר אדם ובהמה תושיע ה׳. כלומר אף אל פי שאתה מבדיל בין הטובים והרעים בעה״ז והשגחתך על הטובים לטובה ועל הרעים לרעה כל אחד לפי מעשיו פעמים שאתה נותן טובתך לרשע ותושיע אותו מצרה ואומר אני כי אותו החסד שאתה עושה עם הרשע שהוא כופר בך הוא כמו החסד שאתה עושה עם הבהמה שאיננה מכירה בחסדך ואתה נותן לה צרכה וזהו

## רש"י

לו דרך לא טוב: (ו) ה׳ בהשמים חסדך. בשביל רשעים הללו אתה מסלק חסד מן התחתונים ומגביה אמונתך עד שחקים לסלקה מבני אדם: (ז) צדקתך. יקרה מן הבריות כהררי אל בשביל מעשה הרשעים. ומשפטיך באים לעולם עד תהום רבה. ד״א לדקתך כהררי אל. מי שאתה רולה לעשות לדקה עמו אתה מגביהו ומתקפו כהררי אל. אל לשון תוקף כמו (יחזקאל י״ז) ואת אילי הארץ לקח. משפטיך תהום רבה. מי שאתה רולה לדון אותו וליקח נקמתך ממנו אתה מורידו עד תהום רבה. משפטיך. (ייסטיל״א בלע״ז. עיין לעיל ט׳ י״ז). (סא״א): אדם ובהמה תושיע ה׳. בני אדם שהם ערומים בדעת כאדם הראשון ומשימין

## מנחת שי

לו (ז) לדקתך כהררי אל משפטיך תהום רבה. זה א׳ מן המקראות שקראו רבותינו עיטור סופרים כמ״ש סוף פרשת בהעלתך גם שכתוב הר״ן בשם רבו דמלת כהררי נפסק בטעם ממלת אל לא נמלא כן בספרינו אדרבא איפכא שיש מקף בין שתי המלות: כהררי אל. מפני הגעיא שעם השוא תקרא פתח בהרחבה בקריאת אות הגרון שבלידה. מכלול דף קפ״ט: אדם ובהמה תושיע.כה״ס אדם ובהמה תּוֹשִׁיעַ וכן נ״ל נכון להפסיק הטעם במלת תושיע שלא יהא נראה ככופר ח״ו:

## אבן עזרא

יתיצב. הפך המשכב ביום: על דרך לא טוב. מלו׳ לא תעשה: רע לא ימאס. הטעם כפול: (ו) ה׳. נראתה הה״א החסיר׳ ממלת ה׳ בשמי׳ הכין כסאו ע״כ נפתח הבי״ת וטעם זה הפסוק כי אני עבד השם כי אדע כי חסדו כולל הכל והטעם כי אין למעלה מהשמי׳ כמראה העין וי״א כי השמים מקור החסד ומבוע האמונ׳: (ז) צדקתך. אמר ר׳ משה כי לדקתך לא יוכלו בני אדם שאתה כי היא כהררי אל והנכון כי היא נשגבה לדעתה כהררי אל התקיפים שלא יוכל אדם להגיע לשם וככה דעת משפטיך כתהום רבה שהיא

## מצודת ציון

(ו) בהשמים. רלה לומר עד השמים וכן בלא יוכלו יגעו בלבושיהם (איכה ד׳) ורלה לומר עד לא יוכלו: (ז) כהררי אל. הרולה להגדיל דבר מה סומכו למלת אל וכן וענפיה ארזי אל (לקמן פ׳):רבה. גדולה:

## מצודת דוד

ולא סקר עדיין לעשות הרע אבל סוף הדבר אשר לא ימאס אף ברע כי כן דרך הניסת ליזר הרע: (ו) בהשמים. אבל האמת שחסדי ה׳ הוא גם בעולם השפל מן הארץ עד השמים ובכל ישגיח: אמונתך. האמנת תשלום גמול: (ז) צדקתך. הלדקות שאתה עושה להלדיקים גבהו ורמו כהררי אל: משפטיך. המשפטים שאתה עושה להרשעים רבו כמו תהום רבה ובכל תשגיח לשלם כפי

6. O Lord, Your kindness is in the heavens; Your faith is until
the sky. 7. Your charity is like the mighty mountains; Your
judgments are [like] the vast deep. You save both man and
beast,

*David* explains: Although at first he does not become completely unbridled, only standing on a way that is not good, he eventually will not reject evil, for so is the way of the evil inclination: it draws a person gradually into a life of sin.

6. **O Lord, Your kindness is in the heavens**—*Because of these wicked men, You remove* [Your] *kindness from the earth creatures and raise up Your faith until the sky to remove it from the sons of men.*—[*Rashi* from *Mid. Ps.* 36:4]

7. **Your charity**—*is as scarce to the creatures as the mighty mountains because of the deeds of the wicked, and Your judgments come upon the world until the vast deep.*—[*Rashi*] *Another explanation:* **Your righteousness is like the mighty mountains**—*The one with whom You wish to deal charitably, You raise up and strengthen like the mighty mountains.* אֵל *is an expression of strength, as* (in Ezek. 17:13): *"and he has taken away the mighty of* (אֵילֵי) *the land."*

**Your judgments are the vast deep**—*Whomever You wish to judge, and wreak vengeance upon, You humble him to the vast deep.*—[*Rashi*]

**Your judgments**—Heb. מִשְׁפָּטֶיךָ, *joustiza in Old French, justice.*—[*Rashi*, found only in certain printed editions.]

**You save both man and beast**—*People who are as astute as Adam, but who make themselves as humble as beasts, You save, O Lord.*—[*Rashi* from *Chullin* 5b] Others explain that they behave like animals in the sense that they follow their master, viz. the Almighty.—[*Siach Yitzchak* to *Siddur Ishei Yisrael*]

*Mezudath David* renders these two verses:

[6] **O Lord, Your kindness is up to the heavens**—In fact, God's kindness reaches from the earth to the heavens, and He guides everything.

**Your faith**—The realization of the payment of reward.

[7] **Your charity**—The charity that You perform for the righteous is as lofty as the mighty mountains.

**Your judgments**—that You perform upon the wicked are as vast as the deep. You oversee everyone to pay him his reward or punishment.

**man and beast**—You, O Lord, save man and even beasts, for You oversee all.

תּוֹשִׁיעַ יְהֹוָה׃ ח מַה־יָּקָר חַסְדְּךָ אֱלֹהִים
וּבְנֵי אָדָם בְּצֵל כְּנָפֶיךָ יֶחֱסָיוּן׃ ט יִרְוְיֻן
מִדֶּשֶׁן בֵּיתֶךָ וְנַחַל עֲדָנֶיךָ תַשְׁקֵם׃
י כִּי־עִמְּךָ מְקוֹר חַיִּים בְּאוֹרְךָ נִרְאֶה־
אוֹר׃ יא מְשֹׁךְ חַסְדְּךָ לְיֹדְעֶיךָ וְצִדְקָתְךָ
לְיִשְׁרֵי־לֵב׃ יב אַל־תְּבוֹאֵנִי רֶגֶל גַּאֲוָה

בְּעִירָא תִּפְרוֹק יְיָ׃
ח כְּמָה יַקִּיר טוּבָךְ יְיָ
וּבְנֵי נָשָׁא בִּטְלַל
שְׁכִנְתָּךְ יִשְׁרוּן לְרוֹחֲצָן׃
ט יִתְרַוְיָן בִּדְהַן בִּרְכְתָא
דְבֵיתָךְ וּמַבּוּעַ בְּסִימוּתָךְ
תַּשְׁקִנּוּן׃ י אֲרוּם עִמָּךְ
טָבֵי מַיִן חַיִּין בִּזְיו יְקָרָךְ
נֶחֱמֵי נְהוֹרָא׃ יא נְגוֹד
טוּבָךְ עַל יָדְעָךְ וְצִדְקָתָךְ
עַל תְּרִיצֵי לִבָּא׃ יב לָא
תַעַרְעִנַּנִי רִגְלָא דְגֵיוְתָנָא

ת"א מה יקר. סוכה מט עקרים מ"ב פ' טו (תענית כח מגילה יד)׃ ירויון. סנהדרין ק׃ כי עמך. חגיגה יב זוהר לו׃ ויד

## רש"י

עלמס כבהמה בענוה תושיע ה'׃ (ח) מה יקר חסדך. אינו כדי להמשך על הרשעים הללו אבל בני אדם אשר בצל כנפיך יחסיון הם ירוין מדשן ביתך וגו'׃ (יב) אל תבואני רגל גאוה. אל תבא עמי רגל הרשעים הללו בעת קבול

## רד"ק

אדם ובהמה תושיע ה' כי הרשע או הכסיל הוא כבהמה בצורת אדם׃ (ח) מה. אמר החסד שתשוב בו לפעמי' הטובים והרעים הוא בעה"ז אבל העה"ב כלו לטובים והחסד ההוא הוא יקר ונכבד מהחסד עוה"ז שאותו החסד הוא הטיב הקיים וז"ש מה יקר חסדך ומלת מה הוא להגדלה ולחסד העה"ז אמר עד שמים חסדך אבל חסד העה"ב אין לו שיעור׃ ובני אדם בצל כנפיך יחסיון. בעה"ב יחסיון בצל כנפיך אותם שהם בני אדם באמת לא אותם שהם כבהמה ולפיכך אמר אלהים שענייננו שופט כי שם יגיע לכל אחד ואחד כמשפטו׃ (ט) ירוין. כל זה לעה"ב ועולם הנשמות והמלאכים הוא בית ה' כמו שפירשנו והדשן והעידון הוא השגת ידיעת האל יתברך והיא הטובה שאין אחריה רעה והשבע שאין אחריו רעב וצמא. וטעם ונחל. שיהא העדנים לרוב כמו מי הנחל. וטעם תשקם. שאתם תעורם בידיעה׃ (י) כי. כמו מי המקור שלא יפסקו כן חיי העה"ב בלא הפסק והם היים שאין אחריהם מיתה והאור שאין אחריו חושך וזהו באורך נראה אור׃ (יא) משוך. המשיכה כענין הנטייה׃ חסדך. חסד העולם הזה שיוכלו להתעסק בחכמה ובמצות שלא יהיה להם מונע מעסק העה"ז או יהיה פי' הפסוק לעה"ב׃ ליודעיך. הם החכמים המתעסקים בתורה ובמצות וחכמת האלהים כפי כחם׃ לישרי לב. הם ההולכים בתם לב וביושר מתעסקים בתורה ובמצות אלא שלא הגיעו לחכמה האלהית רק מדרך הקבלה. ובקש מהאל שימשוך חסדו שהוא יתרון הטובה ליודעיך בעולם הבא וצדקתו היא הטובה הראויה לישרי לב׃ (יב) אל תבואני. תבוא לי. בקש שלא תבא לו רגל

## אבן עזרא

עמוקה שלא יראנה אדם וטעם אדם ובהמה שהוא ישפוט כל מרגיש על דרך ומיד כל חיה אדרשנו׃ (ח) מה. בעבור שהזכיר אדם ובהמה הזכיר הנכבדים מהאדם ומה יקר ישרת בעבור שנים כמשפט כאילו כתוב ומה יקרים בני אדם אשר בצל כנפיך יחסיון או מה יקר לכל אחד מהם׃ (ט) ירויון. כמו ירביון וטעם ביתך הם המתבודדי' לעבוד השם בביתם והעבודה תדשן נפש ודעת השם תעדנם וטע' נחל שלא יפסק׃ (י) כי. מקור חיים. חיי הנשמה העליונ' שלא תמות׃ באורך נראה אור. כינוי לשכר העול' הבא כי אין דבר בעולם הזה נכבד מהאור והוא עצם ואיננו גוף׃ (יא) משוך. טעם ליודעיך שהם במעלה העליונה והזכיר משוך בעבור שחסדו בשמים ומשוך משמש בעבור אחר והוא ומשוך צדקתך לישרי לב שיש להם מעשים טובי' ואם לא היו כמו יודעי השם׃ (יב) אל. הטעם אל תבואני

## מנחת שי

(ח) מה יקר. זכר ר' יהודה מה יקר חסדך פעל עבר ואולי מלאו בספרו הקו"ף פתוחה ומאשר מלאנו אנחנו בספרנו קמוץ כולו כרון

## מצודת דוד

סגמול׃ אדם ובהמה. אתה ה' תושיע האדם ואף הבהמה כי על הכל תשגיח׃ (ח) מה יקר. מה מאד יקר וחשוב החסד שאתה חוסה׃ יחסיון. כי בחסדך תהיה להם למחסה׃ (ט) ירויון. ישבעו מהטוב הבא להם מן השמים׃ ונחל. ומימי נחל היוצא מהעדן תשקה אותם והוא מדרך משל לרוב השפע׃ (י) כי עמך. בידך הוא מקור החיים לתת לטוב בעיניך׃ באורך. בהאור הבא ממך בו נבד נראה האורה כלה לומר מיוחדת וטובה היא מכל אור׃ (יא) ליודעיך. להיודעים אותך להאמין בך׃ (יב) אל

## מצודת ציון

(ט) ירוין. ענ' רויה ושביע׃ מדשן. ענין שומן׃ (י) מקור. מעין הנובע׃

hindrance. It may also refer to the kindness in the Hereafter.—[*Redak*]

**to those who know You**—These are the sages who engage in the Torah, in the commandments, and in the knowledge of theology, to recognize God to the best of their ability.—[*Redak*]

12. **Let the foot of haughtiness not come with me**—*Let the foot of these wicked men not come with me at the time of the reception of reward,* [because] *their lot should* [not] *be with the righteous (an expression of a part, à la partia in Old French, to the part, not appearing in most editions.)*—[*Rashi*] [The meaning of this addition is obscure. We do not know which word is "an expression of a part."]

O Lord. 8. How precious is Your kindness, O God, and the
sons of man will take refuge in the shadow of Your wings.
9. They will be sated from the fat of Your house, and with the
stream of Your delights You give them to drink. 10. For with
You is the source of life; in Your light we will see light.
11. Extend Your kindness to those who know You, and Your
charity to the upright of heart. 12. Let the foot of haughtiness
not come with me,

8. **How precious is Your kindness**—*It is not fitting that it be extended to these wicked, but the children of men who take refuge in the shadow of Your wings—they will be sated from the fat of Your house, etc.*—[*Rashi*]

*Redak* explains:

**How precious is Your kindness, O God**—The kindness that is sometimes shared by both good and wicked is only in this world. The kindness of the world to come is solely for the good, and that kindness is infinitely more precious and esteemed than the kindness of this world, which is a transient benefit, for the kindness in the world to come is perpetual.

*Ibn Ezra* explains: Since he spoke of man and beast, he now speaks of the greatest and most esteemed of mankind. How precious is Your kindness, O God, and how precious are the sons of men who will take refuge in the shadow of your wings!

9. **They will be sated from the fat of Your house**—All this refers to the world to come, and the world of the souls and the angels. That is called the house of the Lord, as it is called the Temple of the Lord, His Holy Mount, the mountain of the Lord, the pleasantness of the Lord, as explained in 11:4, 15:1, and 27:4. The fat and the delight signify the attainment of the knowledge of God. That is the good after which there is no bad and the satiety after which there is no hunger.—[*Redak*]

**and with the stream of Your delights**—The delights will be plentiful as the water of a stream.—[*Redak*]

**You give them to drink**—You assist them with this knowledge.—[*Redak*]

10. **For with You is the source of life.**—Lit. the spring of life. Just as spring water flows incessantly and does not stop—unlike rain water gathered in a cistern, which does not flow at all—so is the life in the world to come unending. This is the life after which there is no death and the light after which there is no darkness. That is the meaning of "in Your light we will see light."—[*Redak*]

11. **Extend Your kindness**—This may refer to kindness in this world: the Psalmist prays that God extend kindness in this world to those who know Him, to enable them to engage in wisdom and Torah without

וְיַד־רְשָׁעִים אַל־תְּנִדֵנִי: יג שָׁם נָפְלוּ
פֹּעֲלֵי אָוֶן דֹּחוּ וְלֹא־יָכְלוּ קוּם: לז א לְדָוִד |
אַל־תִּתְחַר בַּמְּרֵעִים אַל־תְּקַנֵּא בְּעֹשֵׂי
עַוְלָה: ב כִּי כֶחָצִיר מְהֵרָה יִמָּלוּ וּכְיֶרֶק
דֶּשֶׁא יִבּוֹלוּן: ג בְּטַח בַּיהוָה וַעֲשֵׂה־

ת"א אל תתחר. ברכות ז׳ מגלה ו׳ זוהר ויחי: בטח בה׳. זוהר בהר סיני:

וִידֵיהוֹן דְּרַשִׁיעַיָא לָא
תְטַלְטְלִנְנִי: יג תַּמָּן
נְפַלוּ עָבְדֵי שְׁקַר יִדְחֲיָן
וְלָא יוֹסִיפוּן לְמֵקָם:
א לְדָוִד לָא תִתְגָרֵג
בְּמַבְאֲשִׁין לְמֶהֱוֵי
דִּקְנָתְהוֹן וְלָא תְּקַנֵּין
בְּעָבְדֵי שְׁלוּמָא לְמִזְדַּוָּג
עִמְּהוֹן: ב מְטוּל
דִּסְיָפֵיהוֹן הֵיךְ עִסְבָּא
בִּסְדַרְהוֹבְיָא יִתְמוֹלְלוּן
וְהֵיךְ יְרוֹק דִּתְאָה יִנְתְּרוּן: ג רְחֵיץ בְּמֵימְרָא דַיְיָ וַעֲבֵד טַב שְׁרֵי אַרְעָא
וחסן

## רד"ק

האויבים הבאים בגאוה לטרדני במלחמה ולא אהיה פנוי לעבודת האל: ויד רשעים אל תנדני. ממקומי שאני מתבודד בו לדעת דרכיך. וזכר הרגל והיד כי באים ברגלם ונלחמים ביד: (יג) נפלו. עבר במקום עתיד כמנהג הנבואות ודברי רוח הקדש ופי׳ יפלו שלא יהיה להם כח לבא בארצנו ולהלחם עלינו: דחו ולא יכלו קום. תהיה להם דחייה ונפילה שלא תהיה להם תקומה ומלת דחו מלרע חרביע בחי״ת והוא מבנין שלא נזכר שם פועלו מהדגוש: (א) לדוד. לפי שזכר מחשבת הרשעים ומעשיהם אמר שלא יפותה אדם להם בראותו הצלחת׳ כי לא תעמוד. ופי׳ תתחר. תתערב והוא בשקל הפעל ששרשו תחר: אל תקנא. כשתראם שלוים: (ב) ימלו. יכרתו והוא מן הקל שרשו נמל והוא פועל עומד: וכירק. כמוץ לדשא כי לא יאכלו הבהמות העיקר שבדשא ועשב אלא הצומח מעל הארץ והוא הירוק והלח שבו והוא מתיבש ונובל במהרה והעיקר נשאר בארץ ויצמח אחר זה. והדבר הכלה במהרה נמשל לירוק שבו כי העיקר נשאר ימים רבים: (ג) בטח. פי׳ הפוך עשה

## רש"י

שכר להיות חלקם עם הצדיקים (לשון חלק. אהלאפרטי"ה בלע"ז. כמו אלאפארטיא בל"א נו דעם טהייל. סא"א): ויד רשעים אל תנדני. ממקומי בשובי לירש משנה חלקי וחלקו של הרשע בטובה כענין שנאמר (ישעיה ס"א) לכן בארצם משנה יירשו. ואז: (יג) שם נפלו פועלי און. שם יבינו במפלתם ושם דוחו ולא יכלו קום:
לז (א) אל תתחר במרעים. מוכיח את ישראל הוא שלא יתחרו בהצלחת המרעים לעשות כמעשיהם כמו (ירמיה י"ב) ואיך תתחרה את הסוסים. לרוץ במרוצתם. (אחטי"ר בלע"ז. האטער בל"א איילען. וכן בירמי׳ י"ב): אל תקנא בעושי עולה. לעשות עולה כמותם: (ב) ימלו. (שרונ"ט טרנקיי"ן בלע"ז. כמו סערהג"ט סרהכש"ע בל"א. ווערדען אב געשניטטען. להורות שהעיקר נמל) לשון כריתה: (ג) בטח בה׳. ואל תאמר אם לא אגזול ואגנוב או אתן לעני צדקה במה אתפרנס:

## מנחת שי

לסיות תאר השם. שרשים: (יג) דחו ולא יכלו. לדעת החכם ר׳ יהודה מלת דחו מלעיל בפלס מה ט ב ו והחכם ר׳ יונה כתב כי מלא אותו בספר מדוייק מלרע וכן מלאנוהו בספרים מדוייקים מלרע רד"ק בפי׳ ומכלול דף קמ"ו ושרשים: לז (ב) יבולון. לית ומלא:

## אבן עזרא

רגל אנשי גאוה והטעם על דרך ישכבנה כאילו אמ׳ שלא יתחברו עמו בבית השם: ויד. הזכיר הרגל והיד וטעם אל תנידני מדשן ביתך למקום אחר: (יג) שם. והטעם יפלו במקום שחשבו להנידני שם לפני בואם אלי ויש אומרים ברוך הרגל לבוא אלי תכשל ובהתחזק היד להנידני יהיו דחוים כמו דחה דחיתני לנפול ופי׳ שם כמו אז וכמוהו שם ילעקו ולא יענה ויתכן היות שם רמז למקום שנפלו שם פועלי און בימים קדמונים והטעם שאדע כי יד רשעים לא תנידני כי יפלו הם כאשר נפלו הדומים להם בזמן שעבר:
לז (א) לדוד אל תתחר. יש אומרים כי תתחר מבנין התפעל מגזרת חרון וטעם במרעים בעבור המרעי׳ ויהי על משקל אל תתגר בם וי"א כמו תתחרה את הסוסים אע"פ שהוא מהבנין הקל: (ב) כי. החציר הוא הירק וככה המצמיח הרים חציר את החציר ואת הבצלים: ימלו. מפעלי הכפל אע"פ שהלמ"ד חסר דגש כמו העזה פניה: (ג) בטח. אמר רבי משה הכנון להיותו עשה טוב ובטח בה׳ רעה אמונה ושכון ארץ ויתכן היות האחרון סבת הראשון

## מצודת ציון

(יג) נפלו. כמו יפלו עבר במקום עתיד: לז (א) תתחר. ענין הדמוע והסתערב כמו ואיך תתחרה את הסוסים (ירמיה י"ב): במרעים. ברשעים: (ב) ימלו. ענין כרית׳ כמו כי אמילם (לקמן קי"ח): יבולון.

## מצודת דוד

תבואני. אל תביא אלי רגל אנשי גאוה להצר לי והרשעים לא ינדדו אותי ממקומי ביד חזקה: (יג) שם נפלו. במקום אשר יבואו להצר לי שם נפלו ויהיו דחוים מבלי קום:
לז (א) אל תתחר. אל תתערב במריעים לעשות כמעשיהם: בעושי עולה. בהצלחת עושי עולה: (ב) כי כחציר. לא יתמידו בהצלחה כי מהר יכרתו כעשב הזה הנכרת במהרה: וכירק דשא. ירק של דשא והוא הצומח ממעל על הארץ הירוק והלח שבו ממהר לכמוש נגד השורש: (ג) בטח בה׳. לזאת אל

*I give charity to a poor man, how will I sustain myself?"*—[Rashi]

**and do good**—*Then you will dwell in the land for a long time.*—[Rashi]

**and be nourished by faith**—*You will eat and be sustained from the reward of* [your] *faith, that you believed in the Holy One, blessed be He, to rely on Him and do good.*—[Rashi]

*Redak* asserts that the verse is trans-

neither shall the hand of the wicked cause me to wander. 13. There the workers of iniquity have fallen; they have been thrust away and were unable to rise.

## 37

1. Of David. Do not compete with the evildoers; do not envy those who commit injustice. 2. For they will be speedily cut off like grass and wither like green vegetation. 3. Trust in the Lord and do

**neither shall the hand of the wicked cause me to wander**—*from my place when I return to inherit a double* [portion]: *my portion and the portion of the wicked man, in the goodness, as the matter that is stated* (in Isa. 61:7): *"Therefore, in their land they shall inherit twofold." And then . . .*—[*Rashi*]

13. **There the workers of iniquity have fallen**—*There they will understand their downfall, and there they were thrust away and were unable to rise.*—[*Rashi*]

*Redak* renders:

[12] **Let the foot of haughtiness not come upon me**—Let not the foot of the enemies, who come with haughtiness, come upon me to occupy me with battle, so that I am distracted from engaging in divine worship.

**neither shall the hand of the wicked cause me to wander**—from my place, where I seclude myself to know Your ways. He mentions the hand and the foot because the wicked come with their feet and battle with their hands.

[13] **There the workers of iniquity shall fall; they shall be thrust away and unable to rise**—They will be defeated so miserably that they will have no more strength to attack Israel.

1. **Do not compete with the evildoers**—*He reproves Israel that they should not compete with the success of the evildoers to do as their deeds, as* (in Jer. 12:5): *"how will you compete* (תְּתַחֲרֶה) *with horses," to run as they run, a atir in Old French,* to compete.—[*Rashi*]

**do not envy those who commit injustice**—*to commit injustice like them.*—[*Rashi*] When you see them enjoying tranquility.—[*Redak*]

2. **they will be . . . cut off**—Heb. יִמָּלוּ, *seront tronké in Old French,* they will be cut off, *an expression of cutting off.*—[*Rashi*]

**like green vegetation**—I.e. the greens of the vegetation, which grow above the earth and wither quickly, not like the roots under the ground, which endure.—[*Redak*]

3. **Trust in the Lord**—*and do not say, "If I do not rob and steal," or "If*

טוב שכן־ארץ ורעה אמונה: ד והתענג
על־יהוה ויתן־לך משאלת לבך: ה גול
על־יהוה דרכך ובטח עליו והוא
יעשה: ו והוציא כאור צדקך ומשפטך
כצהרים: ז דום ליהוה והתחולל לו
אל־תתחר במצליח דרכו באיש עשה

תרגום

נכסן בהימנותא:
ד ותתפנק על יי ויתן
לך משאלי לבך: ה גלי
על יי ארחתך וסבור
על מימריה והוא יעבד:
ו ויפוק היך נהורא
צדקך ודינך היך
טיהרא: ז שתוק קדם
יי ואוריך ליה לא תתגרג
ברשיעא דמצלח
אורחיה בגברא דעביד
עיצת

**ת"א** והתענג. שבת קיח עקידה ש' סה זוהר פנחס: גול על ה'. עקרים מ"ד פי"ו ופכ"ד: דום לה'. גיטין ז' זבחים קטי: אל תתחר. עקידה שער סו:

## רש"י

**ועשה טוב.** ואז תשכון ארץ לאורך ימים: **ורעה אמונה.** תאכל ותתפרנס משכר האמונ' שהאמנת בהקדוש ב"ה לסמוך עליו ולעשות טוב: (ד) **והתענג על ה'.** התענג בתפנוקי' על משענתו של הקב"ה: (ה) **גול על ה' דרכך.** גלגל עליו כל צרכיך: (ז) **דום לה'.** המתן לישועתו כמו (ש"א י"ד) אם כה יאמרו אלינו דומו דיהונתן ומנחם הברו לשון דממה כמו וידום אהרן (ויקרא י') וגם כן פתר טוב ויחיל ודומם (איכה ג') ודונש מודה לו: **והתחולל.** לשון תוחלת:

## רד"ק

טוב ובטח: שכן ארץ ורעה אמונה. כי הגמול אחר מעשה הטוב ויש לפרש כל הפסוקים במעשה הטוב. והוא עבודת הלב שיבטח בה' בכל לבו ויבין כי הוא העוזר והמכשיל לא בעושר וכח: ועשה טוב. הוא מעשה היד שיתן בצדקה ויעשה מצות האל: שכן. בכל מקום שתשכון רעה אמונת תלמד לרבים לעבוד ה'. והמלמד בני אדם רועה אותם וזהו עיקר עבודת האל יתברך בפה כי מה שצריך בעבודת האל יתברך בפה כמו יחוד ה' והתפלות עיקרם הוא הלב ואפי' לא יוציאם בפיו יצא ידי חובתו אבל למוד אחרים לא יתכן זולתי בפה. וי"ו ורעה אמונה כוי"ו וישא אברהם את עיניו: (ד) והתענג. אם תעשה מה שצויתיך התענג על ה' כלומר תמצא תענוג בו בכל מה שתתאוה והוא יתן לך משאלות לבך ובא הצווי במקום אית"ן או פי' התענג שתשמח בעבודתך את ה' ותהיה נהנה בה והוא יפיק תאותך: (ה) גול. כל צרכיך השלך וגלגל עליו ובטח עליו לא על אחר. כי הוא יעשה וישלים הכל: (ו) והוציא. יגלה לעולם צדקך כמו שהאור גלוי לעולם ועוד כמו הצהרים שהוא חוזק האור כן יכירו כל העולם כי בצדק ומשפט דרכיך: (ז) דום לה'. כמו הוחיל לה': והתחולל. ענין תוחלת משורש חיל. ויש מפרשים ענין חיל כיולדה לומר סובל החיל והכאב בעבורו: אל תתחר. אם יהיה לך צרה ותראה הרשע מצליח דרכו ועושה מחשבותיו כמו שהוא רוצה

## אבן עזרא

אם תעשה טוב תהיה לבטח ואם תרעה אמונה תשכון ארץ ולפי דעתי בעבור כי הקנאה בעושי עולה בעבור עושרם שהם בוטחים בו ע"כ אמר בטח בה' ואל תמנע מעשות טוב וטעם שכן ארץ כל ימי חייך תשכון על הארץ: ורעה אמונה. כמו רומר אמינים. כי הרועה כמו שומר וי"א שטעם ורעה שלא יאכל גזול ועשוק כבני עולה: (ד) והתענג על ה'. שתבקש צרכיך כשכיר יקוה פעלו: (ה) **גול.** על משקל סוב כדרך השלך על ה' יהבך והדרך כמו צרכך וכמוהו לב אדם יחשב דרכו: (ו) **והוציא.** הטעם שיעשה צרכך ויתנקם בגלוי כמו האור אז יראה לצדק: (ז) **דום.** והתחולל. יש אומרים שהוא מגזרת תוחלת ואחרים אמרו שה"א מגזרת חיל כיולדה והוא הנכון והמלה כפולה כדרך והתבונן וטע' לו בעבורו כמו אמרי לי אחי הוא וסבול החיל בגללו על כן

## מנחת שי

(ד) משאלת. לית וחסר וא"ו:

## מצודת דוד

תתחבר עמהם אלא בטח בה' ועשה הטוב ואז תשכון בארץ לאורך ימים: ורעה אמונה. תהיה רועה וניזון מן האמונה שהאמנת בה' ולא עבית כמעשה הרשעים לגזול ולעשוק: (ד) והתענג על ה'. תהיה מעונג בתענוגים על מבטחת ה' והוא יתן לך מה שישאל לבך ר"ל יספיק לך מחסוריך אף בדבר התפנוקים: (ה) גול על ה'. גלגל צרכך על ה' ובטח עליו והוא יעשה צרכך: (ו) והוציא. לצדק יראה כאור כי תקבל גמול: ומשפטך. מה שהלכת בדרך משפט יראה כצהרים: (ז) דום לה'. קוה לה' ותוחיל לו ולך בתמימות ואל תתחבר עם הרשע המצליח ובאיש העושה מחשבות

## מצודת ציון

מלשון גליה והקבון: (ו) כצהרים. מלשון זוהר ואורה והיא עת עמידת השמש בחצי השמים: (ז) דום. קוה כמו נאלמים דומי

*Wait for His salvation, as* (in I Sam. 14:9): *"If they say thus to us, 'Wait* (דֹּמּוּ)*'!" mentioned regarding Jonathan. Menachem* (p. 64), *however, associates it as an expression of silence, as* (in Lev. 10:3): *"and Aaron was silent* (וַיִּדֹּם)*." He likewise interpreted* (Lam. 3:26): *"It is good that one should wait quietly* (וְדוּמָם)*" in this manner, and Dunash* (p. 27) *concurs with him.*— [*Rashi*]

**and hope**—Heb. וְהִתְחוֹלֵל, *an expression of hope* (תּוֹחֶלֶת).—[*Rashi*]

**do not compete**—*saying, "I will be as wicked as he, and I will prosper as he does."*—[*Rashi*]

good; dwell in the land and be nourished by faith. 4. So shall
you delight in the Lord, and He will give you what your heart
desires. 5. Commit your way to the Lord, and trust in Him and
He will act. 6. And He will reveal your righteousness like the
light, and your judgments like noon. 7. Wait for the Lord and
hope for Him; do not compete with one whose way prospers,
with a man who executes

posed. It should be understood to mean: Do good and trust in the Lord; teach faith and dwell in the land. The reward follows the good deed. The Psalmist discusses three parts of the human body which can be utilized for good and evil: the heart, the hand, and the mouth. *Redak* explains:

**Trust in the Lord**—This is the worship of the heart, that the person must trust in God with all his heart, and understand that He is the One Who either helps or hinders—not like those evildoers who commit injustice, relying on their wealth and their physical strength (as in 36:2), "there is no fear of God before his eyes."

**and do good**—This is the deed of the hand, to give charity and to engage in performing God's commandments.

**dwell in the land and teach faith**—Wherever you dwell, teach the public to worship God, just as Abraham did. One who teaches the people is spoken of in Scripture as pasturing them. Cf. Jeremiah 3:16, Proverbs 10:21. Teaching is the main part of Divine worship performed with one's mouth, because whatever one must say for himself, such as unifying God, praying to Him, and praising Him, is basically from the heart, and even if a person does not utter them with his mouth, he has fulfilled his obligation (?). Teaching others, however, is impossible without using one's mouth in speech.*

4. **So shall you delight in the Lord**—*Enjoy delights by being supported by the Holy One, blessed be He.*—[*Rashi*] *Redak* explains: If you do as I commanded you, you will delight with the Lord; you will find the fulfillment of every delightful wish you ever had by serving Him, and He will give you what your heart desires.

5. **Commit your way to the Lord**—*Commit all your needs to Him.*—[*Rashi*]

**and trust in Him**—and no other.—[*Redak*]

**and He will act**—He will act and complete everything.—[*Redak*]

6. **And He will reveal your righteousness like the light**—He will reveal your righteousness to the world just as light is revealed to the world.—[*Redak*]

**and your judgments like noon**—Just as the strongest light is seen at noon, so will all the world recognize that all your ways are just and right.—[*Redak*]

7. **Wait for the Lord**—Heb. דוֹם.

מזמות: ח הרף מאף ועזב חמה אל־
תתחר אך להרע: ט כי־מרעים יכרתון
וקוי יהוה המה יירשו־ארץ: י ועוד
מעט ואין רשע והתבוננת על־מקומו
ואיננו: יא וענוים יירשו־ארץ והתענגו
על־רב שלום: יב זמם רשע לצדיק
וחרק עליו שניו: יג אדני ישחק־לו כי־
ראה

ת"א הרף מאף. נדרים לב: וענוים. סוכה כט:

עֵיצַת חֶטְאִין: ח אוֹרִיךְ מִרְגָז וּשְׁבוֹק רִתְחָא לָא תִתְגָרֵג בְּרַם לְאַבְאָשָׁא: ט מְטוּל דִמְבְאֲשִׁין יִשְׁתֵּיצוּן וּדְסַבְרִין בְּמֵימְרָא דַיְיָ הִנוּן יֵירְתוּן אַרְעָא: י וְתוּב כִּזְעֵיר וְלַיִת רַשִׁיעָא וְתִתְבַּיַין עַל אַתְרֵיהּ וְלֵיתוֹי: יא וְעִנְוְתָנִין יֵרְתוּן אַרְעָא וְיִתְפַּנְקוּן עַל סְגִיעוּת שְׁלָמָא: יב חָשֵׁב רַשִׁיעָא בִּישׁ עַל צַדִיקָא וּמְעַסֵי עֲלוֹי כַּכּוֹי: יג יְיָ יִגְחַךְ עֲלוֹי

## רד"ק

**אל** תתערב בו ואל תלמוד ממעשיו אלא דוחיל לה' והוא יוציאך **מבנה** (ח) הרף. אל תזעף אל ה' אם לא יכונו דרכיך כחפצך **כי זהו** דרך האויל. ומה שאמר ועזוב חמה הוא כפל ענין **במ"ש** אל תתחר. להרע אל תתערב עם הרשעים להרע **מעשיך** כמו המריעים בעבור שתראה הצלחתם. וטעם אך כאלו **אמר** עשה מה שתעשה אך אל תתערב במעשה הרשע: **(ט)** כי. אל תבהלך הצלחת הרשעים כי יכרתון ואין להם **העמד** ה' אך קוי השם יעמדו אחריהם והם ירשו ארץ ומלת **וקוי** בהנעה הוי"ו שהיא עי"ן הפעל מן קוה, והיו"ד סימן הרבים **אבל** וקוי ה' יחליפו כח בהנעת היו"ד שהיא במקום עי"ן הפעל **והוי"ו** למשוך כוי"ו שומרי ויו"ד הרבים נפלה מהמכתב: (י) ועוד. תוחיל מעט ולא תראה הרשע כשתתבונן על מקומו **איננו** כלו' שתתבונן היטב אם נשאר לו שורש ועיקר לא תמצא לו כי הכל הלך: (יא) וענוים. שהיו בשפלית בפני הרשעים **באבוד** הרשעים הם ירשו ארץ: והתענגו על רוב שלום. כי באבוד הרשעים שלום ושמחה בעולם: (יב) זמם. חושב לעשות **רעות** לצדיק. וכשיראה שיכול לעשות לו חורק עליו שניו כלו' מצאתיך: (יג) אדני. הוא יודע מה סופו: כי ראה כי יבא

## רש"י

**אל תתחר**. לאמר ארשיע כמותו ואצליח כמותו: **(ח) הרף מאף**. הרף מהרשיע שלא יבא עליך אף: **ועזוב**. דבר המביא עליך חמתו של הקב"ה: **(ט) כי מרעים**. שאתה רואה עתה מצליחים הם יכרתון: **(י) ועוד מעט**. כשתמתין עוד מעט תראה כי אין הרשע: **והתבוננת על מקומו**. ותסתכל על מקום שהיה שם ואיננו כי מת ואבד: **(יב) וחורק**. כמו חרקו שן (ארקיינ"ט בלע"ז. והוא

## מנחת שי

**(ט)** וקוי. בהנעת הוא"ו שהוא עין הפעל מן קוה וסא"ד **סימן** הרבים אבל וקוי ה' יחליפו כח ישעיה מ' בהנעת היו"ד שהוא **במקום** עי"ן הפעל והוא"ו למשך כוא"ו שומרי ויו"ד הרבים נפלה **מהמכתב** כ"כ רד"ק בפי' וכן צריך להגיה במכלול יופי ובפי' רד"ק **מדפים** נפולי והחכם אבן עזרא כתב על זה בתהלים שהיו"ד תחת **הוא"ו** ועל אותו שבישעיה לא כתב מאומה נראה שהוא סובר בהפך

## אבן עזרא

יהיה אל תתחר מן הרון וכי"ת במצליח בעבור מצליח **ועל** פי' תתחרה את הסוסים סבול ודום להשם וכין כך וכין כך עם שונים אל תתערב: **(ח) הרף מאף**. אם יכעיסך בעבור היותו עשיר ואיך כמוהו אל יחרה אפך להרע לו ואם על פי' אל תתחרה לא תתערב עמו להראות לו אהבה וטובה **אין** כלבך רק להרע לו: **(ט) כי**. הטעם יכרת זרעם: וקוי. היו"ד תחת הוי"ו וזאת המלה מהבנין הקל: **(י) ועוד**. דום **מעט** ותראה בעיניך יום הכרת הרשע הנזכר: **(יא) וענוים**. הפך רשעים וטעם רוב שלום כי באבוד רשעים יהיה שלום **בארץ**: **(יב) זומם**. אומר לצדיק חייב אתה לשנוא את הרשע ולא תתערב עמו כי הוא חושב עליך מזימות רעות **ואם** בא עליך דבר חסרון אז יחרוק עליו שניו להחזיק ממך: **(יג) אדני**. והרשע לא ידע כי השם שהוא יודע

## מצודת ציון

**נפשי** (לקמן ס"ב): והתחולל. מלשון תוחלת ותקוה: (ח) הרף. **מלשון** רפיון: (יב) זמם. ענין מחשבה: וחרק. ענין שחיקת

## מצודת דוד

רשע לאסוף הון: (ח) הרף מאף. התרפה מלהתחבר עם בעל אף ועזוב איש חמה ואל תתערב בתי שכל מהשבתו אך לעשות הרע: (ט) כי וגו'. סוף הדבר יכרתו הרשעים אבל המקוים לה' יירשו **הארץ** לאורך ימים: (י) ועוד מעט. אף כי הרשע מצליח לא יהיה לזמן רב כי כשיהיה עוד זמן מעט ואין הרשע וכאשר תתבונן להסתכל על מקומו תראה שאיננו: (יא) וענוים. אבל ענוים יירשו הארץ לאורך ימים ויהיו מתענגים ברוב שלום: (יב) זומם. הרשע חושב **רעה** על הצדיק ובקלפו חורק עליו שניו: (יג) ה'. אבל ה' ישחק על הרשע כי ראה שבא יום מיתתו טרם יעשה הרעה ולא יספיק

and joy in the world, as is stated (in Prov. 11:10): "and when the wicked perish, there is song."—[*Redak*]

12. **and gnashes**—Heb. וְחֹרֵק, *as* (in Lam. 2:16): *"and gnashed* (וַיַּחַרְקוּ) *their teeth," é rechinéynt in Old French.*—[*Rashi*]

malicious plans. 8. Desist from anger and forsake wrath; do
not compete only to do evil. 9. For evildoers shall be cut off,
and those who hope for the Lord—they will inherit the land.
10. A short while longer and the wicked man is not here, and
you shall look at his place and he is not there. 11. But the
humble shall inherit the land, and they shall delight in much
peace. 12. The wicked man plots against the righteous and
gnashes his teeth at him. 13. The Lord will scoff at him because

8. **Desist from anger**—*Desist from being wicked so that anger does not come upon you.*—[*Rashi*]

**and forsake**—*a matter that will bring upon you the wrath of the Holy One, blessed be He.*—[*Rashi*]

*Redak* explains:

**Desist from anger**—Do not be angry with God if your ways do not succeed as you wish. That is the way of the fool, as in Proverbs 19:3: "A man's folly perverts his way, but his heart is wroth with the Lord."

**and forsake wrath**—This is a repetition of the preceding in different words. *Rabbi Solomon Ibn Gabirol* explains this verse (*Introduction to Tikkun Middoth Hanefesh*):

**Desist from anger**—Desist from the trait of anger and forsake wrath. You should regret that you ever had this character trait.

**do not compete only to do evil**—Do not compete with the wicked to do evil as they do because you see their prosperity.

9. **For evildoers**—*whom you now see prospering—they will be cut off.*—[*Rashi*] Do not let the prosperity of the evildoers alarm you. They will ultimately be cut off, for they have no permanence.—[*Redak*]

**and those who hope for the Lord**—who succeed the wicked.—[*Redak*]

**they will inherit the land**—as in Job 27:17: "He will prepare, and a righteous man will wear [them]."—[*Redak*]

10. **A short while longer**—*When you wait a little longer, you will see that the wicked man is not here.*—[*Rashi*]

**and you shall look at his place**—*and you will look at the place where he was, and he is not there, because he has died and is lost.*—[*Rashi*] *Redak* explains: If you consider carefully whether he left behind a root, you will discover that he has left no trace.

11. **But the humble shall inherit the land**—The humble, who were subjugated by the wicked, will inherit the land after the death of the wicked.—[*Redak*]

**and they shall delight in much peace**—because, when the wicked are destroyed, there is much peace

רָאָה כִּי־יָבֹא יוֹמוֹ׃ יד חֶרֶב ׀ פָּתְחוּ
רְשָׁעִים וְדָרְכוּ קַשְׁתָּם לְהַפִּיל עָנִי
וְאֶבְיוֹן לִטְבוֹחַ יִשְׁרֵי־דָרֶךְ׃ טו חַרְבָּם
תָּבוֹא בְלִבָּם וְקַשְּׁתוֹתָם תִּשָּׁבַרְנָה׃
טז טוֹב מְעַט לַצַּדִּיק מֵהֲמוֹן רְשָׁעִים
רַבִּים׃ יז כִּי זְרוֹעוֹת רְשָׁעִים תִּשָּׁבַרְנָה
וְסוֹמֵךְ צַדִּיקִים יְהוָה׃ יח יוֹדֵעַ יְהוָה יְמֵי

ת״א חרב פתחו . עקרים מ״ד פס : פתח בס״פ פתח באתנח תמימם

אֲרוּם חָמָא אֲרוּם עַל
יוֹמָא דִתְבִירֵיהּ׃
יד חַרְבָּא שְׁלִיפוּ
רַשִׁיעַיָא וּמְתַחוּ
קַשְׁתָתְהוֹן לְמִקְטוֹל עַנְיֵי
וְחַשִׁיכֵי לְמִכּוֹס תְּרִיצֵי
אוֹרְחָא׃ טו סַיְפְהוֹן
תֵּעוֹל בְּלִבְּהוֹן
וְקַשְׁתָתְהוֹן יִתַּבְּרוּן׃
טז טָב קֳדָם יְיָ זְעֵרוּת
צַדִּיקַיָא מִרְכַפַּת רַשִׁיעִין
סַגִּיעִין׃ יז אֲרוּם דְרוֹעֵי
דְרַשִׁיעַיָא יִתַּבְּרוּן
וְתָמִיךְ צַדִּיקַיָא מֵימְרָא
דַיְיָ׃ יח יָדִיעַ קֳדָם

## רש״י

רעקינאנ״ש בלשון אשכנז מורדען מיט דיא לאהגע קניסטערן). (איכה י״ד): (יד) חרב פתחו. הרשעים פתחו (אנקומנצירנ״ש בלע״ז. אנ״ג קאמענסערנ״ט אן פאנגען) תגר וחרוס מתחילי׳ הרשעים, מאליהם: (טז) טוב מעט לצדיק. טובים מעט אנשים שהולכים לעזרת הצדיקים: מהמון רשעים רבים. אמרפל וחביריו התחילו מלחמה בעול׳ בשביל לשבות את לוט ולהתגרות באברהם ומעט אנשים שהיו עם אברהם הצליחו והרגו כל אותן האוכלוסין: (יח) יודע ה׳ ימי תמימים. מכיר את מעשה ימיהם ונחלת׳ וקבול שכרם מאתו לעולם תהיה:

## אבן עזרא

העתידות ישחק עליו דרך משל: (יד) חרב. בהיותה בנדן היא סגורה ע״כ פתחו ויש אומרים כי פתיחת חרב היא הלטישה וכמוהו והמה פתיחות והנה החרב בגלוי והקשת בסתר: (טו) חרבם. מ״ס בלבם שב אל רשעים כי השם ינמול להם כפעלם: (טז) טוב. הון מעט לצדיק ישמח בו: מהמון. הוא ממון כמו ומי אוהב בהמון אך הבל יהמיון: (יז) כי. הזכיר הזרועות שהם דורכות הקשתות והזכיר כי הקשתות תשברנה ולא יבא הזק לצדיק והזכיר כי גם הזרועו׳ כן והפך תשברנה וסומך: (יח) יודע. י״א שיאריכם והנכון בעיני כי זה על דרך את מספר ימיך אמלא והש׳ יודע כל מלא ובעבור כי שנו׳ הרשעי׳ תקצורנה כפי מעשיהם כדרך למה תמות בלא עתך על כן הדבר תלוי במעשיהם: ונחלתם.

## רד״ק

יומו. כי בהתגאות הרשע על הצדיק אז יבא לו שברו: (יד) פתחו. ענין לטישה וחידוד. ויתכן שהוצאת החרב מתער׳ יקרא פתיחה: (טו) חרבם. הפך מה שחשבו: וקשתותם תשברנה. שלא יזומן להם כמו שחשבו להרע לעניים ולישרים. והאחד קשת: (טז) טוב. כי הצדיק ישמח במעט שהיה לו מן העה״ז אבל הרשעים ברבות ממונם לא ישמח׳ בו אבל ישאלו יותר ואינם שבעים לעולם. ופי׳ המון כמו ממון. או יהיה המון ריבוי והוא כנגד מעט שפזר ויהיה לפירוש הזה פירוש רבים גדולים ולפי׳ הראשון יהי׳ טעם רבים אל הממון שזכר ואף על פי שהוא לשון יחיד הנה כמוהו רבים ופירושו נכסים רבים: (יז) כי. בזרועותיהם לא יהיה כח ובידם להרע לצדיקים והאל ית׳ סומכם שלא יפלו מחרדת הרשעים: (יח) יודע. מכיר ומשגיח עליהם להאריך ימיהם: ונחלתם לעולם תהיה. לעולם

## מנחת שי

ולפי מה שנמסר במק״ג שלנו הכא והתם נראה דאתיא כוותיה יירשו ארץ. בשני יודי״ן ובמאריך: (יג) כי יבא יומו. חסר וא״ו אחר הבית: (טו) וקשתותם. בספרים מדוייקים השי״ן דגושה והתי״ו רפוי׳ וכן נכון כמ״ש בישעיה ה׳ וירמיה כ״א ונחמיה ד׳ וכ״כ ר׳ יונה בספר הרקמה שדגשת השי״ן הוא מפני פגישת שפי התוי״ן כמו שדגשו נו״ן ירמיה שכנתתי: (טז) טוב. בלא רביע: (יז) כי זרועות. בלא פסק באמצע:

## מצודת דוד

לפשותם: (יד) פתחו. רלה לומר הוליאוה מתערה: להפיל. להפילו מת: (טו) חרבם. אבל חרבם תבוא בלב הרשעים הסם: תשברנה. לבל יוכלו לירות בהם הסלים: (טז) טוב. המעט שיש להצדיק יותר טוב מעושר רב שביד הרשעים: (יז) כי זרועות. לפי שיושבר חוזק הרשע ולא ישאר עשרו בידו אבל את הצדיקים סומך ה׳ ומה שיש בידם מתקיים: (יח) ימי תמימים. כמה שנים יחיו: ונחלתם. מעט המטובה שהנחיל להם המקום יהיה שמור

## מצודת ציון

השנים בהתקלף: (טז) מהמון. ענין רבוי: רבים. גדולים: (יז) זרועות. ענין חוזק:

**etc.**—The arms which bend the bows shall be broken just like the bows mentioned in verse 15. Not only will the bows be broken—so that the righteous suffer no injury at the hands of the wicked—but so will the arms that bend the bows. The opposite will be true of the righteous: God will support them.—[*Ibn Ezra*]

18. **The Lord knows the days of the innocent**—*He recognizes the deeds of their days, and their inheritance and the reception of their reward from Him shall be forever.*—[*Rashi*]

He saw that his day will come. 14. The wicked initiated war
and bent their bow to cast down the poor and the needy, to slay
those who walk on a straight path. 15. Their sword shall enter
their heart, and their bows shall be broken. 16. The few of the
righteous are better than the multitude of many wicked men.
17. For the arms of the wicked shall be broken, but the Lord
supports the righteous. 18. The Lord knows the days of

14. **initiated war**—*The wicked initiated quarrel and strife without previous provocation.*—[*Rashi*]

The Midrash (*Gen. Rabbah* 42:1) identifies these particular wicked as Amraphel and his allies (Gen. 14) who were the first to wage war (against anybody). They did so in order to capture Lot and slay Abraham, as mentioned below. The Hebrew word פָּתְחוּ literally means "opened." According to most exegetes, it denotes drawing the sword from its sheath, an act similar to releasing a prisoner from captivity. It may also mean that they sharpen the sword.—[*Redak, Ibn Ezra*]

**to cast down**—To cast down dead.—[*Targum, Mezudath David*]

15. **Their sword shall enter their heart**—But their sword shall enter their own hearts.—[*Mezudath David*] The opposite of what they had intended.—[*Redak*] For God will punish them according to their deed.—[*Ibn Ezra*]

**and their bows shall be broken**—so that their plots to slay the upright will be frustrated.—[*Redak*]

16. **The few of the righteous are better than the multitude of many wicked men**—*Amraphel and his allies initiated a war in the world for the purpose of capturing Lot and provoking Abraham, but the few men who were with Abraham succeeded and killed all those armies.*—[*Rashi*] [This is not found in any known midrash. It is found, however, in *Genesis Rabbah* 42:1 on verse 14. There, the wicked who initiated war are identified as Amraphel and his allies, who sought to cast down Lot, described as the poor and needy, and to slay Abraham, described as the one who walks on the straight path, as mentioned above.]

*Redak* renders: A little is better for a righteous man than much property for the wicked. The righteous man is satisfied with a little pleasure from this world, and he is happy with it. The wicked, however, are not happy with their riches, but always long for more. Moreover, the wicked man's riches are to his detriment, because they make him haughty toward his fellow men, which ultimately causes them to rise up against him, murder him, and take all his wealth.

17. **For the arms of the wicked,**

תמימם ונחלתם לעולם תהיה: יט לא
יבשו בעת רעה ובימי רעבון ישבעו:
כ כי רשעים יאבדו ואיבי יהוה כיקר
כרים כלו בעשן כלו: כא לוה רשע
ולא ישלם וצדיק חונן ונותן: כב כי
מברכיו יירשו ארץ ומקלליו יכרתו:
כג מיהוה מצעדי־גבר כוננו ודרכו

ת"א לא יבושו. מליצה קו: לוה רשע. בתרא מב אדם ו:

**תרגום**

יְיָ יומיהון דשלמין
ואחסנתהון לעלם תהי:
יט לא יבהתון בעדן
בישתא וביומי אולצנא
סבעין: כ ארום רשיעיא
ייבדון ובעלי דבביא
דיי היך יקר פלגיסין
דמין אולא מתפטמין
וסופיהון מתגבסין
הימנא רשיעי יסופון
ובתנן גהנם יגמרון:
כא מוזיף רשיעא ולא
פרע וצדיק מחנים
ויהב: כב מטול
דמתברכין במימרא
ירתון ארעא ודמתלטטין במותא ישתצון: כג מן קדם יי פסיעתו דגברא מתקנן ואורחתיה יתרעי:

## רש"י

(כ) כיקר כרים. כאור ענן בקר הנראה שחרית מלבין על מרחבי בקעה שאינו מתקיים. כרים מישור כמו כר נרחב (ישעיה ל') כיקר ל' אור יקרות (זכריה י"ד) ויש פותרין כיקר כרים ככבוד כבשים שמפטמין אותן לטבח: (כא) לוה רשע ולא ישלם וצדיק חונן ונותן. הקב"ה שהוא צדיקו של עולם חונן משלו ונותן לזה שהלוה מה שהוא גוזל ממנו: (כב) כי מבורכיו. שלצדיקו של עולם יירשו ארץ: (כג) מצעדי גבר. מי שהוא גבור ביראת הקב"ה

## רד"ק

הבא: (יט) בעת רעה. הוא דבר או מלחמה או חיה רעה: רעבון. בשקל פרזון ובסמוך ואת רעבון בתיכם: (כ) יאבדו. לפיכך לא יבושו התמימים: כיקר. היקר והטוב שבכבשים והוא החלב שקרב על גבי המזבח שהיא כלה באש והולך לו בעשן כן אויבי ה' יהיו כלים. וכפל כלו לרוב הכליון. וכלו הראשון מלרע והשני מלעיל בסוף פסוק: (כא) לוה. ספר ממדות הרשע המגונות כי מה שילוה לא ישלם אין צריך לומר שלא יתן משלו והצדיק בהפך כי חונן לבני אדם ונותן להם משלו אין צריך לומר כי מה שילוה ישלם. ואמר חונן ונותן. וכפל המתן בט"ש להרבות המתן שנותן פעם אחר פעם. או פי' מרחם ואמר כי הצדיק יש בו שתי המדות האלה הרחמנות והנדיבות: (כב) מברכיו. הם הצדיקים: ירשו ארץ. לפי שהם חוננים ונותנים ועינם טובה יוסיף להם האל עושר וכבוד ויברכם וירשו ארץ כלומר שתהיה העמד' להצלחתם כמו הירושה שהוא מאב לבן: ומקלליו. והם הרשעים שעינם צרה ואפילו מה שלוו לא ישלמו: יכרתו. ולא יהיה לעשרם העמדה וקיום ויכרתו מעולם הזה ומעה"ב: (כג) מה'. הצדיק שמתגבר במעשיו הטובים על הרשע האל יכון צעדו יחפץ דרכו שיראה בדרכיו חפץ האל יתברך ורצונו. וטעם מצעדי ודרכו. כי בכל

## מנחת שי

(כ) כי רשעים. בלא פסק באמצע: כלו בעשן כלו. הראשון מלרע והשני מלעיל לסוף פסוק מכלול דף קנ"א:

## אבן עזרא

שינחילו בניהם או הנחלה והחלק שנתן להם השם: (יט) לא. בעת רעה. כמו דבר והמת במלחמה או ברעב לא בא יומו כדברי דוד: (כ) כי. והרשעים יאבדו בימי הרעה והרעבון: כיקר כרים. כחלב הכבשים כמו עם חלב כרי' המוסמי' בעשן שיכלו רגע אחרי רגע ויש אומרים כיקר כרים כעשב העמקים כמו כר נרחב וכמוהו ככר הירדן והוא כפול כמו בבבת עינו וטעם בעשן כאשר יבעיר בהם המבעיר את הבערה וכלו הראשון על היקר וכלו השני על הרשעים ובאה המלה מלעיל בעבור סוף פסוק: (כא) לוה. בשעת צרכו. וצדיק חונן ונותן כי יחון עליו על דרך אם רעב שונאך: (כב) כי. טעם מבורכיו ברכת ה' היא תעשיר: (כג) מה'. טעם מצעדי תנועותיו: גבר. בלשוננו הוא מלא דעת כמו לכו נא הגברי' ומי שהוא מלא דעת צדיק יהיה: ודרכו יחפץ. השם חפץ בכל דרכיו ואם הוא יחסר

## מצודת ציון

(כ) כיקר. מלשון יקר: (כא) חונן. חומל: (כג) מצעדי. דרכיו ופסיעותיו: כוננו. מלשון הכנה:

## מצודת דוד

אללם לעולם כל ימי חייהם: (יט) בעת רעה. כי לא עליהם תסים: ישבעו. כי ה' יזמין להם די ספוקם: (כ) כיקר כרים. כסיקר הנעשה לכבשים אשר יפטמו אותם להשמינם למסר עת שהיטתם כן מוכות הרשעים בעולם הזה לטרדם לגיהנם: כלו. כי אחר המיתה יכלו בעשן הגיהנם ויהיו כלים: (כא) לוה רשע. כשלא מלא ידו לגזול לוקח בהלואה ואינו משלם והצדיק המלוה אותו חוננו ונותנו לו במתנה לבל יענש בעבורו: (כב) כי מבורכיו. כי בעבור כשרון המעשה הזה יגזור אומר ויקם ואת אשר יברכם יירשו הארץ ואת אשר יקללם יכרתו: (כג) מה' מצעדי גבר. מלעדי שגבר

*is mighty in the fear of the Holy One, blessed be He, les pas du fort in French,* the steps of the strong one.—[*Rashi*]

**are established**—*Fureut afétées in French,* are prepared for reality.—[*Rashi*] The righteous man, who is greater in his good deeds than the wicked—God will prepare his steps and desire his way, and all that he does will prosper. God's delight in him is visible in all his ways. He will therefore succeed in all his undertakings.—[*Redak*]

the innocent, and their inheritance will be forever. 19. They
will not be ashamed in time of calamity, and in days of famine
they shall still be satisfied. 20. For the wicked will perish, and
the enemies of the Lord are like disappearing light on the
plains; they are consumed in smoke, yea they are consumed.
21. A wicked man borrows and does not pay, but the Righ-
teous one is gracious and gives. 22. For those blessed by Him
will inherit the land, and those cursed by Him will be cut off.
23. From the Lord a mighty man's steps are established, for He
delights in his way.

19. **in time of calamity**—e.g. pestilence, war, or attack by wild beasts.—[*Redak*] *Ibn Ezra* adds that if one dies from any of these causes, it is not considered that his day has come, as in I Samuel 26:10 "but the Lord shall smite him, or his day will come and he will die, or he will go down to war and perish."

They will not be ashamed because the calamity will not affect them.—[*Mezudath David*]

20. **like disappearing light on the plains**—כִּיקַר כָּרִים, *like the light of the morning cloud, which appears at dawn and glistens on the broad plains, which does not last.* כָּרִים *means a plain, as* (in Isa. 30:23): *"a wide plain* (כַּר נִרְחָב)." כִּיקָר *is an expression of "disappearing light* (אוֹר יְקָרוֹת)" (as in Zech. 14:6). *Others interpret* כִּיקַר כָּרִים: *like the glory of lambs that are fattened for the slaughter.*—[*Rashi*] See *Yalkut Shimoni* ad loc., *Mid. Ps.* 68:2, Commentary Digest to Isa. 30:23, Zech. 14:6.] As the honor that is afforded the lambs by fattening them to accelerate the time of their slaughter, so are the riches given the wicked in this world, to drive them into Gehinnom.—[*Mezudath David*]

21. **A wicked man borrows and does not pay, but the Righteous is gracious and gives**—*The Holy One, blessed be He, Who is the Righteous One of the world, is gracious with His own and gives it to the one who lent what he* [the borrower] *stole from him.*—[*Rashi*] [See *Pesikta d'Rav Kahana* p. 190b; *Avoth* 2:9, *Rav, Tos. Yom Tov, Magen Avoth.*]

22. **For those blessed by Him**—*By the Righteous One of the world, shall inherit the land.*—[*Rashi*] *Redak* explains verse 21 to mean that the righteous man not only pays his debts but is gracious to others and gives them gifts. Therefore, these righteous, who are blessed by God, will inherit the land, and the wicked, who are so miserly that they do not even pay back their debts, will be cut off. Nothing will remain of their wealth, for they are the cursed of God; their wealth and prosperity will be cut off from both this world and the next.

23. **a mighty man's steps**—*He who*

יַחְפָּץ׃ כד כִּי־יִפֹּל לֹא־יוּטָל כִּי יְהוָה
סוֹמֵךְ יָדוֹ׃ כה נַעַר הָיִיתִי גַּם־זָקַנְתִּי וְלֹא־
רָאִיתִי צַדִּיק נֶעֱזָב וְזַרְעוֹ מְבַקֶּשׁ־לָחֶם׃
כו כָּל־הַיּוֹם חוֹנֵן וּמַלְוֶה וְזַרְעוֹ לִבְרָכָה׃
כז סוּר מֵרָע וַעֲשֵׂה־טוֹב וּשְׁכֹן לְעוֹלָם׃
כח כִּי יְהוָה ׀ אֹהֵב מִשְׁפָּט וְלֹא־יַעֲזֹב אֶת־
חֲסִידָיו לְעוֹלָם נִשְׁמָרוּ וְזֶרַע רְשָׁעִים
נכרת

כד אֲרוּם יִפּוֹל מִבִּישׁ לָא
יְמוּת מִטּוּל דַּיְיָ סָעִיד
בִּידֵיהּ׃ כה טַלְיֵי הֲוֵית
בְּרַם סִיבִית וְלָא חֲמֵית
צַדִּיקָא שְׁבִיקָא וּבְנוֹי
תָּבְעִין לַחְמָא
מְחוּזְרָנָא׃ כו מִן בִּגְלַל
דְּכָל יוֹמָא חָיֵיס וּמוֹזִיף
וְדַרְעֵיהּ לְבִרְכְתָא׃
כז סְטֵי מִבִּישׁ וַעֲבֵד
טִיבוּ וּשְׁרֵי לְחַיֵּי עָלְמָא׃
כח אֲרוּם יְיָ רָחֵם דִּינָא
וְלָא יִשְׁבּוֹק יַת חֲסִידוֹי
לְעָלַם מִנַּטְרִין וּבְנֵיהוֹן
דְּרַשִּׁיעַיָּא יִשְׁתֵּיצוּן׃

ת"א נער הייתי. יבמות יו זוהר ויצא (יבמות נ׳):

### רש"י

(ליספאדופר"ט בלע"ז. כמו לע"ס פא"ס ד"ו פאר"ט בל"א די טריטעט דעס בטארקן): **כוננו**. (פוריל"ט ואפייטי"ן בלע"ז. פירנ"ט אפט"ע בל"א ווערדען צור ווירקליכקייט אן בערייטעט וכן ביחזקאל ט"ז ז׳ י"א כ"ט): (כד) **יפול**. (לבירג"א בלע"ז. נ"ל סעבמגער בל"א ניכט פאן דער סטעללע ווייכען) לפון ותפול מעל הגמל (בראשית כ"ד): **כי**. כמו אם: **לא יוטל**. לא יוסלך להיות נעזב: (כה) **נער הייתי**. פסוק זה שר העולם אמרו דאלו דוד לא קשים כולי האי: (כו) **כל היום**. הצדיק חונן עניים ומלוה להם: **וזרעו**. זה שהוא זורע לצדקה סופו לברכה:

### רד"ק

אשר ינוע בכל עסקו יצליח: (כד) כי. אם בא מקרה ויפול הצדיק מנכסיו לא יוטל לגמרי כלו׳ לא יושלך לארץ כי ה׳ סומך ידו ומה שהביא עליו על דרך מוסר אהבה הוא והרשע כשיפול יכרת ואין תקומה לנפילתו: (כה) נער. כלומר לא בנעורי ולא בזקוני לא ראיתי צדיק נעזב לגמרי ולא זרעו שיבקש לחם על הפתחים וזרעו הקטנים שהניח אחריו לא יעזבם האל יתברך בזכותו אף על פי שיבא לו מקרה רע: ונעזב. הוא שיחסר לו לחם ושמלה: (כו) כל. ר"ל כל הימים כלו׳ אפילו בעת דוחקי הוא חונן ומלוה כפי כחו: וזרעו. גם כן ילמדו דרכו והם לברכה לעולם שיתנו משלהם ויחוננו הצריכים. או פי׳ שיברכום בני אדם כשיראום ויאמרו אלה זרע צדיק והאל יתב׳ ברכם בזכות׳: (כז) סור מרע. אמר תן לבך ועיניך בדרך הצדיקים והרשעים כי ה׳ גומל אותם כפי מעשיהם וראה כי אחרית הצדיקים לטוב ואחרית הרשע לרע לפיכך תאחוז דרך הצדיקים וסור מרע ועשה טוב כי זהו דרכו: ושכון לעולם. ובזה תשכון בטח. או פירושו כי האדם אשר הוא ברע לא ישכון ולא ינוח לעולם וינוד הנה והנה. ובכלל סור מרע כל מצות לא תעשה ובכלל ועשה טוב כל מצות עשה שאף על פי שיסור מדרך הרע לא יהיה שלם אם לא יעשה טוב: ושכון. כמו תשכון: (כח) משפט. הוא מעשה היושר ומי שיעשה דבריו במשפט לא יעזבנו ה׳ כלומר לא יסלק שמירתו ממנו אלא דבקה בו תמיד ולא כן זרע רשעים כי הוא

### אבן עזרא

בי"ת ע"כ לא יצליח: (כד) **כי**. **יוטל**. יושלך כמו והטילוני אל הים ויש אומרים כי יפול במחשבתו: (כה) **נער**. ניסיתי זה בנעורי וזקנתי: **נעזב**. לגמרי כמו כי לא אעזבך והוא בקש להם ומלה: **וזרעו**. הקטן שהניח בעבור זכות האב: (כו) **כל היום**. בימיו יהיה בטוב וזרעו אחריו לברכה כמו כל רואיו ברכוהו: (כז) **סור מרע**. מצות לא תעשה: **ועשה טוב**. מצות עשה: **ושכון**. כמו תשכון וכמוהו פרו ורבו עלה ומות בהר: (כח) **כי**. טעם ולא יעזוב הזכיר כי הצדיק אינו

### מנחת שי

(כה) ולא ראיתי. בגעיא: (כז) סור מרע ועשה טוב. מלא טוב בטעם רביעי לא באתנח: (כח) כי ה׳ | אהב משפט. הגרמי׳ קודם מלא הסב ולא ההריו: את חסידיו. ב"ר פרשת פ"ו חסידו כתיב זה יוסף וכן בערוך ע׳ חסד הובא זה המדרש ובספר הזוהר פרשת וישב האי קרא אוקמיה באברהם חסידו כתיב ע"כ. ברם בספרי דידן לא אשכחנא רק ב׳ חסרים עפ"ה וסי׳ רגלי חסידו ישמר דשמואל. ודרך חסידו ישמר משלי ב׳:

### מצודת דוד

בתורה שמה כוננו מה׳ רצה לומר ה׳ מכונן ומיישר צעדיו: ודרכו. ה׳ חפץ דרכו ומצליחו בו: (כד) כי יפול. אף אם הוא יהיה נוטה לא יושלך לארץ: (כה) נער וגו׳. רצה לומר בנערותי ובזקנתי הסתכלתי לראות הנעשה בצדיק ולא ראיתיו להיות נעזב מכל וכל וזרעו ישאלו לחם: (כו) כל היום. לפי שכל הימים היה חונן עניים ומלוה להם ולזה מהראוי שיהיו זרעו לברכה: (כז) סור מרע. לכן סור מרע ועשה טוב ותשכון במנוחה לעולם: (כח) אוהב משפט. ולכלם לאיש כגמולו לזה לא יעזוב את חסידיו ויהיו

### מצודת ציון

(כד) יפול. ענין נטייה כמו ותפול מעל הגמל (בראשית כ"ד):

28. **For the Lord loves justice**—He loves just behavior.—[*Redak*]

**and He shall not forsake His pious ones**—God will not forsake those who behave justly.—[*Redak*]

**they will be guarded forever**—He will not remove His Providence from them but will guard them forever.—[*Redak*]

**but the seed of the wicked shall be**

24. If he falls, he will not be cast down, for the Lord supports
his hand. 25. I was young, I also aged, and I have not seen a
righteous man forsaken and his seed seeking bread. 26. All day
long he is gracious and lends, and his seed is due for a blessing.
27. Shun evil and do good, and dwell forever. 28. For the Lord
loves justice, and He shall not forsake His pious ones; they will
be guarded forever, but the seed of the wicked

24. **If he falls**—Heb. יִפֹּל, *aluverjera in Old French, falters, an expression of* (Gen. 24:64): *"and she fell off the camel,"* [meaning that she leaned over and fell off.]—[*Rashi*]

**If**—Heb. כִּי, *like* אִם.—[*Rashi*]

**he will not be cast down**—*He will not be cast away to be forsaken.*—[*Rashi*] If by chance the righteous man falls and loses his property, he will not be cast down completely but the Lord will support his hand. God brought the trouble upon him in order to chastise him; out of love. If the wicked falls, however, he does not rise.—[*Redak*]

25. **I was young**—*This verse was recited by the Prince of the World* (the head angel), *for if it was David, he was not so old.*—[*Rashi* from *Yevamoth* 16b] Neither in my youth nor in my old age have I seen a righteous man completely forsaken, and his seed—i.e. his young children—going from door to door, begging alms, for God would not forsake them because of the merit of their father. Although a righteous man sometimes suffers deprivation, he does not suffer such degrading troubles as the wicked. "Forsaken" denotes lack of food and raiment.—[*Redak*]

26. **All day long**—*the righteous man is gracious to the poor and lends to them.*—[*Rashi*]

**and his seed**—*This seed that he sows with his charity will ultimately be blessed.*—[*Rashi*] His descendants.—[*Ibn Ezra*]

**and his seed is due for a blessing**—Because of his good deeds, his seed is due for a blessing.—[*Mezudath David*]

27. **Shun evil**—This denotes the negative commandments.—[*Ibn Ezra*]

**and do good**—This denotes the positive commandments.—[Ibn Ezra]

**and dwell forever**—This is not an imperative. It is a future tense: then you will be sure to live forever. The Psalmist addresses the one listening to his reproof, saying: Study closely the ways of the righteous and the ways of the wicked, [realize] that the Lord repays them according to their deeds, and you will see that the end of the righteous is for their good and the end of the wicked is for their harm. Therefore, adopt the way of the righteous: shun evil and do good, and you will dwell forever. I.e. you will dwell in safety forever, or you will dwell in one place forever without wandering hither and thither.—[*Redak*]

נִכְרָת: כט צַדִּיקִים יִירְשׁוּ־אָרֶץ וְיִשְׁכְּנוּ
לָעַד עָלֶיהָ: ל פִּי־צַדִּיק יֶהְגֶּה חָכְמָה
וּלְשׁוֹנוֹ תְּדַבֵּר מִשְׁפָּט: לא תּוֹרַת אֱלֹהָיו
בְּלִבּוֹ לֹא תִמְעַד אֲשֻׁרָיו: לב צוֹפֶה רָשָׁע
לַצַּדִּיק וּמְבַקֵּשׁ לַהֲמִיתוֹ: לג יְהוָה לֹא־
יַעַזְבֶנּוּ בְיָדוֹ וְלֹא יַרְשִׁיעֶנּוּ בְּהִשָּׁפְטוֹ:
לד קַוֵּה אֶל־יְהוָה וּשְׁמֹר דַּרְכּוֹ וִירוֹמִמְךָ
לָרֶשֶׁת אָרֶץ בְּהִכָּרֵת רְשָׁעִים תִּרְאֶה:
לה רָאִיתִי רָשָׁע עָרִיץ וּמִתְעָרֶה כְּאֶזְרָח

### תרגום

כט צדיקיא יחסנון
ארעא וישרון לעלמין
עלה: ל פומא דצדיקא
רנן חוכמתא ולישניה
ממללא דינא:
לא נימוסא דאלהיה
בלביה לא מזדעזעין
אסתורוי: לב מסתכי
רשיעא לצדיקא ובעי
למקטליה: לג יי לא
ישבקניה בידיה ולא
יחייביניה במדיניה:
לד סבר במימריה דיי
וטר ארחתיה וירוממנך
למחסן ארעא
באשתציות רשיעיא
תחמי: לה חמיתי
רשיעא תקיפא וחסין

ת"א פ' לא יעזבנו. ברכות ח סוכה מ' קידושין ל"ח:

### רש"י

(ל) פי צדיק יהגה. תחלה בלבו חכמה לראות דין שפסקה תורה לכל דבר ואח"כ לשונו תדבר משפט: (לא) לא תמעד אשוריו. לא יחליקו לעדיו: (לה) ומתערה. משריש כמו (ישעיה י"ט) ערות על יאור.

### רד"ק

נכרת בבא יומו. ואמר זרע. כי בהכרתם יכרת זרעם עמהם: ואמר חסידיו. אחר שאמר משפט שהחסד גדול מהמשפט והוא לפנים משורת הדין לפי שירגיל אדם עצמו במעשה היושר והמשפט לא יטה מקו האמת ועל כל פנים יבא למדת החסידות שהיא גמילות הטובה אף למי שלא נתחייב לו: (כט) וישכנו לעד עליה. כפל לחזק שיהי' קיום והעמדה לטובתם ולמעלתם: (ל) פי. מלבד מה שהצדיק תמים עושה שחונן מנכסיו כי עינו טובה כן חכמתו יורה לאחרים ומלמדם בדרך טובה: ולשונו תדבר משפט. יורה בחכמתו שתשיג מהחכמות ויורה במעשה היושר שבין אדם לחבירו: (לא) תורת אלהיו. כמו שהוא מורה בפיו כן יהיה התורה בלבו שתוכו כברו: לא תמעד אשוריו. אפי' אחת מאשוריו. ופירושו רגליו: (לב) צופה. אם יראה הרשע צדיק מצליח והוא נופל מעצמו נותן עיניו אם יבא שום דבר בידו להעלילו לפני המושל שימיתנו לפי שמקנא בו בראותו כי הוא בטוב והוא ברע: (לג) ה'. אז לא יעזבנו בידו ומחשבתו: ולא ירשיענו בהשפטו. לפני המושל אלא יצא נקי וצדיק מלפניו. ולא תתקיים מחשבת הרשע: (לד) קוה. אומר לשומע מוסרו אם תבטח בה' ותשמור דרכו וארחו ירוממך לרשת ארץ ותראה בהכרת הרשעים כי הרשעים אין להם העמדה וקיום ואני ראיתי זה לפיכך שמע אלי: (לה) ראיתי.

### אבן עזרא

נעזב כי השם לא יעזבהו לעולם: נשמרו. הוא וזרעו והפך זה וזרע רשעים נכרת: (כט) צדיקים. בעבור שהזכיר ושכון לעולם אמר זה משפט השם וחוק אמת שהם בארץ: (ל) פי. כבר הזכיר כי הצדיק עשה חסד להונן מהונו וכן עושה חסד ללמד חכמתו ולהורות האובדים: (לא) תורת. ספר כי תוכו כברו: (לב) צופה. בראותו הרשע כי באחריתו נפל ממעלת העושר כדרך ובאחריתו יהיה נבל אז יקנא בצדיק ומרוב קנאתו יבקש המיתו: (לג) ה'. טעם ולא ירשיענו שהשם יראה לדקת הצדיק והזכיר זה כי רשע אם לא יוכל בקנאתו להמיתו יבקש תואנה על הצדיק שנתן לו ממון או שהצדיק עשה לו חמס: (לד) קוה. הטעם כדבר זה התעסק כל ימיך: וירוממך. השם או דרכו כי ימצא בלשוננו בדרך זכר ותראה בהכרת הרשעי' כאשר ראו כן צדיקים קדמוך: (לה) ראיתי. אמר דוד אני ראיתי עריץ

### מצודת ציון

(ל) יהגה. ידבר: (לא) תמעד. ענין החלקה והשמטה: אשוריו. רגליו שפוסע בהם: (לה) ומתערה. נשרש ומעורה וכן ערות על

### מצודת דוד

נשמרים לעולם אבל זרע רשעים נכרתו כל אחד לפי גמולו: (לא) לא תמעד. לזה לא תמעד אשוריו: (לב) צופה. מביט לארוב על הצדיק: (לג) בידו. ביד הרשע: בהשפטו. כאשר יהיה הרשע נשפט עם הצדיק בדבר העלילה ששם עליו לא ירשיענו המקום כי יוציא לאור משפטו ויגלה זכאי: (לד) קוה אל ה'. אשר הוא יצילך מיד הרשעים: ושמור דרכו. מבלי לעשות כמעשיהם: (לה) רשע עריץ. החזק ברשע: ומתערה. והוא נשרש כאילן

34. **you will witness the destruction of the wicked**—For the wicked have no permanence, as I personally have witnessed.—[*Redak*]

35. **powerful**—Powerful and strong, increasingly prosperous.—[*Redak*]

**well-rooted**—Heb. וּמִתְעָרֶה, rooted, *as* (in Isa. 19:7): *"the well-rooted plants* (עָרוֹת) *by the stream." In the language of the Mishnah there are many* [examples]: e.g. (*Okotzin* 3:8): *"A tree that was cut off but is yet rooted by its bark."*—[*Rashi*]

shall be cut off. 29. The righteous shall inherit the land and
dwell forever in it. 30. The righteous man's mouth utters wis-
dom, and his tongue speaks judgment. 31. The law of his God
is in his heart; his feet do not falter. 32. The wicked man
watches for the righteous man and seeks to put him to death.
33. The Lord shall not leave him in his hands, and He shall not
condemn him [the righteous] when he [the wicked] is judged.
34. Hope to the Lord and keep His way; He will exalt you
to inherit the land, and you will witness the destruction of the
wicked. 35. I saw a wicked man, powerful, well-rooted as a

native

**cut off**—Not so the seed of the wicked; he will be cut off to eternity, and his descendants with him. The verse commences with the expression מִשְׁפָּט, *justice,* and concludes with חֲסִידָיו, *his pious ones,* those who perform acts of kindness, because if a person commences by behaving justly, he will adhere to the truth and ultimately will come to the trait of kindness and piety, bestowing kindness even on those undeserving of it.—[*Redak*]

30. **The righteous man's mouth utters**—*at first words of wisdom in his heart to see the law that the Torah decided for each thing, and afterwards his tongue speaks judgment.*—[*Rashi*] [*Rashi* applies his theory that הגה always denotes meditation. See above 1:2.] *Redak,* however, explains that just as the righteous man is generous with his money and his property, he is generous with his wisdom, teaching his fellow man wisdom and correct behavior.

31. **The law of his God is in his heart**—Just as he teaches God's law with his mouth, so does he have it in his heart.—[*Redak*]

**his feet do not falter**—*His steps do not slip.*—[*Rashi*]

32. **The wicked man watches for the righteous man**—If the wicked man sees the righteous man prosper while he himself fails, he envies him and watches for an opportunity to inform upon him to the ruler, who will [have the righteous man] executed.—[*Redak*]

33. **The Lord shall not leave him in his hand**—When the wicked man informs falsely on the righteous man, the Lord will not leave the latter in the former's hand, to be a victim of his plot.—[*Redak*]

**and He shall not condemn him when he is judged**—before the ruler because of the accusation of the wicked man, but [the righteous] will be acquitted by [the ruler], and the plot will be foiled.—[*Redak*]

רַעֲנָן׃ לו וַיַּעֲבֹר וְהִנֵּה אֵינֶנּוּ וָאֲבַקְשֵׁהוּ
וְלֹא נִמְצָא׃ לז שְׁמָר־תָּם וּרְאֵה יָשָׁר כִּי־
אַחֲרִית לְאִישׁ שָׁלוֹם׃ לח וּפֹשְׁעִים
נִשְׁמְדוּ יַחְדָּו אַחֲרִית רְשָׁעִים נִכְרָתָה׃
לט וּתְשׁוּעַת צַדִּיקִים מֵיְהוָה מָעוּזָּם
בְּעֵת צָרָה׃ מ וַיַּעְזְרֵם יְהוָה וַיְפַלְּטֵם
יְפַלְּטֵם מֵרְשָׁעִים וְיוֹשִׁיעֵם כִּי חָסוּ בוֹ׃

דגש אחר שורק

## תרגום

היך אילן יציב ועבוף׃
לו ופסק מן עלמא והא
ליתוי ובעית יתיה ולא
אשתכח׃ לז נטר
שלימותא וחמי
תריצותא ארום דסוף
בר נשא שלמא׃
לח ומרודין ישתיצון
כחדא סופיהון
דרשיעיא שיציא׃
לט ופורקנא דצדיקיא
מן קדם יי עושנהון
בעדן עקתא׃ מ וסיעינון
יי ושזיב יתהון שזיב
יתהון מן חיביא ויפרקנון מטול דאתרחיצו במימריה׃

## רש"י

ובל' משנה יש הרבה אילן שנפשח ומעורה בקליפה: **כאזרח רענן**. כאחד מאזרחי הארץ הנשרשין וממולאים בנכסים. וכן פירש מנחם. כאזרח רענן מתלחלח ומתלמה כאשל הנשרש. ואזרח מאזרחי בני אדם אנשי (הגאון מהר"ז רשעי' י"א) שרשים (וצ"ל שצ"ל ב"א אשר משורשים) המה (סא"א): (לז) **שמר תם**. הסתכלו בדרכי התמימי' ללמוד ממעשיהם: **כי אחרית לאיש שלום**. אם ראשית אין לו אחרית יש לו אבל פושעים והטאים ורשעים אחריתם נכרתה ונשמדו יחדיו:

## רד"ק

רשע. עריץ וחזק והולך ומצליח. וזה הוא ומתערה **כאזרח רענן** שפירושו שמתלחלח כעץ רענן: (לו) **ויעבר**. ראיתי ועריץ ובמעט זמן פניתי אליו והנה עבר: **ואבקשהו ולא נמצא**. כי אפילו מקומו לא נמצא כל כך כלה הוא חרעו: (לז) שמר. לא כן התם והישר כי אחריתו שלום. ופי' **לאיש** אשר אלה לו הבינו והראו כי אחריתו שלום: (לח) **ופשעים**. אבל הפושעים והרשעים נשמדו יחדיו ואחריתם נכרתה: (לט) ותשועת. והצדיקים תשועתם מן ה' והיא מעוזם **בעת** צרה לפיכך לא יכשלו לעולם: מעוזם. בז' הדגוש: (מ) **ויעזרם**. מהרשעים ויפלטם ויושיעם בעבור כי חסו בו והכפל לרבוי העזרה והתשועה. ושנה כמה פעמים כי אחרית רשע לרע ולא תעמוד הצלחתם ואחרית הצדיקים לטוב בעבור **שלא** יהפתה אדם להצלחת הרשעים ובעבור שרוב בני אדם תאבים להצלחתם ויעשו כמעשיהם. לפיכך הזהיר כל כך:

## אבן עזרא

שאחרים יפחדו ממנו וטעם מתערה מתגלה העושה בגלוי כל רע: **כאזרח**. פתח והוא סמוך ותחסר מלת עץ ורענן לה ומלת אזרח כאזרח הארץ וטעם אזרח כאילו בעל ענפים רבים וכמוהו מי שיש לו משפחה רבה והפך זה הגר כי הוא כמו גרגיר נכרת מהעץ וזה פי' הפסוק ראיתי רשע עריץ ומתערה שהוא כאזרח רענן: (לו) **ויעבור**. הטעם מהרה יאבד הוא והונו: (לז) **שמר**. ועתה שים לבך ושמור איש תם וראה איש ישר לעולם תראה אחריתם שלום והנה תם ישרת אחר כאילו כתוב כי אחרית לאיש תם שלום: (לח) **ופושעים**. כנגד תם ורשעי' כנגד ישר: (לט) **ותשועת** צדיקים. כדרך מגדל עז שם ה' בכל מקום: (מ) **ויעזרם**. ראינו שפלט צדיקים רבים וככה יפלטם לעולם:

## מנחת שי

(לט) מעוזם. בוא"ו עם הדגש: (מ) יפלטם. בשלי יפלטם בלא דגש:

## מצודת דוד

הנטוע מזמן רב והוא רטוב ומלוחלח ורצה לומר שהיה ממולא בכל טוב: (לו) ויעבור. פתאום עבר מן העולם והנה איננו: (לז) שמר תם. שמר דרך תם וראה דרך ישר ללכת בו כי יש אחרית טוב לאיש המבקש שלום כל אדם להתנהג עם כל בישרות ובהתמימות: (לח) יחדו. כולם כאחד: אחרית וגו'. סופם לכריתה: (לט) ותשועת. אבל תשועת לדיקים הוא מה' והוא מעוזם בעת צרה והוא דבר המתקיים: (מ) כי חסו בו. ובדרך ה' להושיע את החוסים בו:

## מצודת ציון

יאור (ישעיה י"ט): כאזרח. ענין אילן הנטוע מזמן רב והוא שאול מלשון כגר כאזרח (ויקרא כ"ד) אשר יאמר על תושב הארץ: רענן. לחות כמו והיה עלהו רענן (ירמיה י"ז): (לז) אחרית. סוף: (מ) ויפלטם. ויצילם:

who is fresh. 36. And he passed away and behold! he is not
here, and I sought him and he was not found. 37. Observe the
innocent and see the upright, for there is a future for the man of
peace. 38. But transgressors were destroyed together; the
future of the wicked was cut off. 39. But the salvation of the
righteous is from the Lord, their stronghold in time of distress.
40. The Lord helped them and rescued them; He rescued them
from the wicked and saved them because they took refuge in
Him.

**as a native who is fresh**—*As one of the natives of the land who are well-rooted and abounding with property. And so did Menachem* (p. 20) *explain it:* כְּאֶזְרָח רַעֲנָן—*moist and growing like a well-rooted tree, and the native* (אֶזְרָח) *of the natives* (מֵאֶזְרָחֵי) *of humans are men of roots.—[Rashi]* (*Rabbi Ephraim Zalman Margalioth suggests the following emendation: are well-rooted men.* This appears only in the Bomberg and Warsaw editions, and not any other manuscripts.) [It appears to me that *Menachem's* definition does not coincide with *Rashi's.* Whereas *Rashi* defines אֶזְרָח as a native, *Menachem* defines it as a well-rooted tree, merely explaining that the expression אֶזְרָח for a native is a borrowed term meaning, a tree that has roots.]

36. **And he passed away**—A short time later I turned to him and he had passed away.—[*Redak*]

**and I sought him and he was not found**—Even his place was not found, so total was his destruction, both his and his descendants.—[*Redak*]

37. **Observe the innocent**—*Scrutinize the ways of the innocent to learn from their deeds.*—[*Rashi*]

**for there is a future for the man of peace**—*If he has no beginning, he has a future, but the transgressors, the sinners, and the wicked—their future has been cut off and they have been destroyed together.—[Rashi]*

39. **But the salvation of the righteous is from the Lord**—and He is their stronghold in time of distress; therefore, they have lasting salvation.—[*Mezudath David*]

40. **helped them and rescued them**—This is repeated several times because of the magnitude of the help and the salvation. The Psalmist repeats several times in this psalm that the future of the wicked is only for harm and their prosperity is transient, and that the future of the righteous is for good, in order that no one be enticed by the success of the wicked. Since many people long for their success and are likely to emulate them, he repeatedly admonished them concerning it.—[*Redak*]

לח א מִזְמוֹר לְדָוִד לְהַזְכִּיר: ב יְהוָה אַל־
בְּקֶצְפְּךָ תוֹכִיחֵנִי וּבַחֲמָתְךָ תְיַסְּרֵנִי:
ג כִּי־חִצֶּיךָ נִחֲתוּ־בִי וַתִּנְחַת עָלַי יָדֶךָ:
ד אֵין־מְתֹם בִּבְשָׂרִי מִפְּנֵי זַעְמֶךָ אֵין־

**תרגום**

א תֻּשְׁבַּחְתָּא לְדָוִד
דִּכְרָנָא טָבָא עַל יִשְׂרָאֵל:
ב יְיָ לָא בְרוּגְזָךְ תְּכַסַּן
יָתִי וְלָא בִרְתְחָךְ תְּרְדֵי
יָתִי: ג מְטוּל דְּגִירָךְ
אִתְחֲתָן עֲלַי וּשְׁרַת עֲלַי
מְחַת יְדָךְ: ד לֵית אָסוּ
בְּגוּשְׁמִי מִן קֳדָם וּגְזָךְ

ת"א אידמתוס . עקידה שער נט:

**רד"ק**

(א) להזכיר . אפשר כי הוא מטעמי הנגינות ויש מפרשים להזכיר כמו להודות ולפי דעתי כי המזמור חברו דוד להתפלל בו כל איש כדוכא בחליו ובצרה נפשו וזהו להזכיר ולהודיע לכל אדם נדכה ונשבר שיתפלל בו: (ב) בקצפך. הקו"ף בסגו"ל . ופי' בחמתך . ואל בחמתך ואל שזכר עומד במקום שנים . והפסוק כפול בב"ש: (ג) כי. החליים שהם כהיצים: נחתו בי . כבנין נפעל משפטו בהשלוכו ננחתו . ולולי החי"ת שהיא גרונית היה דגוש: ותנחת . כבנין הקל וענינם ענין ירידה: ידך . מכתך . ולפי שהמכה נעשית ביד נקראת המכה יד: (ד) מתם . שלימות ובריאות ר"ל כי בשרו נגוע כולו והמ"ם ראשונה נוספת ושורשו תמם ואדוני אבי ז"ל כתב כי המ"ם הראשונה שורש והוא מן בתי מספר שורשו כתם ובתשלומו מהכם בשקל פתאום ופירושו שלא נשאר בו צורת אדם מרוב נגעיו: אין שלום בעצמי . אפילו עצמי שהם חזקים מן הבשר אינם בשלום רק כואבים הם . וטעם מפני זעמך מפני

**רש"י**

לח (א) מזמור לדוד להזכיר . לאמרו בשעת צרה . להזכיר צרתם של ישראל לפני הקב"ה וכנגד כל ישראל אמרו: (ג) נחתו . נזרקו ל' נחת נופל בנטיית קשת . ולפי שעל ידי דריכת הקשת נזרקים החצים כתב נחתו בי וכן (שמות ט"ו) תריק חרבי היה לו לכתוב תריק תערי אלא לפי שכשמוציאין החרב מהתערה התער ריק ממנו לכך תולה הריקות בחרב . וכן (לעיל י"ח) ונחתה קשת נחושה ואין הנו"ן שורש בתיבה שאם היתה שורש היה לו לומר ננחתו בי אבל נו"ן של נחתו וכן של ותנחת אינה שורש ונופלת לפרקים כמו נו"ן של נגף נשך נדר נקם וכשמתפעל יאמר ניגף נישך נידר ניקם כמו ננגף ננשך ננדר ננקם . בהדגש בא במקום נו"ן וכן עלה נדף (ויקרא כ"ו) עיני נגרה (איכה ג') כמו ננגרה כן יאמר נחתו כמו ננחתו וכן ונחתה קשת נחושה (לעיל י"ח) כמו וננחתה שדרך החי"ת להתנהג כמנהג דגשות ברוב מקומות כגון כהם לו וממשקל דגש כמו דבר מגזרת וידבר כך כהם מגזרת ותכחש שרה (בראשית י"ח) ולא יאמר כהם כאשר יאמר מן המברך ברך ולא יאמר בירך כאשר יאמר דיבר לפי שאין דגשות ניכר ברי"ש אבל בחי"ת ניכר דגשות וכן (דברים ל"ב) שיחת כמו כיפר דיבר . אף כאן יאמר נחתו כמו נגשו נתנו מגזרת נחת נתן נגש והנו"ן יסוד נופל ליכנס דגש במקומו כשהוא מתפעל וכן (שמואל א' ב') קשת גבורים חתים מגז' נחת וחתת כאשר יאמר מן נסב סבב מן נשם שמם ונשמו דרכיכם (ויקרא כ"ו) ושממו עליה (שם) וכן בלל נבל כי שם בלל ה' ונבלה שם שפתם (בראשית י"א) כן יאמר נחת וחתת בל' פעל: ותנחת עלי ידך . פי' להליך נחתו בי . וכן פתרונו מה דרך בקשת לירות החצים יד שלך היא נחת' כקש' להפיל עלי חצים . ותנחת ל' ותרד וכזה הנו"ן שורש בתיבה וכן (לעיל י"ח) ונחתה קשת נחושה ואין הנו"ן שורש בתיבה (סא"א): (ד) מתם . התמימות (אינטריי"ץ בלע"ז . ענטיער"ס . בל"א

**מנחת שי**

לח (ב) יהוה אל . בגעיא: אל בקצפך . הקו"ף בסגול רד"ק: תוכיחני . מלא ו' בספרים וכן תיסרני:

**אבן עזרא**

לח (א) מזמור . טעם פיוט תחלתו להזכיר: (ב) אל בקצפך . אל יגרת בעבור אחר ואל בחמתך וכמוהו ודעת קדושים אדע ושני שרי גדודים היו בני בן שאול: (ג) כי . נחתו . בנין נפעל כמו ננחתו מגז' ותנח' עלי ידך והטעם תחלואים ומכאובים כחצים: (ד) אין מתום . מגז' תם והטעם בריאות והנה הזכיר הסבה הקרוב'

**מצודת ציון**

לח (ב) תוכיחני . תיסרני . ענין פורענות ועונש: (ג) נחתו . ותנחת . ענין ירידה כמו מי יחת עלינו (ירמיה כ"א):

**מצודת דוד**

לח (א) להזכיר . המזמור הזה נעשה להזכיר את המדוכא ביסורין להתפלל בו' כדברים האלה: (ב) ובחמתך . מלת אל מבמשת בשתים כאלו אמר אל בחמתך תיסרני: (ג) נחתו בי . כבר ירדו בי חצי היסורים וכבר ירדה עלי מכת ידך ודי בזה: (ד) אין מתום . אין מקום תם ושלם בבשרי מהיסורים הבאים עלי

*in the passive voice. So is* (I Sam. 2:4): *"The bows of the mighty are broken* (חַתִּים)," *from the root* נחת *and* חתת, *as you say from* נסב, סבב, *from* שמם, נשם; (Lev. 26:22), *"and your ways shall become desolate* (וְנָשַׁמּוּ)," (ibid. verse 32), *"shall wonder* (וְשָׁמְמוּ) *over it." Similarly,* נָבַל, בָּלַל, (Gen. 11:9) *"for there the Lord confused* (בָּלַל)," (ibid. verse 7) *"and let us confuse* (וְנָבְלָה) *their language there." So does he say* נחת *and* חתת *in the active voice.—* [*Rashi*] [Note that *Rashi* does not subscribe to the rule of *Yehudah Ibn Chayug,* that every Hebrew verb has a three-letter root. Thus he considers the defective "nun" at the beginning of the word

# 38

1. A song of David, to make remembrance. 2. O Lord, do not reprove me with Your anger, nor chastise me with Your wrath. 3. For Your arrows have been shot into me, and Your hand has come down upon me. 4. There is no soundness in my flesh because of Your fury; there is no

1. **A song of David, to make remembrance**—*To recite it in time of distress, to make remembrance of the distress of Israel before the Holy One, blessed be He, and he recited it as relating to all Israel.*—[*Rashi*] *Redak* suggests that לְהַזְכִּיר is the name of the melody. He quotes others who render: to give thanks. He personally believes that this was a prayer composed for people afflicted with troubles. David composed it *to remind* them to pray to God with this psalm.

3. **have been shot**—Heb. נִחֲתוּ, *have been cast. The expression of* נחת *applies to the bending of a bow, and since the arrows are shot by bending the bow, he wrote* נִחֲתוּ בִי, [literally] "*were bent in me.*" *Similarly,* (in Exod. 15:9): "*I will unsheath my sword* (אָרִיק חַרְבִּי)," [lit. I emptied my sword.] *The Torah should have written:* אָרִיק תַּעְרִי, *I will empty my sheath, but because, when they draw the sword from its sheath, the sheath is emptied of it, he therefore relates the emptying to the sword. Similarly,* (above 18:35): "*a copper bow was bent* (וְנִחֲתָה)." *The "nun" is not a radical, because, if it were a radical, it would have to be* נִנְחֲתוּ, *but the "nun" of* נִחֲתוּ, *and so* וַתִּנְחַת,*is not a radical but is sometimes dropped, like the "nun" of* נגף, *to smite;* נשך, *to bite;* נדר, *to vow;* נקם, *to avenge. And when it is passive we say:* נִגַּף, *smitten;* נִשַּׁךְ, *bitten;* נִדַּר, *vowed;* נִקַּם, *avenged, like* נִנְגַּף, נִנְשַׁךְ, נִנְדַּר, נִנְקַם. *The "dagesh" in the word replaces the "nun." Similarly* (in Lev. 26:36), "*a rattling* (נִדָּף) *leaf,*" (in Lam. 3:49), "*My eyes stream* (נִגְּרָה)," *like* נִנְגְּרָה. *So does he say* נִּחֲתוּ *like* נִנְחֲתוּ, *and so* (above 18:35): "*and a copper bow was bent* (וְנִּחֲתָה)," *like* וְנִנְחֲתָה. *It was customary for the "cheth" to be treated like the letters that do accept a "dagesh" in most places, e.g.* (in I Kings 13:18): "*He lied* (כִּחֵשׁ) *to him,*" *in the form that is punctuated by a "dagesh,"* [i.e. the *pi'el* conjugation,] *like* דִּבֶּר, *spoke, from the same conjugation as* כִּחֵשׁ וַיְדַבֵּר, *from the same conjugation as* (Gen. 18:15): "*And Sarah lied* (וַתְּכַחֵשׁ)," *and we do not say* כֵּחַשׁ *as we say from* הַמְבָרֵךְ, בֵּרַךְ, *and we do not say* בְּרַךְ *as we say* דִּבֶּר, *because the power of the "dagesh" is not recognizable in the "resh," but in the "cheth," the power of the "dagesh" is recognizable, and so* (in Deut. 32:5): "*Have they injured* (שִׁחֵת) *Him?*" *like* כִּפֵּר, *atoned,* דִּבֵּר, *spoke. Here, too, he says,* נִחֲתוּ *like* נִגְּשׁוּ, *they approached,* נִתְּנוּ, *they were given, from the roots* נגש, נתן, נחת, *the "nun" being a defective radical, replaced by a "dagesh"*

לֵית שְׁלָם בְּאֵבָרַי מִן קֳדָם חוֹבַי: ה אֲרוּם חוֹבַי עֲבַרוּ רֵישִׁי הֵיךְ מְטוּל יַקִּיר יְקַרוּ מִנִּי: ו סְרִיאוּ מְאִיסוּ הַלְבְּשׁוּשַׁי מִן קֳדָם טַפְשׁוּתִי: ז עֲקִימִית שְׁחִית עַד לַחֲדָא כָּל יוֹמָא חַכִּיר הַלְּכִית: ח אֲרוּם כִּסְלַי אִתְמְלִיָן קְדִיחֲתָא וְלֵית אָסוּ בְּגוּשְׁמִי: ט פְּגִית וְאִתְמַכִּית עַד לַחֲדָא רְגִישִׁית סַגִּהֲמוּתָא

שָׁלוֹם בַּעֲצָמַי מִפְּנֵי חַטָּאתִי: ה כִּי
עֲוֺנֹתַי עָבְרוּ רֹאשִׁי כְּמַשָּׂא כָבֵד
יִכְבְּדוּ מִמֶּנִּי: ו הִבְאִישׁוּ נָמַקּוּ חַבּוּרֹתָי
מִפְּנֵי אִוַּלְתִּי: ז נַעֲוֵיתִי שַׁחֹתִי עַד־מְאֹד
כָּל־הַיּוֹם קֹדֵר הִלָּכְתִּי: ח כִּי־כְסָלַי
מָלְאוּ נִקְלֶה וְאֵין מְתֹם בִּבְשָׂרִי:
ט נְפוּגוֹתִי וְנִדְכֵּיתִי עַד־מְאֹד שָׁאַגְתִּי

### רש"י

גאנלעס. וכן ש"ה ד' ב'): (ה) יכבדו. ככדים: (ז) נעויתי. ל' אחזתו עוית (אשורדישו"ן בלע"ז. בל"א בעטייבט זיין. ברכות א' ב'): (ח) כי כסלי מלאו נקלה. במחשבתי אני קל בעיני עלמי: (ט) נפוגתי. נחלפתי לשון ויפג לבו (ברכות מ"ה) מאין הפוגות (איכה

### רד"ק

חטאתי. כי לא לחנם באו. כי חייב אדם להצדיק את הדין: (ה) כי. המשילם למים רבים שעברו ראשו שהוא טובע בהם. ועוד המשילם למשא כבד שלא יוכל שאתם, וזהו טמני כלומר אין בי כח לסבלם והמשל ר"ל שאין בו מעשים טובים כל כך שישקלו נגד העונות: (ו) הבאישו. פועל עומד: חבורותי. הם הבועות שנעשו בבשר שהם מלאות ליחה סרוחה וכן חמכה שנצרר בה הדם. וטעם נמקו מרוב הזלת הליחה בהם זמן רב מק ונמס העור עליהם עד שיוצאת הליחה ומבאישה וכל זה מפני אולתי שלא שמרתי דרך ה': (ז) נעויתי. מרוב החליים נעוה הגוף והולך שח וכפוף חשכו קדרו. וטעם כל היום כי אין לי מנוחה בשעות מן היום: הלכתי. פועל עומד אף על פי שהוא מן הדגוש ומורה על רב הפעולה: (ח) כסלי. הם תחת המתנים מעל לעיקרי הירכים והם סמוכים לכליות: נקלה. נגע נקלה ונבזה והוא חסר המתואר. ואדוני אבי ז"ל פי' נקלה שם מענין קלוי באש ואמר זה על חמימות החולי. והזכיר עוד ואין מתום בבשרי. כי כן דרך הבוכה לכפול דבריו: (ט) נפוגתי. ענין רפיון והלישות: שאגתי. בקולי וצעקתי

### אבן עזרא

למה זה מפני זעמך, והרחוקה: מפני חטאתי. כי בעבירה זעמתני: (ה) כי. נד על נד וגבהו עד שעברו ראשי כי רבים הם: (ו) הבאישו. פועל עומד כמו ולא הבאיש או יהיה הוא הפעול והוא יספר חבורות שיאלו בגופו וסבת זה אולתי: (ז) נעויתי. אין בי כח לעמוד בקומה זקופה ישרה ע"כ נעויתי ושחותי והשתנו פני כאילו כל היום השמש הכיתני וזה טעם קודר הלכתי: (ח) כי כסלי. הטעם קרביו מלאו דבר נתעב ונקלה איננו ראוי להזכיר בפה והזכיר אין מתום פעם אחרת באיברי גופי הנראים: (ט) נפוגותי. מגז' ויפג לבו: שאגתי. ברוב מכאובי

### מנחת שי

(ד) בעלמי. הע"ן בחטף פתח: (ז) נעותי שחתי. במקראות מדוייקות חסר וא"ו אבל כאבל אם קדר שחותי בסימן ל"ס מלא וא"ו והמסרה תלא עליהם ב' חד מלא וחד חסר: (ט) נפוגתי. מאחלפים נפוגותי:

### מצודת דוד

מפני כעסך: מפני חטאתי. היסורים הבאים מפני חטאתי: (ה) עברו ראשי. המשיל מרבית העון כאלו באו כמים עמוקים ועוברים את הראש ממעל: כמשא כבד. כמו שאי אפשר לשאת משא ככד כן כבדו עונותי עד שהמה כבדים מערך הכח אשר בי ולא אוכל לשאתם והיא מלשון מליצה: (ו) הבאישו וגו'. ר"ל בעבור כי נמקו חבורותי והוליאו הדם והליחה לזה הבאישו את בשרי: אולתי. ר"ל עונותי כי אין אדם עובר עבירה אלא אם כן נכנס בו רוח שטות: (ז) נעויתי. נתעקם גופי ואלך שחוח: קודר הלכתי. אלך בחשכת הלכות: (ח) מלאו נקלה. המה מלאים שריפת אש החלי ואין מקום שלם בבשרי: (ט) נפוגותי ונדכיתי. אמזי חלשות ודכאות רוח ואני שואג מנהמת הלב לא מששם

### מצודת ציון

(ו) נמקו. ענין המסה: חבורותי. מלשון חבורה והיא מכה שנצרר הדם תחתיה: אולתי. מלשון אויל ושוטה: (ז) נעויתי. ענין עקום כמו והתעותו אנשי החיל (קהלת י"ב): שחותי. מלשון שחיה וכפיפה: קודר. ענין שחרות: (ח) כסלי. הוא חלק הסדרה הסמוך להכליות וכן אשר על הכסלים (ויקרא ג'): נקלה. ענין מוקד ושריפה כמו קלוי באש (שם כ'): (ט) נפוגותי.

peace in my bones because of my sin. 5. For my iniquities passed over my head; as a heavy burden they are too heavy for me. 6. My boils are putrid; they fester because of my folly. 7. I am very much stunned and bowed; all day I go around in gloom. 8. For my loins are full of self-effacement; there is no soundness in my flesh. 9. I passed out and was very crushed; I moaned

as not being a radical. Also, note that the following letters: "alef," "hey," "cheth," "ayin," and "resh," do not accept a "dagesh." In the case of the "resh," a long vowel such as "tzeireh" is substituted for a "chirik" to avoid the necessity of the "dagesh." In the case of the "cheth," the short vowel remains. *Rashi* explains that the power of the "dagesh" is recognizable in the "cheth." This is not clear.]

**and Your hand has come down upon me**—*This is the explanation of "Your arrows have been shot into me." And this is its interpretation: What bent the bow to shoot the arrows? Your hand has come down upon the bow to shoot arrows at me.* וַתִּנְחַת *is an expression of* וַתֵּרֶד, *it came down, and in this the "nun" is a radical. Similarly* (18:35), *"and a copper bow was broken* (וְנִחֲתָה)," *in which the "nun" is not a radical.*—[*Rashi*] [Compare *Rashi* above.] (Not found in all editions.) [*Rashi's* intention is that the "nun" of וַתִּנְחַת is not the "nun" of the passive voice, but a radical.]

4. **soundness**—*Perfection, anterin in Old French,* wholeness.—[*Rashi*]

5. **For my iniquities passed over my head**—He compares his iniquities to vast waters that rise over his head and threaten to drown him.—[*Redak*]

**as a heavy burden**—Now he compares them to a heavy burden which he cannot carry. I.e. I have no good deeds that will make the iniquities lighter.—[*Redak*]

**are too heavy**—Heb. יִכְבְּדוּ, *are heavy.*—[*Rashi*]

7. **I am . . . stunned**—Heb. נַעֲוֵיתִי, *an expression of* (*Chullin* 60b): *"Convulsions* (עֲוִית) *seize him." Etourdissant in French,* stunning.—[*Rashi*] In Old French, it is spelled *éstordison. Targum* and other commentators render: I have become crooked.

8. **For my loins are full of self-effacement**—*In my thoughts, I am insignificant in my own eyes.*—[*Rashi*]

9. **I passed out**—Heb. נְפוּגֹתִי, *I passed out, an expression of* (Gen. 45:26), *"and his heart fainted* (וַיָּפָג)." (Lam. 3:49), *"without respite* (הֲפֻגוֹת)."—[*Rashi*]

**from the turmoil**—I moaned aloud and cried out because of the turmoil

מִנְהֲמַת לִבִּי: י אֲדֹנָי נֶגְדְּךָ כָל־תַּאֲוָתִי
וְאַנְחָתִי מִמְּךָ לֹא־נִסְתָּרָה: יא לִבִּי
סְחַרְחַר עֲזָבַנִי כֹחִי וְאוֹר־עֵינַי גַּם־הֵם
אֵין אִתִּי: יב אֹהֲבַי וְרֵעַי מִנֶּגֶד נִגְעִי
יַעֲמֹדוּ וּקְרוֹבַי מֵרָחֹק עָמָדוּ: יג וַיְנַקְשׁוּ
מְבַקְשֵׁי נַפְשִׁי וְדֹרְשֵׁי רָעָתִי דִּבְּרוּ
הַוּוֹת וּמִרְמוֹת כָּל־הַיּוֹם יֶהְגּוּ: יד וַאֲנִי
כְחֵרֵשׁ לֹא אֶשְׁמָע וּכְאִלֵּם לֹא יִפְתַּח־

דְלִבִּי: י יְיָ לְקִבְלָךְ כָּל
רְגִינָתִי וְהִנְחָתִי מִנָּךְ לָא
מִטַּמְרָא: יא לִבְּבִי
צְמַרְמַר שְׁבַקְנִי חֵילִי
וּנְהוֹר עֵינַי בְּרַם הִנּוּן
לֵיתֵיהוֹן עִמִּי: יב רְחִימַי
וְחַבְרַי מִקָּבֵל סִכְתָּשִׁי
קָמוּ וּקְרִיבַי מֵרַחִיק
קָיְמִין: יג וַעֲבַדוּ פַּחִין
תָּבְעֵי נַפְשִׁי וּבָעֵי
בִּישׁוּתִי מַלִּילוּ שִׁקְרָא
וְנִכְרָא כָּל יוֹמָא מְרַנְנִין:
יד וַאֲנָא הֵיךְ חֶרְשָׁא לָא
אֶשְׁמַע וְהֵיךְ אִלְמָנָא
דְלָא פָתַח פּוּמֵיהּ:
והויתי

ת"א לבי סחרחר. גיטין ע: ואני כחרש. חגיגה ג גיטין עא:

## רד"ק

מרוב נהמת לבי. שלבי נוהם על החולי ועל הצרות: (י) אדני. לא נעלמה ממך התאותי לחיות מחוליי. ולפי שאמר שאגתי הזכיר התאוה שהיא בלב ואמר בין אשאג בין לא אשאג אתה יודע תאות לבי ונגדך היא תאותי: ואנחתי. שאני נאנח בקרבי על חוליי: (יא) לבי. האדם השליו לבו שוקט ומי שיש לו צרות רבות מחשבותיו הולכות וסובבות אנה ואנה. ופי' סחרחר סביב. ונכפל בו העי"ן והלמ"ד: עזבני כחי. כי הצרות יחלשו אבריו ויחלש גם כן אור עיניו. ולא אמר גם הוא כי כן מנהג הלשון בהרבה מקומות ור"ל גם הם העינים לקו באורם והאור אינו אתי: (יב) אהבי. החולים ברוב ישכחום אהביהם ואחיהם כי ילאו לראות בצרתם ותרחק נפשם מהם: מנגד נגעי יעמדו. שלא יבקרוני. כי הבקור מחזק נפש החולה: וקרובי מרחוק עמדו. כפל ענין במ"ש וקרובי כמו ריעי ונקרא הריע קרוב שהוא קרוב אל ריעו בדעתו וברצונו או אם יהיה עסק ביניהם או אם יהיו שכיניהם או שיהא שאר בשר: (יג) וינקשו. האוהבים יעמדו מנגד והאויבים ידברו רעות. ופי' וינקשו שמו מוקש לנפשי בדבריהם הרעים. ופי' מבקשי נפשי. לספותה. והוות לשון שברון ועניינים רעים: (יד) ואני. אשמע דבריהם על ידי סיפור או אשמע מהם כי לא יתכסו ממני ואני עושה עצמי כחרש כאלו אינני שומע מה שהם אומרים.

## רש"י

ב'): (י) כל תאותי. אתה יודע צרכי: (יא) סחרחר. מוקף יגון וזה מתיבות הכפולות כמו (ויקרא י"ג) ירקרק אדמדם סגלגל. המרמרו (איכה א'): (יב) מנגד נגעי יעמודו. אותם שנראין לי כאוהבים בשעת הנאתן וכשרואין שהנגע באה עלי אין עומדין לי בשע' דחקי אלא מנגד יעמודו ואינם עוזרים לי: וקרובי. שמראים עצמם קרובים: (יג) וינקשו מבקשי. מבקשי' מוקשים לי: יהגו. יחשבו: (יד) ואני כחרש. ישראל שומעים חרפתם מן האומות ואינם משיבים. ולמה כי לך ה' הוחלתי

## מנחת שי

(י) אדני נגדך. י"ס בגעיא: (יא) ואור עיני. בגעיא: (יב) וקרובי. מלא וא"ו: (יג) וינקשו. במקלת מדוייקים הקו"ף דגושה אבל ר' יונה בספר הרקמה הביאו עם מלין המוקלין ורד"ק

## אבן עזרא

על דרך שויתי עד בקר כארי: (י) אדני נגדך. לבדך כל תאותי אולי אחיה ולא נגד הרופאי': (יא) לבי סחרחר. כתרגו' סביב לא ימלא מנוח: כחי. כח התולדה ואור עיני ככה מנהג החולי': (יב) אהבי. האוהבים שהיו לי: מנגד נגעי יעמדו. בעבו' שהבאישו חבורותי: (יג) וינקשו. מלת נפשי תשרת בעבור אחרת וככה הוא וינקשו מבקשי נפשי כי הוא הפעול והטעם שדבריהם מוקש המה לי: (יד) ואני.

## מצודת ציון

ענין רפיון וחלשות כמו ויפג לבו (בראשית מ"ה): (יא) סחרחר. ולחוץ: (י) נגדך כל תאותי. הרפואה והשקט שאני מתאוה

## מצודת דוד

אלא כמה נגדך וידך לעשותם: ואנחתי. ומה שאני מתאנח להשתרע על עונותי לא נסתרה ממך ומהראוי אם כן למלאות תאותי: (יא) לבי סחרחר. לבי מסובב ביגון ואנחה וכוחי עזב אותי והלך ממני: אין אתי. לא נשארה בהם: (יב) מנגד נגעי. כאשר בנגעי ולערי יעמדו מנגד ולא קרבו אלי לעזרה: (יג) וינקשו. שמו עלי מוקש: דברו הוות. ידברו בי דברי שברון רוח: (יד) ואני כחרש. עושה את עצמי כחרש כאלו לא אשמע:

[*Rashi*] [Cf. *Rashi* to Deut. 12:30.] They set traps for my life, to destroy it.—[*Redak*]

**they think**—Heb. יֶהְגּוּ.—[*Rashi*] *Targum* renders: utter.

14. **But I am as a deaf person**—*Israel hears their reproach from the nations but does not respond. Why? Because I hoped for You, O Lord, that You would redeem me and save me from them.*—[*Rashi*]

from the turmoil in my heart.
10. O Lord, all my desire is before You, and my sigh is not hidden from You.
11. My heart is engulfed; my strength has left me, and the light of my eyes—they too are not with me.
12. My lovers and my friends stand aloof from my affliction, and those close to me stood afar.
13. And those who seek my life lay traps, and those who seek my harm speak treachery, and all day long they think of deceits.
14. But I am as a deaf person, I do not hear, and like a mute, who does not open

in my heart, for my heart is in turmoil over the sickness and the troubles.—[*Redak*]

10. **all my desire**—*You know my needs.*—[*Rashi*] My desire to recover from my illness is not concealed from You. Whether or not I moan, You know the desire of my heart. It is before You.—[*Redak*] It is not before the physicians.—[*Ibn Ezra*]

**and my sigh is not hidden from You**—The sigh that I sigh within myself because of my illness.—[*Redak*]

11. **engulfed**—Heb. סְחַרְחַר, *surrounded by grief. This is one of the double words, like* (Lev. 13:49), "*dark green* (יְרַקְרַק), *dark red* (אֲדַמְדָּם)", (*Ned. 66b*) "*round* (סְגַלְגַּל)"; (Lam. 1:20), "*my spirits are troubled* (חֳמַרְמָרוּ)."—[*Rashi*] *Redak* explains: my heart wanders hither and thither. When one is tranquil, his thoughts remain still, but when one is troubled, his thoughts wander here and there.—[*Redak*]

**my strength has left me, etc.**—If one is ill or beset by troubles, his limbs and his body weaken, and also his eyesight becomes dim.—[*Redak*]

12. **stand aloof from my affliction**—*Those who appear to me as lovers in time of their pleasure, and when they see that the affliction comes upon me, they do not stand up for me in the time of my strait, but stand aloof and do not aid me.*—[*Rashi*] Friends and relatives often forget those who suffer pains and tortures because they weary of seeing them in agony; therefore, they distance themselves from them.—[*Redak*]

**and those close to me**—*who showed themselves to be close to me.*—[*Rashi*] This is synonymous with the beginning of the verse. קְרוֹבַי denotes friends, called קְרוֹבִים, *near ones,* because of common ideas and desires, because of their common affairs, because they are neighbors, or because they are relatives.—[*Redak*]

13. **And those who seek my life lay traps**—*They seek traps for me.*—

טו וְהֲוֵיתִי כְּגַבְרָא דְלָא
שָׁמַע מַעֲלָמָא וְלָא
אִית בְּפוּמֵיהּ מַכְסַנְיָתָא׃
טז אֲרוּם קֳדָמָךְ יְיָ
צַלֵּיתִי אַנְתְּ תְּקַבֵּל יְיָ
אֱלָהָי׃ יז אֲרוּם אֲמָרִית
דִּלְמָא יֶחֱדוּן עֲלַי
בְּאִזְדַּעְזָעוּת רַגְלַי עֲלַי
אִיתְרַבְרַבוּ׃ יח אֲרוּם
אֲנָא לְתַבִירָא מְעַתַּד
וְכֵיבֵי לְקִבְלִי תְּדִירָא׃
יט אֲרוּם חוֹבֵי אֲתַנֵּי
אֶתְנַסֵּף מִן חַטָּאַי׃
כ וּבַעֲלֵי דְבָבִי חַיֵּי
עָלְמָא וְסַגִּיאָן סָנְאַי עַל

פִּיו׃ טו וָאֱהִי כְּאִישׁ אֲשֶׁר לֹא־שֹׁמֵעַ וְאֵין
בְּפִיו תּוֹכָחוֹת׃ טז כִּי־לְךָ יְהוָה הוֹחָלְתִּי
אַתָּה תַעֲנֶה אֲדֹנָי אֱלֹהָי׃ יז כִּי־אָמַרְתִּי
פֶּן־יִשְׂמְחוּ־לִי בְּמוֹט רַגְלִי עָלַי הִגְדִּילוּ׃
יח כִּי אֲנִי לְצֶלַע נָכוֹן וּמַכְאוֹבִי נֶגְדִּי
תָמִיד׃ יט כִּי־עֲוֺנִי אַגִּיד אֶדְאַג
מֵחַטָּאתִי׃ כ וְאֹיְבַי חַיִּים עָצֵמוּ וְרַבּוּ

ת״א כי אני. סנהדרין קז עקידה שער ו׃

שנאי

## רש״י

שתגאלני ותושיעני מהם׃ (יז) כי אמרתי פן ישמחו לי. לכך אנו שותקים כי אומרים אנו בלבנו אם נשיבם עזות שמא יראו במפלתינו וישמחו לנו במוט רגלינו ויגדילו עלינו לומר הלא הייתם מתפארים בתשועתכם׃ (יח) כי אני לצלע נכון. לכך אנו דואגים פן ישמחו לנו לפי שמלומדים אנו במכות ומוכנים ומזומנים לשבר תמיד׃ ומכאובי נגדי. מזומן הוא לבוא עלי תמיד׃ (יט) כי עוני אגיד. לבי מגיד לי את עוני ולפיכך אני דואג וירא מחטאתי שלא יגרום לי צלע ומכאוב׃ (כ) חיים עצמו. מעלימים חיים

## רד״ק

ושמתי ג״כ עצמי כאלם שלא יפתח פיו כן אינני משיב׃ (טו) ואהי כאיש. שאינני מבין לשון המדברים ואהי גם כן כאיש אשר אין בפיו תוכחות שישמע דברי המדברים אליו אבל אין בפיו טענות שידע להתוכח עם המריבים׃ (טז) כי. שלהתוכח עמהם ולהשיב על דבריהם אין לי בהם תועלת אלא לך לבדך הוחלתי וכמו שהוחלתי לך כן תענה אותי. כי אתה אדון על הכל ואתה אלהי שתקח משפטי מהרשעים׃ (יז) כי אמרתי. בלבי פן ישמחו לי אם לא תענני ישמחו במוט רגלי. כי עתה הגדילו עלי לשונם ומה יעשו אם אמוט מכל וכל׃ (יח) כי. אפחד שאומר מתוך חוליי כי אני נכון תמיד לצלע שאלך צולע ממכאובי׃ ומכאובי נגדי תמיד. שלא ירחק ממני׃ (יט) כי עוני אגיד. לפיכך אני דואג כי אזכור עוני ואגידנו ביני לביני אולי אמות ממנו. ואדאג מחטאתי. פן תהיה לי למוקש׃ (כ) ואויבי. אני במכאובי והם בחיים עצומים וטובים׃ ורבו

## אבן עזרא

שהוא חסרון בגוף׃ (טו) ואהי. ברצוני כאיש אשר לא ישמע לשון המדבר והטעם כי לא אענה להם׃ (טז) כי. אין לי תוחלת כי אם בך וטעם אתה תענה כי אני לא אשים לבי אל דבריהם כי עליך נסמכתי בלבי ולשוני לך׃ (יז) כי הגדילו. לדבר או הפועל עומד וטע׳ פן יאמרו לי כי הנה במוט רגלי וחליתי הגדילו עלי׃ (יח) כי. כדרך ובצלעי שמחו ונאספו והנכון כי נכון אני להיותי צולע שלא אוכל לקום ימים רבים ולהיות מכאובי נגדי תמיד׃ (יט) כי. אני מודה לאנשים וזה טעם אגיד ואדאג לבי׃ (כ) ואויבי. יש אומרים כי עוני אדאג מחטאתי פן אמות

## מנחת שי

לא הכיאו נראה שהוא קורא אותו דגש׃ (כ) ואיבי. בגעיא בס״ס׃

## מצודת דוד

(טו) לא שומע. לא מבין דבריהם׃ תוכחות. טענות להתווכח עמהם׃ (טז) כי לך וגו׳. כי סמכתי עליך אשר אתה תענה להם בעבורי ולא לומר תעשה עמדי אות לטובה ותחשב לתשובה נצחת׃ (יז) כי אמרתי. ולא לומר הנה לא חפלתי אני להשיב מה להם כי אמרתי פן יתגבר עלי הסוגה וישמחו עוד יותר כי בעת מטה רגלי לבד הגדילו עלמם להתגאות עלי ומה אם אהיה נלקה בכל גופי׃ (יח) לצלע נכון. אני מוכן ורגיל לסיום צולע מחולשת הגוף והדברים המכאיבים אותי כמהם מזומנים תמיד נגדי לבא עלי׃ (יט) כי עוני אגיד. אני בעצמי אגיד עוני כי יודע אני בעצמי שחטאתי ולזה אדאג פן יבוא הסוגה וישמחו עלי׃ (כ) ואויבי.

## מצודת ציון

ענין סבוב כמו סחרו אל אבן (ירמיה י״ד)׃ (טז) הוחלתי. ענין המתנה כמו והוחלתי לדבריכם (איוב ל״ב)׃ (יז) במוט. ענין המעדה ונטיה לפול כמו לעת תמוט רגלם (דברים ל״ב)׃ הגדילו. מלשון גודל׃ (יח) לצלע. ענין חגר הצולע על ירכו׃ נכון. מלשון הכנה׃ (כ) עצמו. רבו כמו עצמו לי אלמנותיו

**have become great**—*And those who hate me because of false words have become magnified.*—[*Rashi*] Whereas I am constantly in pain, they abound with vigor and enjoyment, and those who hate me for no good reason have increased with children and property while I am impoverished and crushed.—[*Redak*]

his mouth. 15. And I was as a man who does not understand
and in whose mouth are no arguments. 16. Because I hoped for
You, O Lord; You shall answer, O Lord, my God. 17. For I
said, "Lest they rejoice over me; when my foot faltered, they
magnified themselves over me." 18. For I am ready for
disaster, and my pain is always before me. 19. For I relate my
iniquity; I worry about my sin. 20. But my enemies are in the
vigor of life, and those who

15. **And I was as a man who does not understand**—As though I did not understand the language of the speakers. I.e. I did not answer them.—[*Ibn Ezra, Redak, Mezudath David*]

**and in whose mouth are no arguments**—And I was also like a man who understands what is being said to him but has no arguments with which to debate those who quarrel with him.—[*Redak*]

16. **Because I hoped for You, O Lord**—Why should I debate with them and reply to their arguments? I have no hope that they will help me. I hope only in You.—[*Redak*] I have waited for You to answer them on my behalf, for You to perform a sign for my benefit, which will serve as a victorious argument.—[*Mezudath David*]

17. **For I said, "Lest they rejoice over me**—*For this reason we remain silent, because we say to ourselves, "If we answer them brazenly, they may witness our downfall and rejoice over us when our feet falter, and they will magnify themselves over us saying, 'Weren't you boasting of your salvation?'"*—[*Rashi*]

18. **For I am ready for disaster**—*For this reason, we are concerned lest they rejoice over us, because we are accustomed to blows and are always ready and prepared for disaster.*—[*Rashi*]

**and my pain is always before me**—*It is always prepared to come before me.*—[*Rashi*]

19. **For I relate my iniquity**—*My heart tells me my iniquity. Therefore, I worry, and fear my sin, lest it cause me disaster and pain.*—[*Rashi*] I myself will relate my iniquity because I know that I have sinned. I worry lest punishment come upon me and my enemies rejoice over me.—[*Mezudath David*]

20. **are in the vigor of life**—*They are in the vigor of life with tranquility and goodness.*—[*Rashi*]

שֹׂנְאַי שָׁקֶר: כא וּמְשַׁלְּמֵי רָעָה תַּחַת
טוֹבָה יִשְׂטְנוּנִי תַּחַת רָדְופִי־טוֹב:
כב אַל־תַּעַזְבֵנִי יְהוָה אֱלֹהַי אַל־תִּרְחַק
מִמֶּנִּי: כג חוּשָׁה לְעֶזְרָתִי אֲדֹנָי
תְּשׁוּעָתִי: לט א לַמְנַצֵּחַ לִידִיתוּן מִזְמוֹר
לְדָוִד: ב אָמַרְתִּי אֶשְׁמְרָה דְרָכַי מֵחֲטוֹא
בִלְשׁוֹנִי אֶשְׁמְרָה לְפִי מַחְסוֹם בְּעֹד

**תרגום**

שִׁקְרָא: כא וּפָרְעִין
בִּישְׁתָא חֲלַף טַבְתָא
מְסַטְנָן לִי חֲלוּפֵי
דִרְדַפִּית טָב: כב לָא
תִשְׁבְּקִינָנִי יְיָ אֱלָהַי לָא
תַרְחִיק מִנִּי: כג זְרִיז
לְסִיוּעִי יְיָ פוּרְקָנִי:
א לְשַׁבָּחָא עַל מַטְרַת
בֵּית מַקְדְּשָׁא עַל פּוּמֵיהּ
דִידוּתוּן תֻּשְׁבַּחְתָּא
לְדָוִד: ב אֲמַרִית אֶנְטוֹר
אוֹרְחִי מִלְמֶחֱטֵי
בְּלִישָׁנִי אֶנְטוֹר לְפוּמִי
זְמָמָא בְּדָאִית רַשִׁיעָא
לְקִבְלִי

ת״א אמרתי. גיטין ז׳ זוהר כי״ח — יתיר ואו — לידותון קרי — רשע

## רד״ק

**שונאי שקר.** אותם ששונאים אותי בחנם כי היה מן הדין שיאהבוני כי חשבתי להם והם ישלמוני רעה תחת טובה ומקנאים בי שאני רודף הטוב והם רודפי׳ הרע לפיכך ישטנוני. ומלת רדפי כתובה רדופי ר״ל שהטוב רודפי שאני רודף אחריו וקרי רדפי והוא מקור על דרך פועל ונמשכה הרי״ש בטעם: **(כב) אל.** כמו שהם חושבים שאין לי עוזר אל תעזבני: **אל תרחק ממני.** אלא תהיה קרוב לצעקתי: (כג) חושה. מהרה. **לעזרתי ה׳ תשועתי.** אתה הוא אדון תשועתי ולא אחר או פירושו חושה לתשועתי ולמ״ד לעזרתי במקום בי״ת ואדני קריאה: **(א) למנצח.** זה המזמור חברו דוד ונתנו לידותון המשורר ועניינו כענין המזמור הקודם לזה: **(ב) אמרתי.** חשבתי בלבי שאשמור דרכי ר״ל מנהגי ועניני מחטוא בלשוני. שלא אדבר אשר לא כן מתוך צערי וחוליי. וכל שכן בעוד רשע לנגדי הבא לבקרני לראות כאבי שאשמרה לפי כאלו מחסום בפי אפי׳ שאנת החולה שדרכו לצעוק ולנהום

## רש״י

בשלוה ובטובה: **ורבו.** והגדילו שונאי על דברי שקר: **(כא) תחת רדפי טוב.** בשביל שאנחנו דבקים בהקדוש ברוך הוא ובמצותיו:

**לט (א) לידותון.** שם אדם אחד מן המשוררים וגם כלי שיר היה שם ששמו ידותון. ומדרש אגדה על הדתות ועל הדינין והגזירות של צרה הנגזרות על ישראל: **(ב) אמרתי אשמרה דרכי וגו׳.** אנחנו היה בלבנו לשמור את עצמינו על כל הצרות הבאו׳ עלינו שלא נהרהר ונדבר קשה אחר מדת הדין אף על פי שהרשעים לנגדנו המצירים לנו: **מחסום.** כמו לא תחסום שור (דברים כ״ה) (אמושלמנ״ט בלע״ז כמו עמוסעגאנ״ט בל״א איינעם מוילקארב אנלעגען) ונאלמתי דומיה ימים רבים וגם החשינו מטוב אפי׳ מדברי תורה מפני יראתם ומתוך כך כאבנו נעכר ונבהל. וכששתקנו חם לבנו בקרבנו

## מנחת שי

(כא) רדופי טוב. רדפי קרי וכתיב בוא״ו אחר דל״ת ונמשך הקמץ בטעם כמו מירדי בור: **לט** (א) לידיתון. לידותון קרי:

## אבן עזרא

ואויבי חיים: (כא) **ומשלמי.** דברו יוכיח כי הוא בקרם בחליים והטיב להם כאשר ספר במזמור אחר: (כב) **אל תרחק ממני.** כנגד מרחוק עמדו: (כג) **חושה.** לפי דעתי חושה לעזרתי. אתה ה׳ שאתה תשועתי כמו אמור לנפשי ישועתך אני ור׳ משה אמר כי חושה ישרת אחר וככה הוא חושה לעזרתי ה׳ חושה לתשועתי:

**לט (א) למנצח לידותון.** כבר הזכרתי בראש הספר ולפי דעתי שפיוט ידוע היה בדרוס וחברו ידותון או אחר חברו שיבחנו והיה ראש הפיוט לידותון גם זה המזמור כמו העליון כי על מחלתו ידבר וטעם אמרתי בלבי וטעם אשמרה דרכי תולדתי ומנהגי כמו וכל דרכי הסכנת והטעם שלא אדב׳ כמו ידב׳ החול׳ מרוב צערו וכאילו בפי מחסום אשמרנו להיותו בפי ולא אסירנו: (ב) **בעוד רשע לנגדי.** שבא לבקר אותי:

## מצודת ציון

(ירמיה ט״ו): **ורבו.** גדלו: (כא) **ישטנוני.** מלשון שטנה ונטירת איבה כמו וישטום עשו (בראשית כ״ז):

**לט (א) לידותון.** שם כלי נגון: (ב) **דרכי.** מנהגי: **מחסום.** ענין דבר הסוגר בפי הבהמות שלא תשוך ולא תאכל:

## מצודת דוד

אבל אויבי ימא׳ חייהם רבו וגדלו: (כא) **ומשלמי וגו׳.** גם הם ימי חייהם רבו וגדלו: **תחת.** במקום שאני רודף וזריז להטיב עמהם: (כב) **אל תעזבני.** הואיל ולא אוכל בעצמי להשיב מה להם לכן אל תעזבני אתה ותחשב לתשובה על לענם: (כג) **חושה.** מהר לעזור לי כי אתה מעולם לי לישועה ואין על מי להמתין להיות לי לעזרה: **לט (ב) אמרתי.** חשבתי בלבי אשמרם מנהגי מלחטוא בלשוני לדבר מה מול מדת הדין: **אשמרה לפי מחסום.** אשמור עצמי כאלו היה על פי מחסום אשר ימנע הדבור בלה לומר עם כל הכאב הבא עלי לא אספק להתרעם: **בעוד רשע לנגדי.** בזמן

me—And surely when the wicked man is still before me—the one who comes to visit me and see my pain and my misfortune—would I guard my mouth as though a muzzle were on it, I would guard myself even from moaning in pain as long as the wicked man is before me, so that he should not rejoice over me.

hate me for false reasons have become great. 21. And they
repay evil for good; they hate me for my pursuit of goodness.
22. Do not forsake me, O Lord, my God; do not distance
Yourself from me. 23. Hasten to my aid, O Lord, my salvation.

## 39

1. For the conductor, to Jeduthun, a song of David. 2. I said,
"I will guard my ways from sinning with my tongue; I will
guard my mouth [as with] a muzzle while

21. **And they repay evil for good, etc.**—Now he tells how they hate him for false reasons. David states: While it would be proper for them to love me, because I do good to them, they repay me with evil instead of good. I do not know why they hate me, unless it is because they envy me for pursuing goodness while they pursue evil.—[*Redak*]

**for my pursuit of goodness**—*Because we cleave to the Holy One, blessed be He, and to His commandments.*—[*Rashi*]

1. **to Jeduthun**—*The name of one of the singers, and there was also a musical instrument called Jeduthun. According to the Midrash Aggadah (Song Rabbah* 4:1 [4]): *concerning the edicts* (דָּתוֹת) *and concerning the distressing laws and decrees that are decreed upon Israel.*—[*Rashi*] *Redak* explains that David composed this psalm and gave it to Jeduthun the singer. It deals with the same topic as the preceding one.

2. **I said, "I will guard my ways, etc."**—*As for us—we had in mind to watch ourselves with all the troubles that come upon us, neither to criticize nor speak harshly of the Divine Attribute of Justice although the wicked who oppress us are before us.*—[*Rashi*]

**a muzzle**—Heb. מַחְסוֹם, as (in Deut. 25:4): *"You shall not muzzle* (תַחְסוֹם) *an ox, amuzélment in Old French. And I made myself mute in silence many days. We also were silent from "good," even from words of Torah, because of their fear of them, our pain was so intense and frightening. When we were silent, our heart was hot within us and in the thought of our heart it burns in us like fire. That causes us to speak with our tongue (in silence—not in all editions) before You, and this is what we say, "O Lord, let us know our end." How long will we be in distress, and let us know when we will be over it.*— [*Rashi*]

*Redak* explains:

**I will guard my ways**—My habits and my behavior.

**from sinning with my tongue, I will guard my mouth [as with] a muzzle**—So that I should not say anything unseemly because of my pain and my illness.

**while the wicked man is before**

רָשָׁע לְנֶגְדִּי׃ ג נֶאֱלַמְתִּי דוּמִיָּה
הֶחֱשֵׁיתִי מִטּוֹב וּכְאֵבִי נֶעְכָּר׃ ד חַם־
לִבִּי ׀ בְּקִרְבִּי בַּהֲגִיגִי תִבְעַר־אֵשׁ
דִּבַּרְתִּי בִּלְשׁוֹנִי׃ ה הוֹדִיעֵנִי יְהוָה ׀
קִצִּי וּמִדַּת יָמַי מַה־הִיא אֵדְעָה מֶה־
חָדֵל אָנִי׃ ו הִנֵּה טְפָחוֹת ׀ נָתַתָּה יָמַי
וְחֶלְדִּי כְאַיִן נֶגְדֶּךָ אַךְ כָּל־הֶבֶל כָּל־

לְקִבְלִי׃ ג אִתְאַלְמֵיתִי
שְׁתֵקִית בְּטַלֵית מִן
פִּתְגָמֵי אוֹרַיְתָא מְטוּל
הֵיכְנָא כֵּיבִי מְמַרְטֵט׃
ד רְתַח לִבִּי בְּגוּשְׁמֵי
בִּרְיָנֵי תִּדְלַק אֶשָּׁתָא
מַלֵּלִית בְּלִישָׁנִי׃ ה אוֹדַע
יְיָ לִי אוֹרַח סוֹפִי
וּמְשַׁחְתָּא דְיוֹמַי מְנָא
אִינוּן אִידַע אֵימָתַי
אִפְסוֹק מִן עָלְמָא׃
ו קְלִילִין סִדְרְתָּא יוֹמַי
וְנוּשְׁמַי כִּלְמָא לְקִבְלָךְ
בְּרַם כּוֹלָא לִלְמָא
חֲשִׁיבִין בְּרַם כּוּלְהוֹן

ת"א נאלמתי. ברכות ה זוהר בראשית: הודיעני. שבת ל זוהר כח ויחי: הנה טפחות. עקידה שער סז:

## רש"י

ובהגיון לבנו בוער בנו כמו אש והוא גורם לנו שאנו מדברים בלשוננו (בלחש סא"א) לפניך. וזו היא שאנו מדברים הודיעני ה' קצנו עד מתי נהיה בצרה ונדע מתי נהיה ל׳חנו חלדים ממנה: (ו) הנה טפחות. מדודים הם ימי האדם כדבר הנמדד בטפחים כן ימי האדם קצובים: וחלדי. וזקנתנו כאין נגדך. חלד ל' חלודה (רדוי"ל בלע"ז. ומפורש לעיל י"ז י"ד): כל אדם נצב. כל

## רד"ק

בפה מתוך החולי אני אשמור מזה שלא ישמח לי: (ג) נאלמתי. בשתיקה כלו' כל כך אני שותק כאילו אני אלם: החשתי מטוב. אפילו מדבר טוב החשתי: וכאבי נעכר. אף על פי שכאבי נעכר ונשחת אני חוסם את פי מלדבר אפילו הטוב כדי שלא יזדמן לפי הרע מתוך צערי: (ד) חם. מכובד החולי כל כך חם לבי עד שבהגיגי תבער אש כי החום היוצא מפי בהגיגי הוא חם כמו אש שידמה שהאש תבער בי: דברתי בלשוני. הוא כפל דבר ר"ל כשדברתי בלשוני: (ה) הודיעני. אם קצי ארוך כפי שנות האדם אסבול צערי וכאבי עד שתרפאני ואהיה אחר כך בריא אבל אם מעט הם אשאל מכך שאמות מהחולי מהרה כי לא אוכל לסבול הצער הגדול: מה חדל אני. תואר. ופירושו זמן העולם הזה לאדם ור"ל כמה יהיה זמני בעה"ז: (ו) הנה. המדה המעוטה מן המדות היא מדת הטפח כן הם ימי וימי כל אדם קצרים: וחלדי. ר"ל זמני: כאין נגדך. כי אתה חי וקיים לעולם ואין שנותיך כשנותינו: אך כל הבל כל אדם. מה שאדם נצב בעה"ז הבל הוא ואמר כל הבל ר"ל הטעם

## אבן עזרא

(ג) נאלמתי. החשיתי. אפילו שאדבר טוב: (ד) חם. כ"כ חם לבי שבהגיגי תבער אש: דברתי בלשוני. הטעם כפול או זה הוא שדברתי: (ה) הודיעני. מה חדל אני. תואר השם והטעם כמה אעמוד עם יושבי חלד: (ו) הנה. מעט מזער כדבר שימודד בטפחות וחלדי כמו חלד ככבש וכשב ושמלה ושלמה: אך כל הבל. הוא כל אדם והטעם כמו הבל הבלים וטעם נצב כן הוא לעולם

## מנחת שי

(ה) הודיעני ה' | קצי. בגרמיה היא אחר השם ולא קודם:

## מצודת דוד

אשר הרשע הבא לבקרני עומד לנגדי כי אחשוב לאמר אצעק אז ישמח בצרתי: (ג) נאלמתי דומיה. כל כך הרגלתי עצמי בשתיקה עד שנעשיתי כאלם בעבור השתיקה: החשיתי מטוב. מי שתקתי מלדבר דברים טובים והגונים כי פן ברבות הדברים אצעק ואתרעם: וכאבי נעכר. עם כי כאבי נעכר עכ"ז התאפק ואחרים: (ד) חם לבי. הלב אשר בקרבי נתחמם מאד מאש סבלי: בהגיגי. כשהוא יוצא מפי בוערת כאש כי ההבל חם מאוד: דברתי בלשוני. מוסב על תבער אש לומר תבער כאש כשאדבר בלשוני וכפל הדבר במלות שונות: (ה) הודיעני לי. הודיע לי סוף ימי מתי אמות ואם מעט המה ימי חיי הלא אבחר למות מחלי זה מלסבול צער גדול ולמות אחר זה בזמן קצר: מה היא. כמה היא וכפל הדבר במלות שונות: מה חדל אני. כמה מהזמן אהיה עם יושבי חלד: (ו) טפחות. קצובות כדבר הנמדד בטפח: וחלדי. זמני בעולם היא כאין נגד שנותיך אשר לא יתמו: אך כל הבל וגו'. כל ההבלים הוא בכל אדם איש לא נעדר מפגע הזמן: נצב סלה. כדבר הזה נצב לעולם ולא ישתנה

## מצודת ציון

כמו ולא תחסום שור (דברים כ"ה): (ג) החשיתי. ענין שתיקה כמו החשיתי מעולם (ישעיה מ"ב): נעכר. ענין השחתה כמו עכרתם אותי (בראשית ל"ד): (ד) בהגיגי. מלשון הגיון ודבור: (ה) מה. היא כמו כמה: חדל. הוא הפוך מן חלד כמו כבש כשב ועניינו זמן העולם: (ו) הבל. יש הבל שהוא ענין פורענות

*rodijjl in Old French,* rust, old age.—[*Rashi*] *Redak* renders: my time.

**is as nought before You**—for You exist forever.—[*Redak*]

**surely all vanity is in every man**—All vanities are in every man; no one is free from the vicissitudes of time.—[*Mezudath David*]

**every man**—*his life and his condi-*

the wicked man is still before me. 3. I made myself dumb in
silence; I was silent from good although my pain was intense.
4. My heart is hot within me; in my thoughts fire burns; I
spoke with my tongue, 5. O Lord, let me know my end, and the
measure of my days, what it is; I would know when I will cease.
6. Behold You made my days as handbreadths, and my old age
is as nought before You; surely all vanity is in every

3. **I made myself dumb in silence**—I.e. I was so quiet that I appeared to be mute.—[*Redak*]

**I was silent from good**—Even from good words I was silent.—[*Redak*]

**although my pain was intense**—Although my pain was intense, I "muzzle" my mouth from speaking even good, lest I have an urge to speak because of my pain. It is also possible that the Psalmist means: I was silent from speaking good because I had no good to speak of. Or, he may refer to his thoughts: I have no more hope for good so I was silent from it; i.e. I thought no more about it.—[*Redak*]

**my pain was intense**—The organ that pains me is decayed.—[*Redak*]

4. **My heart is hot within me; in my utterance fire burns**—Because of the intensity of my illness, my heart is so hot that when I speak, fire burns, because the heat emerging from my mouth is as hot as fire, and it seems as though fire is burning within me.—[*Redak*] [Note that *Redak* differs from *Rashi,* who defines every form of הגה as thoughts, not speech.]

**I spoke with my tongue**—I.e. *when* I spoke with my tongue.—[*Redak*]

5. **O Lord, let me know my end, and the measure of my days, what it is**—This is what Job said (6:11): "and what is my end that I should adhere to my life?" If my end is a long way off as compared to man's years, I will bear it until You heal me, so that I will have many years to live in good health, but if my days are few, I will request that I die soon from this illness because I cannot bear this intense pain without the hope of living after it in this world.—[*Redak*]

**let me know how short-lived I am**—Heb. חָדֵל. This is an adjective, related to the noun חֶדֶל, as in Isaiah 38:11: "those who live in the time of this world." Thus, the sense of this verse is: Let me know how long my time will be in this world?—[*Redak*]

6. **Behold . . . handbreadths**—*The days of man are measured like a thing that is measured with handbreadths; so are man's days limited.*—[*Rashi*] The smallest of all measures is the handbreadth; so short are my days and the days of all man.—[*Redak*]

**and my old age**—Heb. וְחֶלְדִּי, *and our old age is as nought before you.* חֶלֶד *is an expression of rust* (חֲלוּדָה),

אדם נצב סלה: ז אך־בצלם יתהלך־
איש אך־הבל יהמיון יצבר ולא־ידע
מי־אספם: ח ועתה מה־קויתי אדני
תוחלתי לך היא: ט מכל־פשעי
הצילני חרפת נבל אל־תשימני:
י נאלמתי לא אפתח־פי כי אתה

צדיקיא קימין לחיי
עלמא: ז ברם בדיוקנא
דיי יתהלך גברא ברם
לרמא משתגשין כניש
ולא חכים מטול מנא
מן כנשנון: ח וכדון
מנא סברית יי אוריכותי
לותך היא: ט מן כולהון
מרדי פצי יתי חסודי
סכלא לא תשוי עלי:
י אתאלמית ולא אפתח
פומי מטול די אנת

### רד"ק

ת"א אך בצלם. זוכר אמור (שבת ג קידושין י):

שבהבל כאלו אמר הבל הבלים. וכל זה. כמו כל חלב וכל דם והדומים להם: (ז) בצלם. בחשך יתהלך כל ימיו כי לא ידע יום מותו. וצלם. ר"ל חשך וכן בלשון ערבי: אך הבל יהמיון. להבל הם הומים לאסוף ממון. והוא יצבור הממון מעט ולא ידע מ יאסף אותו כלו' במותו ויוציאני מביתו: (ח) ועתה. שאני בחולי מה קויתי אין תקותי ותוחלתי אלא לך הוא ולא לרופאים: (ט) מכל. כי הם סיבת חוליי ומכאובי הצילני מהם שתכפרה לי: חרפת נבל. כי הנבל יחרפני בלבו בבואו לבקרני ובחוץ יחרפני בפיו לפי שאני איש מכאובים והוא בריא ושלו: (י) נאלמתי. אין לי על מי שאצעק חמס כי לא באו לי

### רש"י

אדם חיי הבל הם חייו ומלכו: (ז) אך בצלם. בחשך פירשו דונש ל' צלמות ומנחם פירשו צלם ממש כמו כי בצלם אלהים עשה את האדם (בראשי' ט') ולא יתכנו דבריו: אך הבל. הוא כל המייה ותאוה שלהם: יצבור. תבואה בשדה כל ימות הקציר: ולא ידע מי אוספם. אינו יודע מי אוספם לבית שמא לפני האסיף ימות: (ח) ועתה מה קויתי. מה היא השאלה אשר אני שואל ומייחל ממך איגה אלא שמפשעי הצילני: (ט) חרפה. עשו הנבל אל תשימני הבא גם עליו נגעים ומכאובים שלא יוכל לו' לי אתם לוקים ואנו אין אנו לוקים והתפלה הזאת גרמה להביא ייסורי חלאים על האומות של עכו"ם: (י) כי אתה עשית. שהבאת עלינו צרה יותר מכל האומות:

### מנחת שי

(ז) ולא ידע. בגעיא בס"ס וכלא מאריך בלמ"ד: (ט) מכל פשעי. בס"א מסוליטולא סמ"ס במאריך מכל־פשעי:

### אבן עזרא

לא ישתנה שיסור ממעל' ההבל: (ז) אך. כי ישתנה בצלמו מיום אל יום ומעת אל עת כדמו' הנהר המתהלך וצלמו עומד וי"א כי בצלם כמו צלמות והנכון בעיני כי האדם דומה לצלם וכאשר ישתנה הצלם כן ישתנ' הוא וטעם הצלם מערכות המשרתים וכוכבי עליון שלא יעמדו רגע אחד על מתכונת אחת וחכמי המזלות יודעים זה ויהמיון קבוץ ממון כמו ומי אוהב בהמון: יצבור. מעט מעט ולא ידע מי אוספם כולם רגע אחד במותו: (ח) ועתה. הנה בא קצי מה תקוה יש לי רק תוחלתי לך היא והיא: (ט) מכל. כי בעבור פשעי חליתי: (י) נאלמתי. בעבור שהזכיר חרפת

### מצודת ציון

ולבוש כמו בהבל בא ובחושך ילך (קהלת ו'): (ז) בצלם. מלשון צלמות וחושך: יהמיון. ענין קבוץ הממון כמו ומי אוהב בהמון (שם ה'): יצבר. מלשון צבור ותל: אוספם. יכניסם לבית: (ח) תוחלתי. תקותי:

### מצודת דוד

להיות מי מכבי אדם חדל מסבלי הזמן ופגעיו: (ז) אך בצלם וגו'. האיש הלא בחושך יהלך ולהבל וריק קובץ המון עושר רב כי הוא לוכר ואינו יודע מי יאספם הבית כי פן ימות ואיש אחר יאספם: (ח) ועתה. הואיל וקניני העולם הבל המה מה יהיה אם כן תקותי אל ה' ומה הוא הדבר אשר הטיב מיחל לך עליו: (ט) מכל פשעי. רלה לומר על כן תקותי שתצילני מהעונש הבא על פשעי ואל תשים אותי להיות לחרפה בעיני הנבל: (י) נאלמתי. הלוא

*be able to say to me, "You are suffering, and we are not suffering." This prayer was instrumental in bringing about the pains of illnesses upon the nations.*—[*Rashi* from *Gen. Rabbath* 88:1]

10. **because You have done it**—*For You brought upon us trouble more than all nations.*—[*Rashi*] We have no one to complain to for injustice, because our troubles did not come to us from man but from You, because of our sins.—[*Redak*]

man; this is his condition forever. 7. Man walks but in darkness; all that they stir is but vanity; he gathers yet he knows not who will bring them in. 8. And now, what have I hoped, O Lord? My hope to You is: 9. Save me from all my transgressions; do not make me the reproach of an ignoble man. 10. I have become mute; I will not open my mouth because You

*tion are a life of vanity.*—[*Rashi*] *Mezudath David* renders: This stands forever. This condition stands eternally and will not change, that any man should be free of the vicissitudes of time. *Redak* renders: Every man's existence in the world is a bit of vanity.

7. **but in darkness**—Heb. בְּצֶלֶם, *in darkness. Dunash explained it as an expression of darkness* (צַלְמָוֶת) (*Teshuvoth Dunash* p. 89), *but Menachem* (p. 150) *explained it as an actual image, as* (in Gen. 9:6) *"for in the image of God He made man." His view is impossible, however.*—[*Rashi*] Note that *Menachem's* view does not appear in *Rashi* mss., only in the Bomberg and Warsaw editions. *Redak* accepts *Menachem's* view, explaining that man's form constantly changes, the way the form of a river constantly changes as it flows and turns over. *Ibn Ezra* explains that man changes in the image of the stellar constellations which constantly change, never staying in the same position.

**all that they stir is but vanity**—*All their stirring and lust.*—[*Rashi*] For vanity and futility, they stir to accumulate money.—[*Redak*]

**he gathers**—*grain in the field all the days of the harvest.*—[*Rashi*]

**yet he knows not who will bring them in**—*He does not know who will gather them into the house; perhaps he will die before the ingathering.*—[*Rashi*] *Redak* explains: He gathers money little by little, but he does not know who will bring it in when he dies and it is taken out of his house.

8. **And now, what have I hoped**—*What is the request that I ask and hope from You? It is only that You save me from my transgressions.*—[*Rashi*]

*Redak* renders:

**And now, what have I hoped, O Lord? My hope is to You**—Now that I am ill, what is my hope? My hope is not to the physicians, it is to none but You.

9. **Save me from all my transgressions**—Expiate all my sins for they are the cause of my illness and my pains.—[*Redak*]

***do not make me*** **the reproach of**—*the ignoble Esau. Bring afflictions and pains upon him too, so he will not*

עשית: יא הסר מעלי נגעך מתגרת
ידך אני כליתי: יב בתוכחות על־עון
יסרת איש ותמס כעש חמודו אך
הבל כל־אדם סלה: יג שמעה תפלתי
יהוה ושועתי האזינה אל־דמעתי
אל־תחרש כי גר אנכי עמך תושב
ככל־אבותי: יד השע ממני ואבליגה

עבדת: יא אעדי
מעלי מכתשך ממחת
גבורת ידך אנא שציתי:
יב במסכנותא על חובא
יתרדי בר נשא ומסית
היך עמר דאתגרדם
גושמיה ברם למא כל
בר נשא לעלמא: יג קבל
צלותי יי ובעותי אצית
ולדמעתי לא תשתוק
ארום היך גיורא אנא
גבך תותבא היך
כולהון אבהתי:
יד אשלי מני ואניל עד

ת"א שמעה. ברכות לב מליעה כס זוהר חיי שרה:

## רש"י

(יא) מהגרת ידך. ממורא מכותיך. תגרת ל' ויגר מואב (במדבר כ"ב) והתי"ו יסוד נופל בתיבה כמו תנובה תלונה תקומה תבונה כן פירש מנחם ואני אומר שאין תגרת לשון מגור שהיה לו לומר תגורה כאשר יאמר מן וישב תשובה ויקם וירש וילן תקומה תרומה תלונה כן יאמר מן ויגר תגורה או מגור' כמו (ירמיה כ') מגור מסביב מגורתם אביא (ישעיה ס"ו) הא למדת שאין תגר' אלא כמו למה תתגרה ברעה (ד"ה ב' כ"ה) אל תתגרו בם (דברים ב') שהפיעל שלו גרה כמו קוה אוה לוה שפעולתם תקוה תאוה מלוה כן יאמר מן גרה תגר'. וכן פירושו ממכו' ידך אשר אתה מגרה עלי אני כליתי: (יב) בתוכחות. הכתובות בתורה על עונינו שהעוינו לפניך ויסרתנו בהם: ותמס כעש חמודו. הרקבת בשרינו כבגד שאכלו עש. חמודו בשרו שהוא המדתו: (יד) השע ממני. הרף ידך

## רד"ק

השכאובים מבני אדם אלא מידך לפיכך נאלמתי כי גם עליך אין לי לצעוק חמס. כי הכל הוא סבת פשעי: (יא) הסר. הנגע אשר אתה מביא עלי כי אותיות הכנוי יבאו על הפועל ועל הפעול: מתגרת. פי' ממלחמת ידיך: (יב) בתוכחות. כן דרכיך ייסר בני אדם בתוכחות על עונם כמו שעשית לו והחלאי' הם דברי התוכחות כאלו הם מליצים בין האל ובין האדם: ותמס כעש חמודו. הססת חמודו שהוא שומן בשרו וחוזק גופו כמו העש שמכלה מהרה הבגד: אך הבל כל אדם. כי חמודו ילך כאין: (יג) שמעה. אחרי שקבלתי תוכחתיך וסבלתי יסוריך שמעה תפלתי ונקני מפשעי והרפאני: כי גר אנכי עמך. כי האדם בעולם כמו הגר בארץ לא לו כי נוסע תמיד ממקום למקום כי האדם בעולם אין לו מעמד ויקרא גם כן תושב לפי שהוא מתיישב בעולם כאלו הוא בו לאורך ימים. ובאמרו עמך ר"ל לפניך להודיע כי ביד האל יתברך הישיבה בעולם והנסיעה ממנו. ובאמרו. ככל אבותי. ככל אבותינו להודיע כי הדורות האחרונים כראשונים דרך אחת להם אין ביניהם שנוי. וטעם מלת כי. אמר שמעה תפלתי לחיותי מחוליי כמו הגר שנחשב לפניך: (טו) השע. הרפה

## מנחת שי

(יב) בתוכחות. בגעיא: (יג) שמעה תפלתי. י"ם שהמ"ם בחטף קמץ וזהו דעת רבי יונה בספר הרקמה והאפודי בפ' י"ו ויש ספרים בחטף פתח וכמו זר כתבו וגם רד"ק לא זכר זרות זה בחבוריו ובעל אור תורה כתב המ"ם בשוא לבד בספרי ספרד:

## אבן עזרא

נבל אמר הבט כי נאלמתי לענות לו: (יא) הסר. מהגרת ידך. מפחד ידך שטעמו מכתך כמו ויגר מואב ובמשקלו לכל תכלה שהוא מגזרת וכל בשלים כאשר אפרש: (יב) בתוכחות. על דרך והוכח במכאוב ידענו כי תיסר אדם בעבור עונו במכאובים: חמודו. חמדת גופו והנה המדתו היתה הבל: (יג) שמעה תפלתי. הנה תפילתו ודמעתו כמשקה הרופאי': כי גר אנכי עמך. ככתוב בתורה: (יד) השע. הרף ממני כמו שעו מני והשתג'

## מצודת דוד

בבוא עלי העונש הייתי כאלם ולא התרעמתי כי אמרתי הלא אתה עשית ולא תעשה עול במשפט: (יא) הסר. לזה הסר מעלי הנגעים הבאים ממך על כי כבר כליתי ממלחמת ידך ודי בזה: (יב) בתוכחות. בשיעור התוכחות הראויות על העון כך הייסר את האיש בעונש הגוף וגם תמס המודות עשרו כעש הזה המכלה את הבגד: אך הבל. הבכל הזה הוא לעולם ובכל אדם רצה לומר כל החוטאים כלם נלקים לעולם בגופם ובחמדת עשרם אם לא ישובו לה': (יג) שמעה תפלתי. להצילני מן העונשים האלה: כי גר אנכי עמך. למול שנותיך אני כגר על פני האדמה כי מעט ימי וכן יכלו בתוכחות האלה: תושב ככל אבותי. רצה לומר כל מה שאני כתושב בארץ הוא רק ככל אבותי כי עם שהיו תושבים הנה מתו ועינם ולמול שנותיך אחשב כגר: (יד) השע ממני.

## מצודת ציון

(יא) מתגרת. מלשון תגר ומלחמה כמו אל תתגרו בם (דברים ב'): כליתי. מל' כליון: (יב) בתוכחות. ענין פורעניות ויסורים כמו והוכח במכאוב (איוב ל"ג): ותמס. מל' המסה והמגה: כעש. שם התולעת המכלה הבגד: (יג) עמך. למולך וכן אל יעלור עמך אנוש (דברי הימים ב' י"ד): תושב. הוא הפוך הגר: (יד) השע.

though planning to live there for a long time.— [*Redak*]

**with You**—Before You. He states that the time one spends in this world and the time he departs therefrom are in God's hands.—[*Redak*]

**as all my forefathers**—As all our forefathers. There is no difference between the first generations and the last generations; they are the same, only that "one generation goes and another generation comes." The expression, "because I am a stranger," means that David prays for his re-

have done it. 11. Remove Your affliction from me; from the
fear of Your hand I perish. 12. With rebukes for iniquity You
have chastised man; You have caused his flesh to decay as by a
moth. Surely all man is vanity forever. 13. Hear my prayer, O
Lord, and hearken to my cry. Be not silent to my tears, for I am
a stranger with You, a dweller as all my forefathers. 14. Turn
away from me that I may recover,

11. **Remove Your affliction**—I.e. the affliction that You have brought upon me. In 38:12, he calls it "my affliction." Sometimes the possessive applies to the one inflicting the affliction and sometimes to the one upon whom it is inflicted.—[*Redak*]

**from the fear of Your hand**—Heb. מִתִּגְרַת, *from the fear of Your blows.* תִּגְרַת *is an expression of* (Num. 22:3): *"And Moab became terrified* (וַיָּגָר)*." The "tav" is a defective radical in the word, like* תְּנוּבָה, *produce;* תְּלוּנָה, *complaint;* תְּקוּמָה, *restoration;* תְּכוּנָה, *characteristic. This is how Menachem explained it, but I maintain that* תִּגְרַת *is not an expression of* מָגוֹר, *fear, because he should have said* תְּגוּרָה *as he says from* וַיָּשָׁב (and he returned) תְּשׁוּבָה, [from] וַיָּקָם, וַיָּרֶם, וַיָּלֶן, תְּקוּמָה, תְּלוּנָה, תְּרוּמָה, *so he should say from* וַיָּגָר, תְּגוּלָה, *or* מְגוּרָה *as* (above 31:14, Jer. 20:3): *"terror* (מָגוּר) *from all sides";* (Isa. 66:4) *"and their fears* (וּמְגוּרֹתָם) *I will bring." Thus you learn that* מִתִּגְרַת *is nothing but as* (II Chron. 25:19), *"Why should you provoke* (תִתְגָּרֶה) *disaster?";* (Deut. 2:5), *"Do not provoke* (תִּתְגָּרוּ) *them," in which case the verb is* גרה *like* קוה, *to hope;* אוה, *to desire;* צוה, *to command, of which the noun is* מִצְוָה, תַּאֲוָה, תִּקְוָה*. So one says from* גרה, תִּגְרָה, *and this is its explanation: from the blows of Your hand, with which You fight me, I perish.*—[*Rashi*] [Note that many manuscripts do not contain *Rashi's* refutation of *Menachem,* and that *Ibn Ezra* agrees with *Menachem. Redak* and *Mezudoth,* however, render: from the battle of Your hand.

12. **With rebukes**—*that are written in the Torah for our iniquities that we have sinned before You and for which You chastised us.*—[*Rashi*]

**You have caused his flesh to decay**—*You have caused our flesh to decay like a moth-eaten garment.* חֲמוּדוֹ *means his flesh, which is his desire* (חֶמְדָּתוֹ).—[*Rashi*]

13. **Hear my prayer, etc.**—Since I have received Your rebuke and I have borne Your chastisements, hear my prayer that You cleanse me of my transgressions and heal me.—[*Redak*]

**for I am a stranger, etc.**—This idea appears also in I Chronicles 29:15: "for we are strangers before You and dwellers like all our forefathers." In this world, a person is like a stranger living in a land that is not his, because he constantly travels from place to place. So it is; man has no permanence in this world. Any day, he may leave it. However, he is also like a dweller therein, because he settles down as

בטרם אלך ואינני: מ א למנצח לדוד
מזמור: ב קוה קויתי יהוה ויט אלי
וישמע שועתי: ג ויעלני מבור שאון
מטיט היון ויקם על־סלע רגלי כונן
אשרי: ד ויתן בפי | שיר חדש תהלה
לאלהינו יראו רבים וייראו ויבטחו
ביהוה: ה אשרי הגבר אשר־שם יהוה

**תרגום**

לא אהך ולא איתי: א לשבחא לדוד תושבחתא: ב מסברא סברית יי וצלא לותי וקביל בעותי: ג ואסקני מגוב אתרגושתא מסכן טשטושא ואקים על כיפא רגלי תקין אתורי: ד וסדר בפומי שבח חדתא תהי תושבחתא קדם אלהנא יחמון סגיאין וידחלון ויסברון במימרא דיי: ה טובוי דגברא דשוי יי רוחצניה ולא

ת״א ויט אלי. עקרים מ״ד פמ״ה: ויעלני. עירובין יט מקוואות סה (סנהדרין כט):

**רד״ק**

ממני שלא תיסרני עוד בחליים ואבליגה. כלו׳ אתחזק מהחולי ואשובה עוד לעשות רצונך: בטרם אלך. אל הקבר: ואינני. כלו׳ אינני עוד שאוכל לעשות רצונך כי העה״ב הוא עולם השכר אבל לא עולם המעשה: (א) קוה. גם זה המזמור כענין שני מזמירים הקודמים לו. יאמר אותו המדוכה אחרי הרפאו יתן תהלה לאל יתברך. ואמר: (ב) קוה קויתי ה׳. כמו שקויתי אליו שיטה אזנו לתפלתי וישמע שועתי כן עשה. ויט אלי. ר״ל היה קרוב לי: (ג) ויעלני. הבור הוא משל לחליים כמו הנופל בבור שיפחד שיטבע במימיו או בטיט אשר בו כן החולה יפחד שימות מחליו: מבור שאון. בור שיש בו מים רבים כמו כשאון מים כבירים: מטיט היון. בור שיש בו טיט רב וסמיכת טיט אל יון ר״ל שיש בו מכל מיני טיט עב וקלוש: ויקם על סלע רגלי. כנגד בור שאון: כונן אשורי. כשעליתי מהבור לא מעדו קרסולי כלו׳ שלא נפלתי מחולי אל חולי: (ד) ויתן. בהצילו אותי חרשתי לו שיר והוא נתנו בפי שעשה עמי חסד שאני חייב להודות לו. וטעם חדש להודיע כי חייב אדם להדש שיר ותהלה על כל נס ונס שעושה עמו: יראו רבים. מאשר לא היו יראי האל יתברך עד היום כשיראו מה שעשה עמי ישובו להיות יראים ממנו ובוטחים בו ויאמרו: (ה) אשרי. כי בה׳

**רש״י**

מלהלקותי: ואבליגה. ואתחזקה: מ (ב) קוה קויתי ה׳. במצרים ומזמור זה גם הוא כנגד כל ישראל: ויט אלי. אזנו: (ג) מבור שאון. מאסירים של מצרים ומשאון המיית ים: מטיט היון. מן הים. (היון ל׳ רפש פיינ״ש בלע״ז. כמו פאנ״ש. בל״א קאטה. שלאם): כונן. הכין אשורי וצעדי: (ד) שיר

**מנחת שי**

מ (ג) מטיט היון. בקצת ספרים הוא״ו בסגול ובס״ם בציר״י וכ״כ בשרשים שהוא בשקל עקב: ויקם. הקו״ף בסגול על פי המסורת: (ה) אשרי. עיין מ״ש בריש ספרא: ולא פנה. הוא״ו

**אבן עזרא**

התנועה בעבור אות הגרון: ואבליגה. ואתחזק והוא פועל יוצא והנה טעמו ואחזיק עצמי כמו מבליגיתי: מ (א) למנצח. (ב) קוה קויתי. קוה מלת זרה על דרך הפלס כמו יסור יסרני יה: ויט אלי. בעבור שהוא סוכני מרו׳ היושבי בשמים: (ג) ויעלני. דרך משל כי הייתי בשפלותי ברעות שסבבוני האויבים. י״א שאון מגזרת שואה והנכון שאון מים רבים או טיט וה״א היון ישרת אחו כית כדרך את יום השביעי ואין לו חבר רק ביון מצולה מים עכורים וטיט עב והזכיר סלע כנגד בור וכונן אשורי לעלות אל הסלע: (ד) ויתן. טעם לאלהינו בלשון רבים בעבור יראו רבים ויראו: (ה) אשרי. אז יאמרו אל

**מצודת ציון**

פנה כמו סעו מני (ישעיה כ״ב): ואבליגה. ואתחזק כמו המבליג שוד (עמוס ה׳):
מ (ג) שאון. חוזק כמו תבסה שנאה במשאון (משלי כ״ו): היון. הרפש אשר בקרקעית המים וכן טבעתי ביון מצולה (לקמן ס״ט) וכפל הדבר בשמות נרדפים כמו אדמת עפר (דניאל י״ב): (ה) רהבים. ענין גאוה והתחזקות כמו ירהבו הנער בזקן (ישעיה

**מצודת דוד**

פנה ממני מכת ידך ואתחזק עצמי בתורת ה׳ כאשר יוסרו היסורים המונעים והמונדדים: בטרם אלך. עד לא אלך בדרך כל הארץ ואינני עוד בזה העולם כי אחר המיתה נעשה האדם חפשי מן התורה והמצות:
מ (ג) מטיט היון. אשר העומד בה שוקע ויורד: על סלע. במקום מגולה וקשה: כונן אשורי. הכין רגלי לעמוד על עמדי ולא לשקוע עוד: (ד) יראו רבים. כאשר יראו בהשגחת ה׳ יפחדו ממנו ויבטחו בו: (ה) אשרי. ויאמרו אשרי וגו׳: ולא פנה. לבטוח בהם: ושטי כזב. הנוטים אחר עבודת עכו״ם שהיא דבר

song, to thank Him for His kindness. The concept of the new song is that a person is obligated to compose new songs and praises to God for every miracle that He performs for him. The plural possessive "our God," denotes that all the God-fearing men and the pious men should thank God and praise Him for His salvation.

5. **the haughty**—Heb. רְהָבִים, *an expression of haughtiness, as* (in Isa. 3:5): *"they shall behave haughtily* (יִרְהֲבוּ), *the youth"*; (Song 6:5) *"for they have made me haughty* (הִרְהִיבוּנִי)."— [*Rashi*]

before I go and am here no longer."

## 40

1. For the conductor, of David a song. 2. I have greatly hoped for the Lord, and He extended [His ear] to me and heard my cry. 3. And He drew me up out of the roaring pit, from the thick mire, and He set my feet upon a rock, He established my steps. 4. He put a new song into my mouth, a praise to our God, so that many may see and fear, and trust in the Lord.
5. Praiseworthy is the man who made the Lord

covery because he is but a stranger in this world and has little time left to sojourn here—as he states in the following verse.—[*Redak*]

14. **Turn away from me**—*Loosen Your hand from smiting me.*—[*Rashi*] That You should no longer chastise me with illness.—[*Redak*] *Ibn Ganach* renders: Close Your eyes to me.—[*Sepher Haschoraschim,* p. 504, quoted by *Redak, Shorashim,* p. 753, *Michlol Yofi* ad loc.]

**that I may recover**—Heb. וְאַבְלִֽיגָה, *that I regain my strength.*—[*Rashi*] That I regain my strength and return to perform Your will, for I realize that my transgressions were the cause of my illness; therefore I seek forgiveness and healing from You . . .

**before I go**—to the grave.—[*Redak*]

**and am here no longer**—When I will no longer be able to perform Your will, for this world is the world of deeds, when one can perform God's commandments, and the next world is the world of reward, but not of deeds.—[*Redak*]

1. **For the conductor, etc.**—This psalm is on the order of the two preceding ones, for the pious man to recite upon his recovery from illness. He give thanks to God and says, "I have greatly hoped, etc."—[*Redak*]

2. **I have greatly hoped for the Lord**—*in Egypt, and this psalm is meant for all Israel.*—[*Rashi*]

**and He extended to me**—*His ear.*—[*Rashi*] *Redak* adds: He drew near to me, as in 145:18: "The Lord is close to all those who call Him."

3. **out of the roaring pit**—*From the imprisonment of Egypt and from the roaring of their tumult.*—[*Rashi*]

**from the thick mire**—*From the sea.* הַיָּוֵן *is an expression of mud, fanyas in Old French* (fange in modern French), *slime.*—[*Rashi*]

**He established**—Heb. כּוֹנֵן, *He prepared my steps.*—[*Rashi*] [Note that *Rashi* uses synonyms to clarify the definition.]

4. **a new song**—*The song of the sea.*—[*Rashi*] [This is the song that Moses and the children of Israel sang after the splitting of the Sea of Reeds in Exodus 15.] *Redak* explains that when God saved this person, He inspired him with a new

מִבְטַחוֹ וְלֹא־פָנָה אֶל־רְהָבִים וְשָׂטֵי כָזָב׃ ו רַבּוֹת עָשִׂיתָ ׀ אַתָּה ׀ יְהוָה אֱלֹהַי נִפְלְאֹתֶיךָ וּמַחְשְׁבֹתֶיךָ אֵלֵינוּ אֵין ׀ עֲרֹךְ אֵלֶיךָ אַגִּידָה וַאֲדַבֵּרָה עָצְמוּ מִסַּפֵּר׃ ז זֶבַח וּמִנְחָה ׀ לֹא־חָפַצְתָּ אָזְנַיִם כָּרִיתָ לִּי

וְלָא אִסְתְּכֵי לְוָת סוּרְבְנַיָא וּמְמַלְלֵי כַדִיבוּתָא׃ ו סַגִיאַי נִסַיָא דַעֲבַדְתָּא אַתְּ יְיָ אֱלָהִי פְּרִישְׁוָתָךְ וּרְעוּתָךְ לְוָתָנָא לֵית אֶפְשַׁר לְסַדָרָא לְוָתָךְ תּוּשְׁבְּחָתָךְ אַתְנֵי וַאֲמַלֵל תַּקִיפוּ מִן לְחַוָאָה׃ ז נִכְסָא וְדוּרוֹנָא לָא צְבִיתָא אוּדְנִין לְאַצָתָא

ת"א רבות עשית. יבמות עז (ר"ה כו):

## רש"י

חדש. שירת הים: (ה) רהבים. ל' גסות כמו (ישעיה ג') ירהבו הנער. שהם הרהיבוני (שיר ו'): ושטי כזב. הנוטי' מדרך הישר אחרי הכזב של עכו"ם. (ושטי אטורנא"ן בלע"ז. טורנא"ט. בל' אשכנז אבוועגדען. אומוועלדען): (ו) נפלאותיך ומחשבותיך אלינו. בשבילנו בראת עולמך קרעת לנו את הים והשבת מרחוק להטיב לנו אחריתנו במדבר ארבעים שנה מפני האמוריי' שקצצו את האילנות והחריבו ארצם כששמעו שישראל יוצאין ללכת לרשת את ארצם: אין ערוך אליך. אין לדמות אליך כל מלך ומושיע. ל' ערך כמו כערכך (ויקרא כ"ז) (אפריציי"ר בלע"ז. פרעציע"ר בל' אשכנז לי עשאקסירען): אגידה ואדברה. אם באתי להגיד ולדבר עצמו מספר: (ז) זבח ומנחה לא חפצת. ביום מ"ת כענין שנא' ועתה אם שמוע תשמעו בקולי וגו' (שמות י"ט) וכן (בירמיה ז') הוא אומר כי לא דברתי את אבותיכם ולא צויתים וגו' על דברי עול' וזבח (ויקרא א') כי יקריב מכם אמרתי ולא הזקקתי חובה להכביד עליהם. תמידין ומוספין אינם אלא נחת רוח שאמרתי ונעשה רצוני ודבר מועט. (ספ"א):

## רד"ק

שם מבטחו לבדו: ולא פנה אל רהבים ושטי כזב. ולא פנה אל אנשי בעלי כח וגאוה לעזרה ולא אל אנשים שהם שטי כזב ר"ל שהם נוטים אל דרך הכזב כמו הקוסמים ואינם בוטחים באל אמת. ורהבים שם תואר. ושטי כן כי תשטה אשתו. והם שני שרשים וענין א' כי שטי משורש שוט ואלו היה משורש שטה היה פ"א הפעול בשו"א: (ו) רבות. כמו זאת עשית עמי אתה ה' חלקי אלהי נפלאותיך ומחשבותיך אלינו הנפלאות הם בשעת המעשה והמחשבות טרם הנעשה. ואמר על הבורא יתב' כאלו הוא חושב טרם המעשה כי דברה תורה כלשון בני אדם: אין ערוך. אין לערוך אליך כל הנפלאות שתעשה עמנו כי רבות הם מלערכם ולספרם. או אין ערוך כמו אין כמוך באלהים ה' ואין כמעשיך: (ז) זבח. הוא זבח השלמים. והמנחה היא הסולת בלולה בשמן. והעולה היא באה לכפר על מצות עשה שעבר עליהם וחטאה היא קרבן החטאת. והנה אמר לא חפצת ולא שאלת והנה מצאנו בתורה שמצוה על התמידי' להקריבם בכל יום. התשוב' בזאת השאלה כי תחלת מצות האל לישראל לא היה אלא שישמעו בקולו וכן אמר במרה וכשהתחילו לחטוא צוה אותם על הקרבנות ועל קרבנות היחידים שיקריבו אותם החוטאים ועל קרבנות הציבור צוה שיהיו תמידים בכל יום לפי שאי אפשר שלא יהיו בכל ישראל רבים חוטאים בכל יום ויהיו רבים בהם שלא ידעו מה הם חייבים מעצמם להקריב ויהיו קרבנות הציבור כפרה להם בשובם ואלו לא חטאו ישראל במדבר לא צוה אותם האל יתב' ואם לא יחטא איש אינו צריך הקרבן והוא טוב לפני ה' יתברך יותר מהחוטא ומקריב: כרית. פתחת לי שאשמע קולך גם לגמול החסדים שעשית עמי לא שאלת ממני עולה ומנחה אלא

## אבן עזרא

רהבים בעלי הכח לעזרו כמו המהלכת רהב: ושטי. תרגו' נוטה: (ו) רבות. זה הוא השיר החדש ורבות תאר למלת נפלאותיך על דרך רבים כל רבי' עמי': ומחשבותיך. גזרותיך: אלינו. בעבורנו או הוא כמשמעו ואמר אלינו כנגד אלהינו: אין ערוך. אין יכולת באדם שיערכם אליך והסוף יוכיח ויש אומרים בהוא כמו יערוך לה' ואם היה כן עצמו מספר ישוב אל נפלאותיך: (ז) זבח. שלמים ומנחה במרחשת ומחבת והטעם כי מחשבותיך להטיב אלינו לא בעבור תשלומים והנה הזכיר אחר זבח ומנחה העולה והחטאת אמר ר' משה כי מלת לא הפלה ישרת בעבור אחר והטעם לא השמעת כזאת באזני בדרך עמי בהר סיני והנכון בעיני לא בקשת זבח רק כרית לי אזנים שאשמע

## מצודת דוד

כזב: (ו) רבות עשית. נפלאות רבות עשית והכל למעננו: אין ערוך. אין מי להעריך ולהדמות אליך: אגידה. אם אמרתי להגיד נפלאותיך לא אוכל כי רבו מלספר: (ז) לא חפצת. אינך חפץ שיחטא האדם ויביא קרבן: אזנים כרית לי. לשמוע אל דברי התורה אשר היא טובה בעיניך מזבח וכן נאמר הנה שמוע מזבח

## מצודת ציון

ג'): ושטי. ענין נטיה כמו אל ישט אל דרכיה לבך (משלי ז'): (ו) עצמו. ענין רבוי: (ז) כרית. חפרה כמו בור כרה (לעיל

Torah, there is no mention of the sacrificial service. Should a person refrain from sin, he would not be required to bring a sacrifice, and he would be more acceptable to God than one who sins and brings one, as in I Samuel 15:22: "Has the Lord [as much] desire in burnt offering and peace offerings, as in obeying the voice of the Lord? Behold, obedience is better than a peace offering . . ." So in our psalm: "You desired neither sacrifice nor burnt offering."

his trust, and did not turn to the haughty and those who turn to falsehood. 6. You have done great things, You, O Lord my God. Your wonders and Your thoughts are for us. There is none to equal You; were I to tell and speak, they would be too many to tell. 7. You desired neither sacrifice nor meal offering; You

**and those who turn to falsehood**—*Those who turn from the straight way to follow the falsehood of pagan deities, é tornons in Old French,* and those who turn away; in modern French, *et se tournant.*—[*Rashi*]

6. **Your wonders and Your thoughts are for us**—*You created Your world for us; You split the sea for us, and You thought for us to benefit us in our end* [by keeping us] *in the desert for forty years because of the Amorites, who cut down the trees and made their land desolate when they heard that Israel was coming out to go to inherit their land.*—[*Rashi*]

**There is none to equal You**—*We cannot compare any king or savior to You. The expression* עֲרֹךְ *is like* (Lev. 27:12): *"valuation* (כְּעֶרְכְּךָ)*," a prizjir in Old French,* to estimate, [*a priser,* in modern French.]—[*Rashi*]

**were I to tell and speak**—*Were I to come and tell and speak, they would be too many to tell.—[Rashi*]

7. **You desired neither sacrifice nor meal offering**—*on the day of the giving of the Torah, as the matter that is stated* (in Exod. 19:5): *"And now, if you will earnestly hearken to My voice, etc.," and likewise* (in Jer. 7:22) *Scripture states: "For neither did I speak with your forefathers nor did I command them, etc., concerning a burnt offering or a sacrifice." I said,* (Lev. 1:2) *"If . . . from among you," but I did not require it as an obligation to burden you. The daily sacrifices and the additional sacrifices are only to bring Me pleasure, that I ordained and My will was performed, but it is a small matter. (The final two sentences appear only in the Bomberg edition and the Warsaw edition.)*—[*Rashi*]

**You dug ears for me**—*saying, "Hearken to My voice."*—[*Rashi*]

**You dug**—*You made them hollow* [enabling me] *to hear.*—[*Rashi*] *Redak* reconciles this passage with the following statement: At first, God demanded only obedience, as He ordained in Marah (Exod. 15:26): "If You will only hearken to the voice of the Lord, your God, and will do what is upright in His eyes, etc." When they began to sin God prescribed both individual and communal sacrifices. He ordained individual sacrifices for those sinners throughout Israel who did not know what sacrifices to bring. These communal sacrifices would atone for them upon their repentance. Had Israel not sinned in the desert, God would never have commanded them concerning sacrifices, for, in the beginning He did not do so, as in Jeremiah. Likewise, in the Decalogue (the Ten Commandments) which include all the precepts of the

לִי עוֹלָה וַחֲטָאָה לֹא שָׁאָלְתָּ׃ ח אָז
אָמַרְתִּי הִנֵּה־בָאתִי בִּמְגִלַּת־סֵפֶר
כָּתוּב עָלָי׃ ט לַעֲשׂוֹת רְצוֹנְךָ אֱלֹהַי
חָפָצְתִּי וְתוֹרָתְךָ בְּתוֹךְ מֵעָי׃ י בִּשַּׂרְתִּי
צֶדֶק ׀ בְּקָהָל רָב הִנֵּה שְׂפָתַי לֹא אֶכְלָא
יְהוָה אַתָּה יָדָעְתָּ׃ יא צִדְקָתְךָ לֹא־
כִסִּיתִי ׀ בְּתוֹךְ לִבִּי אֱמוּנָתְךָ וּתְשׁוּעָתְךָ
אָמַרְתִּי לֹא־כִחַדְתִּי חַסְדְּךָ וַאֲמִתְּךָ
לקהל

## תרגום

פּוּרְקָנָךְ כְּרֵיתָא לִי עֲלָתָא וְקָרְבַּן חַטָאתִי לָא שְׁאֵלְתָּא: ח הֵידֵין אֲמַרִית הָא עֲלֵית לְחַיֵי עָלְמָא כַּד אֶעֱסוֹק בִּמְגִלַּת סִפְרָא דְאוֹרַיְיתָא דְאִכְתִּיב אַמְטֻלָתִי: ט לְמֶעֱבַד רְעוּתָךְ אֱלָהִי רְעֵיתִי וְאוֹרַיְתָךְ כְּלִילָא בִּמְצַע מְעָיָנִי: י בַּשְׂרֵית צִדְקָא בִּכְנִישְׁתָּא רַבְּא הָא סִפְוָתַי לָא אֶמְנַע יְיָ אֱלָהִי אַתְּ חַכֵּימְתָּ: יא צִדְקָתָךְ לָא טַמְרֵית בְּגוֹ לִבִּי קוּשְׁטָךְ וּפוּרְקָנָךְ אֲמַרִית לָא

## רד"ק

לעשות רצונך: כרית. כן כי יכרה איש בור: (ח) אז. בהרפאי מחוליי אמרתי בלבי כי לא תחפוץ זבח או מנחה אלא לעשות מה שצייתני והנה באתי לפניך במגילת ספר כתוב עלי ועל כל אחד מבני עמך. והנה באתי אני לקיים כל מ"ש ומגלת ספר הוא ספר התורה. ואמר כתוב ואף על פי שזכר מגלה. כי טעמו על ספר שהוא לשון זכר: (ט) לעשות. חפצי ורצוני לעשות רצונך. בתוך לבי כי הוא בכלל המעים כלו' שלא אסור מחשבתי ממנה: (י) בשרתי. דבר אחר יש עלי לעשות זולתי קיום המצות יהוא לספר החסדים שעשית עמי וכן עשיתי ובשרתי הצדק שעשית עמי בקהל רב כדי שישמעו רבים ויודו לשמך. והבא לספר החדשות אם טוב אם רע יקרא מבשר על טוב ברוב ועל רע: לא אכלא. לא אמנע שפתי מלספר תמיד צדקתך ה': אתה ידעת. מה שאספר בשפתי ידעו רבים אבל מה שהוגה לבי אתה ידעת ולא אחר זולתך וזהו מה שאמר אחריו: (יא) צדקתך. כי אם אינני חושב בם תמיד הנה איני מכסה אותם ומעלימם זהו לא כסיתי בתוך לבי. או פירושו כמו שהוא בתוך לבי כך אמרתי אותם לבני אדם לא כסיתי אותם מהם: חסדך ואמתך. האמת הוא קיום הטובה שהבטיח וחסד יתרון הטובה על מה שהבטיח. והאמונה שמקיים להם

## רש"י

אזנים כרית לי. לאמר שמעו בקולי: כרית. עשיתם חלולי' לשמוע: (ח) אז. בשעת מ"ת אמרתי לפניך הנה באתי אליך במסורת בריתך (שמו' כ"ד) נעש' ונשמע ודבר זה כתוב עדו' עלי במגלת ספר בתור' משה: (ט) ותורתך בתוך מעי. אף מאכלי על פי תורתך הוא לא אכלתי בהמה טמאה וטרפות: (י) בשרתי צדק. שירה על הים שיר על הבאר שירת דבורה: לא אכלא. לא אמנע לי ויכלא הגשם (בראשית ח'):

## מנחת שי

בגעיא בס"ס: (ח) במגלת ספר. אין בס"א רביע:

## אבן עזרא

בקולך כמו הנה שמוע מזבח טוב: (ח) אז. אמר ר' מרינוס כי דוד ידבר כנגד כנסת ישראל וזה רמז לדבר אבותינו בסיני נעשה ונשמע והנכון בעיני אומר זה בעד נפשו כי בעת צרתו נדר נדר וזה לכותבו שישיר שיר חדש ועתה באתי לשלם הנדר והנכון שהנדר הוא לעשו' וזה כל חפצי: (ט) ותורתך בתוך מעי. בסתר על דרך אכול את המגלה הזאת: (י) בשרתי צדק. ומלת בשרתי לאמר כל בשר להגיד דבר חדש טוב או רע כמו ויען המבשר: (יא) צדקתך. כנגד בשרתי צדק והנה בגלוי

## מצודת ציון

ז'): שאלת. בקשת: (ח) במגלת. ענין אגרת כמו מגלה עפה (זכריה ה'): (י) בשרתי. ענין השמעת הדשות לרבים: אכלא. אמנע כמו ויכלא הגשם (בראשית ח'): (יא) כחדתי. מנעתי

## מצודת דוד

טוב (שמואל א' ט"ו): (ח) אז. בעת מתן התורה אמרתי הנה באתי לקבלה: בבגלת ספר. כאשר כתב עלי במגלת ספר התורה שאמרתי אז נעשה ונשמע: (ט) לעשות. וכאשר קבלתי עלי כן חפצתי לעשותה ותורתך במורה בלבבי אשר היא מכלל המעיים: (י) בשרתי. השמעתי לרבים את דברי התורה ולא מנעתי שפתי מלהשמיע והלא אתה ה' ידעת שדברי כן הוא: (יא) צדקתך. הצדקה שעשית עמדי לא כסיתי בלבי מלהודיע לרבים: לא כחדתי. לא מנעתי מלספר חסדיך לקהל רב בכדי להמשיך לבם אחריך:

dug ears for me; a burnt offering or a sin offering You did not request. 8. Then I said, "Behold I have come," with a scroll of a book written for me. 9. O God, I desired to do Your will and [to have] Your law within my innards. 10. I brought tidings of righteousness in a great assembly. Behold, I will not withhold my lips, O Lord, You know. 11. I did not conceal Your charity within my heart; I stated Your faith and Your salvation—I did not withhold Your kindness and truth—

**You dug ears for me**—You opened my ears so that I could hearken to Your voice. Also, to thank You for the acts of kindness You bestowed upon me. You did not demand sacrifices, neither burnt offerings nor meal offerings, only to do Your will, and so I desired.—[*Redak*]

8. **Then**—*at the time of the giving of the Torah, behold I came to You to be bound in Your covenant.* (Exod. 24:7): *"We will do and hear," and this matter is written as testimony concerning me in the scroll of the book, i.e. in the Law of Moses.*—[*Rashi*]

9. **and [to have] Your law within my innards**—*Even my food is according to Your law; I ate neither unclean beasts nor untithed produce.*—[*Rashi*]

10. **I brought tidings of righteousness**—*The song by the sea, the song by the well* (Num. 21:17-20), *and the song of Deborah* (Jud. 5).—[*Rashi*]

**I will not withhold**—Heb. אֶכְלָא, *I will not withhold, an expression of* (Gen. 8:2): *"And the rain was restrained* (וַיִּכָּלֵא)."—[*Rashi*]

11. **I did not conceal Your charity within my heart**—If a person does not think always of God's kindness and charity, he covers it up and conceals it. Therefore, David says, "I did not conceal Your charity within my heart." It may also mean that, just as it was in my heart, I revealed it to others and did not conceal it.—[*Redak*]

**I stated Your faith and Your salvation**—God's faith and salvation to His devoted ones constitutes fulfillment of His promises to them to do good, for אֱמֶת is an expression of fulfillment and permanence, as II Samuel 7:16 and Isaiah 22:23.—[*Redak*]

**I did not withhold Your kindness and truth**—Truth denotes the fulfillment of God's promises, whereas kindness denotes what He does over and above His promises.—[*Redak*]

**to a great assembly**—This is connected to "I stated," despite its distance. If it were connected to "I did not withhold," it would read, "from a great assembly."—[*Redak*]

לְקָהָל רָב׃ יב אַתָּה יְהוָה לֹא־תִכְלָא
רַחֲמֶיךָ מִמֶּנִּי חַסְדְּךָ וַאֲמִתְּךָ תָּמִיד
יִצְּרוּנִי׃ יג כִּי אָפְפוּ עָלַי רָעוֹת עַד־אֵין
מִסְפָּר הִשִּׂיגוּנִי עֲוֺנֹתַי וְלֹא־יָכֹלְתִּי
לִרְאוֹת עָצְמוּ מִשַּׂעֲרוֹת רֹאשִׁי וְלִבִּי
עֲזָבָנִי׃ יד רְצֵה־יְהוָה לְהַצִּילֵנִי יְהוָה
לְעֶזְרָתִי חוּשָׁה׃ טו יֵבֹשׁוּ וְיַחְפְּרוּ יַחַד
מְבַקְשֵׁי נַפְשִׁי לִסְפּוֹתָהּ יִסֹּגוּ אָחוֹר
וְיִכָּלְמוּ חֲפֵצֵי רָעָתִי׃ טז יָשֹׁמּוּ עַל־עֵקֶב

כַּסִּיתִי טִיבוּתָךְ
וְהֵימָנוּתָךְ בִּקְהָלָא רַבָּא׃
יב בְּגְלַל כֵּן אַתְּ יְיָ לָא
תִמְנַע רַחֲמָךְ מִנִּי טוּבָךְ
וְקוּשְׁטָךְ תְּדִירָא
יְנַטְרוּנַנִי׃ יג אֲרוּם
תַּקִיפִין עֲלַי בִּישִׁין עַד
דְּלֵית מִנְיָן אַדְבִּיקוּ יָתִי
חוֹבַי וְלָא יְכֵלִית לְמֶחֱמֵי
תַּקִּיפוּ מִן בִּינְתֵי רֵישִׁי
וְרַעְיוֹנַי שַׁבְקוּנִי׃
יד אִתְרְעֵי יְיָ לְשֵׁזָבוּתַנִי
יְיָ לְסִיוּעִי זְרִיז׃
טו יִבְהֲתוּן וְיִתְחַסְדוּן
כַּחֲדָא תָּבְעֵי נַפְשִׁי
לְמִגְמְרַהּ יְזוּרוּן לַאֲחוֹרָא
וְיִכְסְפוּן דְּצָבְיָן בִּישְׁתִי׃
טז יִתְבַּרוּן מְטוּל

**רש"י**

(יב) **לא תכלא רחמיך.** לא תמנע: **צרוני.** ישמרוני: (יג) **אפפו.** סבבו: (טו) **לספותה.** לכלות׳ כדמתרגמינן (דברים כ׳) עד תם כל הדור עד דסף כל דרא: (טז) **ישומו.** יתמהו: **על עקב בשתם.** כשיקבלו בשתם על עקב הכל במד׳ שמדדו ובדרך שהלכו למולי. על עקב כמו (לקמן ע"ז) ועקבותיך לא נודעו (שיר א) צאי לך בעקבי הצאן כלם ל׳ מדרך כף רגל הם (קראלי"ש בלע"ז. טראצע"ם בל"א פאסטריטע. כמו ש"ה א׳ ח׳) על עקב (אנלי"ש טראל"ש

**רד"ק**

ההבטחות ומלת להקל נקשרת עם אמרתי לא עם כחדתי: (יב) **אתה.** כמו שהצלתני מזאת כן תצילני מכל צרה שלא תבא הצרה. **לא תמנע רחמיך ממני** כשאצטרך אליהם כי תמיד אני צריך אל חסדך ואל אמתך שיצרוני: (יג) **אפפו.** הקיפו כי האדם מזומן לפגעי הזמן ואין אדם אשר לא יחטא ולא יקרו לאדם הפגעים אם לא על ידי עו׳ לפיכך אפי׳ השיגוני עונותי כלומר מצאוני במקום העונש לא אוכל לברוח מהם: ולא יכולתי לראות. ולא אוכל לראות עונותי כלם כי רבים הם: **ולבי עזבני.** כחי. כלומר דעתי עזבני מלספרם כל כך הם רבים: (יד) **רצה.** יהיה רצונך להצילני תמיד מכל צרה ופגע שיזדמן לעזרתי: (טו) **יבושו.** ובזה יבושו האויבים מבקשי נפשי יראו שאתה עמדי ואין להם כח להזיקני. ומלת לספותה כמו לכלותה: (טז) **ישמו על עקב בשתם.** יהיה להם שממון

**אבן עזרא**

ובסתר: (יב) **אתה. חסדך ואמתך.** שספרתי לקהל רב הם יצרוני מכל צר: (יג) **כי.** העונש והרע הבא על האדם יקרא עון כי הוא הי׳ הסבה לביאת הרעה כמו גדול עוני ויגדל עון בת עמי אם יקרך עון וככה השיגוני עונותי ולא יכלתי לראו׳ על דרך וכסה את עין הארץ בעבור שאין לעונותי מספר או ולא יכולתי לראות מראה הלב כמו וירא יעקב: **ולבי עזבני.** כאילו נשארתי בלא לב: (יד) **רצה. לעזרתי חושה.** להיות עזרתי או שם התאר כמו לעזרני: (טו) **יבושו. לספותה.** כמו האף תספה: (טז) **ישומו.** ישומו הם בסוף הבושת שיעשו לי וי"א כנגד

**מצודת דוד**

(יב) **אתה ה׳.** לכן גם אתה ה׳ השב גמול ולא תמנע רחמיך ממני: **ואמתך.** אמיתת הבטחתך: (יג) **השיגוני.** המקטריגים הנעשים מעונותי רדפו אחרי והשיגוני: ולא יכולתי לראות. **כי כהו עיני** מהלצות: ולבי עזבני. הלך ממני אומץ הלב: (יד) **רצה.** וכשתרצה אין מי ימחה בידך: (טו) **יבושו.** כשירצו הצלתי: **יסוגו אחור.** כאדם הבוש החוזר על עקבו: (טז) **ישומו.** יהיו שוממים בעבור גמול שכר בשתם שמביישים אותי ואומרים עלי האח ושמחים

**מצודת ציון**

כמו ולא כחדו מאבותם (איוב ט"ו): (יג) **אפפו.** סבבו כמו אפפוני חבלי מות (לעיל י"ח): **עצמו.** ענין רבוי: (טו) **לספותה.** לכלותה כמו ספתה בהמות (תהלים י"ב): **יסוגו אחור.** יחזרו לאחור: (טז) **ישומו.** מלשון שממון: **עקב.** ענין שכר וגמול

**shame—** Heb. עַל־עֵקֶב. *When they receive their shame in the wake of everything* [they have done], *in the measure that they measured out and in the way they walked against Me.* עֵקֶב *is like* (below 77:20): *"and your steps* (וְעִקְּבוֹתֶיךָ) *were not known"*; (Song 1:8), *"go your way in the footsteps of* (בְּעִקְבֵי) *the flocks." They are all an expression of footsteps, in French traces, footprints on the heel.—* [*Rashi*] *Redak* renders: May they be devastated as recompense for their disgrace, because they disgraced me in my time of distress.

**those who say about me, "Aha!**

to a great assembly. 12. You, O Lord, do not withhold Your
mercies from me; may Your kindness and Your truth always
watch me. 13. For countless evils have encompassed me; my
iniquities have overtaken me and I could not see [them because]
they are more numerous than the hairs of my head, and my
heart has forsaken me. 14. O Lord, be willing to save me; O
Lord, hasten to my help. 15. May those who seek my soul to
destroy it be shamed and embarrassed together; may those who
seek to harm me retreat and be humiliated. 16. May they be
bewildered afterwards because

12. **do not withhold Your mercies**—Heb. לֹא תִכְלָא, *do not withhold.*—[*Rashi*]

**watch me**—Heb. יִצְּרוּנִי, *watch me.*—[*Rashi*] Just as You saved me from this trouble, so You shall save me from all troubles; do not withhold Your mercies from me when I require them, because I continually require Your kindness and truth to guard me, as in the following verse.

13. **have encompassed**—Heb. אָפְפוּ, *have surrounded.*—[*Rashi*]

**countless evils**—For a person is susceptible to the innumerable vicissitudes of the times, and he must fear them lest his sins bring them about. This includes even the devout and the pious, "for there is no righteous man on earth who does good and sins not," and things happen to a person only because of his sins, as in *Shabbath* 55a. Hence the following.—[*Redak*]

**my iniquities have overtaken me**—They have caught up with me as punishment, and I am unable to escape them.—[*Redak*]

**and I could not see [them], etc.**— I cannot see all my iniquities because they are so numerous.—[*Redak*]

**and my heart has forsaken me**—I.e. my strength. I cannot count them because they are so many. This is proper for every pious man to say in his prayers before God; to magnify his sins and to minimize his good deeds. He should say that he is full of iniquities, and should beg forgiveness and mercy. This may also be taken as hyperbolic: his eyes have dimmed and his strength has left him because of his fright over his many sins.—[*Redak*]

14. **to save me**—at all times from any trouble that befalls me.—[*Redak*]

15. **to destroy it**—Heb. לְסְפּוֹתָהּ, *to destroy it, as we translate* (in Deut. 2:14): *"until the entire generation . . . had vanished,* עַד דְּסָף כָּל־דָּרָא."—[*Rashi*] [Surprisingly, *Rashi* does not cite the Hebrew text of Genesis 18:23, 24; 19:15, 17.]

16. **May they be bewildered**—Heb. יָשֹׁמּוּ, *may they be bewildered.*—[*Rashi*]

**afterwards because of their**

בָּשְׁתָּם הָאֹמְרִים לִי הֶאָח ׀ הֶאָח׃
יז יָשִׂישׂוּ ׀ וְיִשְׂמְחוּ ׀ בְּךָ כָּל־מְבַקְשֶׁיךָ
יֹאמְרוּ תָמִיד יִגְדַּל יְהוָה אֹהֲבֵי
תְּשׁוּעָתֶךָ׃ יח וַאֲנִי ׀ עָנִי וְאֶבְיוֹן אֲדֹנָי
יַחֲשָׁב לִי עֶזְרָתִי וּמְפַלְטִי אַתָּה אֱלֹהַי
אַל־תְּאַחַר׃ מא א לַמְנַצֵּחַ מִזְמוֹר לְדָוִד׃
ב אַשְׁרֵי מַשְׂכִּיל אֶל־דָּל בְּיוֹם רָעָה

בְּהַתְהִיוֹן דְאָמְרִין לִי
חֲדֵינָא עַל תַּבְרֵיהּ חֲדוּנָא
עַל סַנְאוֹהִי: יז יֶחְדוּן
וִידוּצוּן בְּמֵימְרָךְ כָּל
בָּעֲיָךְ וְיֵימְרוּן תְּדִירָא
יִסְגֵי חֵילָא דַיְיָ דִי
רָחֲמִין פּוּרְקָנָךְ: יח וַאֲנָא
עַנְיָא וְחַשּׁוּבָא יְיָ יַחְשֵׁב
טַב לִי עֲלַי סִיוּעִי
וְשֵׁזְבוּתִי אַתְּ אֱלָהִי לָא
תוּחַר: א לְשַׁבָּחָא
תּוּשְׁבַּחְתָּא לְדָוִד:
ב טוּבוּי דְמַשְׂכִּיל לַעֲנְיֵי
מִסְכְּנָא לְרַחֲמוּתֵיהּ בְּיוֹם

ימלטהו

ת״א אשרי משכיל. מדרש מ׳ זוהר בראשית בשלח ופקודי (פאה כא):

פתח באתנח פתח בס״פ

## רד״ק

בשכר בשתם שהיו מביישים אותי בעת צרתי והיו אומרים בעבורי האח האח שמחה בשמחה. עקב פירושו שכר: (יז) ישישו. האויבים ישומו וכל מבקשיך ישמחו תמיד ויאמרו יגדל. וטעם יגדל. כי בעשותו הנסים והחסדים הוא גדול ועושה נפלאות ומבקשיך הם האוהבים תשועתך שלא יבקשו תשועה ועזר מאחר: (יח) ואני. אפי׳ יהיה מלך. עני ואביון הוא לרוב הצטרכו לעזרת האל יתברך: ה׳ יחשב לי. יחשב להטיב לי לעזרני ולפלטני בעת צרה. או פירוש יחשב לי העוני שאני בו לכפרת עונותי. או פירושו שאהיה בעיניך חשוב וטוב: אלהי אל תאחר. כי מיד תושיעני: (א) למנצח. גם זה המזמור כהקודמים לו. ויש אומרים כי אמרו דוד על חליו: (ב) משכיל אל דל. הוא החולה. ומשכיל משגיח ומבים כלום׳

## רש״י

בלע״ז. אנ״ג זע״ם טראלע״ם בל״א אין זיינע טריסטע): האומרים לי האח. האומרים עלי בשבילי האח כשהצרה באה מתהללים באידינו. כל עני ואביון שבתהלים אינו אלא כנגד ישראל: (יח) יחשב לי. יתן לי לב לחשוב עניותי ואביונותי להושיעני. יחשב לי (פיסויי״ם בלע״ז. פענס״ע בל״א דענקט):
מא (ב) אל דל. החולה לבקרו כענין שנאמר (ש״ב י״ג)

## מנחת שי

(יז) כל מבקשיך. בס״פ במאריך: יאמרו תמיד. במקצת ספרים כת׳ ויאמרו בוא״ו ולפי דעתי נתחלפלהם בין זה ובין אותו שבמזמור ע׳ שכתוב בוא״ו בכל הספרים וכן נראה בעיני להכריע מהמסורת שזהו בלא וא״ו שכן בישעיה (סימן י״ד) נמסר ע׳ ויאמרו ותרי מנייהו ירכו וישמחו סימן ל״ה ישישו וישמחו בך סימן ע׳ ואי הוה דין בוא״ו הוה להו עבר והתם במזמור (ע׳ ול״ה) נמסר ע׳ רפין והכא לא נמסר מידי ש״מ כדכתיבנא. הו אשכחנא בתר הכי מסרה דיקא וברירא דאמרה הכי קדמאה ויאמרו תמיד תנינא יאמרו תמיד תליתאה ויאמרו תמיד וזו אינה צריכה לפנים: (יח) ומפלטי. קל הלמ״ד ברוב הספרים ויש מהם בדגוש: אתה. בס״פ באל״ף

## אבן עזרא

שכר כמו לשון עקב והנה בשתם על שני פירושי הדקדוק אחד: (יז) ישישו. זה טעם בשרתי צדק: (יח) אני. אחשב עצמי כי אני עני ואביון ולא אוכל לעמוד לפני אויבי: יחשב לי. זה והטעם שפלות לבי או לי במקו׳ בעבורי כמו הנלחם לכם: אל תאחר. פועל עומד כמו מדוע אחרו:
מא (א) למנצח. אשרי משכיל. זה המזמור על חליו:
(ב) אשרי. יש אומרים משכיל כמו מבים כמו מסתכל הוית והנכון מגזרת שכל שישים לבו שישכיל במעשה

## מצודת ציון

כמו עקב תשמעון (דברים ז׳): האח. הוא ענין לשון שמחה: (יח) ואביון. הוא דל מעני כי תאב לכל דבר היות הכל נמנע מאתו: תאחר. מלשון איחור והמתנה:

## מצודת דוד

לצרתי: (יז) בך. בתשועתך: אהבי. האוהבים שיבוא להם תשועה על ידך: יאמרו תמיד יגדל ה׳. רלה לומר יבא להם התשועה ויהללו את ה׳: (יח) עני ואביון. אני מכניע את עצמי לפניך כעני ואביון וה׳ יחשב לי את ההכנעה הזאת לזכות: אל תאחר. להביא התשועה: מא (ב) משכיל אל דל. הנותן צדקה לדל בהשכל לבל יכלימו: ביום רעה. ובגמול זה ימלטהו ה׳ כשיהיה בעולם עת

he can, and cheer him up. *Ibn Ezra,* too, derives it from לְהִסְתַּכֵּל, *to look* or *contemplate.* However, he prefers to associate it with שֵׂכֶל, *intelligence,* meaning that he understands God's deeds with the sick and the poor, whether poor because of poverty or because of illness. *Ibn Ezra* quotes others who explain that he educates the poor, visiting the sick and counseling them. *Mezudath David* explains that he treats the poor wisely by giving charity discreetly so as not to embarrass the recipient.

**on a day of calamity**—*This is Gehinnom* (*Ned.* 40a). *And in this world, what is his* [the visitor's] *reward? . . .*—[*Rashi*]

of their shame, those who say about me, "Aha! Aha!" 17. All who seek You shall exult and rejoice; those who love Your salvation shall constantly say, "May the Lord be magnified."
18. But I am poor and needy; may the Lord think of me. You are my help and my rescuer, my God; do not delay.

## 41

1. For the conductor, a song of David. 2. Praiseworthy is he who looks after the poor; on a day of calamity

**Aha!"**—*Those who say about me and for me, "Aha!" When trouble comes, they pray for our misfortune.*—[*Rashi*] This is an expression of joy, as in 35:21.—[*Redak*]

17. **shall exult, etc.**—The enemies shall be devastated, but all who seek You shall rejoice.—[*Redak*]

**shall constantly say, "May the Lord be magnified."**—When God performs miracles for His pious ones, His name is magnified in the world, and everyone says that He is great and that He works wonders.—[*Redak*]

18. **poor**—*Every* [expression of] *poor and needy in Psalms refers only to Israel.*—[*Rashi*] Although David was a king, as a human being he was poor and needy because he was always dependent on God's help and salvation.—[*Redak*]

**may . . . think of me**—Heb. יַחֲשָׁב. *May He pay heed to me to think of my poverty and neediness, to save me. Pensa in French,* to think.—[*Rashi*] May He think to benefit me and help me and rescue me in times of trouble; may He count my poverty to expiate my sins. May He esteem me.—[*Redak*] May God consider the praises that I, the poor man, recite before Him. I do not recite them in order to boast, but purely for the act itself.—[*Yabetz*] Although, during my illness, I was unable to fulfill many of the commandments or to study the Torah, I beseech God to count my intentions to do good deeds as my having actually performed those deeds.—[*Sforno*]

**do not delay**—but save me immediately.—[*Redak*]

2. **Praiseworthy is he who looks after the poor, etc.**—This psalm also deals with David's illness.—[*Ibn Ezra*]

**the poor**—Heb. דָּל, *the ill, to visit him, as the matter that is stated* (in II Sam. 13:4): *"Why are you so poor* (דל) *. . .?" mentioned in reference to Amnon.*—[*Rashi* from *Ned.* 40a] *Rashi* also explains מַשְׂכִּיל as "visits." This definition coincides with that of *Redak:* who supervises and oversees. He comes to visit him and asks about his condition, to help him all

יְמַלְּטֵהוּ יְהוָה: ג יְהוָה ׀ יִשְׁמְרֵהוּ וִיחַיֵּהוּ
יאשר בָּאָרֶץ וְאַל־תִּתְּנֵהוּ בְּנֶפֶשׁ
אֹיְבָיו: ד יְהוָה יִסְעָדֶנּוּ עַל־עֶרֶשׂ דְּוָי
כָּל־מִשְׁכָּבוֹ הָפַכְתָּ בְחָלְיוֹ: ה אֲנִי
אָמַרְתִּי יְהוָה חָנֵּנִי רְפָאָה נַפְשִׁי כִּי־

בִּישׁוּתָא יְשֵׁזְבִינֵהּ יְיָ: ג יְיָ יִנְטְרִנֵּיהּ וִיחַיְּנֵיהּ
וִיוּטְבִינֵיהּ בְּאַרְעָא וְלָא
תִמְסְרִנֵּיהּ בִּרְעוּת בַּעֲלֵי
דְבָבוֹי: ד מֵימְרָא דַיְיָ
יְסַיְּעִנֵּיהּ בְּחַיּוֹהִי וְיִתְגְּלֵי
לֵיהּ עַל שְׁוֵי מַרְעֵיהּ
לְאַחְוָיוּתֵיהּ כָּל מִשְׁכְּבֵיהּ
אַפְכְּתָא בְּעִדָּן מַרְעֵיהּ
וְאַכְסְנוּתֵהּ: ה אֲנָא
אֲמָרֵית יְיָ חוּס עֲלַי אַסֵּי

ת״א פ׳ ישמרהו. שם. פ׳ יסעדנו, שבת יב נדרים שם: כל משכבו. נדרים מא: ואשר קרי

## רש״י

מדוע אתה ככה דל דאמנון: ביום רעה. זו גיהנס. ובעולם הזה מה שכרו: (ג) ה׳ ישמרהו ויחיהו. למי שמבקרו ומיטיב לו: (ד) על ערש דוי. ערש (לי״ס בלע״ז בל׳ אשכנז בעטט) כמו (דברים ג׳) הנה ערשו ערש ברזל כשיחלה גם הוא יסעדנו מהו על ערש דוי זה יום שביעי של חולה שהוא דוה מאד כך דרש באגדת תהלים: כל משכבו הפכת בחליו. אף בשעה שחליו כבד עליו שנהפך כל מרגועו ומנוחתו: (ה) אני אמרתי ה׳ חנני. אני אין לי מבקרים לטוב׳ וכשאני צועק מתוך חוליי ואומר

## רד״ק

שבא לבקרו. והוא קרוב למות: ימלטהו ה׳. תפלה. ויתכן לפרש כי כן יעשה האל עם החולה שהוא ימלטהו ויסעדהו ויחייהו ולא הרופאים כי לא מועיל לו רפואתם ואדוני אבי ז״ל פי׳ כי אלה הפסוקים הם דברי המבקר לנחם החולה יאמר לו שלא יפחד מהחולי ויתחזק בלבו כי ביום הרעה ימלטהו ה׳: (ג) ישמרהו מן המות: ויחייהו. ירפאהו שלא יאריך בחליו: יאשר בארץ. כתוב ביו״ד וקרי בוי״ו והענין אחד עדיין יאשר בארץ כלומר שיעשה מעשים טובים ויצליח בדרכיו עד שיאמרו עליו בני אדם אשריו: בנפש אויביו. ברצון אויביו הרוצים שימות: (ד) ה׳. אע״פ שהוא שוכב על ערש דוי שהם כדוים וחליים רעים ה׳ יסעדנו שלא ימות. או פירושו שיתן לו כח שיהפך מצדו אל צדו: הפכת. אמר כנגד האל אתה שהפכת משכבו בחליו אתה תסעדנו: וטעם כל משכבו. כי משכב האדם על מטתו הוא למנוחה וצרה. וטעם כל. לפי שהוא שוכב ביום ובלילה. ויש לפרש הפכת כמו תהפך והוא דרך תפלה. ופירושו כן כל משכבו בחוליו תהפך אותו לבריאות ולמנוחה: (ה) אני. עד זה הפסוק דברי המבקר ומזה הפסוק עד ותציבני לפניך לעולם דברי החולה. אני עיני לאל ואומר לו שיחנני. ואמר רפאה נפשי. ולא אמר רפאה גופי כי סבת חליו הם עונותיו ואם ירפא האל הנפש מחוליה והוא כפרת

## אבן עזרא

השם עם החולי ודל בממון גם בבשר והוא החולי כמו ככה דל בן המלך דלות ורעות תאר ויש אומרים שמשכיל פועל יוצא והוא המבקר וידבר על לבו וישכילנו וטעם ביום רעה מערכ׳ עליונה כנגד מולדו: ימלטהו ה׳. לבדו ולא על יד אדם וטעם ישמרהו שלא יוסיף החולי ויחייהו כי יפחד מהמות: (ג) ואושר בארץ. שיחיה שנים רבות יותר מאנשי דורו ולא יראו שונאיו תאותם ותי״ו תתנהו לפועל שאיננו כתוב כמו אשר ילדה אותה והטעם אמרת השם או גזירתו או תהי׳ התי״ו לנכח השם וכאלה במקר׳ הרבה: (ד) ה׳. דוי. שם כמו מדוה: יסעדנו. מעט מעט בהתהפך החול׳ או התהפך דבריו ועייניו על משכבו והנכון כי הפכת נכח השם והטעם דרך משל שתהפכהו על משכבו מצד אל צד ותסעדנו והטעם כי אין צורך לבני אד׳ שיסעדוהו: (ה) אני. הטעם כאשר אומר בתפילתי בחליי ה׳ חנני

## מנחת שי

מא (ב) ימלטהו. בגעיא והלמ״ד דגושה: (ג) יאשר. ואשר קרי:
בספרי ספרד בגעיא: (ה) אני אמרתי. (ד) ה׳ יסעדנו.
בגעיא ומקף לא בשופר כן הוא בס״ם ועיין מ״ש במשלי כ״ו:
בפתח כמ״ש במזמור ע׳ ובוספים י״א וכן כתב המכלול דף רס״ב:

## מצודת דוד

רעה כי לא תעבור עליו: (ג) יאושר. ישובח בכל הארץ. ככל יאמרו אשריו: ואל תתנהו. אתה ה׳ הן ידעתי שלא תתנהו ברצון אויביו להשיג בו תאותם: (ד) ה׳ יסעדנו. כשיפול נמשכב יסעדנו ה׳ בהיותו על מטתו בחליו: הפכת. בעת חליו תהפכו בכל מקום משכבו מצד אל צד כדרך המשמש את החולה אשר יצטרך למי לסעדו בזה ואמר בדרך משל: (ה) אני אמרתי. בעת חליי אמרתי רפאה נפשי רלה לומר מחול עוני כי העון הוא חולת הנפש והמחילה היא הרפואה: כי חטאתי לך. ולזה אני צריך למחילה

## מצודת ציון

מא (ג) ואשר. ישובח והוא מלשון אשרי: בנפש. ברצון כמו אם יש את נפשכם (בראשית כ״ג): (ד) יסעדנו. מלשון סעד ותמיכה: ערש. מטה: דוי. מלשון מדוה וחלי:

from a restful place to a troubled one. This clause may also be interpreted as a prayer to God to transform his bed into [a place of] health and tranquility. *Midrash Psalms* explains that when a person is laid low by illness, God repays him for every sin committed while well.

5. **I said, "O Lord, be gracious to me"**—*As for me, I have none who visit for good, and when I cry out from my illness and say, "O Lord, be gracious to me, etc." my enemies rejoice over me and say evil things about me: "When will he die, etc."*—[*Rashi*]

**heal my soul**—He does not say, "heal my body," because the illness came as a result of his sins, and if God heals the soul of its illness by expiating the sins, the body will automatically be healed.—[*Redak*]

the Lord will rescue him. 3. The Lord will preserve him and keep him alive, and he will be praised in the land, and You will not deliver him into the desire of his enemies. 4. The Lord will support him on his sickbed; when You have transformed his entire restfulness in his illness. 5. I said, "O Lord, be gracious to me; heal my soul because

3. **The Lord will preserve him and keep him alive**—*I.e. visitor and benefactor visits him and benefits him.*—[*Rashi* ibid.]

*Redak* explains these verses as a prayer. On the day of calamity, when he is close to death, may the Lord rescue him. He proves this from the end of verse 3, "and You shall not deliver him into the desire of his enemies." *Redak* suggests also that the object is the patient, not the visitor, and states that the Lord, not the physicians, will preserve the sick and keep him alive. Their remedies are futile without God's help. *Rabbi Joseph Kimchi* sees these two verses as the visitor's consolation to the patient. His assurance that God will rescue him on his day of calamity encourages him.

**The Lord will preserve him**—from death.—[*Redak*]

**and keep him alive**—God will heal him so that his illness should not last long.—[*Redak*]

**and he will be praised in the land**—He will still be praised in the land. I.e. he will do good deeds and prosper in his ways, until people praise him and say, "Good for him!"—[*Redak*]

**into the desire of his enemies**—who long for his death.—[*Redak*]

4. **on his sickbed**—Heb. עֶרֶשׂ , *lit in French, as* (in Deut. 3:11): *"Behold his bed is an iron bed." When he too takes ill, He will support him. What is the meaning of "on his sickbed"? This is the seventh day of the sickness, when he is very ill. In this manner, it is explained in Aggadath Tehillim (Mid. Ps. 41:5).*—[*Rashi*] Note that our editions of *Midrash Psalms* read "the fourth day." A person takes sick the first day, requiring prayer, and so the second day and so the third day. On the fourth day, one says of him, "He is sick." At that time, the Holy One, blessed be He, declares, "He has become sick in the eyes of all people. Now, I will pick him up." Therefore, it says: "The Lord shall support him on his sickbed." Buber conjectures that *Rashi's* commentary was copied erroneously. See *Midrash Psalms* p. 260, fn. 25.

**when You have transformed his entire restfulness in his illness**—*Even in the time that his illness has become more acute, when all his restfulness and tranquility have been transformed.*—[*Rashi*] *Redak* renders: You transformed his bed. Instead of bed being a place of rest, where one may lie at night to rest and sleep, You have transformed it into a place of pain. He lies in it all day, in pain, thus transforming bed

חָטָאתִי לָךְ׃ ו אוֹיְבַי יֹאמְרוּ רַע לִי מָתַי
יָמוּת וְאָבַד שְׁמוֹ׃ ז וְאִם־בָּא לִרְאוֹת ׀
שָׁוְא יְדַבֵּר לִבּוֹ יִקְבָּץ־אָוֶן לוֹ יֵצֵא לַחוּץ
יְדַבֵּר׃ ח יַחַד עָלַי יִתְלַחֲשׁוּ כָּל־שֹׂנְאָי
עָלַי ׀ יַחְשְׁבוּ רָעָה לִי׃ ט דְּבַר־בְּלִיַּעַל
יָצוּק בּוֹ וַאֲשֶׁר שָׁכַב לֹא־יוֹסִיף לָקוּם׃

גם

ת״א מתי ימות. סנהדרין מג:

**תרגום**

נַפְשִׁי מְטוּל דְּחָבִית
קֳדָמָךְ׃ ו בַּעֲלֵי דְבָבַי
יֵימְרוּן בִּישׁ עֲלַי אֵימָתַי
יְמוּת וְיוֹבַד שְׁמֵיהּ׃
ז וְאִין אָתָא לְמִקְבַּל אַפֵּי
שִׁקְרָא יְמַלֵּיל בְּרַעְיוֹנֵיהּ
יִכְנוֹף עַוְלָא לֵיהּ יִפּוֹק
לְשׁוּקָא יְמַלֵּיל׃ ח כַּחֲדָא
עֲלַי מְמַלְּלִין בְּחָשֵׁי כָּל
סָנְאַי עֲלַי חַשְׁלִין
בִּישְׁתָא לִי׃ ט מְמַלַּל
טְלוּמָא יַתִּיךְ בֵּיהּ וְיֵימַר
דֵּין דִּמְרַע לָא יוֹסִיף

## רד״ק

תעונות נרפא הגוף; (ו) אויבי. כנגד הדברים שאמר המבקר הטוב יאמר החולה אתה אמרת טוב אבל ידעתי כי אויבי יאמרו רע בעבורו ויאמרו מתי ימות ואבד שמו. חוליי יאריך בעיניהם וישאלו שאמות בקרוב מן החולי: (ז) ואם. אחד מהם יבא לראות ולבקרני: שוא ידבר לבו. שאם ידבר טוב בפיו אין טוב בלבו: כי לבו יקבץ און לו. לעצמו הוא קובץ און בלבו שאינו מוצא בשפתיו ואינו משמיע לאחרים בפני אבל כשיצא לחוץ ידבר לאחרים: (ח) יחד. כשיצא לחוץ המבקר הרע יתחבר עם שאר שונאי ויתלחשו זה עם זה עלי. והלחש הוא הדיבור בחשאי ואמר עלי פעם שנית כלו׳ בעוד שהם מתלחשים עלי הם חושבים בלבם רעה עלי: (ט) דבר. וזהו מן הדברים הרעות שאומרים דבר בליעל יצוק בו פי׳ חולי קשה הוא ופי׳ יצוק דבק כמו לבו יצוק כמו אבן ויצוק כפלח תחתית. או

## רש״י

ה׳ חנני וגו׳ אויבי שמחים עלי ואומרים דבר הרע לי מתי ימות וגו׳: (ז) שוא ידבר. מראה עצמו כאלו הוא מיצר וכשהוא יושב לפני יקבץ לבו מחשבת און לעצמו מה רעה ידבר כלאתו וכשיוצא לחוץ מדבר אותה: (ח) עלי יחשבו. דבר שהוא רעה לי ומהו המחשבה: (ט) דבר בליעל יצוק בו. כל רשעיו׳ שעשה ילוקה וישתפכו בגופו והוא

## מנחת שי

(ז) יקבץ און. במקלת מדוייקים היו״ד במארך: (ט) דבר בליעל. בגעיא:

## אבן עזרא

ורפאני אע״פ שחטאתי לך על דרך כי עם קשה עורף הוא: (ו) אויבי. אז יאמרו לי בעבורי כמו ואמר פרעה לבני ישראל הפך מעשה המשכיל וזה הדב׳ יאמרו לאחרים: (ז) ואם בא. אחד לבקר: שוא ידבר. לי כמה חרה לי שאתה חולה: ידבר. לאחרים דבר בליעל עלי כלאתו לחוץ ידבר לאויבי האחרים שלא ראו אותי דבר רע חלי קשה

## מצודת ציון

(ח) יתלחשו. מל׳ לחש וקול נמוך: (ט) בליעל. בלי עול שמים: יצוק.

## מצודת דוד

שהיא רפואת הנפש וממילא תבוא רפואת הגוף והוא הספד אשר יספד את החולה: (ו) רע לי. הנה הרע עוקן לבוא עלי ואמרו מתי ימות רלה לומר היו מלפים שיקרב לבוא יום מיתתי: (ז) ואם בא לראות. וכאשר בא מי מהם לראות בי ולבקרני היה מדבר שוא כי בפיו ינחם אותי ובלבו היה מקבץ דברי און ועמל וכשילא לחוץ אל חבריו היה מדבר האון אשר קבץ בלבו: (ח) יחד וגו׳. רלה לומר כל שונאי יחד ידברו עלי דברי גנות בלחש ובהשאי לבל יהא נשמע לי: עלי יחשבו. חושבים עלי שיבוא לי הרעה: (ט) דבר בליעל. אומרים עלי דבר הבליעל שעשה הוא ילוק בו את החלי הזה רלה לומר עוני גרמה החולי ולזה החלי אשר שכב בם

I have sinned against You." 6. My enemies speak evil of me; "When will he die and his name be lost?" 7. And if he comes to see [me], he speaks falsely; his heart gathers iniquity for him; when he goes outside, he talks. 8. All my enemies whisper together about me; concerning me, they think evil. 9. "An evil thing shall be poured into him, and once he lies down, he will no longer rise."

6. **My enemies**—Did David have enemies? Is it not written (in I Sam. 18:16): "And all Israel and Judah loved David"? Moreover, it is stated further (in II Sam. 8:15): "and David administered justice and charity for all his people." Now, since they loved him, why does he say, "My enemies"? Who were David's enemies? Those who wished to rob and cheat, whom he did not allow to do so, were his enemies.—[*Mid. Ps*. 41:5]

7. **And if he comes to see**—If one of my enemies comes to see me and visit with me.—[*Redak*]

**he speaks falsely**—*He pretends to be troubled, and when he sits before me, his heart gathers thoughts of violence to himself,* [of] *what evil he will speak when he leaves, and when he goes outside, he speaks of it.*—[*Rashi*] *Redak* and *Ibn Ezra* explain as *Rashi*, that the visitors are insincere in their consolations. *Rabbi Joseph Kimchi* explains that the visitor speaks both mildly and harshly, in order to grieve David. He says, "I am very upset about your illness, because it is so grave. My father died from that same illness."

8. **whisper about me**—*something that is harmful to me, and what is that thought? . . .*—[*Rashi*]

9. **An evil thing shall be poured into him**—*All the wicked things that he did shall be poured and spilled into his body, and if he lay down, he shall not rise. This is how they curse me.*—[*Rashi*] *Redak* renders: An evil thing has attached itself to him. He has contracted a serious illness, and he will never get up from his sickbed because he will die from that illness. It may also mean: A wicked thing is attached to him; he lies down and will not rise again. Because he committed a grave sin, he will never get up from his sickbed.

י גַּם אִישׁ־שְׁלוֹמִי ׀ אֲשֶׁר־בָּטַחְתִּי בוֹ
אוֹכֵל לַחְמִי הִגְדִּיל עָלַי עָקֵב: יא וְאַתָּה
יְהוָה חָנֵּנִי וַהֲקִימֵנִי וַאֲשַׁלְּמָה לָהֶם:
יב בְּזֹאת יָדַעְתִּי כִּי־חָפַצְתָּ בִּי כִּי לֹא־
יָרִיעַ אֹיְבִי עָלָי: יג וַאֲנִי בְּתֻמִּי תָּמַכְתָּ
בִּי וַתַּצִּיבֵנִי לְפָנֶיךָ לְעוֹלָם: יד בָּרוּךְ

**תרגום**

לְמֵיקַם: י אוּף גְּבַר
דְּתָבַע שְׁלוֹמִי
דְּאִתְרְחֵצִית עֲלוֹי מִבְרֵי
סְעוּדְתִי אִתְרַבְרַב עֲלַי
לְחַכְמָא: יא וְאַנְתְּ יְיָ
חוּס עֲלַי נַאֲקִימְנִי
מִמְּרַע וְאֶפְרַע לְהוֹן:
יב בְּהָדָא יְדַעִית אֲרוּם
אִתְרְעִיתָא בִּי אֲרוּם לָא
אִתְגַּבַּר עֲלַי בַּעֲלֵי דְבָבִי
לְאַבְאָשָׁא: יג וַאֲנָא
בִּשְׁלֵמוּתִי סְעַדְתָּא בִּי
וְאוֹקְמַתְנִי קֳדָמָךְ
לְעָלְמָא: יד בְּרִיךְ שְׁמֵיהּ דַּיְיָ אֱלָהָא דְיִשְׂרָאֵל מִן עָלְמָא הָדֵין וְעַד עָלְמָא דְאָתֵי

ת"א גם איש שלומי. סנהדרין קו: ברוך ה'. יומא סט:

**רש"י**

ואשר שכב לא יוסיף לקום כך מקללים אותי: (י) הגדיל עלי עקב. מארב כמו (יהושע ח') ואת עקבו מים לעיר: (יב) בזאת ידעתי וגו'. כשתחנני ותקימני אדע כי חפצת בי כאשר לא יריע אויבי תרועת שמחה עלי ואראה כי בתומי תמכת בי: (יד) ברוך ה'. כשאקום מחוליי אברכך כן:

**רד"ק**

פירוש דבר בליעל על העון כלומר עון גדול יצוק בו וראוי הוא לעונש גדול לפיכך לא יקום ממשכבו עוד: (י) גם. כל אלה דברי החולה כי כל אדם יש לו שונאים וכאשר יחלה ותמוט רגלו אפי' אותם שהיה חושב לאוהבים שבו לאויבים. ואפי' אוכל לחמו שהוא בוטח בו יותר גם הוא יבגוד בו: הגדיל עלי עקב. כאלו אני מדרך רגלו: (יא) ואתה. הם אומרים שלא אקום ואתה תקימני: ואשלמה. שאודיעם כי רע היו עושים במה שהיו חושבים עלי רע בעודני חולה. או התשלום הוא שלא ילבש שק בחלותם ולא יתפלל עליהם ולא יצר לצרותם. וראיתי בדברי גאון ואשלמה להם טובות תחת רעות כמו שהיה מנהגו: (יב) כי, אם תקימני אדע כי חפצת בי שלא תרצה שיריע וישכח אויבי עלי כמו שהיו חושבים שאמות ולהגדיל פיהם בשחוק עלי וזהו פי' יריע: (יג) ואני. שמצאתני זך וישר תמכת בי בנפלי על משכבי: ותציבני לפניך לעולם. כלומר שתקיימני ותציבני כמנהג. וטעם לעולם. זמן חיי האדם כלומר שלא אמות קודם זמני. עד הנה דבר החולה. ופסוק ברוך ה' הם דברי המשורר נותן הודאה לאל בכלותו הספר כמו שהוא מנהג הסופרים וכן עשה בתכלית ארבעה הספרים ובתכלית ספר החמישי שהוא תכלית כל הספר נותן תהלה בי"ג הילולים: (יד) ברוך. כלומר שעזרני עד כה: מהעולם ועד

**אבן עזרא**

קבוע בו כמו לבו יצוק כמו אבן: (י) גם. שלא היה לי אויב. שהיה אוכל לחמי והטע' כי אני סבת הייו: הגדיל עלי עקב. הטעם הגדיל עקיבו שלא בא לבקרני ושם לנפשו מעל' גדולה: (יא) ואתה. חנני. כנגד דבריהם. דבר בליעל יצוק בו: והקימני. כנגד לא יוסיף לקום: (יב) בזאת. הטעם כי לא יריע כמו שמחת המגלה ביום המלחמה כדרך עלי פלשת התרועעי: (יג) ואני בתומי. בעבור תומי וי"א כי תומי רמז לבריאת הגוף. והוא הנכון: (יד) ברוך. ע"כ אני חייב לברך את השם בכל זמן וזהו מהעולם ועד העולם ואומר פעם אחרי פעם אמה

**מצודת דוד**

לא יקום ממנה כי מות ימות: (י) גם איש שלומי. גם האיש אשר היה עמי בשלום אשר האכלתיו לחמי: הגדיל עלי עקב. היה מגדיל עלי מארב לארוב על נפשי: (יא) ואתה ה'. אז בחליי התפללתי ואמרתי אתה ה' חנני והקימני מחלי זה ואשלמה להם כגמולם: (יב) בזאת. כשתרפאני אז אדע כי חפצת בי כי לא יריע. תרועה של שמחה: (יג) ואני בתומי. ובעבור שהלכתי אני בתמימות לזה תמכת בי בחליי והצבתני לפניך בבריאות כל ימי חיי וכל זה מוסב למעלה לומר כשם שתמך בי בחליי בעבור כשרון מעשי כן יסעוד ויתמוך את כל משכיל אל דל: (יד) ברוך ה'.

**מצודת ציון**

מלשון יציקה: (י) עקב. ענין מארב כמו ואת עקבו מים (יהושע ח'): (יד) ברוך. מענין מהולל: אמן. הוא ענין לשון קיום והכפל לחזק:

13. **As for me, because of my innocence**—that You found me pure and upright.—[*Redak*]

**You shall support me**—when I have become ill.—[*Redak*]

**and stand me up**—If You will stand me up alive and well.—[*Redak*]

**before You**—I.e. to worship You.—[*Redak*]

**forever**—I.e. for my whole lifetime. I should not die before my time.—[*Redak*]

14. **Blessed is the Lord**—*When I stand up from my illness, I will bless You in this manner.*—[*Rashi*] *Redak* explains that these are the concluding words of the Psalmist, as is the custom of the scribes. He follows this same pattern in all four books of Psalms, and in the fifth book, the final one, he praises God with thir-

10. Even my ally, in whom I trusted, who eats my bread, devel-
oped an ambush for me. 11. But You, O Lord, be gracious to
me and raise me up, so that I may repay them. 12. With this I
shall know that You desired me, when my enemy does not
shout joyfully over me. 13. As for me, because of my innocence
You shall support me, and stand me up before You forever.
14. Blessed is

10. **Even**—a person who was not my enemy, but who relied on me for his sustenance.—[*Ibn Ezra*] These are the words of the sick person: "everyone has enemies." When he takes sick and his foot falters, even those whom he regarded as his friends become transformed into enemies, as Scripture states (in Prov. 19:7): "All the kinsmen of a poor man hate him."—[*Redak*]

**developed an ambush for me**—Heb. עָקֵב, *an ambush, as* (in Josh. 8:13): *"and their liers-in-wait* (עֲקֵבוֹ) *on the west of the city."*— [*Rashi*] Other commentators define עָקֵב as "heel," rendering the entire clause: raised his heel high above me. *Ibn Ezra* interprets this to mean that they consider themselves superior to me, and therefore do not visit me. *Redak* also explains that they consider me fit to be trampled by them and so do not visit me properly.

11. **But You, O Lord, be gracious to me and raise me up**—David prays to God to heal him of his illness and allow him to stand up in contrast to his enemies' statements, that he would never recover from his illness.—[*Ibn Ezra, Redak*]

**so that I may repay them**—for the evil that they said about me when I was ill. He does not say that he will repay them *with* evil, for he states above (7:5): "If I repaid the one who did evil to me, and [if] I stripped my adversary into emptiness." He means rather that he will repay them by informing them that they did wrong by wishing him harm when he was ill, or the payment will be that he will not don sackcloth or pray for them nor feel grieved at their misfortune. *Rav Saadiah Gaon* explains that David would repay his enemies good instead of evil, as was custom, as he states (35:13): "But, as for me, when they were ill, my attire was sackcloth."—[*Redak*] Indeed, this interpretation is found in *Midrash Psalms* 41:8. The Midrash asks: Is it not written (Prov. 20:22): "Do not say, 'I will repay evil.' Hope to the Lord, and He will save You"? Rather, I will pay them good instead of evil, and the Holy One, blessed be He, will repay them.

12. **With this I shall know, etc.**—*When You are gracious to me and raise me up, I shall know that You have desired me; when my enemy will not shout with shouts of joy over me, and I will see that because of my innocence, You have supported me.*—[*Rashi*]

יהוה׀ אלהי ישראל מהעולם ועד־העולם אמן׀ ואמן:

## ספר שני

מב א למנצח משכיל לבני־קרח:
ב כאיל תערג על־אפיקי־מים
כן נפשי תערג אליך אלהים: ג צמאה

**תרגום**

דאתי ימרון צדיקיא אמן ואמן: א לשבחא בשכלא טבא על ידיהון דבני קרח: ב היך אילא די מרגג על פצידי מיא היכנא נפשי מרגגא לותך יי: ג צחית לך

ת"א כל מיפור מב עקידה שער קב כאיל תערוג. זוהר ויקהל אחרי מות ומנחם:

**מנחת שי**

מב (ב) אפיקי מים. כ"כ:

**רד"ק**

העולם. מהזמן הראשון עד זמן האחרון כל הימים: אמן ואמן. קיום. וקיום. כמו שעונה אדם אמן אחר הברכה לקיום הברכה כי אמן לשון קיום: (א) למנצח. יתכן לפרש כי דוד חבר אלה המזמורים ברוח הקדש ונתנם לבני קרח המשוררים הנמצאים בזמנו. ולפי שבני קרח היו נביאים יחס אלה בני בניהם אליהם ואמר לבני קרח לקצר. וזה המזמור יש אומרים כי אמרו כשהיה גולה בין פלשתים ויש אומרים כי נאמר על לשון בני הגלות והוא הנכון ואמרו בל' יחיד כאלו כל אחד מבני הגלות הומה ונצעק מן הגלות שיתאוה לארץ הקדש לשוב הכבוד עליה. וזהו אליך אלהים: (ב) כאיל. האילים הם במדבר במקום שאין מים מצויים ויתאוו למים ועוד כי יאכלו הנחשים. ויתחממו ויבקשו המים להתקרר וזהו טעם אפיקי מים שהם מים הנגרים שם. גם יש אומרים כי האילים כשרודפים אחריהם הכלבים הצדים ילכו אחריהם עד שימצאו מים עמוקים הולכים ושוטפים ויבאו בתוך המים חיים וינצלו מהם ואמר איל לשון זכר ותערוג לשון נקבה כולל זכרים ונקבות. או אמר תערוג כי אפשר כי הנקבה עורגת יותר מן הזכר תערוג ותצעק מרוב תאוה ולשון עריגה נופל על האיל כמו לשון געייה בשור: (ג) צמאה. לא אמר רעבה כי יחיה האדם

**רש"י**

מב (א) לבני קרח. אסיר ואלקנה ואביאסף הם היו תחלה בעצת אביהם ובשעת המחלוקת פרשו וכשנבלעו כל סביבותם ופתחה הארץ פיה נשאר מקומם בתוך פי הארץ כענין שנאמר ובני קרח לא מתו ושם אמרו שירה ושם יסדו המזמורים האלו ועלו משם ושרת' עליהם רה"ק ונתנבאו על הגליו' ועל חורבן הבי' ועל מלכות בית דוד: (ב) כאיל תערוג על אפיקי. ל' ערג נופל על קול האיל כאשר יפול ל' נהם לארי ושקוק לדוב וגעה לשוורים וצפצוף לעופות אמרו רז"ל האילה הזאת חסידה שבחיות וכשהחיו' צמאות למים הם מתכנסות אליה שתתלה עיניה למרום ומה היא עושה חופרת גומא ומכנסת קרניה לתוכה וגועה והקב"ה מרחם עליה והתהום מעלה לה מים: כאיל תערג. כאילת תערוג לא נאמר וכאיל יערוג לא נאמר אלא כאיל תערוג דבר הכ' בזכר ובנקבה הזכר עורג על פסק המים כמו שפירשנו והנקבה כשהיא כורעת לילד ורחמה צר והיא צועקת והקב"ה מרחם ומזמן לה נחש ומכישה בבית הרחם שלה ורחמה נפתח. ומנחם חבר תערוג

**אבן עזרא**

ואמת: נשלמו פירושי הספר הראשון הודאות לשם: מב (א) למנצח לבני קרח. לבני קרח לאחד מבני הימן נכד שמואל הנביא. אמר ר' משה כי זה המזמור נאמר בבבל ויש אומרים כי ידבר על לשון אנשי הגלות הזאת. ומשכיל הסר כפול ויש אומרים שהוא שם כמו והודי נהפך עלי למשחית ולפי דעתי כי פיוט תחלתו משכיל: (ב) כאיל. ידוע הוא דבר האיל האוכל הנחשים שיתחמם קרבו או נקם אפיקי מים חזקים ואיל על לשון נקבה כמו עז בת שנתה: (ג) צמאה. כמו' ירוו האדם רעב ויחיה ותשוב נפשו אליו ולא כן אלהים ע"כ דמה הכספו לבית השם כהכסף

**מצודת דוד**

נתן הודאה אל כלותו הספר על אשר נתן בו ה' רוח לדבר בו: בהעולם. ר"ל לומר מקצה העולם עד קצהו: אמן ואמן. הוא כדרך העונה אמן אחר הברכה לאות קיום:

מב (א) משכיל. בזה ילמדו דעת והשכל להתפלל על הגאולה: (ב) כאיל. כמו האילה הצועקת על המסרון המים כאשר לא לרוות צמאון כן נפשי וגו': (ג) צמאה נפשי. מאמר אני לגיש אלהים כצמא למים ואשאל מתי אבוא לראות פני

**מצודת ציון**

מב (ב) תערוג. כן נקרא שאגת האיל וכמו נהם לארי ושקוק לדוב וצהלה לסוסים: אפיקי. הם המקומות שנגרים בהם

the Lord, the God of Israel from all times past and to all times to come. Amen and amen.

teen praises. Here he states: Blessed is the Lord, Who has helped me up to this point.—[*Redak*]

**from all times past and to all times to come**—From the very earliest time until the very latest time, i.e. at all times.—[*Redak*] Similarly, *Ibn Ezra* explains: Therefore, I am obligated to bless the Lord at all times. *Mezudath David* renders: from one end of the world to the other. *Targum:* from this world to the next world. This appears to be the Talmudic interpretation of this expression. See *Berachoth* 9:5.

**Amen and Amen**—It is true and it is true. The Psalmist says this to verify his words as one responds with "Amen," after a blessing.—[*Redak*]

# APPENDIX

**2:2**

This concerns the question asked in verse 1: Why do the kings and the nobles stand in one counsel against the Lord and against His anointed? This refers to Gog and the nobles who will accompany him in Messianic times, to wage war against the Messiah. It will be as though they oppose God, Who anointed him king.—[*Mezudath David*] According to the other commentators, the Philistines knew that David had been anointed by the prophet Samuel. Consequently, by waging war against David, they were, in effect, opposing God.

**3:1**

These explanations were given for the superscription, *A song of David.* Since it was recited at a time of trouble, the superscription should have been, "A lamentation of David." Therefore, the Rabbis sought the bright side of David's predicament. *Redak* maintains that this, and other psalms given this superscription, were not necessarily songs when they originated, but are called so because they were later sung by the Levites in the Temple. He conjectures that this psalm follows the previous one because both deal with the opponents to David's throne, first the Philistines and then his son Absalom. The Talmud (*Ber.* 7b) contrasts David's attitude to the war of Gog and Magog with his attitude to Absalom. Against Gog and Magog he is confident, but in the psalm concerning Absalom, we sense a degree of discouragement. This indicates that a degenerate child in one's household is worse than the war of Gog and Magog.

**5:4**

Since I present my prayers to You the first thing in the morning, before I engage in mundane pursuits, I look forward to Your granting my request.—[*Mezudath David*]

**5:6**

*Ibn Ezra,* too, interprets this clause as anthropomorphic.

**6:2**

Most commentators explain this verse as being repetitious. *Rabbi Joseph Yabetz,* however, explains that the Psalmist beseeches God not to rebuke him strictly for his sins. This does not concern the punishment but the rebuke, as a master scolds his slave for his misdeeds and then punishes him. He then beseeches God not to punish with His wrath but with gentleness, and to punish him for every sin that he

them and struck fear into their hearts so that they now fear Him as a person fears thunder.

**hail and coals of fire**—Together commits, so that his sins do not accumulate and do not warrant a severe punishment.

**6:3**

[Note that the complete edition of *Redak* reads: plucking and destruction. However, in this instance, *Sefer Hashorashim* and *Michlol Yofi* agree with the printed editions.

**6:4**

How long will my soul be frightened? It has no strength to bear it.—[*Ibn Ezra*] How long will I be plagued and smitten? The sole purpose of the trouble is to open my ear to Your rebuke. I have already received Your rebuke.—[*Mezudath David*]

**6:6**

Yet the righteous longs to do God's will while he is still alive, in order to increase the reward of the soul in the world to come.—[*Redak*]

**10:1**

**O Lord, why do You stand from afar?**—No doubt the glory of the Lord is everywhere, but when a person does not see His might, he compares Him to a person standing far away who does not see, or [he thinks] that He is near but hides His eyes in our times of distress.—[*Ibn Ezra*]

**10:2**

This refers to the wicked who haughtily pursues the poor man in public.— [*Redak*]

**10:2**

*Redak* interprets this as a prayer: May it be Your will that the wicked be caught in the very plots they devised to catch the poor.

**10:10**

*Redak* explains that he feigns weakness and illness, thus taking the passersby unawares. When they are a considerable distance from civilization, the robbers reveal their strength and capture the poor people.

**11:1**

In *Midrash Psalms,* we find that the nations tell both God and Israel to wander away from the Holy Mount. *Redak* explains that David's enemies would say to his body and to his soul, "Wander away from your mountain, you bird." They would taunt him, saying that Saul would assassinate him, that his body would perish and his soul would be lost, to wander as though "slung out of the hollow of a sling" (as in I Sam. 25:29). The traditional reading is נַפְשִׁי, the feminine singular, and refers to the soul, which guides the body. *Mezudath David* explains that the mountain symbolizes the king. David's enemies would say, "Your mountain, i.e. your king, is wandering like a bird."

*Redak* explains that in this verse David addresses those people among whom he is seeking safety from Saul: "How can you say that my soul should wander from your mountain, where it sought refuge?" He refers to his enemies who revealed his whereabouts to Saul; e.g. they informed on David when he came to Keilah (I Sam. 23:7).

**15:5**

*Rivan* explains this as a safeguard lest he accustom himself to charging interest and come to lend on such terms to Jews as well. However, *Redak* explains that this passage coincides with the Mosaic law and qualifies it in reference to lending to one's fellow Jew: Although it is forbidden to steal from a non-Jew, it is permissible to take interest since the borrower gives it of his own free will; however, the Torah requires that to a fellow Jew we show kindness. To them, we must lend money without interest, for that is a great act of kindness, greater even than giving a gift (because the borrower is not ashamed to accept it).

**18:5**

[Since *Rashi* never refers to the *Targum* to the Holy Writings, which is a later commentary, he must mean *Targum Jonathan* to II Samuel. The reading there is מְשַׁבְּרֵי מָוֶת lit. the birthstools of death, which *Jonathan* paraphrases: For distress has encompassed me like a woman sitting on a birthstool who is too weak to give birth, and is in danger of dying. The *Targum* to Psalms is identical, interpreting חֶבְלֵי as the pangs of childbirth, perhaps in order to conform the meaning to that of Samuel.] *Redak* notes that the vowelization of חֶבְלֵי indicates that the singular is חֵבֶל, *a pain,* not חֶבֶל, *a rope* or *share* (in which case it would be חַבְלֵי.)

**18:2**

All these verses are to be explained allegorically. In many places in the Bible, we find various terms for darkness, clouds, thick clouds; darkening of the sun, the moon, and the stars. All are figurative of troubles, as are the terms coals, fire, and arrows. The concept of the Lord bending the heavens, riding on a cherub and swooping down, represents the speed with which the decree is executed. Similarly, we find in *Midrash Psalms* 104 that earthquakes indicate the cessation of a kingdom, as in Jeremiah 51:29. The smoke going up in His nostrils represents God's anger toward David's enemies. The fire spewing from His mouth and the coals He emits represent the destruction of these enemies. The thick cloud and the darkness under His feet represent the troubles the enemies will suffer, because God will tread them in His wrath. The concept of God making darkness His hiding-place also represents these troubles, or it may mean that God Who decrees upon them is invisible to them.

[12] **the darkness of waters**—In II Samuel 22:12, the reading is חַשְׁרַת, gathering of waters. These terms are synonymous, because when storm clouds gather, the sky darkens.

[13] **From the brightness before** *Him*—which emanates from Him to those who love Him, His thick clouds passed to His enemies, and that constitutes darkness, hail, and coals of fire; i.e. those clouds will rain down upon the enemies hail and coals of fire, as in Egypt when the fire burned within the hail.

[14] **The Lord thundered from heaven**—He thundered in heaven upon His enemies and gave forth His voice upon them; i.e. He frightened

with the thunder there are decrees which will destroy them, decrees which are like hail and coals of fire.

[15] **And He sent out arrows and He scattered them**—He shot His arrows at the enemies and caused them to scatter.

**He shot lightning etc.**—He shot lightning at the enemies and discomfited them with it. Both the arrows and the lightning are the harsh decrees.

[16] **And the depths of the water appeared, etc.**—These are the valleys full of water. The water represents the troubles and the dangers that David experienced. Rescue from drowning may be effected in either of two ways. The first, depicted in this verse, is to dry up the water: God's rebuke, the blast of breath from His nostrils, laid bare the foundations of the world and revealed the depths of the sea. This represents the downfall of David's enemies. The other method, shown in the following verse, is to draw the drowning man out of the water, as God does David. This represents David's salvation without the destruction of his enemies, such as the incident at the Rock of the Divisions, when God saved David but did not defeat his enemies. In this psalm, David thanks God for these two types of salvation.

[18] **He delivered me from my mighty enemy**—The singular is used here to denote Goliath, or Ishbi in Nob.

[19] **on the day of my calamity**—Heb. אֵידִי. The translation follows *Mezudath Zion.* According to *Targum,* both here and in Samuel 22:19, the meaning is "on the day of my wandering." On the day that I wandered, my enemies would confront me with their evils, as the Ziphites did, "but the Lord was a support to me."

[20] **And He brought me forth into a wide space etc.**—He delivered me from the distress in which I was found and took me out into a wide place.

[21] **The Lord rewarded me according to my righteousness etc.**—Because He knew that I was right and my enemies wrong, He rewarded me according to my righteousness and recompensed me according to the cleanness of my hands and saved me from their clutches.

[22] **For I have kept the ways of the Lord**—This may be explained as referring to all the commandments. I kept His ways and He protected me from my enemies.

**and have not wickedly departed from [the commandments of] my God**—I did nothing with wicked intentions, thereby distancing myself from God's ways. If I committed any sin, it was unintentional. This verse may also be interpreted as concerning David's relationship with which David kept the ways of God and did not wickedly depart from His commandments. When pursued by Saul, David had a chance to harm him, but did not do so for as it says (I Sam. 26:9), "Who can stretch forth his hand against the Lord's anointed and be accounted guiltless?" Since Saul was the king, God would have considered it a transgression were David to slay him, even though Saul was the aggressor.

**18:23**

*Beer Avraham* explains that David saw the ordinances (those commandments that one can rationalize) before him with clarity, because he understood their reasons. The statutes, however (those commandments incomprehensible to human intellect), he did not place before him because neither he nor anyone else could understand them thoroughly. Yet he did not remove them from himself. *Rabbi Joseph Yabetz* explains that David accounts for his ability to resest killing Saul in the face of Saul's murderous pursuit, in his statement: "all His judgments are before me." I acknowledge that all God's judgment's against me are right. Saul would not have pursued me unless I deserved to be pursued. If anything appeared to me to be unjust, I would reflect that His ways are far from our ways as the sky is higher than the earth; His statutes, which we cannot rationalize, are evidence of this.

**18:35**

[Note that in *Rashi's* first explanation he states that the "nun" of the radical drops out and is replaced with a *dagesh.* In this case, however, there is no *dagesh* because the "cheth" does not accept one. Hence, it is not the *dagesh* that causes the "nun" to drop out but the defective quality of the letter itself. Normally, the *dagesh* replaces the missing letter, but here, as well as in other instances in which the second radical cannot accept a *dagesh,* the "nun" drops out and is not replaced. See below 38:3 Commentary Digest. Note also that according to *Rashi's* second explanation, the "nun" is not a radical but a prefix denoting the passive voice, yet in the word נִחֲלוּ in Joshua 14:1, the "nun" is indeed a radical. *Rashi* to Samuel and *Kara* ad loc. explain that David would crush the bow, not bend it. The root is חתת, *to break.*] *Redak* explains (in Samuel) that David would seize the copper bows from his enemies and they would break in his arms, but says this statement is hyperbolic. The meaning may also be that the bows were useless against him; it was as though he broke them with his arms. *Redak* explains further that the bows were not actually made of copper, but were as strong as copper, and he identifies נְחוּשָׁה as strong iron, unlike the usual definition of "copper" or "brass."

**18:36**

*Redak* explains: Judging from the fact that I was unworthy of it, Your humility and Your kindness have done this; only Your kindness has made me great, for I had but a small army, and my enemies had a larger force. It was Your kindness that caused me to be victorious, as if I had a great army. It was as though You humbled Yourself to attend to me.

*Redak* explains (in Samuel) that David would seize the copper bows from his enemies and they would break in his arms, but says this statement is hyperbolic. The meaning may also be that the bows were useless against him; it was as though he broke them with his arms. *Redak* explains further that the bows were

not actually made of copper, but were as strong as copper, and he identifies נְחוּשָׁה as strong iron, unlike the usual definition of "copper" or "brass."

**18:37**

[According to *Rashi* to II Samuel 22:37, they are the heels. See Commentary Digest ad loc.]

**my ankles**—Heb. קַרְסֻלָּי. *They are the feet from the ankle—which is called keville* (cheville) *in Old French—and below* [to the heel].—[*Rashi*] I.e. if I had to flee before my enemies.—[*Redak*]*

**18:42**

Note that the midrash qualifies this statement to mean that they will call on God after they are dead and in Gehinnom. Even then, God will not answer them, because they did not repent during their lifetime.

**18:46**

*Dunash (Teshuvoth* p. 16), though, distinguishes between the two roots, classifying יִבֹּל as originating from the root נבל, to fall, and בָּלֹתִי, from the root בלה, to wear out. *Rabbenu Tam* justifies *Menachem,* claiming that the two roots are similar in structure and identical in meaning. *Redak* explains: Out of fear of me, they will be like a withered leaf.

[The interpretations given by *Menachem* and *Dunash* do not appear in any manuscripts nor in most early editions.] Note that the reading here is וְיַחְרְגוּ, whereas in II Samuel 22:46 it is וְיַחְגְּרוּ. *Rashi* and *Midrash Psalms* (18:34), like *Dunash,* interpret the verse in Samuel as חִגֵּר, *lame,* and our verse as חרג, *fear.* Other commentators, in order to make the two versions of the song conform, are forced to interpret one of them as having transposed letters. *Rabenu Tam* renders: and they will be frightened from within their strongholds.

**19:9**

*Redak* proceeds to explain the verses as follows:

[8] **perfect**—complete, lacking nothing that a person could require either in this world or in the next.

**restoring the soul**—as explained above.

**the testimony of the Lord is faithful**—It is completely true, for no one can deny that Israel was the host of the Divine glory.

**making the simple one wise**—Every part of the tabernacle was constructed with remarkable wisdom, for the menorah, the altars, the curtains, and the other components of the *mishkan* all represent parts of the celestial world and the lower world. The *mishkan* is known to the sages as the intermediate world. Also, the observance of the Sabbath is a great wisdom because it influences a person to study the *ex nihilo* creation of the world and the wonders of nature, for which [explorations] Israel is known as a wise and understanding nation.

[9] **The orders of the Lord**—I.e. those commandments which can be rationalized.

**are upright**—I.e. they are straight, flawlessly logical.

**causing the heart to rejoice**—Because they are so logical, the wise man rejoices in his understanding of them. The heart denotes the intel-

lect, not the worldly desires. One rejoices over worldly desires even if they are not upright, but one rejoices over intellectual pursuits only if they are upright and straight.

**the commandment of the Lord is clear**—Every commandment is clean and pure, without a flaw.

**enlightening the eyes**—People who have no commandments walk in the dark, but the commandments enlighten the heart, and they are the step upon which to ascend to the great glory [in the Hereafter].

**20:4**

*Ibn Ezra* finds this verse reminiscent of Numbers 10:9, and interprets it as meaning that God will remember them in war time in the merit of their daily sacrifices.

**21:2**

[*Rashi*] This reading appears in all manuscripts and early editions. *Rashi* speaks of the Christians, who, as quoted by *Redak*, construe this psalm as alluding to the Nazarene. To avoid debates with them, *Rashi* prefers to take David as the subject. The Vilna edition reads: *Our Rabbis interpreted it as referring to the King Messiah but it is also correct to interpret the matter as concerning David himself; and after he took Bath-sheba, he recited this psalm.* Whether or not this is the original version of *Rashi* is questionable, but it does make sense. So does the *Malbim* edition, which reads: . . . *in order to refute others, who expounded it; and after he took Bath-sheba, he recited this psalm.* However, the Warsaw and Lublin editions appear to be erroneous, reading . . . *who expounded on it that after he took Bath-sheba he recited this psalm.*

**22:23**

*Redak* explains: When You save me from the lion's mouth and from the horns of the wild oxen—i.e. when You take us out of exile—I will tell Your name to my brothers, etc. "My brothers" refers to the descendants of Edom, among whom we are exiled; the descendants of Ishmael, and the descendants of Keturah, all of whom are of the seed of Abraham. The verse may also mean that [when all the tribes are re-united] we will tell the ten tribes of the miracles and wonders that God performed for us during our long exile, because they were exiled to Halah and Habor and were not subjugated by the nations as we are.

**22:30**

The midrash states that both the righteous and the wicked receive the presence of the Shechinah at the time of their death. The wicked, who rebelled against the Holy One, blessed be He, are shown the countenance of the Shechinah upon their death and are told, "Come and see the face of the King against Whom you rebelled and Who is destined to punish you." The righteous are told, "Come and see the face of the King you worshipped and Who is destined to reward you."

*Redak* quotes his father who explains the verse without transposing it: The nations which were fat and fresh will continue to be so, for God will accept their repentance, and

they will eat and prostrate themselves before God and thank Him for all the good He bestowed upon them. Certain nations, though, will not be accepted even if they kneel before Him. These are the nations that killed Jews. They will descend to the dust; i.e. they will go down into Gehinnom, and God will not revive even one of them, as the prophet Joel states (4:21): "Now should I cleanse, their blood I will not cleanse." All the evils they committed against Israel can be rectified, as the prophet Isaiah states (60:17): "Instead of the copper I will bring gold, etc." The shedding of human blood, however, cannot be rectified. Therefore, their soul is taken in lieu of the souls they killed.

*Ibn Ezra* explains: דִשְׁנֵי are those who indulge excessively in worldly pleasures and eat all fat foods. If they indulge in pleasures in this world, at the end of their days they will prostrate themselves and kneel before the angel who takes their soul, and not one of them will be able to revive his soul. This intimates that the soul will be lost in the Hereafter, as opposed to the humble, about whom the Psalmist states: "Your hearts shall live forever."

**23:5**

*Ibn Ezra* explains that the set table contrasts with the valley of darkness, and corresponds to the green pastures of the allegory. The overflowing cup corresponds to the still waters of the allegory, and the anointment of David's head with oil is parabolic for the fat foods on his table, which are described as being so plentiful that his head is anointed with them. *Ibn Ezra* continues, explaining that the psalm depicts God's servants: they forsake the desires of the world; rejoicing in their portion; bread and water is as satisfying to them as all manner of delicacies, for their thoughts and their desire are for the pleasures of the world to come. Therefore, they forsake all temporal pleasures for the eternal pleasure of that world.

**24:2**

*Redak* explains that God founded the world near seas and established it near rivers. This he did for the benefit of all the earth's inhabitants, but this mountain He did not establish for all creatures, not even for all humans—but only for those with clean hands and pure hearts. These are the seed of Jacob, who seek the Lord and were commanded to have clean hands and pure hearts. And so they were during many periods of time, e.g. during the days of Joshua and the elders who lived after him, during the days of the judges, when the judges ruled; during the days of Samuel, the days of David and Solomon, and the days of the righteous kings.

*Ibn Ezra* and *Mezudath David* explain that the earth (the dry land) is above sea level, which is contrary to nature, because the earth should sink below the water. That it does not, proves that the earth is the Lord's. *Ibn Ezra* quotes *Rabbi Moshe Gikatilia,* who renders: For He founded it with seas and established it with rivers. The intention is that civilization depends on the seas and rivers in its proximity.

**24:10**

The Talmud relates that, after Solomon had recited twenty-four praises, the gates refused to open. He then appealed to them, "You gates, lift your heads, etc. so that the King of Glory may enter." Thinking that he meant himself, they sought to swallow him up. "Who is this King of Glory?" they asked. He replied, "The Lord, Who is strong and mighty." He appealed again, "You gates, lift your heads, etc." They still refused to open, until he invoked the merit of his father David. At this point, David's enemies, who had continually reminded him of his sin with Bath-sheba, were utterly embarrassed.

*Redak* explains the verses figuratively: The Psalmist announces to the gates of the Temple that on this day they will be greatly uplifted, because the King of Glory will enter them. God is called the King of Glory because His glory rests upon the Ark between the cherubim. The gates are called "everlasting portals" because this was to be the permanent site of the Ark. Heretofore, it had traveled from place to place, from the desert to Gilgal, from Gilgal to Shiloh, from Shiloh to Philistia, from Philistia to Beth-shemesh, from Beth-shemesh to Kiriath-jearim, from Kiriath-jearim to the house of Obed-edom, and from the house of Obed-edom to the city of David. Now it would be brought into the Holy of Holies, where it was to remain permanently.

**23:7**

This is an abbreviated form. *Redak* cites many instances of this structure. I will enter the house of Your altars to proclaim thanksgiving with a loud voice in the congregation of holy men. The Psalmist announces that he will give thanks before them for the kindnesses God has performed for him and for His having rescued him from all trouble, and he will recount all the wonderful things that God performed for him in the times of his troubles.—[*Redak*]

**25:7**

*Redak* explains that David prays to God that He remember about him neither the sins of his youth nor the transgressions of his later years. He should remember only His kindness and judge him with kindness, rather than with the strict standard of justice.

**26:6**

*Redak* explains: And when I will wash my hands with cleanliness, then I will encompass Your altar, O Lord, to offer up my burnt offerings. Unlike the wicked, who bring burnt offerings with their hands still full of blood, I will wash my hands with cleanliness so that there will be no iniquity in them when I come to offer up my burnt offerings.

**26:7**

This is an abbreviated form. *Redak* cites many instances of this structure. I will enter the house of Your altars to proclaim thanksgiving with a loud voice in the congregation of holy men. The Psalmist announces that he will give thanks before them for the kind-

nesses God has performed for him and for His having rescued him from all trouble, and he will recount all the wonderful things that God performed for him in the times of his troubles.—[*Redak*]

**27:4**

[Note that the quotation from *Menachem* and the reiteration of *Dunash's* stand do not appear in manuscripts or in most early editions.] According to *Menachem,* we interpret: to seek God in His temple.—[*Rabbenu Tam*] *Redak* explains: to seek the angels. *Ibn Ezra*: to seek instruction from the priests.

**27:11**

Because, when I will stumble in the ways of the Lord and be punished for it, those who lie in wait for me will rejoice and say that they have defeated me.—[*Mezudath David*] *Ibn Ezra* states: One wise- hearted man said, "Whoever wishes to overcome his enemies should intensify his service of God."

**27:14**

**and He will give your heart courage**—If you are strong in His ways, He will give your heart courage, so that it will not weaken under the words of your enemies.—[*Redak*]

**and hope for the Lord**—a second time. You should always hope for the Lord and not let His hope leave your heart.—[*Redak*]

**28:1**

**Do not be deaf to me**—Do not refrain from listening to my request, for I fear . . .—[*Redak*]

**28:5**

*Redak* asserts that the verse is referring to the science of nature, through which one can contemplate the wonders of God. This, too, is a part of God's worship.

**29:10**

*Redak* quotes midrashim that explain the psalm as follows:

[3] **The voice of the Lord is upon the waters**—The great voice that came from heaven passed first on the waters. On which water? On the vast waters, namely, the waters of the sea.

[4] **The voice of the Lord is in strength**—The voice of the Lord came with strength upon the waters, and afterwards it came with beauty upon Israel. I.e. in order that the Israelites should not die from the powerful voice that emanated, He passed it first over the water to mitigate it, and then brought it to Israel with beauty, so that they would be able to tolerate it. Nevertheless, they were frightened of that voice and said, "But let not God speak with us, for we might die."

[5] **The voice of the Lord breaks the cedars**—That voice broke the cedars and caused them to dance like a calf.

[7] **The voice of the Lord cleaves with flames of fire**—as it is said (in Exod. 20:15): "the voices and the flames."

[8] **The voice of the Lord causes the desert to quake**—For the mountains and the deserts quaked, and so the hinds and the wild beasts quaked and endured pain, because of that voice.

[9] **and stripped the forests**—Because when the cedars fall, the forests are stripped and bared.

**and in His Temple everyone speaks of His glory**—I.e. on Mount Sinai. All the nations thought that He meant to destroy the world, as He had done at the time of the Flood. The ministering angels said, "The Lord sat enthroned at the Flood and swore that He would never again destroy the world. The voice that You hear is the Lord giving the Torah to His people Israel." This is what the Psalmist means by, "The Lord shall grant strength to His people." "Strength" means only Torah, as is said (in Isa. 27:5): "If they would grasp My fortress (בְּמָעֻזִּי)." The commentators explained this psalm, according to its simple meaning, as referring to the wonders of the Creator that are seen on earth. The "sons of the mighty" are the stars. The "mighty" are the angels, and the stars are as children to them.

**31:7**

I did not resort to divination, for when I fled from before Saul, I did not ask diviners or star-gazers about my wanderings. I trusted only in God. In fact, I hated those diviners because they await worthless vanities.—[*Redak*] It is customary that when people experience troubles, they try all sorts of remedies, whatever they believe may bring them some relief. Even Saul excused himself for resorting to necromancy and for bringing up Samuel from the dead. He said (I Sam. 28:15), "I am greatly distressed, and the Philistines are battling against me, and God has turned away from me, and has not answered me anymore, neither through the prophets, nor through dreams." He means that, since he is in dire straits, he is not to be blamed for bringing him up because a person is not held accountable for what he does while in pain. David, however, did not act this way. In his time of distress, he did not turn to any occult forces, but turned only to God.—[*Yabetz*]

**31:24**

According to *Parshandatha,* the first two explanations appear in all manuscripts and editions. The other one appears only in the Bomberg editon and the Warsaw edition,not in any manuscripts. Compare also Commentary Digest to Isaiah 15:7.

**31:25**

David would recite the psalm and the interpreter would explain it to the public.—[*Rashi* to *Pes.*] *Ibn Ezra* conjectures that it is called *maskil* because of the first word of verse 8 (אַשְׂכִּילְךָ, I will enlighten you) or because it was recited in the rhythm of a poem which commences with the word, "maskil." *Redak* (41:) explains that the psalms entitled *maskil* were to be set to the music of a certain melody known by that name.

**32:5**

*Redak* explains the verse as in the future tense: I will inform You of my sin, and I will not conceal my iniquity; I thought, "I will confess my transgressions to the Lord, and You will forgive the iniquity of my

sin forever." I.e. "I will confess my sin"—Scripture speaks anthropomorphically, as though God needs to be informed of the sin. I thought it good to confess my sins, and You will forgive them.

**33:1**

*Redak* explains: It is good and fitting for the upright to sing and praise God, because they understand His works and His acts of kindness toward His creatures, and this understanding— rather than worldly desires—is their sole aim. It is therefore, proper for them to praise God according to their recognition of His works, as the Psalmist proceeds to relate.— [*Redak*]

**35:26**

**those who raise themselves haughtily over me**—This translation follows *Targum* and *Mezudath David. Redak* explains: those who open their mouths wide against me.

**35:27**

**Who desires the peace of His servant**—That is David, for God desired that he have peace, and He delivered him from the hands of his enemies.—[*Redak*]

**36:10**

*Ibn Ezra* explains that life in the Hereafter is referred to as "light," because light is the most important thing in this world, and it is not a physical being.

**37:3**

[We question this comment in the light of the halachah, which requires that prayer be spoken.]

**37:19**

**they shall still be satisfied**—because the Lord will supply them with nourishment.—[*Mezudath David*]

# APPENDIX: REDAK

R' Chaim Joseph David Azulai, known by the acronym *Chida,* writes in the diary of his travels that when he was in Paris, he visited a library of manuscripts, where he saw "many hundreds of our books in manuscript, and there was a *Redak* on Psalms, in which there was more than [in] the printed edition, and we saw on the verse (2:12) a column larger than half a folio."

2:12—**Arm yourselves with purity**—Heb. נַשְּׁקוּ בַר. The Christians [rendering: Kiss the son] explain this as referring to Jesus, but the verse they bring as evidence and which they make a support to their error is itself their stumbling block. This is (verse 1): "The Lord said to me, 'You are my son.'" If they tell you that he was G-d's son, tell them that we cannot say that a human being is G-d's son, because the son is of the species of the father. Since it is impossible to say, for example, that this horse is Reuben's son, the one to whom G-d said, "You are my son," must be of His kind and be a G-d like Him. Moreover, He said, "this day I have begotten you," and the one begotten is of the same species as the one who begot him. Tell them also that in divinity there cannot be a father and a son, because divinity cannot be divided. It is not a body that can be divided, but G-d is one in all kinds of oneness; He will neither increase, decrease, nor be divided. Tell them further that the father precedes the son in time and that the son is a product of the father. Although neither can have his name without the other—for one cannot be called a father until he has a son and one cannot be called a son unless he has a father—nevertheless, the one called father undoubtedly had existed before he had a son. Consequently, the G-d in Whom you believe, Whom you call the Father, the Son, and the Holy Ghost—the part that you call the Father preceded the part you call Son, for if they had always existed together, they would be called twin brothers; you could not call them Father and Son, and not begotten and begetter, for the begetter must undoubtedly precede the begotten. Now if they say to you that the one who is not divine cannot be called the son of G-d, tell them that we can speak of G-d only figuratively, as it is said about Him: *the mouth of the Lord, the eyes of the Lord, the ears of the Lord,* and the like, which are all figurative. Likewise, it is figurative when Scripture says: *the son of G-d, the sons of G-d,* for whoever performs His commandments and His mission is called a son, as the son performs the orders of the father. Therefore, the stars are called the sons of G-d, as (Job 38:7): "And all the sons of G-d shouted." Similarly, when man—because of the heavenly spirit within him and prompted by the intelli-

gent soul which guides him—performs the commandments of G-d, he is called His son. Therefore, He says, "You are My son; today I begot you." And He says (Exod. 4:22): "Israel is my firstborn son." And He says (Deut. 14:1): "You are children of the Lord your G-d." And He says (ibid. 32:6): "Is He not your father, who possessed you," and He says (II Samuel 7:14): "I shall be to him as a father, and he will be to Me as a son."

Tell them further: This G-d of Whom you speak—the Father said to the Son, "Request of Me and I shall make nations your inheritance." How is it that the Son requests of the Father? Is he not a G-d like Him, and does he not have power over the nations and the ends of the earth like Him? Moreover, before the request, nations were not his inheritance; if so, was the strength of this god lacking in the beginning, and did he later gain strength? That cannot be said of a god. Now if they tell you that that is said only concerning the flesh, [that] after the god took on a physical body, he said to the flesh that he should ask of him and he would give him nations as his inheritance, that was not so, for the flesh never had dominion or any ruling power over any nation. If they answer you that he said that the [Christian] faith would be accepted, [that too is not true,] because the majority of the nations, both Jews and Ishmaelites, did not accept his faith.

Behold, I have instructed you what to answer them concerning this psalm. If they ask you its meaning, explain it according to either one of the two interpretations that you wish to choose: either concerning David or the King Messiah, as I have explained to you.

7:8–**And a congregation will surround You; return on high over them.** [See *Redak* as quoted in Commentary Digest.] Therefore, the Christians interpret the verse as alluding to Jesus, and interpret "a congregation of kingdoms" as alluding to the nations that adopted his faith, and they [the Christians] say that "return on high over them" is a sign that he descended to take on the flesh. You tell them first that the superscription of the psalm tells us with whom it deals [David]. Moreover, [Jesus's] prayer was in vain. If he was a god and his prayer was about the flesh, it was ineffective. If they answer you he *wanted* to be hanged, then he was a fool for praying for something he should not want. Moreover, the psalm speaks of one enemy, but he had many enemies. Concerning the flesh, in chapter 2 I wrote already what you should answer them.

19:10—**existing forever**—Not, as the Christians believe, that the Torah given on Mount Sinai had a time limit; that is, [it was applicable only] until the coming of Jesus of Nazareth because until his time it was [merely a guide to]

physical [laws], and from this time onwards he commanded that it be understood spiritually. Their words are utter nonsense, because they say [certain] commandments are to be understood figuratively rather than literally, even though G-d commanded them explicitly and *not* figuratively. If it is as they say, the other commandments should be understood literally and not figuratively, for if they were to be understood figuratively, the application of the commandments would be doubtful. One would say that the hidden meaning is this and another would say it is that, and Scripture says (Deut. 30:11): "But this commandment, which I command you this day, is not hidden from you, nor is it far." Now if the commandments have hidden meanings and cannot be understood literally, they are indeed both hidden and far.

21:1—**for the conductor, a song about David. O Lord, may the king rejoice with Your strength**—[See Commentary Digest.] The Christians interpret it as referring to Jesus, and you answer them on every verse: "O Lord, may the king rejoice with your strength"—without the strength of the father, the son will have no strength, and if he is weak, he is not divine.

Similarly, "You gave him his heart's desire"; "For You have preceded him." All his affairs are dependent on others. Also, the Psalmist says: "He asked life of You." If this refers to the flesh, he did not achieve longevity, and if to divinity, what did He give him? Did he not have them already? He states further: "His glory is great in Your salvation." But without "Your salvation," his glory would not be great. If so, he is not a god, and if this refers to the flesh, he was only despised and scorned.

**For the king trusts in the Lord**—If this refers to his divinity, he need not trust in another; and he does not need "the loving-kindness of the Most High, that he should not falter." If it refers to the flesh, he did, indeed, falter. And so the entire psalm.

22—The uncircumcised interpret this psalm as dealing with Jesus, wherein he relates all the evils that the Jews perpetrated against him. Behold the Son cries to the Father out of his distress and says, "My G-d, my G-d, why have You forsaken me?" And so, the entire psalm. They corrupted (verse 17) "like a lion (כָּאֲרִי) my hands and my feet," to make it read כָּאֲרוּ, an expression of (Exod. 21:33): "or should a man dig (יִכְרֶה) a pit," meaning that they thrust nails into his hands and his feet when they hanged him. Verse 30, "but He will not quicken his soul" misled them. They said that he is a god before whom all those who descend to the dirt will kneel, and he did not wish to quicken [revive] his soul because on that condition he had descended: he would take on flesh, so that they should kill the flesh and those who descend

to Gehinnom would be saved [by his death]. Therefore, he did not wish to be revived, but he delivered himself to those who slew him. Now, let their ears hear what their mouth is saying. They say that he did not wish to save his soul from the hands of his murderers. If so, why was he crying out, "My G-d, my G-d, why have You forsaken me? [You are] far from my salvation"? He did not wish to be saved! Did he not forget his stipulation? He said (verse 3): "and You do not reply," but he did not wish to be answered! Moreover, if he is a god, let him save himself. He states further, "the praises of Israel," but they are the ones who harm him, so how can he say that they praise G-d? He states further: "Our ancestors trusted in You." But if it is as they say, he had only one father—G-d. Moreover, would a god say about himself that he is a worm and not a man? Behold he says (verse 9): "One should cast his trust upon the Lord and He will rescue him; He will save him." Now if he means the flesh, He neither rescued nor saved him, and if the divinity, he did not need saving. He says (verse 10): "For You drew me from the womb." He drew himself from the womb. He says (verse 23): "I will tell Your name to my brothers." But G-d has no brothers. Is this not a lie? For the narration, the praise, and the thanksgiving follow the rescue, but he was not rescued. He says (24f.): "all the seed of Jacob, honor Him . . . For He has neither despised nor abhorred the cry of the poor." But is not Israel harming him, and did not G-d despise and abhor his cry and hide His countenance from him, and not hearken when he cried out to Him? Behold all his words are false. And he says (verse 28): "all the families of the nations [shall prostrate themselves . . .]." But the Jews and Ishmaelites do not believe in him.

# BIBLIOGRAPHY

## Background Material

1. Bible with commentaries ("Mikraoth Gedoloth"), commonly known as "Nach Lublin," including Rashi, Ibn Ezra, and Minchath Shai.

2. Talmud Bavli or Babylonian Talmud. Corpus of Jewish law and ethics complied by Ravina and Rav Ashi 500 C.E. All Talmudic quotations, unless otherwise specified, are from the Babylonian Talmud.

3. Midrash Rabbah. Homiletic explanation of Pentateuch and Five Scrolls. Compiled by Rabbi Oshia Rabbah (the great), late Tannaite, or by Rabbah bar Nahmani, third generation *Amora.* Exodus Rabbah, Numbers Rabbah, and Esther Rabbah are believed to have been composed at a later date.

4. Midrash Tanhuma. A Midrash on Pentateuch, based on the teachings of R. Tanhuma bar Abba, Palestinian *Amora* of the fifth century C.E. An earlier Midrash Tanhuma was discovered by Solomon Buber. It is evident that this is the Tanhuma usually quoted by medieval scholars, e.g. Rashi, Yalkut Shimoni, and Abarbanel.

5. Pirke d'Rabbi Eliezer. Eighth century aggadic compilation, attributed to Rabbi Eliezer ben Hyrcanus, early Tannaite of first generation after destruction of second Temple. Also called Baraitha d'Rabbi Eliezer, or Haggadah d'Rabbi Eliezer. Commentary—Redal (R. David Luria) 1798–1855. Om Publishing Co., New York 1946.

6. Yalkut Shimoni. Talmudic and Midrashic anthology on Bible, composed by R. Simon Ashkenazi, thirteenth century preacher of Frankfort on the Main. Earliest known edition is dated 1308, in Bodian Library. Sources traced by Arthur B. Hyman, M.D. in "The Sources of the Yalkut Shimeoni," Mossad Harav Kook, Jerusalem 1965.

7. Pesikta d'Rav Kahana. Homiletic dissertations of special Torah readings and haftorah. Composed by Rav Kahana, early *Amora,* at time of compilation of Talmud Yerushalmi. Solomon Buber, latest edition Jerusalem 5723.

8. Pesikta Rabbathi. Later compilation similar to that of Rav Kahana. Composed 4605, Warsaw, 5673, Jerusalem—Bnei Brak 5729.

9. Midrash Tehillim, Or Shoher Tov. Homiletic explanation of Book of Psalms. Authorship not definitely established. New York 1947.

10. Mechilta. Tannaitic work on Book of Exodus. Some ascribe its authorship to Rabbi Ishmael, some to Rabbi Akiva, and others to Rav, first generation *Amora.* Printed with Malbim below text of Exodus.

11. Yalkut Machiri on Psalms. Talmudic and Midrashic anthology on Psalms by Rabbi Machir ben Abba Mari. Jerusalem 1964.

## II. Medieval Commentaries and Source Material

1. Rambam, Rabbenu Moshe ben Maimon, also known as Maimonides, 1134–1204. Leading medieval authority on halachah, philosophy, and medicine. After having fled Spain, his native land, he became court physician to the sultan of Egypt. His works include a commentary on the Mishnah, Sefer Hamitzvoth (a concise presentation of the 613 commandments of the Torah, together with comments of Ramban), Mishneh Torah or Yad Hachazakah—Rambam's magnum opus, containing decisions on all problems of Jewish law, whether discussed in the Talmud, Midrash, or later Gaonic writings—and a philosophic treatise entitled "Guide to the Perplexed." Relevant quotations appear in "Torath HaRambam, Neviim Uchtuvim," by Meir David ben Shem, Jerusalem 1978.

2. Ibn Nachmiash, Joseph, fourteenth century Biblical exegete. Commentary on Psalms, quoted by Mikdash M'at.

3. Rabbi Isaiah da Trani. Commentary on Ezekiel, the Twelve Prophets, Psalms. Wertheimer, Jerusalem 1965.

4. Meiri, Rabbi Menachem. Commentary on Psalms, Joseph ben Chaim HaKohen. Jerusalem 1960.

5. Rabbi Obadiah Sforno, Italian commentator and philosopher. Commentary on Psalms. London 1953.

6. Rabbi Joseph Yabetz. Commentary on Psalms. London 1952.

## III. Modern Commentaries

1. R. Meir Leibush Malbim. Commentary on Biblical literature, which combines ancient tradition with keen insight into nuances of meanings in the Hebrew language, by a leading nineteenth century scholar. 1809–1879.

2. Shem Ephraim on Tanach by the renowned authority, R. Ephraim Zalman Margolis of Brodi. Emendations on Rashi text. Munkacz 5673, Eretz Israel 5732.

3. Mezudath David and Mezudath Zion, by Rabbi Yechiel Hillel Altschuller. Simple and concise 18th century Bible commentary.

## IV. Other Sources

1. Machbereth Menachem. Lexicon by Menachem ben Saruk, early grammarian. Spain 920–980.

2. Teshuvoth Dunash. Dunash ben Labrat, opponent of Menachem ben Saruk. 920–990.

3. Sefer Hashorashim, Redak. Lexicon of Biblical roots. Berlin 5607, New York 5708.

4. Mikdash M'at. Anthology by Aaron Walden. latest edition, Brooklyn, N.Y., no date.

5. Parshandatha. Critical edition of Rashi on Psalms. I. Maarsen, Jerusalem 1972.

בשבת וביום טוב אין אומרים זה :

יְהִי רָצוֹן מִלְּפָנֶיךָ יְיָ אֱלֹהֵינוּ וֵאלֹהֵי אֲבוֹתֵינוּ הַבּוֹחֵר בְּדָוִד עַבְדּוֹ וּבְזַרְעוֹ אַחֲרָיו וְהַבּוֹחֵר בְּשִׁירוֹת וְתִשְׁבָּחוֹת שֶׁתֵּפֶן בְּרַחֲמִים אֶל קְרִיאַת מִזְמוֹרֵי תְהִלִּים שֶׁאֶקְרָא כְּאִלּוּ אֲמָרָם דָּוִד הַמֶּלֶךְ עָלָיו הַשָּׁלוֹם בְּעַצְמוֹ זְכוּתוֹ יָגֵן עָלֵינוּ וְיַעֲמָד־לָנוּ זְכוּת פְּסוּקֵי תְהִלִּים וּזְכוּת תֵּבוֹתֵיהֶם וְאוֹתִיּוֹתֵיהֶם וּנְקֻדּוֹתֵיהֶם וְטַעֲמֵיהֶם וְהַשֵּׁמוֹת הַיּוֹצְאִים מֵהֶם מֵרָאשֵׁי תֵבוֹת וּמִסּוֹפֵי תֵבוֹת לְכַפֵּר חַטֹּאתֵינוּ וַעֲוֹנוֹתֵינוּ וּפְשָׁעֵינוּ וּלְזַמֵּר עָרִיצִים וּלְהַכְרִית כָּל־הַחוֹחִים וְהַקּוֹצִים הַסּוֹבְבִים אֶת הַשּׁוֹשַׁנָּה הָעֶלְיוֹנָה וּלְחַבֵּר אֵשֶׁת נְעוּרִים עִם דּוֹדָהּ בְּאַהֲבָה וְאַחֲוָה וְרֵעוּת וּמִשָּׁם יִמָּשֵׁךְ־לָנוּ שֶׁפַע לְנֶפֶשׁ רוּחַ וּנְשָׁמָה לְטַהֲרֵנוּ מֵעֲוֹנוֹתֵינוּ וְלִסְלוֹחַ חַטֹּאתֵינוּ וּלְכַפֵּר פְּשָׁעֵינוּ. כְּמוֹ שֶׁסָּלַחְתָּ לְדָוִד שֶׁאָמַר מִזְמוֹרִים אֵלּוּ לְפָנֶיךָ כְּמוֹ שֶׁנֶּאֱמַר גַּם יְיָ הֶעֱבִיר חַטָּאתְךָ לֹא תָמוּת׃ וְאַל תִּקָּחֵנִי מֵהָעוֹלָם הַזֶּה קוֹדֶם זְמַנִּי עַד מְלֹאת שְׁנוֹתֵינוּ בָּהֶם שִׁבְעִים שָׁנָה בְּאוֹפֶן שֶׁאוּכַל לְתַקֵּן אֶת אֲשֶׁר שִׁחַתִּי׃ וּזְכוּת דָּוִד הַמֶּלֶךְ עָלָיו הַשָּׁלוֹם יָגֵן עָלֵינוּ וּבַעֲדֵנוּ שֶׁתַּאֲרִיךְ אַפְּךָ עַד שׁוּבֵנוּ אֵלֶיךָ בִּתְשׁוּבָה שְׁלֵמָה׃ וּמֵאוֹצַר מַתְּנַת חִנָּם חָנֵּנוּ׃ כְּדִכְתִיב וְחַנֹּתִי אֶת־אֲשֶׁר אָחֹן וְרִחַמְתִּי אֶת־אֲשֶׁר אֲרַחֵם. וּכְשֵׁם שֶׁאֲנַחְנוּ אוֹמְרִים לְפָנֶיךָ שִׁירִים בָּעוֹלָם הַזֶּה כַּךְ נִזְכֶּה לוֹמַר לְפָנֶיךָ יְיָ אֱלֹהֵינוּ וֵאלֹהֵי אֲבוֹתֵינוּ שִׁיר וּשְׁבָחָה לָעוֹלָם הַבָּא׃ וְעַל יְדֵי אֲמִירַת תְּהִלִּים תִּתְעוֹרֵר חֲבַצֶּלֶת הַשָּׁרוֹן לָשִׁיר בְּקוֹל נָעִים גִּילַת וְרַנֵּן כְּבוֹד הַלְּבָנוֹן נִתַּן לָהּ הוֹד וְהָדָר בְּבֵית אֱלֹהֵינוּ בִּמְהֵרָה בְיָמֵינוּ אָמֵן סֶלָה :

קודם שיתחיל תהלים יאמר ג׳ פסוקים אלו .

לְכוּ נְרַנְּנָה לַיהֹוָה נָרִיעָה לְצוּר יִשְׁעֵנוּ : נְקַדְּמָה פָנָיו בְּתוֹדָה בִּזְמִרוֹת נָרִיעַ לוֹ : כִּי אֵל גָּדוֹל יְהֹוָה וּמֶלֶךְ גָּדוֹל עַל־כָּל־אֱלֹהִים :

with a pleasant voice, with jubilation and shouting. May the glory of the Lebanon be given her, splendor and majesty in the house of our God, speedily in our days—Amen Selah!

Come, let us sing praises to the Lord; let us shout to the Rock of our salvation. Let us greet His presence with thanksgiving; let us shout to Him with songs. For the Lord is a great God and a great King over all divine powers (*Ps. 95:1-3*).

May it be Your will, O Lord, our God and God of our fathers, Who chose His servant David and his posterity, and Who chose songs and praises, that You turn mercifully to the recitation of the psalms that I shall recite, as if King David himself had said them. May his merit protect us, and may the merit of the verses of Psalms—and the merit of their words, their letters, their vowels, their cantillation signs, and the holy names emanating from them, from the beginning of the words and from the ends of the words—stand us in good stead to atone for our transgressions, our iniquities, and our sins; to cut down tyrants and cut away all thorns and thistles surrounding the Celestial Rose, and to join the Wife of Youth with her Beloved in love, brotherhood, and companionship. May an abundant blessing be lavished upon our soul, spirit, and life's-breath, to purify us of our iniquities, forgive our sins, and expiate our transgressions, as You forgave David, who recited these psalms before You—as it is said (II Sam. 12:13): "Also the Lord has removed your sin; you shall not die." And do not take us from this world before our time, before the completion of our years (among them are seventy years)* in a manner by which we can rectify what we have spoiled. May the merit of King David—may he rest in peace—protect us so that You should be slow to anger until we return to face You with perfect repentance. And favor us from the treasury of grace, as it is written (Exod. 33:19): "I will favor whomever I will favor, and I will have compassion upon whom I will have compassion." And just as we recite songs in this world, so shall we merit to recite before You, O Lord our God, songs and praises in the World to Come, and through the recitation of Psalms may the Rose of Sharon be aroused to sing

---

*According to *Mishnah Berurah* 581:3, this phrase should be omitted.

ואחר שיסיים תהלים יאמר ג' פסוקים אלו .

מִי־יִתֵּן מִצִּיּוֹן יְשׁוּעַת יִשְׂרָאֵל בְּשׁוּב יְהוָה שְׁבוּת עַמּוֹ יָגֵל יַעֲקֹב יִשְׂמַח יִשְׂרָאֵל: וּתְשׁוּעַת צַדִּיקִים מֵיהוָה מָעוּזָּם בְּעֵת צָרָה: וַיַּעְזְרֵם יְהוָה וַיְפַלְּטֵם יְפַלְּטֵם מֵרְשָׁעִים וְיוֹשִׁיעֵם כִּי חָסוּ בוֹ :

יהי רצון שיאמר אחר כל ספר שנתהלים .

יְהִי רָצוֹן מִלְּפָנֶיךָ יְהוָה אֱלֹהֵינוּ וֵאלֹהֵי אֲבוֹתֵינוּ בִּזְכוּת סֵפֶר
רִאשׁוֹן | שֵׁנִי | שְׁלִישִׁי | רְבִיעִי | חֲמִישִׁי
שֶׁבַּתְּהִלִּים שֶׁקְּרָאנוּ לְפָנֶיךָ שֶׁהוּא כְּנֶגֶד סֵפֶר
בְּרֵאשִׁית | שְׁמוֹת | וַיִּקְרָא | בַּמִּדְבָּר | דְּבָרִים

וּבִזְכוּת מִזְמוֹרָיו וּבִזְכוּת פְּסוּקָיו וּבִזְכוּת תֵּבוֹתָיו וּבִזְכוּת שְׁמוֹתֶיךָ הַקְּדוֹשִׁים
וְהַטְּהוֹרִים הַיּוֹצְאִים מִמֶּנּוּ שֶׁתְּכַפֶּר־לָנוּ עַל כָּל־חַטֹּאתֵינוּ וְתִמְחַל־לָנוּ עַל כָּל־
פְּשָׁעֵינוּ שֶׁחָטָאנוּ וְשֶׁעָוִינוּ וְשֶׁפָּשַׁעְנוּ לְפָנֶיךָ וְתַחֲזִירֵנוּ בִּתְשׁוּבָה שְׁלֵמָה לְפָנֶיךָ
וְתַדְרִיכֵנוּ לַעֲבוֹדָתֶךָ וְתִפְתַּח לִבֵּנוּ בְּתַלְמוּד תּוֹרָתֶךָ וְתִשְׁלַח רְפוּאָה שְׁלֵמָה
לְחוֹלֵי עַמֶּךָ (ולחולה פ'נ'ם) וְתִקְרָא לִשְׁבוּיִים דְּרוֹר וְלַאֲסִירִים פְּקַח־קוֹחַ וּלְכָל־
הוֹלְכֵי דְרָכִים וְעוֹבְרֵי יַמִּים וּנְהָרוֹת מֵעַמְּךָ יִשְׂרָאֵל תַּצִּילֵם מִכָּל־צַעַר וְנֶזֶק
וְתַגִּיעֵם לִמְחוֹז חֶפְצָם לְחַיִּים וּלְשָׁלוֹם · וְתִפְקוֹד לְכָל־חֲשׂוּכֵי בָנִים בְּזֶרַע שֶׁל קַיָּמָא
לַעֲבוֹדָתֶךָ וּלְיִרְאָתֶךָ וְעֻבָּרוֹת שֶׁל עַמְּךָ בֵּית יִשְׂרָאֵל תַּצִּילֵן שֶׁלֹּא תַּפֵּלְנָה
וְלַדוֹתֵיהֶן · וְהַיּוֹשְׁבוֹת עַל הַמַּשְׁבֵּר בְּרַחֲמֶיךָ הָרַבִּים תַּצִּילֵן מִכָּל־רָע · וְאֶל
הַמֵּינִיקוֹת תַּשְׁפִּיעַ שֶׁלֹּא יֶחְסַר חָלָב מִדַּדֵּיהֶן · וְאַל יִמְשׁוֹל אַסְכְּרָה וְשֵׁדִין וְרוּחִין

your people*, declare liberty for the captives and set free the pris-
oners from captivity. And all wayfarers and travelers on the seas
and the rivers—save them from all pain and injury, and bring them
to their destination to life and peace. Remember all childless cou-
ples with living seed to worship You and fear You; save the expec-
tant mothers of Your people Israel from miscarriage, and save
those in labor mercifully from all harm; supply nursing mothers
with milk, and let not diphtheria, demons, or any evil occurrences
overwhelm the children of Your people Israel. Nurture them for

O that the salvation of Israel would come out of Zion; when the Lord returns the captivity of His people, Jacob shall rejoice, Israel shall be glad (*Ps. 14:7*). But the salvation of the righteous is from the Lord, their stronghold in time of distress. The Lord helped them and rescued them; He rescued them from the wicked and saved them because they took refuge in Him (*Ps. 37:39f.*).

May it be Your will, O Lord, our God and God of our fathers, in the merit of the‡

**First | Second | Third | Fourth | Fifth**

Book of Psalms, which we recited before You, which corresponds to the Book of

**Genesis | Exodus | Leviticus | Numbers | Deuteronomy**

in the merit of its chapters, in the merit of its verses, in the merit of its words, and in the merit of Your holy and pure names, which emanate therefrom,

‡*After reciting less than a complete Book, substitute the following:*

chapters of Psalms that we have recited before You, and in the merit of their verses and in the merit of their words and in the merit of Your holy and pure names, which emanate therefrom,

*On weekdays continue:*

that You grant us atonement for all our sins, absolve us of all our iniquities, and forgive us all our transgressions by which we have sinned, by which we have dealt iniquitously, and by which we have transgressed before You. Return us with a perfect repentance before You, direct us to Your worship, and open our hearts in the study of Your Torah; send a complete recovery to the ill of

*When reciting Tehillim for the recovery of a sick person, insert the Hebrew name of the patient and that of his or her mother, thus: *and in particular to the patient* [Hebrew name] *the son/daughter of* [mother's Hebrew name].

וְלִילִין וְכָל־פְּגָעִים וּמַרְעִין בִּישִׁין בְּכָל־יַלְדֵי עַמְּךָ בֵּית יִשְׂרָאֵל וּתְגַדְּלֵם לְתוֹרָתֶךָ לִלְמוֹד תּוֹרָה לִשְׁמָהּ וְתַצִּילֵם מֵעַיִן הָרָע וּמִדֶּבֶר וּמִמַּגֵּפָה וּמִשָּׂטָן וּמִיֵּצֶר הָרָע . וּתְבַטֵּל מֵעָלֵינוּ וּמִכָּל־עַמְּךָ בֵּית יִשְׂרָאֵל בְּכָל־מָקוֹם שֶׁהֵם כָּל־גְּזֵרוֹת קָשׁוֹת וְרָעוֹת · וְתַטֶּה לֵב הַמַּלְכוּת עָלֵינוּ לְטוֹבָה וְתִגְזוֹר עָלֵינוּ גְּזֵרוֹת טוֹבוֹת · וְתִשְׁלַח בְּרָכָה וְהַצְלָחָה בְּכָל־מַעֲשֵׂה יָדֵינוּ · וְהָכֵן פַּרְנָסָתֵנוּ מִיָּדְךָ הָרְחָבָה וְהַמְּלֵאָה וְלֹא יִצְטָרְכוּ עַמְּךָ בֵּית יִשְׂרָאֵל זֶה לָזֶה וְלֹא לְעַם אַחֵר וְתֵן לְכָל־אִישׁ וְאִישׁ דֵּי פַּרְנָסָתוֹ וּלְכָל־גְּוִיָּה וּגְוִיָּה דֵּי מַחְסוֹרָהּ . וּתְמַהֵר וְתָחִישׁ לְגָאֳלֵנוּ וְתִבְנֶה בֵּית מִקְדָּשֵׁנוּ וְתִפְאַרְתֵּנוּ . וּבִזְכוּת שְׁלֹשׁ עֶשְׂרֵה מִדּוֹתֶיךָ שֶׁל רַחֲמִים הַכְּתוּבִים בְּתוֹרָתֶךָ כְּמוֹ שֶׁנֶּאֱמַר יְהוָה ׀ יְהוָה אֵל רַחוּם וְחַנּוּן אֶרֶךְ אַפַּיִם וְרַב־חֶסֶד וֶאֱמֶת : נֹצֵר חֶסֶד לָאֲלָפִים נֹשֵׂא עָוֹן וָפֶשַׁע וְחַטָּאָה וְנַקֵּה שֶׁאֵינָן חוֹזְרוֹת רֵיקָם מִלְּפָנֶיךָ . עָזְרֵנוּ ׀ אֱלֹהֵי יִשְׁעֵנוּ עַל־דְּבַר כְּבוֹד־שְׁמֶךָ וְהַצִּילֵנוּ וְכַפֵּר עַל־חַטֹּאתֵינוּ לְמַעַן שְׁמֶךָ : בָּרוּךְ יְהוָה לְעוֹלָם אָמֵן ׀ וְאָמֵן :

בשבת וביום טוב אומרים זה :

יְהִי רָצוֹן מִלְּפָנֶיךָ יְהוָה אֱלֹהֵינוּ וֵאלֹהֵי אֲבוֹתֵינוּ בִּזְכוּת סֵפֶר ❖ שֶׁבַּתְּהִלִּים שֶׁקָּרָאנוּ לְפָנֶיךָ שֶׁהוּא כְּנֶגֶד סֵפֶר ❖ וּבִזְכוּת מִזְמוֹרָיו וּבִזְכוּת פְּסוּקָיו וּבִזְכוּת תֵּבוֹתָיו וּבִזְכוּת שְׁמוֹתֶיךָ הַקְּדוֹשִׁים וְהַטְּהוֹרִים הַיּוֹצְאִים מִמֶּנּוּ שֶׁתְּהֵא נֶחֱשֶׁבֶת לָנוּ אֲמִירַת מִזְמוֹרֵי תְהִלִּים אֵלּוּ כְּאִלּוּ אֲמָרָם דָּוִד מֶלֶךְ יִשְׂרָאֵל בְּעַצְמוֹ זְכוּתוֹ יָגֵן עָלֵינוּ וְיַעֲמָד־לָנוּ לְחַבֵּר אֵשֶׁת נְעוּרִים עִם דּוֹדָהּ בְּאַהֲבָה וְאַחֲוָה וְרֵעוּת וּמִשָּׁם יִמָּשֵׁךְ־לָנוּ שֶׁפַע לְנֶפֶשׁ רוּחַ וּנְשָׁמָה . וּכְשֵׁם שֶׁאֲנַחְנוּ אוֹמְרִים שִׁירִים בָּעוֹלָם הַזֶּה כָּךְ נִזְכֶּה לוֹמַר לְפָנֶיךָ יְהוָה אֱלֹהֵינוּ וֵאלֹהֵי אֲבוֹתֵינוּ שִׁיר וּשְׁבָחָה לָעוֹלָם הַבָּא · וְעַל יְדֵי אֲמִירַת תְּהִלִּים תִּתְעוֹרֵר חֲבַצֶּלֶת הַשָּׁרוֹן לָשִׁיר בְּקוֹל נָעִים גִּילַת וְרַנֵּן כְּבוֹד הַלְּבָנוֹן נִתַּן לָהּ הוֹד וְהָדָר בְּבֵית אֱלֹהֵינוּ בִּמְהֵרָה בְּיָמֵינוּ אָמֵן סֶלָה :

voice, with jubilation and shouting. May the glory of the Lebanon be given her, splendor and majesty in the house of our God, speedily in our days—Amen Selah!

Your Torah, to learn Torah for its own sake. Save them from the evil eye, from pestilence and plague, from Satan and from the evil inclination. Nullify from upon us and upon all Your people—the house of Israel, wherever they may be, all harsh and evil decrees. Incline the heart of the government officials in our favor and decree upon us favorable decrees. Send blessing and prosperity in all the work of our hands and prepare our livelihood from Your generous and full hand, and may none of Your people Israel come to need another or other nations. Give each individual his livelihood and each body what it lacks. Hasten to redeem us and rebuild our glorious Temple, **(and in the merit of the thirteen attributes of Your mercy, which are written in the Torah, as it is said (Exod. 34:6f.): "O Lord, O Lord, compassionate and gracious God, slow to anger and abundant in loving-kindness and truth, preserving loving-kindness for thousands, forgiving iniquity, transgression, and sin, and cleansing," which do not return empty-handed from before You). Help us, O God of our salvation and grant us atonement for our sins for Your namesake. Blessed is the Lord forever—Amen and Amen!

*On Sabbaths and Festivals, continue:*

that the recitation of these psalms be deemed for us as if King David himself recited them. May his merit protect us and stand us in good stead to unite the Wife of Youth with her Beloved, in love, brotherhood, and companionship, and may an abundant blessing be lavished from there upon our soul, spirit, and life's-breath. And just as we recite songs before You in this world, so may we merit to recite before You—O Lord, our God and God of our fathers—song and praise in the World to Come. Through the recitation of Psalms, may the Celestial Rose be aroused to sing with a pleasant

---

**This passage should be recited only in the presence of a minyan.

# תפלה אחר תהלים לחולה

קודם כל יאמר ל"ו מזמורים אלו שהם:

כ׳ יענך ה׳ וגו׳. ו׳ ה׳ אל באפך וגו׳. ט׳, למנצח על מות לבן וגו׳ · י"ג, עד אנה ה׳ תשכחני וגו׳. ט"ז, מכתם לדוד וגו׳. י"ז, תפלה לדוד וגו׳. י"ח, למנצח לעבד. כ"ב, למנצח על אילת. כ"ג, מזמור לדוד ה׳ רועי. כ"ה, אליך ה׳ נפשי אשא. ל׳, ארוממך ה׳. ל"א, בך ה׳ חסיתי. ל"ב, אשרי נשוי. ל"ג, רננו צדיקים, ל"ז, אל תתחר במרעים. ל"ח, אל בקצפך תוכיחני. ל"ט, למנצח על ידותון. מ"א, אשרי משכיל. מ"ט, שמעו זאת כל העמים. נ"ה, האזינה אלהים. נ"ו, למנצח על יונת. ס"ט, הושיעני אלהים. פ"ו, תפלה לדוד. פ"ח, שיר מזמור · פ"ט, משכיל לאיתן. צ׳, תפלה למשה. צ"א, יושב בסתר. ק"ב, תפלה לעני. ק"ג, לדוד ברכי נפשי. ק"ד, ברכי נפשי. ק"ז הודו לה׳. קט"ז, אהבתי כי. קי"ח, הודו. קמ"ב, משכיל לדוד. קמ"ג, מזמור לדוד. קכ"ח, שיר המעלות אשרי. ואחר כך יאמר בתמניא אפי (קי"ט) כל הפסוקים משמו של החולה כגון אם שמו יעקב יאמרו הפסוקים יודי"ן עייני"ן קופי"ן ביתי"ן. ואחר כך יאמרו כל פסוקי האותיות מהשם קרע שטן בתמניא אפי. ואחר כך יאמרו תפלת החולים עם כל הכוונות:

יְהוָֹה יְהוָֹה אֵל רַחוּם וְחַנּוּן אֶרֶךְ אַפַּיִם וְרַב חֶסֶד וֶאֱמֶת: נֹצֵר חֶסֶד לָאֲלָפִים נֹשֵׂא עָוֹן וָפֶשַׁע וְחַטָּאָה וְנַקֵּה: לְךָ יְהוָֹה הַגְּדֻלָּה וְהַגְּבוּרָה וְהַתִּפְאֶרֶת וְהַנֵּצַח וְהַהוֹד. כִּי כֹל בַּשָּׁמַיִם וּבָאָרֶץ לְךָ יְהוָֹה הַמַּמְלָכָה וְהַמִּתְנַשֵּׂא לְכֹל לְרֹאשׁ: וְאַתָּה בְּיָדְךָ נֶפֶשׁ כָּל־חָי וְרוּחַ כָּל־בְּשַׂר אִישׁ. וּבְיָדְךָ כֹּחַ וּגְבוּרָה לְגַדֵּל וּלְחַזֵּק וּלְרַפְּאוֹת אֱנוֹשׁ עַד דַּכָּא עַד דִּכְדּוּכָהּ שֶׁל נֶפֶשׁ וְלֹא יִפָּלֵא מִמְּךָ כָּל־דָּבָר וּבְיָדְךָ נֶפֶשׁ כָּל־חָי לָכֵן יְהִי רָצוֹן מִלְּפָנֶיךָ הָאֵל הַנֶּאֱמָן אַב הָרַחֲמִים הָרוֹפֵא לְכָל־תַּחֲלוּאֵי עַמּוֹ יִשְׂרָאֵל הַקְּרוֹבִים עַד שַׁעֲרֵי מָוֶת וְהַמְחַבֵּשׁ מָזוֹר וּתְעָלָה לִידִידָיו וְהַגּוֹאֵל מִשַּׁחַת חֲסִידָיו וְהַמַּצִּיל מִמָּוֶת נֶפֶשׁ מְרוּדָיו אַתָּה רוֹפֵא נֶאֱמָן תִּשְׁלַח מַרְפֵּא וַאֲרוּכָה וּתְעָלָה בְּרֹב חֶסֶד וַחֲנִינָה וְחֶמְלָה לְנֶפֶשׁ פב"פ לְרוּחוֹ וְנַפְשׁוֹ [ולנקבה לְרוּחָהּ וְנַפְשָׁהּ] הָאֲמֻלָּלָה וְלֹא תֵרֵד נַפְשׁוֹ [נַפְשָׁהּ] לִשְׁאוֹלָה. וְהִמָּלֵא רַחֲמִים עָלָיו [עָלֶיהָ] לְהַחֲלִים וּלְרַפְּאוֹת וּלְהַחֲזִיק וּלְהַחֲלִיף וּלְהַחֲיוֹת אוֹתוֹ [אוֹתָהּ] כִּרְצוֹן כָּל־קְרוֹבָיו [קְרוֹבֶיהָ] וְאֹהֲבָיו [וְאֹהֲבֶיהָ] וְיֵרָאוּ לְפָנֶיךָ זְכֻיּוֹתָיו [זְכֻיּוֹתֶיהָ] וְצִדְקוֹתָיו [וְצִדְקוֹתֶיהָ] וְתַשְׁלִיךְ בִּמְצֻלוֹת יָם כָּל־חַטֹּאתָיו [חַטֹּאתֶיהָ] וְיִכְבְּשׁוּ רַחֲמֶיךָ אֶת כַּעַסְךָ מֵעָלָיו [מֵעָלֶיהָ] וְתִשְׁלַח לוֹ [לָהּ] רְפוּאָה שְׁלֵמָה רְפוּאַת הַנֶּפֶשׁ וּרְפוּאַת הַגּוּף וּתְחַדֵּשׁ כַּנֶּשֶׁר נְעוּרָיו [נְעוּרֶיהָ] וְתִשְׁלַח לוֹ [לָהּ] וּלְכָל־חוֹלֵי יִשְׂרָאֵל מַרְפֵּא אֲרוּכָה מַרְפֵּא בְּרָכָה מַרְפֵּא תְרוּפָה וּתְעָלָה מַרְפֵּא חֲנִינָה וְחֶמְלָה מַרְפֵּא יְדוּעִים וּגְלוּיִם מַרְפֵּא רַחֲמִים וְשָׁלוֹם וְחַיִּים מַרְפֵּא אֹרֶךְ יָמִים וְשָׁנִים טוֹבִים וִיקֻיַּם בּוֹ [בָּהּ] וּבְכָל־חוֹלֵי יִשְׂרָאֵל מִקְרָא שֶׁכָּתוּב עַל יְדֵי מֹשֶׁה עַבְדְּךָ נֶאֱמַן בֵּיתֶךָ וַיֹּאמֶר אִם־שָׁמוֹעַ תִּשְׁמַע לְקוֹל יְהוָֹה אֱלֹהֶיךָ וְהַיָּשָׁר בְּעֵינָיו

the verse written by Moses, Your servant, the faithful one of Your household (Exod. 15:26): "He said, 'If you will only hearken to the voice of the Lord, your God, and will do what is upright in His

O Lord, O Lord, compassionate and gracious God, slow to anger and abundant in loving-kindness and truth, preserving loving-kindness for thousands, forgiving iniquity, transgression, and sin, and cleansing.

Yours, O Lord, is the greatness, the might, the glory, the triumph, and the majesty, for all that is in heaven and earth [is Yours]. Yours, O Lord, is the kingdom, You Who are elevated over every leader. And as for You—in Your hand is the soul of all living and the spirit of the flesh of all mankind. In Your hand is the strength and the might, and in Your hand is the power to magnify, to strengthen, and to heal man until he is crushed, until his very soul is crushed. Nothing is concealed from You, and in Your hand is the soul of all living. Therefore may it be Your will, O faithful God, Father of mercy, Who heals all the illnesses of your people Israel who approach the gates of death, Who provides a remedy for His beloved ones, Who redeems His pious ones from the Pit, and Who saves the soul of His afflicted ones. You, O faithful Physician, send cure, remedy, and healing with abundant loving-kindness, grace, and pity to the soul of (*Hebrew name*) son/daughter of (*mother's Hebrew name*), to his/her unfortunate spirit and soul, and may his/her soul not descend to the grave. May You be filled with mercy upon him/her to heal him/her and cure him/her, to strengthen him/her, and to revive him/her, as is the desire of all his/her relatives and his/her friends. May his/her merits and his/her righteous deeds appear before You, and may You cast into the depths of the sea all his/her sins; may Your compassion overpower Your anger from him/her, and may You send him/her a complete recovery, both spiritual and physical. May You renew his/her youth like that of the eagle, and may You send him/her and all the sick of Israel a perfect and blessed cure, a cure of grace and pity, a cure that should be known and revealed, a cure of compassion, peace, and life, a cure of many good days and years. May it apply to him/her

תַּעֲשֶׂה וְהַאֲזַנְתָּ לְמִצְוֹתָיו וְשָׁמַרְתָּ כָּל־חֻקָּיו כָּל־הַמַּחֲלָה אֲשֶׁר־שַׂמְתִּי בְמִצְרַיִם
לֹא־אָשִׂים עָלֶיךָ כִּי אֲנִי יְהוָה רֹפְאֶךָ: וַעֲבַדְתֶּם אֵת יְהוָה אֱלֹהֵיכֶם וּבֵרַךְ אֶת־
לַחְמְךָ וְאֶת־מֵימֶיךָ וַהֲסִרֹתִי מַחֲלָה מִקִּרְבֶּךָ: לֹא תִהְיֶה מְשַׁכֵּלָה וַעֲקָרָה בְּאַרְצֶךָ
אֶת־מִסְפַּר יָמֶיךָ אֲמַלֵּא: וְהֵסִיר יְהוָה מִמְּךָ כָּל־חֹלִי וְכָל־מַדְוֵי מִצְרַיִם הָרָעִים אֲשֶׁר
יָדַעְתָּ לֹא יְשִׂימָם בָּךְ וּנְתָנָם בְּכָל־שֹׂנְאֶיךָ: וְעַל יְדֵי עֲבָדֶיךָ הַנְּבִיאִים כָּתוּב
לֵאמֹר וַאֲכַלְתֶּם אָכוֹל וְשָׂבוֹעַ וְהִלַּלְתֶּם אֶת־שֵׁם יְהוָה אֱלֹהֵיכֶם אֲשֶׁר עָשָׂה עִמָּכֶם
לְהַפְלִיא וְלֹא יֵבֹשׁוּ עַמִּי לְעוֹלָם: דְּרָכָיו רָאִיתִי וְאֶרְפָּאֵהוּ וְאַנְחֵהוּ וַאֲשַׁלֵּם נִחֻמִים
לוֹ וְלַאֲבֵלָיו: בּוֹרֵא נִיב שְׂפָתָיִם שָׁלוֹם ׀ שָׁלוֹם לָרָחוֹק וְלַקָּרוֹב אָמַר יְהוָה
וּרְפָאתִיו: וְזָרְחָה לָכֶם יִרְאֵי שְׁמִי שֶׁמֶשׁ צְדָקָה וּמַרְפֵּא בִּכְנָפֶיהָ: אָז יִבָּקַע כַּשַּׁחַר
אוֹרֶךָ וַאֲרֻכָתְךָ מְהֵרָה תִצְמָח: רְפָאֵנוּ יְהוָה וְנֵרָפֵא הוֹשִׁיעֵנוּ וְנִוָּשֵׁעָה כִּי תְהִלָּתֵנוּ
אָתָּה: וְהַעֲלֵה רְפוּאָה שְׁלֵמָה לְכָל־מַכּוֹת עַמְּךָ יִשְׂרָאֵל וּבִפְרָט לפב״פ רְפוּאָה
שְׁלֵמָה לרמ״ח אֵבָרָיו [אֵבָרֶיהָ] ושס״ה גִּידָיו [גִּידֶיהָ] לְרַפְּאוֹת אוֹתוֹ [אוֹתָהּ]
כְּחִזְקִיָּהוּ מֶלֶךְ יְהוּדָה מֵחָלְיוֹ וּכְמִרְיָם הַנְּבִיאָה מִצָּרַעְתָּהּ בְּשֵׁם הַשֵּׁמוֹת הַקְּדוֹשִׁים
שְׁלֹשׁ עֶשְׂרֵה מִדּוֹתֶיךָ אֵל נָא רְפָא נָא לפב״פ לְהָקִים אוֹתוֹ [אוֹתָהּ] מֵחָלְיוֹ [מֵחָלְיָהּ]
זֶה וּלְהַאֲרִיךְ עוֹד יְמֵי חַיָּיו [חַיֶּיהָ] חַיִּים שֶׁל רַחֲמִים חַיִּים שֶׁל בְּרִיאוּת חַיִּים שֶׁל
שָׁלוֹם חַיִּים שֶׁל בְּרָכָה דִּכְתִיב כִּי אֹרֶךְ יָמִים וּשְׁנוֹת חַיִּים וְשָׁלוֹם יוֹסִיפוּ לָךְ ׃
אָמֵן סֶלָה:

his/her life in order that he/she worship You with love and fear. Grant him/her a life of compassion, a life of health, a life of peace, a life of blessing, as it is written (Prov. 3:2): "For they shall add length of days and years of life and peace to you"—Amen Selah.

eyes, and you will give ear to His commandments and will keep all His statutes, then I will not afflict you with any of the sickness[es] that I inflicted upon Egypt, for I, the Lord, am your Healer.' " (Exod 23:25,27): "And you shall serve the Lord your God, and He will bless your bread and your waters, and I will banish sickness from your midst ... There will be no woman who miscarries and no barren woman in your land; I will let the number of your days become full." (Deut. 7:15): "The Lord will keep away from you every sickness, and all the evil afflictions of Egypt, which you know, He will not lay upon you, but will lay them upon all who hate you." And through Your servants, the prophets, it is written, saying (Joel 2:26): "And you shall eat, eating and being sated, and you shall praise the name of the Lord your God, Who has performed wonders with you, and My people shall never be ashamed." (Isa. 57:18f.): "'I saw his ways and I will heal him, and I will lead him and requite with consolations him and his mourners. I will create the speech of the lips; peace, peace to the far and to the near,' says the Lord, 'and I will heal him.'" (Mal. 3:20): "And the sun of mercy shall rise with healing in its wings for you who fear My name." (Isa. 58:8): "Then your light shall break forth as the dawn, and your healing shall quickly sprout." Heal us, O Lord, that we may be healed; save us that we may be saved, for You are our praise, and bestow a complete recovery for all the illnesses of Your people Israel, especially for (*Hebrew name*) the son/daughter of (*mother's Hebrew name*): a complete recovery for his 248 limbs and his 365 sinews/ all her limbs and all her sinews, to cure him/her like Hezekiah the king of Judah of his illness and like Miriam the prophetess of her leprosy, with the holy names that emanate from the verses of Your Thirteen Attributes. O God, please heal (*Hebrew name*) son/daughter of (*mother's Hebrew name*) to raise him/her from his/her illness and to lengthen the days of

## Psalms Recited on Special Occasions or in Special Circumstances:

| Occasion | Psalm |
|---|---|
| Wedding Day | 19 |
| Birth of a Child | 20, 139 |
| Day of Circumcision | 12 |
| Recovery from Illness* | 6, 30, 41, 88, 103 |
| House of Mourning | 49 |
| For Peace | 46 |
| For Success | 112 |
| For Divine Guidance | 139 |
| For Repentance | 51, 90 |
| For Help in Troubled Times | 20, 38, 85, 86, 102, 130, 142 |
| When Traveling | 91 |
| Thanksgiving | 9, 21, 57, 95, 116, 138 |
| Thanksgiving for a Miracle | 18 |
| Thanksgiving for Rescue | 124 |

*Some suggest reciting these additional Psalms for an ill person:
9, 13, 16, 17, 18, 22, 25, 31, 32, 33, 37, 38, 39
49, 55, 56, 69, 86, 89, 90, 91, 102, 104, 107, 109
118, 128, 142, 143.

Then one should recite the verses within Psalm 119 the first letters of which spell out the Hebrew names of the ill person and his or her mother, and those verses the first letters of which spell out the phrase "קרע שטן."

Some suggest reciting these Psalms at a gravesite:
33, 16, 17, 72, 91, 104, 130.

Then one should recite the verses within Psalm 119 the first letters of which spell out the Hebrew names of the deceased and his or her mother, and those verses the first letters of which spell out the phrase "נשמה."

MW00809555